Holzhäuser · Meyer · Ridder

Gb-Prüfung

Fragen, Antworten, Lösungswege und Muster – Prüfungsbögen

16. Auflage

Bibliografische Information der Deutschen Nationalbibliothek

Die Deutsche Nationalbibliothek verzeichnet diese Publikation in der Deutschen Nationalbibliografie; detaillierte bibliografische Daten sind im Internet über <http://www.dnb.de> abrufbar.

Bei der Herstellung des Werkes haben wir uns zukunftsbewusst für umweltverträgliche und wiederverwendbare Materialien entschieden.

ISBN: 978-3-609-20478-9

E-Mail: kundenservice@ecomed-storck.de

Telefon: +49 89/2183-7922
Telefax: +49 89/2183-7620

16. Auflage 2023
© 2023 ecomed SICHERHEIT,
ecomed-Storck GmbH, Landsberg a. Lech

www.ecomed-storck.de

Dieses Werk, einschließlich aller seiner Teile, ist urheberrechtlich geschützt. Jede Verwertung außerhalb der engen Grenzen des Urheberrechtsgesetzes ist ohne Zustimmung des Verlages unzulässig und strafbar. Dies gilt insbesondere für Vervielfältigungen, Übersetzungen, Mikroverfilmungen und die Einspeicherung und Verarbeitung in elektronischen Systemen.

Satz: WMTP Wendt-Media Text-Processing, Birkenau
Druck: Westermann Druck, Zwickau

Vorwort

Der Deutsche Industrie- und Handelskammertag (DIHK) hat die Fragen für die Prüfung der Gefahrgutbeauftragten den aktuellen Vorschriften der Verkehrsträger Straße, Eisenbahn, Binnenschifffahrt und See zum 1. Januar 2023 angepasst und im Internet bekannt gemacht.

Im Abschnitt 1 „**Gb-Prüfungsfragen**" ist der Gb-Fragenfundus in der Fassung, wie er vom DIHK im Internet veröffentlicht wurde, enthalten. Jeder Frage wurde zusätzlich ein Themenbereich zugeordnet. Dieser befindet sich in Klammern unterhalb der Fragenummer. Eine Aufstellung der Themenbereiche mit ihren Kürzeln befindet sich im folgenden Kapitel.

Im Abschnitt 2 „**Antworten zu den Prüfungsfragen**" sind Lösungsvorschläge und *Fundstellen* zu den Fragen aufgeführt. Dabei handelt es sich jedoch nicht um amtlich veröffentlichte Antworten. Es kann daher keine Garantie gegeben werden, dass diese Antwortvorschläge mit den bei den Industrie- und Handelskammern vorliegenden Musterantworten übereinstimmen.[1]

Im Abschnitt 3 „**Zuordnung der Fragenummern zu Themenbereichen**" ist eine Aufstellung der Fragenummern sortiert nach Verkehrsträgern und Themenbereichen zu finden.

> **Neu in der *Online-Version***
>
> Die zum Buch gehörende *Online-Version* stellt die gleichen Inhalte wie das Buch bereit, bietet aber deutlich **mehr Komfort**:
>
> - Alle Fragen sind verschiedenen Themenbereichen zugeordnet. Der Zugriff erfolgt jeweils über den Verkehrsträger und das entsprechende Thema, welches auszuwählen ist. Per Klick wird bei jeder Frage die passende Antwort angezeigt.
> - Die **Online-Version** enthält außerdem **25 Muster-Prüfungsbögen** zu allen Bereichen inklusive Muster-Lösungen. Diese stehen als **PDF zum Download** bereit.
> - Zusätzlich besteht die Möglichkeit, eine **Offline-Variante** herunterzuladen, damit Sie auch ohne Netz üben können.

Der Fragenfundus des DIHK stellt die Grundlage für die Erstellung der Fragebögen für die Gb-Prüfung dar. Einzelne Angaben in der Fragestellung, wie Namen der Gefahrgüter, UN-Nummern, Gefahrklassen, Verantwortliche und deren Pflichten, können in der Prüfung von der prüfenden IHK durch **äquivalente Angaben** ersetzt werden. Unterfragen einzelner Fallstudien können ggf. auch in anderen Fallstudien verwendet werden. **Neu:** Im Fragenfundus werden bei Multiple-Choice-Fragen nur noch vier Antwortmöglichkeiten vorgegeben, von denen immer nur **eine** Antwort richtig ist.

---

[1] *Hinweis: Das BAG (Bundesamt für den Güterverkehr) wurde in BALM (Bundesamt für Logistik und Mobilität) umbenannt und entsprechend bei den Antworten berücksichtigt. Die GGVSEB war bei Redaktionsschluss noch nicht angepasst.*

Änderungen nach Redaktionsschluss und weitere Hinweise, die in dieser Ausgabe noch nicht berücksichtigt werden konnten, werden, soweit erforderlich, auf der Internetseite des Verlags zur Verfügung gestellt.

Ein besonderer Service des Verlags ist die Hinterlegung mit Graurasterung, die neu eingefügte Fragen kennzeichnet.

Für Fragen stehen wir Ihnen gern zur Verfügung – vorzugsweise per E-Mail: joerg.holzhaeuser@t-online.de oder irena.meyer@chemsacon.com. Sie können uns aber auch über den Verlag unter folgender E-Mail-Adresse erreichen: u.janik@ecomed-storck.de.

Jörg Holzhäuser, Altendiez
Irena Meyer, Riedstadt
im Januar 2023

Abkürzungsverzeichnis der Themenbereiche[1]

(A)	Ausrüstung
(BA)	Beförderung allgemein
(BP)	Begleitpapiere
(BT)	Bulktransporte
(BTS)	Beförderung Tankschiff (BTS)
(BTG)	Beförderung Trockengüterschiff (BTG)
(CV)	Containerverwendung
(D)	Dokumentation
(E)	Entladen
(EQ)	Freigestellte Mengen
(F)	Freistellungen
(FB)	Fallbeispiele
(FF)	Fahrzeuge
(FT)	Flüssigkeiten im Tankschiff
(GT)	Gastankschiff
(HU)	Huckepackverkehr
(K)	Klassifizierung
(KT)	Kühltransport oder Gase als Konditionierungsmittel
(L)	Listengüter
(LQ)	Begrenzte Mengen
(LS)	Lose Schüttung
(MK)	Markierung und Kennzeichnung
(M)	Menge
(MG)	Massengut
(NM)	Notfallmaßnahmen
(PF)	Pflichten
(PL)	Prüfliste
(POT)	Placards, orangefarbene Tafeln
(P)	Prüfungen/Prüffristen
(R)	Radioaktive Stoffe
(SC)	Sicherung
(SCH)	Schulung
(SK)	Sachkundiger
(ST)	Stauung
(T)	Transport

---

[1] Anmerkung des Verlags: Die Zuordnung der Fragenummern zu den entsprechenden Themenbereichen befindet sich im Abschnitt 3 in diesem Werk.

(TB)	Tunnelbeschränkungen
(TT)	Tanktransport
(TV)	Tankverwendung
(Ü)	Übergangsvorschriften
(UF)	Unfall
(V)	Verpackung
(VN)	Vorlauf-/Nachlaufregelungen
(VS)	Vorschriften
(Z)	Zusammenladen
(ZTS)	Zulassung Tankschiff

Inhaltsverzeichnis

1 Gb-Prüfungsfragen
1.0 Fragenfundus für die Prüfung der Gefahrgutbeauftragten 8
1.1 Fragen zu nationalen Rechtsvorschriften 9
1.2 Fragen zum verkehrsträgerübergreifenden Teil 22
1.3 Fragen zum verkehrsträgerspezifischen Teil Straßenverkehr 42
1.4 Fragen zum verkehrsträgerspezifischen Teil Eisenbahnverkehr 102
1.5 Fragen zum verkehrsträgerspezifischen Teil Binnenschiffsverkehr 131
1.6 Fragen zum verkehrsträgerspezifischen Teil Seeschiffsverkehr 148

2 Antworten zu den Gb-Prüfungsfragen
2.1 Antworten zu nationalen Rechtsvorschriften 165
2.2 Antworten zum verkehrsträgerübergreifenden Teil 177
2.3 Antworten zum verkehrsträgerspezifischen Teil Straßenverkehr 196
2.4 Antworten zum verkehrsträgerspezifischen Teil Eisenbahnverkehr 260
2.5 Antworten zum verkehrsträgerspezifischen Teil Binnenschiffsverkehr 286
2.6 Antworten verkehrsträgerspezifischen Teil Seeschiffsverkehr 300

3 Zuordnung der Fragen zu Themenbereichen[1]
3.1 Verkehrsträgerübergreifender Teil 319
3.2 Teil Straße 319
3.3 Teil Eisenbahn 321
3.4 Teil Binnenschifffahrt 322
3.5 Teil See 323

Anhang
Gefahrgutbeauftragtenverordnung (GbV) 325

---

[1] *Anmerkung des Verlags: Die Themenbereiche sind in Form von Codierungen unter der Nummer der jeweiligen Frage angegeben.*

1 Gb-Prüfungsfragen

1.0 Fragenfundus für die Prüfung der Gefahrgutbeauftragten

Der Fragenfundus für die Prüfung der Gefahrgutbeauftragten wird unter Federführung des Deutschen Industrie- und Handelskammertages erarbeitet. Er ist die Basis für die Erstellung der Fragebogen für die Gefahrgutbeauftragtenprüfung.

Die vorliegende Fassung entspricht den z.Z. in Deutschland auf der Basis des Gefahrgutbeförderungsgesetzes veröffentlichten bzw. geltenden internationalen Gefahrgutrechtsvorschriften (ADR in der Fassung der 29. ADR-Änderungsverordnung/RID in der Fassung der 23. RID-Änderungsverordnung/ADN in der Fassung der 9. ADN-Änderungsverordnung/IMDG-Code – Amendment 41-22) sowie den am 1. Januar 2023 geltenden Verordnungen (GGVSEB, GGVSee, GGAV, GbV, GGKontrollV, ODV), Richtlinien und multilateralen Vereinbarungen.

Der überarbeitete Fundus wurde dem BMDV zugeleitet.

Allgemeine Hinweise:

- Der Fragenfundus umfasst inkl. einer Seite Informationen insgesamt 363 Seiten.[1]
- Der Fragenfundus kann auch teilweise ausgedruckt werden.
- Die einzelnen Bereiche „Nationale Rechtsvorschriften", „Verkehrsträgerübergreifender Teil", „Straße" (S), „Eisenbahn" (E), „Binnenschifffahrt" (B) und „See" (M) sind durch Zwischenüberschriften kenntlich gemacht.
- Im verkehrsträgerübergreifenden Teil enthalten alle Fragen Angaben, für welche Verkehrsträger (S, E, B, M) diese relevant sind.
- Angaben in der Frage- und Aufgabenstellung, wie z. B. Benennung der gefährlichen Güter, UN-Nummer, Gefahrgutklasse[2], Verpackungsgruppe, Angaben zur Verpackung (Verpackungsart, Verpackungscodierung, Herstellungsjahr) und den anderen Gefahrgutumschließungen, Fahrzeug- und Beförderungsarten, Maß- und Gewichtsangaben sowie Verantwortliche und deren Pflichten sind beispielhaft aufgeführt und können durch äquivalente Angaben ersetzt werden.
- Die für die jeweilige Frage vergebene Punktzahl erscheint rechts neben dem Fragentext.
- Unterfragen einzelner Fallstudien können ggf. auch in anderen Fallstudien verwendet werden.
- Fallstudien werden in den Verlängerungsprüfungen nicht gestellt.

Stand: 1. Januar 2023

---

[1] Anmerkung des Verlags: Die Seitenzahl bezieht sich auf die Originalfassung des DIHK.
[2] Anmerkung des Verlags: In den Fragen wird auch das Wort „Gefahrklasse" verwendet.

1.1 Fragen zu nationalen Rechtsvorschriften

Hinweis: Die Zahl in Klammern gibt die erreichbare Punktzahl an.
Redaktionell eingefügte Codes zu den Themenbereichen stehen jeweils unter der Fragennummer.

1   Nennen Sie zwei auf § 3 Abs. 1 des Gefahrgutbeförderungsgesetzes beruhen- (2)
    de Rechtsverordnungen.

2   Welche Verpflichtungen hat der Unternehmer bei einer Betriebskontrolle (1)
    durch Bedienstete der zuständigen Überwachungsbehörde?

    A   Er hat den Bediensteten der Überwachungsbehörden auf Verlangen Ver- ☐
        packungsmuster für eine amtliche Untersuchung zu übergeben.

    B   Er muss bei ihm befindliche Beförderungspapiere über die Beförderung ☐
        gefährlicher Güter den Bediensteten zur Überprüfung in der Behörde mit-
        geben.

    C   Er muss jede Frage der Bediensteten beantworten. ☐

    D   Er muss den Bediensteten der Überwachungsbehörde Kopien der von ihm ☐
        bereitgestellten bzw. verwendeten schriftlichen Weisungen zur Verfügung
        stellen.

3   Welche Verpflichtungen hat der Unternehmer bei einer Betriebskontrolle (1)
    durch Bedienstete der zuständigen Überwachungsbehörde?

    A   Er muss grundsätzlich die zur Erfüllung der Aufgaben der Überwachungs- ☐
        behörden erforderlichen Auskünfte unverzüglich erteilen.

    B   Er muss den Bediensteten der Überwachungsbehörde Kopien der von ihm ☐
        bereitgestellten bzw. verwendeten schriftlichen Weisungen zur Verfügung
        stellen.

    C   Er muss die Personalunterlagen der Gefahrgutbeauftragen zur Verfügung ☐
        stellen.

    D   Er muss Kaufverträge über alle Investitionen für Gefahrgutfahrzeuge/-um- ☐
        schließungen vorlegen.

4   Welche Verpflichtungen hat der Unternehmer bei einer Betriebskontrolle (1)
    durch Bedienstete der zuständigen Überwachungsbehörde?

    A   Er hat das Betreten der Räume seiner Speditionsabteilung zu dulden. ☐

    B   Er muss bei ihm befindliche Beförderungspapiere über die Beförderung ☐
        gefährlicher Güter den Bediensteten zur Überprüfung in der Behörde mit-
        geben.

    C   Er muss die Personalunterlagen der Gefahrgutbeauftragen zur Verfügung ☐
        stellen.

    D   Er muss Kaufverträge über alle Investitionen für Gefahrgutfahrzeuge/ ☐
        -umschließungen vorlegen.

5   Mit welchem Höchstmaß der Geldbuße sind Ordnungswidrigkeiten im Rah- (1)
    men der Gefahrgutbeauftragtenverordnung bedroht?

6   Nennen Sie zwei Gesetze oder Rechtsverordnungen außerhalb der Gefahr- (2)
    guttransportvorschriften, von deren Regelungsbereich auch gefährliche
    Güter erfasst werden.

1 Fragen

1.1 Nationale Rechtsvorschriften

7 Welches der nachfolgend genannten Gesetze muss neben dem ADR speziell beim Gefahrguttransport auf der Straße beachtet werden? (1)

- A Das Betriebsverfassungsgesetz ☐
- B Das Wasserhaushaltsgesetz ☐
- C Das Umsatzsteuergesetz ☐
- D Das Bürgerliche Gesetzbuch ☐

8 Welches der nachfolgend genannten Gesetze muss neben dem ADR speziell beim Gefahrguttransport auf der Straße beachtet werden? (1)

- A Das Sprengstoffgesetz ☐
- B Das Betriebsverfassungsgesetz ☐
- C Das Berufsbildungsgesetz ☐
- D Das Bürgerliche Gesetzbuch ☐

9 Welches der nachfolgend genannten Gesetze muss neben dem ADR speziell beim Gefahrguttransport auf der Straße beachtet werden? (1)

- A Das Betriebsverfassungsgesetz ☐
- B Das Kreislaufwirtschaftsgesetz ☐
- C Das Bürgerliche Gesetzbuch ☐
- D Das Arbeitsförderungsgesetz ☐

10 Welches der nachfolgend genannten Gesetze muss neben dem ADR speziell beim Gefahrguttransport auf der Straße beachtet werden? (1)

- A Das Atomgesetz ☐
- B Das Betriebsverfassungsgesetz ☐
- C Das Bürgerliche Gesetzbuch ☐
- D Das Umsatzsteuergesetz ☐

11 Welches der nachfolgend genannten Gesetze muss neben dem ADR speziell beim Gefahrguttransport auf der Straße beachtet werden? (1)

- A Das Chemikaliengesetz ☐
- B Das Mutterschutzgesetz ☐
- C Das Betriebsverfassungsgesetz ☐
- D Das Berufsbildungsgesetz ☐

12 Welches der nachfolgend genannten Gesetze muss neben dem IMDG-Code speziell beim Gefahrgut-Seetransport beachtet werden? (1)

- A Das Wasserhaushaltsgesetz ☐
- B Das Mutterschutzgesetz ☐
- C Das Betriebsverfassungsgesetz ☐
- D Das Berufsbildungsgesetz ☐

13 Welches der nachfolgend genannten Gesetze muss neben dem IMDG-Code speziell beim Gefahrgut-Seetransport beachtet werden? (1)

- A Das Sprengstoffgesetz ☐
- B Das Umsatzsteuergesetz ☐
- C Das Berufsbildungsgesetz ☐
- D Das Bürgerliche Gesetzbuch ☐

1.1 Nationale Rechtsvorschriften

14 Welches der nachfolgend genannten Gesetze muss neben dem IMDG-Code (1) speziell beim Gefahrgut-Seetransport beachtet werden?
- A Das Bürgerliche Gesetzbuch ☐
- B Das Arbeitsförderungsgesetz ☐
- C Das Schwerbehindertengesetz ☐
- D Das Chemikaliengesetz ☐

15 Welches der nachfolgend genannten Gesetze muss neben dem IMDG-Code (1) speziell beim Gefahrgut-Seetransport beachtet werden?
- A Das Betriebsverfassungsgesetz ☐
- B Das Arbeitsförderungsgesetz ☐
- C Das Kreislaufwirtschaftsgesetz ☐
- D Das Mutterschutzgesetz ☐

16 Welches der nachfolgend genannten Gesetze muss neben dem IMDG-Code (1) speziell beim Gefahrgut-Seetransport beachtet werden?
- A Das Atomgesetz ☐
- B Das Mutterschutzgesetz ☐
- C Das Bürgerliche Gesetzbuch ☐
- D Das Schwerbehindertengesetz ☐

17 Ein Gefahrgutbeauftragter muss nicht bestellt werden, wenn ... (1)
- A im Unternehmen ausreichend beauftragte Personen benannt sind. ☐
- B nur Binnenschiffe für den Gefahrguttransport eingesetzt werden. ☐
- C Gefahrgut nur in das Ausland befördert wird. ☐
- D sich die Tätigkeit der Unternehmen auf die Beförderung gefährlicher Güter im Straßen-, Eisenbahn-, Binnenschiffs- oder Seeverkehr erstreckt, deren Mengen die in Unterabschnitt 1.1.3.6 ADR festgelegten höchstzulässigen Mengen nicht überschreiten. ☐

18 Ein Gefahrgutbeauftragter muss nicht bestellt werden, wenn ... (1)
- A den Unternehmen ausschließlich Pflichten als Entlader zugewiesen und sie an der Beförderung gefährlicher Güter von nicht mehr als 50 Tonnen netto je Kalenderjahr beteiligt sind. ☐
- B nach Zustimmung der Berufsgenossenschaft ein Gefahrgutbeauftragter nicht erforderlich ist. ☐
- C im Unternehmen ausreichend beauftragte Personen benannt sind. ☐
- D es sich um ein kommunales Unternehmen handelt. ☐

19 Ein Gefahrgutbeauftragter muss nicht bestellt werden, wenn ... (1)
- A Gefahrgutbeförderungen ausschließlich im Luftverkehr durchgeführt werden. ☐
- B nach Zustimmung der Berufsgenossenschaft ein Gefahrgutbeauftragter nicht erforderlich ist. ☐
- C es sich um ein kommunales Unternehmen handelt. ☐
- D im Unternehmen ausreichend beauftragte Personen benannt sind. ☐

1 Fragen

1.1 Nationale Rechtsvorschriften

20 Ein Gefahrgutbeauftragter muss nicht bestellt werden, wenn ... (1)

A Unternehmen gefährliche Güter von nicht mehr als 50 Tonnen netto je Kalenderjahr für den Eigenbedarf in Erfüllung betrieblicher Aufgaben befördern, wobei dies bei radioaktiven Stoffen nur für solche der UN-Nummern 2908 bis 2911 gilt. ☐

B im Unternehmen ausreichend beauftragte Personen benannt sind. ☐

C es sich um ein kommunales Unternehmen handelt. ☐

D alle Fahrer im Unternehmen eine gültige ADR-Schulungsbescheinigung vorweisen können. ☐

21 Ein Gefahrgutbeauftragter muss nicht bestellt werden, wenn ... (1)

A sich im Unternehmen in den letzten drei Jahren kein Gefahrgutunfall ereignet hat. ☐

B alle Fahrer im Unternehmen eine gültige ADR-Schulungsbescheinigung vorweisen können. ☐

C Gefahrgut nur in das Ausland befördert wird. ☐

D sich die Tätigkeit der Unternehmen auf die Beförderung gefährlicher Güter erstreckt, die nach den Bedingungen des Kapitels 3.4 und 3.5 ADR/RID/ADN/IMDG-Code freigestellt sind. ☐

22 Ein Gefahrgutbeauftragter muss nicht bestellt werden, wenn ... (1)

A im Unternehmen ausreichend beauftragte Personen benannt sind. ☐

B nach Zustimmung der Berufsgenossenschaft ein Gefahrgutbeauftragter nicht erforderlich ist. ☐

C es sich um ein kommunales Unternehmen handelt. ☐

D sich die Tätigkeit der Unternehmen auf die Beförderung gefährlicher Güter erstreckt, die von den Vorschriften des ADR/RID/ADN/IMDG-Code freigestellt sind. ☐

23 Ein Gefahrgutbeauftragter muss nicht bestellt werden, wenn ... (1)

A alle Fahrer im Unternehmen eine gültige ADR-Schulungsbescheinigung vorweisen können. ☐

B nur Binnenschiffe für den Gefahrguttransport eingesetzt werden. ☐

C Gefahrgut nur in das Ausland befördert wird. ☐

D den Unternehmen ausschließlich Pflichten als Fahrzeugführer, Schiffsführer, Empfänger, Reisender, Hersteller und Rekonditionierer von Verpackungen und als Stelle für Inspektionen und Prüfungen von Großpackmitteln (IBC) zugewiesen sind. ☐

24 Ein Gefahrgutbeauftragter muss nicht bestellt werden, wenn ... (1)

A nach Zustimmung der Berufsgenossenschaft ein Gefahrgutbeauftragter nicht erforderlich ist. ☐

B es sich um ein kommunales Unternehmen handelt. ☐

C nur Binnenschiffe für den Gefahrguttransport eingesetzt werden. ☐

D den Unternehmen ausschließlich Pflichten als Auftraggeber des Absenders zugewiesen sind und sie an der Beförderung gefährlicher Güter von nicht mehr als 50 Tonnen netto je Kalenderjahr beteiligt sind, ausgenommen radioaktive Stoffe der Klasse 7 und gefährliche Güter der Beförderungskategorie 0 nach Absatz 1.1.3.6.3 ADR. ☐

1.1 Nationale Rechtsvorschriften

25 In welchen Fällen muss ein Unternehmen keinen Gefahrgutbeauftragten bestellen? Nennen Sie zwei Möglichkeiten gemäß Gefahrgutbeauftragtenverordnung. (2)

26 Wie kann der Gefahrgutbeauftragte erreichen, dass die Geltungsdauer seines Schulungsnachweises verlängert wird? (1)

    A   Durch Bestehen einer Verlängerungsprüfung ☐

    B   Der Schulungsnachweis verlängert sich automatisch, solange der Gefahrgutbeauftragte in einem Unternehmen als solcher tätig ist. ☐

    C   Er stellt einen Verlängerungsantrag bei der zuständigen Straßenverkehrsbehörde. ☐

    D   Durch Teilnahme an einem Fortbildungslehrgang ☐

27 Wie kann der Gefahrgutbeauftragte erreichen, dass die Geltungsdauer seines Schulungsnachweises verlängert wird? (1)

    A   Durch Teilnahme an einem Fortbildungslehrgang ☐

    B   Der Schulungsnachweis verlängert sich automatisch, solange der Gefahrgutbeauftragte in einem Unternehmen als solcher tätig ist. ☐

    C   Er stellt einen Verlängerungsantrag bei der zuständigen Straßenverkehrsbehörde. ☐

    D   Durch Bestehen einer Verlängerungsprüfung ☐

28 Wie kann ein Gefahrgutbeauftragter erreichen, dass sein Schulungsnachweis verlängert wird? (1)

29 Der Gb-Schulungsnachweis nach einer Grundschulung und bestandener Prüfung hat eine Gültigkeitsdauer ... (1)

    A   von 10 Jahren. ☐

    B   für den gesamten Zeitraum der Tätigkeit als Gefahrgutbeauftragter. ☐

    C   von 2 Jahren. ☐

    D   von 5 Jahren. ☐

30 Der Gb-Schulungsnachweis nach einer Grundschulung und bestandener Prüfung hat eine Gültigkeitsdauer ... (1)

    A   von 5 Jahren. ☐

    B   von 8 Jahren. ☐

    C   von 10 Jahren. ☐

    D   für den gesamten Zeitraum der Tätigkeit als Gefahrgutbeauftragter. ☐

31 Wie lange ist ein Gb-Schulungsnachweis nach einer Grundschulung und bestandener Prüfung gültig? (1)

32 Unter welcher Voraussetzung ist die Bestellung eines externen Gefahrgutbeauftragten zulässig? (1)

    A   Nur wenn im Unternehmen ein geeigneter Bewerber nicht gefunden werden konnte ☐

    B   Der externe Gefahrgutbeauftragte muss Inhaber eines gültigen Schulungsnachweises sein. ☐

    C   Die Bestellung des Gefahrgutbeauftragten muss der IHK gemeldet werden. ☐

    D   Wenn der Betriebsrat zugestimmt hat ☐

1 Fragen
1.1 Nationale Rechtsvorschriften

33 Unter welcher Voraussetzung ist die Bestellung eines externen Gefahrgutbeauftragten zulässig? (1)

    A   Der externe Gefahrgutbeauftragte muss Inhaber eines gültigen Schulungsnachweises sein. ☐

    B   Nur wenn das vorgeschriebene Mindestalter von 25 Jahren erreicht ist ☐

    C   Ein externer Gefahrgutbeauftragter muss über Führerschein und ADR-Schulungsbescheinigung verfügen. ☐

    D   Die Bestellung des Gefahrgutbeauftragten muss der IHK gemeldet werden. ☐

34 Welche Voraussetzung muss ein Gefahrgutbeauftragter erfüllen, damit er bestellt werden kann? (1)

35 Welches ist eine der Aufgaben des Gefahrgutbeauftragten? (1)

    A   Selbstständige Durchführung aller Gefahrgutschulungen im Unternehmen ☐

    B   Überwachung der Einhaltung der Vorschriften für die Beförderung gefährlicher Güter ☐

    C   Erstellung der Jahresmeldung an das Kraftfahrtbundesamt ☐

    D   Informationsanlaufstelle für Polizei und sonstige Behörden ☐

36 Welches ist eine der Aufgaben des Gefahrgutbeauftragten? (1)

    A   Beratung des Unternehmers bei den Tätigkeiten im Zusammenhang mit der Beförderung gefährlicher Güter ☐

    B   Jährliche Teilnahme an einer Gefahrgut-Fachtagung ☐

    C   Bezug mindestens einer Gefahrgut-Fachzeitschrift ☐

    D   Ausbildung der Fahrzeugführer nach 8.2 ADR ☐

37 Welches ist eine der Aufgaben des Gefahrgutbeauftragten? (1)

    A   Erstellen eines Jahresberichts ☐

    B   Selbstständige Durchführung aller Gefahrgutschulungen im Unternehmen ☐

    C   Aufbau einer Gefahrgutdatenbank ☐

    D   Ausbildung der Fahrzeugführer nach 8.2 ADR ☐

38 Nennen Sie zwei Aufgaben des Gefahrgutbeauftragten. (2)

39 Welche Antwort ist richtig, wenn es beim Be- oder Entladen durch das Freisetzen von gefährlichen Gütern zu einem Personenschaden gekommen ist? (1)

    A   Der Unternehmer hat den Unfallbericht zu erstellen, damit dieser dem Unfallbericht für die Haftpflichtversicherung entspricht. ☐

    B   Die Feuerwehr hat den Unfallbericht zu erstellen und an das Umweltbundesamt zu übermitteln. ☐

    C   Der Gefahrgutbeauftragte hat dafür zu sorgen, dass der Unfallbericht nach Eingang aller sachdienlichen Auskünfte erstellt wird. ☐

    D   Der Gefahrgutbeauftragte hat den Unfallbericht selbst zu erstellen, sobald er alle sachdienlichen Hinweise ermittelt hat. ☐

1 Fragen
1.1 Nationale Rechtsvorschriften

40 Welche Antwort ist richtig, wenn es beim Be- oder Entladen durch das Freisetzen von gefährlichen Gütern zu einem Personenschaden gekommen ist? (1)

    A   Der Gefahrgutbeauftragte hat dafür zu sorgen, dass der Unfallbericht nach Eingang aller sachdienlichen Auskünfte erstellt wird. ☐

    B   Die Feuerwehr hat den Unfallbericht zu erstellen und an das Umweltbundesamt zu übermitteln. ☐

    C   Der Unternehmer hat den Unfallbericht zu erstellen, damit dieser dem Unfallbericht für die Haftpflichtversicherung entspricht. ☐

    D   Es muss kein Unfallbericht erstellt werden, da es sich nicht um einen Unfall im Sinne der GbV handelt. ☐

41 Welche Antwort ist richtig, wenn bei einem Gefahrguttransport Personen durch Freisetzen von gefährlichen Gütern zu Schaden gekommen sind? (1)

    A   Der Gefahrgutbeauftragte ist dafür verantwortlich, dass der Unfallbericht nach Eingang aller sachdienlichen Auskünfte erstellt wird. ☐

    B   Der Unternehmer hat den Unfallbericht selbst zu erstellen, sobald er alle sachdienlichen Hinweise ermittelt hat. ☐

    C   Die Feuerwehr hat den Unfallbericht zu erstellen und an das Umweltbundesamt zu übermitteln. ☐

    D   Es muss kein Unfallbericht erstellt werden, da es sich nicht um einen Unfall im Sinne der GbV handelt. ☐

42 Welche Antwort ist richtig, wenn bei einem Gefahrguttransport Personen durch Freisetzen von gefährlichen Gütern zu Schaden gekommen sind? (1)

    A   Der Gefahrgutbeauftragte ist dafür verantwortlich, dass der Unfallbericht nach Eingang aller sachdienlichen Auskünfte erstellt wird. ☐

    B   Die Feuerwehr hat den Unfallbericht zu erstellen und an das Umweltbundesamt zu übermitteln. ☐

    C   Der Unternehmer hat den Unfallbericht zu erstellen, damit dieser dem Unfallbericht für die Haftpflichtversicherung entspricht. ☐

    D   Es muss kein Unfallbericht erstellt werden, da es sich nicht um einen Unfall im Sinne der GbV handelt. ☐

43 In welchen Fällen muss der Gefahrgutbeauftragte dafür sorgen, dass ein Unfallbericht erstellt wird? (2)

44 In welcher Rechtsvorschrift sind die Verbotszeichen für Gefahrguttransporte im Straßenverkehr zu finden? (1)

    A   Im Güterkraftverkehrsgesetz ☐

    B   In der Straßenverkehrsordnung ☐

    C   Im Gefahrgutbeförderungsgesetz ☐

    D   In der GGVSEB ☐

45 In welcher Rechtsvorschrift sind die Verbotszeichen für Gefahrguttransporte im Straßenverkehr zu finden? (1)

1 Fragen
1.1 Nationale Rechtsvorschriften

46 Über welche Rechte verfügt der Gefahrgutbeauftragte gegenüber dem Unternehmer? (1)

- A Er hat ein eigenständiges Informationsrecht gegenüber den Medien im Namen des Unternehmers. ☐
- B Er kann dem Unternehmer die Durchführung von Gefahrguttransporten verbieten. ☐
- C Er muss die notwendigen Mittel zur Aufgabenwahrnehmung erhalten. ☐
- D Bestehen organisatorische Mängel bei der Gefahrgutabwicklung, hat der Gefahrgutbeauftragte ein Weisungsrecht gegenüber dem Unternehmer. ☐

47 Über welche Rechte verfügt der Gefahrgutbeauftragte gegenüber dem Unternehmer? (1)

- A Er muss alle zur Wahrnehmung seiner Tätigkeit erforderlichen sachdienlichen Auskünfte und Unterlagen erhalten. ☐
- B Er kann einem Arbeitnehmer des Unternehmens, der gegen die Gefahrgutvorschriften verstößt, eine Abmahnung schicken. ☐
- C Er hat ein eigenständiges Informationsrecht gegenüber den Medien im Namen des Unternehmers. ☐
- D Er kann dem Unternehmer die Durchführung von Gefahrguttransporten verbieten. ☐

48 Über welche Rechte verfügt der Gefahrgutbeauftragte gegenüber dem Unternehmer? (1)

- A Bestehen organisatorische Mängel bei der Gefahrgutabwicklung, hat der Gefahrgutbeauftragte ein Weisungsrecht gegenüber dem Unternehmer. ☐
- B Er hat ein Vortragsrecht gegenüber der entscheidenden Stelle im Unternehmen. ☐
- C Er kann dem Unternehmer die Durchführung von Gefahrguttransporten verbieten. ☐
- D Er kann einem Arbeitnehmer des Unternehmens, der gegen die Gefahrgutvorschriften verstößt, eine Abmahnung schicken. ☐

49 Über welche Rechte verfügt der Gefahrgutbeauftragte gegenüber dem Unternehmer? (1)

- A Bestehen organisatorische Mängel bei der Gefahrgutabwicklung, hat der Gefahrgutbeauftragte ein Weisungsrecht gegenüber dem Unternehmer. ☐
- B Er hat ein eigenständiges Informationsrecht gegenüber den Medien im Namen des Unternehmers. ☐
- C Er kann einem Arbeitnehmer des Unternehmens, der gegen die Gefahrgutvorschriften verstößt, eine Abmahnung schicken. ☐
- D Er muss zu vorgesehenen Vorschlägen auf Änderung oder Anträgen auf Abweichung von den Vorschriften über die Beförderung gefährlicher Güter Stellung nehmen können. ☐

50 Welche Rechte hat der Gefahrgutbeauftragte gegenüber dem Unternehmer? Nennen Sie zwei. (2)

1.1 Nationale Rechtsvorschriften

51 Wie lange ist der Jahresbericht des Gefahrgutbeauftragten aufzubewahren? (1)
- A 5 Jahre ☐
- B 1 Jahr ☐
- C 3 Jahre ☐
- D 10 Jahre ☐

52 Wie lange ist der Jahresbericht des Gefahrgutbeauftragten aufzubewahren? (1)

53 Der Jahresbericht des Gefahrgutbeauftragten muss erstellt werden … (1)
- A spätestens 6 Monate nach Ablauf des Geschäftsjahres. ☐
- B am letzten Tag des jeweiligen Geschäftsjahres. ☐
- C einen Monat nach Ablauf des Geschäftsjahres. ☐
- D 12 Monate nach Ablauf des Geschäftsjahres. ☐

54 Innerhalb welchen Zeitraumes muss der Gefahrgutbeauftragte den Jahresbericht erstellen? (1)

55 In welchem Paragraphen der GGVSEB sind die Ordnungswidrigkeiten aufgeführt? (1)

56 In welchem Paragraphen der GGVSee sind die Ordnungswidrigkeiten aufgeführt? (1)

57 Bei welchen Beförderungen gefährlicher Güter gilt die GGVSEB? (1)
- A Innerhalb Deutschlands ☐
- B Von Österreich in die Schweiz ☐
- C Von Frankreich nach Spanien ☐
- D Von Russland nach Polen ☐

58 Bei welchen Beförderungen gefährlicher Güter gilt die GGVSEB? (1)
- A Von Deutschland in die Schweiz ☐
- B Von Frankreich nach Spanien ☐
- C Von Russland nach Polen ☐
- D Von Österreich in die Schweiz ☐

59 Bei welchen Beförderungen gefährlicher Güter gilt die GGVSEB? (1)
- A Von Deutschland nach Frankreich ☐
- B Von Frankreich nach Spanien ☐
- C Von Russland nach Polen ☐
- D Von Österreich in die Schweiz ☐

60 In welchem Regelwerk werden innerstaatlich abweichende Vorschriften vom RID festgelegt? (1)
- A In den besonderen Vorschriften für die einzelnen Klassen des RID ☐
- B Im Teil 1 des RID ☐
- C In den Bemerkungen im Teil 2 des RID ☐
- D In der Anlage 2 zur GGVSEB ☐

1 Fragen
1.1 Nationale Rechtsvorschriften

61 In welchem Regelwerk werden innerstaatlich abweichende Vorschriften vom ADR festgelegt? (1)

- A In den besonderen Vorschriften für die einzelnen Klassen des ADR ☐
- B Im Teil 1 des ADR ☐
- C In den Bemerkungen im Teil 2 des ADR ☐
- D In der Anlage 2 zur GGVSEB ☐

62 Wer ist Verlader im Sinne der GGVSEB? (2)

63 Wer ist Absender im Sinne der GGVSEB? (1)

- A Wer das Gut herstellt ☐
- B Das Unternehmen, das selbst gefährliche Güter versendet ☐
- C Wer das Gut verpackt ☐
- D Das Unternehmen, das gefährliche Güter in einen Kesselwagen befüllt ☐

64 Wer ist Auftraggeber des Absenders im Sinne der GGVSEB? (2)

65 Wer ist Verpacker im Sinne der GGVSEB? (2)

66 Welche Ordnungswidrigkeiten kann der Gefahrgutbeauftragte nach der GbV begehen? Nennen Sie zwei Möglichkeiten. (2)

67 Wo gelten die Ausnahmen nach GGAV? (1)

- A In Deutschland (innerstaatliche Beförderung) ☐
- B In der EU (innergemeinschaftliche Beförderung) ☐
- C Geregelt in der jeweiligen Ausnahme ☐
- D Im Ausland ☐

68 Wie lange haben Ausnahmen der GGAV Gültigkeit? (1)

- A Unbegrenzt, wenn nicht die Geltungsdauer ausdrücklich bestimmt ist ☐
- B Grundsätzlich 3 Jahre ☐
- C Immer 5 Jahre ☐
- D Jeweils 12 Monate ☐

69 Welche Bedeutung hat der Buchstabe „B" im Zusammenhang mit der Anwendung einer Ausnahme nach der Gefahrgut-Ausnahmeverordnung? (1)

- A Bergungsverpackung ☐
- B Beförderungseinheit ☐
- C Bedecktes Fahrzeug ☐
- D Geltungsbereich Binnenschifffahrt ☐

70 Welche Bedeutung hat der Buchstabe „M" im Zusammenhang mit der Anwendung einer Ausnahme nach der Gefahrgut-Ausnahmeverordnung? (1)

- A Geltungsbereich Seeschifffahrt ☐
- B Multilaterale Vereinbarungen ☐
- C Anlage M der GGVSee ☐
- D Monatliche Geltungsdauer ☐

Gb-Prüfung 1 Fragen
1.1 Nationale Rechtsvorschriften

71 Welche Bedeutung hat der Buchstabe „E" im Zusammenhang mit der Anwendung einer Ausnahme nach der Gefahrgut-Ausnahmeverordnung? (1)

    A   Geltungsbereich Eisenbahn ☐
    B   Eilbeförderung ☐
    C   Anlage E der GGVSEB ☐
    D   Expresszustellung ☐

72 Welche Bedeutung hat der Buchstabe „S" im Zusammenhang mit der Anwendung einer Ausnahme nach der Gefahrgut-Ausnahmeverordnung? (1)

    A   Geltungsbereich Binnenschifffahrt ☐
    B   Geltungsbereich Straßenverkehr ☐
    C   Anlage S der GGVSee ☐
    D   Geltungsbereich Schienenverkehr ☐

73 Für welchen Verkehrsträger findet eine Ausnahme der Gefahrgut-Ausnahmeverordnung Anwendung, die mit dem Buchstaben „B" gekennzeichnet ist? (1)

74 Für welchen Verkehrsträger findet eine Ausnahme der Gefahrgut-Ausnahmeverordnung Anwendung, die mit dem Buchstaben „M" gekennzeichnet ist? (1)

75 Für welchen Verkehrsträger findet eine Ausnahme der Gefahrgut-Ausnahmeverordnung Anwendung, die mit dem Buchstaben „S" gekennzeichnet ist? (1)

76 Für welchen Verkehrsträger findet eine Ausnahme der Gefahrgut-Ausnahmeverordnung Anwendung, die mit dem Buchstaben „E" gekennzeichnet ist? (1)

77 Ein Unternehmen versendet 1 000 kg eines gefährlichen Gutes (Verpackungsgruppe I) per Binnenschiff nach Rotterdam. Der Gefahrgutbeauftragte des Unternehmens besitzt den Schulungsnachweis für Straßen- und Seeschiffsverkehr. Ist dies ausreichend? Begründen Sie Ihre Antwort. (2)

78 Ein Unternehmen versendet 100 t eines gefährlichen Gutes per Schiff nach Übersee. Der Gefahrgutbeauftragte des Unternehmens besitzt den Schulungsnachweis für Straßen- und Binnenschiffsverkehr. Ist dies ausreichend? Begründen Sie Ihre Antwort. (2)

79 Ein Unternehmen versendet 1 000 kg eines gefährlichen Gutes (Verpackungsgruppe I) per Binnenschiff nach Rotterdam. Der Gefahrgutbeauftragte des Unternehmens besitzt den Schulungsnachweis für Eisenbahn- und Seeschiffsverkehr. Ist dies ausreichend? Begründen Sie Ihre Antwort. (2)

80 Ein Unternehmen versendet 1 000 kg eines gefährlichen Gutes (Verpackungsgruppe I) per Binnenschiff nach Rotterdam. Der Gefahrgutbeauftragte des Unternehmens besitzt den Schulungsnachweis für Straßenverkehr. Ist dies ausreichend? Begründen Sie Ihre Antwort. (2)

81 Wie lange hat der Gefahrgutbeauftragte die Aufzeichnungen über seine Überwachungstätigkeit mindestens aufzubewahren? (1)

82 Nennen Sie zwei Punkte, die der Jahresbericht des Gefahrgutbeauftragten nach GbV enthalten muss. (2)

1 Fragen
1.1 Nationale Rechtsvorschriften

83 **Welche Bedeutung hat die Straßenverkehrsordnung speziell für die Beförderung gefährlicher Güter?** (1)

A Die Straßenverkehrsordnung muss nur von Fahrern der Klasse 1 beachtet werden. ☐

B Die Straßenverkehrsordnung muss nur von Fahrern der Klasse 7 beachtet werden. ☐

C Die Straßenverkehrsordnung schließt einige Gefahrgüter von der Beförderung auf der Straße aus. ☐

D Die Straßenverkehrsordnung kennt Sonderverkehrszeichen, die nur von Gefahrgutfahrern zu beachten sind. ☐

84 **Welche Bedeutung hat die Straßenverkehrsordnung speziell für die Beförderung gefährlicher Güter?** (1)

A In der Straßenverkehrsordnung gibt es bestimmte Verhaltensregeln, von denen nur die Fahrer von Gefahrguttransporten betroffen sind. ☐

B Die Straßenverkehrsordnung regelt nur den Transport gefährlicher Güter mit Pkw. ☐

C In der Straßenverkehrsordnung gibt es Sondervorschriften, die nur für den Transport explosiver Güter gelten. ☐

D Die Straßenverkehrsordnung schließt einige Gefahrgüter von der Beförderung auf der Straße aus. ☐

85 **In welchem amtlichen Bekanntmachungsmedium in Deutschland wird das RID verkündet?** (1)

A Im „Handelsblatt" ☐

B Im Bundesgesetzblatt Teil II ☐

C Im Gefahrgutgesetzblatt ☐

D In der GbV ☐

86 **In welchem amtlichen Bekanntmachungsmedium in Deutschland wird das ADR verkündet?** (1)

A Im Bundesgesetzblatt Teil II ☐

B Im „Handelsblatt" ☐

C Im Gefahrgutgesetzblatt ☐

D In der GbV ☐

87 **In welchem amtlichen Bekanntmachungsmedium in Deutschland wird die GGVSee verkündet?** (1)

A Im Bundesgesetzblatt Teil I ☐

B Im „Handelsblatt" ☐

C Im Gefahrgutgesetzblatt ☐

D In den Verkehrsnachrichten ☐

88 **In welchem amtlichen Bekanntmachungsmedium in Deutschland wird die GGVSEB verkündet?** (1)

A In den Verkehrsnachrichten ☐

B Im Gefahrgutgesetzblatt ☐

C Im „Handelsblatt" ☐

D Im Bundesgesetzblatt Teil I ☐

1.1 Nationale Rechtsvorschriften

89 In welchem amtlichen Bekanntmachungsmedium in Deutschland wird das (1)
ADN verkündet?

A   Im „Handelsblatt" ☐
B   Im Bundesgesetzblatt Teil II ☐
C   Im Gefahrgutgesetzblatt ☐
D   In der GbV ☐

90 In welchem amtlichen Bekanntmachungsmedium in Deutschland wird die (1)
Gefahrgut-Ausnahmeverordnung verkündet?

A   Im Amtsblatt der EG ☐
B   Im Bundesgesetzblatt Teil I ☐
C   In den Verkehrsnachrichten ☐
D   Im Gefahrgutgesetzblatt ☐

91 Nennen Sie drei Pflichten des Unternehmers nach der GbV. (3)

92 Nennen Sie drei Pflichten des Gefahrgutbeauftragten. (3)

1.2 Fragen zum verkehrsträgerübergreifenden Teil

Hinweis: Die Zahl in Klammern gibt die erreichbare Punktzahl an.
Redaktionell eingefügte Codes zu den Themenbereichen stehen jeweils unter der Fragennummer.

93 Welche Bedeutung hat die obere Zahl auf der orangefarbenen Tafel? (1)
(POT)
- A   Nummer zur Kennzeichnung der Gefahr ☐
- B   Nummer zur Kennzeichnung des Stoffes oder Gegenstandes nach den UN-Modellvorschriften ☐
- C   Zahl zur Bestimmung der Verpackungsgruppe ☐
- D   Abfallschlüsselnummer ☐

Zulässige Verkehrsträger: Straße, Eisenbahn, Binnenschifffahrt

94 Was versteht man unter der UN-Nummer im Sinne der Gefahrgutvorschriften? (1)
(K)
- A   Die UN-Nummer gibt die höchste Nettomasse je Außenverpackung an. ☐
- B   Eine vierstellige Zahl als Nummer zur Kennzeichnung von Stoffen oder Gegenständen gemäß den UN-Modellvorschriften ☐
- C   Die UN-Nummer ist die Zulassungsnummer eines Versandstückes mit gefährlichen Gütern. ☐
- D   Die UN-Nummer gibt die Gesamtmenge an Gefahrgut in einem Versandstück an. ☐

Zulässige Verkehrsträger: Straße, Eisenbahn, Binnenschifffahrt

95 Welche Bedeutung hat die untere Zahl auf der orangefarbenen Tafel? (1)
(POT)
- A   Zahl, die nur für schnell abbaubare giftige Stoffe gilt ☐
- B   Zahl, die mögliche Sammeleintragungen für Proben mit energetischen Stoffen in das Prüfverfahren der Klasse 9 festlegt ☐
- C   Zahl, die angibt, ab welchen Mengen in Gramm die Beförderung verboten ist ☐
- D   Nummer zur Kennzeichnung des Stoffes oder Gegenstandes gemäß den UN-Modellvorschriften ☐

Zulässige Verkehrsträger: Straße, Eisenbahn, Binnenschifffahrt

96 Was versteht man unter der UN-Nummer im Sinne der Gefahrgutvorschriften? (2)
(K)

Zulässige Verkehrsträger: Straße, Eisenbahn, Binnenschifffahrt

97 Woran erkennt der Empfänger ein Versandstück mit folgendem Gefahrgut der Klasse 7 RID: „Radioaktive Stoffe, freigestelltes Versandstück – begrenzte Stoffmenge"? (1)
(MK)
- A   Am Gefahrzettel Nr. 7A ☐
- B   Am aufgedruckten Strahlenwarnzeichen ☐
- C   Am Kennzeichen „UN 2910" ☐
- D   Das ist nicht erkennbar, da solche freigestellten Versandstücke nicht gekennzeichnet sind. ☐

Zulässige Verkehrsträger: Eisenbahn

98 (POT)	Auf welche konkrete Gefahr weist die Zahl 323 im oberen Teil der orangefarbenen Tafel hin?	(2)

Zulässige Verkehrsträger: Straße, Eisenbahn, Binnenschifffahrt

99 (POT)	Welche Nummer zur Kennzeichnung der Gefahr steht für einen sehr giftigen festen Stoff, entzündbar oder selbsterhitzungsfähig?	(1)

A 664 ☐
B 26 ☐
C X886 ☐
D 623 ☐

Zulässige Verkehrsträger: Straße, Eisenbahn, Binnenschifffahrt

100 (POT)	In welchem Kapitel befinden sich für einen Stoff oder Gegenstand die jeweils zugeordnete Nummer zur Kennzeichnung der Gefahr und die UN-Nummer auf orangefarbenen Tafeln?	(1)

Zulässige Verkehrsträger: Straße, Eisenbahn, Binnenschifffahrt

101 (POT)	Welche Bedeutung haben die untenstehenden Nummern zur Kennzeichnung der Gefahr und die UN-Nummer auf der orangefarbenen Tafel?	(3)

46
2926

46 = ...
2926 = ...

Zulässige Verkehrsträger: Straße, Eisenbahn, Binnenschifffahrt

102 (MK)	Welche Gefahrzettel sind bei Versandstücken mit UN 2683 Ammoniumsulfid, Lösung, anzubringen?	(1)

Zulässige Verkehrsträger: Straße, Eisenbahn, Binnenschifffahrt, See

103 (MK)	Bleisulfat mit 2 % freier Säure soll in Versandstücken befördert werden. Müssen an den Versandstücken Gefahrzettel angebracht werden? Antworten Sie mit „Ja" oder „Nein" und begründen Sie Ihre Antwort.	(3)

Zulässige Verkehrsträger: Straße, Eisenbahn, Binnenschifffahrt, See

104 (MK)	Welches Kennzeichen muss auf einem Versandstück mit UN 1700 angebracht sein?	(1)

Zulässige Verkehrsträger: See

105 (MK)	Welches Kennzeichen muss auf einem Versandstück angebracht sein, das Cer enthält? Die Kriterien des Absatzes 2.2.9.1.10 treffen für dieses Gefahrgut nicht zu.	(1)

Zulässige Verkehrsträger: Straße, Eisenbahn, Binnenschifffahrt

106 (MK)	Welche Kennzeichen müssen auf einem Versandstück (= zusammengesetzte Verpackung mit Innenverpackungen von jeweils 1 l und einer Gesamtbruttomasse von 35 kg) angebracht sein, das Phosphorsäure, Lösung enthält? Die Kriterien des Absatzes 2.2.9.1.10 treffen für dieses Gefahrgut nicht zu.	(2)

Zulässige Verkehrsträger: Straße, Eisenbahn, Binnenschifffahrt

1 Fragen — Gb-Prüfung
1.2 Verkehrsträgerübergreifender Teil

107 *(MK)* Welche Kennzeichen müssen auf einem Versandstück (= zusammengesetzte Verpackung mit Innenverpackungen von jeweils 1 l und einer Gesamtbruttomasse von 35 kg) angebracht sein, das Phosphorsäure, Lösung enthält? Die Kriterien des Kapitels 2.10 treffen für dieses Gefahrgut nicht zu. (3)

Zulässige Verkehrsträger: See

108 *(MK)* Welches Kennzeichen muss auf einer zusammengesetzten Verpackung mit einem Gewicht von 35 kg angebracht sein, die UN 1950 Druckgaspackungen, entzündbar (Fassungsraum je 200 ml) enthält? (3)

Zulässige Verkehrsträger: Straße, Eisenbahn, Binnenschifffahrt, See

109 *(MK)* Mit welchem Kennzeichen müssen Versandstücke mit Lithium-Ionen-Batterien versehen sein, die gemäß Sondervorschrift 188 befördert werden? (2)

Zulässige Verkehrsträger: Straße, Eisenbahn, Binnenschifffahrt, See

110 *(MK)* Eine Palette mit mehreren Versandstücken unterschiedlicher Gefahrgüter, deren Zusammenladung zulässig ist, ist mit einer undurchsichtigen Folie umwickelt. Wo müssen die Gefahrzettel angebracht sein? (1)

- A Auf der Folie und auf den Versandstücken ☐
- B Nur auf den Versandstücken ☐
- C Nur auf der Folie ☐
- D Auf dem Container ☐

Zulässige Verkehrsträger: Straße, Eisenbahn, Binnenschifffahrt, See

111 *(MK)* Ein freigestelltes Versandstück der Klasse 7 ist mit UN 2910 gekennzeichnet. Welches zusätzliche Kennzeichen ist erforderlich? (1)

- A Gefahrzettel Nr. 7A, 7B oder 7C ☐
- B Gefahrzettel Nr. 7E ☐
- C Großzettel (Placard) Muster 7D ☐
- D Angabe zur Identifikation des Absenders und/oder Empfängers ☐

Zulässige Verkehrsträger: Straße, Eisenbahn, Binnenschifffahrt, See

112 *(MK)* Mit welcher Kennzahl müssen bei Versandstücken Gefahrzettel nach Muster Nr. 7E ergänzt werden? (1)

- A Kritikalitätssicherheitskennzahl (CSI) ☐
- B Transport Index (TI) ☐
- C Maximale Aktivität des radioaktiven Inhalts ☐
- D Atomzahl des Radionuklids ☐

Zulässige Verkehrsträger: Straße, Eisenbahn, Binnenschifffahrt, See

113 *(MK)* Welche Form und Seitenlänge müssen Gefahrzettel haben? (2)

Zulässige Verkehrsträger: Straße, Eisenbahn, Binnenschifffahrt, See

114 *(MK)* Wo müssen Gefahrzettel nach Muster 7A (Kategorie I-WEISS), 7B (Kategorie II-GELB) oder 7C (Kategorie III-GELB) an einem Versandstück angebracht sein? (1)

- A An zwei gegenüberliegenden Seiten ☐
- B Auf allen Außenseiten ☐

| | C | Nur auf einer Außenseite | ☐ |
| | D | Auf keiner Außenseite | ☐ |

Zulässige Verkehrsträger: Straße, Eisenbahn, Binnenschifffahrt, See

115 Ab welcher Bruttomasse muss ein Versandstück, das Stoffe der Klasse 7 (1)
(MK) enthält, mit der zulässigen Bruttomasse gekennzeichnet sein?

	A	Mehr als 50 kg	☐
	B	Bis 25 kg	☐
	C	Mehr als 50 l	☐
	D	Mehr als 10 kg und bis 25 kg	☐

Zulässige Verkehrsträger: Straße, Eisenbahn, Binnenschifffahrt, See

116 Welche zwei Bedingungen bestimmen die Kategorie I-WEISS, II-GELB oder (2)
(MK) III-GELB eines Versandstückes?

Zulässige Verkehrsträger: Straße, Eisenbahn, Binnenschifffahrt, See

117 Geben Sie die Nummer des Gefahrzettels an, der an einem Versandstück (2)
(MK) (Transportkennzahl 3, Dosisleistung/Außenfläche 1 mSv/h) anzubringen ist.

Zulässige Verkehrsträger: Straße, Eisenbahn, Binnenschifffahrt, See

118 In welchem Absatz sind die Muster für Gefahrzettel abgebildet? (2)
(MK)
Zulässige Verkehrsträger: Straße, Eisenbahn, Binnenschifffahrt, See

119 In welchem Unterabschnitt wird die Bedeutung der Nummern zur Kenn- (2)
(POT) zeichnung der Gefahr erläutert?

Zulässige Verkehrsträger: Straße, Eisenbahn, Binnenschifffahrt

120 Darf auf Gasflaschen das Kennzeichen für umweltgefährdende Stoffe mit (2)
(MK) kleineren Abmessungen als 100 mm × 100 mm angebracht sein? Geben Sie
auch den Absatz der Fundstelle an.

Zulässige Verkehrsträger: Straße, Eisenbahn, Binnenschifffahrt, See

121 Dürfen auf Gasflaschen Gefahrzettel angebracht werden, deren Abmessung (2)
(MK) kleiner als 100 mm × 100 mm ist? Geben Sie auch den Absatz der Fundstelle
an.

Zulässige Verkehrsträger: Straße, Eisenbahn, Binnenschifffahrt, See

122 Müssen Versandstücke mit Nickel-Metallhydrid-Batterien, die in Ausrüstun- (2)
(MK) gen verpackt sind, gekennzeichnet werden? Antworten Sie mit „Ja" oder
„Nein" und begründen Sie Ihre Antwort unter Nennung der Fundstelle.

Zulässige Verkehrsträger: Straße, Eisenbahn, Binnenschifffahrt, See

123 Ein Versandstück mit einer Bruttomasse von 25 kg enthält mehrere Innenver- (3)
(LQ) packungen mit jeweils 750 ml Aceton. Darf das Versandstück als in begrenzten Mengen verpackte gefährliche Güter befördert werden? Antworten Sie
mit „Ja" oder „Nein" und geben Sie ggf. die Höchstmenge des Stoffes je Innenverpackung und die Bruttohöchstmasse je Versandstück an. Nennen Sie
auch die zutreffenden Abschnitte für Ihre Lösung.

Zulässige Verkehrsträger: Straße, Eisenbahn, Binnenschifffahrt, See

1 Fragen Gb-Prüfung
1.2 Verkehrsträgerübergreifender Teil

124 (MK) Ein Großpackmittel mit einem Fassungsraum von 1 000 l enthält eine Kaliumhydroxidlösung. Welches Kennzeichen ist zusätzlich zu den Gefahrzetteln erforderlich und wo muss es angebracht werden? Die Kriterien des Abschnitts 2.9.3 und des Kapitels 2.10 treffen für dieses Gefahrgut nicht zu. (4)

Zulässige Verkehrsträger: See

125 (MK) Ein Großpackmittel mit einem Fassungsraum von 1 000 l enthält eine Kaliumhydroxidlösung. Welches Kennzeichen ist zusätzlich zu den Gefahrzetteln erforderlich und wo muss es angebracht werden? Die Kriterien des Absatzes 2.2.9.1.10 treffen für dieses Gefahrgut nicht zu. (3)

Zulässige Verkehrsträger: Straße, Eisenbahn, Binnenschifffahrt

126 (MK) Mehrere Versandstücke mit festen, nicht umweltgefährdenden Stoffen unterschiedlicher UN-Nummern werden auf einer Palette transportiert, die mit einer undurchsichtigen Folie umwickelt ist. Welche Kennzeichen sind zusätzlich zu den Gefahrzetteln erforderlich? (3)

Zulässige Verkehrsträger: Straße, Eisenbahn, Binnenschifffahrt

127 (MK) Mehrere Versandstücke mit festen, nicht umweltgefährdenden Stoffen unterschiedlicher UN-Nummern werden auf einer Palette transportiert, die mit einer undurchsichtigen Folie umwickelt ist. Welche Kennzeichen sind zusätzlich zu den Gefahrzetteln erforderlich? (4)

Zulässige Verkehrsträger: See

128 (MK) Mehrere Versandstücke, die gefährliche feste Stoffe ohne umweltgefährdende Eigenschaften enthalten, sollen in einer Bergungsverpackung transportiert werden. Welche Kennzeichen sind zusätzlich zu Gefahrzetteln für die Bergungsverpackung erforderlich? (3)

Zulässige Verkehrsträger: Straße, Eisenbahn, Binnenschifffahrt

129 (MK) Mehrere Versandstücke, die feste gefährliche Stoffe ohne umweltgefährdende Eigenschaften enthalten, sollen in einer Bergungsverpackung transportiert werden. Welche Kennzeichen sind zusätzlich zu Gefahrzetteln für die Bergungsverpackung erforderlich? (4)

Zulässige Verkehrsträger: See

130 (MK) Nennen Sie die Sondervorschrift, nach der bei der Beförderung von Versandstücken mit Lithium-Ionen-Batterien die Bezettelung mit dem Gefahrzettelmuster Nr. 9A nicht erforderlich ist. (2)

Zulässige Verkehrsträger: Straße, Eisenbahn, Binnenschifffahrt, See

131 (MK) In welchem Unterabschnitt finden sich die besonderen Vorschriften für die Kennzeichnung von Versandstücken mit umweltgefährdenden Stoffen oder Meeresschadstoffen? (2)

Zulässige Verkehrsträger: Straße, Eisenbahn, Binnenschifffahrt, See

132 (MK) Ein umweltgefährdender fester Stoff soll in einer Kombinationsverpackung (Kunststoffgefäß in einem Fass aus Stahl) transportiert werden. Die Gesamtbruttomasse beträgt 180 kg. Der Gefahrzettel ist bereits angebracht. Geben Sie die erforderlichen Kennzeichen an. (4)

Zulässige Verkehrsträger: See

| 133 (MK) | Ein umweltgefährdender flüssiger Stoff soll in einer zusammengesetzten Verpackung transportiert werden. Die Gesamtbruttomasse beträgt 35 kg. Der Inhalt einer Innenverpackung beträgt 6 l. Der Gefahrzettel ist bereits angebracht. Geben Sie die erforderlichen Kennzeichen an. | (4) |

Zulässige Verkehrsträger: Straße, Eisenbahn, Binnenschifffahrt

| 134 (LQ) | Nennen Sie die Fundstelle für die Kennzeichnung von Versandstücken bei Anwendung der Vorschriften für in begrenzten Mengen verpackte gefährliche Güter. | (1) |

A   3.5.4 ☐
B   5.2.1.9 ☐
C   5.2.1.8.3 ☐
D   3.4.7 ☐

Zulässige Verkehrsträger: See

| 135 (EQ) | Nennen Sie die Fundstelle für die Kennzeichnung von Versandstücken bei Anwendung der Vorschriften für in freigestellten Mengen verpackte gefährliche Güter. | (1) |

A   3.5.4 ☐
B   5.5.2.3 ☐
C   5.2.1.9 ☐
D   3.4.4 ☐

Zulässige Verkehrsträger: Straße, Eisenbahn, Binnenschifffahrt, See

| 136 (V) | Nennen Sie die Bedeutung und die Mindestabmessungen des nachfolgend abgebildeten Piktogramms für Großpackmittel. | (2) |

Zulässige Verkehrsträger: Straße, Eisenbahn, Binnenschifffahrt, See

| 137 (MK) | Wie groß muss die Zeichenhöhe für die UN-Nummer und die Buchstaben „UN" auf einem Versandstück mit einer Nettomasse von 20 kg Gefahrgut mindestens sein? | (2) |

Zulässige Verkehrsträger: Straße, Eisenbahn, Binnenschifffahrt, See

| 138 (KT) | In welchem Abschnitt befinden sich die Sondervorschriften für Versandstücke mit Stoffen, die bei der Verwendung zu Kühl- oder Konditionierungszwecken ein Erstickungsrisiko darstellen können? | (2) |

Zulässige Verkehrsträger: Straße, Eisenbahn, Binnenschifffahrt, See

1 Fragen — Gb-Prüfung

1.2 Verkehrsträgerübergreifender Teil

139 (MK) Versandstücke mit Gefahrgütern, die ausschließlich die Kriterien für umweltgefährdende Stoffe oder für Meeresschadstoffe erfüllen, müssen unter bestimmten Voraussetzungen nicht mit dem hier abgebildeten Kennzeichen gekennzeichnet werden. Nennen Sie die genauen Voraussetzungen. (2)

Zulässige Verkehrsträger: Straße, Eisenbahn, Binnenschifffahrt, See

140 (MK) Auf einem Versandstück ist nachfolgender Gefahrzettel angebracht. Nennen Sie die Klasse und die von dieser Klasse ausgehende Gefahr. (2)

Zulässige Verkehrsträger: Straße, Eisenbahn, Binnenschifffahrt, See

141 (LQ) Ein Versandstück enthält Innenverpackungen mit dem Gefahrgut UN 1201, Verpackungsgruppe II und ist mit diesem hier abgebildeten Kennzeichen versehen. Nennen Sie die maximale Mengengrenze für die Innenverpackung. Wie schwer darf das Versandstück sein? (2)

Zulässige Verkehrsträger: Straße, Eisenbahn, Binnenschifffahrt, See

142 (MK) In welchem Fall ist das hier abgebildete Kennzeichen auf einem Versandstück mit gefährlichen Gütern nicht erforderlich? (1)

A   Bei Außenverpackungen, die Druckgefäße mit Ausnahme von verschlossenen oder offenen Kryo-Behältern enthalten ☐

B   Bei Außenverpackungen, die gefährliche Güter in Innenverpackungen enthalten, wobei jede einzelne Innenverpackung nicht mehr als 780 ml enthält ☐

	C	Bei Außenverpackungen, die brennbare Flüssigkeiten in Primärgefäßen enthalten, wobei jedes einzelne Primärgefäß nicht mehr als 180 ml enthält □
	D	Das Kennzeichen muss immer angebracht werden. □

Zulässige Verkehrsträger: Straße, Eisenbahn, Binnenschifffahrt, See

143 (MK) In welchem Fall ist das hier abgebildete Kennzeichen auf einem Versandstück mit gefährlichen Gütern nicht erforderlich? Nennen Sie zwei Möglichkeiten. (2)

Zulässige Verkehrsträger: Straße, Eisenbahn, Binnenschifffahrt, See

144 (MK) Mit welchen Kennzeichen sind Versandstücke, die UN 2211 enthalten, zu versehen? (2)

Zulässige Verkehrsträger: Straße, Eisenbahn, Binnenschifffahrt

145 (MK) An welchen Stellen müssen an einem Versandstück mit einem entzündbaren flüssigen Stoff und einem Fassungsraum von weniger als 450 l Gefahrzettel angebracht werden? (1)

A	Auf einer Seite	□
B	Auf zwei gegenüberliegenden Seiten	□
C	Auf zwei gegenüberliegenden Seiten und oben	□
D	Auf keiner Seite	□

Zulässige Verkehrsträger: Straße, Eisenbahn, Binnenschifffahrt, See

146 (MK) Wo müssen an Großpackmitteln mit einem Fassungsraum von mehr als 450 l, die gefährliche Güter enthalten, die UN-Nummern angebracht werden? (2)

Zulässige Verkehrsträger: Straße, Eisenbahn, Binnenschifffahrt, See

147 (MK) In welcher Amtssprache muss der Ausdruck „Umverpackung" angegeben sein? (2)

Zulässige Verkehrsträger: Straße, Eisenbahn, Binnenschifffahrt

148 (LQ) Ein Versandstück besteht aus einer Kiste aus Pappe als Außenverpackung und Kunststoff-Innenverpackungen mit jeweils 1 l mit dem Gefahrgut UN 1203. Das Versandstück wiegt brutto 25 kg und soll als begrenzte Menge befördert werden. Müssen auf dem Versandstück Ausrichtungspfeile angebracht werden? Antworten Sie mit „Ja" oder „Nein" und geben Sie die Fundstellen für Ihre Lösung an. (3)

Zulässige Verkehrsträger: Straße, Eisenbahn, Binnenschifffahrt, See

149 (MK) Wie groß muss die Buchstabenhöhe des Ausdrucks „UMVERPACKUNG" mindestens sein? (1)

Zulässige Verkehrsträger: Straße, Eisenbahn, Binnenschifffahrt, See

1 Fragen Gb-Prüfung
1.2 Verkehrsträgerübergreifender Teil

150 (EQ) Sind undurchsichtige Umverpackungen mit in freigestellten Mengen verpackten gefährlichen Gütern in Innenverpackungen mit einer Nettomenge von jeweils 2 ml und einer Nettomenge je Außenverpackung von 200 ml mit dem Ausdruck „Umverpackung" zu kennzeichnen? Antworten Sie mit „Ja" oder „Nein". Geben Sie auch die Unterabschnitte der Fundstellen an. (2)

Zulässige Verkehrsträger: Straße, Eisenbahn, Binnenschifffahrt, See

151 (MK) Welche Gefahrzettel müssen auf einem Versandstück angebracht werden, das den Stoff Methylethylketonperoxid mit der UN-Nummer 3101 enthält? Begründen Sie Ihre Antwort unter Nennung der Fundstellen. (4)

Zulässige Verkehrsträger: Straße, Eisenbahn, Binnenschifffahrt, See

152 (MK) Welches Kennzeichen muss auf einem Gegenstand mit der UN-Nummer 3540 angebracht werden, wenn sichergestellt werden muss, dass der Gegenstand während der Beförderung in seiner vorgesehenen Ausrichtung verbleiben soll? (1)

Zulässige Verkehrsträger: Straße, Eisenbahn, Binnenschifffahrt, See

153 (K) Was ist der Flammpunkt? (1)

A Die niedrigste Temperatur eines flüssigen Stoffes, bei der seine Dämpfe mit Luft ein entzündbares Gemisch bilden ☐

B Die niedrigste Temperatur einer heißen Oberfläche, an der sich ein zündfähiges Dampf-Luft-Gemisch entzündet ☐

C Die Temperatur, bei dem der Innendruck eines Druckgefäßes im Diffusionsgleichgewicht ist ☐

D Die Temperatur, bei der das Verhältnis zwischen der Masse an Gas und Masse an Wasser den Fassungsraum eines Druckgefäßes vollständig ausfüllt ☐

Zulässige Verkehrsträger: Straße, Eisenbahn, Binnenschifffahrt, See

154 (K) Was sind radioaktive Stoffe im Sinne des Gefahrgutrechts? (2)

Zulässige Verkehrsträger: Straße, Eisenbahn, Binnenschifffahrt, See

155 (R) Wie wird die Transportkennzahl (TI) für ein Versandstück ermittelt? (2)

Zulässige Verkehrsträger: Straße, Eisenbahn, Binnenschifffahrt, See

156 (R) Was versteht man unter der Kritikalitätssicherheitskennzahl (CSI) bei der Beförderung radioaktiver Stoffe? (2)

Zulässige Verkehrsträger: Straße, Eisenbahn, Binnenschifffahrt, See

157 (R) Was versteht man unter dem A_1-Wert in der Klasse 7? (2)

Zulässige Verkehrsträger: Straße, Eisenbahn, Binnenschifffahrt, See

158 (R) Wie groß darf der Wert der Dosisleistung an der Außenfläche eines unter ausschließlicher Verwendung beförderten Versandstückes maximal sein? (2)

Zulässige Verkehrsträger: Straße, Eisenbahn, Binnenschifffahrt, See

159 (R) Wie groß darf der Wert der Dosisleistung an der Außenfläche eines freigestellten Versandstückes maximal sein? (2)

Zulässige Verkehrsträger: Straße, Eisenbahn, Binnenschifffahrt, See

Gb-Prüfung　　　　　　　　　　　　　　　　　　　　　　　　　1 Fragen

1.2 Verkehrsträgerübergreifender Teil

160 Ein Versandstück mit einem radioaktiven Stoff wird der Kategorie II-GELB (1)
(MK) zugeordnet. Wie groß darf der Wert der Dosisleistung an der äußeren Oberfläche des Versandstückes maximal sein?

　　A　10 mSv/h　☐
　　B　2 µSv/h　☐
　　C　0,1 mSv/h　☐
　　D　0,5 mSv/h　☐

Zulässige Verkehrsträger: Straße, Eisenbahn, Binnenschifffahrt, See

161 Welcher UN-Nummer sind radioaktive Stoffe mit geringer spezifischer Aktivität (LSA-I) zuzuordnen? (1)
(K)

Zulässige Verkehrsträger: Straße, Eisenbahn, Binnenschifffahrt, See

162 Ein Gegenstand der Klasse 1 hat den Klassifizierungscode 1.1A. (2)
(K) Welche Bedeutung hat die Unterklasse 1.1? ....
Welche Bedeutung hat die Verträglichkeitsgruppe A? ....

Zulässige Verkehrsträger: Straße, Eisenbahn, Binnenschifffahrt, See

163 Ein Versandstück enthält UN 0049. Wie lautet der Klassifizierungscode und (3)
(MK) mit welchen Kennzeichen muss das Versandstück versehen sein?

Zulässige Verkehrsträger: Straße, Eisenbahn, Binnenschifffahrt, See

164 Welche Unterklasse der Klasse 1 beinhaltet Stoffe und Gegenstände, die (1)
(K) massenexplosionsfähig sind?

Zulässige Verkehrsträger: Straße, Eisenbahn, Binnenschifffahrt, See

165 Welcher Verpackungsgruppe ist UN 1203 zugeordnet? (1)
(K)
Zulässige Verkehrsträger: Straße, Eisenbahn, Binnenschifffahrt, See

166 Was bedeutet der Begriff Verpackungsgruppe? (2)
(K)
Zulässige Verkehrsträger: Straße, Eisenbahn, Binnenschifffahrt, See

167 Zu welcher Klasse gehören entzündbare flüssige Stoffe, die keine anderen (1)
(K) gefährlichen Eigenschaften haben?

　　A　Klasse 9　☐
　　B　Klasse 6.2　☐
　　C　Klasse 4.1　☐
　　D　Klasse 3　☐

Zulässige Verkehrsträger: Straße, Eisenbahn, Binnenschifffahrt, See

168 Welcher Klasse ist eine Flüssigkeit mit einem Flammpunkt von 30 °C ohne (1)
(K) Zusatzgefahren zuzuordnen?

Zulässige Verkehrsträger: Straße, Eisenbahn, Binnenschifffahrt, See

169 Welcher Klasse werden flüssige, giftige Mittel zur Schädlingsbekämpfung (2)
(K) (Pestizide) mit einem Flammpunkt unter 23 °C zugeordnet?

Zulässige Verkehrsträger: Straße, Eisenbahn, Binnenschifffahrt, See

1.2 Verkehrsträgerübergreifender Teil

170 Entzündbare Flüssigkeiten werden u. a. eingeteilt nach ihrem Flammpunkt. (1)
(K) In welchem Flammpunktbereich geht von dem Stoff die größte Gefahr aus?
  A Unter 23 °C ☐
  B Von 23 °C bis 60 °C ☐
  C Über 60 °C bis 100 °C ☐
  D Über 100 °C ☐
Zulässige Verkehrsträger: Straße, Eisenbahn, Binnenschifffahrt, See

171 Welche Hauptgefahr geht von Stoffen der Klasse 4.3 aus? (1)
(K)
Zulässige Verkehrsträger: Straße, Eisenbahn, Binnenschifffahrt, See

172 Welche gefährlichen Güter werden der Klasse 2 zugeordnet? (1)
(K)
  A Gase ☐
  B Entzündbare flüssige Stoffe ☐
  C Entzündbare feste Stoffe ☐
  D Selbstzersetzliche Stoffe ☐
Zulässige Verkehrsträger: Straße, Eisenbahn, Binnenschifffahrt, See

173 Welche Hauptgefahr (Eigenschaft) muss für die Einstufung eines Stoffes (1)
(K) in die Klasse 4.1 vorliegen?
  A Entzündbare Flüssigkeit ☐
  B Entzündbarer fester Stoff ☐
  C Selbstentzündlicher Stoff ☐
  D Pyrophorer Stoff ☐
Zulässige Verkehrsträger: Straße, Eisenbahn, Binnenschifffahrt, See

174 Nennen Sie zwei Zusatzgefahren (Nebengefahren), die von entzündbaren (1)
(K) flüssigen Stoffen der Klasse 3 ausgehen können.
Zulässige Verkehrsträger: Straße, Eisenbahn, Binnenschifffahrt, See

175 In welche Gruppen werden Stoffe und Gegenstände der Klasse 2, ausge- (2)
(K) nommen Druckgaspackungen und Chemikalien unter Druck, zugeordnet?
Nennen Sie zwei Gruppen.
Zulässige Verkehrsträger: Straße, Eisenbahn, Binnenschifffahrt

176 Auf welche gefährliche Eigenschaft weist die Gruppe A bei Stoffen und (1)
(K) Gegenständen der Klasse 2 hin?
  A Erstickend ☐
  B Entzündbar ☐
  C Ätzend ☐
  D Oxidierend ☐
Zulässige Verkehrsträger: Straße, Eisenbahn, Binnenschifffahrt

177 Stoffe und Gegenstände der Klasse 2, ausgenommen Druckgaspackungen (2)
(K) und Chemikalien unter Druck, werden ihren gefährlichen Eigenschaften ent-
sprechend Gruppen zugeordnet. Geben Sie zwei Gruppen an.
Zulässige Verkehrsträger: Straße, Eisenbahn, Binnenschifffahrt

1.2 Verkehrsträgerübergreifender Teil

178 Welche Bedeutung haben die Verpackungsgruppen I, II oder III bei Stoffen der Klasse 3? (1)
(K)

- A Grad der Gefährlichkeit ☐
- B Zu benutzendes Fahrzeug ☐
- C Keine Bedeutung ☐
- D Auskunft zur Reaktionsfähigkeit mit ätzenden Stoffen ☐

Zulässige Verkehrsträger: Straße, Eisenbahn, Binnenschifffahrt, See

179 Welche Bedeutung hat die Verpackungsgruppe III bei Stoffen der Klasse 6.1? (1)
(K)

- A Stoffe ohne Zusatzgefahr ☐
- B Giftiger Stoff ☐
- C Schwach giftige Stoffe oder Stoffe und Zubereitungen mit geringer Vergiftungsgefahr ☐
- D Stark ätzender Stoff ☐

Zulässige Verkehrsträger: Straße, Eisenbahn, Binnenschifffahrt, See

180 Es wird Gefahrgut mit der UN-Nummer 1017 befördert. Um welchen Stoff handelt es sich? (1)
(K)

Zulässige Verkehrsträger: Straße, Eisenbahn, Binnenschifffahrt, See

181 Welcher Klasse und Verpackungsgruppe ist UN 2590 zugeordnet? (1)
(K)

Zulässige Verkehrsträger: Straße, Eisenbahn, Binnenschifffahrt, See

182 Welcher Klasse ist Titandisulfid zugeordnet? (1)
(K)

Zulässige Verkehrsträger: Straße, Eisenbahn, Binnenschifffahrt, See

183 Welcher UN-Nummer, Klasse und welchen Verpackungsgruppen ist Krillmehl zugeordnet? (2)
(K)

Zulässige Verkehrsträger: Straße, Eisenbahn, Binnenschifffahrt, See

184 UN-Nummer 2919 soll unter Anwendung einer Sondervereinbarung befördert werden. Erläutern Sie den Begriff Sondervereinbarung im Zusammenhang mit der Beförderung von radioaktiven Stoffen. (2)
(R)

Zulässige Verkehrsträger: Straße, Eisenbahn, Binnenschifffahrt, See

185 Ab welchem Dampfdruck gelten Stoffe bei einer Temperatur von 50 °C als gasförmig? (2)
(K)

Zulässige Verkehrsträger: Straße, Eisenbahn, Binnenschifffahrt, See

186 In wie viele Typen werden organische Peroxide aufgrund ihres Gefahrengrades eingeteilt? (2)
(K)

Zulässige Verkehrsträger: Straße, Eisenbahn, Binnenschifffahrt, See

187 Unterliegt Ferrosilicium mit 24 Masse-% Silicium den gefahrgutrechtlichen Vorschriften? Antworten Sie mit „Ja" oder „Nein" und nennen Sie die Fundstelle. (2)
(K)

Zulässige Verkehrsträger: Straße, Eisenbahn, Binnenschifffahrt, See

1 Fragen
1.2 Verkehrsträgerübergreifender Teil

188 Welcher Unterabschnitt enthält die Tabelle der überwiegenden Gefahr für (1)
(K) die Klassifizierung von Stoffen, Lösungen und Gemischen oder Stoffen, Mischungen und Lösungen?

A 5.4.1.1 ☐
B 6.2.1.5 ☐
C 4.2.2.1 ☐
D 2.0.3.6 ☐

Zulässige Verkehrsträger: See

189 Welcher Unterabschnitt enthält die Tabelle der überwiegenden Gefahr für (2)
(K) die Klassifizierung von Stoffen, Lösungen und Gemischen oder Stoffen, Mischungen und Lösungen?

Zulässige Verkehrsträger: Straße, Eisenbahn, Binnenschifffahrt, See

190 Was bedeutet die Abkürzung n.a.g.? (1)
(K)
Zulässige Verkehrsträger: Straße, Eisenbahn, Binnenschifffahrt, See

191 Welcher Unterabschnitt enthält das Verzeichnis der Sammeleintragungen (2)
(K) für Gefahrgüter der Klasse 1?

Zulässige Verkehrsträger: Straße, Eisenbahn, Binnenschifffahrt

192 In welchem Unterabschnitt sind die nicht zur Beförderung zugelassenen (2)
(K) Stoffe der Klasse 3 aufgeführt?

Zulässige Verkehrsträger: Straße, Eisenbahn, Binnenschifffahrt

193 Geben Sie für UN 1048 Klasse und Klassifizierungscode an. (1)
(K)
Zulässige Verkehrsträger: Straße, Eisenbahn, Binnenschifffahrt

194 Welches der folgenden Kriterien ist für die Klassifizierung ätzender Stoffe (1)
(K) relevant?

A Korrosionsrate auf Aluminiumoberflächen ☐
B Füllungsgrad ☐
C Letale Dosis ☐
D Kontrolltemperatur ☐

Zulässige Verkehrsträger: Straße, Eisenbahn, Binnenschifffahrt, See

195 Zu welcher Klasse gehört ein Stoff, der durch chemische Einwirkung eine (1)
(K) irreversible Schädigung der Haut hervorrufen kann?

Zulässige Verkehrsträger: Straße, Eisenbahn, Binnenschifffahrt, See

196 Welche Einwirkungszeit führt bei einer ätzenden Flüssigkeit, die zu einer irre- (2)
(K) versiblen Schädigung des unverletzten Hautgewebes führt, zur Einstufung in die Verpackungsgruppe I?

Zulässige Verkehrsträger: Straße, Eisenbahn, Binnenschifffahrt, See

197 Ein ätzender Stoff zerstört innerhalb einer Einwirkungszeit von 90 Minuten (2)
(K) das intakte Hautgewebe. Welcher Klasse und Verpackungsgruppe ist der Stoff zuzuordnen?

Zulässige Verkehrsträger: Straße, Eisenbahn, Binnenschifffahrt, See

Gb-Prüfung 1 Fragen
1.2 Verkehrsträgerübergreifender Teil

| 198 (K) | Erläutern Sie für gefährliche Stoffe der Klasse 3 den Klassifizierungscode F1. | (2) |

Zulässige Verkehrsträger: Straße, Eisenbahn, Binnenschifffahrt

| 199 (K) | Bei einem flüssigen Stoff beträgt der Flammpunkt 21 °C und der Siedebeginn liegt bei 76 °C, weitere Gefahreigenschaften liegen nicht vor. Welcher Klasse und Verpackungsgruppe ist dieser Stoff zuzuordnen? | (2) |

Zulässige Verkehrsträger: Straße, Eisenbahn, Binnenschifffahrt, See

| 200 (K) | Was ist ein adsorbiertes Gas? | (2) |

Zulässige Verkehrsträger: Straße, Eisenbahn, Binnenschifffahrt, See

| 201 (K) | Welcher Abschnitt der Gefahrgutvorschriften enthält Kriterien für die Zuordnung von Stoffen, die in Berührung mit Wasser entzündbare Gase entwickeln? | (1) |

Zulässige Verkehrsträger: Straße, Eisenbahn, Binnenschifffahrt, See

| 202 (K) | Nennen Sie den Abschnitt der Regelungen von Prüfverfahren zur Bestimmung des Fließverhaltens von flüssigen, dickflüssigen oder pastenförmigen Stoffen und Gemischen. | (2) |

Zulässige Verkehrsträger: Straße, Eisenbahn, Binnenschifffahrt

| 203 (K) | Nennen Sie die Definition für gefährliche Güter. | (2) |

Zulässige Verkehrsträger: Straße, Eisenbahn, Binnenschifffahrt

| 204 (K) | Welcher Klasse ist ein flüssiges und giftiges Pestizid mit einem Flammpunkt über 23 °C zuzuordnen? | (2) |

Zulässige Verkehrsträger: Straße, Eisenbahn, Binnenschifffahrt

| 205 (K) | Welcher Klasse sind flüssige Stoffe, die bei oder über 100 °C, aber unterhalb ihres Flammpunktes befördert werden, zuzuordnen? | (1) |

Zulässige Verkehrsträger: Straße, Eisenbahn, Binnenschifffahrt, See

| 206 (K) | Welcher Verpackungsgruppe ist ein flüssiger giftiger Stoff mit einem Giftigkeitsgrad bei Einnahme von LD_{50} = 230 mg/kg zuzuordnen? | (2) |

Zulässige Verkehrsträger: Straße, Eisenbahn, Binnenschifffahrt, See

| 207 (K) | Geben Sie zwei Klassifizierungscodes mit ihrer jeweiligen Bedeutung für Stoffe der Klasse 6.2 an. | (1) |

Zulässige Verkehrsträger: Straße, Eisenbahn, Binnenschifffahrt

| 208 (K) | Sind Gemische aus Salpetersäure und Salzsäure zur Beförderung zugelassen? Antworten Sie mit „Ja" oder „Nein". Begründen Sie Ihre Antwort unter Nennung der Fundstelle. | (2) |

Zulässige Verkehrsträger: Straße, Eisenbahn, Binnenschifffahrt

| 209 (K) | Ein heterozyklisch sauerstoffhaltiger Stoff der Klasse 3, der leicht peroxidiert und dessen Gehalt an Peroxid (auf Wasserstoffperoxid berechnet) 0,4 % beträgt, soll befördert werden. Ist die Beförderung möglich? Antworten Sie mit „Ja" oder „Nein" und geben Sie den Absatz für Ihre Lösung an. | (2) |

Zulässige Verkehrsträger: Straße, Eisenbahn, Binnenschifffahrt

| 210 (K) | Nennen Sie die UN-Nummer für die Beförderung von Mikroorganismen des Ebola-Virus der Kategorie A. | (2) |

Zulässige Verkehrsträger: Straße, Eisenbahn, Binnenschifffahrt, See

1 Fragen

1.2 Verkehrsträgerübergreifender Teil

211 (K) Ein flüssiger Stoff mit gefährlichen Eigenschaften erfüllt die Kriterien für die Zuordnung zur Klasse 3, II, und Klasse 6.1, II. Bestimmen Sie die überwiegende Gefahr. (2)

Zulässige Verkehrsträger: Straße, Eisenbahn, Binnenschifffahrt, See

212 (K) Dürfen leere ungereinigte Großpackmittel der UN-Nummer 3509 zugeordnet werden, wenn diese zur regelmäßigen Wartung befördert werden sollen? Antworten Sie mit „Ja" oder „Nein" und geben Sie die Fundstellen für Ihre Antwort an. (2)

Zulässige Verkehrsträger: Straße, Eisenbahn, Binnenschifffahrt, See

213 (K) Leere ungereinigte Altverpackungen, die UN 3318 Ammoniaklösung, Klasse 2 enthalten haben, sollen der Entsorgung zugeführt werden. Ist dies unter den Bedingungen der UN 3509 zulässig? Antworten Sie mit „Ja" oder „Nein" und begründen Sie Ihre Antwort. (2)

Zulässige Verkehrsträger: Straße, Eisenbahn, Binnenschifffahrt

214 (K) Welcher UN-Nummer müssen Lithiumbatterien, die sowohl Lithium-Metall-Primärzellen als auch wiederaufladbare Lithium-Ionen-Zellen enthalten, zugeordnet werden? (2)

Zulässige Verkehrsträger: Straße, Eisenbahn, Binnenschifffahrt, See

215 (V) Nennen Sie den Code für eine UN-geprüfte Kombinationsverpackung aus Kunststoff mit einer Außenverpackung aus Sperrholz in Kistenform. (2)

Zulässige Verkehrsträger: Straße, Eisenbahn, Binnenschifffahrt, See

216 (V) Auf einer Verpackung ist folgende Codierung angegeben: (1)

$\overset{u}{\underset{n}{}}$ 1A2T/Y300/S/23 ... Was bedeutet die Zahl 23?

- A Jahr der Herstellung ☐
- B Code des Herstellers ☐
- C Seriennummer ☐
- D Stückzahl der Baureihe ☐

Zulässige Verkehrsträger: Straße, Eisenbahn, Binnenschifffahrt, See

217 (V) Auf einer Verpackung ist folgende Codierung angegeben: (1)

$\overset{u}{\underset{n}{}}$ 1A2T/Y300/S/23 ... Was bedeutet die Zahl 23?

- A Identifikationsnummer für den Freifallversuch ☐
- B Maximale Anzahl von Innenverpackungen ☐
- C BAM-Zulassung ☐
- D Jahr der Herstellung ☐

Zulässige Verkehrsträger: Straße, Eisenbahn, Binnenschifffahrt, See

218 (V) Wofür steht die Codierung 1B1 auf einer UN-geprüften Verpackung? (2)

Zulässige Verkehrsträger: Straße, Eisenbahn, Binnenschifffahrt, See

219 (V) Wofür steht die Ziffer 2 bei der Codierung $\overset{u}{\underset{n}{}}$ 3A2/... auf einer UN-geprüften Verpackung? (1)

Zulässige Verkehrsträger: Straße, Eisenbahn, Binnenschifffahrt, See

1.2 Verkehrsträgerübergreifender Teil

220 Eine Verpackung hat die Codierung ⓤⓝ 4G/X50/S/... Nennen Sie die Bruttohöchstmasse für das Versandstück. (2)
(V)
Zulässige Verkehrsträger: Straße, Eisenbahn, Binnenschifffahrt, See

221 Eine Verpackung hat die Codierung ⓤⓝ 4G/X50/S/... Nennen Sie die Verpackungsgruppen, für welche die Bauart erfolgreich geprüft wurde. (2)
(V)
Zulässige Verkehrsträger: Straße, Eisenbahn, Binnenschifffahrt, See

222 Mit welchen Buchstaben wird in der Verpackungscodierung angegeben, für welche Verpackungsgruppen eines gefährlichen Gutes eine Verpackungsbauart zugelassen und geprüft ist? (1)
(V)
    A   X, Y, Z ☐
    B   A, B, C ☐
    C   I, II, III ☐
    D   U, V, W ☐
Zulässige Verkehrsträger: Straße, Eisenbahn, Binnenschifffahrt, See

223 Eine Verpackung enthält in ihrem Zulassungskennzeichen den Buchstaben Y. Für welche Verpackungsgruppe oder Verpackungsgruppen darf die Verpackung eingesetzt werden? (1)
(V)
    A   Verpackungsgruppen I, III ☐
    B   Verpackungsgruppen II, III ☐
    C   Verpackungsgruppe I ☐
    D   Verpackungsgruppen I, II, III ☐
Zulässige Verkehrsträger: Straße, Eisenbahn, Binnenschifffahrt, See

224 Was bedeuten die einzelnen Angaben in der Codierung ⓤⓝ.../Y25/S/0123/D... auf einer Verpackung? (4)
(V)
Y
25/S
0123
D
Zulässige Verkehrsträger: Straße, Eisenbahn, Binnenschifffahrt, See

225 Nennen Sie den maximalen Fassungsraum von Großpackmitteln für feste und flüssige Stoffe der Verpackungsgruppen II und III. (2)
(V)
Zulässige Verkehrsträger: Straße, Eisenbahn, Binnenschifffahrt, See

226 UN 2031 Salpetersäure (mit 68 % Säure) soll in einem Kanister mit der Codierung 3H1 befördert werden. Die Verpackung wurde im Juli 2022 hergestellt. Bis wann (Monat/Jahr) darf diese Verpackung verwendet werden? (2)
(V)
Zulässige Verkehrsträger: Straße, Eisenbahn, Binnenschifffahrt, See

227 Nennen Sie die höchstzulässige Verwendungsdauer einer Verpackung mit der Codierung ⓤⓝ 3H1/..., wenn wegen der Art des Stoffes keine kürzere Verwendungsdauer vorgeschrieben ist. (2)
(V)
Zulässige Verkehrsträger: Straße, Eisenbahn, Binnenschifffahrt, See

1 Fragen — Gb-Prüfung
1.2 Verkehrsträgerübergreifender Teil

228 (V) Auf einem Großpackmittel aus Kunststoff ist angegeben: (2)
ⓗ/ₙ 31H1/Y/0120/… Die letzte Dichtheitsprüfung/Inspektion war im Juli 2022. Bis wann (Monat/Jahr) darf das Großpackmittel noch für die Beförderung von UN 1173 Ethylacetat eingesetzt werden?
Zulässige Verkehrsträger: Straße, Eisenbahn, Binnenschifffahrt, See

229 (V) In welchen Zeitabständen müssen die wiederkehrenden Prüfungen von Gefäßen (kein Verbundwerkstoff) für UN 2036 Xenon erfolgen? (2)
Zulässige Verkehrsträger: Straße, Eisenbahn, Binnenschifffahrt, See

230 (V) Was versteht man unter einer zusammengesetzten Verpackung? (2)
Zulässige Verkehrsträger: Straße, Eisenbahn, Binnenschifffahrt, See

231 (V) Welche Verpackungsanweisung ist für UN 0337 Feuerwerkskörper anzuwenden? (1)
Zulässige Verkehrsträger: Straße, Eisenbahn, Binnenschifffahrt, See

232 (V) Welche Verpackungsanweisung ist für UN 3373 (Biologischer Stoff, Kategorie B) anzuwenden und aus welchen Bestandteilen muss die Verpackung bestehen? Geben Sie zwei Bestandteile an. (2)
Zulässige Verkehrsträger: Straße, Eisenbahn, Binnenschifffahrt, See

233 (V) Welche Verpackungsanweisung ist für UN 1616 Bleiacetat in Großpackmitteln anzuwenden? (1)
Zulässige Verkehrsträger: Straße, Eisenbahn, Binnenschifffahrt, See

234 (VS) Welche Sondervorschriften gelten für die Zusammenpackung bei UN 1829? (2)
Zulässige Verkehrsträger: Straße, Eisenbahn, Binnenschifffahrt

235 (V) Für UN 3065 mit der Verpackungsgruppe II soll ein Holzfass mit einem Fassungsraum von 150 l verwendet werden. Ist dies zulässig? Antworten Sie mit „Ja" oder „Nein" und geben Sie die genauen Fundstellen für Ihre Lösung an. (2)
Zulässige Verkehrsträger: Straße, Eisenbahn, Binnenschifffahrt, See

236 (V) Müssen Verpackungen für Rettungsmittel, selbstaufblasend den Vorschriften des Teils 6 entsprechen? Antworten Sie mit „Ja" oder „Nein" und geben Sie die Verpackungsanweisung an. (2)
Zulässige Verkehrsträger: Straße, Eisenbahn, Binnenschifffahrt, See

237 (V) Welcher der nachfolgenden Begriffe bezeichnet einen zulässigen Versandstücktypen gemäß Klasse 7? (1)
- A Typ IP-1 ☐
- B Typ IP-4 ☐
- C Typ A(U) ☐
- D LSA-II-Versandstück ☐

Zulässige Verkehrsträger: Straße, Eisenbahn, Binnenschifffahrt, See

238 (V) Nennen Sie zwei zulässige Versandstücktypen für radioaktive Stoffe. (2)
Zulässige Verkehrsträger: Straße, Eisenbahn, Binnenschifffahrt, See

Gb-Prüfung 1 Fragen
1.2 Verkehrsträgerübergreifender Teil

239 Welchen wiederkehrenden Prüfungen unterliegen metallene Großpackmittel (2)
(V) mit dem Code 31A?
Zulässige Verkehrsträger: Straße, Eisenbahn, Binnenschifffahrt, See

240 UN 1950 Druckgaspackungen sollen in einer Kiste aus Pappe befördert wer- (2)
(V) den (keine Beförderung als begrenzte Menge). Welche höchste Nettomasse darf das Versandstück enthalten, wenn die Vorschriften des Unterabschnitts 4.1.1.3 nicht erfüllt sind? Geben Sie zusätzlich die Fundstelle für Ihre Lösung an.
Zulässige Verkehrsträger: Straße, Eisenbahn, Binnenschifffahrt, See

241 Druckgaspackungen sollen in einer Kiste aus Pappe befördert werden (keine (3)
(V) Beförderung als begrenzte Menge). Welche höchste Nettomasse darf das Versandstück enthalten, wenn die Vorschriften des Unterabschnitts 4.1.1.3 nicht erfüllt sind? Geben Sie zusätzlich die Fundstelle für Ihre Lösung an.
Zulässige Verkehrsträger: Straße, Eisenbahn, Binnenschifffahrt, See

242 Nennen Sie das Kapitel der Bau- und Prüfvorschriften für Großpackmittel. (1)
(V) Zulässige Verkehrsträger: Straße, Eisenbahn, Binnenschifffahrt, See

243 Wie groß ist der höchstzulässige Fassungsraum eines UN-geprüften Stahl- (2)
(V) kanisters mit abnehmbarem Deckel?
Zulässige Verkehrsträger: Straße, Eisenbahn, Binnenschifffahrt, See

244 Welche Einzelverpackung ist für UN 3242 zulässig? (2)
(V) Zulässige Verkehrsträger: Straße, Eisenbahn, Binnenschifffahrt, See

245 Welche Standardflüssigkeit ist für eine Verpackung aus Kunststoff nach der (2)
(V) Assimilierungsliste für den Nachweis der chemischen Verträglichkeit zu ver-
wenden, wenn UN 1906 damit befördert werden soll?
Zulässige Verkehrsträger: Straße, Eisenbahn, Binnenschifffahrt

246 Für welche Werkstoffart von Verpackungen kann durch eine Assimilierung (2)
(V) von Füllgütern zu Standardflüssigkeiten die Verträglichkeit nachgewiesen werden?
Zulässige Verkehrsträger: Straße, Eisenbahn, Binnenschifffahrt

247 Nennen Sie den Unterabschnitt der Gefahrgutvorschrift über den Nachweis (1)
(V) der chemischen Verträglichkeit von Verpackungen, einschließlich Großpackmitteln, aus Kunststoff durch Assimilierung von Füllgütern zu Standardflüssigkeiten.
Zulässige Verkehrsträger: Straße, Eisenbahn, Binnenschifffahrt

248 Aus welchen Bestandteilen muss eine Verpackung für UN 3373 bestehen? (2)
(V) Welcher Gefahrzettel ist auf dem Versandstück anzubringen? Nennen Sie dazu eine Fundstelle für Ihre Lösung.
Zulässige Verkehrsträger: Straße, Eisenbahn, Binnenschifffahrt, See

249 UN 1347 soll in Fässern befördert werden. Die Stoffmenge in jedem Fass be- (3)
(V) trägt 20 kg. Ist dies zulässig? Geben Sie zusätzlich die Fundstellen für Ihre Lösung an.
Zulässige Verkehrsträger: Straße, Eisenbahn, Binnenschifffahrt, See

1 Fragen
1.2 Verkehrsträgerübergreifender Teil

250 (LQ) Die Beförderung von UN 2776, Verpackungsgruppe II, soll nach den Vorschriften für begrenzte Mengen in Versandstücken erfolgen. Zusätzlich soll hierfür eine Umverpackung verwendet werden. (3)
  a. Nennen Sie die höchste Mengengrenze für die Innenverpackung und die zulässige Gesamtbruttomasse für ein Versandstück.
  b. Nennen Sie außerdem die Abschnitte, aus denen hervorgeht, welche Kennzeichen auf dem Versandstück bzw. der Umverpackung anzubringen sind.

Zulässige Verkehrsträger: Straße, Eisenbahn, Binnenschifffahrt

251 (V) Sie bereiten UN 3356 Sauerstoffgenerator, chemisch zur Beförderung vor. Darf eine Verpackung mit Z-Codierung verwendet werden? Antworten Sie mit „Ja" oder „Nein" und begründen Sie unter Angabe der Fundstelle. (2)

Zulässige Verkehrsträger: Straße, Eisenbahn, Binnenschifffahrt, See

252 (EQ) In welchem Abschnitt finden sich die Verpackungsvorschriften für in freigestellten Mengen verpackte gefährliche Güter? Nennen Sie die Hauptbestandteile der Verpackung. (3)

Zulässige Verkehrsträger: Straße, Eisenbahn, Binnenschifffahrt, See

253 (EQ) Parfümerieerzeugnisse der Verpackungsgruppe II sollen als freigestellte Mengen befördert werden. Wie lautet der Code zur Bestimmung der jeweils zulässigen Höchstmengen? (2)

Zulässige Verkehrsträger: Straße, Eisenbahn, Binnenschifffahrt, See

254 (LQ) Welche Bruttomasse darf ein Versandstück mit Gefahrgut in begrenzten Mengen nicht überschreiten? (2)

Zulässige Verkehrsträger: Straße, Eisenbahn, Binnenschifffahrt, See

255 (V) Was versteht man unter einem verschlossenen Kryo-Behälter? (2)

Zulässige Verkehrsträger: Straße, Eisenbahn, Binnenschifffahrt, See

256 (V) Muss eine Verpackung zur Beförderung von UN 2211 die Prüfungen nach Kapitel 6.1 bestehen? Antworten Sie mit „Ja" oder „Nein" und geben Sie die Fundstellen für Ihre Antwort an. (2)

Zulässige Verkehrsträger: Straße, Eisenbahn, Binnenschifffahrt, See

257 (V) Es sollen 2 000 kg eines ausschließlich umweltgefährdenden festen Stoffes befördert werden. Der Stoff ist in 400 Einzelverpackungen mit einer Nettomasse von jeweils 5 kg verpackt, wobei die Verpackung den allgemeinen Vorschriften der Unterabschnitte 4.1.1.1, 4.1.1.2 und 4.1.1.4 bis 4.1.1.8 entspricht. Unterliegt dieser Transport weiteren Vorschriften? Antworten Sie mit „Ja" oder „Nein" und begründen Sie Ihre Antwort durch Nennung der Fundstellen. (3)

Zulässige Verkehrsträger: Straße, Eisenbahn, Binnenschifffahrt, See

258 (V) Müssen Verpackungen für die Beförderung von UN 3509 den Vorschriften des Unterabschnitts 4.1.1.3 entsprechen? Antworten Sie mit „Ja" oder „Nein" und begründen Sie Ihre Antwort unter Angabe der Fundstellen. (2)

Zulässige Verkehrsträger: Straße, Eisenbahn, Binnenschifffahrt

259 Wie ist der Ausdruck Altverpackungen nach den gefahrgutrechtlichen Vor- (2)
(V) schriften definiert?

Zulässige Verkehrsträger: Straße, Eisenbahn, Binnenschifffahrt

260 Nach welcher Verpackungsanweisung sind adsorbierte Gase zu befördern? (2)
(V) Zulässige Verkehrsträger: Straße, Eisenbahn, Binnenschifffahrt, See

261 Nennen Sie zwei Verpackungsanweisungen für die Beförderung von beschä- (2)
(V) digten oder defekten Lithium-Ionen-Batterien.

Zulässige Verkehrsträger: Straße, Eisenbahn, Binnenschifffahrt, See

262 Muss eine Außenverpackung für die Beförderung von UN 3363 eine Fallprü- (2)
(V) fung aus einer definierten Höhe überstehen? Antworten Sie mit „Ja" oder „Nein" und nennen Sie die Fundstelle für Ihre Antwort.

Zulässige Verkehrsträger: Straße, Eisenbahn, Binnenschifffahrt, See

1.3 Fragen zum verkehrsträgerspezifischen Teil Straßenverkehr

Hinweis: Die Zahl in Klammern gibt die erreichbare Punktzahl an.
Redaktionell eingefügte Codes zu den Themenbereichen stehen jeweils unter der Fragennummer.

263 Welches der nachstehenden Regelwerke regelt die internationale Beförderung gefährlicher Güter auf der Straße? (1)
(VS)
- A Die GGAV ☐
- B Die GGVSee ☐
- C Das ADR ☐
- D Das ADN ☐

264 Wie heißt das Regelwerk, das die grenzüberschreitende Beförderung gefährlicher Güter auf der Straße regelt? (1)
(VS)

265 Bei welchem der nachstehenden Beispiele ist eine grenzüberschreitende Beförderung auf der Straße von den Vorschriften des ADR befreit? (1)
(F)
- A Bei Notfallbeförderungen zum Schutz der Umwelt, vorausgesetzt, es werden alle Maßnahmen zur völlig sicheren Durchführung dieser Beförderungen getroffen ☐
- B Wenn eine Feuerwerksfabrik Schwarzpulver mit eigenen Fahrzeugen am Bahnhof abholt ☐
- C Wenn eine Firma zu ihrer externen Versorgung Gasflaschen in großer Menge ohne Schutzkappen transportiert ☐
- D Wenn ein Transport nach dem RID durchgeführt wird ☐

266 Welche Aussage zur GGVSEB ist richtig? (1)
(VS)
- A Die GGVSEB regelt nur innerstaatliche Transporte. ☐
- B Die GGVSEB definiert den Begriff Fahrzeuge im innerstaatlichen und innergemeinschaftlichen Verkehr abweichend vom ADR. ☐
- C Die GGVSEB gilt nur im Binnenschiffsverkehr. ☐
- D Die GGVSEB regelt nur grenzüberschreitende Transporte. ☐

267 In welchem Abschnitt des ADR finden Sie die Übergangsbestimmungen für die Weiterverwendung bestimmter älterer Tankcontainer? (1)
(Ü)

268 In welchem Abschnitt des ADR finden Sie Übergangsregelungen für die Weiterverwendung bestimmter älterer Tankfahrzeuge? (1)
(Ü)

269 Um den Fahrzeugführer zu überwachen, fahren Sie auf einem kennzeichnungspflichtigen Lkw mit, der Gasflaschen mit UN 1017 befördert. An Bord der Beförderungseinheit befindet sich die Ausrüstung nach Abschnitt 8.1.4 und Unterabschnitt 8.1.5.2 ADR.
Welche Ausrüstung ist in diesem Fall zusätzlich erforderlich? (1)
(A)

270 Bei der Beförderung von giftigen Stoffen ist eine Notfallfluchtmaske für jedes Mitglied der Fahrzeugbesatzung erforderlich. In welchem Unterabschnitt des ADR finden Sie Anforderungskriterien für diese Notfallfluchtmaske? (1)
(A)

271 In welchem Kapitel des ADR sind die „allgemeinen Vorschriften für die Beförderungseinheiten und das Bordgerät" genannt? (1)
(A)

| 272 (T) | Darf nach ADR ein in Österreich zugelassenes und mit 20 000 l UN 1202 Dieselkraftstoff befülltes Tankfahrzeug ohne Überwachung auf einem Parkplatz über Nacht abgestellt werden? Nennen Sie auch die Fundstelle für Ihre Lösung. | (2) |

| 273 (T) | Mehrere Beförderungseinheiten befördern in Kolonne Munition der Klasse 1 (UN 0362) in kennzeichnungspflichtigen Mengen. Wie groß muss nach ADR der Abstand zwischen den Beförderungseinheiten mindestens sein? | (2) |

| 274 (A) | Auf einem Lkw (zGM 7,5 t) sind 900 l Terpentin in Fässern geladen und im grenzüberschreitenden Verkehr nach ADR zu befördern. Mit welcher mindestens vorgeschriebenen Feuerlöschausrüstung (Anzahl Feuerlöschgeräte und Mindestfassungsvermögen) muss der Lkw ausgestattet werden? | (2) |

| 275 (M) | Sie prüfen ein Fahrzeug, das mit Benzin in Fässern (Gesamtmenge 320 l) beladen ist und einen grenzüberschreitenden Transport durchführen soll. Kann Unterabschnitt 1.1.3.6 ADR angewendet werden? Wie viele Feuerlöschgeräte müssen nach ADR mindestens mitgeführt werden? Nennen Sie auch das Mindestfassungsvermögen. | (2) |

276 (M) UN 1295 Trichlorsilan ist ein Gefahrgut der Klasse 4.3 ADR. Welche Aussage zur Beförderung dieses Stoffes in Versandstücken ist richtig? (1)

    A   Für Trichlorsilan gilt als höchstzulässige Menge nach der Tabelle in Unterabschnitt 1.1.3.6 ADR maximal 20 l. ☐

    B   Trichlorsilan ist in der Tabelle nach Unterabschnitt 1.1.3.6 ADR nicht enthalten, d. h., es gibt keine Befreiungsmöglichkeit aufgrund dieses Unterabschnitts. ☐

    C   Trichlorsilan ist in der Tabelle nach Unterabschnitt 1.1.3.6 ADR nicht enthalten, d. h., es darf nicht befördert werden. ☐

    D   Trichlorsilan ist in der Tabelle nach Unterabschnitt 1.1.3.6 ADR der Beförderungskategorie 0 zugeordnet. ☐

277 (M) Welche höchstzulässige Menge je Beförderungseinheit ist in der Tabelle nach Unterabschnitt 1.1.3.6 ADR für ungereinigte leere Gasflaschen, die noch geringe Reste „Ammoniak, wasserfrei" enthalten, festgelegt? (1)

    A   20 l Nenninhalt ☐

    B   333 kg Bruttomasse ☐

    C   Die Gesamtmenge je Beförderungseinheit ist für diese ungereinigten leeren Gefäße „unbegrenzt". ☐

    D   1 000 kg Nettomasse ☐

| 278 (FF) | Für welche Fahrzeuge zur Beförderung von Explosivstoffen gilt der Unterabschnitt 9.2.2.8 ADR? | (2) |

| 279 (VS) | In welchem Abschnitt des ADR finden Sie die allgemeinen Vorschriften für die „Sonstige Ausrüstung und persönliche Schutzausrüstung"? | (1) |

| 280 (L) | Ein Tankcontainer (Fassungsraum 20 000 l) ist mit UN 1017 beladen. Ab welcher Nettomasse des Stoffes müssen die §§ 35/35a GGVSEB beachtet werden? | (2) |

| 281 (L) | Sind bei der Beförderung von UN 1553, 4 000 l, in zwanzig Versandstücken, die §§ 35/35a GGVSEB zu beachten? Nennen Sie auch die Fundstelle für Ihre Lösung. | (2) |

1 Fragen
1.3 Straßenverkehr

Gb-Prüfung

282 (L) Arsensäure, flüssig, soll in Tankcontainern auf der Straße befördert werden. Ab welcher Nettomenge des Stoffes müssen die §§ 35/35a GGVSEB beachtet werden? (1)

283 (LQ) Ein fester Stoff (UN 3453) soll in einer zusammengesetzten Verpackung verpackt werden. Welche maximalen Höchstmengen je Innenverpackung und je Versandstück sind nach ADR zulässig, um die Vorschriften für die begrenzten Mengen nutzen zu können? (2)

284 (P) Dürfen leere ungereinigte Aufsetztanks nach Ablauf der Prüffristen zum Prüfort befördert werden? Nennen Sie auch den zutreffenden Unterabschnitt nach ADR. (2)

285 (P) Dürfen ungereinigte leere Tankcontainer nach Ablauf der Prüffristen zum Prüfort befördert werden? Nennen Sie auch den zutreffenden Unterabschnitt nach ADR. (2)

286 (LQ) Sicherheitszündhölzer sind in Innenverpackungen zu je 5 kg in einer Kiste mit 40 kg Bruttomasse verpackt. Ist deren Beförderung nach Kapitel 3.4 ADR zulässig? Begründen Sie Ihre Antwort. (2)

287 (LQ) Zehn Versandstücke mit UN 1950 Druckgaspackungen, giftig, entzündbar, Inhalt je Druckgaspackung 100 ml, Versandstückgewicht je 40 kg, sollen versandt werden. Ist ein Versand nach Kapitel 3.4 ADR möglich? Geben Sie eine kurze Begründung für Ihre Lösung an. (2)

288 (M) Welche höchstzulässige Gesamtmenge je Beförderungseinheit (Nettoexplosivstoffmasse) darf bei UN 0276 nicht überschritten werden, um die Befreiungen nach Unterabschnitt 1.1.3.6 ADR in Anspruch zu nehmen? (2)

289 (M) Wie viel kg Nettoexplosivstoffmasse des Stoffes UN 0027 dürfen auf einer Beförderungseinheit höchstens transportiert werden, um die Befreiungen nach Unterabschnitt 1.1.3.6 ADR in Anspruch zu nehmen? (2)

290 (LQ) Fünf Liter UN 1170 Ethanol, Lösung, 3, III, (D/E), sind in einem Kanister aus Kunststoff abgefüllt. Ist die Beförderung des einzelnen Kanisters nach Kapitel 3.4 ADR zulässig? Begründen Sie Ihre Antwort. (3)

291 (LQ) Ein Liter des Stoffes UN 1155 soll auf der Straße befördert werden. Darf dieser Stoff als begrenzte Menge nach ADR befördert werden? Geben Sie eine kurze Begründung für Ihre Lösung. (2)

292 (P) In welchen zeitlichen Abständen sind Tanks von Tankfahrzeugen, die für Stoffe der Klasse 3 zugelassen sind, zu prüfen? Nennen Sie die unterschiedlichen Prüfungsarten und Fristen nach ADR. (4)

293 (P) Welche Prüffristen sind für einen Tankcontainer, der für UN 1814 zugelassen ist, vorgeschrieben? Nennen Sie die unterschiedlichen Prüfungsarten und Fristen nach ADR. (4)

294 (A) Gefahrgut UN 1223 ist nach ADR zu befördern. (4)

a) Ab welcher Menge ist die „Sonstige Ausrüstung und persönliche Schutzausrüstung" beim Transport dieses Stoffes in Versandstücken mitzuführen?

b) Ab welcher Menge ist die „Sonstige Ausrüstung und persönliche Schutzausrüstung" bei einem Tanktransport dieses Stoffes mitzuführen?

1.3 Straßenverkehr

295 (FF) Ein Anhänger ist ordnungsgemäß mit Blitzlichtpulver (UN 0094 in Versandstücken) beladen und als EX/III-Fahrzeug zugelassen. Die Nettoexplosivstoffmasse beträgt 500 kg. Darf dieser Anhänger von einem Lkw gezogen werden, der nicht den Anforderungen des Teils 9 ADR entspricht? Antwort mit Angabe der genauen Fundstelle. (3)

296 (T) Es werden 320 l Benzin in Stahlkanistern transportiert. Darf ein Fahrzeugführer mit dieser Ladung durch ein Gebiet fahren, an dessen Beginn das Verkehrszeichen 261 (Verbot für kennzeichnungspflichtige Kraftfahrzeuge mit gefährlichen Gütern) aufgestellt ist? Geben Sie eine kurze Begründung für Ihre Lösung. (2)

297 (Z) In welchem Unterabschnitt des ADR sind Zusammenladeverbote für Versandstücke der Klasse 7, die mit einem Zettel nach Muster 7A bezettelt sind, geregelt? (2)

298 (R) In welchem Unterabschnitt des ADR sind für die Klasse 7 die Grenzwerte für nicht festhaftende Kontaminationen an den Außen- und Innenseiten einer Umverpackung oder eines Containers festgelegt? (2)

299 (T) In welchem Fall darf ein Versandstück der Klasse 7 nach ADR nicht befördert werden?
Wenn das Versandstück (1)

- A sich nicht zu Kontrollzwecken öffnen lässt. ☐
- B keine Bleiabschirmung besitzt. ☐
- C keine Tragegriffe besitzt. ☐
- D offensichtlich beschädigt ist. ☐

300 (R) Was müssen Sie überprüfen, wenn Sie eine Ladung Gefahrgut der Klasse 7 ADR kontrollieren? (1)

- A Die MAK-Werte ☐
- B Den Sicherungsplan des Verpackers ☐
- C Anzahl, Zustand und Kennzeichnung der Versandstücke anhand der Begleitpapiere ☐
- D Das Vorhandensein eines Formulars für den Unfallbericht ☐

301 (T) In einem gedeckten Fahrzeug ohne Belüftung werden Druckgaspackungen in Versandstücken befördert. Ist bei dieser Beförderung die Sondervorschrift CV36 des ADR zu beachten? (1)

- A Bei der Beförderung von Druckgaspackungen muss diese Vorschrift nicht beachtet werden. ☐
- B Bei Druckgaspackungen ist diese Vorschrift nur zu beachten, wenn die Gase brennbar sind. ☐
- C Das ADR verlangt bei der Beförderung von Stoffen oder Gegenständen der Klasse 2 immer die Beachtung dieser Vorschrift. ☐
- D Ja, wegen der fehlenden Belüftung ☐

302 (Z) Gilt das Zusammenladeverbot nach Unterabschnitt 7.5.2.1 ADR auch dann, wenn auf einem Fahrzeug Gasflaschen der Klasse 2 und Versandstücke der Klasse 1.4G geladen sind und die in der Tabelle nach Absatz 1.1.3.6.3 genannten Mengen nicht überschritten werden? Geben Sie auch eine kurze Begründung für Ihre Lösung. (2)

1 Fragen
1.3 Straßenverkehr

303 (Z) Gilt das Zusammenladeverbot nach Unterabschnitt 7.5.2.1 ADR, wenn Unterabschnitt 1.1.3.6 ADR angewandt wird? Nennen Sie auch die genaue Fundstelle für Ihre Lösung. (2)

304 (E) Aus welchem Anlass darf nach ADR eine Entladung einer Beförderungseinheit mit gefährlichen Gütern nicht erfolgen? (1)

- A Wenn eine Kontrolle keine Mängel aufzeigt ☐
- B Wenn die Sicherheit gefährdet ist ☐
- C Wenn alle Vorschriften gemäß ADR eingehalten sind ☐
- D Wenn der Fahrzeugführer keine gültige ADR-Schulungsbescheinigung besitzt ☐

305 (E) Welcher Abschnitt des ADR regelt die Reinigung nach dem Entladen gefährlicher Güter? (1)

306 (Z) Zusammenladeverbote für die Beförderung gefährlicher Güter nach ADR gelten: (1)

- A Nicht innerhalb von Containern ☐
- B Innerhalb von Containern ☐
- C Nur in vollwandigen Containern im Zulauf zum Seehafen ☐
- D Nur im Huckepackverkehr mit der Eisenbahn gemäß RID ☐

307 (Z) Welche Aussage zu den Zusammenladeverboten ist nach ADR richtig? (1)

- A Zusammenladeverbote gelten nicht für Container. ☐
- B Zusammenladen liegt vor, wenn verschiedene Gefahrgüter zu einem Versandstück vereinigt werden. ☐
- C Zusammenladeverbote gelten für das Zusammenladen auf einem Fahrzeug. ☐
- D Es gibt keine Zusammenladeverbote im ADR. ☐

308 (Z) In welchem Unterabschnitt des ADR wird geregelt, ob Gasflaschen mit Versandstücken anderer Klassen zusammengeladen werden dürfen? (1)

309 (Z) Welcher Abschnitt des ADR regelt allgemein die Zusammenladeverbote in einem Fahrzeug? (1)

310 (Z) In welchem Abschnitt des ADR sind Vorschriften für die einzelnen Klassen bezüglich der Zusammenladeverbote beschrieben? (1)

- A Abschnitt 7.2.4 ☐
- B Abschnitt 5.4.1 ☐
- C Abschnitt 7.5.2 ☐
- D Abschnitt 7.5.4 ☐

311 (Z) Dürfen Versandstücke, gekennzeichnet mit Gefahrzettel Nr. 6.1, zusammen mit Nahrungs-, Genuss- und Futtermitteln nach ADR auf ein Fahrzeug geladen werden? (1)

- A Ja, wenn eine Trennung auf dem Fahrzeug erfolgt. ☐
- B Nein ☐
- C Nur im grenzüberschreitenden Verkehr ☐
- D Nur im innerstaatlichen Verkehr ☐

1.3 Straßenverkehr

312 (Z) Nahrungs-, Genuss- und Futtermittel sollen mit gefährlichen Gütern in Versandstücken zusammen auf einer Ladefläche befördert werden. Bei welcher Bezettelung der Versandstücke sind nach ADR Vorsichtsmaßnahmen zu treffen? Nennen Sie zwei Beispiele. (2)

313 (Z) Wie kann eine Trennung zwischen Nahrungs-, Genuss- und Futtermitteln und Gefahrgut der Klasse 6.1, jeweils in Versandstücken, auf einem Fahrzeug erfolgen? Nennen Sie eine Möglichkeit nach ADR. (2)

314 (T) In welchem Fall darf die Beladung einer Beförderungseinheit mit gefährlichen Gütern nach ADR nicht erfolgen? (1)

    A   Wenn die Beförderungseinheit in einem Nicht-ADR-Staat zugelassen ist ☐

    B   Wenn der Fahrzeugführer seine Sozialversicherungskarte vergessen hat ☐

    C   Wenn auf dem Fahrtenschreiberblatt die zulässige Lenkzeit nicht überschritten ist ☐

    D   Wenn eine Sichtprüfung des Fahrzeugs zeigt, dass es nicht den Rechtsvorschriften genügt ☐

315 (Z) Dürfen Versandstücke mit UN 0366 Detonatoren für Munition zusammen mit Versandstücken mit UN 1203 Benzin nach ADR in einen Container geladen werden? Nennen Sie auch den entsprechenden Unterabschnitt. (2)

316 (Z) Dürfen nach ADR gefährliche Güter der Klasse 1 (Unterklasse 1.1D) mit Rettungsmitteln der Klasse 9 auf einem Fahrzeug zusammengeladen werden? Nennen Sie auch den entsprechenden Unterabschnitt. (2)

317 (Z) Gibt es nach ADR bei Versandstücken mit Gegenständen der Klasse 1 (UN 0012) und Versandstücken mit Stoffen der Klasse 6.2 ein Zusammenladeverbot auf einem Fahrzeug? (1)

    A   Ja, siehe 7.5.2.1 i. V. m. 7.5.2.2 ADR ☐

    B   Nur, wenn mehr als 1 000 Punkte der Klasse 6.2 verladen werden ☐

    C   Nein, siehe 7.5.2.1 a) ADR ☐

    D   Nur, wenn sich die Ladung in geschlossenen Containern befindet ☐

318 (Z) Wonach richten sich nach ADR die Zusammenladeverbote? (1)

    A   Nach dem Fahrzeug ☐

    B   Nach der Kennzeichnung der Versandstücke mit Gefahrzetteln ☐

    C   Nach der Mengengrenze nach Unterabschnitt 1.1.3.6 ☐

    D   Nach der Kennzeichnung mit Ausrichtungspfeilen ☐

319 (T) Welcher Abschnitt des ADR enthält allgemeine Regelungen zur Handhabung und Verstauung von Gefahrgut? (1)

320 (T) Welche Maßnahmen sind nach ADR bei der Beförderung von Gefäßen der Klasse 2 hinsichtlich der Ladungssicherung zu beachten? (1)

    A   Gefäße sind so zu verladen, dass sie nicht umkippen oder herabfallen können. ☐

    B   Die Schutzkappen an den Gasgefäßen müssen nur deswegen aufgeschraubt werden, um Schäden am Ventil durch Witterungseinflüsse zu verhindern. ☐

1 Fragen
1.3 Straßenverkehr

Gb-Prüfung

	C	Alle Gasgefäße müssen mit besonderen bruchsicheren Ventilen ausgestattet werden.	☐
	D	Gasgefäße dürfen ausschließlich in offenen Beförderungseinheiten transportiert werden.	☐

321 (Z) Gelten Zusammenladeverbote der verschiedenen Klassen auch für Umverpackungen? Nennen Sie auch den Unterabschnitt nach ADR für Ihre Lösung. (2)

322 (A) Welche Anforderungen stellt das ADR an die Kennzeichnung mitzuführender tragbarer Feuerlöschgeräte? (1)

    A   Eine Kennzeichnung nach einer anerkannten Norm und dem ADR ist erforderlich. ☐

    B   Nur eine Kennzeichnung nach ADR ist erforderlich. ☐

    C   Es ist immer eine Kennzeichnung nach CEFIC erforderlich. ☐

    D   Es ist stets eine ACEP-Kennzeichnung erforderlich. ☐

323 (TV) In welchem Abschnitt des ADR finden Sie die Sondervorschriften für die Verwendung von festverbundenen Tanks für die Klasse 3? (1)

324 (P) Nennen Sie zwei Arten von Prüfungen an festverbundenen Tanks für die Klasse 3 gemäß ADR. (2)

325 (P) In welchen zeitlichen Abständen ist die wiederkehrende Prüfung an festverbundenen Tanks für Stoffe der Klasse 3 gemäß ADR spätestens durchzuführen? (2)

326 (P) In welchen zeitlichen Abständen ist die Zwischenprüfung an festverbundenen Tanks für Stoffe der Klasse 8 gemäß ADR spätestens durchzuführen? (2)

327 (P) In welchem Fall ist eine außerordentliche Prüfung an Tanks von Tankcontainern gemäß ADR durchzuführen? (2)

328 (VN) Versandstücke, die den Vorschriften des ADR für Verpackung, Zusammenpackung, Kennzeichnung und Bezettelung nicht in vollem Umfang, wohl aber den Vorschriften der ICAO-TI entsprechen, dürfen bei einer Beförderung im Nachlauf eines Lufttransports unter bestimmten Bedingungen befördert werden. In welchem Unterabschnitt des ADR finden Sie diese Bedingungen? (1)

329 (T) Der Fahrzeugführer eines mit 25 000 l beladenen Tankcontainers (UN 1231 Methylacetat) stellt sein Fahrzeug abseits auf einem bewachten Parkplatz ab. Er informiert den Parkplatzwärter über die Art und die Gefährlichkeit der Ladung sowie seinen Aufenthaltsort während der Pause. Genügt der Fahrzeugführer damit seiner Überwachungspflicht nach ADR? Begründen Sie Ihre Lösung unter Angabe der Fundstelle. (2)

330 (T) Welche Aussage zur Überwachung der Fahrzeuge gemäß Anlage 2 Nr. 3.3 GGVSEB ist zutreffend? (1)

    A   Anlage 2 Nr. 3.3 GGVSEB regelt die Überwachung von Fahrzeugen aus Drittstaaten. ☐

    B   Die Regelungen der Anlage 2 Nr. 3.3 GGVSEB gelten nur für innerstaatliche Beförderungen mit in Deutschland zugelassenen Fahrzeugen. ☐

C Die Regelungen der Anlage 2 Nr. 3.3 GGVSEB gelten nur für grenzüberschreitende Beförderungen mit in Deutschland zugelassenen Fahrzeugen. ☐

D Mit der Anlage 2 Nr. 3.3 GGVSEB werden die Vorschriften des ADR zur Überwachung der Fahrzeuge bei internationalen Beförderungen aufgehoben. ☐

331 Ihr Unternehmen befördert mit einem in Deutschland zugelassenen Tankfahrzeug 32 000 l UN 1134 Chlorbenzen von einer Beladestelle in den Niederlanden zu einem Empfänger in Deutschland. Muss das Fahrzeug nach ADR beim Parken auf einem öffentlichen Parkplatz (Dauer 2 Stunden) überwacht werden? Geben Sie eine kurze Begründung für Ihre Antwort. (3)
(T)

332 In welcher Spalte des Verzeichnisses für gefährliche Güter des ADR finden Sie Sondervorschriften für die Beförderung in Versandstücken? (1)
(T)

333 In einem Labor sind 120 kg feste Abfälle angefallen, bei denen der Verdacht auf Verunreinigung mit ansteckungsgefährlichen Stoffen (Maul- und Klauenseuche-Virus – keine Kulturen) besteht. Im Rahmen der ordnungsgemäßen Entsorgung werden diese Abfälle der EAK-Nummer 18 02 02 zugeordnet und sollen zum Versand nach ADR vorbereitet werden. Welcher UN-Nummer sind diese Abfälle zuzuordnen? Können Verpackungen des Typs „UN/1H2//Y..." verwendet werden? Geben Sie eine kurze Begründung für diese Lösung! (4)
(K)

334 Welche besondere Prüfung, zusätzlich zu der Prüfung nach 6.8.2.4.3 ADR, ist bei Saug-Druck-Tanks für Abfälle (festverbundener Tank) vorgeschrieben? Nennen Sie die Prüfungsart und die Frist nach ADR. (2)
(P)

335 Wer ist verpflichtet, die Tankakte gemäß ADR aufzubewahren? (1)
(P)
A Der Befüller des Tanks ☐
B Der Eigentümer oder der Betreiber des Tanks ☐
C Der amtlich anerkannte Sachverständige für die Prüfung des Tanks ☐
D Die für die Baumusterzulassung zuständige Behörde ☐

336 Wie lange muss der Betreiber eines Tanks nach dessen Außerbetriebnahme die Tankakte gemäß ADR noch mindestens aufbewahren? (1)
(P)
A 12 Monate ☐
B 15 Monate ☐
C 24 Monate ☐
D 15 Jahre ☐

337 Welche Informationen muss die im ADR vorgeschriebene Tankakte enthalten? (1)
(P)
A Alle technisch relevanten Informationen eines Tanks, wie die in den Unterabschnitten 6.8.2.3, 6.8.2.4 und 6.8.3.4 genannten Bescheinigungen ☐
B Die Bescheinigung über die Zuteilung eines amtlichen Kennzeichens ☐
C Die freigegebenen Beladestellen, an denen der Tank befüllt werden kann ☐
D Die für den Tank erforderliche Fahrwegbestimmung ☐

338 Ihr Unternehmen will ein ADR-Tankfahrzeug verkaufen. Was geschieht gemäß ADR mit der Tankakte beim Verkauf des Fahrzeugs? (1)
(P)

1 Fragen Gb-Prüfung
1.3 Straßenverkehr

339 Über die wiederkehrende Prüfung eines Tankfahrzeugs nach Absatz 6.8.2.4.2 (2)
(P) ADR wurde vom Sachverständigen eine Bescheinigung erstellt. In welche Unterlage ist diese Bescheinigung aufzunehmen? Nennen Sie auch den Absatz für Ihre Lösung.

340 Auf dem Tankschild eines Tankcontainers finden Sie nach dem Datum der (1)
(P) zuletzt durchgeführten Prüfung den Buchstaben „P" eingeprägt. Welche Bedeutung hat dieser Buchstabe gemäß ADR?

    A   Die zuletzt durchgeführte Prüfung war eine Prüfung nach 6.8.2.4.1 oder 6.8.2.4.2 ADR. ☐

    B   Die zuletzt durchgeführte Prüfung war eine Zwischenprüfung. ☐

    C   Die zuletzt durchgeführte Prüfung war eine Flüssigkeitsdruckprüfung. ☐

    D   Der Buchstabe steht für den Einsatzzweck des Tankcontainers, also P (Pressure) für Gastanks. ☐

341 In welcher Form ist das Datum der zuletzt durchgeführten Prüfung auf dem (1)
(P) Tankschild eines Tankfahrzeugs für Benzin der Klasse 3 ADR anzugeben?

342 Welche Angaben zur zuletzt durchgeführten Prüfung sind auf dem Tankschild (2)
(P) nach 6.8.2.5.1 ADR ersichtlich?

343 Vor dem Befüllen eines Tankcontainers für einen Stoff der Klasse 8 wollen (1)
(P) Sie überprüfen, ob dieser den geltenden Vorschriften des ADR bezüglich der Einhaltung der Prüffristen genügt. Wo können Sie diese Angaben am Tankcontainer ablesen?

344 Ihr Unternehmen soll einen ungereinigten leeren ortsfesten Lagertank, der (3)
(F) zuletzt UN 1965 (Gemisch C) enthalten hat, zur Entsorgung befördern. Ist die Beförderung unter Freistellung vom ADR möglich? Geben Sie auch eine kurze Begründung für Ihre Lösung.

345 Ihr Unternehmen soll einen ungereinigten leeren ortsfesten Lagertank beför- (1)
(F) dern, der zuletzt UN 1965 (Gemisch C) enthalten hat. Darf diese Beförderung durchgeführt werden, obwohl der Lagertank keine Zulassung nach dem ADR hat?

    A   Ja, die Beförderung ist unter Einhaltung der Bedingungen nach Unterabschnitt 1.1.3.1 f) ADR freigestellt möglich. ☐

    B   Nein, diesen Behälter darf man nur mit einer Einzelausnahme nach § 5 GGVSEB befördern. ☐

    C   Nein, der Lagertank muss auf jeden Fall vor der Beförderung gereinigt werden. ☐

    D   Ja, wenn der Lagertank vor der Beförderung einer wiederkehrenden Prüfung gemäß Absatz 6.8.2.4.2 ADR unterzogen wird. ☐

346 Gilt die in Unterabschnitt 1.1.3.1 f) ADR geregelte Freistellung auch für unge- (3)
(F) reinigte leere ortsfeste Lagerbehälter, die zuletzt UN 1005 enthalten haben? Geben Sie eine kurze Begründung für Ihre Lösung.

347 Welche Bedeutung hat der Tunnelbeschränkungscode B? (1)
(TB)

Gb-Prüfung   1 Fragen
1.3 Straßenverkehr

348 Was bedeutet die Angabe „1000" beim Tunnelbeschränkungscode B1000C? (1)
(TB)
- A Durchfahrt verboten durch Tunnel der Kategorie B, C, D und E, wenn die Nettoexplosivstoffmasse je Beförderungseinheit mehr als 1 000 kg beträgt ☐
- B Durchfahrt verboten durch Tunnel der Kategorie B, bei mehr als 1 000 l Bruttomasse einer Flüssigkeit ☐
- C Durchfahrt verboten durch Tunnel der Kategorie C, D und E, wenn die zulässige Gesamtmasse der Beförderungseinheit mehr als 1000 kg beträgt ☐
- D Durchfahrt verboten durch Tunnel der Kategorie C, wenn die Nettomasse eines gefährlichen Gutes in loser Schüttung mehr als 1 000 kg beträgt ☐

349 Dürfen Sie mit einer kennzeichnungspflichtigen Beförderungseinheit mit Dinitrosobenzen (Nettoexplosivstoffmasse 600 kg) durch einen Tunnel der Kategorie E fahren? Geben Sie auch eine kurze Begründung für Ihre Lösung. (3)
(TB)

350 Müssen bei Inanspruchnahme der Freistellungen nach Unterabschnitt 1.1.3.6 ADR die Tunnelbeschränkungen beachtet werden? Nennen Sie auch die Fundstelle für Ihre Lösung. (2)
(TB)

351 Benzin und Dieselkraftstoff werden in kennzeichnungspflichtiger Menge in Stahlfässern befördert. Welcher Tunnelbeschränkungscode gilt für die gesamte Ladung? (2)
(TB)

352 Mit wie vielen Feuerlöschgeräten und welchem Mindestfassungsvermögen an Löschmitteln muss eine Beförderungseinheit (zGM 7,49 t) ausgerüstet sein, mit der 1 500 kg Gefahrgut „UN 3291 Klinischer Abfall, unspezifiziert, n.a.g." befördert werden? Geben Sie auch eine kurze Begründung für Ihre Lösung. (3)
(A)

353 Auf welche maximale Geschwindigkeit ist ein Geschwindigkeitsbegrenzer für Kraftfahrzeuge mit einer höchsten Gesamtmasse von mehr als 3,5 t gemäß ADR einzustellen? (1)
(FF)

354 Ab welcher Gesamtmasse sind FL-Fahrzeuge gemäß ADR mit Geschwindigkeitsbegrenzern auszustatten? (1)
(FF)
- A Mehr als 3,5 t ☐
- B Mehr als 12 t ☐
- C Mehr als 7,5 t ☐
- D Die Gesamtmasse ist unerheblich, alle Gefahrgutfahrzeuge müssen damit ausgestattet werden. ☐

355 In welchem Abschnitt des ADR sind die Regelungen für Geschwindigkeitsbegrenzer festgelegt? (1)
(FF)

356 In welchem Abschnitt des ADR finden Sie einen tabellarischen Überblick über die einzuhaltenden technischen Merkmale für Fahrzeuge, die eine ADR-Zulassungsbescheinigung benötigen? (2)
(FF)

357 Nennen Sie die nach ADR festgelegte Höchstmenge je Innenverpackung für begrenzte Mengen bei der UN-Nummer 1104. (1)
(LQ)

358 Nennen Sie die nach ADR möglichen Sondervorschriften für Lithium-Ionen-Batterien. (1)
(VS)

359 Welche Sondervorschrift nach ADR gilt für Feuerzeuge, wenn diese als Abfall unter vereinfachten Bedingungen verpackt und befördert werden sollen? (1)
(VS)

1 Fragen
1.3 Straßenverkehr

360 (P) Bei der Überprüfung eines Tankfahrzeugs finden Sie auf dem Tankschild nach 6.8.2.5.1 ADR die Angabe „Fassungsraum 35 000 l S". Welche Bedeutung hat der Buchstabe „S"? (1)

361 (T) Welche Maßnahme ist bei einem abgestellten, mit gefährlichen Gütern beladenen Anhänger ohne Bremseinrichtung zur Sicherung gegen Wegrollen zu ergreifen? (1)

    A   Der Anhänger ist durch die Verwendung mindestens eines Unterlegkeils zu sichern. ☐

    B   Vor jedes Rad des Anhängers ist ein Unterlegkeil zu legen. ☐

    C   Vor und hinter jedes Rad des Anhängers sind Unterlegkeile zu legen. ☐

    D   Nur bei abschüssigem Gelände ist die Verwendung von Unterlegkeilen vorgeschrieben. ☐

362 (BT) Was versteht man nach ADR unter dem Code „BK1"? (1)

363 (FF) Was versteht man gemäß ADR unter dem Begriff „MEMU"? (1)

    A   Mobile Einheit zur Herstellung und Lagerung von explosiven Stoffen oder Gegenständen mit Explosivstoff ☐

    B   Mobile Einheit zur Herstellung von explosiven Stoffen oder Gegenständen mit Explosivstoff ☐

    C   Mobiles Einsatzfahrzeug mit Material zum Umgang mit Explosivstoffen ☐

    D   Mobile Einheit zur Lagerung explosiver Stoffe oder Gegenstände mit Explosivstoff ☐

364 (VS) Gelten die Gefahrguttransportvorschriften des ADR für MEMU auch für die Herstellung und das Laden von explosiven Stoffen oder Gegenständen mit Explosivstoff? Nennen Sie auch den Abschnitt für Ihre Lösung. (2)

365 (K) Für welche Abfälle darf das Verfahren nach Absatz 2.1.3.5.5 ADR nicht angewendet werden? Nennen Sie ein Beispiel. (1)

366 (R) Nennen Sie zwei Beispiele für radioaktive Stoffe, deren Beförderung nicht den Bestimmungen des ADR unterliegt. (2)

367 (TB) Auf einer kennzeichnungspflichtigen Beförderungseinheit sind folgende Gefahrgüter in Versandstücken geladen:
– UN 1263 Farbe, 3, II, (D/E),
– UN 2796 Batterieflüssigkeit, sauer, 8, II, (E).
Auf der Fahrstrecke liegt ein Tunnel der Tunnelkategorie D. Darf der Tunnel mit dieser Ladung durchfahren werden? Nennen Sie auch die genaue Fundstelle für Ihre Lösung. (2)

368 (TB) Im Beförderungspapier eines Tankfahrzeugs mit 18 000 l Benzin steht folgender stoffspezifischer Eintrag nach ADR:
UN 1203 Benzin, 3, II, (D/E), umweltgefährdend.
Was bedeutet dabei (D/E)? (2)

369 (A) Welche zusätzliche klassenspezifische Ausrüstung ist bei einer kennzeichnungspflichtigen Beförderung von UN 1230 in Versandstücken mitzuführen? (2)

370 (F) Ist für UN 1013 eine Freistellung nach Unterabschnitt 1.1.3.2 c) ADR möglich? Geben Sie auch eine kurze Begründung für Ihre Lösung. (2)

371 (T) UN 0009, Nettoexplosivstoffmasse 15 kg, soll gemäß ADR befördert werden. Darf der Fahrzeugführer während der Beförderung im Fahrzeug rauchen? Geben Sie auch die genaue Fundstelle für Ihre Lösung an. (3)

372 (M) Eine Kältemaschine (1 500 kg Bruttogewicht), die in ihrem Inneren 20 kg eines verflüssigten Gases (UN 3159) enthält, soll nach ADR befördert werden. Kann die Beförderung unter den Erleichterungen des Unterabschnitts 1.1.3.6 ADR erfolgen? Geben Sie eine kurze Begründung für Ihre Lösung. (3)

373 (F) In welchem Unterabschnitt des ADR finden Sie Freistellungen im Zusammenhang mit der Beförderung von Leuchtmitteln, die gefährliche Güter enthalten? (1)

374 (F) Ein ungereinigter leerer ortsfester Lagerbehälter, der zuletzt UN 1202 enthalten hat, soll von einem Kunden abgeholt werden. Bei der Verladung stellt der Fahrer fest, dass der Befüllflansch demontiert wurde und der Lagerbehälter nicht mehr dicht verschlossen werden kann. Darf der Lagerbehälter unter den Freistellungsvorschriften des ADR befördert werden? Geben Sie eine kurze Begründung und die Fundstelle für Ihre Lösung an. (3)

375 (F) Unter welchen Bedingungen kann ein verunfalltes kennzeichnungspflichtiges Tankfahrzeug freigestellt vom ADR befördert werden? (2)

376 (LQ) An welcher Stelle finden Sie im ADR die anwendbaren Mengengrenzen für Innenverpackungen und Gegenstände für die Beförderung in begrenzten Mengen? (1)

    A   3.2 Tabelle A Spalte 7a ☐
    B   3.2 Tabelle A Spalte 15 ☐
    C   Tabelle 1.1.3.6.3 ☐
    D   Tabelle 3.5.1.2 ☐

377 (TB) Im Beförderungspapier gemäß ADR finden Sie für eine kennzeichnungspflichtige Beförderung gefährlicher Güter in Versandstücken folgende stoffspezifischen Einträge: (2)

– UN 2820 Buttersäure, 8, III, (E)

– UN 2821 Phenol, Lösung, 6.1, II, (D/E)

Nennen Sie den für die gesamte Ladung anzuwendenden Tunnelbeschränkungscode.

Darf ein Tunnel, der wie folgt gekennzeichnet ist, durchfahren werden?

378 (A) Ein leeres ungereinigtes Tankfahrzeug (zGM > 26 t – letztes Ladegut: UN 1203) soll zur Verlängerung der ADR-Zulassungsbescheinigung vorgefahren werden. Welche Ausrüstung nach ADR muss bei dieser Fahrt durch den Fahrzeugführer mitgeführt werden? Nennen Sie sechs Gegenstände. (3)

1 Fragen — Gb-Prüfung
1.3 Straßenverkehr

379 *(M)* Der Fahrzeugführer eines Getränkegroßhändlers soll bei einer Auslieferungsfahrt von Getränken in seinem bedeckten Fahrzeug zusätzlich drei Gasflaschen mit UN 1013 (insgesamt 45 kg) mitnehmen. Ist Unterabschnitt 1.1.3.6 ADR nutzbar? Auf welchem Berechnungswert basiert Ihre Lösung? Welche Ausrüstung muss der Fahrzeugführer in diesem Fall gemäß ADR mitführen? Darf der Fahrzeugführer mit dieser Ladung einen Tunnel der Tunnelkategorie D passieren? (4)

380 *(T)* Auf einem Lkw wird ein Container, dessen Kühlanlage mit flüssigem Brennstoff (UN 1202) betrieben wird, befördert (Fassungsraum und Inhalt Brennstoffbehälter 500 l). Müssen in diesem Fall die Vorschriften des ADR angewendet werden? Nennen Sie auch den Unterabschnitt für Ihre Lösung. (2)

381 *(FF)* Darf der Antriebsmotor eines FL-Fahrzeugs mit verflüssigtem Erdgas (LNG) betrieben werden? Nennen Sie auch den Unterabschnitt für Ihre Lösung. (2)

382 *(BT)* Auf einem flexiblen Schüttgut-Container ist folgende Kennzeichnung angebracht: UN/BK3/Z/0123/RUS/NTT/MK-14-10/40000/10000. Was bedeuten „Z" und „40000"? (2)

383 *(T)* Ein Verbrennungsmotor mit Antrieb durch eine entzündbare Flüssigkeit der Klasse 3 soll versandt werden. Der Flüssigbrennstoffbehälter ist leer, aber ungereinigt. Der Motor kann mangels Brennstoff nicht betrieben werden. Unterliegt diese Beförderung den Vorschriften des ADR? Nennen Sie auch die genaue Fundstelle für Ihre Lösung. (2)

384 *(V)* Im Anschluss an den Seeschiffsverkehr sind 24 Gasflaschen UN 2036 vom Hamburger Hafen nach Stuttgart zu befördern. Der Auftraggeber teilt mit, dass die wiederbefüllbaren Gasflaschen in den USA befüllt wurden und nur über eine US-Zulassung des DOT (Department of Transportation) verfügen. Darf die Beförderung nach ADR erfolgen? Nennen Sie auch die genaue Fundstelle für Ihre Lösung. (2)

385 *(FF)* Im Rahmen einer Neubeschaffung eines Sattelzugfahrzeugs (Typ FL), das für die Straßenbeförderung von Benzin eingesetzt werden soll, fragt Sie der Unternehmer, ob dafür auch ein Antriebsmotor mit verdichtetem Erdgas (CNG) zulässig wäre? Geben Sie auch eine Begründung mit Angabe der Fundstelle für Ihre Lösung. (3)

386 *(FF)* Für welche Fahrzeugtypen gemäß Teil 9 ADR ist ein elektrisches Antriebssystem zulässig? (1)

- A Fahrzeug Typ EX/II ☐
- B Fahrzeug Typ AT ☐
- C Fahrzeug Typ FL ☐
- D MEMU ☐

387 *(D)* Ist bei der Beschreibung der Versandstücke im Beförderungspapier nach ADR die alleinige Angabe des Verpackungscodes, z. B. „3H1", erlaubt? Geben Sie auch eine kurze Begründung und die Fundstelle für Ihre Lösung an. (2)

1.3 Straßenverkehr

388 Welches der nachfolgenden Fahrzeuge benötigt nach ADR eine ADR-Zulas- (1)
(FF) sungsbescheinigung?

  A Trägerfahrzeug für Aufsetztanks mit einem Fassungsraum von mehr als 1 m³ ☐

  B Offenes Fahrzeug zur Beförderung eines Tankcontainers mit einem Fassungsraum von 3 m³ ☐

  C Batterie-Fahrzeug mit einem Fassungsraum von 1 m³ ☐

  D Bedecktes Fahrzeug mit gefährlichen Gütern in loser Schüttung ☐

389 Welches der nachfolgenden Fahrzeuge benötigt nach ADR keine ADR-Zulas- (1)
(FF) sungsbescheinigung?

  A Tankfahrzeug mit festverbundenem Tank ☐

  B Bedecktes Fahrzeug mit gefährlichen Gütern in loser Schüttung ☐

  C Fahrzeug EX/II ☐

  D Batterie-Fahrzeug mit einem Fassungsraum von 3 m³ ☐

390 Welche Fahrzeuge, die Stoffe und Gegenstände der Klasse 1 befördern, be- (2)
(FF) nötigen nach ADR bei kennzeichnungspflichtigen Beförderungen eine ADR-Zulassungsbescheinigung?

391 Welche zusätzliche Angabe ist nach ADR im Beförderungsdokument bei der (2)
(KT) Beförderung eines Containers, dessen Ladung mit Trockeneis gekühlt wird, vorgeschrieben?

392 Ein leeres ungereinigtes Tankfahrzeug war zuletzt mit Abfallschwefelsäure (3)
(D) beladen. Für die Leerfahrt zur Ladestelle (keine Tunneldurchfahrt) soll ein Beförderungspapier erstellt werden. Wie lauten nach ADR die vorgeschriebenen Angaben im Beförderungspapier in der korrekten Reihenfolge?

393 Bei der Überprüfung eines abholenden Tankfahrzeugs wird festgestellt, dass (2)
(P) die Gültigkeit der ADR-Zulassungsbescheinigung vor 14 Tagen abgelaufen ist. Darf das Fahrzeug nach ADR befüllt werden? Nennen Sie auch die Fundstelle für Ihre Lösung.

394 Welche der aufgeführten Angaben für einen Transport radioaktiver Stoffe ist (1)
(D) eine korrekte stoff- und klassenspezifische Eintragung im Beförderungspapier nach ADR?

  A Radioaktive Stoffe, freigestelltes Versandstück, begrenzte Stoffmenge, 7 ☐

  B UN 2917 Radioaktive Stoffe, Typ B(M)-Versandstück, 7, (E) ☐

  C UN 2910 Radioaktive Stoffe, freigestelltes Versandstück, Instrumente ☐

  D 2910 Uranhexafluorid, Typ A-Versandstück, 6.1 ☐

395 Welche Eintragung ist bei der Beförderung von Stoffen der Klasse 7 im Beför- (1)
(D) derungspapier nach ADR in bestimmten Fällen vorgeschrieben?

  A Äquivalentdosis ☐

  B Kennzeichen des Zulassungszeugnisses ☐

  C UN-Nummer der Verpackung ☐

  D Nummer zur Kennzeichnung der Gefahr ☐

1 Fragen
1.3 Straßenverkehr

Gb-Prüfung

396 Wie lautet nach ADR die vorgeschriebene Angabe im Beförderungspapier für (1)
(D) verdichtetes Argon?

    A   UN 1951 Argon, verdichtet, 2.2, (C/E) ☐
    B   UN 1006 Argon, verdichtet, 2.2, (E) ☐
    C   UN 1006 Argon, 2 ☐
    D   UN 1006 Argon, verdichtet ☐

397 In einem Beförderungspapier nach ADR sind die folgenden stoffbezogenen (2)
(D) Angaben aufgeführt. Sind diese Angaben zum Stoff vollständig bzw. richtig?
Antworten Sie mit „Ja" oder „Nein" und ergänzen bzw. korrigieren Sie ggf.
die Angaben.
UN 1114 Benzen, 3, (D/E)

398 Sie stellen bei einer Überprüfung fest, dass bei Ihren Gasflaschen die ange- (2)
(D) gebene Prüffrist schon seit mehreren Jahren abgelaufen ist. Daher wollen Sie
die Gasflaschen unter Nutzung des Unterabschnitts 4.1.6.10 ADR zur wiederkehrenden Prüfung befördern. Welcher Eintrag ist bei dieser Beförderung im
Beförderungspapier, neben den allgemeinen Angaben zum Gefahrgut, zusätzlich erforderlich?

399 Nennen Sie vier Begleitpapiere, die auf einem Tankfahrzeug für Sauerstoff, (2)
(BP) tiefgekühlt, flüssig, nach ADR mitzuführen sind.

400 Nennen Sie sechs Begleitpapiere, die bei einer Beförderung nach ADR ggf. (3)
(BP) erforderlich sind.

401 Nennen Sie die erforderlichen Begleitpapiere nach ADR, die bei einer Beför- (2)
(BP) derung von UN 1824 Natriumhydroxidlösung, 8, III, (E), 4 000 kg, in Versandstücken, mitzuführen sind.

402 Nennen Sie die erforderlichen Begleitpapiere nach ADR, die bei der Beförde- (2)
(BP) rung von UN 3175 in loser Schüttung vom Fahrzeugführer mitzuführen sind.

403 Welche zusätzliche Angabe ist nach ADR im Beförderungspapier bei Stoffen (1)
(D) und Gegenständen der Klasse 1 vorgeschrieben?

    A   Angabe der Codierung bei Säcken aus Kunststoff ☐
    B   Anzahl der Einzelverpackungen, die in einem Versandstück enthalten sind ☐
    C   Angabe der gesamten Nettomasse in kg der enthaltenen Explosivstoffe für ☐
        den beförderten Stoff
    D   Die Chargen oder Losnummern einzelner Stoffe ☐

404 Welche zusätzliche Angabe ist nach ADR bei Feuerwerkskörpern der Klasse 1 (1)
(D) im Beförderungspapier erforderlich?

    A   Es ist die Nummer der ADR-Schulungsbescheinigung des Fahrzeugführers ☐
        anzugeben.
    B   Angabe der Kfz-Nummer des Fahrzeugs erforderlich ☐
    C   Klassifizierung von Feuerwerkskörpern durch die zuständige Behörde von … ☐
        mit der Referenz für Feuerwerkskörper … bestätigt
    D   Angabe des Ablaufdatums der Prüffrist für Feuerlöscher erforderlich ☐

Gb-Prüfung 1 Fragen
1.3 Straßenverkehr

405 Sie kontrollieren die Inhalte einer ADR-Zulassungsbescheinigung. In welcher (1)
(FF) Vorschrift des ADR finden Sie dazu Informationen?

    A   Abschnitt 8.1.2 ADR ☐

    B   Kapitel 9.1 ADR ☐

    C   Kapitel 5.4 ADR ☐

    D   In Kapitel 7.4 ☐

406 Wie lange gilt nach ADR die ADR-Zulassungsbescheinigung? Geben Sie auch (2)
(FF) den Unterabschnitt für Ihre Lösung an.

407 In welchem Begleitpapier nach ADR können Sie die Angaben zur Tankcodie- (1)
(BP) rung eines Tankfahrzeugs für die Beförderung gefährlicher Güter feststellen?

408 In welchem Unterabschnitt des ADR steht, dass Tankfahrzeuge eine ADR-Zu- (1)
(BP) lassungsbescheinigung als Begleitpapier mitführen müssen?

409 Benötigt ein Fahrzeug zur Beförderung von Tankcontainern (Fassungsraum (2)
(FF) jeweils > 3 000 l) nach ADR eine ADR-Zulassungsbescheinigung? Nennen Sie auch den Unterabschnitt für Ihre Lösung.

410 Müssen Batterie-Fahrzeuge mit einem Fassungsraum von 1 000 l nach ADR (2)
(FF) eine ADR-Zulassungsbescheinigung haben? Nennen Sie auch den Abschnitt für Ihre Lösung.

411 Ist es nach ADR zulässig, die jährliche technische Untersuchung eines Tank- (2)
(FF) fahrzeugs auch innerhalb eines Monats nach dem Ablauf der Gültigkeit der ADR-Zulassungsbescheinigung durchzuführen? Nennen Sie auch den Unterabschnitt für Ihre Lösung.

412 Welches Begleitpapier ist nach ADR für Fahrzeuge EX/II und EX/III zum (1)
(BP) Transport von Gütern der Klasse 1 in kennzeichnungspflichtiger Menge zusätzlich erforderlich?

413 In welchem Unterabschnitt des ADR steht, dass auf einem Tankfahrzeug für (1)
(BP) Sauerstoff, tiefgekühlt, flüssig, die ADR-Zulassungsbescheinigung mitzuführen ist?

414 Welche der aufgeführten Angaben ist in einem Beförderungspapier für eine (1)
(D) Gefahrgutbeförderung innerhalb Deutschlands nach ADR erforderlich?

    A   Name und Anschrift des Beförderers ☐

    B   Nummer zur Kennzeichnung der Gefahr ☐

    C   Abkürzung „UN" vor der UN-Nummer ☐

    D   Die Abkürzung „ADR" ☐

415 Muss nach ADR ein Container-/Fahrzeugpackzertifikat mitgeführt werden, (2)
(BP) wenn ein Container mit gefährlichen Gütern in Versandstücken anschließend im Seeschiffsverkehr befördert wird? Nennen Sie auch den Abschnitt.

1 Fragen
1.3 Straßenverkehr

416 (L) Bei einem zu befördernden Gut, das in § 35b GGVSEB genannt ist, müssen die §§ 35/35a GGVSEB beachtet werden. Welches zusätzliche Begleitpapier ist in diesem Fall nach GGVSEB für die Beförderung auf der Straße erforderlich? (1)

    A   Fahrwegbestimmung ☐
    B   Zulassungsbescheinigung nach Teil 1 der Fahrzeug-Zulassungsverordnung ☐
    C   Container-/Fahrzeugpackzertifikat ☐
    D   Lichtbildausweis des Fahrzeugführers ☐

417 (VS) Sie sollen für Ihren Betrieb eine Ausnahme für Tanks bei der nach Landesrecht zuständigen Stelle beantragen. Welche Rechtsgrundlage ist in diesem Fall maßgebend? (1)

    A   Teil 9 ADR ☐
    B   § 5 GGVSEB ☐
    C   Die BAM-Gefahrgutregelungen ☐
    D   Die ADR-Ausnahmeverordnung ☐

418 (D) Wie viele Beförderungspapiere müssen nach ADR erstellt werden, wenn wegen Zusammenladeverboten ein Lkw mit Anhänger zum Transport eingesetzt werden muss? (1)

419 (BP) Müssen bei der Beförderung von Sicherheitszündhölzern (5 000 kg brutto) in Versandstücken schriftliche Weisungen nach ADR mitgeführt werden? (1)

420 (FF) In der ADR-Zulassungsbescheinigung steht: „Gültig bis 31.12.2023". Wann muss ein Tankfahrzeug nach ADR spätestens zur technischen Untersuchung, um die Verlängerung der ADR-Zulassungsbescheinigung bis zum 31.12.2024 sicherstellen zu können? (2)

    A   Bis 30.11.2023 ☐
    B   Spätestens bis 31.01.2024 ☐
    C   Wie bei der Hauptuntersuchung kann bis zu 2 Monate überzogen werden, also bis 28.02.2024. ☐
    D   Gar nicht, da die ADR-Zulassungsbescheinigung nur den Tank und nicht das Fahrzeug betrifft. ☐

421 (L) Es sollen 4 000 Liter UN 1809 Phosphortrichlorid in Stahlfässern befördert werden. Ist für diesen Transport eine Fahrwegbestimmung nach § 35a GGVSEB erforderlich? (1)

422 (BP) In welchem Begleitpapier nach ADR finden Sie Angaben zur persönlichen Schutzausrüstung? (1)

423 (D) Zwei Kisten mit je 50 kg Druckgaspackungen der Klasse 2 (85 Masseprozent entzündbare Bestandteile, chemische Verbrennungswärme 30 kJ/g) sind zu befördern. Wie lauten die vorgeschriebenen stoffspezifischen Angaben für diese Gegenstände im Beförderungspapier in der richtigen Reihenfolge nach ADR, wenn eine beschränkte Tunneldurchfahrt auf der Strecke liegt? (2)

424 (D) Geben Sie für UN 2800 die stoffspezifischen Angaben in der korrekten Reihenfolge im Beförderungspapier nach ADR an. (2)

1.3 Straßenverkehr

425 (D) Geben Sie für eine Tankladung Chlorbenzen die stoffspezifischen Angaben in der korrekten Reihenfolge im Beförderungspapier nach ADR an. Der Stoff erfüllt zusätzlich die Kriterien des Absatzes 2.2.9.1.10 des ADR. (2)

426 (D) Ein Container enthält UN 1794 in loser Schüttung. Wie lauten die stoffspezifischen Angaben in der korrekten Reihenfolge im Beförderungspapier nach ADR? (2)

427 (BP) Über welcher Gesamtmenge je Beförderungseinheit sind bei der Beförderung von UN 3175 in Versandstücken schriftliche Weisungen nach ADR vorgeschrieben? (2)

428 (P) Welcher Nachweis wird nach Unterabschnitt 6.8.2.4 ADR vom behördlich anerkannten Sachverständigen erstellt? (1)

    A   ADR-Zulassungsbescheinigung ☐
    B   Bescheinigung über die Tankprüfung ☐
    C   Bescheinigung über die Materialverträglichkeit ☐
    D   Typgenehmigung ☐

429 (D) Bei welcher Klasse muss im Beförderungspapier nach ADR der Klassifizierungscode angegeben werden? (1)

    A   Klasse 1 ☐
    B   Klasse 7 ☐
    C   Klasse 2 ☐
    D   Klasse 9 ☐

430 (D) Welche Angabe ist nach ADR für begaste Güterbeförderungseinheiten im Beförderungspapier u. a. erforderlich? (1)

    A   Es sind keine besonderen Angaben erforderlich. ☐
    B   Angabe des Ablaufdatums der Prüffrist für Feuerlöscher ☐
    C   Datum und Zeitpunkt der Begasung ☐
    D   Angabe der Nummer der ADR-Schulungsbescheinigung des Fahrzeugführers ☐

431 (D) Es sollen ungereinigte leere Gasgefäße der Klasse 2 (UN 1965) befördert werden. Wie lautet die korrekte Angabe im Beförderungspapier nach ADR? (1)

    A   Leere Verpackung, Gase der Klasse 2 ☐
    B   Leere ungereinigte Gasgefäße ☐
    C   Leere Gefäße, 2 ☐
    D   Leere Flaschen, 2.3 ☐

432 (D) Es sollen leere Stahlkanister mit Rückständen der Klassen 3, 6.1 und 8 an den Absender zurückgesandt werden. Sie möchten das Beförderungspapier der Lieferung im befüllten Zustand verwenden. Welche Veränderungen sind in diesem Beförderungspapier nach ADR erforderlich? (2)

433 (D) Sie wollen leere Stahlfässer mit Rückständen der Klasse 7 an den Absender zurücksenden. Können Sie ohne Weiteres das Beförderungspapier nach ADR für den vorherigen befüllten Zustand weiter verwenden? Nennen Sie auch die Fundstelle für Ihre Lösung. (2)

1 Fragen — Gb-Prüfung
1.3 Straßenverkehr

434 (D) Ein Container ist mit Nebenprodukten der Aluminiumherstellung, Verpackungsgruppe III, in loser Schüttung befüllt. Im Beförderungspapier ist zu diesem Stoff folgende Eintragung vermerkt:
3170 Nebenprodukte der Aluminiumumschmelzung, 4.2, III, (E).
Überprüfen Sie diesen Eintrag nach ADR auf Richtigkeit, Vollständigkeit und korrigieren Sie ggf. die Angaben. (2)

435 (T) Ihr Unternehmen befördert mit einem Tankfahrzeug 34 000 Liter UN 1203 Benzin. Darf dieses Fahrzeug gemäß ADR ohne Überwachung in einem Werksbereich unter Gewährleistung ausreichender Sicherheit abgesondert geparkt werden? Nennen Sie auch das Kapitel für Ihre Lösung! (1)

436 (BP) Ihr Unternehmen befördert mit einem in Deutschland zugelassenen Tankfahrzeug 30 000 l UN 1203 Benzin, 3, II, (D/E), umweltgefährdend, von Hannover nach Hamburg. Welche personenbezogenen Dokumente muss der Fahrzeugführer gemäß ADR mitführen? Nennen Sie auch die Fundstelle für Ihre Lösung. (3)

437 (D) Auf einem Lkw sollen 10 Kanister à 10 l mit Isopropylalkohol befördert werden. Das Beförderungspapier für diesen Stoff enthält folgenden Eintrag:
1219 Isopropylalkohol, 3, III, (D/E), 10 Kanister, Gesamtmenge Beförderungskategorie 2: 100 l, berechneter Wert: 200.
Überprüfen Sie diesen Eintrag nach ADR auf Richtigkeit, Vollständigkeit und korrigieren Sie ggf. die Angaben. (3)

438 (D) Der Heizölhändler H. hat bei der Kontrolle seines Tankfahrzeugs festgestellt, dass der Domdeckel nicht mehr richtig schließt. Das Fahrzeug soll daher mit leerem ungereinigtem Tank der nahe liegenden Firma R. zur Reparatur zugeführt werden. Welcher zusätzliche Vermerk ist aufgrund dessen, neben den gefahrgutspezifischen Angaben, im Beförderungspapier nach ADR erforderlich? (2)

439 (D) Ein leerer ungereinigter Aufsetztank, der zuletzt Natriumhydroxidlösung, VG II, enthalten hat, ist zu befördern. Wie müssen die Angaben im Beförderungspapier nach ADR in der korrekten Reihenfolge lauten? (3)

440 (D) Wie lauten die Angaben nach 5.4.1.1.1 c) im Beförderungspapier gemäß ADR für Diacetylperoxid der UN-Nummer 3115? (2)

441 (BP) Welches Dokument muss jedes Mitglied der Fahrzeugbesatzung bei der Beförderung gefährlicher Güter in kennzeichnungspflichtigen Mengen gemäß ADR mitführen? (1)

    A   Einen Lichtbildausweis ☐
    B   Das ADR in einer Sprache, die die Besatzungsmitglieder verstehen ☐
    C   Eine Unterweisungsbescheinigung nach Kapitel 1.10 ADR ☐
    D   Eine Unterweisungsbescheinigung nach Kapitel 1.3 ADR ☐

442 (D) Welche Formulierung stellt die richtige Angabe im Beförderungspapier nach ADR für ein leeres ungereinigtes Tankfahrzeug dar, das zuletzt mit UN 1203 Benzin beladen war? (1)

    A   Leeres Tankfahrzeug, 3, letztes Ladegut: 1203 Benzin, II, (D/E), umweltgefährdend ☐
    B   Leeres Tankfahrzeug, letztes Ladegut: 1203 Benzin, II, 3 ☐

| | C | Leeres Tankfahrzeug, letztes Ladegut: UN 1203 Benzin, 3, II, (D/E), umweltgefährdend | ☐ |
| | D | Leeres Tankfahrzeug, umweltgefährdend, 3, letztes Ladegut: UN 1203 Benzin, II, (D/E) | ☐ |

443 (D) Sie sollen ein Beförderungspapier für einen leeren ungereinigten Tankcontainer, der zuletzt mit UN 1073 beladen war, erstellen. Auf der Strecke liegt eine beschränkte Tunneldurchfahrt. Ergänzen Sie den nachstehenden Eintrag im Beförderungspapier nach ADR in der korrekten Reihenfolge:
Leerer Tankcontainer, ... (2)

444 (D) Es ist der Transport eines leeren ungereinigten Großpackmittels (IBC), das zuletzt UN 1235 Methylamin, wässerige Lösung, enthalten hat, durchzuführen. Wie lautet der Eintrag im Beförderungspapier nach ADR in der korrekten Reihenfolge? (2)

445 (VN) Welcher zusätzliche Vermerk ist im Beförderungspapier nach ADR erforderlich, wenn im Nachlauf zu einer Seebeförderung Versandstücke auf der Straße befördert werden sollen, deren Kennzeichnung nicht in vollem Umfang dem ADR, wohl aber dem IMDG-Code entspricht? (2)

446 (VN) Unter welchen Voraussetzungen darf bei der Beförderung in einer Transportkette, die eine Seebeförderung einschließt, für den Landweg das Beförderungspapier mit den nach IMDG-Code vorgeschriebenen Eintragungen verwendet werden? Nennen Sie auch den Unterabschnitt des ADR für Ihre Lösung. (2)

447 (D) Sie lesen in einem Beförderungspapier nach ADR den Eintrag „Beförderung gemäß Unterabschnitt 4.1.6.10". Bei welcher Klasse ist dieser Eintrag ggf. erforderlich? (1)

	A	Klasse 1, Unterklasse 1.1	☐
	B	Klasse 2	☐
	C	Klasse 5.2	☐
	D	Klasse 7	☐

448 (RP) Welche Aussage zu den schriftlichen Weisungen nach ADR ist zutreffend? (1)

	A	Die schriftlichen Weisungen richten sich nur an die Einsatzkräfte.	☐
	B	Die schriftlichen Weisungen sind nur beim Transport in Versandstücken erforderlich.	☐
	C	Für alle Gefahrgüter gibt es einheitliche schriftliche Weisungen.	☐
	D	Die schriftlichen Weisungen müssen aus feuerfestem Material bestehen.	☐

449 (BP) Welche Aussage zu den schriftlichen Weisungen nach ADR ist zutreffend? (1)

	A	Die schriftlichen Weisungen müssen sich hinter den orangefarbenen Tafeln befinden.	☐
	B	In den schriftlichen Weisungen wird die mitzuführende Ausrüstung aufgeführt.	☐
	C	Die schriftlichen Weisungen richten sich nur an die Einsatzkräfte.	☐
	D	Die schriftlichen Weisungen sind nur beim Transport in Versandstücken erforderlich.	☐

1 Fragen Gb-Prüfung
1.3 Straßenverkehr

450 Bestimmte mitzuführende Ausrüstungsgegenstände nach ADR richten sich (1)
(BP) nach den Gefahrzetteln der geladenen gefährlichen Güter. Welchem Begleitpapier können Sie die entsprechenden Gefahrzettel entnehmen?

- A ADR-Zulassungsbescheinigung ☐
- B Lichtbildausweis ☐
- C Beförderungspapier ☐
- D ADR-Schulungsbescheinigung ☐

451 Ist der Tunnelbeschränkungscode immer im Beförderungspapier nach ADR (2)
(D) anzugeben? Nennen Sie auch die genaue Fundstelle für Ihre Lösung.

452 Darf der Tunnelbeschränkungscode im Beförderungspapier nach ADR auch (2)
(D) in Kleinbuchstaben angegeben werden? Nennen Sie auch die genaue Fundstelle für Ihre Lösung.

453 Welche zusätzliche Eintragung ist im Beförderungspapier nach ADR vorzunehmen, (2)
(D) wenn ein Tankfahrzeug nach Ablauf der Frist für die Prüfung nach Absatz 6.8.2.4.2 ADR zugeführt werden soll?

454 Wie lautet die stoffspezifische Eintragung im Beförderungspapier nach ADR (2)
(D) in der korrekten Reihenfolge, wenn UN 1057 im Rahmen der Sondervorschrift 654 befördert werden soll?

455 Ein Abfall wurde über Absatz 2.1.3.5.5 ADR der UN 1993, VG II, zugeordnet. (3)
(D) Wie lauten die stoffspezifischen Angaben im Beförderungspapier in der korrekten Reihenfolge?

456 Welches Begleitpapier nach ADR enthält für die Fahrzeugbesatzung die Informationen (1)
(BP) für die Hilfe bei Notfallsituationen?

457 Welche Angaben sind im Beförderungspapier für freigestellte Versandstücke (1)
(D) der Klasse 7 nach ADR in jedem Fall erforderlich?

- A UN, UN-Nummer, Name und Anschrift des Absenders und des Empfängers ☐
- B UN, UN-Nummer ☐
- C UN, UN-Nummer, Benennung, Klasse, Name und Anschrift des Absenders und Empfängers ☐
- D UN, UN-Nummer, Bruttomasse ☐

458 In welchem Fall ist gemäß ADR im Beförderungspapier anstelle des Ausdrucks (2)
(D) „umweltgefährdend" die Angabe „Meeresschadstoff" erlaubt?

459 Ein Generator mit Verbrennungsmotor mit Antrieb durch entzündbare Flüssigkeit (2)
(D) (Fassungsraum Brennstoffbehälter 2 500 l/Inhalt 2 000 l) soll verladen und nach ADR befördert werden. Welche Sondervorschrift ist anzuwenden? Welche zusätzliche Angabe ist im Beförderungspapier zu vermerken?

460 Welche Angabe muss bei einem mit einem tiefgekühlt verflüssigten Gas befüllten (1)
(D) Tankcontainer zusätzlich im Beförderungspapier nach ADR eingetragen werden?

- A Beförderung nach Unterabschnitt 4.1.6.10 ☐
- B Kontrolltemperatur: ... °C ☐
- C Ende der Haltezeit: .... (TT/MM/JJJJ) ☐
- D Notfalltemperatur: ... °C ☐

1.3 Straßenverkehr

461 Es soll ein Muster eines organischen Peroxids nach 2.2.52.1.9 ADR versandt (1)
(D) werden. Welcher besondere zusätzliche Vermerk ist im Beförderungspapier nach ADR zu ergänzen?

462 Bei welcher der nachfolgenden UN-Nummern muss im Beförderungspapier (1)
(D) nach ADR die Kontroll- und Notfalltemperatur nach Absatz 5.4.1.2.3.1 angegeben werden?

    A   UN 3114 ☐

    B   UN 3109 ☐

    C   UN 2448 ☐

    D   UN 3532 ☐

463 Welche Zusatzangabe ist im Nachlauf vom Seehafen bei einem Gefahrgut in (1)
(D) einem ortsbeweglichen Tank, dessen Plakatierung und Kennzeichnung dem IMDG-Code, aber nicht vollumfänglich dem ADR entspricht, im Beförderungspapier nach ADR zu vermerken?

464 Ein Mehrkammertankfahrzeug soll nur vorn und hinten mit orangefarbenen (1)
(POT) Tafeln ausgerüstet werden. Mit welchen orangefarbenen Tafeln ist die Beförderungseinheit nach ADR zu kennzeichnen, wenn Benzin und Dieselkraftstoff zusammen in dieser Beförderungseinheit befördert werden?

    A   Orangefarbene Tafeln mit Nummern zur Kennzeichnung der Gefahr und UN-Nummern 33/1203 ☐

    B   Orangefarbene Tafeln mit Nummern zur Kennzeichnung der Gefahr und UN-Nummern 30/1202 ☐

    C   Orangefarbene Tafeln ohne Nummern zur Kennzeichnung der Gefahr und UN-Nummern ☐

    D   Diese Art der Kennzeichnung ist nach ADR für diese Stoffe nicht zulässig. ☐

465 Sie wollen 10 Kanister mit Benzin (gesamt 200 l) und 25 Kanister Dieselkraft- (3)
(POT) stoff (gesamt 500 l) mit einem Lkw nach ADR befördern lassen. Muss die Beförderungseinheit hierzu mit orangefarbenen Tafeln gekennzeichnet werden? Geben Sie für Ihre Antwort eine kurze Begründung.

466 Es sollen 5 Flaschen UN 1072 Sauerstoff, verdichtet (Fassungsraum je 50 l) (3)
(POT) und 5 Flaschen UN 1001 Acetylen, gelöst (Nettomasse je 10 kg), nach ADR befördert werden.
Muss die Beförderungseinheit mit orangefarbenen Tafeln gekennzeichnet werden? Auf welchen Berechnungswert stützen Sie Ihre Lösung?

467 An welchen Stellen und mit welchen Großzetteln (Placards) muss ein Fahr- (2)
(POT) zeug nach ADR versehen sein, das Versandstücke mit radioaktiven Stoffen der Klasse 7, UN 2915, befördert?

468 Auf einem Lkw werden 40 Versandstücke der Klasse 1, UN 0012 und UN 0014, (2)
(POT) Bruttomasse gesamt 1 400 kg, befördert. Die Nettoexplosivstoffmasse beträgt 60 kg. Welche Großzettel sind nach ADR an diesem Lkw anzubringen?

1 Fragen
1.3 Straßenverkehr

469 (POT) Ein Container enthält Bleisulfat (mit mehr als 3 % freier Säure) in loser Schüttung. Wie lauten die Nummer zur Kennzeichnung der Gefahr und die UN-Nummer auf den orangefarbenen Tafeln gemäß ADR? (2)

Nummer zur Kennzeichnung der Gefahr = ...

UN-Nummer = ...

An welchen Stellen müssen die orangefarbenen Tafeln mit diesen Nummern am Container angebracht sein?

470 (POT) Welche Nummer zur Kennzeichnung der Gefahr und UN-Nummer nach ADR müssen auf den orangefarbenen Tafeln an einem Tankcontainer angebracht werden, der mit Organochlor-Pestizid, flüssig, entzündbar, giftig (Lindan 80 %), Flammpunkt 20 °C, beladen werden soll? (2)

Nummer zur Kennzeichnung der Gefahr = ...

UN-Nummer = ...

An welchen Stellen müssen diese orangefarbenen Tafeln am Tankcontainer angebracht sein?

471 (POT) Bis zu welcher Gesamtmenge je Beförderungseinheit besteht bei UN 0305 keine Kennzeichnungspflicht mit orangefarbenen Tafeln nach ADR? (2)

472 (POT) Ein Tankfahrzeug befördert Benzin. Wie lauten die Nummer zur Kennzeichnung der Gefahr und die UN-Nummer auf den orangefarbenen Tafeln? (2)

Nummer zur Kennzeichnung der Gefahr = ...

UN-Nummer = ...

An welchen Stellen müssen an diesem Tankfahrzeug nach ADR Großzettel angebracht werden?

473 (POT) Ein Fahrzeug mit Aufsetztanks befördert Natriumhydroxidlösung (VG II). Wie lauten die Nummer zur Kennzeichnung der Gefahr und die UN-Nummer auf den orangefarbenen Tafeln? (2)

Nummer zur Kennzeichnung der Gefahr = ...

UN-Nummer = ...

An welchen Stellen müssen an diesem Fahrzeug nach ADR Großzettel angebracht sein?

474 (POT) Ein Tankcontainer enthält Tetrachlorethylen. Wie lauten die Nummer zur Kennzeichnung der Gefahr und die UN-Nummer auf den orangefarbenen Tafeln? (2)

Nummer zur Kennzeichnung der Gefahr = ...

UN-Nummer = ...

An welchen Stellen müssen an diesem Tankcontainer nach ADR Großzettel angebracht sein?

475 (POT) Ein Container enthält UN 2803 in loser Schüttung. An welchen Stellen müssen die orangefarbenen Tafeln mit Nummern zur Kennzeichnung der Gefahr und UN-Nummern am Container nach ADR angebracht sein? (1)

476 (POT) Auf einem Lkw wird Abfall (UN 3175) in loser Schüttung befördert. Mit welchem Großzettel und an welchen Stellen ist der Lkw nach ADR zu bezetteln? (2)

1.3 Straßenverkehr

477 (POT) Sie sehen an einem Tankfahrzeug, das UN 1977 Stickstoff, tiefgekühlt, flüssig, befördert, den Großzettel Nr. 2.2, in den der englische Aufdruck „Non-flammable, non-toxic gas" eingedruckt ist. Ist das nach ADR zulässig? (1)

    A   Ja, nach Absatz 5.3.1.7.1 i.V.m. Absatz 5.2.2.2.1.5 ist dies zulässig. ☐

    B   Nein, da ein tiefgekühltes verflüssigtes Gas kein nicht brennbares, nicht giftiges Gas (non-flammable, non-toxic) ist, ist dieser Aufdruck falsch und damit unzulässig. ☐

    C   Nur wenn das Tankfahrzeug zu einer Niederlassung einer englischen Firma unterwegs ist ☐

    D   Nein, diese Ergänzung ist nach ADR nicht zulässig. ☐

478 (MK) 30 Versandstücke mit Klebstoffen der Klasse 3, Verpackungsgruppe I, die in zusammengesetzten Verpackungen à 10 l verpackt sind, werden zur leichteren Handhabung in eine Umverpackung aus Pappe eingestellt. Geben Sie die vorgeschriebenen Kennzeichen und Gefahrzettel auf der Umverpackung nach ADR an. (4)

479 (POT) Auf einer Beförderungseinheit wird ein Container, der 8 000 kg UN 2212 in Versandstücken à 100 kg enthält, nach ADR befördert.
An welchen Stellen müssen an diesem Container Großzettel angebracht sein?
An welchen Stellen müssen die orangefarbenen Tafeln an dieser Beförderungseinheit angebracht werden? (4)

480 (LQ) Ihr Unternehmen will UN 1208 in einer zusammengesetzten Verpackung als begrenzte Menge nach ADR versenden. Welche Mengen je Innenverpackung bzw. Versandstück sind maximal zulässig? Wie ist das Versandstück zu kennzeichnen? (4)

481 (MK) Feste gefährliche Güter in UN-geprüften Kisten sollen in einer undurchsichtigen Umverpackung befördert werden. Auf der Umverpackung sind für jedes Gefahrgut die Großbuchstaben „UN" und die UN-Nummer sowie die entsprechenden Gefahrzettel angebracht. Ist diese Kennzeichnung und Bezettelung nach ADR ausreichend? Nennen Sie auch die Fundstelle für Ihre Lösung. (2)

482 (POT) Welche der nachstehenden Aussagen zur Kennzeichnung eines Containers im Zulauf zum Seeschiffsverkehr ist gemäß ADR zutreffend? (1)

    A   Ab der Einfahrt in den Freihafenbereich muss die Kennzeichnung dem IMDG-Code entsprechen. ☐

    B   Nur wenn die Großzettel keine englischsprachigen Hinweise enthalten, darf der Container bereits für den Straßentransport entsprechend dem IMDG-Code gekennzeichnet werden. ☐

    C   Der Container darf bereits für den Straßentransport entsprechend dem IMDG-Code gekennzeichnet werden. Ggf. ist aber ein zusätzlicher Eintrag im Beförderungspapier erforderlich. ☐

    D   Der Container darf bereits für den Straßentransport entsprechend dem IMDG-Code gekennzeichnet werden. Da das Seerecht aber keine orangefarbenen Tafeln vorsieht, muss der Fahrer bei kennzeichnungspflichtigen Beförderungen die orangefarbenen Tafeln am Trägerfahrzeug abdecken. ☐

1.3 Straßenverkehr

483 (POT) Für den Transport eines Tankcontainers mit 10 000 l Dieselkraftstoff steht ein offenes Fahrzeug zur Verfügung. Durch die seitlichen Bordwände sind allerdings die orangefarbenen Tafeln verdeckt. Sichtbar sind jedoch die Großzettel. Welche Maßnahme ist bezüglich der orangefarbenen Tafeln gemäß ADR zu ergreifen? Geben Sie auch die Fundstelle für Ihre Lösung an. (2)

484 (POT) Durch die Höhe der Bordwände eines Lkw sind die orangefarbenen Tafeln eines verladenen Tankcontainers mit 4 000 l Gefahrgut nicht mehr sichtbar. Die Großzettel sind allerdings deutlich zu erkennen. Reicht dies gemäß ADR für die Durchführung der Beförderung aus? (1)

    A   Nein, es sind an den Längsseiten des Fahrzeugs dieselben orangefarbenen Tafeln wie auf dem Tankcontainer anzubringen. ☐

    B   Ja, die Gefahreigenschaften können aus dem Großzettel ersehen werden. ☐

    C   Ja, da der Tankcontainer korrekt gekennzeichnet und bezettelt ist, sind die Vorgaben des ADR erfüllt. ☐

    D   Nein, Trägerfahrzeuge für Tankcontainer müssen generell mit denselben orangefarbenen Tafeln und den Großzetteln gekennzeichnet werden. ☐

485 (POT) Zwei Tankcontainer mit einem Fassungsraum von jeweils 3 000 l sind mit UN 1263 Farbe, 3, II, (D/E), befüllt, nach ADR ordnungsgemäß gekennzeichnet und bezettelt und werden auf ein bedecktes Fahrzeug verladen. Welche Maßnahme nach ADR ist bezüglich der Großzettel vor Abfahrt zu treffen? (2)

486 (POT) Zwei Tankcontainer mit einem Fassungsraum von jeweils 5 000 l sind mit UN 1230 Methanol, 3 (6.1), II, (D/E), befüllt, nach ADR ordnungsgemäß gekennzeichnet und bezettelt und werden auf ein bedecktes Fahrzeug verladen. Welche Maßnahme nach ADR ist bezüglich der orangefarbenen Tafeln mit Nummern vor Abfahrt zu treffen? (2)

487 (MK) Wie sind Versandstücke mit flüssigen Patientenproben, die UN 3373 zugeordnet sind, zu kennzeichnen und zu beschriften? (2)

488 (MK) In welchem Fall ist eine Umverpackung gemäß ADR mit Ausrichtungspfeilen zu kennzeichnen? (1)

    A   Wenn feste Stoffe in Versandstücken enthalten sind ☐

    B   Wenn Druckgefäße mit verdichteten Gasen enthalten sind ☐

    C   Wenn Einzelverpackungen ohne Lüftungseinrichtung mit Stoffen der Klasse 3 enthalten sind ☐

    D   Wenn die auf den enthaltenen Versandstücken vorgeschriebenen Ausrichtungspfeile nicht sichtbar sind ☐

489 (MK) Welche Versandstücke mit gefährlichen Gütern sind gemäß ADR mit Ausrichtungspfeilen zu kennzeichnen? Nennen Sie einen Fall. (2)

490 (MK) In einer Kiste aus Pappe (4G) sind 20 Glasflaschen à 100 ml, die UN 2945 enthalten, verpackt. Absorbierendes Material für die Aufnahme des gesamten flüssigen Inhalts ist zwischen die Innenverpackungen und die Außenverpackung eingebracht. Ist dieses Versandstück mit Ausrichtungspfeilen zu kennzeichnen? Nennen Sie auch den Absatz für Ihre Lösung. (2)

491 (MK) An welchen Versandstücken mit flüssigen radioaktiven Stoffen in Innenverpackungen sind gemäß ADR keine Ausrichtungspfeile vorgeschrieben. Nennen Sie eine Versandstückart. (1)

492 (LQ)	Welche Seitenlänge muss das Kennzeichen auf Versandstücken bei in begrenzten Mengen verpackten Gütern gemäß ADR grundsätzlich haben?	(1)

493 (MK)	Welche Kennzeichen müssen an Großverpackungen mit Druckgaspackungen (Abfall-Druckgaspackungen), Klassifizierungscode 5TF, gemäß ADR angebracht werden?	(2)

494 (POT)	In einer Beförderungseinheit sind nur Versandstücke mit UN 2915 unter ausschließlicher Verwendung zu befördern. Welche der folgenden Aussagen zur Kennzeichnung mit der orangefarbenen Tafel an den beiden Längsseiten der Beförderungseinheit ist zutreffend?	(1)

    A   Vorn und hinten sind an der Beförderungseinheit nur die neutralen orangefarbenen Tafeln 30 cm × 12 cm anzubringen. ☐

    B   Zusätzlich zu den neutralen orangefarbenen Tafeln vorn und hinten sind an den beiden Längsseiten der Beförderungseinheit orangefarbene Tafeln (30 cm × 40 cm) mit den Nummern (70/2915) anzubringen. ☐

    C   Zusätzlich zu den neutralen orangefarbenen Tafeln vorn und hinten sind an den beiden Längsseiten der Beförderungseinheit orangefarbene Tafeln (30 cm × 12 cm) anzubringen, die mit der Nummer zur Kennzeichnung der Gefahr „70" versehen sind. ☐

    D   Zusätzlich zu den neutralen orangefarbenen Tafeln vorn und hinten sind an den beiden Längsseiten der Beförderungseinheit orangefarbene Tafeln (30 cm × 12 cm) anzubringen, die mit der Aufschrift „RADIOAKTIV" versehen sind. ☐

495 (MK)	Ein Gefahrgut der Klasse 3 ist nach den Kriterien des Absatzes 2.2.9.1.10 des ADR auch als umweltgefährdend eingestuft. Welches Kennzeichen ist neben den in Unterabschnitt 5.2.1.1 festgelegten Kennzeichen an einem Versandstück anzubringen?	(1)

    A   Das Kennzeichen für umweltgefährdende Stoffe ☐
    B   Der Gefahrzettel Nr. 9A ☐
    C   In diesem Fall ist der Gefahrzettel Nr. 9 anzubringen. ☐
    D   In diesen Fällen ist immer die offizielle Benennung des Stoffes anzugeben. ☐

496 (LQ)	Auf einer Beförderungseinheit mit einer zulässigen Gesamtmasse von 18 t werden ausschließlich 9 000 kg UN 1266, VG II, in begrenzten Mengen nach ADR befördert. Wie muss diese Beförderungseinheit gekennzeichnet werden?	(2)

497 (LQ)	Bei welchen Beförderungen wird das nachfolgende Kennzeichen verwendet?	(1)

    A   Beförderung von gefährlichen Gütern in begrenzten Mengen nach 3.4 ADR ☐
    B   Beförderung von freigestellten Mengen gefährlicher Güter nach 3.5 ADR ☐
    C   Beförderung von Gefahrgütern mit hohem Gefahrenpotenzial ☐
    D   Beförderung von Gefahrgütern, die im § 35b GGVSEB genannt sind ☐

1 Fragen
1.3 Straßenverkehr

498 (MK) In welchem Absatz des ADR finden Sie die Vorschriften zur Kennzeichnung der Außenseite der Verpackung freigestellter Versandstücke der Klasse 7, die feste Stoffe beinhalten? (1)

499 (MK) Welche Kennzeichen sind an der Außenseite der Verpackung freigestellter Versandstücke der Klasse 7, die feste Stoffe beinhalten, mit einem Bruttogewicht von 40 kg erforderlich? (1)

    A   UN, UN-Nummer, radioaktive Stoffe, Strahlenzeichen ☐

    B   UN, UN-Nummer, Bruttogewicht, Klasse 7, Tunnelbeschränkungscode ☐

    C   UN, UN-Nummer, Absender und/oder Empfänger ☐

    D   UN, UN-Nummer, Benennung, Klasse ☐

500 (MK) Sie erhalten ein Sicherheitsdatenblatt von einem gefährlichen Stoff (UN 1866, VG II), der auch umweltgefährdende Eigenschaften hat. Wie muss ein Fass mit 200 l dieses Stoffes nach ADR gekennzeichnet sein? (2)

501 (LQ) In welchem Fall muss eine Beförderungseinheit (zGM 18 t) wie unten gezeigt gekennzeichnet werden? (2)

502 (KT) Auf einem gedeckten Fahrzeug ohne Belüftung werden Versandstücke, die Trockeneis als Kühlmittel enthalten, befördert. Die Gefährdungsbeurteilung ergab ein Risiko für Erstickungsgefahren. An welchen Stellen ist nach ADR ein Erstickungswarnkennzeichen anzubringen und welche Mindestgröße muss hierbei eingehalten werden? (2)

503 (MK) Ein Generator mit Verbrennungsmotor mit Antrieb durch entzündbare Flüssigkeit (Fassungsraum Brennstofftank 600 l/Inhalt 550 l) soll nach ADR befördert werden. Welche Sondervorschrift ist anzuwenden? Wie ist der Generator zu bezetteln? (2)

504 (MK) Darf ein Flaschenbündel (Inhalt: UN 1006 Argon, verdichtet) mit einem gemäß 5.2.2.2.1.2 ADR verkleinerten Gefahrzettel Nr. 2.2 gekennzeichnet werden? Begründen Sie Ihre Antwort. (2)

505 (MK) Sie sollen ein Flaschenbündel (Inhalt: UN 1072) mit Gefahrzetteln nach ADR kennzeichnen. Welche Gefahrzettel müssen angebracht werden? Wie oft müssen die Gefahrzettel am Flaschenbündel angebracht werden? (2)

506 An welchen Stellen eines Tankfahrzeugs für entzündbare verflüssigte Gase (1)
(TV) muss dieses Kennzeichen gemäß ADR angebracht werden?

SV

507 Muss ein gut belüftetes Fahrzeug mit Trockeneis als Ladung mit einem Ersti- (2)
(KT) ckungswarnkennzeichen nach 5.5.3.6.2 ADR gekennzeichnet werden? Nennen Sie auch die genaue Fundstelle für Ihre Lösung.

508 In einem Container sind 1 000 Versandstücke mit Lithium-Metall-Batterien (3)
(POT) (jede Batterie wiegt 500 g und enthält mehr als 2 g Lithium) verladen und sollen nach ADR versandt werden. Welcher Großzettel ist zu verwenden und an welchen Stellen ist dieser am Container anzubringen? Nennen Sie auch die genauen Fundstellen für Ihre Lösung.

509 Darf UN 1789 in einem Tankcontainer befördert werden? Nennen Sie auch (2)
(TV) die entsprechende Fundstelle im ADR.

510 Wo finden Sie im ADR die Angaben der höchstzulässigen Masse je Liter Fas- (1)
(TV) sungsraum für ein Tankfahrzeug, das mit Gemisch C (UN 1965) beladen werden soll?

　　A　Verpackungsanweisung P200　☐
　　B　In der ADR-Zulassungsbescheinigung　☐
　　C　In der Prüfbescheinigung　☐
　　D　Unterabschnitt 4.3.3.2　☐

511 Welche Aussage über die Beförderung in loser Schüttung ist nach ADR rich- (1)
(BT) tig?

　　A　Flüssige gefährliche Güter sind generell zur Beförderung in loser Schüttung zugelassen.　☐
　　B　Die Beförderung in loser Schüttung ist die Beförderung von festen Stoffen in Verpackungen.　☐
　　C　Die Beförderung von gefährlichen Gütern in loser Schüttung ist nur zulässig, wenn diese Beförderungsart ausdrücklich zugelassen ist.　☐
　　D　Das ADR lässt die Beförderung von Gütern in loser Schüttung generell nicht zu.　☐

512 An welchen Stellen können Sie im ADR feststellen, ob ein bestimmtes gefähr- (2)
(BT) liches Gut zur Beförderung in loser Schüttung zugelassen ist? Nennen Sie die genaue Fundstelle.

513 UN 2211 soll in loser Schüttung befördert werden. Welches der nachfolgen- (1)
(BT) den Fahrzeuge darf nach ADR verwendet werden?

　　A　Ein gedecktes Fahrzeug ohne Belüftung　☐
　　B　Ein offenes Kraftfahrzeug　☐
　　C　Ein bedecktes Fahrzeug mit angemessener Belüftung　☐
　　D　Nur ein besonders ausgerüstetes Fahrzeug mit Metallaufbau　☐

1 Fragen
1.3 Straßenverkehr

514 (BT) Abfälle, die UN 3175 zugeordnet sind, sollen in loser Schüttung befördert werden. Welches der nachfolgenden Fahrzeuge darf nach ADR verwendet werden? (1)

- A Ein gedecktes Fahrzeug ohne Belüftung ☐
- B Ein offenes Fahrzeug ☐
- C Ein bedecktes Fahrzeug mit angemessener Belüftung ☐
- D Ein geschlossener Anhänger ohne ausreichende Belüftung ☐

515 (BT) Dürfen nach ADR Abfälle, die UN 3175 zugeordnet sind, in loser Schüttung auf einem bedeckten Fahrzeug mit angemessener Belüftung befördert werden? Geben Sie für Ihre Lösung auch die entsprechenden Sondervorschriften an. (2)

516 (MK) Zehn Kanister à 5 l mit UN 1294 werden von einem Absender zur leichteren Handhabung in eine Umverpackung aus Pappe eingestellt. Welche der folgenden Aussagen zur Umverpackung ist nach ADR richtig? (1)

- A Im Beförderungspapier muss der Hinweis „Umverpackung" eingetragen werden. ☐
- B Umverpackungen müssen immer an zwei gegenüberliegende Seiten mit Ausrichtungspfeilen gekennzeichnet werden. ☐
- C Die Umverpackung muss mit dem Ausdruck „Umverpackung" gekennzeichnet sein. ☐
- D Die Verwendung von Umverpackungen ist bei Kanistern verboten. ☐

517 (MK) Es werden 30 Versandstücke à 20 kg brutto mit UN 1057 in eine Umverpackung aus Holz eingestellt. Welche Aussage zur Umverpackung ist nach ADR richtig? (1)

- A Holzkisten als Umverpackungen sind verboten. ☐
- B Die Umverpackung ist mit dem Kennzeichen „UN 1057" zu versehen. ☐
- C Diese Gegenstände dürfen nur in UN-geprüften Umverpackungen aus Pappe eingestellt werden. ☐
- D Umverpackungen müssen immer UN-geprüft sein. ☐

518 (BT) Wie lautet die Begriffsbestimmung für „Beförderung in loser Schüttung" nach ADR? (1)

519 (CV) Güterbeförderungseinheiten dürfen nach ADR für die Beförderung nur verwendet werden, wenn sie in „bautechnischer Hinsicht" geeignet sind. In welchem Unterabschnitt finden Sie diese Eignungsmerkmale? (1)

520 (VS) In welchem Abschnitt des ADR wird der Begriff „Geschlossene Ladung" definiert? (1)

521 (VS) Darf Ammoniumnitrat, flüssig, in Versandstücken befördert werden? Nennen Sie auch die entsprechende Fundstelle im ADR. (3)

522 (VS) In welchem Abschnitt des ADR sind Umverpackungen definiert? (1)

523 (VS) Wie bezeichnet man nach ADR Ladepaletten, auf denen mehrere verschiedene Gefahrgüter in Versandstücken gestapelt und mit Schrumpffolie gesichert sind? (1)

| 524 | Toluen ist gemäß ADR zu befördern. Nennen Sie zwei Tankcodierungen (ADR-Tanks) für Tankfahrzeuge, in denen dieser Stoff befördert werden darf. | (2) |

(TV)

| 525 | Welches der nachfolgenden Tankfahrzeuge kann gemäß ADR für UN 1294 verwendet werden? | (1) |

(TV)

    A   Tankfahrzeug – Tankcodierung LGBV ☐
    B   Tankfahrzeug – Tankcodierung SGAH ☐
    C   Tankfahrzeug – Tankcodierung LGBF ☐
    D   Tankfahrzeug – Tankcodierung LGAV ☐

526 (BT) Es soll eine Kunststoffpressmischung in loser Schüttung nach ADR transportiert werden. Welche Aussage ist zutreffend? (1)

    A   Der Transport ist in bedeckten Fahrzeugen mit angemessener Belüftung zulässig. ☐
    B   Der Transport ist nur in offenen Fahrzeugen zulässig. ☐
    C   Es ist ausreichend, für feuchte Witterung eine Plane von 2 × 3 m mitzuführen, um mit dieser bei Bedarf die Ladung zu schützen. In diesem Fall darf ein offenes Fahrzeug verwendet werden. ☐
    D   Der Transport ist ausschließlich in gedeckten Fahrzeugen ohne Belüftung erlaubt. ☐

527 (TV) Dürfte Dieselkraftstoff (Sondervorschrift 640K) in einem Tankcontainer mit der ADR-Tankcodierung LGAV befördert werden? Geben Sie auch eine kurze Begründung für Ihre Lösung. (2)

528 (TV) Darf nach ADR Sauerstoff, tiefgekühlt, flüssig, in Tanks mit der Codierung C22BN befördert werden? Nennen Sie auch die Fundstelle für Ihre Lösung. (2)

529 (BT) Ist UN 2717 nach ADR zur Beförderung in loser Schüttung in einem offenen Fahrzeug zugelassen? Nennen Sie auch die spezifischen Sondervorschriften für Ihre Lösung. (2)

530 (BT) Welche Sondervorschriften müssen Sie beachten, wenn Sie UN 2834 in loser Schüttung in Containern nach ADR befördern wollen? (1)

531 (FF) UN 1939 ist gemäß Verpackungsanweisung IBC08 in einem flexiblen IBC verpackt. Welche Fahrzeugart ist zu verwenden, wenn dieses Gut nach ADR befördert wird? (2)

532 (R) In welchem Abschnitt des ADR ist der Begriff „Ausschließliche Verwendung" definiert? (1)

533 (MK) In eine Umverpackung sind zur leichteren Handhabung mehrere von außen nicht sichtbare Säcke, die „Calciumhypochlorit, trocken" enthalten, eingestellt. Wie muss die Umverpackung gekennzeichnet und bezettelt sein? (3)

534 (V) Welche zulässige Verwendungsdauer ist gemäß ADR für UN-geprüfte Kisten aus Kunststoff (4H2) vorgeschrieben? (1)

    A   Keine ☐
    B   5 Jahre ☐
    C   2 Jahre ☐
    D   10 Jahre ☐

1 Fragen — Gb-Prüfung
1.3 Straßenverkehr

535 (VS) In welchem Abschnitt des ADR finden Sie Sondervorschriften für begaste Güterbeförderungseinheiten? (1)

536 (K) Dürfen absichtlich infizierte lebende Tiere benutzt werden, um einen ansteckungsgefährlichen Stoff zu befördern? Geben Sie auch die genaue Fundstelle im ADR für Ihre Lösung an. (2)

537 (TV) An welcher Stelle können Sie im ADR feststellen, ob ein gefährliches Gut zur Beförderung in Tankfahrzeugen bzw. in Tankcontainern zugelassen ist? (1)

- A Tabelle A Spalte 7 ☐
- B Tabelle A Spalte 3b ☐
- C Tabelle A Spalte 12 ☐
- D Tabelle A Spalte 10 ☐

538 (BT) An welcher Stelle können Sie im ADR feststellen, ob ein gefährliches Gut zur Beförderung in loser Schüttung zugelassen ist? (1)

- A Tabelle A Spalte 12 ☐
- B Tabelle A Spalte 17 ☐
- C Tabelle A Spalte 7 ☐
- D Tabelle A Spalte 3b ☐

539 (TV) An welcher Stelle können Sie im ADR feststellen, ob ein gefährliches Gut zur Beförderung in einem ortsbeweglichen Tank zugelassen ist? (1)

- A Tabelle A Spalte 12 ☐
- B Tabelle A Spalte 17 ☐
- C Tabelle A Spalte 9a ☐
- D Tabelle A Spalte 10 ☐

540 (T) Wie viel kg Nettoexplosivstoffmasse eines Stoffes (UN 0027) dürfen nach ADR auf einer Beförderungseinheit EX/II maximal transportiert werden? (2)

541 (BT) Was versteht man unter einem Schüttgut-Container? (1)

- A Ein Behältnissystem, das für die Beförderung fester Stoffe in direktem Kontakt mit dem Behältnissystem vorgesehen ist. Verpackungen, Großpackmittel (IBC), Großverpackungen und Tanks sind eingeschlossen. ☐
- B Ein Behältnissystem, das für die Beförderung fester Stoffe in direktem Kontakt mit dem Behältnissystem vorgesehen ist. Großpackmittel sind eingeschlossen. ☐
- C Ein Behältnissystem, das für die Beförderung fester Stoffe in direktem Kontakt mit dem Behältnissystem vorgesehen ist. Großverpackungen sind eingeschlossen. ☐
- D Ein Behältnissystem, das für die Beförderung fester Stoffe in direktem Kontakt mit dem Behältnissystem vorgesehen ist. Verpackungen, Großpackmittel (IBC), Großverpackungen und Tanks sind nicht eingeschlossen. ☐

542 (TV) Darf UN 0331 Sprengstoff, Typ B, in Tanks befördert werden? Begründen Sie kurz Ihre Antwort. (2)

543 (BT) In welchen Fällen ist eine Beförderung in loser Schüttung gemäß ADR zulässig? (2)

1.3 Straßenverkehr

544 (VS) Die Beförderung von UN 1950 Druckgaspackungen, 2.1, in Versandstücken, erfordert die Beachtung von Sondervorschriften. Welche der nachstehenden Vorschriften ist gemäß ADR dabei zu beachten? (1)

- A P203 ☐
- B SV 327 ☐
- C S20 ☐
- D CV36 ☐

545 (VS) In welchem Kapitel des ADR finden Sie „für bestimmte Stoffe und Gegenstände geltende Sondervorschriften"? (1)

546 (VS) Alkoholische Getränke der Verpackungsgruppe III sind in Behältern mit einem Fassungsraum von 200 l verpackt. Unterliegt die Beförderung dieser Behälter den Vorschriften des ADR? Nennen Sie auch die Fundstelle für Ihre Lösung. (2)

547 (E) Nach dem Entladevorgang eines zuvor mit Gefahrgut in Versandstücken beladenen Fahrzeugs bemerken Sie bei der Kontrolle der Fahrzeugladefläche, dass Gefahrgut ausgetreten ist. Ist nach ADR eine erneute Beladung mit anderen Gefahrgütern zulässig? (1)

- A Ja, aber erst nach Rücksprache mit der beauftragten Person ☐
- B Das entscheidet der Fahrzeugführer. ☐
- C Nein, erst nach Reinigung der Ladefläche ☐
- D Ja, eine Beladung mit anderen Gefahrgütern ist stets möglich. ☐

548 (E) Bei der Entladung eines Fahrzeugs mit Gütern der Klasse 4.1 wird auf der Ladefläche ein Versandstück beschädigt. Ein Teil des Inhalts tritt aus. Welche Maßnahme ist nach ADR vor der erneuten Beladung des Fahrzeugs zu treffen? Geben Sie auch den zutreffenden Abschnitt an. (2)

549 (E) Beim Entladen von Versandstücken der Klasse 3 wurde ein Versandstück beschädigt. Auf der Ladefläche des Fahrzeugs befinden sich noch Reste der Flüssigkeit. Was ist nach ADR vor dem erneuten Beladen zu tun? Nennen Sie auch den entsprechenden Abschnitt. (2)

550 (VS) Welche Sondervorschrift gilt nach Kapitel 7.2 ADR für die Beförderung von UN 1977 in Versandstücken? (1)

- A V5 ☐
- B CV11 ☐
- C MP9 ☐
- D S20 ☐

551 (T) Ist die Beförderung von UN 3141 in Großpackmitteln des Typs 31HA2 in bedeckten Fahrzeugen zulässig? Nennen Sie auch die Fundstelle für Ihre Lösung. (2)

552 (P) In welchem Kapitel des ADR finden Sie Vorschriften für den Bau von Saug-Druck-Tanks für Abfälle? (1)

553 (T) In welche Fahrzeuge müssen Versandstücke mit Verpackungen aus nässeempfindlichen Werkstoffen verladen werden? (1)

554 (E) Nach dem Entladen eines Fahrzeugs, das verpackte gefährliche Güter geladen hatte, wird vom Fahrzeugführer eine Verunreinigung der Ladefläche festgestellt. Was ist zu tun? (2)

1 Fragen Gb-Prüfung
1.3 Straßenverkehr

555 Die Sondervorschrift CV13 bei der UN-Nummer 1710 bedeutet: (1)
(T)
- A Beförderung in loser Schüttung nur in offenen Fahrzeugen ☐
- B Trennung von Nahrungsmitteln erforderlich ☐
- C Beförderung nur in Umverpackungen erlaubt ☐
- D Ggf. gründliche Reinigung vor Wiederverwendung des Fahrzeugs erforderlich ☐

556 Es wurde der Stoff UN 1350 in loser Schüttung gemäß ADR befördert. Das (2)
(BT) Fahrzeug soll mit dem gleichen Stoff wieder beladen werden. Muss das Fahrzeug vor der Beladung gereinigt werden? Nennen Sie auch die Fundstelle für Ihre Lösung.

557 Welchen allgemeinen Vorschriften müssen die Verpackungen bei der Beförderung (1)
(LQ) in begrenzten Mengen entsprechen? Nennen Sie zwei Unterabschnitte.

558 Welche höchstzulässige Bruttomasse ist bei UN 3065 (VG II) in begrenzten (1)
(LQ) Mengen je Versandstück (zusammengesetzte Verpackungen) gemäß ADR festgelegt?

559 Sie wollen Druckgaspackungen mit giftigem und Druckgaspackungen mit (4)
(LQ) ätzendem Inhalt gemeinsam als begrenzte Mengen in einer zusammengesetzten Verpackung verpacken. Welche höchstzulässigen Nettomengen je Innenverpackung und welche Bruttomasse je Außenverpackung sind gemäß ADR dabei zulässig?

560 Müssen gemäß ADR bei der Beförderung von in begrenzten Mengen ver- (1)
(LQ) packten gefährlichen Gütern baumustergeprüfte Verpackungen verwendet werden?
- A Nein, da Unterabschnitt 4.1.1.3 ADR nicht berücksichtigt werden muss. ☐
- B Ja, da auch alle allgemeinen Vorschriften des Abschnitts 4.1.1 ADR beachtet werden müssen. ☐
- C Nur wenn in Tabelle A Spalte 7a der Code „100 ml" genannt ist. ☐
- D Ja, wenn das Kennzeichen mit dem Buchstaben „Y" verwendet wird. ☐

561 Welche Fahrzeuge dürfen gemäß ADR für die Beförderung zur Entsorgung (2)
(T) von Druckgaspackungen (Abfall-Druckgaspackungen), Klassifizierungscode 5FC, verwendet werden?

562 Welche Verpackungsart ist für undichte oder stark verformte Druckgas- (2)
(V) packungen (Abfall-Druckgaspackungen), Klassifizierungscode 5F, gemäß ADR zu verwenden? Nennen Sie auch die Fundstelle für Ihre Lösung.

563 Welche Sondervorschrift ist gemäß ADR speziell bei UN 1950 (Abfall-Druck- (1)
(VS) gaspackungen), die zu Entsorgungszwecken befördert werden, zu beachten?
- A P001 ☐
- B LP01 ☐
- C IBC08 ☐
- D V14 ☐

564 UN 1950 (Abfall-Druckgaspackungen größer 50 ml), Klassifizierungscode 5F, (2)
(V) ohne Schutzkappen gegen unbeabsichtigtes Entleeren, sollen entsorgt werden. Unter welchen Verpackungsbedingungen ist dies gemäß ADR möglich?

1.3 Straßenverkehr

565 Welche Vorschriften sind bei der Beförderung in freigestellten Mengen nach (1)
(EQ) ADR einzuhalten?

- A Mengengrenzen für Innen- und Außenverpackungen ☐
- B Kennzeichnung der Beförderungseinheit mit der neutralen orangefarbenen Tafel ☐
- C Ausschließliche Verwendung von UN-geprüften Verpackungen ☐
- D Kennzeichnung der Versandstücke mit dem Kennzeichen für begrenzte Mengen ☐

566 Es sollen in einem Versandstück UN 1133, VG III und UN 1230, VG II zusam- (1)
(EQ) mengepackt werden und als freigestellte Menge befördert werden. Welche höchstzulässige Nettomenge je Außenverpackung ist möglich?

- A 30 ml ☐
- B 300 ml ☐
- C 500 ml ☐
- D 1 000 ml ☐

567 Es sollen 10 mg Quecksilber nach ADR befördert werden. Ist die Beförderung (2)
(EQ) in freigestellten Mengen nach Kapitel 3.5 ADR möglich? Geben Sie eine kurze Begründung für Ihre Lösung.

568 Für einen betrieblichen Service-Mitarbeiter soll Aceton, korrekt verpackt ge- (2)
(EQ) mäß Kapitel 3.5 ADR, versandt werden. Dürfen Sie das Versandstück mit Aceton zusammen mit den erforderlichen Werkzeugen in einer Umverpackung versenden? Geben Sie auch eine kurze Begründung.

569 Als Gefahrgutbeauftragter sollen Sie den maximalen Füllungsgrad für einen (1)
(TV) Tank zur Beförderung flüssiger Stoffe bei Umgebungstemperatur ermitteln. In welchem Absatz des ADR finden Sie die entsprechende Berechnungsformel?

570 Ihr Unternehmen betreibt ein Tankfahrzeug zur Beförderung von UN 1299, (1)
(TV) dessen Tank durch Schwallwände in mehrere Abteile unterteilt ist. Welchen Fassungsraum dürfen diese Abteile höchstens aufweisen, damit der Tank auch zu mehr als 20 % und weniger als 80 % gefüllt befördert werden darf?

- A 2 500 l ☐
- B 5 000 l ☐
- C 7 500 l ☐
- D Diese Angabe kann nur der ADR-Zulassungsbescheinigung entnommen werden. ☐

571 Es soll ein Tanksattelanhänger mit UN 1219 befüllt werden. Der Ein-Kam- (2)
(TV) mer-Tankaufbau hat ein Volumen von 42 000 l und ist nicht durch Trenn- oder Schwallwände unterteilt. Welche Vorgaben zum Füllungsgrad müssen in diesem Fall nach ADR stets beachtet werden?

572 Welche Art von Schüttgut-Containern ist nach ADR für die Verwendung in (1)
(BT) MEMU zugelassen?

- A Ausschließlich zugelassene Schüttgut-Container des Typs BK2 ☐
- B Alle Container entsprechend den Vorschriften des Abschnitts 7.3.3 ADR ☐
- C Ausschließlich zugelassene Schüttgut-Container des Typs BK1 ☐
- D Ausschließlich bedeckte Container, die zusätzlich die Sondervorschrift AP2 erfüllen ☐

1 Fragen — Gb-Prüfung
1.3 Straßenverkehr

573 (BT) Welche Schüttgut-Container sind gemäß ADR für die Beförderung umweltgefährdender fester Stoffe zulässig? (1)

574 (BT) Dürfen umweltgefährdende feste Stoffe nach ADR in loser Schüttung in einem Schüttgut-Container befördert werden? Nennen Sie auch die Fundstelle für Ihre Lösung. (2)

575 (V) Bis zu welchem Volumen je Gefäß unterliegen bestimmte viskose Stoffe (z. B. Farben oder Lacke ohne weitere Gefahreigenschaften) mit einem Flammpunkt von 23 °C bis 60 °C nicht den Vorschriften des ADR? Geben Sie auch den Absatz für Ihre Lösung an. (2)

576 (LQ) Dürfen 10 Dosen à 3 l UN 1133, VG III, und 10 Druckgaspackungen à 500 ml UN 1950 (Klassifizierungscode 5F), die in einem Versandstück zusammengepackt sind, nach ADR als begrenzte Menge (limited quantity) versandt werden? Geben Sie eine kurze Begründung für Ihre Lösung. (2)

577 (V) Ein neuer Stahlkanister enthält 5 l eines flüssigen umweltgefährdenden Stoffes. Unterliegt die Beförderung dieses Kanisters den Vorschriften des ADR? Geben Sie auch die Fundstelle für Ihre Lösung an. (2)

578 (F) Unter welchen Bedingungen können Feuerlöscher (UN 1044) als Ladung ohne weitere Beachtung der Vorschriften des ADR befördert werden? (2)

579 (F) Unterliegt UN 3065, VG III, in Fässern à 200 l den Vorschriften des ADR? Geben Sie auch eine kurze Begründung für Ihre Lösung. (2)

580 (T) Ist es nach ADR zulässig, Versandstücke mit Organischen Peroxiden, Typ C, fest, in einer Menge von 21 000 kg in einer bedeckten Beförderungseinheit zu transportieren? Geben Sie auch den Unterabschnitt für Ihre Lösung an. (3)

581 (T) Auf einer MEMU sollen zum Zwecke einer späteren Sprengung 190 kg UN 0331 und 420 Einheiten Zünder (UN 0409) befördert werden. Ist eine solche Beförderung nach ADR zulässig? Geben Sie auch die genaue Fundstelle an. (3)

582 (R) An welcher Stelle finden Sie die Regelungen für die Beförderung von UN 2910 mit Nebengefahren? Nennen Sie die entsprechende Sondervorschrift des ADR. (2)

583 (R) Ein radioaktiver Stoff (UN 2910) gelöst in Chlorwasserstoffsäure der Klasse 8 (Nebengefahr) soll gemäß ADR befördert werden. Die Säure liegt in einer Menge oberhalb der für freigestellte Mengen geltenden Grenzwerte vor. Welcher UN-Nummer ist dieser Stoff gemäß Sondervorschrift 290 zuzuordnen? (1)

    A   UN 1789 ☐
    B   UN 2910 ☐
    C   UN 2911 ☐
    D   UN 2915 ☐

584 (EQ) 80 ml des Stoffes UN 1133 Klebstoffe, 3, III, sollen nach Unterabschnitt 3.5.1.4 ADR versandt werden. Ist dies zulässig? Geben Sie eine kurze Begründung für Ihre Lösung. (2)

585 (T) Auf einem offenen Lkw wird Gefahrgut in Versandstücken mit folgenden Codierungen transportiert: (3)
1H2 und 1G.
Ist dieser Transport nach ADR zulässig? Geben Sie auch die Fundstelle für Ihre Lösung an.

586 (BT) Feste Stoffe (UN 3175), bestehend aus Benzin- und Dieselfiltern, sollen nach ADR in einem bedeckten Container in loser Schüttung transportiert werden. Unter welcher Bedingung kann dieser für die Beförderung in loser Schüttung verwendet werden kann. Nennen Sie auch die Fundstelle für Ihre Lösung. (2)

587 (P) Ein Tankwechselaufbau ist vor dem festgelegten Datum der nächsten Prüfung nach 6.8.4.2 ADR mit Heizöl, leicht, befüllt worden. Bei der Abfahrtskontrolle fällt auf, dass die Prüffrist seit zwei Wochen abgelaufen ist. Darf der befüllte Tankwechselaufbau nach ADR befördert werden? (1)

- A Nein, da die Prüffrist überschritten ist. ☐
- B Ja, bis zu einem Jahr nach Ablauf der Prüffrist darf der befüllte Tankwechselaufbau noch befördert werden. ☐
- C Ja, da die Prüffrist nur für die Befüllung entscheidend ist. ☐
- D Ja, in diesem Fall ist die Beförderung innerhalb eines Zeitraums von höchstens einem Monat nach dem festgelegten Datum zur wiederkehrenden Prüfung zulässig. ☐

588 (FF) Sie überprüfen das Tankfahrzeug eines Stickstofflieferanten mit UN 1977. Welche Fahrzeugbezeichnung muss in der ADR-Zulassungsbescheinigung mindestens eingetragen sein? (1)

- A AT ☐
- B FL ☐
- C EX/II ☐
- D EX/III ☐

589 (TV) Wie können Sie feststellen, ob ein gefährliches Gut in einem ADR-Tank befördert werden darf? (2)

590 (BT) Auf welche maximale Verwendungsdauer ist die Nutzung von flexiblen Schüttgut-Containern ab dem Zeitpunkt der Herstellung nach ADR beschränkt? (1)

- A 2 Jahre ☐
- B 2,5 Jahre ☐
- C 5 Jahre ☐
- D Unbegrenzt, solange der Schüttgut-Container dicht ist ☐

591 (BT) Welche höchstzulässige Bruttomasse darf ein flexibler Schüttgut-Container nicht überschreiten? (1)

592 (VS) Welche Sondervorschrift des ADR regelt die Beförderung zur Entsorgung von Lithiumbatterien, die in Ausrüstungen von privaten Haushalten enthalten sind? (1)

1 Fragen
1.3 Straßenverkehr

593 (Ü) Ein Tankfahrzeug (Baujahr 2021) für die Beförderung von entzündbaren verflüssigten Gasen ist nicht mit den in Absatz 6.8.3.2.9 ADR vorgeschriebenen Sicherheitsventilen ausgerüstet. Darf dieses Tankfahrzeug für die Beförderung von UN 1965 eingesetzt werden? Nennen Sie auch die Fundstelle im ADR für Ihre Lösung. (2)

594 (VS) Welche Aussage zu multilateralen Vereinbarungen ist richtig? (1)
- A Multilaterale Vereinbarungen gelten im grenzüberschreitenden Verkehr in allen ADR-Vertragsstaaten. ☐
- B Multilaterale Vereinbarungen gelten unmittelbar im Verkehr zwischen den Unterzeichnerstaaten der jeweiligen Vereinbarung. ☐
- C Multilaterale Vereinbarungen gelten nur im innergemeinschaftlichen Verkehr. ☐
- D Multilaterale Vereinbarungen gelten ausschließlich im Verkehr mit in Deutschland zugelassenen Fahrzeugen. ☐

595 (BP) Auf einem Trägerfahrzeug befinden sich vier Tankcontainer (Fassungsraum je 1 000 l) mit jeweils 1 000 l Dieselkraftstoff (UN 1202). Welche Schulung (ADR-Schulungsbescheinigung) muss der Fahrzeugführer für diesen Transport nachweisen? (1)
- A Tankcontainer unterliegen der GGVSee, eine Schulung des Fahrzeugführers ist daher nicht erforderlich. ☐
- B Der Fahrzeugführer muss die ADR-Schulungsbescheinigung für Beförderungen in Tanks besitzen. ☐
- C Es reicht die ADR-Schulungsbescheinigung für Beförderungen ausgenommen in Tanks (Basiskurs). ☐
- D Der Fahrzeugführer muss die Schulung für die Klasse 1 nachweisen. ☐

596 (SCH) Bei welcher der nachfolgenden Beförderungen benötigt der Fahrzeugführer eine ADR-Schulungsbescheinigung? (1)
- A Beförderung eines leeren ungereinigten ortsfesten Lagerbehälters für UN 1066 Stickstoff, verdichtet, nach den Bedingungen von 1.1.3.1 f) ADR ☐
- B Beförderung von 300 kg UN 3291 Klinischer Abfall, unspezifiziert, n.a.g., in loser Schüttung in einem Schüttgut-Container ☐
- C Beförderung von UN 0012 Patronen für Handfeuerwaffen, 1.4S, Nettoexplosivstoffmasse 1200 kg auf einem Lkw zGM 38 t ☐
- D Beförderung von einer Gasflasche UN 1017 Chlor, 40 kg, auf einem offenen Fahrzeug ☐

597 (SCH) 900 kg eines Stoffes (UN 1884) sollen in loser Schüttung auf einem Lkw befördert werden. Benötigt der Fahrzeugführer für diese Beförderung eine ADR-Schulungsbescheinigung? Nennen Sie auch die genaue Fundstelle für Ihre Lösung. (2)

598 (SCH) Auf einem Lkw werden verschiedene Stoffe der Klasse 3, Verpackungsgruppe III, in Versandstücken befördert. Über welcher Gesamtmenge dieser zu befördernden Stoffe benötigt der Fahrzeugführer eine ADR-Schulungsbescheinigung? (2)

599 (SCH) Es sind 25 kg netto eines Stoffes (UN 3102) in Versandstücken auf einem Lkw zu befördern. Benötigt der Fahrzeugführer eine ADR-Schulungsbescheinigung? Begründen Sie Ihre Antwort. (2)

1.3 Straßenverkehr

600 (SCH) Es sind 400 l eines Stoffes (UN 1589) in Versandstücken auf einem Lkw zu befördern. Benötigt der Fahrzeugführer eine ADR-Schulungsbescheinigung? Begründen Sie Ihre Antwort. (2)

601 (SCH) Ein Fahrzeugführer eines Kurierdienstes soll in einem Pkw (zGM 1,8 t) zwei Kisten mit der UN-Nummer 1689, insgesamt 40 kg netto, von München nach Hamburg befördern. Benötigt er eine ADR-Schulungsbescheinigung? Geben Sie eine kurze Begründung für Ihre Lösung. (2)

602 (SCH) Darf nach ADR eine Person während der Beförderung von Benzin in einem Tankfahrzeug den Fahrzeugführer begleiten? (1)

    A   Ja, nur wenn sie Mitglied der Fahrzeugbesatzung ist. ☐

    B   Ja, immer. ☐

    C   Ja, wenn es der Werkschutz gestattet. ☐

    D   Ja, wenn es der Fahrer gestattet. ☐

603 (SCH) Es sollen Stoffe der UN 3175 in loser Schüttung nach ADR befördert werden. Welchen Kurs muss der Fahrzeugführer für diese Beförderung mindestens erfolgreich besucht haben? (2)

604 (PF) Bei der Belieferung eines Kunden mit UN 1202 Heizöl, leicht, tritt durch eine defekte Schlauchleitung Heizöl aus und droht in die Kanalisation zu laufen. Welche der aufgeführten Verhaltensweisen des Fahrzeugführers wird u. a. durch die GGVSEB gefordert? (1)

    A   Da Heizöl als nicht besonders gefährlich gilt, sind besondere Maßnahmen nicht erforderlich. Empfehlenswert ist aber das Ausstreuen von Ölbindemittel. ☐

    B   Die Kanalisation muss sofort mit großen Mengen Wasser gespült werden. ☐

    C   Der Fahrzeugführer hat nichts zu beachten, zuständig ist in diesem Fall der Empfänger. ☐

    D   Der Fahrzeugführer muss durch geeignete Maßnahmen versuchen, den Schaden so gering wie möglich zu halten. Außerdem muss er die nächstgelegenen zuständigen Behörden benachrichtigen oder benachrichtigen lassen. ☐

605 (DP) Wozu dienen die schriftlichen Weisungen beim Transport gefährlicher Güter nach ADR? (1)

    A   Als ausführliche Information nur für die Hilfskräfte (Polizei und Feuerwehr) bei einem Unfall ☐

    B   Als Anweisung für den Fahrzeugführer für das richtige Verhalten bei Unfällen oder Notfällen, die sich während der Beförderung ereignen können ☐

    C   Als Checkliste für den Fahrzeugführer zur Einhaltung der Fahrstrecke ☐

    D   Als Beförderungsgenehmigung beim Transport von Gütern der Anlage 1 GGVSEB ☐

606 (PF) Welches ist eine Ordnungswidrigkeit gemäß § 37 GGVSEB für einen Absender? (1)

    A   Wenn er dem Fahrzeugführer die persönliche Schutzausrüstung nicht übergibt ☐

    B   Wenn er einen Fahrzeugführer einsetzt, der keine ADR-Schulungsbescheinigung besitzt ☐

1.3 Straßenverkehr

    C   Wenn er nicht dafür sorgt, dass der Feuerlöscher regelmäßig überprüft wird ☐

    D   Wenn er nicht dafür sorgt, dass das vorgeschriebene Beförderungspapier mitgegeben wird ☐

607 **Welche Aussage bezüglich der Beförderpflichten ist nach GGVSEB richtig?** (1)
(PF)

    A   Er hat die Vorschriften über das Beladen nach Kapitel 7.5 ADR zu beachten. ☐

    B   Er hat dafür zu sorgen, dass nur Fahrzeugführer mit einer gültigen Bescheinigung nach Absatz 8.2.2.8 ADR eingesetzt werden. ☐

    C   Er hat dafür zu sorgen, dass gefährliche Güter in geprüfte Verpackungen verpackt werden. ☐

    D   Er hat die Vorschriften über das Entladen nach Unterabschnitt 7.5.1.3 ADR zu beachten. ☐

608 **Welche Aussage bezüglich der Verladerpflichten ist nach GGVSEB richtig?** (1)
(PF)

    A   Er muss die Beförderungseinheit mit orangefarbenen Tafeln kennzeichnen. ☐

    B   Er hat die Vorschriften über die Beförderung in Versandstücken nach Kapitel 7.2 ADR zu beachten. ☐

    C   Er hat dafür zu sorgen, dass geschulte Fahrzeugführer nach Kapitel 8.2 ADR eingesetzt werden. ☐

    D   Er hat dafür zu sorgen, dass das Beförderungspapier mitgegeben wird. ☐

609 **Wer ist nach GGVSEB bei einem Tankfahrzeug für das Anbringen der orangefarbenen Tafeln verantwortlich?** (1)
(PF)

    A   Der Beförderer ☐

    B   Der Fahrzeugführer ☐

    C   Der Befüller ☐

    D   Der Verlader ☐

610 Ein Tankfahrzeug wurde in der Raffinerie mit UN 1223 Kerosin vom Fahrzeugführer selbst befüllt. Wer ist nach GGVSEB verpflichtet, bei innerstaatlichen Beförderungen die Dichtheit der Verschlusseinrichtungen gemäß Absatz 4.3.2.3.3 ADR zu prüfen? (2)
(PF)

611 Wer muss nach GGVSEB im Straßenverkehr dafür sorgen, dass die Großzettel an Containern, die gefährliche Güter in Versandstücken enthalten, angebracht sind? (2)
(PF)

612 Welche Verantwortlichen haben nach GGVSEB für die ordnungsgemäße Ladungssicherung im Straßenverkehr zu sorgen? (2)
(PF)

613 **Wer ist gemäß GGVSEB nach der Beladung eines Tankfahrzeugs mit Gefahrgut für die Kennzeichnung des Fahrzeugs mit Großzetteln verantwortlich?** (1)
(PF)

    A   Beförderer ☐

    B   Fahrzeugführer ☐

    C   Absender ☐

    D   Befüller ☐

1.3 Straßenverkehr

614 **Welche Aussage bezüglich der Befüllerpflichten ist nach GGVSEB im Straßenverkehr richtig?** (1)
(PF)
- A Er hat dafür zu sorgen, dass geschulte Fahrzeugführer nach Kapitel 8.2 ADR eingesetzt werden. ☐
- B Er hat dafür zu sorgen, dass die Vorschriften über die Beförderung in loser Schüttung nach Kapitel 7.3 ADR beachtet werden. ☐
- C Er hat dafür zu sorgen, dass die schriftlichen Weisungen mitgegeben werden. ☐
- D Er hat die Vorschriften über die Kennzeichnung und Bezettelung von Versandstücken zu beachten. ☐

615 **Welche Aussage gehört nach GGVSEB zu den Pflichten des Betreibers eines Tankcontainers?** (1)
(PF)
- A Er hat dafür zu sorgen, dass die Ausrüstung nach Abschnitt 8.1.5.3 ADR dem Fahrzeugführer vor Beförderungsbeginn übergeben wird. ☐
- B Er hat dafür zu sorgen, dass eine außerordentliche Prüfung des Tankcontainers durchgeführt wird, wenn die Sicherheit des Tanks beeinträchtigt ist. ☐
- C Er hat dafür zu sorgen, dass bei Tankcontainern der höchstzulässige Füllungsgrad eingehalten wird. ☐
- D Er hat dafür zu sorgen, dass nur Tankcontainer verwendet werden, die für die Beförderung der betreffenden Güter zugelassen sind. ☐

616 **Welche Aussage gehört nach GGVSEB zu den Pflichten des Verpackers?** (1)
(PF)
- A Er hat die Vorschriften über die Kennzeichnung zu beachten. ☐
- B Er hat dafür zu sorgen, dass an gereinigten Tankcontainern die Großzettel entfernt werden. ☐
- C Er hat für das Anbringen von orangefarbenen Tafeln zu sorgen. ☐
- D Er hat den Beförderer auf das gefährliche Gut hinzuweisen. ☐

617 **Welche Aussage gehört nach GGVSEB zu den Pflichten des Absenders?** (1)
(PF)
- A Er hat dafür zu sorgen, dass geschulte Fahrzeugführer nach Kapitel 8.2 ADR eingesetzt werden. ☐
- B Er hat dafür zu sorgen, dass bei Tankfahrzeugen der höchstzulässige Füllungsgrad eingehalten wird. ☐
- C Er hat dafür zu sorgen, dass die schriftlichen Weisungen dem Fahrzeugführer übergeben werden. ☐
- D Er hat dafür zu sorgen, dass dem Beförderungspapier die schriftlichen Hinweise nach Absatz 5.4.1.2.5.2 beigefügt werden. ☐

618 **Welche Überwachungsbehörde ist für die Überwachung der gefahrgutrechtlichen Bestimmungen auf der Straße zuständig?** (1)
(VS)
- A Der TÜV ☐
- B Das Bundesamt für Logistik und Mobilität ☐
- C Das EBA ☐
- D Die BAM ☐

619 **Welcher Paragraph regelt in der GGVSEB die Pflichten des Verpackers?** (1)
(PF)

620 **In welchem Paragraphen sind die Aufgaben des „Auftraggebers des Absenders" nach GGVSEB beschrieben?** (1)
(PF)

1.3 Straßenverkehr

621 (PF) Nennen Sie zwei Paragraphen aus der GGVSEB, in denen die Pflichten des „Verladers" beschrieben sind. (2)

622 (PF) In welchem Abschnitt des ADR sind die Pflichten der Hauptbeteiligten festgelegt? (1)

623 (PF) Nennen Sie vier Beteiligte, denen Pflichten bei der Beförderung gefährlicher Güter nach GGVSEB/ADR zugewiesen sind. (2)

624 (PF) In welchem Abschnitt des ADR ist der „Beförderer" definiert? (1)

625 (PF) Wer hat nach GGVSEB sicherzustellen, dass der gemäß Unterabschnitt 1.8.5.1 ADR geforderte Bericht dem Bundesamt für Logistik und Mobilität vorgelegt wird? Nennen Sie einen Verantwortlichen. (1)

626 (UF) Welches Kriterium stellt ein meldepflichtiges Ereignis nach Abschnitt 1.8.5 ADR dar? (1)

- A Arbeitsunfähigkeit einer beteiligten Person von zwei Tagen ☐
- B Umweltschaden in Höhe von 10 000 Euro ☐
- C Sperrung einer Autobahn für zwei Stunden, bedingt durch die vom Gefahrgut ausgehende Gefahr ☐
- D Personenschaden im Zusammenhang mit der Beförderung von Gefahrgut und Krankenhausaufenthalt von drei Tagen ☐

627 (UF) Welcher zuständigen Behörde in Deutschland ist der Bericht nach Unterabschnitt 1.8.5.1 ADR vorzulegen? (1)

628 (SC) Welches der nachfolgenden gefährlichen Güter in den angegebenen Mengen ist nach Kapitel 1.10 ADR ein Gut mit hohem Gefahrenpotenzial? (1)

- A UN 1203 Benzin, 3, II, (D/E), umweltgefährdend, 5 000 l in 50 Fässern ☐
- B UN 1575 Calciumcyanid, 6.1, I, (C/E), umweltgefährdend, 25 kg in einer zusammengesetzten Verpackung ☐
- C UN 1616 Bleiacetat, 6.1, III, (E), umweltgefährdend, 8 000 kg in loser Schüttung ☐
- D UN 1963 Helium, tiefgekühlt, flüssig, 2.2, (C/E), 30 kg in einem Kryogefäß ☐

629 (SC) Nennen Sie zwei Elemente eines Sicherungsplanes gemäß ADR. (2)

630 (SCH) Nennen Sie drei Kriterien, die eine von Ihnen dokumentierte Unterweisung für gefährliche Güter gemäß ADR enthalten muss. (3)

631 (SC) Gelten die Bestimmungen des Abschnittes 1.10.3 ADR auch bei einer Beförderung von 8 000 l UN 1202 Dieselkraftstoff, 3, III, (D/E), umweltgefährdend, in einem Tankfahrzeug? Begründen Sie Ihre Antwort unter Angabe der Fundstelle im ADR. (2)

632 (SC) Die an der Beförderung gefährlicher Güter mit hohem Gefahrenpotenzial Beteiligten sind gemäß ADR verpflichtet, Sicherungspläne einzuführen. Welches der nachstehenden Elemente muss der Sicherungsplan beinhalten? (1)

- A Übersicht der ausgeschilderten Notausgänge ☐
- B Plan zur Sicherstellung der Information aller Betriebsangehörigen über den Inhalt der Sicherungspläne ☐

C	Verzeichnis der betroffenen gefährlichen Güter bzw. der Art der betroffenen gefährlichen Güter	☐
D	Eine Kopie der Tabelle in Absatz 1.1.3.6.3 ADR	☐

633 **Was versteht man unter dem Begriff „Sicherung" im Sinne von Kapitel 1.10 ADR?** (1)
(SC)

A Begleitschutz für Fahrzeuge, die bestimmte gefährliche Stoffe der Klassen 1 oder 7 befördern ☐

B Die Gestellung eines Begleitfahrzeugs mit orangefarbener Rundumleuchte für bestimmte Tunnel ☐

C Maßnahmen oder Vorkehrungen, die zu treffen sind, um den Diebstahl oder den Missbrauch gefährlicher Güter zu minimieren ☐

D Maßnahmen oder Vorkehrungen, die zu treffen sind, um Unfälle mit gefährlichen Gütern möglichst auszuschließen ☐

634 **Sie sollen eine Gasflasche mit 45 kg netto UN 1005 Ammoniak, wasserfrei, befördern. Müssen bei dieser Beförderung die Vorschriften von Unterabschnitt 1.10.3.3 ADR beachtet werden? Begründen Sie kurz Ihre Antwort unter Angabe der Fundstelle im ADR.** (4)
(SC)

635 **Gelten die Bestimmungen des Abschnittes 1.10.3 ADR auch bei der Beförderung von Typ A-Versandstücken der UN-Nr. 3333 (Cs-137, Aktivität 0,9 TBq)? Begründen Sie Ihre Antwort unter Angabe der Fundstelle im ADR.** (2)
(SC)

636 **Welche an der Beförderung gefährlicher Güter mit hohem Gefahrenpotenzial Beteiligten sind nach ADR verpflichtet, Sicherungspläne einzuführen?** (1)
(SC)

A Aufsichtsbeamte der Überwachungsbehörden ☐

B Störfallbeauftragte von Tanklagerbetrieben ☐

C Gefahrgutbeauftragte ☐

D Beförderer, Absender sowie in Abschnitt 1.4.2 und 1.4.3 ADR aufgeführte weitere Beteiligte ☐

637 **Welche Aussage zu Unterweisungen im Bereich der Sicherung ist gemäß ADR richtig?** (1)
(SC)

A Spezielle Unterweisungen im Bereich der Sicherung sind nur gefordert, wenn gefährliche Güter mit hohem Gefahrenpotenzial befördert werden. ☐

B Das Thema Sicherung ist nur bei der erstmaligen Unterweisung nach Kapitel 1.3 ADR zu berücksichtigen. ☐

C Aus Geheimhaltungsgründen darf im Rahmen von Unterweisungen nach Kapitel 1.3 ADR nicht über Sicherungspläne gesprochen werden. ☐

D Die in Kapitel 1.3 ADR festgelegten Unterweisungen müssen auch Bestandteile enthalten, die der Sensibilisierung im Bereich der Sicherung dienen. ☐

638 **Bis wann muss nach ADR ein meldepflichtiges Ereignis mit gefährlichen Gütern der zuständigen Behörde spätestens gemeldet werden? Geben Sie auch den Unterabschnitt für Ihre Lösung an.** (2)
(UF)

639 **Gelten die Bestimmungen des Kapitels 1.10 ADR auch bei einer Beförderung von 20 kg UN 1402 Calciumcarbid, 4.3, I, (B/E), in Versandstücken? Begründen Sie Ihre Antwort unter Angabe der Fundstelle im ADR.** (2)
(SC)

1.3 Straßenverkehr

640 (PF) Wer muss nach ADR dafür sorgen, dass der Fahrzeugbesatzung die schriftlichen Weisungen in ihrer Sprache bereitgestellt werden? (1)

- A Absender
- B Beförderer
- C Verlader
- D Befüller

641 (SCH) Im Rahmen einer Sammelgutbeförderung nach ADR sollen auf eine bereits mit anderem Gefahrgut beladene kennzeichnungspflichtige Beförderungseinheit zusätzlich Kartuschen für technische Zwecke (UN 0323) mit einer Nettoexplosivstoffmasse von 300 kg geladen werden. Benötigt der Fahrzeugführer neben dem Basiskurs für diese Beförderung auch den Aufbaukurs Klasse 1? Geben Sie auch die Fundstellen für Ihre Lösung an. (2)

642 (D) Wie lange müssen Absender und Beförderer eine Kopie des Beförderungspapiers nach ADR mindestens aufbewahren? (1)

643 (SCH) Wie lange müssen gemäß GGVSEB die Aufzeichnungen der erhaltenen Unterweisung nach 1.3 ADR vom Arbeitgeber aufbewahrt werden? (1)

- A 5 Jahre
- B 3 Monate
- C 1 Jahr
- D 2,5 Jahre

644 (SCH) Welche Aussage zur Unterweisung von Personen, die an der Beförderung gefährlicher Güter beteiligt sind, ist gemäß ADR zutreffend? (1)

- A Arbeitnehmer müssen unterwiesen sein, bevor sie Pflichten gemäß Abschnitt 1.3.2 ADR übernehmen.
- B Wann und ob eine Unterweisung stattfinden muss, entscheidet nur der Gefahrgutbeauftragte.
- C Unterweisungen sind nur erforderlich, wenn das Unternehmen Stoffe und/oder Gegenstände befördert, die gemäß Tabelle 1.10.3.1.2 als „gefährliche Güter mit hohem Gefahrenpotenzial" eingestuft sind.
- D Die Unterweisung muss generell einmal im Monat durchgeführt werden.

645 (SCH) Welche Aussage zur Unterweisung von Personen, die an der Beförderung gefährlicher Güter beteiligt sind, ist gemäß ADR zutreffend? (1)

- A Ohne eine erforderliche Unterweisung dürfen Aufgaben nur unter der direkten Überwachung einer unterwiesenen Person wahrgenommen werden.
- B Unterweisungen sind nur erforderlich, wenn das Unternehmen Stoffe und/oder Gegenstände befördert, die gemäß Tabelle 1.10.3.1.2 als „gefährliche Güter mit hohem Gefahrenpotenzial" eingestuft sind.
- C Die Unterweisung kann zu einem beliebigen Zeitpunkt, der den betrieblichen Ablauf nicht stört, durchgeführt werden.
- D Unterweisungen dürfen nur von IHK-anerkannten Schulungsveranstaltern durchgeführt werden.

Gb-Prüfung 1 Fragen
1.3 Straßenverkehr

646 Ein Container enthält UN 1794 in loser Schüttung. Der Stoff erfüllt zusätzlich (10)
die Kriterien des Absatzes 2.2.9.1.10 ADR. Beantworten Sie folgende Fragen
nach ADR:

a) Wie lauten gemäß ADR die stoffspezifischen Angaben im Beförderungs- (2)
papier nach ADR in der korrekten Reihenfolge?

b) Welche Gefahrzettel (Großzettel) und Kennzeichen müssen sich am Con- (2)
tainer befinden?

c) An welchen Stellen müssen die Großzettel und Kennzeichen am Container (1)
angebracht werden?

d) Welche Nummer zur Kennzeichnung der Gefahr und welche UN-Nummer (1)
sind auf den orangefarbenen Tafeln nach ADR am Container anzubringen?
– Nummer zur Kennzeichnung der Gefahr = ...
– UN-Nummer = ...

e) An welchen Stellen müssen die orangefarbenen Tafeln am Container an- (1)
gebracht werden?

f) Der Container wird auf einen Lkw geladen. Mit wie vielen orangefarbenen (2)
Tafeln und an welchen Stellen ist die Beförderungseinheit zu kennzeichnen?

g) Wer ist für die Kennzeichnung der Beförderungseinheit mit orangefarbe- (1)
nen Tafeln verantwortlich?

647 Ein Heizölhändler soll seinem Kunden 18 000 l Heizöl, leicht, liefern. Der Stoff (10)
ist umweltgefährdend. Der Heizölhändler beauftragt seinen Fahrzeugführer,
das Tankfahrzeug (LGBF) bei der Raffinerie befüllen zu lassen und das Heizöl
beim Kunden anzuliefern.

a) Wer ist nach GGVSEB in diesem Fall als Absender für die Erstellung des (1)
Beförderungspapieres verantwortlich?

b) Wie lauten die stoffspezifischen Angaben im Beförderungspapier nach (2)
ADR in der korrekten Reihenfolge?

c) Muss der Fahrzeugführer bei diesem Transport die Vorschriften zur Fahr- (2)
wegbestimmung nach § 35a GGVSEB beachten? Begründen Sie Ihre Antwort.

d) Welche Großzettel und Kennzeichen müssen am Tankfahrzeug ange- (3)
bracht werden? An welchen Stellen sind sie anzubringen?

e) Wie viele Feuerlöschgeräte und mit welchem jeweiligen Mindestgesamt- (2)
fassungsvermögen sind mitzuführen?

648 Ein Gasproduzent erhält von einem Kunden die Bestellung, ihm zwei ver- (10)
schlossene Kryo-Behälter mit tiefgekühlt verflüssigtem Sauerstoff zu liefern. Der Gasproduzent hat die bereits gefüllten Kryo-Behälter (Nettomasse je 800 kg) auf dem Hof stehen, die aber noch nicht bezettelt sind. Auch
ein Lkw (zGM 7,5 t) steht bereit.

a) Wer muss in diesem Fall als Absender für die Mitgabe des Beförderungs- (1)
papieres sorgen?

b) Wie lauten die stoffspezifischen Angaben im Beförderungspapier nach (2)
ADR in der korrekten Reihenfolge?

c) Welche und wie viele Gefahrzettel und Kennzeichen sind auf jedem Kryo- (3)
Behälter anzubringen?

d) Wie muss der Lkw gekennzeichnet werden und wer ist dafür verantwort- (2)
lich?

e) Darf der Gasproduzent für diesen Transport einen Fahrzeugführer, der (2)
keine ADR-Schulungsbescheinigung besitzt, einsetzen? Geben Sie eine
kurze Begründung für Ihre Lösung.

1 Fragen — Gb-Prüfung
1.3 Straßenverkehr

649 Als Gefahrgutbeauftragter eines Mineralölhandelsunternehmens überprüfen Sie einen Ihrer Lkw vor der Abfahrt. Die zu kontrollierende Beförderungseinheit besteht aus einem Tankfahrzeug (zGM 18 t) und einem Anhänger (zGM 18 t). Der Tank ist mit 6 000 l Benzin befüllt, auf dem Anhänger befinden sich 80 Kanister mit Dieselkraftstoff mit einer Gesamtmenge von 1 600 l. Die beiden Stoffe sind umweltgefährdend. (10)

a) Listen Sie zwei, neben dem Beförderungspapier erforderliche Begleitpapiere auf, die vom Fahrzeugführer nach ADR mitzuführen sind. (1)

b) Wie lauten die stoffspezifischen Angaben im Beförderungspapier nach ADR für das Benzin in der korrekten Reihenfolge? (2)

c) Welche Ausrüstungsgegenstände müssen nach ADR durch den Fahrzeugführer mitgeführt werden? Nennen Sie zwei Gegenstände. (1)

d) An welchen Stellen ist die Beförderungseinheit mit neutralen orangefarbenen Tafeln zu kennzeichnen? (1)

e) Welche Großzettel und Kennzeichen sind zu verwenden und an welchen Stellen sind diese am Tankfahrzeug anzubringen? (2)

f) Welche Gefahrzettel und Kennzeichen müssen an den Kanistern angebracht sein? (3)

650 Mineralölkonzern (M) hat Spediteur (S) beauftragt, die Versorgung der Tankstellen (T) von M mit Kraftstoffen zu übernehmen. Für die Belieferung einer dieser Tankstellen schließt S einen Beförderungsvertrag mit dem Frachtführer (U) ab. U gibt seinem Fahrzeugführer (F) den Auftrag, bei der Raffinerie (R) 14 000 l Benzin und 18 000 l Dieselkraftstoff (Sondervorschrift 640L) in sein Tankfahrzeug (Zugfahrzeug und Tanksattelanhänger – Tankcodierung LGBF) füllen zu lassen und bei der Tankstelle anzuliefern. Beide Stoffe sind umweltgefährdend. (10)

a) Wer hat in diesem Fall gemäß GGVSEB die Pflichten (Buchstabe des jeweiligen Verantwortlichen bitte eintragen) als (2)
  – Auftraggeber des Absenders? (............)
  – Absender? (............)
  – Beförderer? (............)
  – Befüller? (............)

b) Mit welchen Großzetteln und Kennzeichen und an welchen Stellen ist die Beförderungseinheit zu bezetteln und zu kennzeichnen? (3)

c) Die Beförderungseinheit ist nur vorne und hinten mit der unten abgebildeten orangefarbenen Tafel gekennzeichnet: (2)

Ist dies zulässig? (Nennen Sie auch den Unterabschnitt für Ihre Lösung.)

d) Wer muss gemäß GGVSEB dafür sorgen, dass die Ausrüstungsgegenstände gemäß Abschnitt 8.1.5 ADR mitgegeben werden? (1)

e) Darf der Fahrzeugführer seinen achtjährigen Sohn mitnehmen? Auf welchen Abschnitt stützen Sie Ihre Antwort? (2)

651 Sie kontrollieren nach ADR ein offenes Fahrzeug (Lkw, zGM 12 t), auf dem (10)
ein Tankcontainer geladen ist. Der Tankcontainer ist mit 6 000 l Propionsäure (60 Masse-% Säure) komplett gefüllt und soll nach Österreich befördert werden.

    a) Wie lauten die stoffspezifischen Angaben im Beförderungspapier nach (2)
ADR in der korrekten Reihenfolge?

    b) Welche Begleitpapiere nach ADR muss der Fahrzeugführer neben dem (2)
Beförderungspapier bei dieser Beförderung mitführen?

    c) Mit welchen orangefarbenen Tafeln und Großzetteln ist der Tankcontainer (3)
zu kennzeichnen und zu bezetteln? An welchen Stellen sind die orangefarbenen Tafeln und die Großzettel anzubringen?

    d) Wie ist die Beförderungseinheit zu kennzeichnen? (1)

    e) Muss die Beförderungseinheit beim Parken überwacht werden? Nennen (2)
Sie auch das zutreffende Kapitel gemäß ADR für Ihre Lösung.

652 Von einer Gefahrgutspedition soll mit eigenem Lkw (zGM 4,5 t) Isopropanol (10)
in 12 Kanistern à 30 l befördert werden.

    a) Ist die höchstzulässige Menge nach Unterabschnitt 1.1.3.6 ADR überschritten? Auf welchen Berechnungswert stützen Sie Ihre Lösung? (2)

    b) Welche Begleitpapiere nach ADR müssen bei diesem Transport mitgeführt (2)
werden?

    c) Wer hat gemäß GGVSEB das Fahrzeug mit den Ausrüstungsgegenständen auszurüsten? (1)

    d) Welche Ausrüstungsgegenstände nach ADR müssen bei diesem Transport durch den Fahrzeugführer mitgeführt werden? Nennen Sie sechs Gegenstände. (3)

    e) Wie ist die Beförderungseinheit nach ADR zu kennzeichnen? (1)

    f) Müssen bei dieser Beförderung auch die Regelungen aus §§ 35/35a (1)
GGVSEB beachtet werden?

653 Es sollen 11 Gasflaschen, die mit UN 1965 (Handelsname „Propan", Nettomasse 33 kg/Flasche) gefüllt sind, auf einem bedeckten Fahrzeug (zGM (10)
3,5 t) nach ADR befördert werden.

    a) Welchen Regelprüffristen für die wiederkehrende Prüfung unterliegen (2)
Gasflaschen für diese UN-Nummer?

    b) Sind die Mengengrenzen nach Unterabschnitt 1.1.3.6 ADR überschritten? (2)
Geben Sie auch den berechneten Wert an.

    c) Welche sonstige Ausrüstung ist mitzuführen? Nennen Sie vier Gegenstände. (2)

    d) Welche Begleitpapiere muss der Fahrzeugführer bei diesem Transport (2)
mitführen?

    e) Wie und an welchen Stellen ist das Fahrzeug zu kennzeichnen? (1)

    f) Ist bei dieser Beförderung eine Kennzeichnung nach Sondervorschrift (1)
CV36 erforderlich?

1.3 Straßenverkehr

654 Ein Transportunternehmer soll eine Tankstelle mit Kraftstoffen versorgen. (10)
Dazu schickt er seinen Fahrzeugführer mit einem leeren ungereinigten Tankfahrzeug (Zugfahrzeug mit Tanksattelanhänger, Tankcodierung „LGBF"), das zuletzt Dieselkraftstoff (Sondervorschrift 640L) befördert hat, zur Raffinerie. Bei der Raffinerie soll der Fahrzeugführer 26 000 l Benzin laden und am nächsten Morgen entladen. Beide Stoffe erfüllen zusätzlich die Kriterien des Absatzes 2.2.9.1.10 ADR.

a) Wie lauten die vorgeschriebenen Angaben nach ADR in der korrekten Reihenfolge, die für die Fahrt zur Raffinerie im Beförderungspapier für das leere Tankfahrzeug eingetragen sein müssen? (3)

b) Mit welchen Nummern muss das Tankfahrzeug auf dem Weg zur Raffinerie und wie muss es nach der Beladung auf den orangefarbenen Tafeln gekennzeichnet werden? (1)
 – Leerfahrt Raffinerie: ....
 – Nach der Beladung: ....

c) Welche Großzettel und Kennzeichen sind zu verwenden und an welchen Stellen sind diese am Tankfahrzeug anzubringen? (2)

d) Wer hat nach GGVSEB das Fahrzeug mit den orangefarbenen Tafeln auszurüsten? (1)

e) Welches Begleitpapier gibt Aufschluss darüber, ob das Tankfahrzeug für den Transport von Benzin zugelassen ist? (1)

f) Dürfte der Transportunternehmer für diesen Transport alternativ auch ein Tankfahrzeug mit der Tankcodierung „L4BN" einsetzen? Geben Sie auch den Unterabschnitt für Ihre Entscheidung an. (2)

655 Ein Kunde hat für Prüfzwecke ein verdichtetes Gas, oxidierend, n.a.g. (Kohlendioxid und Sauerstoff) bestellt. Von diesem Gas sind 12 Flaschen (Fassungsraum jeweils 20 l) abgefüllt worden und sollen nach ADR zum Versand gebracht werden. (10)

a) Wie lauten die stoffspezifischen Angaben im Beförderungspapier nach ADR in der korrekten Reihenfolge? (2)

b) Welche Gefahrzettel müssen auf den Gasflaschen angebracht sein? (1)

c) Muss der Fahrzeugführer beim Transport dieses Gases eine Notfallfluchtmaske mitführen? (1)

d) Auf der Ladefläche des abholenden Lkw (26 t zulässige Gesamtmasse) befindet sich auch eine Palette mit Kanistern, die Gasöl enthalten. Dürfen die Gasflaschen mit dem Gasöl auf dem Lkw zusammengeladen werden? Geben Sie auch den Unterabschnitt an, auf den Sie Ihre Entscheidung stützen. (2)

e) Der Fahrzeugführer weist Sie darauf hin, dass das Fahrzeug keine ADR-Zulassungsbescheinigung hat. Darf das Fahrzeug dennoch beladen werden? (1)

f) Der Nenninhalt der Gasölkanister beträgt zusammen 400 l. Der Fahrzeugführer möchte von Ihnen wissen, ob er nach der Zuladung der Gasflaschen die orangefarbenen Tafeln an der Beförderungseinheit anbringen muss. Auf welchen Berechnungswert stützen Sie Ihre Lösung? (2)

g) Bei dem Lkw handelt es sich um ein gedecktes Fahrzeug ohne ausreichende Belüftung. Welche Sondervorschrift für die Beförderung ist beim Transport dieses Gasgemisches daher zu beachten? (1)

656 Es soll Ethylendichlorid mit einem Tankfahrzeug (Zugfahrzeug mit Tanksat- (10)
telanhänger) nach ADR befördert werden.

    a) Wie lauten die stoffspezifischen Angaben im Beförderungspapier nach (2)
ADR in der korrekten Reihenfolge?

    b) Welche Begleitpapiere neben dem Beförderungspapier muss der Fahr- (2)
zeugführer bei diesem Transport nach ADR mitführen?

    c) Welche Nummer zur Kennzeichnung der Gefahr und welche UN-Nummer (2)
sind auf den orangefarbenen Tafeln nach ADR anzubringen und welche
Großzettel müssen verwendet werden?
  - Nummer zur Kennzeichnung der Gefahr = ...
  - UN-Nummer = ...
  - Großzettel = ...

    d) An welchen Stellen sind die neutralen orangefarbenen Tafeln bzw. die (2)
orangefarbenen Tafeln mit Nummern an der Beförderungseinheit anzubringen?

    e) In welchem Unterabschnitt des ADR ist festgelegt, dass am Tankfahrzeug (1)
selbst oder auf einer Tafel ein Hinweis auf die höchstzulässige Gesamtmasse, Leermasse und auf den Betreiber oder Fahrzeughalter angegeben
sein muss?

    f) Nennen Sie zwei mitzuführende Ausrüstungsgegenstände, die nach dem (1)
ADR bei Beförderungen dieses Stoffes auf der Beförderungseinheit mitgeführt werden müssen.

657 Ein leeres ungereinigtes Tankfahrzeug (letztes Ladegut: Formaldehydlösung, (10)
mit mindestens 25 % Formaldehyd) soll zur Verlängerung der ADR-Zulassungsbescheinigung vorgefahren werden. Vor Abfahrt überprüfen Sie das
Fahrzeug (zGM 18 t) und die Begleitpapiere nach ADR.

    a) Welche Ausrüstungsgegenstände nach ADR müssen bei diesem Trans- (1)
port durch den Fahrzeugführer mitgeführt werden? Nennen Sie zwei.

    b) Welche Nummer zur Kennzeichnung der Gefahr und welche UN-Nummer (2)
sind auf den orangefarbenen Tafeln nach ADR anzubringen und welche
Großzettel müssen verwendet werden?
  - Nummer zur Kennzeichnung der Gefahr = ...
  - UN-Nummer = ...
  - Großzettel = ...

    c) An welchen Stellen müssen die Großzettel angebracht sein? (1)

    d) Welche Begleitpapiere außer dem Beförderungspapier sind bei diesem (2)
Transport nach ADR mitzuführen?

    e) Wie lauten die vorgeschriebenen Angaben im Beförderungspapier nach (2)
ADR in der korrekten Reihenfolge?

    f) Welche Kurse muss der Fahrzeugführer nach ADR mindestens erfolgreich (1)
besucht haben, um die Fahrt durchführen zu können?

    g) Sie stellen fest, dass die Frist für die Zwischenprüfung nach 6.8.2.4.3 ADR (1)
seit zwei Wochen abgelaufen ist. Ist die Fahrt zur Verlängerung der ADR-
Zulassungsbescheinigung damit noch zulässig?

1 Fragen
1.3 Straßenverkehr

658 Die Gefahrgutspedition Sped GmbH hat von den Farben- und Lackwerken Mayer GmbH (Farbenhersteller) den Auftrag bekommen, UN 1263 Farbe, 3, III, in 250 Fässern à 30 l, vom Lager der Firma Mayer in Kirchheim nach Nürnberg zu versenden. Die Sped GmbH schließt mit dem Subunternehmer SubTrans einen Beförderungsvertrag ab. Die Firma SubTrans übernimmt den Auftrag und setzt ein eigenes Fahrzeug (zGM 16 t) zum Transport ein. (10)

- a) Wer ist in diesem Fall Verlader, Absender, Auftraggeber des Absenders und Verpacker nach GGVSEB? (2)
- b) Nach Überprüfung der für den Stoff vorgeschriebenen Verpackungsvorschrift P001 i. V. m. PP1 stellt der Verpacker an den Gefahrgutbeauftragten die Frage: Müssen die verwendeten Fässer UN-geprüft sein? (1)
- c) Die Fässer sind auf Paletten gestapelt und mit undurchsichtiger Schrumpffolie gesichert. Was ist in diesem Zusammenhang zu veranlassen? (2)
- d) Welche Begleitpapiere müssen nach ADR bei diesem Transport mitgeführt werden? (2)
- e) Welche Ausrüstungsgegenstände nach ADR müssen bei diesem Transport durch den Fahrzeugführer mitgeführt werden? Nennen Sie vier Gegenstände. (2)
- f) Wie ist die Beförderungseinheit zu kennzeichnen? (1)

659 Ein Tankfahrzeug mit Tankanhänger wird für die Kundenbelieferung mit Heizöl, leicht (Sondervorschrift 640L – umweltgefährdend) eingesetzt (Lademenge gesamt 30 000 l). Die Beförderungseinheit ist mit Fahrzeugführer und Beifahrer besetzt. Vor dem Transport überprüfen Sie das Fahrzeug und die Begleitpapiere nach ADR. (10)

- a) Welche Ausrüstungsgegenstände nach ADR müssen bei diesem Transport mitgeführt werden? Nennen Sie vier Gegenstände. (2)
- b) Welche Begleitpapiere außer dem Beförderungspapier müssen bei diesem Transport nach ADR mitgeführt werden? (2)
- c) Die stoffspezifischen Angaben im Beförderungspapier nach ADR lauten: UN 1202 Heizöl, 3, III, (D/E), Sondervorschrift 640L.
Überprüfen Sie die Angaben auf Richtigkeit und Vollständigkeit und ergänzen Sie ggf. fehlende Angaben. (2)
- d) An welchen Stellen sind die Großzettel und Kennzeichen an dieser Beförderungseinheit anzubringen? (1)
- e) Muss der Beifahrer im Besitz einer gültigen ADR-Schulungsbescheinigung sein? (1)
- f) Auf einem der mitgeführten Feuerlöschgeräte befindet sich folgende Angabe: „Nächste Überprüfung: 2025". Ist dies so zulässig? Begründen Sie Ihre Antwort. (2)

Gb-Prüfung 1 Fragen
1.3 Straßenverkehr

660 Eine Spedition erhält von einer Chemiefirma den Auftrag, nach ADR den Versand von gefährlichen Gütern in Versandstücken zu besorgen. Sie will diesen Transport mit einem eigenen Fahrzeug (zGM 2,8 t) durchführen. Die Spedition erhält von der Chemiefirma folgende Informationen: (10)
- Ethanol, Lösung, 3, III, (D/E), 3 Fässer, 600 l (insgesamt)
- UN 1710 Trichlorethylen, 6.1, (E), 2 Kisten, 40 l (insgesamt)
- UN 2015 Wasserstoffperoxid, stabilisiert, (B/E), 1 Kiste, 6 l

   a) Überprüfen Sie die oben genannten stoffspezifischen Angaben auf Vollständigkeit, korrekte Reihenfolge und ergänzen Sie diese ggf. zu vollständigen vorgeschriebenen Angaben im Beförderungspapier nach ADR. (3)
   b) Ist die höchstzulässige Menge nach Tabelle in Unterabschnitt 1.1.3.6 ADR überschritten? Geben Sie auch den Wert an, der sich für die oben genannten Güter aus der Tabelle ermitteln lässt. (3)
   c) Wie ist die Beförderungseinheit zu kennzeichnen? (1)
   d) Wer ist für die Kennzeichnung der Beförderungseinheit verantwortlich? (1)
   e) Der Fahrzeugführer besitzt keine ADR-Schulungsbescheinigung, ist aber nach Kapitel 1.3 ADR unterwiesen. Darf er die Beförderung durchführen? (1)
   f) Wer ist in diesem Fall „Absender" im Sinne der GGVSEB? (1)

661 Spedition S. erhält von der Chemiefirma C. den Auftrag, nach ADR den Versand der von ihr verpackten gefährlichen Güter in Versandstücken vom Lager der Chemiefirma C. zum Großhändler E. zu besorgen. S. schließt mit Frachtführer F. einen Beförderungsvertrag. Dieser beauftragt seinen Fahrzeugführer T. mit dem betriebseigenen Lkw mit der Abholung der Güter bei C. und der Beförderung zu E. (10)
Die Spedition erhält von der Chemiefirma folgende Informationen:
- Nitromethan, 3, II, (E), 3 Fässer, 600 l (insgesamt)
- UN 1824, 8, III, (E), 8 Kanister, 240 l (insgesamt)
- UN 1710 Trichlorethylen, 6.1, (E), 2 Kisten, 40 l (insgesamt)

   a) Wer ist nach GGVSEB (Buchstabe des Verantwortlichen in die jeweilige Klammer eintragen) (3)
     – Absender? (.....)
     – Beförderer? (.....)
     – Auftraggeber des Absenders? (.....)
     – Fahrzeugführer? (.....)
     – Verlader? (.....)
     – Verpacker? (.....)
   b) Überprüfen Sie die oben genannten Angaben auf Vollständigkeit, korrekte Reihenfolge und ergänzen Sie diese ggf. zu vollständigen vorgeschriebenen Angaben im Beförderungspapier nach ADR. (3)
   c) Wer hat nach GGVSEB dafür zu sorgen, dass dem Fahrzeugführer vor Beförderungsbeginn das Beförderungspapier mitgegeben wird? Buchstabe des Verantwortlichen angeben! (1)
   d) Ist eine Zusammenladung der oben genannten Gefahrgüter auf einem Fahrzeug zulässig? Nennen Sie auch den Unterabschnitt gemäß ADR für Ihre Lösung. (2)
   e) Benötigt der Fahrzeugführer für diese Beförderung eine ADR-Schulungsbescheinigung? (1)

664 Spedition S. erhält von der Chemiefirma C. den Auftrag, nach ADR den Versand von gefährlichen Gütern in Versandstücken zum Großhändler E. zu besorgen. S. schließt mit Frachtführer F. einen Beförderungsvertrag. Dieser beauftragt seinen Fahrzeugführer T. mit dem betriebseigenen Kleintransporter (zGM 2,8 t) mit der Abholung der Versandstücke bei C. und der Beförderung zu E. (10)

S. erhält folgende Informationen:
- UN 1267 Roheröl, 3, III, (D/E), umweltgefährdend, 3 Fässer, 600 l (insgesamt)
- UN 2015 Wasserstoffperoxid, wässerige Lösung, stabilisiert, 5.1 (8), I, (B/E), 2 Kisten, 12 l (insgesamt)

a) Ist die höchstzulässige Menge nach Tabelle in Unterabschnitt 1.1.3.6 ADR überschritten? Auf welchen Berechnungswert stützen Sie Ihre Lösung? (2)

b) Nennen Sie die für diese Beförderung erforderlichen Begleitpapiere nach ADR. (2)

c) Wer hat nach GGVSEB dafür zu sorgen, dass dem Absender die Angaben nach 5.4.1.1 ADR schriftlich mitgeteilt werden (Buchstabe des Verantwortlichen angeben)? (1)

d) Wie viele Feuerlöschgeräte sind während der Beförderung mitzuführen? Welches Mindestfassungsvermögen müssen diese haben? (2)

e) Wer hat nach GGVSEB die Beförderungseinheit mit Feuerlöschgeräten auszurüsten (Buchstabe des Verantwortlichen angeben)? (1)

f) Auf der geplanten Fahrstrecke befindet sich ein Tunnel mit der Tunnelkategorie C. Darf der Tunnel mit dieser Ladung wie geplant durchfahren werden? (2)

665 Spediteur S. erhält vom Batteriegroßhändler B. den Auftrag, die Beförderung eines von ihm befüllten Containers mit 8 000 kg gebrauchten Batterien (UN 2794, Abfälle zur Verwertung) in loser Schüttung nach ADR zu besorgen. S. schließt mit dem Frachtführer T. einen Beförderungsvertrag, den Transport mit dessen eigenem Fahrzeug durchzuführen. T. beauftragt seinen Fahrzeugführer F., den Container bei B. abzuholen und zur Bleihütte E. zu transportieren. (10)

a) Wer ist nach GGVSEB/ADR in diesem Falle (Buchstabe des Verantwortlichen in die jeweilige Klammer eintragen) (2)
- Auftraggeber des Absenders? (.....)
- Absender? (.....)
- Beförderer? (.....)
- Befüller? (.....)

b) Welche Begleitpapiere nach ADR benötigt der Fahrzeugführer bei dieser Beförderung? (2)

c) An welchen Stellen sind die Großzettel und orangefarbenen Tafeln am Container anzubringen? (2)
- Großzettel: .....
- Orangefarbene Tafeln: .....

d) Wie viele Feuerlöschgeräte mit welchem Inhalt sind nach ADR bei dieser Beförderung mitzuführen? (2)

e) Wie lauten die stoffspezifischen Angaben im Beförderungspapier nach ADR in der korrekten Reihenfolge? (2)

1 Fragen
1.3 Straßenverkehr

666 Spedition S. erhält vom Gasproduzenten G. den Auftrag, im grenzüberschreitenden Verkehr nach ADR den Versand von gefährlichen Gütern in Versandstücken vom Lager des G. zum Händler E. zu besorgen. S. schließt mit Frachtführer F. einen Beförderungsvertrag. Dieser beauftragt seinen Fahrzeugführer T. mit dem betriebseigenen Lkw (zGM 7,5 t) mit der Abholung der Versandstücke bei G. und der Beförderung zu E. (10)
S. erhält von G. folgende Informationen:
- UN 1011 Butan, 2.1, (B/D), 5 Flaschen, 150 kg
- UN 1978 Propan, (B/D), 10 Flaschen, 120 kg

a) Überprüfen Sie die oben genannten Angaben auf Vollständigkeit, korrekte Reihenfolge und ergänzen Sie diese ggf. zu vollständigen Angaben im Beförderungspapier nach ADR. (1)

b) Können die Freistellungen nach Unterabschnitt 1.1.3.6 ADR bei dieser Ladung genutzt werden? Auf welchen Berechnungswert stützen Sie Ihre Lösung? (2)

c) Welche Angaben sind bei Anwendung des Unterabschnitts 1.1.3.6 ADR zusätzlich im Beförderungspapier zu vermerken? (2)

d) Wer ist „Auftraggeber des Absenders" nach GGVSEB (Buchstabe des Verantwortlichen angeben)? (1)

e) Wer muss nach GGVSEB dafür sorgen, dass das Beförderungspapier nach ADR in diesem Beispielfall mitgegeben wird (Buchstabe des Verantwortlichen angeben)? (1)

f) Wie viele Feuerlöschgeräte sind während der Beförderung mindestens mitzuführen? Nennen Sie auch das Mindestfassungsvermögen. (2)

g) Wer muss nach GGVSEB dieses Fahrzeug mit Feuerlöschgeräten ausrüsten (Buchstabe des Verantwortlichen angeben)? (1)

667 Kaliumhydrogendifluorid, Lösung (VG II), abgefüllt in 7 Kanistern aus Kunststoff mit je 60 l Inhalt, soll nach ADR befördert werden. (10)

a) Verwendet werden 7 Kanister, die wie abgebildet gekennzeichnet und bezettelt sind. Überprüfen Sie nach ADR, ob die Versandstücke wie vorgeschrieben gekennzeichnet und bezettelt sind und ergänzen bzw. korrigieren Sie ggf. die Angaben. (5)

b) Überprüfen Sie das Beförderungspapier nach ADR auf Richtigkeit und er- (5)
ganzen bzw. korrigieren Sie ggf. die Angaben.
Ein Lieferschein ist als Beförderungspapier nach ADR wie unten erstellt
worden.
Lieferschein

Absender:	Empfänger:
Gut und Schnell Mainweg 245 65451 Kelsterbach	Müller Chemikalien Taunusstr. 12 60329 Frankfurt/Main
3421 Kaliumfluorid, Lösung, 8, II	7 Kanister aus Kunststoff

668 Folgende Sendung soll nach ADR befördert werden: (10)
4 Fässer aus Stahl mit Pentan-2,4-dion à 200 l.

a) Die Versandstücke sind wie abgebildet gekennzeichnet und bezettelt. (2)
Überprüfen Sie nach ADR, ob die Versandstücke wie vorgeschrieben gekennzeichnet und bezettelt sind und ergänzen bzw. korrigieren Sie ggf.
die Angaben.

b) Das Beförderungspapier nach ADR ist wie unten erstellt.
Überprüfen Sie das Beförderungspapier nach ADR und ergänzen bzw.
korrigieren Sie ggf. die Angaben. .... (2)
Beförderungspapier

Absender:	Empfänger:
Lösfit GmbH Nordendplatz 33 60318 Frankfurt	Häberle AG Trollingerstr. 88 70329 Stuttgart
UN 2310 Pentan-2,4-dion, 3, III, (D/E)	insgesamt 800 l

c) Die Fässer werden zur leichteren Handhabung auf eine Palette gestellt (2)
und mit undurchsichtiger Folie umwickelt. Was hat der Verpacker zu veranlassen?

d) Der abholende Lkw hat bereits 5 Kisten à 40 l Gefahrgut (UN 1279, Ge- (2)
samtmenge 200 l) geladen. Muss die Beförderungseinheit nach Zuladung
der 4 Fässer mit orangefarbenen Tafeln gekennzeichnet werden? Auf welchen Berechnungswert stützen Sie Ihre Lösung?

e) Welche Ausrüstungsgegenstände nach ADR muss der Fahrzeugführer auf (1)
der abholenden Beförderungseinheit (zGM 7,5 t) mitführen? Nennen Sie
zwei.

f) Auf der geplanten Fahrstrecke befindet sich ein Tunnel der Kategorie E. (1)
Darf der Fahrzeugführer diesen Tunnel durchfahren?

1 Fragen
1.3 Straßenverkehr

669 Eine Isotopensonde (UN 3332, Kategorie II-GELB, Transportkennzahl 0,5) soll (10) nach ADR befördert werden.

a) Das dafür erforderliche Typ A-Versandstück mit 41 kg Bruttogewicht ist (4) wie unten gekennzeichnet und bezettelt. Überprüfen Sie nach ADR, ob das Versandstück, wie oben vorgeschrieben, gekennzeichnet und bezettelt ist und ergänzen bzw. korrigieren Sie ggf. die Angaben.

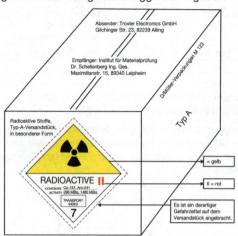

b) Das Beförderungspapier nach ADR ist wie unten erstellt worden. Überprüfen Sie das Beförderungspapier nach ADR auf Richtigkeit und ergänzen bzw. korrigieren Sie ggf. die Angaben. (6)

Absender/Verlader:	Empfänger/Bestimmungsort:
Troxler Electronics GmbH Gilchinger Str. 23 82239 Alling	Institut für Materialprüfung Dr. Schellenberg Ing. Ges. Maximilianstr. 15 89340 Leipheim
1 Troxler Isotopensonde, Modell 3440, Seriennummer 13928 3332 Radioaktive Stoffe, in besonderer Form, 7. Cs-137, Am-241, in besonderer Form, 296 MBq, 1480 MBq, Kategorie, Transportkennzahl 0,5, Zulassungskennzeichen GB/140/S, GB/7/S 1 Kiste, 41 kg brutto	

670 Sie sollen für die Beförderung von 10,5 t Propen in einem Tankfahrzeug nach ADR folgende Fragen klären: (10)

a) Wie lauten die stoffspezifischen Angaben im Beförderungspapier nach ADR in der korrekten Reihenfolge? (2)

b) Müssen bei dieser Beförderung die §§ 35/35a GGVSEB beachtet werden? (2)

c) Welcher Großzettel muss verwendet werden und an welchen Stellen sind die Großzettel am Tankfahrzeug anzubringen? (2)

d) Welche Nummer zur Kennzeichnung der Gefahr und welche UN-Nummer (1)
sind auf den orangefarbenen Tafeln nach ADR anzubringen?
– Nummer zur Kennzeichnung der Gefahr = ...
– UN-Nummer = ...

e) Muss bei dieser Beförderung die Notfallfluchtmaske mitgeführt werden? (1)

f) Müssen die orangefarbenen Tafeln auch angebracht sein, wenn der Tank (2)
leer, aber ungereinigt ist? Geben Sie auch den Unterabschnitt nach ADR
für Ihre Lösung an.

671 UN 3170 soll in loser Schüttung in bedeckten Großcontainern befördert wer- (10)
den. Die Produkte reagieren bei Raumtemperatur leicht mit Wasser, wobei
die größte Menge des entwickelten entzündbaren Gases 20 l pro Kilogramm
des Stoffes je Stunde ist. Die Produkte fallen nicht unter die Zuordnungskri-
terien der Verpackungsgruppe I.

a) Welcher Klasse und Verpackungsgruppe sind diese Stoffe zuzuordnen? (3)

b) Wie lauten die stoffspezifischen Angaben im Beförderungspapier nach (2)
ADR in der korrekten Reihenfolge?

c) Welche ergänzende Vorschrift ist bei Nutzung eines bedeckten Großcon- (1)
tainers zu beachten?

d) An welchen Stellen müssen am Großcontainer die Großzettel (Placards) (1)
angebracht werden?

e) Darf mit dieser Ladung ein Tunnel mit der Tunnelkategorie D durchfahren (1)
werden?

f) Muss der Beförderer für diese Beförderungen einen Sicherungsplan er- (2)
stellen? Geben Sie eine kurze Begründung für Ihre Lösung.

672 Abfälle aus einer Lackiererei (Putztücher und Abdeckpapier mit Kohlenwas- (10)
serstoffgemischen, Flammpunkt kleiner 60 °C) sollen in einem geprüften
Schüttgut-Container (BK1) als „Feste Stoffe, die entzündbare flüssige Stoffe
enthalten, n.a.g." gemäß ADR befördert werden.

a) Welcher Klasse und Verpackungsgruppe sind diese Stoffe zuzuordnen? (2)

b) Wie lauten die stoffspezifischen Angaben im Beförderungspapier nach (2)
ADR in der korrekten Reihenfolge?

c) Welche Großzettel (Placards) müssen sich am Container befinden? (1)

d) An welchen Stellen müssen die Großzettel am Container angebracht wer- (2)
den?

e) Welche Nummer zur Kennzeichnung der Gefahr und welche UN-Nummer (1)
sind auf den orangefarbenen Tafeln nach ADR anzubringen?
– Nummer zur Kennzeichnung der Gefahr = ...
– UN-Nummer = ...

f) Der Schüttgut-Container wird auf eine Beförderungseinheit (Trägerfahr- (2)
zeug) gesetzt. An welchen Stellen müssen die orangefarbenen Tafeln mit
Nummern angebracht werden?

673 Ein Umschmelzbetrieb befördert gemäß ADR flüssige Aluminiumlegierung (10)
(Transporttemperatur ca. 800 °C, 15 t, UN 3257) in drei Tiegeln (gemäß § 36b
i.V.m. Anlage 3 GGVSEB) auf einem Fahrzeug.

a) Wie lauten die stoffspezifischen Angaben im Beförderungspapier nach (2)
ADR in der korrekten Reihenfolge?

b) Welche Sondervorschrift gemäß Kapitel 3.3 ADR ist bei dieser Beförde- (1)
rung zu beachten?

1.3 Straßenverkehr

    c) Welche Kennzeichen und Großzettel sind am Fahrzeug anzubringen? (2)

    d) An welchen Stellen sind die Kennzeichen und Großzettel an der Beförderungseinheit anzubringen? (1)

    e) An welchen Stellen sind die orangefarbenen Tafeln an der Beförderungseinheit anzubringen? (1)

    f) An der geplanten Fahrstrecke liegt ein beschränkter Tunnel der Tunnelkategorie E. Kann der Tunnel mit dieser Ladung passiert werden? (1)

    g) Muss der Beförderer für diese Beförderung einen Sicherungsplan erstellen? Nennen Sie auch die Fundstelle im ADR für Ihre Lösung. (2)

674 Für den Versand eines Versandstückes nach ADR liegen folgende Daten vor: Ni-63 gelöst in 50 ml Chlorwasserstoffsäure der Verpackungsgruppe III mit einer Gesamtaktivität von 200 MBq. Die spezifische Aktivität liegt oberhalb der Aktivitätsgrenzen für von der Klasse 7 freigestellte Stoffe. Dosisleistung an der Versandstückoberfläche kleiner 5 µSv/h, keine Kontamination am Versandstück. (10)

    a) Unterliegt der Stoff den Vorschriften der Klasse 7 des ADR? Geben Sie eine kurze Begründung für Ihre Lösung. (2)

    b) Ist der Aktivitätsgrenzwert für die Klassifizierung als freigestelltes Versandstück (UN 2910) überschritten? (2)

    c) Welche Hauptgefahr hat die vorliegende Sendung, welches ist die Nebengefahr? (2)

    d) Kann die Sendung als begrenzte Menge (limited quantity) befördert werden? Geben Sie eine kurze Begründung für Ihre Lösung. (2)

    e) Wie lauten die stoffspezifischen Angaben in korrekter Reihenfolge im Beförderungspapier nach ADR für diese Sendung? (2)

675 In einem Klinikum sind 1 200 kg klinische Abfälle angefallen, bei denen der Verdacht auf Verunreinigung mit ansteckungsgefährlichen Stoffen (Humanes Immundefizienz-Virus – keine Kulturen) besteht. Im Rahmen der ordnungsgemäßen Entsorgung sollen diese zum Versand nach ADR vorbereitet werden. Dabei sind einige Fragen zu klären. (10)

    a) Welcher UN-Nummer sind diese Abfälle nach ADR zuzuordnen? (2)

    b) Können Sie für die Entsorgung dieser als feste Stoffe anfallenden klinischen Abfälle Verpackungen des Typs „UN/1H2/…" verwenden? Geben Sie eine kurze Begründung für Ihre Lösung. (3)

    c) Welchen Prüfanforderungen müssen diese Verpackungen nach ADR entsprechen? (1)

    d) Mit welchem Kennzeichen müssen die Verpackungen nach ADR versehen werden? (1)

    e) Mit welcher Bezettelung müssen die Verpackungen nach ADR versehen werden? (1)

    f) Wie lauten die stoffspezifischen Angaben für diese Abfälle im Beförderungspapier nach ADR in der korrekten Reihenfolge? (2)

Gb-Prüfung

1 Fragen

1.3 Straßenverkehr

676 Es sollen 60 l Farbe, Verpackungsgruppe II (Sondervorschrift 640C) in Kunst- (10)
stoffkanistern à 5 l in begrenzten Mengen nach ADR versandt werden. Die
Farbe hat eine Dichte von 1 kg/l und das Tara je Kanister beträgt 0,5 kg.

    a) Müssen die Außenverpackungen der Versandstücke bauartgeprüft (UN- (2)
geprüft) sein? Geben Sie eine kurze Begründung für Ihre Lösung.

    b) Können die beschriebenen Kunststoffkanister à 5 l als Innenverpackung (2)
zur Beförderung in begrenzten Mengen eingesetzt werden? Geben Sie
eine kurze Begründung.

    c) Wie viele Versandstücke müssen Sie mindestens vorbereiten? Geben Sie (2)
eine kurze Begründung.

    d) Wie sind die einzelnen Versandstücke zu kennzeichnen? (2)

    e) Wer ist nach GGVSEB für die richtige Kennzeichnung der Versandstücke (2)
verantwortlich? Nennen Sie auch die genaue Fundstelle.

677 Die Spedition S. erhält von der Chemiefirma C. den Auftrag, einen Versand (10)
von gefährlichen Gütern in Versandstücken vom Zentrallager der Chemiefirma zum Außenlager A. durchzuführen. S. erhält von C. folgende Informationen gemäß ADR:

– UN 2642 Fluoressigsäure, 6.1, I, (C/E), 1 Kiste, 10 kg

– UN 1170 Ethanol, 3, II, (D/E), 1 Fass, 50 l

– UN 1002 Luft, verdichtet, 2.2, (E), 2 Gasflaschen à 50 l Nenninhalt

– UN 1104 Amylacetate, 3, III, (D/E), 5 Kanister à 20 l

    a) Kann diese Beförderung als nicht kennzeichnungspflichtiger Transport (2)
unter Nutzung der Freistellungen nach 1.1.3.6 ADR durchgeführt werden?
Geben Sie auch den nach 1.1.3.6 ADR ermittelten Gesamtwert an.

    b) Der Fahrzeugführer des für den Transport vorgesehenen Lkw weist seinen (1)
Disponenten darauf hin, dass für dieses Fahrzeug keine ADR-Zulassungsbescheinigung existiert. Darf das Fahrzeug dennoch beladen werden?

    c) Der Fahrzeugführer legt dem Disponenten eine bereits seit drei Monaten (2)
abgelaufene ADR-Schulungsbescheinigung vor. Darf er diese Ladung
übernehmen? Geben Sie eine kurze Begründung.

    d) S. bekommt einen weiteren Abholauftrag eines Kunden. Dort sollen 12 Ver- (1)
sandstücke à 10 l mit UN 1090 Aceton, verpackt in begrenzten Mengen
nach Kapitel 3.4 ADR, zugeladen werden. Welche Gesamtmenge nach
1.1.3.6 ADR hätte dann die gesamte Ladung?

    e) Der Fahrzeugführer soll bei diesem Kunden auch noch eine Palette mit (2)
12 leeren, ungereinigten Gasflaschen (Leere Gefäße, 2) übernehmen.
Welcher Beförderungskategorie sind diese nach ADR zuzuordnen und
wie hoch ist die zulässige Gesamtmenge dieser Beförderungskategorie
nach ADR?

    f) Sind die Vorschriften über die Handhabung und Verstauung aus Ab- (2)
schnitt 7.5.7 ADR bei dieser Beförderung zu beachten? Geben Sie
eine kurze Begründung.

1 Fragen
1.3 Straßenverkehr

678 Ein Straßenbauunternehmer beauftragt seinen Fahrzeugführer, mit einem Lkw und einem Aufsetztank (Fassungsraum 6 500 l) 6 000 l Dieselkraftstoff (Sondervorschrift 640L – umweltgefährdend) zu einer Autobahnbaustelle zu befördern, um die dort eingesetzten Baumaschinen mit Kraftstoff zu versorgen. (10)

a) Wie lauten die stoffspezifischen Angaben im Beförderungspapier nach ADR in der korrekten Reihenfolge? (2)

b) Der Aufsetztank ist an beiden Längsseiten mit Großzetteln (Nr. 3) und dem Kennzeichen für die Umweltgefahr versehen. Am Fahrzeug selbst sind vorne und hinten orangefarbene Tafeln ohne Kennzeichnungsnummern angebracht. Ist diese Kennzeichnung für diesen Beförderungsfall ausreichend? Geben Sie eine Begründung für Ihre Lösung. (2)

c) Welche Tankcodierung ist für den beförderten Stoff vorgeschrieben? (1)

d) Welche Angaben müssen auf dem verwendeten Aufsetztank selbst oder auf Tafeln angebracht sein? Nennen Sie eine Angabe. (1)

e) Für den Lkw ist eine ADR-Zulassungsbescheinigung ausgestellt worden. In Zeile 7 sind alle Eintragungen außer „FL" und „AT" gestrichen. Darf das Fahrzeug für diese Beförderung eingesetzt werden? (1)

f) Auf dem Tankschild ist folgende Kennzeichnung eingestempelt: „01/23P". Wann ist nach ADR die nächste wiederkehrende Prüfung spätestens durchzuführen? (1)

g) Nach dem Betanken sind im Tank noch rund 1 500 l Dieselkraftstoff enthalten. Da der Tank nicht mit Schwallwänden unterteilt ist, stellt sich die Frage, ob mit dieser Restmenge (25 % des Fassungsraumes) zur nächsten Baustelle gefahren werden darf? Nennen Sie auch die Fundstelle für Ihre Lösung. (2)

679 Ein vom Unternehmen U. mit UN 2383 befüllter ortsbeweglicher Tank (Nennvolumen 5 000 l) ist von Deutschland nach Großbritannien zu versenden. U. beauftragt die Spedition S., den Transport durchzuführen. S. beauftragt seinen Fahrzeugführer F., den ortsbeweglichen Tank bei U. abzuholen und über Frankreich per Fähre nach Großbritannien zu befördern. (10)

a) Welche Tankanweisung ist bei diesem Stoff gemäß ADR vorgeschrieben? (1)

b) An welchen Stellen des ortsbeweglichen Tanks sind nach ADR orangefarbene Tafeln mit Nummer zur Kennzeichnung der Gefahr und UN-Nummer anzubringen? (1)

c) Dürfen am Tank orangefarbene Tafeln aus selbstklebender Kunststofffolie verwendet werden? Nennen Sie auch die Fundstelle gemäß ADR für Ihre Lösung. (2)

d) Wer hat nach GGVSEB dafür zu sorgen, dass die Großzettel und die orangefarbenen Tafeln am ortsbeweglichen Tank angebracht sind? (1)

e) Der ortsbewegliche Tank wird auf einem bedeckten Sattelauflieger verladen und die Plane wird geschlossen. Welche Besonderheit gilt nach ADR hierbei hinsichtlich der Großzettel? (2)

f) Welche Kurse muss der Fahrzeugführer in seiner ADR-Schulungsbescheinigung bescheinigt haben, um die Fahrt antreten zu können? (1)

g) Nennen Sie zwei Begleitpapiere nach ADR, die bei dieser Beförderung (1)
neben der ADR-Schulungsbescheinigung mitzuführen sind.

h) Welche der nachfolgenden Gefahrguttransportvorschriften muss bei (1)
dieser Beförderung zusätzlich beachtet werden?
- RID
- ADN
- IMDG-Code
- Hazchem-Code
- ICAO-TI

680 5 000 l Antimonpentachlorid, flüssig (umweltgefährdend), sind als Abfall im (10)
Produktionsprozess von Hersteller H. angefallen. H. schließt mit dem Entsorger E. einen Beförderungsvertrag, diesen Stoff zur Sondermüllentsorgungsanlage S. zu transportieren. E. schickt seinen Fahrzeugführer F. mit einem Saug-Druck-Tankfahrzeug (Tankcodierung L4BH) zu H. Wer sind nach GGVSEB in diesem Fall Absender, Beförderer und Empfänger?

a) Wer sind nach GGVSEB in diesem Fall Absender, Beförderer und Empfänger? (1)

b) Wie lauten die stoffspezifischen Angaben im Beförderungspapier nach (3)
ADR in der korrekten Reihenfolge?

c) Welcher besondere Eintrag in der ADR-Zulassungsbescheinigung weist (2)
darauf hin, dass das abholende Fahrzeug für den Transport von Abfällen zugelassen ist?

d) Darf das Saug-Druck-Tankfahrzeug nach ADR mit diesem Abfall befüllt (2)
werden? Geben Sie eine kurze Begründung für Ihre Lösung.

e) Welcher ergänzenden Prüfung sind die Tanks dieses Tankfahrzeugs zu- (2)
sätzlich zu den Prüfungen nach 6.8.2.4.3 ADR spätestens alle 3 Jahre zu unterziehen?

681 UN 1049 soll in einem Batterie-Fahrzeug (die Elemente bestehen aus Fla- (10)
schenbündeln – gesamter Fassungsraum 20 000 l) nach ADR transportiert werden.

a) Wie lauten die stoffspezifischen Angaben im Beförderungspapier nach (2)
ADR in der korrekten Reihenfolge?

b) Welche Fahrzeugbezeichnung muss in der ADR-Zulassungsbescheini- (1)
gung mindestens bescheinigt sein?

c) Nennen Sie eine Angabe, die sich auf dem Schild („Tankschild") des Bat- (1)
terie-Fahrzeugs nach ADR befinden muss.

d) Welcher Großzettel ist zu verwenden? An welchen Stellen sind die Groß- (2)
zettel am Batterie-Fahrzeug anzubringen?

e) Wie sieht die Kennzeichnung mit orangefarbenen Tafeln aus und an wel- (2)
chen Stellen sind diese an der Beförderungseinheit anzubringen?

f) Sind bei dieser Beförderung die Vorschriften von 1.10.3 ADR zu beach- (1)
ten?

g) Unterliegt diese Beförderung den §§ 35/35a GGVSEB? (1)

1.4 Fragen zum verkehrsträgerspezifischen Teil Eisenbahnverkehr

Hinweis: Die Zahl in Klammern gibt die erreichbare Punktzahl an.
Redaktionell eingefügte Codes zu den Themenbereichen stehen jeweils unter der Fragennummer.

682 Welche Regelwerke gelten für die innerstaatliche Beförderung gefährlicher (1)
(VS) Güter mit Eisenbahnen?

- A   GGVSEB und RID ☐
- B   GGVSEB und ADR ☐
- C   GGVSEB und ADN ☐
- D   GGVSee und IMDG-Code ☐

683 Die GGVSEB normiert Sicherheitspflichten. In welchem Fall hat der Beförde- (2)
(PF) rer unverzüglich den jeweiligen Eisenbahninfrastrukturunternehmer zu benachrichtigen?

684 In welchem Regelwerk finden Sie Aussagen zu den allgemeinen Sicherheits- (1)
(VS) pflichten der an einem Gefahrguttransport mit der Eisenbahn Beteiligten?

- A   In der GGVSEB, § 18 ☐
- B   In der Gefahrgutbeauftragtenverordnung ☐
- C   Im Gefahrgutbeförderungsgesetz ☐
- D   Im RID, Abschnitt 1.4.1 ☐

685 Darf Dipropionylperoxid (Klasse 5.2) mit Eisenbahnen befördert werden? (2)
(T) Nennen Sie auch die genaue Fundstelle für Ihre Lösung.

686 An welcher Stelle lässt sich das Datum der zuletzt durchgeführten wieder- (1)
(P) kehrenden Prüfung des Tanks eines Kesselwagens gemäß RID feststellen?

- A   Im Revisionsraster am Fahrgestell ☐
- B   In der ADR-Zulassungsbescheinigung ☐
- C   Am Eintrag im Tankschild ☐
- D   Im Beförderungspapier ☐

687 An welcher Stelle ist nach RID die nächstfällige wiederkehrende Prüfung oder (1)
(P) Zwischenprüfung des Tanks eines Kesselwagens anzugeben?

- A   Im Beförderungspapier ☐
- B   An der Lastgrenzrastertafel ☐
- C   Auf dem Revisionsraster am Fahrgestell ☐
- D   Auf beiden Seiten des Kesselwagens (auf dem Tank selbst oder auf einer Tafel) ☐

688 An welchen Stellen finden Sie gemäß RID den Fassungsraum eines Kessel- (1)
(P) wagens angeschrieben?

- A   Auf den Domdeckeln ☐
- B   Auf den Pufferhülsen ☐
- C   Auf der orangefarbenen Kennzeichnung ☐
- D   Auf dem Tankschild ☐

1.4 Eisenbahn

689 (P) An welcher Stelle ist die Tankcodierung des Tanks eines Tankcontainers gemäß RID anzugeben? (1)

- A Auf dem CSC-Zulassungsschild ☐
- B Auf den Revisionsanschriften am Containerrahmen ☐
- C Im Beförderungspapier ☐
- D Auf dem Tankcontainer selbst oder auf einer Tafel ☐

690 (P) Von welchen Kriterien ist gemäß RID der Füllungsgrad eines Kesselwagens abhängig? (1)

- A Von der Einfülltemperatur und der Dichte ☐
- B Von der Zugkraft der Zuglokomotive ☐
- C Vom Betriebsdruck des Tanks ☐
- D Von der Anzahl der hintereinanderliegenden Verschlusseinrichtungen ☐

691 (P) In welchem Fall nach RID ist eine außerordentliche Prüfung eines Tanks von Kesselwagen durchzuführen? (2)

692 (R) In welchem Unterabschnitt des RID sind die Vorschriften über die Bestimmung der Transportkennzahl bei radioaktiven Stoffen der Klasse 7 enthalten? (2)

693 (R) In welchem Abschnitt des RID sind die Vorschriften über die Bestimmung der Kritikalitätssicherheitskennzahl für Versandstücke mit spaltbaren Stoffen der Klasse 7 enthalten? (2)

694 (R) In welchem Absatz des RID finden Sie für die einzelnen Radionuklide die Aktivitätskonzentrationen für freigestellte Stoffe? (2)

695 (P) Nennen Sie zwei Arten von Prüfungen an Tanks von Kesselwagen gemäß RID. (2)

696 (P) In welchen zeitlichen Abständen ist die wiederkehrende Prüfung an Tanks von Kesselwagen für Stoffe der Klasse 3 gemäß RID spätestens durchzuführen? (2)

697 (P) In welchen zeitlichen Abständen ist die Zwischenprüfung an Tanks von Kesselwagen für Stoffe der Klasse 8 gemäß RID spätestens durchzuführen? (2)

698 (P) In welchen zeitlichen Abständen ist die wiederkehrende Zwischenprüfung an ortsbeweglichen Tanks (T4) für den Stoff UN 1897 gemäß RID spätestens durchzuführen? (2)

699 (Z) Darf gemäß RID ein Versandstück mit einem Zettel nach Muster 1 mit einem Versandstück mit einem Zettel nach Muster 3 zusammen in einem Wagen verladen werden? Nennen Sie auch den zutreffenden Unterabschnitt für Ihre Lösung. (2)

700 (Z) Sie wollen Versandstücke mit UN 0006 und Versandstücke mit UN 0171 in einen Wagen verladen. Was müssen Sie nach RID beachten? (1)

- A Verwendung von Wagen mit ordnungsgemäßen Funkenschutzblechen ☐
- B Nur Feuergutwagen einsetzen ☐
- C Nur offene Wagen einsetzen ☐
- D Begleitung erforderlich ☐

1 Fragen
1.4 Eisenbahn

701 (Z) Dürfen Versandstücke mit UN 2475 (in begrenzten Mengen verpackt) und UN 0174 gemäß RID in einem Wagen verladen werden? Geben Sie auch die Fundstelle für Ihre Lösung an. (2)

702 (Z) Müssen Versandstücke mit UN 1230 gemäß RID von Nahrungs-, Genuss- und Futtermitteln getrennt befördert werden? Nennen Sie auch den zutreffenden Abschnitt für Ihre Lösung. (2)

703 (Z) Nennen Sie zwei Maßnahmen gemäß RID, die eine Trennung von Versandstücken mit Gefahrzettel Muster 6.1 zu Versandstücken mit Nahrungs-, Genuss- und Futtermitteln in einem Wagen darstellen. (2)

704 (Z) In welchem Abschnitt des RID finden Sie Vorschriften zur Ladungssicherung? (1)

- A Im Abschnitt 3.2.1 zur Tabelle A des RID ☐
- B Im Abschnitt 7.1.1 des RID ☐
- C Im Abschnitt 7.5.7 des RID ☐
- D Im Abschnitt GGVSEB des RID ☐

705 (TT) Welche Absperreinrichtung ist bei Kesselwagen oder Tankcontainern mit mehreren hintereinanderliegenden Absperreinrichtungen gemäß RID zuerst nach der Befüllung/Entladung zu schließen? (2)

706 (TT) Nennen Sie zwei Kontrollmaßnahmen gemäß RID, die vor dem Befüllen eines Flüssiggaskesselwagens zu beachten sind. (2)

707 (TT) Welche Bedeutung haben die vier Teile der Tankcodierung bei einem Tank für die Klasse 3 des RID? (2)

708 (TT) Toluen ist gemäß RID zu befördern. Nennen Sie zwei Tankcodierungen (RID-Tanks) für Kesselwagen, in denen dieser Stoff befördert werden könnte. (3)

709 (TT) Ein Kesselwagen, beladen mit Heizöl, leicht (Sondervorschrift 640L), ist mit Untenentleerungseinrichtungen ausgerüstet. In welcher Ausführungsart müssen die Verschlusseinrichtungen gemäß RID ausgeführt sein? (1)

- A Mindestens zwei voneinander unabhängige hintereinanderliegende ☐
- B Mindestens drei voneinander unabhängige hintereinanderliegende ☐
- C Zwei äußere ☐
- D Eine innere Verschlusseinrichtung und eine Schutzkappe ☐

710 (LQ) UN 1715 Essigsäureanhydrid soll als begrenzte Menge nach Kapitel 3.4 RID in Innenverpackungen, die in Trays enthalten sind, verpackt werden. Welchen Inhalt darf die Innenverpackung höchstens haben und welche Bruttomasse darf das so verpackte Versandstück höchstens haben? (1)

- A 1 l Innenverpackung, 20 kg Bruttomasse je Versandstück ☐
- B 1 l Innenverpackung, 30 kg Bruttomasse je Versandstück ☐
- C 5 l Innenverpackung, Versandstück unbegrenzt ☐
- D Der Versand als begrenzte Menge ist nicht zugelassen. ☐

711 (LQ) Ein fester Stoff (UN 3453) soll in einer zusammengesetzten Verpackung verpackt werden. Welche maximalen Höchstmengen je Innenverpackung und je Versandstück sind nach RID zulässig, um die Vorschriften für die begrenzten Mengen nutzen zu können? (2)

712 Beim Entladen von Versandstücken mit Gefahrgut wird festgestellt, dass ein (1)
(E) Teil des gefährlichen Inhalts ausgetreten ist. In welchem Unterabschnitt des RID finden Sie Hinweise zur weiteren Vorgehensweise?

713 Sie haben festgestellt, dass nach dem Entladen eines Wagens, in dem sich (1)
(E) verpackte gefährliche Güter befanden, ein Teil des Inhalts ausgetreten ist. Wann ist der Wagen gemäß RID zu reinigen?

- A Eine Reinigung ist nur erforderlich, wenn Unbefugte Zutritt haben. ☐
- B Auf jeden Fall vor erneutem Beladen ☐
- C Innerhalb einer Woche ☐
- D Eine Reinigung ist sofort nach der Entladung durchzuführen. ☐

714 In welchem Kapitel des RID finden Sie die Vorschriften über die Auslegung, (1)
(BT) den Bau und die Prüfung von Schüttgut-Containern?

715 Wie lange muss die Tankakte eines Kesselwagens geführt und aufbewahrt (1)
(TT) werden?

- A Nur bis zur ersten durchgeführten Gefahrgutbeförderung ☐
- B Genau 15 Jahre ab Inbetriebnahme des Kesselwagens, unabhängig von der Nutzungsdauer ☐
- C Sie muss für die gesamte Lebensdauer geführt und bis 15 Monate nach der Außerbetriebnahme des Tanks aufbewahrt werden. ☐
- D Bis zur erfolgreich durchgeführten Dichtheitsprüfung ☐

716 Mit welchem Buchstaben wird das Datum (Monat, Jahr) der erstmaligen oder (1)
(P) der wiederkehrenden Prüfung auf dem Tankschild gemäß RID ergänzt?

- A P ☐
- B L ☐
- C TM ☐
- D TT ☐

717 Ein ungereinigter leerer Kesselwagen, dessen Prüffrist für die wiederkehren- (1)
(P) de Prüfung am 30.12.2023 abläuft, soll am 4.1.2024 zur Prüfung befördert werden. Ist diese Beförderung gemäß RID noch möglich?

- A Die Beförderung ist nicht mehr zulässig. Die Prüfung muss auf dem Werksgelände des Standortes durchgeführt werden. ☐
- B Die Beförderung zur Prüfung ist nur zulässig, wenn im Beförderungspapier der Eintrag „Prüfung in der Werkstatt" eingetragen ist. ☐
- C Die Beförderung kann noch durchgeführt werden. ☐
- D Die Beförderung ist nur zulässig, wenn sie vom zuständigen Gefahrgutbeauftragten genehmigt und begleitet wird. ☐

718 In der Tabelle 3.2 Spalte 10 RID wird für einen Stoff der Code „BK1" angege- (1)
(BT) ben. Was bedeutet „BK1"?

1.4 Eisenbahn

719 (BT) Welche Aussage ist nach RID zutreffend? Ein geschlossener Schüttgut-Container darf (1)

- A eine flexible Plane als Abdeckung haben. ☐
- B nur oben offen sein. ☐
- C nur mit einem Füllungsgrad zwischen 20 % und 80 % befüllt werden. ☐
- D öffnungsfähige Seitenwände haben, die während der Beförderung geschlossen werden können. ☐

720 (BT) Wie ist nach RID ein bedeckter Schüttgut-Container definiert? (1)

721 (P) Darf ein ungereinigter leerer Tankcontainer auch nach Ablauf der Fristen für die Prüfungen nach den Absätzen 6.8.2.4.2 und 6.8.2.4.3 RID befördert werden, um ihn der Prüfung zuzuführen? Geben Sie auch die Fundstelle für Ihre Lösung an. (2)

722 (F) Die Vorschriften des RID gelten nicht für die Beförderung von (1)

- A tiefgekühlt verflüssigten Gasen der Gruppe A. ☐
- B verdichteten Gasen der Gruppe O, wenn der Druck des Gases im Gefäß bei einer Temperatur von 20 °C höchstens 200 kPa beträgt. ☐
- C verflüssigten Gasen der Gruppe A, wenn der Druck des Gases im Gefäß bei einer Temperatur von 20 °C höchstens 200 kPa beträgt. ☐
- D unverpackten Handfeuerlöschern (UN 1044) als Ladung. ☐

723 (F) Unterliegt eine Kältemaschine (UN 2857) mit 10 kg nicht entzündbarem, nicht giftigem Gas den Vorschriften des RID? Geben Sie eine kurze Begründung für Ihre Lösung. (2)

724 (F) Der UN-Nummer 2800 zugeordnete neue Batterien unterliegen nicht den Vorschriften des RID, wenn die Bedingungen der (1)

- A Sondervorschrift 598 eingehalten sind. ☐
- B Sondervorschrift 119 eingehalten sind. ☐
- C Sondervorschrift 332 eingehalten sind. ☐
- D Sondervorschrift 188 eingehalten sind. ☐

725 (F) Neue Lithium-Metall-Batterien sollen unter Nutzung der Sondervorschrift 188 des RID befördert werden. Wie müssen diese Batterien verpackt sein? (1)

- A In Innenverpackungen, die in starken Außenverpackungen verpackt sind, die u. a. den Vorschriften von 4.1.1.1 entsprechen ☐
- B Ausschließlich in UN-geprüften Verpackungen der Verpackungsgruppe I ☐
- C In stoßfesten Innenverpackungen ☐
- D Generell in UN-geprüften Innenverpackungen ☐

726 (V) Müssen nach RID neue Lithium-Ionen-Batterien mit einer Nennenergie von 50 Wh in UN-geprüften Verpackungen verpackt werden? Geben Sie eine kurze Begründung für Ihre Lösung. (3)

727 UN 1057 (Abfall-Feuerzeuge, nicht undicht oder stark verformt), die getrennt (1)
(V) gesammelt und gemäß 5.4.1.1.3 RID versandt werden, dürfen für Entsorgungszwecke unter folgenden Bedingungen befördert werden. Sie

A   müssen vollständig leergebrannt sein. ☐
B   dürfen nur noch einen Füllungsgrad von höchstens 20 % aufweisen. ☐
C   dürfen nur in gedeckten Containern geladen werden. ☐
D   müssen in ausreichend belüfteten Verpackungen verpackt werden. ☐

728 In welchem Unterabschnitt des RID finden Sie die Bedingungen für die Freistellung von Leuchtmitteln, die gefährliche Güter enthalten? (1)
(F)

729 In welchem Unterabschnitt des RID sind die Bedingungen für die Mitnahme gefährlicher Güter als Hand- oder Reisegepäck geregelt? (1)
(F)

730 In welchem Unterabschnitt des RID finden Sie grundsätzliche Regelungen für (1)
(TT) die Berechnung des höchstzulässigen Füllungsgrades von Tankcontainern?

731 Nennen Sie die genaue Fundstelle im RID für die Berechnung des höchstzu- (3)
(TT) lässigen Füllungsgrades für UN 1170 Ethanol, 3, II, in einem Kesselwagen (Tankcodierung LGBF).

732 Auf dem Tankschild eines Kesselwagens befindet sich die Tankcodierung (3)
(TT) SGAN. Darf der Kesselwagen mit UN 1824, 8, II, befüllt werden? Geben Sie eine kurze Begründung für Ihre Lösung.

733 Erläutern Sie die Tankcodierung für Kerosin. (2)
(TT)

734 Wo finden Sie im RID Übergangsvorschriften für Kesselwagen? (1)
(P)
A   4.3.2.4.4 RID ☐
B   1.6.3 RID ☐
C   6.8.2.4.3 RID ☐
D   1.1.4.4 RID ☐

735 Was ist „Huckepackverkehr" im Sinne des RID? (1)
(HU)

736 Durch ein undichtes Ventil traten an einem Kesselwagen mit UN 2187 geringe (2)
(UF) Mengen Gas (ca. 100 kg) aus. Die zuständige Behörde veranlasste aufgrund dieses Zwischenfalls eine Sperrung der Bahnstrecke Augsburg – München für einen Zeitraum von vier Stunden. Muss der Beförderer in diesem Fall einen Bericht gemäß 1.8.5 RID erstellen? Geben Sie eine kurze Begründung für Ihre Lösung.

737 Welche Kombination von Versandstücken mit gefährlichen Gütern unterliegt (1)
(Z) keinem Zusammenladeverbot auf einem Wagen?
A   UN 1154 in begrenzten Mengen und UN 0054 ☐
B   UN 1154 und UN 0027 ☐
C   UN 1154 in begrenzten Mengen und UN 0499 ☐
D   UN 1154 und UN 0147 ☐

1 Fragen
1.4 Eisenbahn

738 In welchem Kapitel des RID werden die Prüfverfahren für flexible Schüttgut- (1)
(BT) Container behandelt?

- A Kapitel 6.11 ☐
- B Kapitel 6.6 ☐
- C Kapitel 6.7 ☐
- D Kapitel 6.1 ☐

739 Vor dem Befüllen flexibler Schüttgut-Container sind diese einer Sichtprüfung (2)
(BT) zu unterziehen. Nennen Sie zwei Bauteile, die hierbei zu prüfen sind.

740 Ein Container mit gefährlichen Gütern wird per Schiene für einen Weitertrans- (1)
(D) port auf See zu einem Seehafen befördert. Welches für den Seeschiffsverkehr vorgeschriebene Dokument darf der Sendung beim Bahntransport beigegeben werden?

- A Schriftliche Weisungen ☐
- B Gruppenunfallmerkblätter (EmS) ☐
- C Container-/Fahrzeugpackzertifikat ☐
- D ADR-Zulassungsbescheinigung ☐

741 Muss bei der Beförderung eines Containers mit gefährlichen Gütern im Zu- (1)
(D) lauf zum Seehafen nach RID ein Container-/Fahrzeugpackzertifikat mitgegeben werden?

- A Immer ☐
- B Nur, wenn der Container bereits nach IMDG-Code plakatiert ist ☐
- C Nein ☐
- D Nur, wenn der Container mit dem Kennzeichen für Meeresschadstoffe gekennzeichnet ist ☐

742 Leere ungereinigte IBC, die mit Dieselkraftstoff befüllt waren, sollen nach Ab- (1)
(D) lauf der Frist für die wiederkehrende Prüfung gemäß RID zur Durchführung der nächsten vorgeschriebenen Prüfung befördert werden. Ist dafür ein zusätzlicher Vermerk im Beförderungspapier erforderlich?

743 Welche Angabe ist im Beförderungspapier gemäß RID der UN-Nummer (1)
(D) „UN 1814" voranzustellen, wenn dieser Stoff in einem Kesselwagen befördert wird?

744 Welche Angabe ist im Beförderungspapier gemäß RID der UN-Nummer (1)
(D) „UN 2270" voranzustellen, wenn dieser Stoff in einem Kesselwagen befördert wird?

745 Welche Erklärung muss nach RID im Beförderungspapier bei Beförderungen (2)
(D) von tiefgekühlt verflüssigten Gasen in Kesselwagen zusätzlich zu den allgemeinen Angaben eingetragen werden?

746 Ein Kesselwagen war mit Propen beladen und soll leer und ungereinigt zu- (3)
(D) rückgeschickt werden. Wie lauten die vorgeschriebenen stoffspezifischen Angaben im Beförderungspapier gemäß RID?

747 Aus welchen Unterlagen können gemäß RID die zu treffenden Maßnahmen (1)
(D) bei einem Unfall mit gefährlichen Gütern entnommen werden?

    A   Aus dem Beförderungspapier ☐

    B   Aus den schriftlichen Weisungen ☐

    C   Aus der Bescheinigung über die Prüfung des Tankcontainers ☐

    D   Aus der Tankakte ☐

748 Eine Isotopensonde zur zerstörungsfreien Werkstoffprüfung soll in einem (4)
(D) Wagen gemäß RID versandt werden. Es liegen folgende Informationen vor: UN 3332, Transportkennzahl 0,5, Inhalt Cs-137 (Aktivität 296 MBq, Zulassungskennzeichen GB/140/S) und Am-241 (Aktivität 1 480 MBq, Zulassungskennzeichen GB/7/S), max. Dosisleistung an der Versandstückoberfläche 7,5 µSv/h.
Wie lauten gemäß RID die vorgeschriebenen Angaben im Beförderungspapier?

749 Ein Wagen kann gemäß Unterabschnitt 7.5.8.1 RID nach dem Entladen vor (2)
(D) Ort nicht gereinigt werden und soll deshalb der nächsten geeigneten Stelle zugeführt werden. Welcher zusätzliche Eintrag ist dabei im Beförderungspapier gemäß RID zu vermerken?

750 Welche Angaben müssen gemäß RID für einen zur Beförderung aufgegebe- (3)
(D) nen gefährlichen Stoff oder Gegenstand im Beförderungspapier gemacht werden? Nennen Sie sechs Angaben.

751 Ein Wagen enthält Silicium-Pulver in loser Schüttung. Im Beförderungspapier (2)
(D) ist zu diesem Stoff folgender Eintrag vermerkt:

„44, UN 1346 Silicium-Pulver, 4.1, III".

Überprüfen Sie diesen Eintrag nach RID auf Richtigkeit und korrigieren Sie ggf. die Angaben.

752 Ein bereits nach IMDG-Code gekennzeichneter ortsbeweglicher Tank mit (3)
(D) UN 1300 (Flammpunkt 25 °C) wird im Vorlauf zum Seehafen mit der Eisenbahn befördert. Im RID-Beförderungspapier sind folgende Eintragungen vermerkt:

„33, UN 1300 Terpentin, 3, III, umweltgefährdend, Beförderung nach Unterabschnitt 1.1.4.4".

Überprüfen Sie diesen Eintrag nach RID auf Richtigkeit und korrigieren Sie ggf. die Angaben.

753 Es sollen leere ungereinigte Fässer (letztes Ladegut: UN 2023) zur Reinigung (2)
(D) und Wiederverwendung versandt werden. Wie lauten die spezifischen Gefahrgutangaben im Beförderungspapier gemäß RID? Nennen Sie eine Möglichkeit.

754 Ein leerer ungereinigter Tankcontainer soll zur Beförderung mit der Eisen- (3)
(D) bahn aufgegeben werden. Das letzte Ladegut war UN 1744 Brom und ist zusätzlich umweltgefährdend. Wie lauten die spezifischen Gefahrgutangaben im Beförderungspapier gemäß RID? Nennen Sie eine Möglichkeit.

755 Ein leerer ungereinigter Wagen soll zur Beförderung mit der Eisenbahn auf- (3)
(D) gegeben werden. Das letzte Ladegut waren UN 1364 Baumwollabfälle, ölhaltig, in loser Schüttung. Wie lauten die spezifischen Gefahrgutangaben im Beförderungspapier gemäß RID? Nennen Sie eine Möglichkeit.

1.4 Eisenbahn

756 (D) Leere ungereinigte Fässer (letztes Ladegut: UN 1897), die zur Entsorgung vorgesehen sind, sollen unter der UN-Nummer 3509 versandt werden. Wie lauten die spezifischen Gefahrgutangaben im Beförderungspapier gemäß RID? (2)

757 (D) Welcher besondere Eintrag ist im Beförderungspapier gemäß Unterabschnitt 5.4.1.1 i. V. m. Kapitel 3.3 RID zu vermerken, wenn UN 1263 Farbe (Dampfdruck bei 50 °C höchstens 110 kPa, Flammpunkt 21 °C) in einem Kesselwagen (Tankcodierung: LGBF) befördert wird? (2)

758 (D) Nennen Sie eine Sprache, in der gemäß RID die Angaben im Beförderungspapier grundsätzlich angegeben werden müssen. (1)

759 (D) Welche der nachstehenden Angaben muss in einem Beförderungspapier gemäß RID enthalten sein? (1)

- A Name und Anschrift des Beförderers ☐
- B Der Name des Gefahrgutbeauftragten ☐
- C Ggf. die Anzahl und Beschreibung der Versandstücke ☐
- D Der Tunnelbeschränkungscode ☐

760 (HU) Im Huckepackverkehr ist bei der Beförderung von gefährlichen Gütern in Tanks im Beförderungspapier nach RID der UN-Nummer des Gutes zusätzlich voranzustellen: (1)

- A Der Verwendungszweck ☐
- B „Beförderung gemäß Unterabschnitt 1.1.4.4 RID" ☐
- C Die Nummer zur Kennzeichnung der Gefahr ☐
- D Das Datum der letzten Tankprüfung ☐

761 (D) Die Prüfung eines flüssigen Abfallgemischs nach Absatz 2.1.3.5.5 RID hat ergeben, dass die überwiegende Gefahr eine Zuordnung zur Klasse 3, UN 1993, möglich macht. Die chemischen und technischen Eigenschaften schließen eine Zuordnung zur Verpackungsgruppe I aus.
Wie lautet der Eintrag im Beförderungspapier nach RID für dieses Abfallgemisch, wenn die Beförderung in einem Kesselwagen erfolgt? (1)

- A Abfall, 33, UN 1993 Entzündbarer flüssiger Stoff, n.a.g., 3, II, Abfall nach Absatz 2.1.3.5.5 ☐
- B 33, UN 1993 Entzündbarer flüssiger Stoff, n.a.g., 3, II, Abfall nach Absatz 2.1.3.5.5 ☐
- C Abfall, 33, UN 1993 Entzündbarer flüssiger Stoff, n.a.g., 3, II ☐
- D 33, UN 1993 Abfall Entzündbarer flüssiger Stoff, n.a.g., 3, II, Absatz 2.1.3.5.5 ☐

762 (D) Die Prüfung eines flüssigen Abfallgemischs nach Absatz 2.1.3.5.5 RID hat ergeben, dass die überwiegende Gefahr eine Zuordnung zur Klasse 3, UN 1993, möglich macht. Der Flammpunkt des umweltgefährdenden Gemisches liegt bei 18 °C. Wie lautet der Eintrag im Beförderungspapier nach RID für dieses Abfallgemisch, wenn die Beförderung in einem Kesselwagen erfolgt? (3)

763 (EQ) Gefährliche Güter in freigestellten Mengen werden durch ein Konnossement begleitet. Welche Angaben müssen gemäß RID eingetragen werden? (2)

764 Ungereinigte leere Kesselwagen dürfen gemäß 4.3.2.4.4 RID auch nach Ab- (2)
(D) lauf der Fristen für die Prüfungen nach den Absätzen 6.8.2.4.2 und 6.8.2.4.3
RID befördert werden, um sie der Prüfung zuzuführen. Welche zusätzliche
Angabe ist diesbezüglich im Beförderungspapier gemäß RID anzugeben?

765 Ein Tanksattelanhänger mit UN 1993, VG II, soll im Huckepackverkehr auf der (3)
(HU) Eisenbahn befördert werden. Welche zusätzlichen Angaben sind gemäß RID
im Beförderungspapier einzutragen? Nennen Sie auch die genaue Fundstelle
im RID.

766 UN 2078 wird in einen Kesselwagen gefüllt. Der Stoff ist zusätzlich umweltge- (2)
(D) fährdend. Wie lauten die stoffspezifischen Angaben im Beförderungspapier
nach RID?

767 Welche Angaben sind immer in einem Beförderungspapier gemäß RID einzu- (3)
(D) tragen, wenn Versandstücke mit der UN-Nummer 2910 befördert werden sollen? Nennen Sie auch die Fundstelle für Ihre Lösung.

768 Was ist hinsichtlich der schriftlichen Weisungen gemäß RID zu beachten? (1)
(D)
  A   Sie sind dem Triebfahrzeugführer in allen RID-Amtssprachen auszuhändi- ☐
      gen.
  B   Sie dürfen bedarfsorientiert auf dem Smartphone des Triebfahrzeugführers ☐
      bereitgestellt werden, wenn dieser damit einverstanden ist.
  C   Sie müssen den internationalen Gepflogenheiten entsprechend immer auch ☐
      in englischer Sprache verfasst sein.
  D   Sie sind auf dem Führerstand an leicht zugänglicher Stelle mitzuführen. ☐

769 Welche Menge Brennstoff darf nach RID eine Verbrennungsmaschine (1)
(D) (UN 3530) maximal enthalten, ohne dass ein Beförderungspapier erforderlich
ist?

770 Es gibt zwei eisenbahnspezifische Rangierzettel. Nennen Sie die Nummern (2)
(POT) und deren Bedeutung gemäß RID.

771 Wie groß müssen Großzettel (Placards) an Kesselwagen gemäß RID mindes- (2)
(POT) tens sein, und an welchen Stellen sind diese anzubringen?

772 Wie ist ein Wagen, der gefährliche Güter in Versandstücken enthält, gemäß (1)
(POT) RID zu bezetteln?
  A   Der Wagen muss nicht bezettelt werden. ☐
  B   Mit Großzetteln (Placards), die den Gefahrzetteln der Versandstücke ent- ☐
      sprechen, an beiden Längsseiten
  C   Mit der orangefarbenen Kennzeichnung ☐
  D   Mit zwei Gefahrzetteln 100 × 100 mm ☐

773 Welche Großzettel sind gemäß RID an ungereinigten leeren Kesselwagen (1)
(POT) vorgeschrieben?

1 Fragen
1.4 Eisenbahn

774 (POT) Ein Kesselwagen, in dem gefährliche Güter gemäß RID befördert wurden, soll nach Entleerung und Reinigung an einen anderen Einsatzort überführt werden. Müssen die Großzettel (Placards) vorher entfernt oder abgedeckt werden? (1)

- A Nein, wenn die Überführungsfahrt nachts erfolgt ☐
- B Nein, wenn binnen 24 Stunden gleichartiges Gefahrgut erneut in den Kesselwagen eingefüllt werden soll ☐
- C Ja ☐
- D Nein, wenn es der Gefahrgutbeauftragte genehmigt ☐

775 (POT) Wie sind gemäß RID Großcontainer zu bezetteln? (1)

- A Wie Kesselwagen ☐
- B Wie Wagen ☐
- C An beiden Längsseiten des Großcontainers ☐
- D An beiden Längsseiten und an jedem Ende des Großcontainers ☐

776 (POT) An welchen Stellen sind gemäß RID Großcontainer, die mit Gefahrgut beladen sind, zu bezetteln? (2)

777 (POT) An welchen Stellen sind gemäß RID Wechselaufbauten, die mit Gefahrgut beladen sind, zu bezetteln? (2)

778 (POT) (R) An welchen Stellen sind nach RID an Wagen mit Versandstücken der Klasse 7 (Gefahrzettel Muster 7B) Großzettel anzubringen? (1)

- A An beiden Längsseiten und am Ende des Zuges ☐
- B An beiden Längsseiten des Wagens ☐
- C Nur am Anfang und am Ende des Zuges ☐
- D An beiden Längsseiten und an jedem Ende des Wagens ☐

779 (POT) Welche besondere Kennzeichnung gemäß Teil 5 RID müssen nur Tanks von Kesselwagen für verflüssigte, tiefgekühlt verflüssigte oder gelöste Gase aufweisen? (2)

780 (POT) In welchen Fällen sind Tanks von Kesselwagen durch einen durchgehenden, etwa 30 cm breiten orangefarbenen Streifen zu kennzeichnen? (2)

781 (POT) Wie ist nach RID ein Wagen, der UN 0340 enthält, zu bezetteln? Geben Sie die Nummern der Zettel an. An welchen Stellen sind die Zettel am Wagen anzubringen? (2)

782 (POT) Mit welchem Großzettel (Nummer), welchem Kennzeichen und welcher Nummer zur Kennzeichnung der Gefahr und UN-Nummer auf der orangefarbenen Tafel muss gemäß RID ein Kesselwagen versehen sein, der Benzin enthält? Der Stoff erfüllt zusätzlich die Kriterien des Absatzes 2.2.9.1.10 RID. (3)

783 (POT) An welchen Stellen sind gemäß RID an einem Wagen, der gefährliche Güter in Versandstücken enthält, Großzettel anzubringen und wie groß müssen diese sein? (2)

784 (POT) Ein Kesselwagen ist mit Propen befüllt. Welche Bezettelungen, Kennzeichnungen und orangefarbenen Tafeln müssen gemäß Teil 5 RID an diesem Kesselwagen angebracht werden? (4)

785
(POT)
Ein Wagen ist an beiden Längsseiten mit der unten abgebildeten orangefarbenen Tafel (2)

33
1993

gekennzeichnet. Der Wagen enthält eine geschlossene Ladung Großpackmittel (IBC) mit ein und demselben Gut (UN 1993, VG II). Ist diese Kennzeichnung gemäß RID zulässig? Nennen Sie auch den Absatz für Ihre Lösung.

786
(POT)
Ein Tankcontainer mit drei Abteilen ist mit UN 1300 (umweltgefährdend) im Abteil 1 und im Abteil 3 befüllt. Das mittlere Abteil ist leer und gereinigt. Wie ist der Tankcontainer mit Großzetteln, Kennzeichen und orangefarbenen Tafeln nach RID zu kennzeichnen und bezetteln? (1)

A Großzettel, Kennzeichen für umweltgefährdende Stoffe und orangefarbene Tafeln vorn und hinten am Tankcontainer ☐

B Großzettel und Kennzeichen für umweltgefährdende Stoffe vorn und hinten und links und rechts an den befüllten Abteilen sowie orangefarbene Tafeln links und rechts an den befüllten Abteilen des Tankcontainers ☐

C Großzettel, Kennzeichen für umweltgefährdende Stoffe und orangefarbene Tafeln links und rechts an den Längsseiten des Tankcontainers ☐

D Großzettel, Kennzeichen für umweltgefährdende Stoffe und orangefarbene Tafeln vorn und hinten und links und rechts an den Längsseiten des Tankcontainers ☐

787
(MK)
Eine Umverpackung (Kiste aus Pappe) enthält eine Kiste mit 50 kg UN 1950 Druckgaspackungen (Klassifizierungscode 5A) und eine Kiste mit 50 l UN 1915 Cyclohexanon. Wie ist diese Umverpackung nach RID zu kennzeichnen und zu bezetteln? (4)

788
(POT)
Welches Kennzeichen ist gemäß RID bei der Beförderung von UN 3258 zusätzlich zum Großzettel am Wagen anzubringen? (1)

789
(POT)
Welche Toleranz ist bei den Abmessungen der orangefarbenen Tafeln gemäß RID zugelassen? (1)

790
(POT)
In einen gedeckten Wagen ohne Belüftung werden Gasflaschen à 50 l mit UN 1013 verladen. Welches besondere Kennzeichen ist neben den vorgeschriebenen Placards (Großzetteln) gemäß RID dabei noch erforderlich? (2)

791
(POT)
In einem gedeckten Wagen werden vier Tankcontainer (L21DH, Fassungsraum je 1 500 l) befördert. Sie sind mit UN 3394 befüllt und mit den vorgeschriebenen orangefarbenen Tafeln und Großzetteln gekennzeichnet und bezettelt.
Der Wagen ist an beiden Längsseiten mit den Großzetteln Nr. 4.2 und 4.3 bezettelt. Ist dies nach RID ausreichend? Geben Sie eine kurze Begründung für Ihre Lösung. (3)

1 Fragen
1.4 Eisenbahn

792 (MK) Welche Aussage zu den Ausrichtungspfeilen auf einem Versandstück ist gemäß RID richtig? (1)

- A Sie dienen als Hinweis, dass das Versandstück in einer Umverpackung möglichst weit oben angeordnet wird. ☐
- B Sie zeigen an, wo das Versandstück nach dem Transport geöffnet werden soll. ☐
- C Sie legen fest, wie das Versandstück während des Transports auszurichten ist. ☐
- D Sie gehören zu den vorgeschriebenen Gefahrzetteln. ☐

793 (MK) Auf einer Palette sind mehrere zusammengesetzte Verpackungen mit UN 1230 Methanol und UN 1219 Isopropanol mit einer undurchsichtigen Wickelfolie gesichert. Welche Kennzeichen und Gefahrzettel sind gemäß RID außen an der Wickelfolie anzubringen? (4)

794 (POT) In einem gedeckten Wagen werden vier Tankcontainer (L21DH, Fassungsraum je 5 000 l) befördert. Sie sind mit UN 3394 befüllt und mit den vorgeschriebenen orangefarbenen Tafeln und Großzetteln gekennzeichnet und bezettelt.
An welchen Stellen ist der Wagen nach RID zu kennzeichnen und zu bezetteln?
Welche Großzettel und welche orangefarbenen Tafeln sind nach RID am Wagen anzubringen? (4)

795 (POT) Verpackte radioaktive Stoffe mit einer einzigen UN-Nummer (UN 3328) werden unter ausschließlicher Verwendung in einem Wagen befördert. Es befinden sich keine anderen gefährlichen Güter im Wagen. Wie lauten die Angaben auf der orangefarbenen Tafel? An welchen Stellen sind diese anzubringen? (2)

796 (POT) Wie ist nach RID ein Container zu kennzeichnen, in dem ausschließlich verpackte radioaktive Stoffe mit einer einzigen UN-Nummer unter ausschließlicher Verwendung befördert werden? (1)

- A Mit einer neutralen orangefarbenen Tafel an jeder Längsseite ☐
- B Mit einer orangefarbenen Tafel an jeder Längsseite, die ein Totenkopfsymbol mit gekreuzten Gebeinen trägt ☐
- C Mit einer orangefarbenen Tafel an jeder Längsseite, die den Gefahrzettel Nr. 7D enthält ☐
- D Mit einer orangefarbenen Tafel mit Nummer zur Kennzeichnung der Gefahr und UN-Nummer an beiden Längsseiten ☐

797 (POT) Ein Tankcontainer mit einer Kammer wird mit UN 3082 befüllt. Wie und an welchen Stellen ist der Tankcontainer nach RID zu kennzeichnen und zu bezetteln? (4)

798 (MK) Müssen nach RID Versandstücke mit Lithium-Metall-Batterien, die den Bedingungen der Sondervorschrift 188 entsprechen, mit dem Gefahrzettel Nr. 9A gekennzeichnet werden? Geben Sie eine kurze Begründung für Ihre Lösung. (2)

799 (HU) Ein Sattelanhänger, beladen mit Versandstücken der Klassen 3 und 8 in kennzeichnungspflichtiger Menge nach ADR, wird für den Huckepackverkehr auf einen Tragwagen gekrant. Wie und wo ist der Sattelanhänger zu kennzeichnen? (2)

1.4 Eisenbahn

800 (HU) Auf einem Tragwagen der rollenden Landstraße ist ein mit Versandstücken der Klasse 8 (Wert nach 1.1.3.6: 800 Punkte) beladenes Straßenfahrzeug verladen. Ist der Tragwagen zu kennzeichnen? Nennen Sie auch die genaue Fundstelle aus dem RID für Ihre Lösung. (2)

801 (HU) Ein mit Großzetteln gekennzeichneter Sattelanhänger wird per Kran auf einen Tragwagen für den Huckepackverkehr verladen. Nach der Verladung sind keine Kennzeichen mehr sichtbar. An welchen Stellen müssen nach RID die Großzettel am Tragwagen angebracht werden und welche Größe müssen sie mindestens haben? (2)

802 (POT) Ein Befüller eines Kesselwagens hat vom Absender folgende Angaben erhalten:
„33, UN 1203 Benzin, 3, II, umweltgefährdend".
Wie und an welchen Stellen muss der Kesselwagen gekennzeichnet und bezettelt werden? (4)

803 (MK) Ein Flaschenbündel (Tara 650 kg) enthält UN 1971 Methan, verdichtet. Das Einzelvolumen der 12 verbundenen Flaschen beträgt 50 l, die Bruttomasse des Flaschenbündels beträgt 1 000 kg. Wie ist das Flaschenbündel nach Teil 5 RID zu kennzeichnen und zu bezetteln? Nennen Sie drei Angaben. (3)

804 (VN) In welchem Unterabschnitt des RID finden Sie, unter welchen Bedingungen bei der Beförderung mit der Eisenbahn Vorschriften des IMDG-Codes angewendet werden können? (1)

805 (HU) Welchen Vorschriften muss ein zur Beförderung nach RID im Huckepackverkehr auf einen Güterzug aufgegebenes Straßenfahrzeug entsprechen? (1)

- A Der GGVSee ☐
- B Dem ADR ☐
- C Dem CSC ☐
- D Dem TIR ☐

806 (HU) Welche Aussage ist für den Huckepackverkehr gemäß RID richtig? (1)

- A Temperaturkontrollierte Güter der Klasse 5.2 dürfen nur unter ständiger Aufsicht eines Sachkundigen verladen werden. ☐
- B Temperaturkontrollierte selbstzersetzliche Stoffe der Klasse 4.1 sind im Huckepackverkehr nicht zugelassen. ☐
- C Die Seiten der Tragwagen sind immer mit den Großzetteln der auf dem Straßenfahrzeug befindlichen gefährlichen Güter zu versehen. ☐
- E Schwefeltrioxid darf nur im Huckepackverkehr befördert werden. ☐

807 (HU) Ein Gefahrgut soll im Huckepackverkehr befördert werden. Wo finden Sie im RID die Bedingungen dafür? Nennen Sie die genauen Fundstellen. (2)

808 (TT) Dürfen in Kesselwagen, die zur Beförderung von UN 2078 zugelassen sind, auch Nahrungs-, Genuss- und Futtermittel befördert werden? Nennen Sie auch die Sondervorschrift für Ihre Lösung. (2)

809 (Z) In welchem Abschnitt des RID sind die Regelungen für den Schutzabstand enthalten? (1)

1.4 Eisenbahn

810 (Z) Auf einem Wagen sind Versandstücke mit Gefahrzettel Nr. 1 geladen. Ein weiterer Wagen ist mit Versandstücken mit Gefahrzettel Nr. 3 beladen. Wie groß muss der Schutzabstand im selben Zugverband gemäß RID sein? (1)

    A   Es muss ein zweiachsiger Wagen dazwischengestellt werden. ☐

    B   Zwischen den Puffertellern müssen 10 m Abstand sein. ☐

    C   Zwischen den Puffertellern mindestens 18 m ☐

    D   Bei diesen Gefahrgütern ist kein Schutzabstand vorgeschrieben. ☐

811 (Z) Dürfen gemäß RID in einem vierachsigen Wagen, der zur Einhaltung eines Schutzabstandes eingestellt ist, Stoffe der Klasse 3, die nach Kapitel 3.4 RID verpackt wurden, befördert werden? Geben Sie eine kurze Begründung für Ihre Lösung. (2)

812 (Z) Muss gemäß RID ein Wagen mit dem Großzettel nach Muster 1.4 von einem Wagen mit dem Großzettel nach Muster 3 durch einen Schutzabstand getrennt sein? Geben Sie auch die Rechtsquelle für Ihre Lösung an. (2)

813 (TT) In welchem Kapitel des RID finden Sie die Bestimmungen für die Verwendung von Kesselwagen? (1)

814 (TT) In welchem Kapitel des RID finden Sie die Bestimmungen für die Verwendung von ortsbeweglichen Tanks? (1)

815 (P) An einem ungereinigten leeren Kesselwagen ist die Prüffrist überschritten. Der Absender will den Wagen zu der für die Prüfung zuständigen Stelle befördern. Ist diese Beförderung zulässig? Nennen Sie auch den Unterabschnitt für Ihre Entscheidung. (2)

816 (BT) An welcher Stelle können Sie im RID feststellen, ob ein gefährliches Gut zur Beförderung in loser Schüttung zugelassen ist? (1)

    A   Tabelle A Spalte 7 ☐

    B   Tabelle A Spalte 3b ☐

    C   Tabelle A Spalte 12 ☐

    D   Tabelle A Spalte 10 bzw. Spalte 17 ☐

817 (TT) An welcher Stelle können Sie im RID feststellen, ob ein gefährliches Gut zur Beförderung in Kesselwagen bzw. Tankcontainern zugelassen ist? (1)

    A   Tabelle A Spalte 12 ☐

    B   Tabelle A Spalte 7 ☐

    C   Tabelle A Spalte 3b ☐

    D   Tabelle A Spalte 10 ☐

818 (TT) An welcher Stelle können Sie im RID feststellen, ob ein gefährliches Gut zur Beförderung in einem ortsbeweglichen Tank zugelassen ist? (1)

    A   Tabelle A Spalte 9a ☐

    B   Tabelle A Spalte 17 ☐

    C   Tabelle A Spalte 12 ☐

    D   Tabelle A Spalte 10 ☐

819 (Z) Bei welcher Klasse muss gemäß RID zur Beachtung der Zusammenladeverbote von Ladungen in Versandstücken die Verträglichkeitsgruppe berücksichtigt werden? (1)

1 Fragen
1.4 Eisenbahn

820 (T) Welcher Mindestabstand ist gemäß RID zwischen einem radioaktiven Stoff (UN 2915, Transportkennzahl 1, Kategorie II-GELB) in einem Versandstück und mehreren Sendungen mit der Aufschrift „FOTO" auf einem Wagen einzuhalten? Die Beförderungsdauer beträgt 10 Stunden. (2)

821 (BT) Ein Schüttgut-Container soll gemäß RID mit Gefahrgut befüllt werden. Nennen Sie drei „größere Beschädigungen", die die Verwendung dieses Schüttgut-Containers ausschließen würden. (3)

822 (BT) Wie lautet gemäß RID der Code für einen bedeckten Schüttgut-Container? (1)
- A BK2 ☐
- B LGBF ☐
- C BK3 ☐
- D BK1 ☐

823 (T) In welche Wagen müssen gemäß RID Versandstücke mit Verpackungen aus nässeempfindlichen Werkstoffen verladen werden? (2)

824 (T) Dürfen gemäß RID Versandstücke mit UN 3222 in einem Kleincontainer verladen werden? Nennen Sie auch die Fundstelle für Ihre Lösung. (2)

825 (HU) Unter welchen Voraussetzungen ist die Beförderung von UN 0129 (Bleiazid, angefeuchtet) im Huckepackverkehr gemäß RID zulässig? (1)
- A Wenn die Beförderung unter Temperaturkontrolle erfolgt ☐
- B Wenn die Bedingungen des Unterabschnitts 1.1.4.4 RID eingehalten werden ☐
- C Die Beförderung im Huckepackverkehr ist bei diesem Stoff nicht zulässig. ☐
- D Wenn die Vorschriften des ADR nicht angewendet werden ☐

826 (HU) Welchen Vorschriften müssen die zur Beförderung im Huckepackverkehr aufgegebenen Straßenfahrzeuge entsprechen? (1)
- A Dem RID ☐
- B Den ICAO-TI ☐
- C Dem IMDG-Code ☐
- D Dem ADR ☐

827 (TT) An einem Tankcontainer wurde nach dem Entladen von Gefahrgut festgestellt, dass das Bodenventil defekt ist. Unter welchen Bedingungen darf der Tankcontainer einer Werkstatt zugeführt werden? Nennen Sie die Vorgaben gemäß RID. (4)

828 (EQ) Wie viele Versandstücke in freigestellten Mengen verpackter gefährlicher Güter dürfen sich gemäß RID in einem Wagen oder Container höchstens befinden? (1)

829 (TT) Propylenimin, stabilisiert, soll in einem ortsbeweglichen Tank befördert werden. Welche Tankanweisung ist nach RID mindestens zu beachten? Welche Sondervorschriften für ortsbewegliche Tanks sind zusätzlich einzuhalten? (1)

830 (BT) UN 2950 soll in loser Schüttung in einem bedeckten Wagen nach RID befördert werden. Ist dies zulässig? Geben Sie auch eine kurze Begründung für Ihre Lösung. (2)

1 Fragen
1.4 Eisenbahn

831 (V) Ein Versandstück mit UN 1802 und ein Versandstück mit UN 1812 sollen zur leichteren Handhabung zusammen in einer Umverpackung versandt werden. Welche Aussage ist nach RID zutreffend? (1)

- A Die Umverpackung muss UN-geprüft sein. ☐
- B Die Verwendung einer Umverpackung ist verboten, da für die beiden Stoffe ein Zusammenladeverbot besteht. ☐
- C Die Verwendung einer Umverpackung ist nicht möglich, da gemäß Abschnitt 7.5.4 RID ein Trenngebot besteht. ☐
- D Die Umverpackung ist mit den Kennzeichen beider UN-Nummern zu versehen. ☐

832 (LQ) Wo finden Sie im RID die Höchstmengen je Innenverpackung, die bei der Beförderung in begrenzten Mengen in einem Versandstück zugelassen sind? (1)

833 (LQ) UN 1823 und UN 1931 sollen zusammen in einem Versandstück als begrenzte Menge gemäß RID verpackt werden. Welche Höchstmengen je Innenverpackung sind maximal je Stoff zulässig? Wie ist das Versandstück zu kennzeichnen? Welcher Unterabschnitt regelt die Zusammenpackmöglichkeit der beiden Stoffe? (4)

834 (V) Sind im Eisenbahnverkehr für UN 1428 UN-geprüfte Kunststoffsäcke (UN/5H3/...) als Einzelverpackung zulässig? (1)

835 (EQ) Beurteilen Sie folgende Aussage gemäß RID: Ein Stoff der UN-Nummer 3288, VG III, als freigestellte Menge verpackt, Innenverpackung je 1 g, Gesamtmenge je Versandstück 100 g, unterliegt keinen weiteren Bestimmungen des RID. Geben Sie eine kurze Begründung für Ihre Lösung. (2)

836 (MK) Bei der Kontrolle einer Ladung Rettungsschwimmwesten (UN 2990, einziges Gefahrgut kleine Gaspatronen mit 120 ml, Klassifizierungscode 2A zur Aktivierung), verpackt in stabilen Holzkisten mit einer Bruttomasse von je 38 kg, stellen Sie fest, dass weder eine Bezettelung noch eine Kennzeichnung gemäß RID angebracht ist. Wie beurteilen Sie diesen Sachverhalt? Nennen Sie auch eine Fundstelle für Ihre Lösung. (3)

837 (F) Unter welchen Bedingungen dürfen Sicherheitseinrichtungen, pyrotechnisch, befördert werden, ohne die Vorschriften des RID anwenden zu müssen? (2)

838 (V) Sie wollen gefährliche Güter gemäß RID verpacken. Was müssen Sie beachten? (1)

- A Der Verpackungscode ist anzubringen. ☐
- B Es dürfen nur zugelassene und zulässige Verpackungen verwendet werden. ☐
- C Die Vorschriften über die Beladung und Handhabung sind zu beachten. ☐
- D Alle Versandstücke mit gefährlichen Gütern müssen mit Ausrichtungspfeilen versehen werden. ☐

839 (P) An einem befüllten Kesselwagen eines Lagerhalters ist die Prüffrist für die wiederkehrende Prüfung 14 Tage überschritten. Darf der Kesselwagen gemäß RID noch zur Beförderung aufgegeben werden? Nennen Sie die genaue Fundstelle für Ihre Antwort. (2)

840 (TT) Welche angenommene Umgebungstemperatur wird nach RID bei der Berechnung der Haltezeit für Kesselwagen für tiefgekühlt verflüssigte Gase über die Referenzhaltezeit zugrunde gelegt? (2)

1.4 Eisenbahn

841 Sie wollen leere ungereinigte IBC an Ihren Lieferanten zur Wiederbefüllung (2)
(V) zurücksenden. In den IBC waren Gefahrgüter der Klassen 3, 4.1 und 8, jeweils Verpackungsgruppe III. Dürfen Sie diese IBC nach RID unter UN 3509 zur Wiederbefüllung zurücksenden? Geben Sie eine kurze Begründung für Ihre Lösung.

842 Bis zu welchem maximalen Volumen und Gewicht dürfen flexible Schüttgut- (2)
(BT) Container befüllt werden?

843 Nennen Sie vier Verantwortliche nach GGVSEB mit Pflichten für die Beförde- (2)
(PF) rung mit der Eisenbahn?

844 Welche Pflichten hat der Absender nach GGVSEB bei einer Beförderung mit (1)
(PF) der Eisenbahn?

    A   Er hat für den ordnungsgemäßen Verschluss der Verpackung zu sorgen. ☐

    B   Er hat für die Mitgabe des Beförderungspapiers zu sorgen. ☐

    C   Er hat für die Einhaltung des höchstzulässigen Füllungsgrads der Tankcontainer zu sorgen. ☐

    D   Er hat für die Einhaltung der Prüffristen bei Kesselwagen zu sorgen. ☐

845 Welche Pflichten hat der Befüller nach GGVSEB bei einer Beförderung mit (1)
(PF) der Eisenbahn?

    A   Er hat Versandstücke zu kennzeichnen. ☐

    B   Er hat dafür zu sorgen, dass der höchstzulässige Füllungsgrad bei Kesselwagen eingehalten wird. ☐

    C   Er hat für die Übergabe der schriftlichen Weisungen an den Triebfahrzeugführer zu sorgen. ☐

    D   Er hat die Verpackungscodierung zu prüfen. ☐

846 Welche Pflichten hat der Verlader nach GGVSEB, wenn er gemäß RID gefähr- (1)
(PF) liche Güter in Wagen verlädt?

    A   Er hat dafür zu sorgen, dass die Vorschriften über die Beladung und Handhabung beachtet werden. ☐

    B   Er hat Versandstücke zu kennzeichnen. ☐

    C   Er hat für die Übergabe der schriftlichen Weisungen an den Triebfahrzeugführer zu sorgen. ☐

    D   Er hat die Verpackungscodierung zu prüfen. ☐

847 Welche Pflichten hat der Verpacker im Schienenverkehr nach GGVSEB, wenn (1)
(PF) er Gefahrgut in Versandstücke verpackt?

    A   Er hat für die Übergabe der schriftlichen Weisungen an den Triebfahrzeugführer zu sorgen. ☐

    B   Er hat die Vorschriften über die Kennzeichnung von Versandstücken zu beachten. ☐

    C   Er hat bei der Übergabe zu prüfen, ob die Wagen nicht überladen sind. ☐

    D   Er hat dem Absender die Angaben zum Gefahrgut schriftlich mitzuteilen. ☐

1.4 Eisenbahn

848 Welche Pflichten hat der Auftraggeber des Absenders nach GGVSEB? (1)
(PF)
- A Er hat das vorgeschriebene Beförderungspapier zu übergeben. ☐
- B Er hat die Zusammenladeverbote zu beachten. ☐
- C Er hat sich vor Erteilung des Auftrags zu vergewissern, ob die gefährlichen Güter befördert werden dürfen. ☐
- D Er hat für die Kennzeichnung der Kesselwagen für Gase mit orangefarbenen Streifen zu sorgen. ☐

849 Welche Aufgaben hat der Befüller im Eisenbahnverkehr nach GGVSEB? Nennen Sie zwei Aufgaben. (2)
(PF)

850 Welche Pflichten hat der Beförderer nach GGVSEB bei Beförderungen mit der Eisenbahn? (1)
(PF)
- A Er hat dafür zu sorgen, dass Kesselwagen mit orangefarbenen Tafeln ausgerüstet sind. ☐
- B Er hat die Vorschriften für die Kennzeichnung und Bezettelung von Umverpackungen zu beachten. ☐
- C Er hat dafür zu sorgen, dass Kesselwagen auch zwischen den Prüfterminen den Bauvorschriften entsprechen. ☐
- D Er hat dafür zu sorgen, dass Begleitpapiere im Zug mitgeführt werden. ☐

851 Welche Aufgaben hat der Betreiber eines Kesselwagens nach GGVSEB? (1)
(PF)
- A Er darf den Kesselwagen nur mit zugelassenen Gütern befüllen. ☐
- B Er hat für die Kennzeichnung des Kesselwagens mit Großzetteln zu sorgen. ☐
- C Er hat dafür zu sorgen, dass ein Kesselwagen nicht verwendet wird, wenn das Datum der nächsten Prüfung überschritten ist. ☐
- D Er hat die Dichtheit der Verschlusseinrichtung zu prüfen. ☐

852 Wer hat nach GGVSEB dafür zu sorgen, dass eine außerordentliche Prüfung des Tanks von Kesselwagen durchgeführt wird, wenn die Sicherheit des Tanks oder seiner Ausrüstung beeinträchtigt ist? (2)
(PF)

853 Wer hat nach GGVSEB für die Durchführung einer außerordentlichen Prüfung des Tanks eines Kesselwagens zu sorgen? (1)
(PF)
- A Der Absender eines Kesselwagens ☐
- B Der Betreiber eines Kesselwagens ☐
- C Der Beförderer eines Kesselwagens ☐
- D Die für die Instandhaltung zuständige Stelle (ECM) ☐

854 Wer hat nach GGVSEB für die Durchführung einer außerordentlichen Prüfung eines Tankcontainers zu sorgen? (1)
(PF)
- A Der Absender eines Tankcontainers ☐
- B Der Betreiber eines Tankcontainers ☐
- C Der Beförderer eines Tankcontainers ☐
- D Die für die Instandhaltung zuständige Stelle (ECM) ☐

Gb-Prüfung 1 Fragen
1.4 Eisenbahn

855 (PF) Im Anschlussgleis eines Betriebes wird ein Wagen mit Versandstücken beladen. Wer hat nach GGVSEB für das Anbringen der vorgeschriebenen Großzettel zu sorgen? (1)

- A Der Verpacker ☐
- B Der Verlader ☐
- C Die Eisenbahn ☐
- D Der Befüller ☐

856 (VS) Nennen Sie zwei zuständige Stellen nach GGVSEB, die Aufgaben für den Eisenbahnverkehr nach RID haben. (2)

857 (VS) Welche Behörde ist zuständig für die behördlichen Gefahrgutkontrollen im Bereich der Eisenbahnen des Bundes? (1)

- A Das Kraftfahrtbundesamt (KBA) ☐
- B Das Eisenbahn-Bundesamt (EBA) ☐
- C Die Polizei ☐
- D Die BAM ☐

858 (VS) Wer kann für den Bereich der Eisenbahnen des Bundes Ausnahmen von der GGVSEB auf Antrag zulassen? (1)

- A Der Betriebsleiter ☐
- B Das Eisenbahn-Bundesamt (EBA) ☐
- C Die Deutsche Bahn AG (DB AG) ☐
- D Die Bundesanstalt für Materialforschung und -prüfung ☐

859 (PF) Wer ist nach GGVSEB für die Erteilung einer Baumusterzulassung von Kesselwagen zuständig? (1)

860 (PF) Wer ist nach GGVSEB dafür verantwortlich, dass für Kesselwagen die Tankakte nach Absatz 4.3.2.1.7 RID geführt wird? (2)

861 (TT) Ein ungereinigter, leerer Kesselwagen ist beschädigt (undicht) und soll einer Reparaturwerkstätte zugeführt werden.
Welche Maßnahmen sind nach RID erforderlich, um die Beförderung durchzuführen?
Nennen Sie eine Möglichkeit mit Angabe der Fundstelle. (2)

862 (PF) Wer hat nach GGVSEB sicherzustellen, dass der gemäß Unterabschnitt 1.8.5.1 RID geforderte Bericht dem Eisenbahn-Bundesamt vorgelegt wird?
Nennen Sie zwei Verantwortliche. (1)

863 (UF) Welches Kriterium stellt ein meldepflichtiges Ereignis nach Abschnitt 1.8.5 RID dar? (1)

- A Arbeitsunfähigkeit einer beteiligten Person von zwei Tagen ☐
- B Umweltschaden in Höhe von 10 000 Euro ☐
- C Produktaustritt von 900 l der UN-Nr. 1202 ☐
- D Personenschaden im Zusammenhang mit der Beförderung von Gefahrgut und Krankenhausaufenthalt von drei Tagen ☐

864 (UF) Welcher zuständigen Behörde ist der Bericht nach Unterabschnitt 1.8.5.1 RID in Deutschland vorzulegen? Nennen Sie auch die vorgeschriebene Frist. (2)

1.4 Eisenbahn

865 (SC) Drei IBC à 1 000 l Isopropanol (UN 1219) sind nach RID zu befördern. Was ist gemäß Kapitel 1.10 durch den Verlader/Absender zwingend erforderlich, bevor dem Beförderer diese gefährlichen Güter zur Beförderung übergeben werden dürfen? (2)

866 (SC) Unter dem Aspekt der „Sicherung" müssen nach RID Bereiche innerhalb von Rangierbahnhöfen, die für das zeitweilige Abstellen während der Beförderung gefährlicher Güter verwendet werden, (1)

    A   umzäunt werden. ☐
    B   nur außerhalb der gewöhnlichen Betriebsstunden von einem Wachdienst bewacht werden. ☐
    C   gut beleuchtet sein. ☐
    D   rund um die Uhr bewacht werden. ☐

867 (SC) Welche Pflichten treffen die an der Beförderung gefährlicher Güter mit hohem Gefahrenpotenzial beteiligten Beförderer bei Überschreiten der in der Tabelle nach Absatz 1.1.3.6.3 RID aufgeführten Mengen? (1)

    A   Unterrichtung des Eisenbahn-Bundesamtes über die hauptsächlich beförderten gefährlichen Güter mit hohem Gefahrenpotenzial ☐
    B   Einführung und Anwendung von Sicherungsplänen ☐
    C   Unterrichtung der Bundespolizei über die hauptsächlich beförderten gefährlichen Güter mit hohem Gefahrenpotenzial ☐
    D   Feststellung der Identität des Absenders ☐

868 (SC) Bei der Beförderung gefährlicher Güter mit hohem Gefahrenpotenzial sind Sicherungspläne einzuführen: (1)

    A   Immer ☐
    B   Nur für Beförderungen während der Nachtstunden ☐
    C   Nur von Absender und Beförderer ☐
    D   Nur bei Überschreiten bestimmter Mindestmengen ☐

869 (SC) Ein Absender/Verlader belädt drei Wagen mit jeweils fünf IBC à 1 000 l mit UN 1219. Muss der Absender/Verlader in diesem Fall einen Sicherungsplan gemäß RID einführen? Begründen Sie Ihre Entscheidung. (3)

870 (SC) Ein Mineralölhändler befüllt Kesselwagen ausschließlich mit UN 1202 Heizöl, leicht, 3, III, umweltgefährdend. Ist er nach RID verpflichtet, für sein Unternehmen Sicherungspläne zu erstellen? Begründen Sie Ihre Antwort unter Angabe der Fundstelle im RID. (2)

871 (SCH) Wer hat die detaillierte Beschreibung aller vermittelten Unterweisungsinhalte nach Kapitel 1.3 RID aufzubewahren? (1)

    A   Arbeitgeber und Arbeitnehmer ☐
    B   Der Gefahrgutbeauftragte ☐
    C   Nur der Arbeitgeber ☐
    D   Nur der Arbeitnehmer ☐

1.4 Eisenbahn

872 Wer ist gemäß GGVSEB dafür verantwortlich, dass für Kesselwagen die Tank- (1)
(PF) akte gemäß 4.3.2.1.7 RID geführt, aufbewahrt, an einen neuen Eigentümer oder Betreiber übergeben und dem Sachverständigen zur Verfügung gestellt wird?

- A Der Befüller ☐
- B Der Absender ☐
- C Der Mieter ☐
- D Der Betreiber ☐

873 Der Absender von Gefahrgut in Tanks im Huckepackverkehr gemäß RID hat (1)
(HU) dafür zu sorgen, dass

- A im Beförderungspapier zusätzlich die Nummer zur Kennzeichnung der Gefahr angegeben wird. ☐
- B alle Abläufe dem TIR entsprechen. ☐
- C der Beförderungsweg vorher festgelegt wird. ☐
- D die Fahrwegbestimmung für den Schienenverkehr mitgegeben wird. ☐

874 Sind bei der Beförderung von UN 2912 in loser Schüttung die Sicherheitsvor- (2)
(SC) schriften aus Kapitel 1.10 RID anzuwenden? Nennen Sie auch den Abschnitt für Ihre Lösung.

875 10 t gefährlicher Güter sollen nach RID in begrenzten Mengen in einem Wagen (2)
(LQ) befördert werden. Welche Aufgabe hat der Absender in diesem Fall?

876 Welche an der Gefahrgutbeförderung Beteiligten müssen eine Kopie des Be- (2)
(PF) förderungspapiers für gefährliche Güter und der im RID festgelegten zusätzlichen Informationen und Dokumentation aufbewahren? Welcher Mindestzeitraum ist festgelegt?

877 Was ist vor dem Einsatz eines Arbeitnehmers zu beachten, wenn dieser im (1)
(SCH) Zusammenhang mit der Beförderung gefährlicher Güter mit der Eisenbahn Pflichten übernehmen soll?

- A Der Arbeitnehmer muss einen zweistündigen Grundkurs „Pflichten nach der GGVSEB" der zuständigen IHK absolviert haben. ☐
- B Der Arbeitnehmer muss vor der Übernahme von Pflichten nach den Vorschriften des Abschnitts 1.3.2 RID unterwiesen worden sein. ☐
- C Der Arbeitnehmer muss eine Prüfung bei der zuständigen Gewerbeaufsicht ablegen. ☐
- D Der Arbeitnehmer muss im Besitz der ADR-Schulungsbescheinigung sein. ☐

878 In welchem Begleitpapier gemäß RID stehen die Maßnahmen, die der Trieb- (1)
(D) fahrzeugführer bei einem Unfall oder Zwischenfall, der sich während der Beförderung ereignet, zu ergreifen hat?

879 Welche Vorschriften hat der Verpacker gemäß RID/GGVSEB in Bezug auf die (1)
(KT) Kennzeichnung von Versandstücken, die ein Kühl- oder Konditionierungsmittel enthalten, zu beachten?

1 Fragen
1.4 Eisenbahn

880 Beim Befüllen gefährlicher Güter in einen Schüttgut-Container ereignet sich (1)
(UF) ein schwerer Unfall mit Todesfolge. Wann ist der zuständigen Behörde ein Bericht gemäß dem in Unterabschnitt 1.8.5.4 RID vorgeschriebenen Muster vorzulegen?

- A Unverzüglich ☐
- B Spätestens eine Woche nach dem Ereignis ☐
- C Spätestens einen Monat nach dem Ereignis ☐
- D Spätestens drei Monate nach dem Ereignis ☐

881 Eine Chemikalienhandlung will 50 l Isopropanol gemäß RID versenden. Das (10) Isopropanol ist verpackt in einer UN-geprüften Holzkiste mit 50 Innenverpackungen à 1 l (Bruttogewicht 45 kg).

- a) Wäre eine Versendung dieses Versandstücks nach Kapitel 3.4 RID zulässig? Geben Sie eine kurze Begründung für Ihre Lösung. (2)
- b) Welche Kennzeichen und Gefahrzettel müssen am Versandstück angebracht werden? (3)
- c) Das Versandstück wird auf einer Palette in eine undurchsichtige Schrumpffolie eingeschrumpft. Welche Kennzeichnung und Bezettelung sind erforderlich? (2)
- d) Wie lauten die stoffspezifischen Angaben im Beförderungspapier gemäß RID? (2)
- e) Wer hat gemäß GGVSEB nach der Verladung dieser Güter und vor Antritt der Fahrt dem Triebfahrzeugführer die schriftlichen Weisungen bereitzustellen? (1)

882 Ein Sattelanhänger, der u. a. zwei Fässer à 50 l Isopropylamin geladen hat, (10) wird über eine Spedition im Huckepackverkehr gemäß RID (Vor- und Nachlauf auf der Straße) befördert.

- a) Wie lauten die stoffspezifischen Angaben im Beförderungspapier gemäß RID/ADR? (2)
- b) Welche zusätzliche Angabe ist im Beförderungspapier beim Huckepackverkehr gemäß RID erforderlich? (1)
- c) Der Sattelanhänger ist mit einer neutralen orangefarbenen Tafel am Heck versehen. Welche Maßnahme ist für den Huckepackverkehr zusätzlich zu veranlassen? (2)
- d) Welchen gefahrgutrechtlichen Bestimmungen müssen der Sattelanhänger und die Versandstücke entsprechen? (1)
- e) Was ist gemäß RID zu veranlassen, wenn die orangefarbenen Tafeln des Sattelanhängers außerhalb des Tragwagens nicht sichtbar sind und wer muss nach GGVSEB dafür sorgen? (2)
- f) Die Spedition erhält zusätzlich einen Auftrag, ein Versandstück der UN-Nummer 3111 zu befördern. Darf dieses Versandstück auf dem Sattelanhänger im Huckepackverkehr mitgenommen werden? (2)

883 55-prozentige Salpetersäure, andere als rotrauchende, ist gemäß RID in Versandstücken in einem Wagen zu versenden. (10)

- a) Als Verpackung sind Fässer aus Kunststoff vorgesehen. Ist dies zulässig? (1)
- b) Wie ist die Verpackung zu kennzeichnen und welcher Gefahrzettel (Nummer des Gefahrzettels) muss angebracht werden? (2)
- c) Wie viele Jahre beträgt die zulässige Verwendungsdauer der Fässer? (2)
- d) Woran erkennen Sie, ob das Fass noch verwendet werden darf? (1)

Gb-Prüfung 1 Fragen
1.4 Eisenbahn

 e) Mit welcher Standardflüssigkeit müssen die Kunststofffässer geprüft worden sein, um die chemische Verträglichkeit für diesen Stoff nachzuweisen? (2)

 f) An welchen Stellen müssen die Großzettel am Wagen angebracht werden? (1)

 g) Wer hat gemäß GGVSEB für die Anbringung von Großzetteln am Wagen zu sorgen? (1)

884 **Ein Straßentankfahrzeug mit Isopropylamin (Vor- und Nachlauf auf der Straße) wird im Huckepackverkehr gemäß RID befördert.** (10)

 a) Wie lauten die stoffspezifischen Angaben im Beförderungspapier gemäß RID/ADR? (2)

 b) Wie lauten die Nummer zur Kennzeichnung der Gefahr und die UN-Nummer auf den orangefarbenen Tafeln am Tankfahrzeug? (1)
  – Nummer zur Kennzeichnung der Gefahr = ...
  – UN-Nummer = ...

 c) Geben Sie die Nummern der Großzettel an, die verwendet werden müssen. (1)

 d) An welchen Stellen müssen die Großzettel und die orangefarbenen Tafeln am Tankfahrzeug angebracht sein? (2)

 e) Müssen gemäß RID die Großzettel auch am für den Huckepackverkehr (rollende Landstraße) verwendeten Tragwagen angebracht werden? Nennen Sie auch den Absatz für Ihre Lösung. (2)

 f) Wer ist für die Angaben im Beförderungspapier gemäß RID verantwortlich? (1)

 g) Welches Begleitpapier hat der Beförderer dem Triebfahrzeugführer nach der Beladung und vor Antritt der Fahrt zusätzlich zum Beförderungspapier gemäß RID bereitzustellen? (1)

885 **UN 1467 soll gemäß RID in loser Schüttung befördert werden.** (10)

 a) Wie lauten die stoffspezifischen Angaben im Beförderungspapier gemäß RID für diesen Stoff? (2)

 b) Ist die Beförderung in loser Schüttung in gedeckten Wagen möglich? Auf welche Regelung des RID stützen Sie Ihre Lösung? (2)

 c) Welche Beförderungsarten sind für diesen Stoff noch möglich? (2)

 d) Wie muss der Wagen mit diesen Stoffen gekennzeichnet und bezettelt werden? (2)

 e) Gemäß Transportplanung soll der Wagen nach der Entladung mit UN 1466 befüllt werden. Kann dieses Gut unmittelbar befüllt werden? Geben Sie eine kurze Begründung für Ihre Lösung. (2)

886 **Druckgaspackungen mit einem giftigen Stoff und entzündbarem Gas als Treibmittel, Fassungsraum je 500 ml (Klassifizierungscode TF), sollen gemäß RID in Versandstücken (keine Großverpackungen) versandt werden.** (10)

 a) Wie lauten die stoffspezifischen Angaben für diese Gegenstände im Beförderungspapier gemäß RID? (2)

 b) Können die Vorschriften für begrenzte Mengen in Anspruch genommen werden? (1)

 c) Dürfen die Druckgaspackungen in Außenverpackungen (Bruttomasse 40 kg), die nicht bauartzugelassen sind, verpackt werden? (1)

1 Fragen
1.4 Eisenbahn

	d)	Für welche Bruttohöchstmasse ist ein Versandstück (UN/4G/Y60/S/17/ D/...) zugelassen?	(1)
	e)	Wie ist das Versandstück zu kennzeichnen und zu bezetteln?	(2)
	f)	Dürfen mehrere Versandstücke in einer Umverpackung verpackt werden?	(1)
	g)	Nennen Sie zwei zulässige Werkstoffarten für die Außenverpackungen.	(2)

887 **Kerosin soll gemäß RID in einem Kesselwagen befördert werden. Der Stoff erfüllt zusätzlich die Kriterien des Absatzes 2.2.9.1.10 RID.** (10)

a) Ist die Verwendung eines Kesselwagens mit der Tankcodierung LGAH zulässig? (2)
b) Ist die Beförderung in RID-Tanks zulässig und an welcher Stelle des RID ist die Zulässigkeit geregelt? (1)
c) Wer hat dafür zu sorgen, dass der höchstzulässige Füllungsgrad eingehalten wird? (1)
d) An welcher Stelle im RID befinden sich die Vorschriften über den zulässigen Füllungsgrad? Nennen Sie den Unterabschnitt. (1)
e) Welche Kennzeichnung und Bezettelung sind nach Teil 5 RID am Kesselwagen anzubringen? (3)
f) Wie lauten die stoffspezifischen Angaben im Beförderungspapier gemäß RID für diesen Stoff? (2)

888 **UN 1965 Kohlenwasserstoffgas, Gemisch, verflüssigt, n.a.g. (Gemisch A 01), soll gemäß RID in einem Kesselwagen befördert werden.** (10)

a) Ist diese Beförderungsart in RID-Tanks zulässig und an welcher Stelle des RID ist die Zulässigkeit geregelt? (2)
b) Unter welcher Bedingung ist die Verwendung eines Kesselwagens mit der Tankcodierung P12BN zulässig? (1)
c) Welche Maßnahmen sind nach dem Befüllen erforderlich? Nennen Sie eine. (1)
d) Welche Kennzeichnung und Bezettelung sind nach Teil 5 RID am Kesselwagen anzubringen? (4)
e) An welcher Stelle ist die nächstfällige wiederkehrende Prüfung oder die Zwischenprüfung des Tanks des Kesselwagens angegeben? (2)

889 **Sie kontrollieren nach RID einen Tragwagen, auf dem ein Tankcontainer geladen ist. Der Tankcontainer ist mit 10 000 l Diallylamin gefüllt und soll nach Polen befördert werden.** (10)

a) Wie lauten die stoffspezifischen Angaben im Beförderungspapier nach RID? (2)
b) Welche Dokumente nach RID muss der Triebfahrzeugführer neben dem Beförderungspapier bei dieser Beförderung mitführen? (2)
c) Durch die Höhe der Seitenwände des Tragwagens sind die Großzettel am Tankcontainer nicht mehr sichtbar. Welche Maßnahme ist zu treffen? (1)
d) Wer muss dafür sorgen, dass die Großzettel am Tankcontainer und ggf. am Tragwagen angebracht werden? (2)
e) Mit welchen orangefarbenen Tafeln und Großzetteln ist der Tankcontainer zu kennzeichnen und zu bezetteln? An welchen Stellen sind die orangefarbenen Tafeln und die Großzettel anzubringen? (3)

890 An einem Kesselwagen für UN 1965 Kohlenwasserstoffgas, Gemisch, verflüssigt, n.a.g. (Gemisch C), ist die Tankcodierung P25BN angebracht. (10)

    a) Erläutern Sie die Angaben zur Tankcodierung. (2)

    b) Dieser Tank ist wärmeisoliert. Welche zusätzliche Angabe muss daher im Tankschild und auf beiden Seiten des Kesselwagens angegeben sein? (1)

    c) Welche zusätzliche Angabe zur offiziellen Benennung des Gases muss am Tank selbst bzw. im Tankschild eingetragen sein? (2)

    d) Welche Kennzeichnung und Bezettelung müssen gemäß Kapitel 5.3 RID am Kesselwagen angebracht sein? (4)

    e) In welchen zeitlichen Abständen sind die wiederkehrenden Prüfungen am Tank des Kesselwagens nach RID durchzuführen? (1)

891 In Verbindung mit seiner Haupttätigkeit befördert ein Eisenbahninfrastrukturunternehmen auf einer innerdeutschen Gleisstrecke mit einem Arbeitszug einen Wagen für Wartungsarbeiten mit folgenden Gefahrgütern: (10)

– 1 Fass mit 100 l UN 1203 Benzin (umweltgefährdend)

– 1 IBC mit 500 l UN 1202 Dieselkraftstoff (umweltgefährdend)

– 2 Gasflaschen mit je 33 kg UN 1965 Kohlenwasserstoffgas, Gemisch, verflüssigt, n.a.g. (Gemisch C)

– 2 Gasflaschen mit je 6,3 kg UN 1001 Acetylen, gelöst

    a) Unterliegt diese Beförderung den Vorschriften des RID? Begründen Sie Ihre Lösung. (3)

    b) Müssen für diese Beförderung zugelassene bzw. geprüfte Verpackungen verwendet werden? (1)

    c) Müssen die Versandstücke gekennzeichnet und bezettelt sein? (1)

    d) Welche Großzettel und Kennzeichen sind ggf. am Wagen anzubringen? (3)

    e) Welches Format müssen die Großzettel und Kennzeichen ggf. haben? (1)

    f) Welche Begleitpapiere muss der Triebfahrzeugführer auf dem Arbeitszug gemäß RID mitführen? Nennen Sie zwei. (1)

892 Ein flüssiger radioaktiver Stoff mit geringer spezifischer Aktivität (LSA-I) soll gemäß RID in einem Kesselwagen befördert werden. (10)

    a) Ist die Beförderung in RID-Tanks zulässig und an welcher Stelle des RID ist die Zulässigkeit geregelt? (2)

    b) Ist die Verwendung eines Kesselwagens mit der Tankcodierung L4DN zulässig? (2)

    c) An welcher Stelle im RID befinden sich für diesen Stoff die Vorschriften über den zulässigen Füllungsgrad? (1)

    d) Wer hat dafür zu sorgen, dass der höchstzulässige Füllungsgrad eingehalten wird? (1)

    e) Welche Kennzeichnung und Bezettelung sind nach Teil 5 RID am Kesselwagen anzubringen? (2)

    f) Ist bei diesem Stoff Kapitel 1.10 RID anzuwenden? Geben Sie auch eine kurze Begründung für Ihre Lösung. (2)

893 Essigsäureanhydrid soll gemäß RID in einem Kesselwagen (Tankcodierung L4BN) befördert werden. (10)

    a) Ist die Beförderung in RID-Tanks zulässig und an welcher Stelle des RID ist die Zulässigkeit geregelt? (1)

    b) Ist die Verwendung eines Kesselwagens mit der Tankcodierung LGAH zulässig? Nennen Sie auch den Absatz für Ihre Lösung. (2)

1 Fragen
1.4 Eisenbahn

    c) An welcher Stelle im RID befinden sich die Vorschriften über den zulässigen Füllungsgrad? Nennen Sie den Unterabschnitt. (1)

    d) Welche Großzettel und orangefarbenen Tafeln sind nach Teil 5 RID am Kesselwagen anzubringen? (2)

    e) Wie lauten die stoffspezifischen Angaben im Beförderungspapier gemäß RID? (2)

    f) Die letzte wiederkehrende Prüfung des Kesselwagens wurde gemäß Tankschild 12/2020 durchgeführt. Wann ist gemäß RID die nächste Zwischenprüfung fällig? (2)

894 Calciumcarbid (VG II) soll in einem geschlossenen Großcontainer in loser Schüttung gemäß RID befördert werden. (10)

    a) Ist dies zulässig? Nennen Sie auch die Fundstelle im RID für Ihre Lösung. (2)

    b) Wie lauten die stoffspezifischen Angaben im Beförderungspapier gemäß RID? (2)

    c) An welchen Stellen sind die orangefarbenen Tafeln am Großcontainer anzubringen? (1)

    d) Wie lauten die Angaben auf den orangefarbenen Tafeln? (1)

    e) An welchen Stellen sind die Placards (Großzettel) am Großcontainer anzubringen und welches Placard ist anzubringen? (2)

    f) Welches zusätzliche Kennzeichen ist an den Ladetüren des Großcontainers anzubringen? (2)

895 Ein Tankcontainer soll mit dem Gefahrgut UN 1078 (Gemisch F3) befüllt werden und gemäß RID versandt werden. (10)

    a) Welche Tankcodierung muss der Tankcontainer gemäß RID mindestens haben? (4)

    b) Darf gemäß RID ein Tankcontainer mit der Tankcodierung P27DH verwendet werden? Geben Sie ein kurze Begründung. (2)

    c) Welche stoffspezifischen Angaben müssen im Beförderungspapier gemäß RID eingetragen werden? (3)

    d) Wer muss nach GGVSEB dafür sorgen, dass der in diesem Fall erforderliche Rangierzettel Nr. 13 an den richtigen Stellen angebracht wird? (1)

896 Ein Abfall ist UN 3077 zugeordnet und soll in loser Schüttung gemäß RID befördert werden. (10)

    a) Ist ein bedeckter Großcontainer verwendbar? Nennen Sie auch die Fundstelle für Ihre Lösung. (2)

    b) Welche Typen von Schüttgut-Containern sind verwendbar? (1)

    c) Welche Großzettel und Kennzeichen sind für UN 3077 erforderlich? (2)

    d) An welchen Stellen sind am Schüttgut-Container die Großzettel und Kennzeichen anzubringen? (1)

    e) Wie lauten die Angaben auf den orangefarbenen Tafeln und an welchen Stellen sind diese am Schüttgut-Container anzubringen? (2)

    f) Wer ist gemäß GGVSEB für die Kennzeichnung und Bezettelung der Schüttgut-Container verantwortlich? (1)

    g) Wer muss gemäß GGVSEB für die Mitgabe des Beförderungspapiers sorgen? (1)

Gb-Prüfung   1 Fragen
                                                                     1.4 Eisenbahn

897 10 t Ethanol, Lösung (Flammpunkt 24 °C, 940 g/l), sollen in begrenzten Men- (10)
     gen nach RID befördert werden. Das Ethanol befindet sich in Innenverpa-
     ckungen aus Kunststoff (Fassungsraum 2 l, Tara 200 g).

   a) Wie viele Innenverpackungen sind je Versandstück (Kiste aus Pappe, Tara (1)
      1 kg) maximal zulässig, um noch als begrenzte Mengen versendet werden
      zu können?
   b) Wie ist das Versandstück zu kennzeichnen? (2)
   c) Welche höchstzulässige Nettomenge je Innenverpackung ist zulässig? (1)
   d) Wer muss gemäß GGVSEB den Beförderer in diesem Fall auf die Beförde- (1)
      rung in begrenzten Mengen hinweisen?
   e) Die Versandstücke sollen zum leichteren Umschlag auf Paletten gestellt (3)
      werden. Wie sind die Umverpackungen in diesem Fall zu kennzeichnen?
   f) Die Paletten mit den insgesamt 10 t Ethanol werden in einen Wagen gela- (2)
      den. Wie und an welchen Stellen ist der Wagen nach RID zu kennzeich-
      nen?

898 UN 1170, VG II, soll in einen ortsbeweglichen Tank gefüllt, per Eisenbahn zum (10)
     Seehafen befördert und nach Übersee verschifft werden.

   a) Welche Tankanweisung ist durch den Befüller zu beachten? (1)
   b) Darf ein ortsbeweglicher Tank mit der Codierung T10 verwendet werden? (2)
      Nennen Sie auch die genaue Fundstelle für Ihre Lösung.
   c) In welcher Vorschrift ist der höchstzulässige Füllungsgrad für diesen Stoff (1)
      festgelegt?
   d) Der Tank soll bereits nach den Vorschriften des IMDG-Codes gekenn- (2)
      zeichnet werden. Ist dies zulässig? Nennen Sie auch die genaue Fundstel-
      le gemäß RID.
   e) Für den Zulauf zum Seehafen wird ein Beförderungspapier gemäß RID (2)
      ausgestellt. Wie lauten die vorgeschriebenen stoffspezifischen und sons-
      tigen Angaben für diesen Fall?
   f) Der Tank soll zusammen mit einem Container, der Feuerwerkskörper (Un- (2)
      terklasse 1.4S) beinhaltet, auf einen Tragwagen verladen werden. Ist dies
      gemäß RID zulässig? Nennen Sie auch die genaue Fundstelle für Ihre Lö-
      sung.

899 Flüssiges Eisen mit einer Temperatur von 1 400 °C soll als erwärmter flüssi- (10)
     ger Stoff in loser Schüttung in einem Torpedowagen von der Eisenhütte zum
     Walzwerk nach RID befördert werden.

   a) Geben Sie die stoffspezifischen Angaben im Beförderungsdokument nach (3)
      RID an.
   b) Welche Großzettel und Kennzeichnungen sind nach Teil 5 RID am Wagen (3)
      (Torpedowagen) anzubringen?
   c) An welchen Stellen sind die Großzettel und Kennzeichnungen am Torpe- (1)
      dowagen anzubringen?
   d) Welche Sondervorschrift ist beim Bau der Torpedowagen nach RID zu be- (3)
      achten und in welcher Regelung sind in Deutschland die Bedingungen da-
      für festgelegt? Nennen Sie die konkreten Fundstellen.

900 3 400 kg Schwefel sollen in loser Schüttung nach RID befördert werden. (10)

   a) Welche Arten von Schüttgut-Containern sind bei dieser UN-Nummer zu- (1)
      lässig?
   b) Welche Anforderungen werden nach RID an Beförderungsmittel gestellt, (2)
      auf die flexible Schüttgut-Container verladen werden?

1 Fragen
1.4 Eisenbahn

    c) Wie lauten die stoffspezifischen Angaben im Beförderungspapier nach RID? (2)

    d) Wie lange darf ein flexibler Schüttgut-Container nach der Herstellung für die Beförderung gefährlicher Güter verwendet werden? (1)

    e) Auf einem zugelassenen flexiblen Schüttgut-Container ist folgende Kennzeichnung angebracht: „UN/BK3/Z/01 23/RUS/NTT/MK-14-10/56000/14000". Was bedeutet die Zahl „56000"? (2)

    f) Welche Großzettel sind bei Schwefel vorgeschrieben und was ist nach RID zu tun, wenn die Großzettel nicht von außen sichtbar sind? (2)

901 Ein leerer ungereinigter Batteriewagen, der mit UN 1065 befüllt war, soll nach seiner Entleerung zur Wiederbefüllung zum Befüller befördert werden. Die Frist für die nächste wiederkehrende Prüfung nach RID ist allerdings vor 2 Monaten abgelaufen. (10)

    a) Ist der Rücktransport des Batteriewagens zur Wiederbefüllung nach RID zulässig? Nennen Sie auch die genaue Fundstelle für Ihre Lösung. (2)

    b) Ist eine Beförderung zur wiederkehrenden Prüfung zulässig? Nennen Sie auch die genaue Fundstelle für Ihre Lösung. (2)

    c) Wie lauten die stoffspezifischen Angaben für diesen Batteriewagen im Beförderungspapier nach RID? (2)

    d) Welche zusätzliche Angabe ist bei der Beförderung nach Ablauf der Prüffrist im Beförderungspapier nach RID gefordert? (2)

    e) Wer hat dafür zu sorgen, dass der Batteriewagen für den Transport zur Prüfung gekennzeichnet und bezettelt ist? (1)

    f) Welches Dokument muss nach der wiederkehrenden Prüfung der Tankakte gemäß RID beigefügt werden? (1)

1.5 Fragen zum verkehrsträgerspezifischen Teil Binnenschiffsverkehr

Hinweis: Die Zahl in Klammern gibt die erreichbare Punktzahl an.
Redaktionell eingefügte Codes zu den Themenbereichen stehen jeweils unter der Fragennummer.

902 Dürfen im Binnenschiffsverkehr 500 kg Munition der UN 0012 als Gefahrgut (2)
(F) im Rahmen der Freimengenregelung transportiert werden? Nennen Sie auch die zutreffende Fundstelle.

903 Dürfen auf Binnenschiffen, die gefährliche Güter nach ADN befördern, Fahr- (2)
(BA) gäste mitreisen? Nennen Sie die zutreffende Fundstelle.

904 Darf der Führer eines Tankschiffes mit Benzinladung gemäß ADN Fahrgäste (2)
(BA) befördern? Nennen Sie auch den zutreffenden Abschnitt im ADN.

905 Auf einem Binnenschiff werden 30 t UN 1831 Schwefelsäure, rauchend, 8 (6.1), (1)
(BA) VG I, in Versandstücken befördert. Dürfen Fahrgäste an Bord mitgenommen werden?

    A   Ja, da für die Beförderung von Schwefelsäure kein Zulassungszeugnis be- ☐
nötigt wird und die Säure weder brennbar noch explosionsgefährlich ist.

    B   Die Mitnahme ist unter ausdrücklichem Einverständnis des Schiffseigners ☐
erlaubt.

    C   Bei Vorliegen einer Sondergenehmigung durch die zuständige Behörde ist ☐
die Mitnahme erlaubt.

    D   Die Beförderung von Fahrgästen ist im vorliegenden Fall verboten. ☐

906 Das Fassungsvermögen des Treibstofftanks eines Schiffes umfasst insge- (2)
(F) samt 42 000 l Gasöl. Gilt diese Bunkermenge als gefährliches Gut im Sinne des ADN? Begründen Sie Ihre Antwort.

907 Nennen Sie die nach ADN höchste zulässige Bruttomasse für UN 3102 Orga- (2)
(BTG) nisches Peroxid Typ B, fest, die in einem Trockengüterschiff (kein Doppelhüllenschiff) befördert werden darf.

908 Auf einem Schiff werden Versandstücke der Klasse 3, VG III, mit 2 500 kg (2)
(F) Bruttomasse und Versandstücke der Klasse 8, VG III, mit 1 500 kg Bruttomasse geladen. Kann eine Befreiung von der Anwendung der Vorschriften des ADN in Anspruch genommen werden? Nennen Sie auch die zutreffende Fundstelle.

909 Ein Schiff wurde mit 500 kg Versandstücken der Klasse 3, VG II, beladen. Ist (2)
(F) die Freimenge überschritten, nach der die Vorschriften des ADN in vollem Umfang anzuwenden sind? Nennen Sie auch die zutreffende Fundstelle.

910 Auf einem Schiff werden Versandstücke mit ätzenden Stoffen der Klasse 8, (2)
(F) VG III, verladen. Bis zu welcher höchstzulässigen Bruttomasse kann eine Befreiung von der Anwendung der Vorschriften des ADN in Anspruch genommen werden? Nennen Sie auch die zutreffende Fundstelle.

911 Auf einem Schiff werden leere ungereinigte Verpackungen geladen, die Stoffe (2)
(F) der Klasse 5.1 enthalten haben. Kann eine Befreiung von der Anwendung der Vorschriften des ADN in Anspruch genommen werden? Nennen Sie auch die zutreffende Fundstelle.

1.5 Binnenschiff

912 (F) Auf einem Schiff werden Versandstücke der Klasse 2, 2F, mit 350 kg Bruttomasse und Versandstücke der Klasse 6.1, VG III, mit 2 500 kg Bruttomasse verladen. Kann eine Befreiung von der Anwendung der Vorschriften des ADN in Anspruch genommen werden? Begründen Sie Ihre Antwort. (2)

913 (BA) Darf an Bord von Binnenschiffen, die gefährliche Güter nach ADN befördern, geraucht werden? (1)

    A   Das Rauchen ist nur an Bord von Container- und offenen Typ N-Tankschiffen erlaubt. ☐

    B   Das Rauchen ist nur an Bord von leeren Schiffen erlaubt. ☐

    C   Es besteht ein generelles Rauchverbot. Dieses Verbot gilt nicht in den Wohnungen und im Steuerhaus, sofern deren Fenster, Türen, Oberlichter und Luken geschlossen sind. ☐

    D   Nur im Bereich der Umschlaganlagen ist das Rauchen verboten; auf der Fahrt ist es hingegen gestattet. ☐

914 (BA) Wo und unter welchen Bedingungen darf an Bord eines Binnenschiffes nach ADN beim Gefahrguttransport geraucht werden? (2)

915 (BTG) Dürfen verölte Teile an Bord eines Trockengüterschiffes, das gefährliche Güter befördert, mit Flüssigkeiten mit einem Flammpunkt von weniger als 55 °C gereinigt werden? Nennen Sie auch die zutreffende Fundstelle im ADN. (2)

916 (BTS) Wie oft müssen auf Tankschiffen, die entzündbare flüssige Stoffe der Klasse 3 ADN transportieren, Pumpenräume auf Leckagen überprüft werden? In welchem Zustand müssen sich dabei Bilge und Auffangwannen befinden? (2)

917 (BTS) In welchen zeitlichen Abständen müssen die Kofferdämme bei Tankschiffen, die gefährliche Güter nach ADN transportieren, auf ihre Trockenheit (Ausnahme: Kondenswasser) überprüft werden? Geben Sie auch die zutreffende Fundstelle an. (2)

918 (BTS) Innerhalb welcher Zeitabstände müssen die für das Laden und Löschen benutzten Schlauchleitungen von Tankschiffen nach ADN geprüft werden? (1)

    A   Einmal pro Jahr durch hierfür von der zuständigen Behörde zugelassene Personen ☐

    B   Alle fünf Jahre, jeweils bei der Verlängerung des Zulassungszeugnisses ☐

    C   Die Schlauchkupplungen sind jährlich auf Dichtheit, die Schläuche selber alle zwei Jahre auf Zustand und Dichtheit zu prüfen. ☐

    D   Die erstmalige Prüfung ist nach dreijährigem Gebrauch vorzunehmen, danach sind sie alle zwei Jahre zu prüfen. ☐

919 (BTG) Auf einem Trockengüterschiff befinden sich in der Ladung explosive Stoffe. Das Schiff führt drei blaue Kegel/Lichter. Welcher Abstand ist nach ADN während der Fahrt von anderen Schiffen einzuhalten? (2)

920 (BTS) Ein Tankschiff ist mit zwei blauen Kegeln/Lichtern bezeichnet und liegt außerhalb der von der zuständigen Behörde besonders angegebenen Liegeplätze still. Welcher Mindestabstand muss nach ADN von geschlossenen Wohngebieten mindestens eingehalten werden? (2)

Gb-Prüfung 1 Fragen
1.5 Binnenschiff

921 (BTG) In welchem Abstand von einem Tanklager muss der Schiffsführer eines Trockengüterschiffes mit drei blauen Kegeln einen Liegeplatz aufsuchen, wenn keiner der von der zuständigen Behörde besonders angegebenen Liegeplätze zur Verfügung steht? (2)

922 (PF) Wer ist nach GGVSEB zuständig für das Ausweisen von Liegeplätzen und Abständen beim Stillliegen nach 7.1.5.4.4 ADN? (2)

923 (PF) Hat der Schiffsführer beim Laden und Löschen von gefährlichen Gütern neben den Bestimmungen des ADN noch zusätzliche Vorschriften zu beachten? (1)

924 (Z) Welche Unterabschnitte des ADN enthalten die für die Beförderung gefährlicher Güter aller Klassen geltenden Vorschriften hinsichtlich der Zusammenladeverbote für Laderäume und Container? (2)

925 (Z) Dürfen gefährliche Güter der Klasse 1 ADN mit unterschiedlichen Verträglichkeitsgruppen zusammen im gleichen Laderaum gestaut werden? (1)

    A   Ja, soweit sich dies aus der Tabelle unter 7.1.4.3.4 ADN ergibt. ☐

    B   Nein ☐

    C   Es besteht kein Zusammenladeverbot; jedoch müssen die Stapelvorschriften beachtet werden. ☐

    D   Nur mit Zustimmung eines Sprengstoffexperten ☐

926 (BTG) Es sollen gefährliche Güter verschiedener Klassen gemäß ADN auf Paletten gepackt mit dem Schiff befördert werden. Durch welchen horizontalen Mindestabstand müssen sie grundsätzlich getrennt sein? (2)

927 (BTG) Welcher Mindestabstand vom Steuerhaus muss bei der Stauung gefährlicher Güter in Versandstücken nach ADN eingehalten werden? (2)

928 (BTS) Unter welcher Voraussetzung dürfen Öffnungen eines Ladetanks bei einem Tankschiff, das mit zwei blauen Kegeln/Lichtern nach ADN bezeichnet ist, geöffnet werden? (1)

    A   Sobald der Beladungsvorgang beendet ist ☐

    B   Wenn die Ladepapiere vorliegen ☐

    C   Der Ladetank muss vorher entspannt worden sein. ☐

    D   Nach Einhaltung einer Wartezeit von 30 Minuten nach Ende der Boladung ☐

929 (BTS) Wo darf gemäß ADN die Ladung eines Tankschiffes umgeladen werden? Ist hierfür eine Genehmigung erforderlich? (2)

930 (BA) Darf nach ADN ein gefährliches Gut im direkten Umschlag von einem Schiff auf ein anderes umgeladen werden? (1)

    A   Nein ☐

    B   Ja, mit Genehmigung der örtlich zuständigen Behörde ☐

    C   Ja, wenn für die Schiffe kein Zulassungszeugnis erforderlich ist ☐

    D   Ja, wenn sowohl Absender wie auch Empfänger des gefährlichen Gutes ihr ausdrückliches Einverständnis erklärt haben ☐

931 (BTG) Ein Binnenschiff wird mit explosiven Stoffen der Klasse 1 ADN beladen. Drei blaue Lichter/Kegel sind vorgeschrieben. Was ist zu veranlassen, wenn ein Gewitter aufzieht? (2)

1.5 Binnenschiff

932 (BTG) Ein Binnenschiff wird mit Stoffen der Klasse 4.1 ADN beladen. Drei blaue Lichter/Kegel sind vorgeschrieben. Was ist zu veranlassen, wenn ein Gewitter aufzieht? (2)

933 (BTG) Ein Binnenschiff wird mit Stoffen der Klasse 5.2 ADN beladen. Drei blaue Lichter/Kegel sind vorgeschrieben. Was ist zu veranlassen, wenn ein Gewitter aufzieht? (2)

934 (BTS) Während der Beladung eines Tankschiffes bei Nacht fällt die Hafenbeleuchtung aus. Reichen die ex-geschützten Taschenlampen nach ADN aus, um die Beladung von Deck aus fortführen zu können? Nennen Sie auch die zutreffende Fundstelle im ADN. (2)

935 (BTS) Wo darf das Entgasen von stillliegenden Tankschiffen erfolgen, die gefährliche Stoffe der Klasse 2 mit Klassifizierungscode „T" ADN enthalten haben? (2)

936 (BTS) Welcher Unterabschnitt des ADN enthält die Bestimmungen über den höchstzulässigen Füllungsgrad von Tankschiffen? (2)

937 (BTS) Wie viel Prozent beträgt nach ADN der maximal zulässige Tankfüllungsgrad von Salpetersäure, rotrauchend (UN 2032)? (2)

938 (BTS) Wie viel Prozent beträgt nach ADN der maximal zulässige Tankfüllungsgrad von Cresylsäure (UN 2022)? (2)

939 (BTS) Wie viel Prozent beträgt nach ADN der maximal zulässige Tankfüllungsgrad von Cycloheptan (UN 2241)? (2)

940 (BTS) Wie wird nach ADN in der Tankschifffahrt der Begriff der Ladungsrückstände definiert? (2)

941 (D) In welchen beiden Kapiteln des ADN finden Sie Angaben über die Dokumentation? (2)

942 (D) Ein Containerschiff (kein Doppelhüllenschiff) befördert einen Container mit 10 000 kg UN 1263 Farbe, 3, VG II, in Großpackmitteln (IBC) von Duisburg nach Karlsruhe. Nennen Sie drei Dokumente, die sich nach ADN an Bord befinden müssen. (3)

943 (D) Für jedes nach ADN zu befördernde gefährliche Gut ist ein Papier an Bord mitzuführen, das alle nach ADN erforderlichen Vermerke zu dem Gut enthält. Wie nennt man dieses Papier? (1)

944 (D) In welchem Abschnitt des ADN ist der Inhalt des Beförderungspapiers festgelegt? (2)

945 (D) Muss der Schiffsführer bei der Fahrt mit einem Tankschiff mit leeren ungereinigten Tanks, das mit einem gefährlichen Gut nach ADN beladen war, ein Beförderungspapier mitführen? Nennen Sie auch die zutreffende Fundstelle im ADN. (2)

946 (D) In welchem Absatz des ADN befinden sich Hinweise, in welcher Sprache die Vermerke im Beförderungspapier abgefasst sein müssen? (2)

1.5 Binnenschiff

947 Welche Angaben muss das Beförderungspapier über die geladenen gefähr- (1)
(D) lichen Güter nach ADN enthalten?

    A   Die in 5.4.1.1 ADN vorgeschriebenen Vermerke ☐

    B   Die in der Rheinschifffahrtspolizeiverordnung – Anlage 7 – aufgeführten ☐
          Hinweise

    C   Ausschließlich Angaben über das Verhalten im Brandfall ☐

    D   Die vom Hersteller des gefährlichen Gutes gelieferten Angaben über die ☐
          chemischen und physikalischen Eigenschaften dieses Gutes

948 Welche der folgenden Angaben muss im Beförderungspapier nach ADN ent- (1)
(D) halten sein?

    A   Die Adresse des Herstellers des Gutes ☐

    B   Die amtliche Schiffsnummer ☐

    C   Name(n) und Anschrift(en) des/der Empfänger(s) ☐

    D   Das Ablaufdatum der Gültigkeit des Zulassungszeugnisses ☐

949 Wer ist nach ADN verpflichtet, dem Beförderer die für eine Beförderung er- (2)
(PF) forderlichen Angaben, Informationen und Papiere zu liefern?

950 Wer ist nach ADN bei Tankschiffen mit leeren ungereinigten Ladetanks hin- (2)
(PF) sichtlich des Beförderungspapiers als Absender anzusehen?

951 Wann müssen nach ADN die Beförderungspapiere an den Schiffsführer über- (2)
(D) geben werden?

952 Nach dem Beladen des Schiffes überreicht der Absender dem Schiffsführer (2)
(D) ein ordnungsgemäß ausgefülltes Beförderungspapier und die schriftlichen
Weisungen. Ist dies nach ADN korrekt? Nennen Sie auch die zutreffende
Fundstelle im ADN.

953 Unter welchen Voraussetzungen kann nach einem Umschlag von einem See- (2)
(D) schiff auf ein Binnenschiff das Beförderungsdokument für den Seeverkehr
auch als Beförderungspapier gemäß ADN verwendet werden?

954 In welcher Sprache/welchen Sprachen müssen die schriftlichen Weisungen (2)
(D) nach ADN abgefasst werden?

955 Wann müssen nach ADN die schriftlichen Weisungen an den Schiffsführer (2)
(D) von Trockengüterschiffen übergeben werden?

956 Von wem sind die vom Schiffsführer bei einer Beförderung nach ADN mitzu- (2)
(D) führenden schriftlichen Weisungen bereitzustellen?

957 Wer muss nach ADN dem Schiffsführer die schriftlichen Weisungen zur Ver- (1)
(D) fügung stellen?

    A   Der Empfänger ☐

    B   Der Absender ☐

    C   Der Beförderer ☐

    D   Der Hersteller der Ware ☐

958 Welches Papier muss der Beförderer dem Schiffsführer nach ADN für das (1)
(D) Verhalten bei Unfällen oder Zwischenfällen, die sich während der Beförderung gefährlicher Güter ereignen können, mitgeben?

1 Fragen
1.5 Binnenschiff

959 (D) In welchem Papier nach ADN sind beim Transport gefährlicher Güter die Maßnahmen beschrieben, die bei einem Unfall oder Zwischenfall zu ergreifen sind? (1)

960 (D) Von wem sind dem Schiffsführer die bei der Beförderung gefährlicher Güter auf Binnenschiffen an Bord mitzuführenden schriftlichen Weisungen mitzugeben? (1)

    A   Von der Wasserschutzpolizei ☐
    B   Vom Zollamt ☐
    C   Vom Absender ☐
    D   Vom Beförderer ☐

961 (D) In welchem Papier nach ADN sind die Gefahren beschrieben, die von einem gefährlichen Stoff bei der Beförderung ausgehen können? (1)

962 (D) Wo müssen die schriftlichen Weisungen an Bord eines Binnenschiffes mitgeführt werden, wenn mit dem Schiff ein gefährliches Gut befördert wird? (2)

963 (D) Während der Fahrt tritt aus einer undichten Stelle eines Tankschiffs Gefahrgut aus. In welchem Papier nach ADN sind die zu ergreifenden Maßnahmen beschrieben? (1)

964 (PF) Wer muss die Mitglieder der Besatzung eines Binnenschiffes vor Ladebeginn über die zu ladenden gefährlichen Güter informieren? (1)

    A   Der Schiffsführer ☐
    B   Der Empfänger des Gefahrgutes ☐
    C   Jedes Mitglied der Besatzung muss sich selbst informieren. ☐
    D   Der Sachkundige ☐

965 (PF) Wer muss darauf achten, dass jedes Mitglied der Besatzung eines Binnenschiffes die schriftlichen Weisungen versteht? (1)

    A   Der Sachkundige ☐
    B   Der Gefahrgutbeauftragte ☐
    C   Der Schiffsführer ☐
    D   Der Absender ☐

966 (F) Ein Containerschiff soll einen Container mit 1 000 kg UN 1080 SCHWEFELHEXAFLUORID, 2.2, in Stahlflaschen befördern. Werden für diese Beförderung nach ADN schriftliche Weisungen benötigt? Begründen Sie Ihre Antwort. (2)

967 (ZTS) In welcher Unterlage wird bestätigt, dass ein Schiff untersucht worden ist und dass Bau und Ausrüstung den anwendbaren Vorschriften des ADN entsprechen? (2)

968 (ZTS) Was wird im Zulassungszeugnis für ein Tankschiff nach ADN bestätigt? (1)

    A   Dass Bau und Ausrüstung des Schiffes den anwendbaren Vorschriften des ADN entsprechen ☐
    B   Dass Bau, Einrichtung und Ausrüstung des Schiffes den Bestimmungen der Rheinschiffsuntersuchungsordnung entsprechen ☐

1.5 Binnenschiff

<blockquote>

C   Dass das Schiff unter der Aufsicht einer anerkannten Klassifikationsgesellschaft gebaut und von ihr zur Beförderung gefährlicher Güter zugelassen wurde ☐

D   Dass Bau, Einrichtung, Ausrüstung und Besatzungsstärke den internationalen Transportbestimmungen für flüssige Treib- und Brennstoffe entsprechen ☐

</blockquote>

969 (ZTS) Wer stellt das Zulassungszeugnis nach ADN für ein Tankschiff aus? (1)

A   Die Zentralkommission für die Rheinschifffahrt ☐
B   Die von allen Rheinuferstaaten und Belgien anerkannten Klassifikationsgesellschaften ☐
C   Die zuständigen Behörden der ADN-Vertragsparteien ☐
D   Die für das Laden des Schiffes zuständige Hafenbehörde ☐

970 (ZTS) Mit einem Binnenschiff werden 5 t UN 2448 SCHWEFEL, GESCHMOLZEN, 4.1, VG III, und 10 t UN 1498 NATRIUMNITRAT, 5.1, VG III, befördert. Wird für diesen Transport ein Zulassungszeugnis nach ADN benötigt? Nennen Sie die zutreffende Fundstelle. (2)

971 (ZTS) Wie lange ist nach ADN ein Zulassungszeugnis gültig? (1)

A   Maximal 2 Jahre ☐
B   Maximal 3 Jahre ☐
C   Maximal 5 Jahre ☐
D   Maximal 10 Jahre ☐

972 (ZTS) Ein Binnenschiff erhält nach einer Havarie ein vorläufiges Zulassungszeugnis. Wie lange ist das Zeugnis nach ADN gültig? (1)

973 (D) Welche der nachstehend aufgeführten Dokumente müssen sich nach ADN bei der Beförderung gefährlicher Güter auf Binnenschiffen an Bord befinden, wenn die Freimengenregelungen nicht in Anspruch genommen werden können? (1)

A   Wenn die Ladung im kombinierten Verkehr befördert wird, die entsprechenden Beförderungsvorschriften wie das RID, das ADR bzw. der IMDG-Code ☐
B   Ein Abdruck des ADN ☐
C   Die Rheinschifffahrtspolizeiverordnung ☐
D   Die „Mannheimer Akte" ☐

974 (SK) Wie lange ist die Bescheinigung über die besonderen Kenntnisse des „Sachkundigen" gemäß ADN gültig? (1)

A   Maximal 1 Jahr ☐
B   Maximal 5 Jahre ☐
C   Maximal 3 Jahre ☐
D   Unbeschränkt ☐

1 Fragen
1.5 Binnenschiff

975 (1)
(D) Welche der nachstehend aufgeführten Dokumente müssen sich nach ADN bei der Beförderung gefährlicher Güter auf Binnenschiffen an Bord befinden, wenn die Freimengenregelungen nicht in Anspruch genommen werden können?

- A Die Rheinschifffahrtspolizeiverordnung ☐
- B Die Rheinschifffahrtsuntersuchungsverordnung ☐
- C Wenn die Ladung im kombinierten Verkehr befördert wird, die entsprechenden Beförderungsvorschriften wie das RID, das ADR bzw. der IMDG-Code ☐
- D Die vorgeschriebenen Beförderungspapiere für alle beförderten gefährlichen Güter ☐

976 (1)
(D) Welche der nachstehend aufgeführten Dokumente müssen sich nach ADN bei der Beförderung gefährlicher Güter auf Binnenschiffen an Bord befinden, wenn die Freimengenregelungen nicht in Anspruch genommen werden können?

- A Die vorgeschriebene Bescheinigung der Isolationswiderstände der elekrischen Einrichtungen ☐
- B Die Rheinschifffahrtspolizeiverordnung ☐
- C Die GGVBinSch ☐
- D Die „Mannheimer Akte" ☐

977 (1)
(D) Welche der nachstehend aufgeführten Dokumente müssen sich nach ADN bei der Beförderung gefährlicher Güter auf Binnenschiffen an Bord befinden, wenn die Freimengenregelungen nicht in Anspruch genommen werden können?

- A Die GGVBinSch ☐
- B Je ein Lichtbildausweis für jedes Mitglied der Besatzung ☐
- C Die „Mannheimer Akte" ☐
- D Die Rheinschifffahrtsuntersuchungsverordnung ☐

978 (1)
(D) Welche der nachstehend aufgeführten Dokumente müssen sich nach ADN bei der Beförderung gefährlicher Güter auf Binnenschiffen an Bord befinden, wenn die Freimengenregelungen nicht in Anspruch genommen werden können?

- A Die Rheinschifffahrtspolizeiverordnung ☐
- B Der vorgeschriebene Stauplan ☐
- C Die „Mannheimer Akte" ☐
- D Die Rheinschifffahrtsuntersuchungsverordnung ☐

979 (1)
(D) Welche der nachstehend aufgeführten Dokumente müssen sich nach ADN bei der Beförderung gefährlicher Güter auf Binnenschiffen an Bord befinden, wenn die Freimengenregelungen nicht in Anspruch genommen werden können?

- A Ein Prüfbuch, in dem alle geforderten Messergebnisse festgehalten sind ☐
- B Die „Mannheimer Akte" ☐
- C Wenn die Ladung im kombinierten Verkehr befördert wird, die entsprechenden Beförderungsvorschriften wie das RID, das ADR bzw. der IMDG-Code ☐
- D Die GGVBinSch ☐

Gb-Prüfung 1 Fragen
1.5 Binnenschiff

980 Welche der nachstehend aufgeführten Dokumente müssen sich nach ADN (1)
(D) bei der Beförderung gefährlicher Güter auf Binnenschiffen an Bord befinden, wenn die Freimengenregelungen nicht in Anspruch genommen werden können?

- A Die Rheinschifffahrtsuntersuchungsverordnung ☐
- B Die vorgeschriebene Bescheinigung der Prüfung der Feuerlöschschläuche ☐
- C Die Rheinschifffahrtspolizeiverordnung ☐
- D Die „Mannheimer Akte" ☐

981 Welche der nachstehend aufgeführten Dokumente müssen sich nach ADN (1)
(D) bei der Beförderung gefährlicher Güter auf Binnenschiffen an Bord befinden, wenn die Freimengenregelungen nicht in Anspruch genommen werden können?

- A Die vorgeschriebenen schriftlichen Weisungen ☐
- B Die Rheinschifffahrtsuntersuchungsverordnung ☐
- C Wenn die Ladung im kombinierten Verkehr befördert wird, die entsprechenden Beförderungsvorschriften wie das RID, das ADR bzw. der IMDG-Code ☐
- D Die Rheinschifffahrtspolizeiverordnung ☐

982 Welche der nachstehend aufgeführten Dokumente müssen sich nach ADN (1)
(D) bei der Beförderung gefährlicher Güter auf Binnenschiffen an Bord befinden, wenn die Freimengenregelungen nicht in Anspruch genommen werden können?

- A Wenn die Ladung im kombinierten Verkehr befördert wird, die entsprechenden Beförderungsvorschriften wie das RID, das ADR bzw. der IMDG-Code ☐
- B Das Zulassungszeugnis für das Schiff ☐
- C Die Rheinschifffahrtspolizeiverordnung ☐
- D Die Rheinschifffahrtsuntersuchungsverordnung ☐

983 Welche der nachstehend aufgeführten Dokumente müssen sich nach ADN (1)
(D) bei der Beförderung gefährlicher Güter auf Binnenschiffen an Bord befinden, wenn die Freimengenregelungen nicht in Anspruch genommen werden können?

- A Die vorgeschriebene Bescheinigung über besondere Kenntnisse des ADN ☐
- B Die Rheinschifffahrtspolizeiverordnung ☐
- C Die Rheinschifffahrtsuntersuchungsverordnung ☐
- D Die „Mannheimer Akte" ☐

984 Für das Laden bzw. Löschen von Stoffen und Gegenständen der Klasse 1, (2)
(BTG) für die nach ADN drei blaue Kegel/Lichter vorgeschrieben sind, ist eine schriftliche Genehmigung erforderlich. Von welcher Behörde nach GGVSEB wird die Genehmigung erteilt?

985 Für das Laden bzw. Löschen von Stoffen der Klasse 4.1, für die nach ADN (2)
(BTG) drei blaue Kegel/Lichter vorgeschrieben sind, ist eine schriftliche Genehmigung erforderlich. Von welcher Behörde nach GGVSEB wird die Genehmigung erteilt?

986 Für das Laden bzw. Löschen von Stoffen der Klasse 5.2, für die nach ADN (2)
(BTG) drei blaue Kegel/Lichter vorgeschrieben sind, ist eine schriftliche Genehmigung erforderlich. Von welcher Behörde nach GGVSEB wird die Genehmigung erteilt?

1 Fragen
1.5 Binnenschiff

987 (PF) Von wem ist nach ADN der Stauplan aufzustellen, wenn das Schiff gefährliche Güter verschiedener Klassen geladen hat? (2)

988 (D) Welches der nachfolgend aufgeführten Papiere muss der Schiffsführer gemäß ADN bei der Beförderung gefährlicher Güter in Versandstücken vor Antritt der Fahrt erstellen? (1)

- A Für jedes Gefahrgut schriftliche Weisungen ☐
- B Eine Bestätigung, worin sich der Schiffsführer dafür verbürgt, dass die gefährlichen Güter entsprechend den ADN-Vorschriften geladen und gestaut wurden ☐
- C Eine Aufstellung, aus welcher der Ladeort, die Bezeichnung der Ladestelle sowie das Datum und die Uhrzeit des Ladens jedes einzelnen gefährlichen Gutes ersichtlich ist ☐
- D Ein Stauplan, aus dem ersichtlich ist, welche gefährlichen Güter in den einzelnen Laderäumen oder an Deck geladen sind ☐

989 (PL) Nennen Sie die zutreffenden Fundstellen für Angaben zur Prüfliste im ADN. (2)

990 (PL) Wer muss nach ADN die Prüfliste unterzeichnen? (2)

991 (BA) Nach welchen Vorschriften sind Binnenschiffe zu bezeichnen, die gefährliche Güter geladen haben und keine Freimengenregelungen in Anspruch nehmen dürfen? (1)

- A Nach Kapitel 3 des CEVNI und dem ADN ☐
- B Nach der Rheinschiffsuntersuchungsordnung und dem ADN ☐
- C Das Schiff selber braucht nicht bezeichnet zu werden, hingegen müssen die Versandstücke mit Gefahrzetteln gemäß Kapitel 5.2 ADN gekennzeichnet werden. ☐
- D Nach einer der „Internationalen Regelungen" ☐

992 (MK) Nach welchen internationalen Vorschriften über die Beförderung gefährlicher Güter kann die Kennzeichnung und Bezettelung der mit Binnenschiffen beförderten Versandstücke erfolgen? (2)

993 (BTS) Nennen Sie die Fundstelle im ADN, die Hinweise über die Anzahl der jeweils vorgeschriebenen blauen Kegel beim Transport von gefährlichen Gütern in Tankschiffen enthält. (2)

994 (BTG) Ein Schiff hat 3 100 kg UN 1223 Kerosin, 3, VG III, umweltgefährdend, in Stahlfässern geladen. Muss das Schiff gemäß ADN mit Blaulicht/Blaukegel bezeichnet werden? Nennen Sie auch die zutreffende Fundstelle. (2)

995 (BTG) Ein Binnenschiff hat 3 100 kg UN 1223 Kerosin, 3, VG III, umweltgefährdend, in Stahlfässern geladen. Muss das Schiff mit Blaulicht/Blaukegel bezeichnet werden? (1)

- A Nein, da für diesen Stoff keine Bezeichnung mit blauen Kegeln/blauen Lichtern vorgesehen ist. ☐
- B Nein, die Partie übersteigt nicht das bezeichnungspflichtige Gewicht. ☐
- C Ja; alle Schiffe, die Güter der Klasse 3 befördern, müssen Blaulicht/Blaukegel führen. ☐
- D Ja, weil die Bruttomasse von 3 000 kg überschritten ist. ☐

996 (BTS)	Der Ladetank eines Tankschiffes wurde entleert und gereinigt. Unter welchen Bedingungen dürfen die blauen Kegel/Lichter entfernt werden? Geben Sie auch die zutreffende Fundstelle im ADN an.	(3)
997 (MK)	In welchem Fall müssen beim Binnenschiffstransport Gefahrzettel auf einem Overpack (Umverpackung) zusätzlich angebracht werden? Geben Sie auch die Fundstelle für diese Vorschrift an.	(2)
998 (BT)	In welchem Kapitel des ADN finden Sie Bedingungen für die Beförderung gefährlicher Güter in loser Schüttung?	(1)

- A 7.1 ADN ☐
- B 1.2 ADN ☐
- C 3.5 ADN ☐
- D 8.2 ADN ☐

999 (BT)	In welchem Kapitel des ADN finden Sie Bedingungen für die Beförderung gefährlicher Güter in loser Schüttung?	(2)
1000 (BTS)	In welchem Abschnitt des ADN kann man nachlesen, welche Stoffe zur Beförderung in Tankschiffen zugelassen sind?	(1)
1001 (BTG)	Auf einem Trockengüterschiff wird in einem Tankcontainer eine entzündbare Flüssigkeit mit einem Flammpunkt von 75 °C befördert. Sind Vorschriften nach dem ADN zu beachten? Begründen Sie Ihre Aussage.	(2)
1002 (K)	Ein entzündbarer organischer fester Stoff ohne Zusatzgefahr ist in der alphabetischen Liste nicht namentlich aufgeführt. Welche korrekte offizielle Benennung, Reihenfolge plus eventuell erforderlicher Ergänzungen verwenden Sie?	(2)
1003 (K)	Ein giftiger organischer flüssiger Stoff ohne Zusatzgefahr ist in der alphabetischen Liste nicht namentlich aufgeführt. Welche korrekte offizielle Benennung, Reihenfolge plus eventuell erforderlicher Ergänzungen verwenden Sie?	(2)
1004 (K)	Ein ätzender Feststoff, basisch, anorganisch, ohne Zusatzgefahr ist in der alphabetischen Liste nicht namentlich aufgeführt. Welche korrekte offizielle Benennung, Reihenfolge plus eventuell erforderlicher Ergänzungen verwenden Sie?	(2)
1005 (K)	Sind nach ADN UN 1798 GEMISCHE AUS SALPETERSÄURE UND SALZSÄURE zur Beförderung mit Binnenschiffen zugelassen? Begründen Sie Ihre Antwort.	(2)
1006 (K)	Nennen Sie die besonderen Gefahreigenschaften der Unterklasse 5.2 nach ADN. Geben Sie drei der besonderen Eigenschaften an.	(3)
1007 (K)	Welche UN-Nummer nach ADN trifft für ein Pestizid, fest, giftig, n.a.g., zu?	(1)
1008 (K)	Welche UN-Nummer nach ADN trifft für Cyclobutan zu?	(1)
1009 (K)	Welche UN-Nummer nach ADN trifft für Acrylamid, fest, zu?	(1)
1010 (K)	Welche UN-Nummer nach ADN trifft für Schwefelsäure, gebraucht, zu?	(1)

1.5 Binnenschiff

1011 Für die Benutzung einer Umverpackung (Holzkiste) im Binnenschiffsverkehr (1)
(MK) gilt:
- A Der Q-Wert muss kleiner 1 sein. ☐
- B Auf der Umverpackung muss der Ausdruck „Umverpackung" angebracht sein. ☐
- C Auf der Umverpackung darf nichts vermerkt sein. ☐
- D Gefahrgut darf generell nicht in Umverpackungen verschickt werden. ☐

1012 Gibt es für den Binnenschiffsverkehr eine Verpackungsvorschrift für Natronkalk (enthält 3 % Natriumhydroxid)? Begründen Sie Ihre Antwort. (2)
(V)

1013 Wie hoch ist für den Binnenschiffsverkehr das zulässige Nettogewicht für einen Sack Textilgewebe UN/5L3/...? (2)
(V)

1014 Wie hoch ist für den Binnenschiffsverkehr die höchstzulässige Nettomasse für eine Kiste aus Kunststoff UN/4H1/...? (2)
(V)

1015 Wie hoch ist nach den Vorschriften des ADN die höchstzulässige Nettomasse einer Kiste aus Naturholz UN/4C1/...? (2)
(V)

1016 Wie hoch ist nach den Vorschriften des ADN der zulässige Fassungsraum eines Stahlkanisters UN/3A1/...? (2)
(V)

1017 Mit wie vielen Handfeuerlöschern muss ein Schiff, das gefährliche Güter nach ADN befördert, zusätzlich zu den nach den Vorschriften für das jeweilige Binnengewässer vorgeschriebenen Löschern ausgerüstet sein? (2)
(BA)

1018 Innerhalb welcher Frist müssen nach ADN Feuerlöschgeräte geprüft werden? (2)
(BA)

1019 Ist an Bord von Schiffen, die gefährliche Güter nach ADN in Versandstücken befördern, der Einsatz von Maschinen, die mit flüssigem Kraftstoff betrieben werden, erlaubt? (1)
(BTG)
- A Nein ☐
- B Ja, wenn der Flammpunkt des Kraftstoffes > 55 °C ist ☐
- C Nur dann, wenn alle Laderaumluken geschlossen sind ☐
- D Nur wenn die Versandstücke keine Güter der Gefahrklasse 1 enthalten ☐

1020 Unter welcher Bedingung ist an Bord von Schiffen, die gefährliche Güter nach ADN in Versandstücken befördern, der Einsatz von Maschinen, die mit flüssigem Kraftstoff betrieben werden, erlaubt? (2)
(BTG)

1021 Wie viele geeignete Fluchtgeräte müssen sich – sofern erforderlich – an Bord von Schiffen befinden, die gefährliche Güter nach ADN befördern? (1)
(BA)
- A Für jedes Besatzungsmitglied ein geeignetes Fluchtgerät ☐
- B Für jede an Bord befindliche Person ein geeignetes Fluchtgerät ☐
- C Für jeweils zwei Personen ein geeignetes Fluchtgerät ☐
- D Unabhängig von der Personenzahl und Schiffsgröße zwei geeignete Fluchtgeräte ☐

1022 Was versteht man unter dem Begriff „geeignetes Fluchtgerät" im Sinne des ADN? (2)
(BA)

1 Fragen
1.3 Straßenverkehr

662 Mineralölhändler M. will seine Heizöllagertanks wieder auffüllen. Dazu beauftragt er seinen Fahrzeugführer F., mit dem betriebseigenen Tankfahrzeug mit Tankanhänger (Tankcodierung jeweils LGBF) Heizöl, leicht (Sondervorschrift 640L – umweltgefährdend), bei der Raffinerie R. befüllen zu lassen und zu M. zu transportieren. (10)

a) Wie lauten die stoffspezifischen Angaben im Beförderungspapier nach ADR in der korrekten Reihenfolge? (2)

b) Welche Begleitpapiere außer dem Beförderungspapier muss der Fahrzeugführer bei dieser Beförderung nach ADR mitführen? (2)

c) Welcher Großzettel und welches Kennzeichen sind an den beiden Tankfahrzeugen anzubringen? (1)

d) Wie viele Großzettel und Kennzeichen werden an dieser Beförderungseinheit benötigt und an welchen Stellen sind diese anzubringen? (2)

e) Welche Nummer zur Kennzeichnung der Gefahr und UN-Nummer sind auf der orangefarbenen Tafel bei dieser Beförderung zu verwenden? (1)

f) Wer muss bei diesem Beförderungsfall die Beförderungseinheit mit den erforderlichen orangefarbenen Tafeln ausrüsten? Nennen Sie den Verantwortlichen nach GGVSEB. (1)

g) Während der Fahrt wird der Fahrzeugführer durch einen Vorwegweiser auf einen Tunnel mit der Tunnelkategorie C hingewiesen. Darf der Fahrzeugführer diesen Tunnel durchfahren? (1)

663 Es soll Methanol mit einem Tankfahrzeug (Zugfahrzeug mit Tanksattelanhänger über 7,5 t zGM) nach ADR befördert werden. (10)

a) Wie lauten die stoffspezifischen Angaben im Beförderungspapier nach ADR in der korrekten Reihenfolge? (2)

b) Welche Begleitpapiere neben dem Beförderungspapier muss der Fahrzeugführer bei diesem Transport nach ADR mitführen? (2)

c) An welchen Stellen sind die Großzettel an der Beförderungseinheit anzubringen? (1)

d) Wo sind die neutralen orangefarbenen Tafeln und die orangefarbenen Tafeln mit Nummern an dieser Beförderungseinheit anzubringen? (2)

e) Auf der Beförderungseinheit befinden sich zwei Feuerlöschgeräte à 2 kg. Ist dies ausreichend? Geben Sie auch eine kurze Begründung für Ihre Lösung. (2)

f) In welchem Unterabschnitt des ADR ist festgelegt, dass am Tankfahrzeug selbst oder auf einer Tafel ein Hinweis auf die höchstzulässige Gesamtmasse, Leermasse und auf den Betreiber oder Eigentümer angegeben sein muss? (1)

Gb-Prüfung 1 Fragen
1.5 Binnenschiff

1023
(BA)
Wie viele geeignete Fluchtgeräte müssen sich – sofern erforderlich – an Bord von Schiffen befinden, die gefährliche Güter nach ADN befördern? (2)

1024
(BTS)
In welchem Abschnitt des ADN sind den gefährlichen Gütern die jeweils zugelassenen Tankschiffstypen zugeordnet? (2)

1025
(BTS)
Welcher Tankschiffstyp nach ADN ist beim Transport von UN 2820 BUTTERSÄURE, 8, VG III, vorgeschrieben? (2)

1026
(BTS)
Welcher Tankschiffstyp nach ADN ist beim Transport von UN 2874 FURFURYLALKOHOL, 6.1, VG III, vorgeschrieben? (2)

1027
(BTS)
Welcher Tankschiffstyp nach ADN ist beim Transport von Stoffnummer 9000 AMMONIAK, WASSERFREI, TIEFGEKÜHLT, vorgeschrieben? (2)

1028
(BTG)
Ein Containerschiff soll auf dem Rhein sieben Tankcontainer mit jeweils 20 Tonnen UN 1230 METHANOL, 3 (6.1), VG II, befördern. Muss das Containerschiff ein Doppelhüllenschiff sein? Begründen Sie Ihre Antwort. (2)

1029
(BTG)
Ein Container-Doppelhüllenschiff soll auf dem Rhein zwei Container mit jeweils 10 Tonnen UN 3102 ORGANISCHES PEROXID TYP B, FEST (Dibenzoylperoxid), 5.2 (1), befördern. Ist dies zulässig? Begründen Sie Ihre Antwort. (2)

1030
(BA)
In welchem Abschnitt des ADN ist der Begriff „Wohnung" genau definiert? (2)

1031
(BT)
Ein Schiff hat in zwei Laderäumen UN 1408 FERROSILICIUM, 4.3 (6.1), VG III, in loser Schüttung, geladen. Mit wie vielen voneinander unabhängigen Saugventilatoren muss das Schiff nach ADN ausgerüstet sein? (2)

1032
(BTS)
Auf einem Tankschiff wird UN 2448 SCHWEFEL, GESCHMOLZEN, 4.1, VG III, geladen. Muss sich an Bord des Schiffes ein Toximeter befinden? Nennen Sie auch die zutreffende Fundstelle im ADN. (2)

1033
(BA)
Muss das nach 8.1.5.1 ADN genannte Gerät zur Messung toxischer Gase auch auf Schubleichtern ohne Wohnräume vorhanden sein? (1)

A Ja, es muss immer vorhanden sein. ☐
B Nein, es genügt, wenn das Schubboot oder das Schiff, das die gekoppelte Zusammenstellung antreibt, mit einem solchen Gerät ausgerüstet ist. ☐
C Ja, sofern der Schubleichter eine gewisse Länge überschreitet. ☐
D Nein, es genügt, wenn der Schiffseigner eine verantwortliche Person bezeichnet, die über ein solches Gerät verfügt und dieses im Bedarfsfall kurzfristig aufgeboten werden kann. ☐

1034
(BTS)
Welche der nachstehend genannten besonderen Ausrüstungen nach ADN ist gegebenenfalls auf Tankschiffen mitzuführen? (1)

A Ein Instrument, mit dem der Druck im Ladetank gemessen werden kann ☐
B Ein Gasspürgerät ☐
C Zwei Lade-/Löschschläuche ☐
D Ein Messband ☐

1035
(BTG)
Dürfen auf einem Trockengüterschiff Laderäume beheizt werden? Nennen Sie auch die zutreffende Fundstelle im ADN. (2)

1 Fragen — Gb-Prüfung
1.5 Binnenschiff

1036 (BTS) Welche drei Schiffstypen werden gemäß ADN bei Tankschiffen unterschieden? (2)

1037 (BTS) Wie wird nach ADN ein Schiff „Typ G" definiert? (2)

1038 (BTS) Wie wird nach ADN ein Schiff „Typ C" definiert? (2)

1039 (BTS) Wie wird nach ADN ein Schiff „Typ N offen" definiert? (2)

1040 (BTS) Wie wird nach ADN ein Schiff „Typ N geschlossen" definiert? (2)

1041 (BTS) Bei welchem Füllungsgrad muss nach ADN ein Niveau-Warngerät auf einem Typ-G-Tankschiff spätestens ansprechen? (1)
- A 86 % ☐
- B 90 % ☐
- C 92 % ☐
- D 97 % ☐

1042 (SK) Wen bezeichnet man als „Sachkundigen" im Sinne des ADN? (1)
- A Eine Person, die beweisen kann, dass sie besondere Kenntnisse des ADN hat ☐
- B Den Gefahrgutbeauftragten des Absenders. Da dieser das Produkt am besten kennt, gilt er als Sachkundiger im Sinne des ADN. ☐
- C Angehörige der Wasserschutzpolizei sind aufgrund ihrer Aufgaben Sachkundige im Sinne des ADN. ☐
- D Der Schiffsführer ist aufgrund seiner Ausbildung und seiner allgemeinen Kenntnisse eine sachkundige Person im Sinne des ADN. ☐

1043 (SK) Wie alt muss ein „Sachkundiger" gemäß ADN mindestens sein? (1)

1044 (BA) Welche Voraussetzungen gemäß ADN müssen Personen erfüllen, die Laderäume oder bei Tankschiffen bestimmte Räume unter Deck mit Atemschutzgeräten betreten? (1)
- A Personen, die in der Handhabung dieser Geräte ausgebildet und den zusätzlichen Belastungen gesundheitlich gewachsen sind ☐
- B Alle Besatzungsmitglieder, da keine besonderen Voraussetzungen zu erfüllen sind ☐
- C Jedes Besatzungsmitglied, das an einer ABC-Schutz-Ausbildung teilgenommen hat ☐
- D Jeder Inhaber eines Sachkundenachweises gemäß ADN ☐

1045 (SK) Nennen Sie drei Fundstellen des ADN, in denen sich Regelungen über die Unterweisung und Ausbildung des am Gefahrguttransport beteiligten Personals befinden. (3)

1046 Wegen einer Leckage kann ein mit gefährlichen Gütern beladenes Schiff (1)
(BTS) seine Reise nicht mehr fortsetzen. Die Ladung muss umgeschlagen werden.
Welche Regelung schreibt das ADN für diesen Fall vor?

    A   Es darf sofort an Ort und Stelle umgeschlagen werden. ☐

    B   Ein Umschlag darf nur mit Genehmigung der örtlich zuständigen Behörde ☐
           erfolgen.

    C   Ein Bord-Bord-Umschlag ist generell verboten. ☐

    D   Ein Umschlag darf nur in einem Hafenbecken erfolgen. ☐

1047 Es sollen 20 t n-Propylalkohol, VG II, in einem Tankcontainer in die USA ver- (10)
schifft werden. Die Beförderung erfolgt zunächst mit einem Containerschiff
auf dem Rhein nach Rotterdam.

    a)   Zu welcher Gefahrklasse nach ADN gehört n-Propylalkohol? (1)

    b)   Nennen Sie vier Angaben, die das Beförderungspapier gemäß ADN für (4)
           diesen Transport enthalten muss.

    c)   Wie ist der Tankcontainer im Hinblick auf die bevorstehende Seebeförde- (4)
           rung gemäß den Bestimmungen des ADN zu kennzeichnen und zu plaka-
           tieren?

    d)   Muss das Schiff wegen des Containers mit blauen Kegeln/Lichtern be- (1)
           zeichnet sein?

1048 Es sollen 20 t n-Propylalkohol, VG II, in einem Tankcontainer in die USA ver- (10)
schifft werden. Die Beförderung erfolgt zunächst mit einem Containerschiff
auf dem Rhein nach Rotterdam.

    a)   Nennen Sie fünf Angaben, die das Beförderungspapier gemäß ADN für (5)
           diesen Transport enthalten muss.

    b)   Muss sich ein Sachkundiger an Bord befinden? (1)

    c)   Welche besondere Ausrüstung gemäß ADN ist für diesen Transport erfor- (3)
           derlich? Nennen Sie die entsprechenden Codes.

    d)   Wie viele Feuerlöschgeräte müssen gemäß ADN an Bord des Schiffes (1)
           sein?

1049 Eine Reederei erhält den Auftrag, 1 500 t Ölsaatkuchen mit mehr als 1,5 Mas- (10)
se-% Öl mit dem Schiff von Rotterdam nach Mannheim zu bringen. Die Ölsaatkuchen sind unvorpackt.

    a)   Nennen Sie fünf der erforderlichen Angaben im Beförderungspapier nach (5)
           ADN.

    b)   Ist nach ADN der Transport in loser Schüttung zulässig? Geben Sie auch (2)
           die zutreffenden Fundstellen an.

    c)   Muss das Schiff eine Bezeichnung nach ADN führen? (1)

    d)   Welche Maßnahmen sind vor dem Löschen der Ladung von den Personen (2)
           zu beachten, die die Laderäume betreten sollen?

1050 Eine Reederei erhält den Auftrag, 1 500 t Ölsaatkuchen mit mehr als 1,5 Mas- (10)
se-% Öl mit dem Schiff von Rotterdam nach Mannheim zu bringen. Die Ölsaatkuchen sind unverpackt.

    a)   Zu welcher Klasse nach ADN gehören Ölsaatkuchen? (1)

    b)   Nennen Sie vier der erforderlichen Angaben im Beförderungspapier nach (4)
           ADN.

1.5 Binnenschiff

    c) Welche besondere Ausrüstung ist nach ADN an Bord mitzuführen? Nennen Sie den entsprechenden Code und geben Sie auch die zutreffende Fundstelle an. (2)

    d) Welche Voraussetzungen muss der Sachkundige an Bord nach ADN erfüllen? (2)

    e) Wie viele Feuerlöschgeräte müssen gemäß ADN an Bord des Schiffes sein? (1)

1051 Auf dem Rhein werden in einem Tankschiff 1 000 t UN 1547 ANILIN befördert. Der Transport wird nach den Vorschriften des ADN durchgeführt. (10)

    a) Welche besondere Ausrüstung ist für diesen Transport erforderlich? Nennen Sie die entsprechenden Codes. (4)

    b) Welcher Tankschiffstyp ist zu verwenden? (1)

    c) Wie viele blaue Kegel/Lichter muss das Schiff führen? (1)

    d) Welche Anforderungen muss der an Bord befindliche Sachkundige erfüllen? (4)

1052 Auf dem Rhein werden in einem Tankschiff 1 000 t UN 1547 ANILIN befördert. Der Transport wird nach den Vorschriften des ADN durchgeführt. (10)

    a) Nennen Sie fünf Angaben, die das Beförderungspapier enthalten muss. (5)

    b) Welcher Tankschiffstyp ist zu verwenden? (1)

    c) Wie müssen tragbare Lampen beschaffen sein, die an Deck benutzt werden? (2)

    d) Darf sich der 12-jährige Sohn des Schiffsführers während der Fahrt an Bord befinden? Nennen Sie auch die zutreffende Fundstelle im ADN. (2)

1053 Mit einem Binnentankschiff werden 800 t UN 1214 ISOBUTYLAMIN nach den Vorschriften des ADN transportiert. (10)

    a) Welcher Tankschiffstyp muss verwendet werden? Nennen Sie auch die zutreffende Fundstelle im ADN. (2)

    b) Welche besondere Ausrüstung ist für diesen Transport erforderlich? Nennen Sie die entsprechenden Codes. (4)

    c) Nennen Sie vier Dokumente, die nach dem ADN bei diesem Tankschiffstransport zusätzlich mitgeführt werden müssen. (4)

1054 Mit einem Binnentankschiff werden 900 t UN 1888 Chloroform nach den Vorschriften des ADN transportiert. (10)

    a) Nennen Sie vier Angaben, die das Beförderungspapier enthalten muss. (4)

    b) Benötigt das Schiff ein Zulassungszeugnis? Nennen Sie auch die zutreffende Fundstelle im ADN. (2)

    c) Welche besondere Ausrüstung ist nach ADN an Bord mitzuführen? Nennen Sie die entsprechenden Codes. (4)

1055 Mit einem Binnentankschiff werden 900 t UN 1888 Chloroform nach den Vorschriften des ADN transportiert. (10)

    a) Zu welcher Gefahrklasse gehört Chloroform? (1)

    b) Nennen Sie sechs Angaben, die das Beförderungspapier enthalten muss. (6)

    c) Welcher Tankschiffstyp muss für das genannte Gut verwendet werden? (1)

    d) Wie viele blaue Kegel/Lichter muss das Schiff führen? (1)

    e) In welchem Abschnitt des ADN finden Sie die für diesen Transport zutreffenden allgemeinen Betriebsvorschriften? (1)

1056 Es sollen 400 t UN 2067 in loser Schüttung auf dem Rhein transportiert werden. (10)

a) Um welchen Stoff handelt es sich und zu welcher Klasse nach ADN gehört er? (2)
b) Nennen Sie fünf Angaben, die das Beförderungspapier enthalten muss. (5)
c) Muss das Schiff mit blauen Kegeln/Lichtern bezeichnet sein? (1)
d) Welche besondere Ausrüstung ist für den Transport erforderlich? Nennen Sie den entsprechenden Code und geben Sie auch die Fundstelle an. (2)

1057 Es sollen 400 t UN 2067 in loser Schüttung auf dem Rhein transportiert werden. (10)

a) Nennen Sie drei Angaben, die das Beförderungspapier enthalten muss. (3)
b) Kann der Transport in loser Schüttung durchgeführt werden? Geben Sie auch die Fundstelle für Ihre Aussage an. (2)
c) Muss sich ein Sachkundiger an Bord befinden? (1)
d) Welche Maßnahmen sind während des Ladens/Löschens und der Beförderung zu ergreifen? (4)

1.6 Fragen zum verkehrsträgerspezifischen Teil Seeschiffsverkehr

Hinweis: Die Zahl in Klammern gibt die erreichbare Punktzahl an.
Redaktionell eingefügte Codes zu den Themenbereichen stehen jeweils unter der Fragennummer.

1058 Werden die im Kapitel 3.4 des IMDG-Codes aufgeführten Bedingungen für (1)
(LQ) gefährliche Güter in begrenzten Mengen eingehalten, so sind diese Güter keine Gefahrgüter im Sinne des IMDG-Codes mehr. Ist diese Aussage zutreffend?

    A   Diese Aussage ist richtig. ☐

    B   Diese Aussage ist falsch. Die unter den Bestimmungen des Kapitels 3.4 ☐
beförderten Güter sind in jedem Fall Gefahrgut gemäß IMDG-Code.

    C   Diese Aussage stimmt teilweise. ☐

    D   Kapitel 3.4 enthält die grundlegenden Bestimmungen über Trennvorschriften und ist deshalb nicht anwendbar. ☐

1059 In welchem Kapitel des IMDG-Codes sind die spezifischen Aussagen zu den (2)
(LQ) einzelnen Stoffen für die Beförderung in begrenzten Mengen aufgeführt?

1060 Wie groß darf die Gesamtbruttomasse eines Versandstücks, in dem gefähr- (2)
(LQ) liche Güter in begrenzten Mengen gemäß Kapitel 3.4 des IMDG-Codes befördert werden, maximal sein?

1061 Welches Kapitel des IMDG-Codes enthält die allgemeinen Vorschriften zur (2)
(LQ) Beförderung gefährlicher Güter in begrenzten Mengen?

1062 In welchem Kapitel des IMDG-Codes sind die allgemeinen Bedingungen für (1)
(LQ) die Beförderung gefährlicher Güter bestimmter Gefahrenklassen in begrenzten Mengen enthalten?

    A   Kapitel 1.2 ☐
    B   Kapitel 3.4 ☐
    C   Kapitel 5.1 ☐
    D   Kapitel 4.1 ☐

1063 Wie groß darf die Gesamtbruttomasse eines Versandstücks, in dem gefähr- (1)
(LQ) liche Güter in begrenzten Mengen gemäß Kapitel 3.4 des IMDG-Codes befördert werden, maximal sein?

    A   10 kg ☐
    B   15 kg ☐
    C   30 kg ☐
    D   45 kg ☐

1064 Wie groß darf die Gesamtbruttomasse eines Versandstücks, in dem gefähr- (1)
(LQ) liche Güter in begrenzten Mengen gemäß Kapitel 3.4 des IMDG-Codes befördert werden, maximal sein, wenn mit Schrumpf- oder Stretchfolie umhüllte Paletten („Trays") als Außenverpackung verwendet werden?

    A   10 kg ☐
    B   20 kg ☐
    C   30 kg ☐
    D   40 kg ☐

1065 (LQ)	In welchem Kapitel des IMDG-Codes sind die spezifischen Aussagen zu den einzelnen Stoffen für die Beförderung in begrenzten Mengen aufgeführt?	(1)

    A   Kapitel 1.2 ☐
    B   Kapitel 2.0 ☐
    C   Kapitel 3.2 ☐
    D   Kapitel 5.1 ☐

1066 (VS)	In welchem Kapitel des IMDG-Codes ist die Verwendung von ortsbeweglichen Tanks für den Transport flüssiger gefährlicher Güter geregelt?	(2)
1067 (LQ)	Wie groß darf die Gesamtbruttomasse eines Versandstücks, in dem gefährliche Güter in begrenzten Mengen gemäß Kapitel 3.4 des IMDG-Codes befördert werden, maximal sein, wenn mit Schrumpf- oder Stretchfolie umhüllte Paletten („Trays") als Außenverpackung verwendet werden?	(2)
1068 (LQ)	Welche Trennvorschriften des IMDG-Codes gelten für gefährliche Güter, die nach Kapitel 3.4 „in begrenzten Mengen" befördert werden?	(2)
1069 (LQ)	Welches Kapitel des IMDG-Codes enthält die generellen Vorschriften zur Beförderung gefährlicher Güter, die in begrenzten Mengen verpackt sind?	(2)
1070 (LQ)	Welcher Staukategorie sind in begrenzten Mengen verpackte gefährliche Güter im Seeverkehr zugeordnet?	(1)
1071 (Z)	Unter welchen Voraussetzungen dürfen verschiedene gefährliche Güter in einem Container zusammengeladen werden? Nennen Sie auch die Kapitel des IMDG-Codes, die für die Beurteilung herangezogen werden müssen.	(3)
1072 (Z)	Unter welchen Voraussetzungen dürfen verschiedene gefährliche Güter gemäß GGVSee in einem Versandstück zusammengepackt werden?	(2)
1073 (Z)	In der Klasse 1 gibt es Verträglichkeitsgruppen. Welche Bedeutung haben diese Verträglichkeitsgruppen für den Seetransport?	(2)
1074 (Z)	Dürfen Stoffe der Unterklassen 1.1B und 1.1D zusammen in einer Güterbeförderungseinheit geladen werden? Welcher Unterabschnitt des IMDG-Codes regelt dies?	(2)
1075 (Z)	Dürfen Stoffe der Klassen 1.1B und 1.1D gemäß Kapitel 7.2 des IMDG-Codes zusammen in einer Güterbeförderungseinheit geladen werden?	(1)

    A   Nein ☐
    B   Nur wenn das Schiff dafür ausgestattet ist ☐
    C   Nur wenn der Kapitän damit einverstanden ist ☐
    D   Ja ☐

1076 (NM)	Welcher Personenkreis an Bord eines Seeschiffes ist vom Kapitän über das Vorhandensein gefährlicher Güter an Bord zu informieren?	(1)

    A   Nur sein Stellvertreter ☐
    B   Alle mit Notfallmaßnahmen befassten Besatzungsmitglieder ☐
    C   Alle Besatzungsmitglieder ☐
    D   Alle an Bord befindlichen Personen ☐

1077 (NM)	Welcher Personenkreis an Bord eines Seeschiffes ist vom Kapitän über das Vorhandensein gefährlicher Güter an Bord zu informieren?	(2)

1 Fragen
1.6 Seeschiff

1078 (Z) Welche Trennbegriffe werden im IMDG-Code verwendet? Nennen Sie zwei. (2)

1079 (Z) In welchem Kapitel des IMDG-Codes sind die allgemeinen Trennvorschriften geregelt? (2)

1080 (Z) Wie viele Trennbegriffe werden im IMDG-Code verwendet und in welchem Unterabschnitt des IMDG-Codes sind die Trennbegriffe aufgeführt? (2)

1081 (Z) In welchem Abschnitt des IMDG-Codes ist die Trennung von Versandstücken in Containern geregelt? (2)

1082 (Z) An welcher Stelle im IMDG-Code erfolgt die Zuordnung der UN-Nummern zu den Trenngruppen? (2)

1083 (Z) Wie viele Trenngruppen gibt es gemäß IMDG-Code? (2)

1084 (Z) UN 1736 BENZOYLCHLORID gehört gemäß IMDG-Code in die Trenngruppe: (1)
- A Säuren ☐
- B Chlorite ☐
- C Chlorate ☐
- D Hypochlorite ☐

1085 (ST) Kann UN 1808 PHOSPHORTRIBROMID, Klasse 8, auf einem Seeschiff unter Deck gestaut werden? Nennen Sie auch die Staukategorie. (2)

1086 (ST) Wie viele Staukategorien für gefährliche Güter (außer für Güter der Klasse 1) gibt es laut IMDG-Code? (1)
- A Fünf: A bis E ☐
- B Vier: A bis D ☐
- C Acht: A bis H ☐
- D Neun: A bis I ☐

1087 (ST) Wie viele Staukategorien für gefährliche Güter (außer für Güter der Klasse 1) gibt es laut IMDG-Code? (2)

1088 (ST) Wie viele Staukategorien gibt es für die Klasse 1 gemäß IMDG-Code? (2)

1089 (CV) Wenn in einem Frachtcontainer für den Seeverkehr nur ein Teil der Ladung aus Versandstücken mit gefährlichen Gütern besteht, wie sollten diese dann im Container gestaut werden? (1)
- A An der Stirnwand ☐
- B Von der Tür aus zugänglich ☐
- C In der Mitte des Containers, rundum geschützt durch die andere Ladung ☐
- D Dies bleibt dem Verlader selber überlassen. ☐

1090 (CV) Wenn in einem Frachtcontainer für den Seeverkehr nur ein Teil der Ladung aus Versandstücken mit gefährlichen Gütern besteht, wo sollten diese dann im Container gestaut werden? Welcher Unterabschnitt des IMDG-Codes regelt den Sachverhalt? (2)

Gb-Prüfung 1 Fragen
1.6 Seeschiff

1091 (CV) Auf welche Art und Weise dürfen Container, die gefährliche Güter beinhalten, für den Seetransport verschlossen bzw. verriegelt werden? (2)

1092 (CV) Welche besonderen sicherheitstechnischen Vorschriften müssen generell für die Beförderung gefährlicher Güter mit Containern gemäß Abschnitt 7.3.2 des IMDG-Codes beachtet werden? (2)

1093 (EQ) 400 g UN 2242 CYCLOHEPTENE werden nach den Vorschriften des Kapitels 3.5 IMDG-Code als „in freigestellten Mengen verpackte gefährliche Güter" im Seeverkehr verladen.
Welcher Staukategorie ist die Sendung zuzuordnen? (2)

1094 (EQ) Welche Trennvorschriften in Bezug auf Kapitel 7.2 IMDG-Code gelten für Güter, die nach Kapitel 3.5 IMDG-Code als „in freigestellten Mengen verpackte gefährliche Güter" transportiert werden? (2)

1095 (VS) Schiffe, die bestrahlte Kernbrennstoffe im Seeverkehr befördern, müssen erhöhten sicherheitstechnischen Anforderungen genügen. In welchem internationalen Regelwerk finden Sie diese Anforderungen? (1)

1096 (VS) Welcher internationale Code regelt die Beförderung gefährlicher Güter in Massengutschiffen im Seeverkehr? (1)

1097 (VS) Welcher internationale Code regelt die Beförderung gefährlicher Güter in Gastankschiffen im Seeverkehr? (1)

1098 (VS) Welcher internationale Code regelt die Beförderung gefährlicher Güter in Chemikalientankschiffen im Seeverkehr? (1)

1099 (VS) Wo werden die Anforderungen an die Laderäume für gefährliche Güter auf See-Containerschiffen beschrieben? (1)

A In den CTU-Packrichtlinien ☐
B Im IMDG-Code ☐
C Im IMSBC-Code ☐
D In SOLAS Kapitel II-2 ☐

1100 (VS) Wo finden Sie die Anforderungen an die Reinigung von Ladetanks auf Chemikalientankschiffen sowie die Entsorgung der dabei anfallenden Rückstände im Seeverkehr? (1)

A Im IGC-Code ☐
B Im IMDG-Code ☐
C Im INF-Code ☐
D In MARPOL Anlage II ☐

1101 (LS) UN 1350 SULPHUR soll in flexiblen Schüttgut-Containern im Seeverkehr verladen werden. (3)
1. Ist dies zulässig? Begründen Sie Ihre Antwort.
2. Die flexiblen Schüttgut-Container sollen in eine Güterbeförderungseinheit für den Versand im Containerverkehr gestaut werden. Ist dies zulässig? Begründen Sie Ihre Antwort.

1102 (ST) Was ist im Hinblick auf Zündquellen zu beachten, wenn ein Container mit einer entzündbaren Flüssigkeit (Flammpunkt unter 23 °C) an Deck eines Containerschiffs gestaut wird? (2)

1 Fragen
1.6 Seeschiff

1103 (Z) — Dürfen gefährliche Güter der Klasse 6.1 (Verpackungsgruppe II) im Seeverkehr zusammen mit Lebensmitteln in einen Container geladen werden? Nennen Sie auch die Fundstelle für Ihre Antwort. (2)

1104 (ST) — Welcher Mindestabstand ist in Querrichtung zu beachten, wenn zwei geschlossene Frachtcontainer, die „getrennt voneinander" (Trennbegriff 2) gestaut werden müssen, an Deck eines Containerschiffs mit geschlossenen Laderäumen verladen werden? (2)

1105 (ST) — Erläutern Sie die Bedeutung des Staucodes „SW3" nach IMDG-Code. (1)

1106 (ST) — Erläutern Sie die Bedeutung des Staucodes „SW1" nach IMDG-Code. (1)

1107 (Z) — Erläutern Sie die Bedeutung des Trenncodes „SG8" nach IMDG-Code. (1)

1108 (Z) — Welche Bedeutung hat die Trennvorschrift SG46? (1)
- A Stauung getrennt von Peroxiden ☐
- B Stauung getrennt von Klasse 3 ☐
- C Stauung getrennt von Säuren ☐
- D Stauung getrennt von Chlor ☐

1109 (Z) — Erläutern Sie die Bedeutung des Trenncodes „SG18" nach IMDG-Code. (1)

1110 (ST) — Erläutern Sie die Bedeutung des Handhabungscodes „H1" nach IMDG-Code. (1)

1111 (ST) — Erläutern Sie die Bedeutung des Handhabungscodes „H3" nach IMDG-Code. (1)

1112 (Z) — Erläutern Sie die Bedeutung des Trenncodes „SG46" nach IMDG-Code. (1)

1113 (ST) — Erläutern Sie die Vorgaben für Stauung und Handhabung sowie Trennung für CHLORACETONITRIL (CHLOROACETONITRILE) gemäß IMDG-Code. (3)

1114 (ST) — Erläutern Sie die Vorgaben für Stauung und Handhabung sowie Trennung für ALKALIMETALLAMID (ALKALI METAL AMIDE) gemäß IMDG-Code. (3)

1115 (Z) — Dürfen UN 1588 und UN 1830 zusammen in einen Container für den Seeverkehr geladen werden? Begründen Sie Ihre Antwort. (3)

1116 (CV) — In welcher Vorschrift finden Sie Hinweise, wie eine schwere Maschine mit gefährlichen Gütern (UN 3528) für den Seeverkehr in einen Container geladen werden muss, um eine punktuelle Überlastung des Containerbodens zu vermeiden? (2)

1117 (Z) — Darf Klasse 1.3G UN 0335 zusammen mit Klasse 1.3C UN 0183 gestaut werden? Begründen Sie Ihre Antwort. (2)

1118 (KT) — Welche Bedeutung haben die Begriffe „Kontrolltemperatur" und „Notfalltemperatur" bei der Beförderung gefährlicher Güter im Seeverkehr? (2)

1.6 Seeschiff

1119 (KT) Nennen Sie eine Möglichkeit zur Durchführung der Temperaturkontrolle bei der Beförderung gefährlicher Güter im Seeverkehr. (2)

1120 (D) Ist für einen Tankcontainer im Seeverkehr ein Containerpackzertifikat erforderlich? (1)

1121 (D) Ist für einen Tankcontainer im Seeverkehr ein Containerpackzertifikat erforderlich? In welchem Unterabschnitt des IMDG-Codes ist dies geregelt? (2)

1122 (D) Ist für einen ortsbeweglichen Tank im Seeverkehr ein Containerpackzertifikat erforderlich? (1)

1123 (D) Welche Ladungsdokumente sind beim Transport verpackter gefährlicher Güter in einem Container erforderlich? Nennen Sie zwei. (2)

1124 (D) Zusätzlich zum Beförderungsdokument sind gemäß IMDG-Code für den Transport gefährlicher Güter gegebenenfalls weitere Bescheinigungen dem Beförderer zu übermitteln. Nennen Sie zwei dieser Bescheinigungen. (2)

1125 (D) In welcher Unterlage wird gemäß IMDG-Code das ordnungsgemäße Packen und Sichern von gefährlichen Gütern in Containern bescheinigt? (1)

1126 (D) Wer hat das Containerpackzertifikat für den Seeverkehr auszustellen? (1)
- A Der Aussteller des Beförderungsdokuments
- B Der Hersteller und/oder der Vertreiber bzw. deren Bevollmächtigter
- C Der Anlieferer des Containers am Schiff/Umschlagbetrieb
- D Der für die Beladung des Containers Verantwortliche

1127 (D) Ist es erlaubt, im Seeverkehr das Beförderungsdokument und das Containerpackzertifikat in einem Dokument zusammenzufassen? (1)
- A Nein, da dadurch die Klarheit der Informationen beeinträchtigt wird.
- B Ja, die Zusammenfassung der Informationen in einem Dokument ist erlaubt.
- C Nur solange der Platz ausreicht
- D Wenn dies vom Schiffsführer akzeptiert wird

1128 (D) Wer hat das Containerpackzertifikat für den Seeverkehr auszustellen? (2)

1129 (D) Welche Angaben muss das Beförderungsdokument zusätzlich zu den nach IMDG-Code, Abschnitt 5.4.1 geforderten Angaben gemäß GGVSee enthalten? (2)

1130 (D) Dürfen verschiedene gefährliche Güter einer oder mehrerer Klassen zusammen in einem Beförderungsdokument für den Seeverkehr aufgeführt werden? (1)
- A Nein, die Güter müssen auf jeden Fall auf getrennten Beförderungsdokumenten aufgeführt werden.
- B Alle gefährlichen Güter können auf einem Beförderungsdokument aufgeführt werden.
- C Ja, aber nur wenn es sich um Güter in begrenzten Mengen handelt.
- D Ja, wenn für die gefährlichen Güter das Stauen in einem Laderaum oder einer Güterbeförderungseinheit zugelassen ist.

1 Fragen
1.6 Seeschiff

1131 Unter welchen Voraussetzungen dürfen verschiedene gefährliche Güter einer (2)
(D) oder mehrerer Klassen gemäß GGVSee zusammen in einem Beförderungsdokument für den Seeverkehr aufgeführt werden?

1132 Wer muss gemäß GGVSee das Beförderungsdokument erstellen? (2)
(PF)

1133 Wer muss gemäß GGVSee das Beförderungsdokument erstellen? (1)
(PF)
    A   Der Spediteur, der das Gut zur Beförderung übernimmt ☐
    B   Der Versender (Hersteller oder Vertreiber) des Gutes ☐
    C   Die Hafenbehörde des Verschiffungshafens ☐
    D   Derjenige, der die Güter in einem Container staut ☐

1134 Ist es erlaubt, das Beförderungsdokument im Seeverkehr mit EDV zu erstel- (1)
(D) len und zu übermitteln?
    A   Grundsätzlich nein, das Dokument muss als Hardcopy mit Originalunter- ☐
schrift des Ausstellers zur Abfertigung des Gutes präsentiert werden.
    B   Das richtet sich nach der Gefährlichkeit des Stoffes, es kommt auf die in ☐
den einzelnen Stoffseiten enthaltenen Anweisungen an.
    C   Ja ☐
    D   Das entscheiden die Transportbeteiligten durch vertragliche Absprache. ☐

1135 Das „Container-/Fahrzeugpackzertifikat" ist gemäß IMDG-Code im Ro/Ro- (1)
(D) Verkehr erforderlich:
    A   Nur für mit gefährlichen Gütern beladene Frachtcontainer ☐
    B   Nur für mit gefährlichen Gütern beladene unbegleitete Sattelauflieger ☐
    C   Nur für mit gefährlichen Gütern beladene Fahrzeuge, die nach ADR kenn- ☐
zeichnungspflichtig sind
    D   Für alle mit gefährlichen Gütern beladenen Beförderungseinheiten (ausge- ☐
nommen ortsbewegliche Tanks)

1136 Ein radioaktiver Stoff UN 2910, Klasse 7, soll transportiert werden. Geben Sie (2)
(K) hierfür den richtigen technischen Namen gemäß IMDG-Code an.

1137 Ein Stoff mit der UN-Nummer 2418 soll transportiert werden. Geben Sie hier- (2)
(K) für den richtigen technischen Namen gemäß IMDG-Code an. Mit welchen Gefahrzetteln sind die Versandstücke zu versehen?

1138 Ein radioaktiver Stoff, UN 3330, soll transportiert werden. Geben Sie hierfür (2)
(K) den richtigen technischen Namen gemäß IMDG-Code an.

1139 Ein Stoff mit der UN-Nummer 1079 soll transportiert werden. Geben Sie hier- (2)
(MK) für den richtigen technischen Namen gemäß IMDG-Code an. Mit welchen
Gefahrzetteln müssen die Versandstücke versehen werden?

1140 Ein Stoff mit der UN-Nummer 1244 soll transportiert werden. Geben Sie hier- (2)
(MK) für den richtigen technischen Namen gemäß IMDG-Code an. Mit welchen
Gefahrzetteln müssen die Versandstücke versehen werden?

1141 Ein Stoff mit der UN-Nummer 1380 soll transportiert werden. Geben Sie hier- (2)
(MK) für den richtigen technischen Namen gemäß IMDG-Code an. Mit welchen
Gefahrzetteln müssen die Versandstücke versehen werden?

Gb-Prüfung 1 Fragen
1.6 Seeschiff

1142 (MK) Ein Stoff mit der UN-Nummer 2077 soll transportiert werden. Geben Sie hierfür den richtigen technischen Namen gemäß IMDG-Code an. Mit welchen Gefahrzetteln müssen die Versandstücke versehen werden? (2)

1143 (D) Gibt es im IMDG-Code ein vorgeschriebenes Formular für die multimodale Beförderung? (1)

1144 (PF) Welche Pflichten nach GGVSee treffen zum einen den Versender und zum anderen den Beförderer hinsichtlich der Aufbewahrung der Unterlagen für die Beförderung? (2)

1145 (POT) Ein Container, der mit mehr als 4 000 kg gefährlicher Güter der UN-Nummer 1145 als einzigem Gefahrgut beladen ist und im Seeverkehr befördert werden soll, muss mit vier Placards gekennzeichnet sein. Welche Angabe wird zusätzlich auf dem Container gefordert, an welchen Stellen muss diese angebracht werden und in welchem Unterabschnitt des IMDG-Codes ist dies geregelt? (3)

1146 (POT) An welchen Stellen muss ein Container mit einer Teilladung eines gefährlichen Gutes der Klasse 3 gemäß IMDG-Code plakatiert werden? (2)

1147 (POT) Ein Frachtcontainer für den Seeverkehr, der mit Möbeln und drei Fässern mit Farbe (insgesamt 600 l) der Klasse 3 beladen ist, soll gekennzeichnet werden. Geben Sie die Art der Placards und die erforderliche Anzahl der Placards an. (2)

1148 (POT) Mit welchen Placards und an welchen Stellen muss ein Container mit einer Teilladung eines gefährlichen Gutes der Klasse 3 gemäß IMDG-Code plakatiert werden? (2)

1149 (POT) An welchen Stellen eines Containers ist gemäß IMDG-Code die Kennzeichnung „Marine Pollutant" anzubringen? (2)

1150 (POT) Wie wird die Zusatzgefahr an der Güterbeförderungseinheit gemäß IMDG-Code kenntlich gemacht? (1)
    A   Durch Placards ohne Ziffer in der unteren Ecke   ☐
    B   Durch Placards mit Ziffer in der unteren Ecke   ☐
    C   Durch Überkleben der Ziffer des Placards mit dem Placard der Hauptgefahr   ☐
    D   Nur durch ein Placard an der Türseite   ☐

1151 (PF) Wer ist für das Anbringen der vorgeschriebenen Gefahrzettel beim Seetransport auf den Versandstücken verantwortlich? (1)
    A   Der Beförderer   ☐
    B   Der Versender und der Beauftragte des Versenders   ☐
    C   Der Schiffsführer   ☐
    D   Der Anlieferer am Umschlagbetrieb   ☐

1152 (PF) Wer ist für das Anbringen der vorgeschriebenen Gefahrzettel beim Seetransport auf den Versandstücken verantwortlich? (2)

1153 (MK) Ein Versandstück mit AMMONIUM SULPHIDE, SOLUTION, Klasse 8, UN 2683, Flammpunkt +59 °C, soll für den Seetransport gekennzeichnet werden. Geben Sie die vorgeschriebene Kennzeichnung und Bezettelung gemäß IMDG-Code an. (3)

1 Fragen
1.6 Seeschiff

1154 (MK) Ein Fass (250 kg) mit LEAD PERCHLORATE, SOLID, UN 1470, Klasse 5.1, soll für den Seetransport gekennzeichnet werden. Geben Sie die vorgeschriebene Kennzeichnung und Bezettelung gemäß IMDG-Code an. (3)

1155 (MK) Ein Versandstück mit NITRIERSÄUREMISCHUNG mit 55 % Salpetersäure soll für den Seetransport gekennzeichnet werden. Geben Sie die vorgeschriebene Kennzeichnung und Bezettelung gemäß IMDG-Code an. (3)

1156 (POT) In welchen Fällen muss gemäß IMDG-Code eine Güterbeförderungseinheit mit Stoffen der Klasse 1 mit der UN-Nummer versehen werden? (1)

- A Immer ☐
- B Ab 4 000 kg Nettoexplosivmasse ☐
- C Wenn die Transportgenehmigung dies vorschreibt ☐
- D In keinem Fall ☐

1157 (LQ) Eine Güterbeförderungseinheit, die gefährliche Güter in begrenzten Mengen der Gefahrenklassen 3, 4.1 und 8 enthält, ist an den Außenseiten mit einem vergrößerten (250 × 250 mm) Kennzeichen für „begrenzte Mengen" gekennzeichnet. Nach welchem Unterabschnitt des IMDG-Codes ist das zulässig? (2)

1158 (LQ) Wie müssen Versandstücke mit begrenzten Mengen, die nach den Vorschriften des Kapitels 3.4 des IMDG-Codes befördert werden sollen, mindestens gekennzeichnet werden? (2)

1159 (LQ) Ein Container, der nur mit gefährlichen Gütern in begrenzten Mengen der Gefahrklassen 3, 5.1, 6.1 und 8 beladen ist, ist außen mindestens mit welcher Plakatierung oder Kennzeichnung zu versehen?
In welchem Unterabschnitt des IMDG-Codes ist dies geregelt? (2)

1160 (KT) Einem Container mit Lebensmitteln wird zu Kühlungszwecken im Seeverkehr Trockeneis (UN 1845) beigefügt. (3)

1. Wie und wo ist der Container zu kennzeichnen?
2. Ist eine Unterweisung der mit der Handhabung dieses Containers befassten Personen vorgeschrieben? Nennen Sie hierzu ggf. auch den entsprechenden Absatz.

1161 (KT) Wie muss ein ausschließlich mit Möbeln beladener, begaster Container (UN 3359) im Seeverkehr gekennzeichnet werden und welche Voraussetzungen müssen erfüllt werden, bevor diese Kennzeichnung wieder entfernt werden darf? (2)

1162 (MK) Wie groß muss die Buchstabenhöhe des Kennzeichens „Umverpackung/Overpack" im Seeverkehr sein? (1)

1163 (CV) Anhand welcher Kennzeichnung können Sie vor der Verwendung überprüfen, ob ein Container für den vorgesehenen Zweck geeignet bzw. geprüft ist? Welchem Unterabschnitt des IMDG-Codes können Sie Einzelheiten zu dieser Kennzeichnung entnehmen? (2)

1164 (VS) Welche Informationen sind dem Index des IMDG-Codes anhand eines gegebenen Stoffes oder Gegenstandes zu entnehmen? (2)

1165 (VS) In welchen Abschnitten des IMDG-Codes befinden sich die Erläuterungen zum Aufbau der Gefahrgutliste sowie zu den dort verwendeten Abkürzungen und Symbolen? (2)

1166 (VS)	Welches Kapitel des IMDG-Codes enthält Festlegungen zu Beförderungsdokumenten?	(2)
1167 (VS)	Welches Kapitel des IMDG-Codes enthält die Vorschriften für das Plakatieren von Güterbeförderungseinheiten im Seeverkehr?	(2)
1168 (VS)	Welches Kapitel des IMDG-Codes enthält die Begriffsbestimmung von Meeresschadstoffen?	(2)
1169 (VS)	Welcher Abschnitt des IMDG-Codes enthält die Festlegungen zur Beförderung von Abfällen?	(2)
1170 (VS)	In welchem Abschnitt des IMDG-Codes ist die Stauung von Straßenfahrzeugen mit verpackten gefährlichen Gütern in Ro/Ro-Laderäumen geregelt?	(2)

1171 (VS) In welchem Abschnitt des IMDG-Codes ist die Stauung von Güterbeförderungseinheiten in Ro/Ro-Laderäumen geregelt? (1)

    A   Abschnitt 5.4.3 ☐
    B   Abschnitt 4.1.1 ☐
    C   Abschnitt 7.5.2 ☐
    D   Abschnitt 1.2.1 ☐

1172 (VS) Welches Kapitel des IMDG-Codes enthält Festlegungen zur Verwendung von Schüttgut-Containern für die Beförderung fester Stoffe? (1)

    A   Kapitel 2.0 ☐
    B   Kapitel 4.3 ☐
    C   Kapitel 5.1 ☐
    D   Kapitel 6.1 ☐

1173 (VS)	Welches Kapitel des IMDG-Codes enthält die Vorschriften für die Stauung und Trennung von Containern auf Containerschiffen?	(2)
1174 (VS)	In welchem Abschnitt des IMDG-Codes ist die Trennung von Beförderungseinheiten mit verpackten gefährlichen Gütern auf Ro/Ro-Schiffen geregelt?	(2)
1175 (VS)	Welches Kapitel des IMDG-Codes enthält die Vorschriften für das Packen von Containern?	(2)
1176 (VS)	In welchem Unterabschnitt des IMDG-Codes ist geregelt, welche Trennvorschriften für gefährliche Güter der Klasse 1 untereinander angewandt werden müssen?	(2)
1177 (Z)	Erläutern Sie die Bedeutung der Eintragung SGG1 in Kapitel 3.2 (Gefahrgutliste).	(1)
1178 (Z)	Erläutern Sie die Bedeutung der Eintragung SGG4 in Kapitel 3.2 (Gefahrgutliste).	(1)

1179 (Z) Welche chemischen Eigenschaften haben gefährliche Güter, die der Trenngruppe SGG6 zugeordnet sind? (1)

    A   Cyanide ☐
    B   Säuren ☐
    C   Alkalien ☐
    D   Permanganate ☐

1 Fragen
1.6 Seeschiff

1180 (SCH) Welche Personen des Schiffspersonals müssen gemäß GGVSee für die Beförderung gefährlicher Güter auf Seeschiffen besonders unterwiesen sein? (2)

1181 (SCH) Welche maximale Gültigkeitsdauer haben die Unterweisungsbescheinigungen für die Schiffsführer und die für die Ladung verantwortlichen Offiziere bei der Beförderung gefährlicher Güter auf Seeschiffen, die auf Verlangen der Behörden gemäß GGVSee vorgelegt werden müssen? (1)

- A 3 Jahre ☐
- B 5 Jahre ☐
- C Die Gültigkeit ist unbegrenzt. ☐
- D Das hängt von der ausstellenden Stelle ab. ☐

1182 (SCH) Welche maximale Gültigkeitsdauer haben die Unterweisungsbescheinigungen für die Schiffsführer und die für die Ladung verantwortlichen Offiziere bei Beförderung gefährlicher Güter auf Seeschiffen, die auf Verlangen der Behörden gemäß GGVSee vorgelegt werden müssen? (2)

1183 (VS) In welchen Vorschriften für den Seetransport ist geregelt, dass nicht alle gefährlichen Güter zusammen gestaut werden dürfen? (1)

- A In der GGVSee und im IMDG-Code ☐
- B In den durch die UN standardisierten Hafensicherheitsvorschriften ☐
- C In den Hafensicherheitsvorschriften der deutschen Seehäfen ☐
- D Nur im IMDG-Code ☐

1184 (VS) In welcher Vorschrift sind die Ordnungswidrigkeitentatbestände beim Transport gefährlicher Güter mit Seeschiffen geregelt? Nennen Sie auch die genaue Fundstelle in der Vorschrift. (2)

1185 (VS) Dürfen alle gefährlichen Güter in fester Form auch in loser Schüttung in Schüttgut-Containern und ortsbeweglichen Tanks mit Seeschiffen befördert werden?
Welche Kapitel des IMDG-Codes enthalten hierzu Angaben zu
1) Schüttgut-Containern und
2) ortsbeweglichen Tanks? (3)

1186 (TV) Dürfen Straßentankfahrzeuge, die nicht den Vorschriften des Kapitels 6.7 IMDG-Code entsprechen, auf langen internationalen Seereisen für die Beförderung gefährlicher Flüssigkeiten verwendet werden?
Nennen Sie den Abschnitt des IMDG-Codes, der dies regelt. (2)

1187 (SCH) Besteht für Landpersonal, das Container mit gefährlichen Gütern nach IMDG-Code belädt, eine Unterweisungsverpflichtung?
Nennen Sie auch den entsprechenden Abschnitt des IMDG-Codes. (2)

1188 (SCH) Gibt es für Landpersonal, das Aufgaben nach 1.3.1.2 IMDG-Code ausführt, in Deutschland verbindliche Vorgaben für die Unterweisungen?
Begründen Sie Ihre Antwort. (2)

1189 (PF) Wie ist im Seeverkehr der Versender definiert? (1)

1190 (MG) Erläutern Sie den Begriff „MHB" im Zusammenhang mit der Massengutbeförderung in Seeschiffen. (2)

1191 Darf UN 1454 Calcium Nitrate im Seeverkehr grundsätzlich (3)
(MG) a) nach IMDG-Code in Schüttgütern und/oder
b) als Massengut (siehe nachstehenden Ausschnitt aus dem IMSBC-Code) befördert werden?

Begründen Sie jeweils kurz Ihre Antwort.

TECHNISCHER NAME DER SCHÜTTLADUNG (Bulk Cargo Shipping Name)	GRUPPE	Referenzen
Bran pellets Pellets aus Kleie	B oder C	see SEED CAKE or SEED CAKESAND OTHER RESIDUES OF PROCESSED OILY VEGETABLES siehe ÖLKUCHEN oder ÖLKUCHEN UND ANDERE RÜCKSTÄNDE VERARBEITETER ÖLHALTIGER PFLANZEN
Brewer's grain pellets Pellets aus Brauerkleie	B oder C	see SEED CAKE or SEED CAKESAND OTHER RESIDUES OF PROCESSED OILY VEGETABLES siehe ÖLKUCHEN oder ÖLKUCHEN UND ANDERE RÜCKSTÄNDE VERARBEITETER ÖLHALTIGER PFLANZEN
BROWN COAL BRIQUETTES BRAUNKOHLENBRIKETTS	B	
BRUCITE BRUCIT	C	
Calcined clay Gebrannter Ton	C	see ALUMINA, CALCINED siehe ALUMINIUMOXID, GEBRANNT
Calcined pyrites Pyritasche	A und B	see PYRITES, CALCINED siehe FLUSSSPAT
CALCIUM FLUORIDE, CALCIUM SULPHATE, CALCIUM CARBONATE MIXTURE MISCHUNG AUS CALCIUMFLUORID, CALCIUMSULFAT UND CALCIUMCARBONAT	A	
CALCIUM NITRATE UN 1454 CALCIUMNITRAT; UN 1454	B	
CALCIUM NITRATE FERTILIZER CALCIUMNITRAT-DÜNGEMITTEL	C	
Calcium oxide Calciumoxid	B	see LIME (UNSLAKED) siehe KALK (UNGELÖSCHT)
Canoa pellets Pellets aus Rapssaat	B oder C	see SEED CAKE or SEED CAKESAND OTHER RESIDUES OF PROCESSED OILY VEGETABLES siehe ÖLKUCHEN oder ÖLKUCHEN UND ANDERE RÜCKSTÄNDE VERARBEITETER ÖLHALTIGER PFLANZEN
CARBORUNDUM KARBORUND / SILICIUMCARBID	C	
CASTOR BEANS UN 2969 RIZINUSBOHNEN; UN 2969	B	
CASTOR FLAKE UN 2969 RIZINUSFLOCKEN; UN 2969	B	

1 Fragen
1.6 Seeschiff

1192 (MG) Dürfen Schüttgüter der Gruppe B, die nicht im IMSBC-Code aufgeführt sind, zur Beförderung mit Seeschiffen übergeben werden? Nennen Sie auch den zutreffenden Paragraphen und Absatz in der GGVSee. (2)

1193 (MG) Welche Inhalte muss in Deutschland eine schriftliche Ladungsinformation für gefährliche Schüttgüter im Seeverkehr enthalten? (2)
(Für die Inhalte aus dem IMSBC-Code ist die Fundstelle ausreichend.)

1194 (FT) Sie wollen Hexanol als flüssiges Massengut im Seeverkehr zur Beförderung übergeben. Prüfen Sie anhand des nachstehenden Auszugs aus dem IBC-Code, ob Hexanol grundsätzlich zur Beförderung zugelassen ist und erläutern Sie Ihre Antwort. (2)

Chapter 17 of the IBC Code

a	c	d	e	f	g	h	i'	i''	i'''	j	k	l	m	n
Heptene (all isomers)	Y	P	3	2G	Cont	No	T4	IIA		No	R	F	A	No	15.19.6
Heptyl acetate	Y	P	2	2G	Open	No				Yes	O	No	A	No	15.19.6
1-Hexadecylnaphthalene / 1,4-bis(hexadexyl)naphthalene mixture	Y	P	2	2G	Open	No				Yes	O	No	AB	No	15.19.6, 16.2.6
Hexamethylenediamine (molten)	Y	S/P	2	2G	Cont	No				Yes	C	T	AC	Yes	15.12, 15.17, 15.18, 15.19, 16.2.9
Hexamethylenediamine adipate (50 % in water)	Z	P	3	2G	Open	No				Yes	O	No	A	No	
Hexamethylenediamine solution	Y	S/P	3	2G	Cont	No				Yes	R	T	A	No	15.19.6
Hexamethylene diisocyanate	Y	S/P	2	1G	Cont	Dry	T1	IIB		Yes	C	T	AC (b)D	Yes	15.12, 15.16.2, 15.17, 15.18, 15.19
Hexamethylene glycol	Z	P	3	2G	Open	No				Yes	O	No	A	No	
Hexamethyleneimine	Y	S/P	2	2G	Cont	No	T4	IIB		No	R	FT	AC	No	15.19.6
Hexane (all isomers)	Y	P	2	2G	Cont	No	T3	IIA		No	R	F	A	No	15.19.6
1,6-Hexandiol, distillation overheads	Y	P	3	2G	Open	No				Yes	O	No	A	No	15.12.3, 15.12.4, 15.19.6, 16.2.9
Hexanoic acid	Y	P	3	2G	Open	No				Yes	O	No	AB	No	15.19.6
Hexanol	Y	P	3	2G	Open	No				Yes	O	No	AB	No	15.19.6
Hexene (all isomers)	Y	P	2	2G	Cont	No	T3	IIA		No	R	F	A	No	15.19.6
Hexyl acetate	Y	P	2	2G	Cont	No	T2	IIA		No	R	F	A	No	15.19.6

1195 (FT) Sie wollen als Versender im Seeverkehr ein gefährliches Massengut in flüssiger Form befördern lassen. Wie prüfen Sie, ob das Gut grundsätzlich zur Beförderung zugelassen ist? (2)

1196 (FT) Welche Ladungsinformationen sind für gefährliche Massengüter in flüssiger oder verflüssigter Form erforderlich? Nennen Sie zwei Informationen. (2)

1197 (GT) Sie wollen als Versender im Seeverkehr ein verflüssigtes Gas als Massengut befördern lassen. Wie prüfen Sie, ob das Gut zur Beförderung zugelassen ist? (2)

1198 Sie wollen für den Seetransport gefährliche Güter der Klasse 6.1, UN-Nr. 1590, und der Klasse 3, UN-Nr. 2219, in Kanistern zu je 60 l in einem Container zusammenladen lassen. (10)

    a) Geben Sie den richtigen technischen Namen der beiden Güter an. (2)
    b) Dürfen die Güter in einem Container zusammengeladen werden? (2)
    c) Wer ist gemäß GGVSee für die Beachtung der Trennvorschriften bei der Beladung des Containers verantwortlich? (2)
    d) Geben Sie die Staukategorie für den Container an. (2)
    e) An welchen Stellen und mit welchen Placards und Kennzeichen ist der Container zu versehen? (2)

Gb-Prüfung 1 Fragen
1.6 Seeschiff

1199 Gefährliche Güter dürfen nach den Bestimmungen des Kapitels 3.4 des (10)
IMDG-Codes als begrenzte Mengen befördert werden, wenn die dort genannten Bedingungen eingehalten werden.

a) Dürfen die folgenden gefährlichen Güter als begrenzte Mengen befördert (6)
werden? Nennen Sie auch jeweils die UN-Nummer.

1.)	PARFÜMERIEERZEUGNISSE, 3	UN-Nummer	Ja ( )	Nein ( )
2.)	PHOSPHOR, GELB, UNTER WASSER, 4.2	UN-Nummer	Ja ( )	Nein ( )
3.)	TRICHLORETHYLEN, 6.1	UN-Nummer	Ja ( )	Nein ( )

b) Müssen die Verpackungen für den Versand in begrenzten Mengen bauart- (2)
geprüft sein? Geben Sie auch den zutreffenden Unterabschnitt des IMDG-
Codes an.

c) Wie müssen die Verpackungen für begrenzte Mengen gefährlicher Güter (2)
mindestens gekennzeichnet werden?

1200 Sie wollen 10 Fässer aus Stahl mit CYCLOHEXYLAMINE, Klasse 8, UN- (10)
Nr. 2357, zusammen mit ACETONE, Klasse 3, UN-Nr. 1090, in Glasflaschen in 3 Kisten, in einem Container für den Seeverkehr laden.

a) Geben Sie den Stoff an, für den mehrere Kennzeichen vorgeschrieben (2)
sind.

b) Gibt es generelle Trennvorschriften für die genannten Klassen? (1)

c) Welche Bedeutung hat die Zusatzgefahr (der Zusatzgefahrzettel) für die (2)
Trennung?

d) Gibt es gemäß IMDG-Code besondere Trennvorschriften für die beiden (2)
Güter?

e) Welche Bescheinigung ist von der für die Beladung des Containers ver- (1)
antwortlichen Person auszustellen?

f) Mit welchen Placards und wo ist der Container zu kennzeichnen? (2)

1201 Folgende zwei Partien Gefahrgüter sollen (nach GGVSee) in einem 20'-Con- (10)
tainer gepackt und mit einem Fährschiff mit „unbegrenzter" Fahrgastzahl
nach Großbritannien befördert werden:

– 80 plastic jerricans SULPHURIC ACID, 60 %, mit je 60 l Inhalt, Bruttogewicht 5 800 kg insgesamt

– 10 plastic jerricans DIALLYL ETHER, mit je 60 l Inhalt, Bruttogewicht 700 kg
insgesamt

a) Welche Papiere müssen nach GGVSee und IMDG-Code für die Beförde- (2)
rung ausgefertigt werden?

b) Welchen UN-Nummern sind die Stoffe zugeordnet? (2)

c) Dürfen die Partien in einem Container zusammengeladen werden? (2)

d) Welche Placards sind an welchen Stellen des Containers anzubringen? (2)

e) Welche Staukategorie ist für diesen Container zutreffend und darf der (2)
Container auf diesem Schiff befördert werden?

1 Fragen
1.6 Seeschiff

1202 Sie wollen (10)
1) METHANOL zusammen mit
2) GIFTIGER ORGANISCHER FESTER STOFF, ENTZÜNDBAR, N.A.G.
auf einem Lkw von Deutschland auf dem Seeweg nach England befördern und wissen, dass Sie zusätzlich zum ADR den IMDG-Code für diesen Transport anzuwenden haben.

    a) Welchen UN-Nummern sind die Stoffe 1) und 2) zugeordnet? (2)
    b) Zu welchen Klassen gehören die Stoffe 1) und 2)? Welche Zusatzgefahren haben sie? (2)
    c) Dürfen die beiden Stoffe unter Berücksichtigung ausschließlich ihrer Hauptklassen zusammengeladen werden? (1)
    d) Dürfen die beiden Stoffe unter Berücksichtigung ihrer zusätzlichen Kennzeichen (Gefahren) zusammengeladen werden? (2)
    e) Welche Placards sind auf dem Lkw anzubringen? (2)
    f) An welchen Stellen sind die erforderlichen Placards auf dem Lkw anzubringen? (1)

1203 Gefährliche Güter der Klassen 3 und 8 in Innenverpackungen (je 1 l) sollen für den Seetransport in begrenzten Mengen zusammen in eine Außenverpackung (= Versandstück) gepackt werden. Dieses Versandstück soll zusammen mit einem anderen Versandstück, in dem sich gefährliche Güter der Klasse 5.1 in begrenzten Mengen befinden, in einen Container geladen werden. (10)

    a) Dürfen die Güter der Klassen 3 und 8 in begrenzten Mengen in eine Außenverpackung zusammengepackt werden? (2)
    b) Ist für die Außenverpackung eine Baumusterzulassung erforderlich? (2)
    c) Wie ist das Versandstück mit den Gütern der Klassen 3 und 8 zu kennzeichnen? (2)
    d) Darf das Versandstück mit den Klassen 3 und 8 zusammen mit dem Versandstück mit der Klasse 5.1 in einen Container geladen werden? (2)
    e) Wie ist der Container zu kennzeichnen? (2)

1204 Ein Unternehmen lässt einen ortsbeweglichen Tank (Nennvolumen 5 000 l), gefüllt mit UN 2383 DIPROPYLAMIN, von Deutschland nach England befördern. Der Tank wird per Lkw über eine Fähre nach England gebracht. (10)

    a) Welcher Mindestprüfdruck ist für den Tank vorgeschrieben? (2)
    b) Welche Plakatierung ist nach IMDG-Code für den ortsbeweglichen Tank vorgeschrieben und an welchen Stellen sind die Placards anzubringen? (2)
    c) Welche zusätzlichen Kennzeichnungen sind für den Seeverkehr erforderlich und an welchen Stellen sind diese am ortsbeweglichen Tank anzubringen? (4)
    d) Welcher Staukategorie ist das Gut zugeordnet und wo ist die Beförderungseinheit auf der Fähre (Länge 180 m, 300 Fahrgäste) zu stauen? (2)

1205 Folgende drei Gefahrgüter sollen für den Seetransport in einen Container gepackt werden: (10)
UN 1717
UN 1814
UN 1889

    a) Benennen Sie jeweils die Haupt- und Nebengefahren. (2)
    b) Welches Gefahrgut darf nach den Trennvorschriften des IMDG-Codes nicht mit den beiden anderen Gefahrgütern zusammen in einen Container gepackt werden? (2)

- c) Wie und wo ist der Container mit den zwei verbleibenden Gefahrgütern zu plakatieren und zu kennzeichnen? (2)
- d) Welche Staukategorien sind den beiden in den Container gepackten Gefahrgütern zugeordnet? (1)
- e) Darf der Container im Laderaum (unter Deck) eines Frachtschiffes befördert werden? (1)
- f) Welches Dokument hat die für das Packen des Containers verantwortliche Person auszustellen? (1)
- g) In welcher Vorschrift findet die für das Packen des Containers verantwortliche Person konkrete Hinweise zur Lastverteilung und Ladungssicherung? (1)

1206 Folgende drei Gefahrgüter sollen (nicht in begrenzten Mengen) für den Seetransport in einen Frachtcontainer geladen werden: (10)
UN 1214
UN 1810
UN 1575

- a) Benennen Sie jeweils die Haupt- und Nebengefahren. (2)
- b) Welches Gefahrgut darf nach den Trennvorschriften des IMDG-Codes nicht mit den beiden anderen Gefahrgütern zusammen in den Container geladen werden? (2)
- c) Wie ist die Sendung im Beförderungsdokument aufzuführen? (2)
- d) Wie und wo ist der Container zu plakatieren und zu kennzeichnen? (2)
- e) Welches weitere Dokument ist dem Beförderer zu übergeben? (1)
- f) Welches weitere Dokument, in dem die Ladung aufgeführt ist, hat der Beförderer bzw. sein Vertreter der Schiffsleitung zu übergeben? (1)

2 Antworten zu den Gb-Prüfungsfragen

2.1 Antworten zu den nationalen Rechtsvorschriften

Hinweis: Die Zahl in Klammern gibt die erreichbare Punktzahl an.

1 Nach § 3 Absatz 1 Gefahrgutbeförderungsgesetz wurden zahlreiche Verordnungen verkündet, z. B. GGVSEB, GGVSee, GbV, GGAV, GGKontrollV. (2)
ⓘ *Hinweis: Es sind für die richtige Antwort zwei der o. g. Verordnungen auszuwählen.*

2 **A** Er hat den Bediensteten der Überwachungsbehörden auf Verlangen Verpackungsmuster für eine amtliche Untersuchung zu übergeben. (1)
ⓘ *Fundstelle: § 9 Absatz 2 GGBefG*

3 **A** Er muss grundsätzlich die zur Erfüllung der Aufgaben der Überwachungsbehörden erforderlichen Auskünfte unverzüglich erteilen. (1)
ⓘ *Fundstelle: § 9 Absatz 2 GGBefG*

4 **A** Er hat das Betreten der Räume seiner Speditionsabteilung zu dulden. (1)
ⓘ *Fundstelle: § 9 Absatz 2 GGBefG*

5 Ein Bußgeldrahmen von höchstens 50 000 € ist möglich. (1)
ⓘ *Fundstelle: § 10 GbV i.V.m. § 10 Absatz 2 GGBefG*

6
- Atomgesetz (AtG) (2)
- Strahlenschutzverordnung (StrlSchV)
- Wasserhaushaltsgesetz (WHG)
- Kriegswaffenkontrollgesetz
- Straßenverkehrsgesetz (StVG)
- Straßenverkehrsordnung (StVO)
- Chemikaliengesetz (ChemG)
- Bundes-Immissionsschutzgesetz (BImSchG)
- Sprengstoffgesetz (SprengG)
- Kreislaufwirtschaftsgesetz (KrWG)
- Betriebssicherheitsverordnung (BetrSichV)

7 **B** Das Wasserhaushaltsgesetz (1)
ⓘ *Hinweis: Gemäß § 1 WHG ist es Zweck dieses Gesetzes, eine nachhaltige Gewässerbewirtschaftung zu haben, um den Lebensraum für Menschen, Tiere und Pflanzen zu schützen. Laut § 5 WHG besteht eine allgemeine Sorgfaltspflicht, um eine nachteilige Veränderung der Gewässereigenschaften zu vermeiden.*

8 **A** Das Sprengstoffgesetz (1)
ⓘ *Hinweis: Gemäß § 1 SprenG gilt das Gesetz für den Umgang und Verkehr mit explosionsgefährlichen Stoffen und Sprengzubehör, die als Gefahrgut der Klasse 1 zugeordnet werden.*

9 **B** Das Kreislaufwirtschaftsgesetz (1)
ⓘ *Hinweis: Gemäß § 3 KrWG handelt es sich bei Abfällen um Stoffe und Gegenstände, derer sich ihr Besitzer entledigen will. Es werden gefährliche Abfälle definiert.*

2 Antworten

2.1 Nationale Rechtsvorschriften

10   **A**   Das Atomgesetz   (1)

ⓘ *Hinweis: Gemäß § 2 AtG werden radioaktive Stoffe als Stoffe definiert, die ein Radionuklid oder mehrere Radionuklide enthalten und deren spezifische Aktivität im Zusammenhang mit der Kernenergie oder dem Strahlenschutz dem AtG unterliegt. Dies sind Stoffe der Klasse 7.*

11   **A**   Das Chemikaliengesetz   (1)

ⓘ *Hinweis: Im § 3a ChemG werden gefährliche Stoffe und gefährliche Gemische definiert, die auch Gefahrgut sein können.*

12   **A**   Das Wasserhaushaltsgesetz   (1)

ⓘ *Hinweis: Gemäß § 1 WHG ist es Zweck dieses Gesetzes, eine nachhaltige Gewässerbewirtschaftung zu haben, um den Lebensraum für Menschen, Tiere und Pflanzen zu schützen. Laut § 5 WHG besteht eine allgemeine Sorgfaltspflicht, um eine nachteilige Veränderung der Gewässereigenschaften zu vermeiden.*

13   **A**   Das Sprengstoffgesetz   (1)

ⓘ *Hinweis: Gemäß § 1 SprengG gilt das Gesetz für den Umgang und Verkehr mit explosionsgefährlichen Stoffen und Sprengzubehör, die als Gefahrgut der Klasse 1 zugeordnet werden.*

14   **D**   Das Chemikaliengesetz   (1)

ⓘ *Hinweis: Im § 3a ChemG werden gefährliche Stoffe und gefährliche Gemische definiert, die auch Gefahrgut sein können.*

15   **C**   Das Kreislaufwirtschaftsgesetz   (1)

ⓘ *Hinweis: Gemäß § 3 KrWG handelt es sich bei Abfällen um Stoffe und Gegenstände, derer sich ihr Besitzer entledigen will. Es werden gefährliche Abfälle definiert.*

16   **A**   Das Atomgesetz   (1)

ⓘ *Hinweis: Gemäß § 2 AtG werden radioaktive Stoffe als Stoffe definiert, die ein Radionuklid oder mehrere Radionuklide enthalten und deren spezifische Aktivität im Zusammenhang mit der Kernenergie oder dem Strahlenschutz dem AtG unterliegt. Dies sind Stoffe der Klasse 7.*

17   **D**   sich die Tätigkeit der Unternehmen auf die Beförderung gefährlicher Güter im Straßen-, Eisenbahn-, Binnenschiffs- oder Seeverkehr erstreckt, deren Mengen die in Unterabschnitt 1.1.3.6 ADR festgelegten höchstzulässigen Mengen nicht überschreiten.   (1)

ⓘ *Fundstelle: § 2 Absatz 1 Nummer 5 GbV*

18   **A**   den Unternehmen ausschließlich Pflichten als Entlader zugewiesen und sie an der Beförderung gefährlicher Güter von nicht mehr als 50 Tonnen netto je Kalenderjahr beteiligt sind.   (1)

ⓘ *Fundstelle: § 2 Absatz 1 Nummer 3 GbV*

19   **A**   Gefahrgutbeförderungen ausschließlich im Luftverkehr durchgeführt werden.   (1)

ⓘ *Fundstelle: § 1 GbV*

20   **A**   Unternehmen gefährliche Güter von nicht mehr als 50 Tonnen netto je Kalenderjahr für den Eigenbedarf in Erfüllung betrieblicher Aufgaben befördern, wobei dies bei radioaktiven Stoffen nur für solche der UN-Nummern 2908 bis 2911 gilt   (1)

ⓘ *Fundstelle: § 2 Absatz 1 Nummer 7 GbV*

Gb-Prüfung

2 Antworten

2.1 Nationale Rechtsvorschriften

21   **D**   sich die Tätigkeit der Unternehmen auf die Beförderung gefährlicher Güter erstreckt, die nach den Bedingungen des Kapitels 3.4 und 3.5 ADR/RID/ADN/IMDG-Code freigestellt sind.   (1)

ⓘ *Fundstelle: § 2 Absatz 1 Nummer 6 GbV*

22   **D**   sich die Tätigkeit der Unternehmen auf die Beförderung gefährlicher Güter erstreckt, die von den Vorschriften des ADR/RID/ADN/IMDG-Code freigestellt sind.   (1)

ⓘ *Fundstelle: § 2 Absatz 1 Nummer 4 GbV*

23   **D**   den Unternehmen ausschließlich Pflichten als Fahrzeugführer, Schiffsführer, Empfänger, Reisender, Hersteller und Rekonditionierer von Verpackungen und als Stelle für Inspektionen und Prüfungen von Großpackmitteln (IBC) zugewiesen sind.   (1)

ⓘ *Fundstelle: § 2 Absatz 1 Nummer 1 GbV*

24   **D**   den Unternehmen ausschließlich Pflichten als Auftraggeber des Absenders zugewiesen sind und sie an der Beförderung gefährlicher Güter von nicht mehr als 50 Tonnen netto je Kalenderjahr beteiligt sind, ausgenommen radioaktive Stoffe der Klasse 7 und gefährliche Güter der Beförderungskategorie 0 nach Absatz 1.1.3.6.3 ADR.   (1)

ⓘ *Fundstelle: § 2 Absatz 1 Nummer 2 GbV*

25   Nach § 2 GbV sind Unternehmen von der Bestellung eines Gefahrgutbeauftragten befreit,   (2)
- denen ausschließlich Pflichten als Fahrzeugführer, Schiffsführer, Empfänger, Reisender, Hersteller und Rekonditionierer von Verpackungen und als Stelle für Inspektionen und Prüfungen von Großpackmitteln (IBC) zugewiesen sind,
- denen ausschließlich Pflichten als Auftraggeber des Absenders zugewiesen sind und die an der Beförderung gefährlicher Güter von nicht mehr als 50 Tonnen netto je Kalenderjahr beteiligt sind, ausgenommen radioaktive Stoffe der Klasse 7 und gefährliche Güter der Beförderungskategorie 0 nach Absatz 1.1.3.6.3 ADR,
- denen ausschließlich Pflichten als Entlader zugewiesen sind und die an der Beförderung gefährlicher Güter von nicht mehr als 50 Tonnen netto je Kalenderjahr beteiligt sind,
- deren Tätigkeit sich auf die Beförderung gefährlicher Güter erstreckt, die von den Vorschriften des ADR/RID/ADN/IMDG-Code freigestellt sind,
- deren Tätigkeit sich auf die Beförderung gefährlicher Güter im Straßen-, Eisenbahn-, Binnenschiffs- oder Seeverkehr erstreckt, deren Mengen die in Unterabschnitt 1.1.3.6 ADR festgelegten höchstzulässigen Mengen nicht überschreiten,
- deren Tätigkeit sich auf die Beförderung gefährlicher Güter erstreckt, die nach den Bedingungen des Kapitels 3.4 und 3.5 ADR/RID/ADN/IMDG-Code freigestellt sind, und
- die gefährliche Güter von nicht mehr als 50 Tonnen netto je Kalenderjahr für den Eigenbedarf in Erfüllung betrieblicher Aufgaben befördern, wobei dies bei radioaktiven Stoffen nur für solche der UN-Nummern 2908 bis 2911 gilt.

Für die Lösung müssen zwei Antworten ausgewählt werden.

ⓘ *Fundstelle: § 2 GbV*

26   **A**   Durch Bestehen einer Verlängerungsprüfung   (1)

ⓘ *Fundstelle: 1.8.3.16.1 ADR/RID/ADN und § 4 GbV*

2 Antworten

2.1 Nationale Rechtsvorschriften

27   **D**   Durch Bestehen einer Verlängerungsprüfung   (1)
ⓘ *Fundstelle: 1.8.3.16.1 ADR/RID/ADN und § 4 GbV*

28   Durch Bestehen einer Verlängerungsprüfung.   (1)
ⓘ *Fundstelle: § 4 GbV und 1.8.3.16.1 ADR/RID/ADN*

29   **D**   von fünf Jahren.   (1)
ⓘ *Fundstelle: § 4 GbV*
ⓘ *Hinweis: Aus § 4 GbV ergibt sich, dass nach einer Grundschulung mit Prüfung (die immer erforderlich ist) die Schulungsbescheinigung für fünf Jahre ausgestellt wird.*

30   **A**   von fünf Jahren.   (1)
ⓘ *Fundstelle: § 4 GbV*
ⓘ *Hinweis: Aus § 4 GbV ergibt sich, dass nach einer Grundschulung mit Prüfung (die immer erforderlich ist) die Schulungsbescheinigung für fünf Jahre ausgestellt wird.*

31   5 Jahre   (1)
ⓘ *Fundstelle: § 4 GbV*

32   **B**   Der externe Gefahrgutbeauftragte muss Inhaber eines gültigen Schulungsnachweises sein.   (1)
ⓘ *Fundstelle: § 3 Absatz 2 und 3 GbV*
ⓘ *Hinweis: Aus § 3 Absatz 2 und 3 GbV ergibt sich, dass jedes Unternehmen einen externen Gefahrgutbeauftragten bestellen kann. Voraussetzung ist, dass er eine Schulungsbescheinigung für den betroffenen Verkehrsträger nachweisen kann.*
Gleichwohl sollte der Unternehmer sich aber auch über die „Leistungsfähigkeit" eines externen Gefahrgutbeauftragten informieren.

33   **A**   Der externe Gefahrgutbeauftragte muss Inhaber eines gültigen Schulungsnachweises sein.   (1)
ⓘ *Fundstelle: § 3 Absatz 2 und 3 GbV*
ⓘ *Hinweis: Aus § 3 Absatz 2 und 3 GbV ergibt sich, dass jedes Unternehmen einen externen Gefahrgutbeauftragten bestellen kann. Voraussetzung ist, dass er eine Schulungsbescheinigung für den betroffenen Verkehrsträger nachweisen kann. Gleichwohl sollte der Unternehmer sich aber auch über die „Leistungsfähigkeit" eines externen Gefahrgutbeauftragten informieren.*

34   Der Gefahrgutbeauftragte muss im Besitz eines gültigen Schulungsnachweises für den betroffenen Verkehrsträger sein, für den er bestellt wurde.   (1)
ⓘ *Fundstelle: § 3 Absatz 3 GbV*

35   **B**   Überwachung der Einhaltung der Vorschriften für die Beförderung gefährlicher Güter   (1)
ⓘ *Fundstelle: § 8 Absatz 1 GbV und 1.8.3.3 ADR/RID/ADN*
ⓘ *Hinweis: Die Aufgaben des Gefahrgutbeauftragten ergeben sich aus 1.8.3.3 ADR/RID/ADN i.V.m. § 8 GbV.*

36   **A**   Beratung des Unternehmers bei den Tätigkeiten im Zusammenhang mit der Beförderung gefährlicher Güter   (1)
ⓘ *Fundstelle: § 8 Absatz 1 GbV und 1.8.3.3 ADR/RID/ADN*
ⓘ *Hinweis: Die Aufgaben des Gefahrgutbeauftragten ergeben sich aus 1.8.3.3 ADR/RID/ADN i.V.m. § 8 GbV.*

Gb-Prüfung

2 Antworten
2.1 Nationale Rechtsvorschriften

37   **A**   Erstellen eines Jahresberichts   (1)

    ⓘ *Fundstelle: § 8 Absatz 5 GbV*

    ⓘ *Hinweis: Die Aufgaben des Gefahrgutbeauftragten ergeben sich aus 1.8.3.3 ADR/RID/ADN i.V.m. § 8 GbV.*

38   Antwortmöglichkeiten: (2)

- Überwachung der Einhaltung der Vorschriften für die Beförderung gefährlicher Güter
- Aufzeichnungen über seine Überwachungstätigkeit erstellen und mindestens 5 Jahre nach deren Erstellung aufbewahren und ggf. Vorlage der Aufzeichnungen bei der zuständigen Überwachungsbehörde
- Anzeige von Mängeln, die die Sicherheit beim Transport gefährlicher Güter beeinträchtigen, an den Unternehmer
- Beratung des Unternehmers im Zusammenhang mit allen Fragen der Gefahrgutbeförderung
- Erstellen eines Jahresberichts
- Sorge zu tragen, dass ein Unfallbericht erstellt wird
- Prüfung von Vorgehen und Verfahren im Unternehmen, die Gefahrgut betreffen

    ⓘ *Fundstelle: § 8 GbV und 1.8.3.3 ADR/RID/ADN*

    ⓘ *Hinweis: Die Aufgaben des Gefahrgutbeauftragten ergeben sich aus 1.8.3.3 ADR/RID/ADN i.V.m. § 8 GbV. Die Nennung von zwei Aufgaben ist für die Beantwortung der Frage ausreichend.*

39   **C**   Der Gefahrgutbeauftragte hat dafür zu sorgen, dass der Unfallbericht nach Eingang aller sachdienlichen Auskünfte erstellt wird.   (1)

    ⓘ *Fundstelle: § 8 Absatz 4 GbV i.V.m. 1.8.3.6 ADR/RID/ADN*

    ⓘ *Hinweis: Der Gefahrgutbeauftragte dafür zu sorgen, dass der Unfallbericht nach Eingang aller sachdienlichen Auskünfte erstellt wird. Dieser muss spätestens 1 Monat nach dem Ereignis bei der zuständigen Behörde vorliegen.*

40   **A**   Der Gefahrgutbeauftragte ist dafür verantwortlich, dass der Unfallbericht nach Eingang aller sachdienlichen Auskünfte erstellt wird.   (1)

    ⓘ *Fundstelle: § 8 Absatz 4 GbV i.V.m. 1.8.3.6 ADR/RID/ADN*

    ⓘ *Hinweis: Bei Unfällen, bei denen Personen, Sachen oder die Umwelt zu Schaden gekommen sind, ist ein Unfallbericht zu erstellen.*

41   **A**   Der Gefahrgutbeauftragte ist dafür verantwortlich, dass der Unfallbericht nach Eingang aller sachdienlichen Auskünfte erstellt wird.   (1)

    ⓘ *Fundstelle: § 8 Absatz 4 GbV i.V.m. 1.8.3.6 ADR/RID/ADN*

    ⓘ *Hinweis: Bei Unfällen, bei denen Personen, Sachen oder die Umwelt zu Schaden gekommen sind, ist ein Unfallbericht zu erstellen.*

42   **A**   Der Gefahrgutbeauftragte ist dafür verantwortlich, dass der Unfallbericht nach Eingang aller sachdienlichen Auskünfte erstellt wird.   (1)

    ⓘ *Fundstelle: § 8 Absatz 4 GbV i.V.m. 1.8.3.6 ADR/RID/ADN*

    ⓘ *Hinweis: Bei Unfällen, bei denen Personen, Sachen oder die Umwelt zu Schaden gekommen sind, ist ein Unfallbericht zu erstellen.*

43   Bei einem Unfall, der sich während einer von dem jeweiligen Unternehmen durchgeführten Beförderung oder während des von dem Unternehmen vorgenommenen Verpackens, Befüllens, Be- oder Entladens ereignet und bei dem Personen, Sachen oder die Umwelt zu Schaden gekommen sind.   (2)

    ⓘ *Fundstelle: 1.8.3.6 ADR/RID/ADN i.V.m. § 8 Absatz 4 GbV*

2 Antworten
2.1 Nationale Rechtsvorschriften

44 **B** In der Straßenverkehrsordnung (1)

ⓘ *Fundstelle: § 41 StVO i.V.m. Anlage 2 StVO*

ⓘ *Hinweis:* **Fahrverbot für kennzeichnungspflichtige Fahrzeuge (§§ 39, 41 StVO)** *Oftmals findet man das Zeichen 261 – Verbot für kennzeichnungspflichtige Kraftfahrzeuge mit gefährlichen Gütern. Die Kennzeichnung von Fahrzeugen mit gefährlichen Gütern ist in Kapitel 5.3 ADR i.V.m. 1.1.3.6 ADR geregelt. Das bedeutet praktisch, dass alle mit orangefarbenen Tafeln versehenen Fahrzeuge, sofern sie der Kennzeichnungspflicht unterliegen, hier nicht fahren dürfen. Erforderliche Umleitungsstrecken sind manchmal gekennzeichnet.*

45 In der Straßenverkehrsordnung (StVO) (1)

ⓘ *Fundstelle: § 41 StVO i.V.m. Anlage 2 StVO*

46 **C** Er muss die notwendigen Mittel zur Aufgabenwahrnehmung erhalten. (1)

ⓘ *Fundstelle: § 9 Absatz 2 Nummer 3 GbV*

47 **A** Er muss alle zur Wahrnehmung seiner Tätigkeit erforderlichen sachdienlichen Auskünfte und Unterlagen erhalten. (1)

ⓘ *Fundstelle: § 9 Absatz 2 Nummer 2 GbV*

48 **B** Er hat ein Vortragsrecht gegenüber der entscheidenden Stelle im Unternehmen. (1)

ⓘ *Fundstelle: § 9 Absatz 2 Nummer 4 GbV*

49 **D** Er muss zu vorgesehenen Vorschlägen auf Änderung oder Anträgen auf Abweichung von den Vorschriften über die Beförderung gefährlicher Güter Stellung nehmen können. (1)

ⓘ *Fundstelle: § 9 Absatz 2 Nummer 5 GbV*

50 (2)
– Er hat ein Vortragsrecht gegenüber der entscheidenden Stelle im Unternehmen.
– Er muss alle zur Wahrnehmung seiner Tätigkeit erforderlichen sachdienlichen Auskünfte und Unterlagen erhalten.
– Er muss die notwendigen Mittel zur Aufgabenwahrnehmung erhalten.
– Er muss zu vorgesehenen Vorschlägen auf Änderung oder Anträgen auf Abweichung von den Vorschriften über die Beförderung gefährlicher Güter Stellung nehmen können.

ⓘ *Fundstelle: § 9 Absatz 2 Nummer 2 bis 5 GbV*

ⓘ *Hinweis: Für die richtige Antwort sind zwei der oben aufgeführten Antworten auszuwählen.*

51 **A** 5 Jahre (1)

ⓘ *Fundstelle: § 9 Absatz 3 GbV*

52 5 Jahre (1)

ⓘ *Fundstelle: § 9 Absatz 3 GbV*

53 **A** spätestens sechs Monate nach Ablauf des Geschäftsjahres. (1)

ⓘ *Fundstelle: § 8 Absatz 5 GbV*

ⓘ *Hinweis: Der Jahresbericht ist nach § 8 Absatz 5 GbV innerhalb eines halben Jahres nach Ablauf des Geschäftsjahres zu erstellen.*

54 Der Jahresbericht ist nach § 8 Absatz 5 GbV innerhalb eines halben Jahres nach Ablauf des Geschäftsjahres zu erstellen. (1)

2 Antworten
2.1 Nationale Rechtsvorschriften

55	§ 37 GGVSEB	(1)
56	§ 27 GGVSee	(1)

57 **A** Innerhalb Deutschlands (1)

ⓘ *Fundstelle: § 1 Absatz 1 GGVSEB*

ⓘ *Hinweis: Bei internationalen Beförderungen und Beladungen in Deutschland ist neben dem ADR/RID/ADN auch die GGVSEB anzuwenden.*

58 **A** Von Deutschland in die Schweiz (1)

ⓘ *Fundstelle: § 1 Absatz 1 GGVSEB*

ⓘ *Hinweis: Bei internationalen Beförderungen und Beladungen in Deutschland ist neben dem ADR/RID/ADN auch die GGVSEB anzuwenden.*

59 **A** Von Deutschland nach Frankreich (1)

ⓘ *Fundstelle: § 1 Absatz 1 GGVSEB*

ⓘ *Hinweis: Bei internationalen Beförderungen und Beladungen in Deutschland ist neben dem ADR/RID/ADN auch die GGVSEB anzuwenden.*

60 **D** In der Anlage 2 zur GGVSEB (1)

ⓘ *Hinweis: In der Anlage 2 GGVSEB sind die Einschränkungen aus Gründen der Sicherheit der Beförderung gefährlicher Güter zu den Teilen 1 bis 9 des ADR und zu den Teilen 1 bis 7 des RID für innerstaatliche Beförderungen sowie zu den Teilen 1 bis 9 des ADN für innerstaatliche und grenzüberschreitende Beförderungen festgelegt.*

61 **D** In der Anlage 2 zur GGVSEB (1)

ⓘ *Hinweis: In der Anlage 2 GGVSEB sind die Einschränkungen aus Gründen der Sicherheit der Beförderung gefährlicher Güter zu den Teilen 1 bis 9 des ADR und zu den Teilen 1 bis 7 des RID für innerstaatliche Beförderungen sowie zu den Teilen 1 bis 9 des ADN für innerstaatliche und grenzüberschreitende Beförderungen festgelegt.*

62 Verlader ist das Unternehmen, das (2)

a) verpackte gefährliche Güter, Kleincontainer oder ortsbewegliche Tanks in oder auf ein Fahrzeug (ADR), einen Wagen (RID), ein Beförderungsmittel (ADN) oder einen Container verlädt oder

b) einen Container, Schüttgut-Container, MEGC, Tankcontainer oder ortsbeweglichen Tank auf ein Fahrzeug (ADR), einen Wagen (RID), ein Beförderungsmittel (ADN) verlädt oder

c) ein Fahrzeug oder einen Wagen in oder auf ein Schiff verlädt (ADN).

Verlader ist auch das Unternehmen, das als unmittelbarer Besitzer das gefährliche Gut dem Beförderer zur Beförderung übergibt oder selbst befördert.

ⓘ *Fundstelle: § 2 Nummer 3 GGVSEB*

63 **B** Das Unternehmen, das selbst gefährliche Güter versendet. (1)

ⓘ *Fundstelle: § 2 Nummer 1 GGVSEB*

64 Auftraggeber des Absenders ist das Unternehmen, das einen Absender beauftragt, als solcher aufzutreten und Gefahrgut selbst oder durch einen Dritten zu versenden. (2)

ⓘ *Fundstelle: § 2 Nummer 10 GGVSEB*

2 Antworten — Gb-Prüfung
2.1 Nationale Rechtsvorschriften

65 Verpacker ist das Unternehmen, das die gefährlichen Güter in Verpackungen einschließlich Großverpackungen und IBC einfüllt oder die Versandstücke zur Beförderung vorbereitet. (2)
Verpacker ist auch das Unternehmen, das gefährliche Güter verpacken lässt oder das Versandstücke oder deren Kennzeichnung oder Bezettelung ändert oder ändern lässt.

ⓘ *Fundstelle: § 2 Nummer 4 GGVSEB*

66 Nach § 10 Nummer 3 GbV ist bußgeldbewehrt, wer als Gefahrgutbeauftragter (2)
– einen Jahresbericht nicht, nicht richtig, nicht vollständig oder nicht rechtzeitig erstellt,
– Aufzeichnungen über Überwachungen nicht, nicht richtig oder nicht vollständig führt,
– nicht dafür sorgt, dass ein Unfallbericht erstellt wird,
– seine Aufzeichnungen nicht oder nicht mindestens 5 Jahre aufbewahrt oder nicht oder nicht rechtzeitig vorlegt,
– seinen Schulungsnachweis nicht oder nicht rechtzeitig vorlegt.

ⓘ *Fundstelle: § 10 Nummer 3 GbV*

67 **A** In Deutschland (innerstaatliche Beförderung) (1)

ⓘ *Fundstelle: § 6 GGBefG, § 3 GGAV*
ⓘ *Hinweis: Nach § 6 GGBefG gilt die GGAV nur für innerstaatliche Beförderungen.*

68 **A** Unbegrenzt, wenn nicht die Geltungsdauer ausdrücklich bestimmt ist. (1)

ⓘ *Fundstelle: § 6 GGBefG, GGAV*
ⓘ *Hinweis: § 6 GGBefG enthält keine Einschränkungen. Die Geltungsdauer einer Ausnahme wird ggf. in der entsprechenden Ausnahme vermerkt. Ausnahmen Nr. 8, 9, 13, 14, 19, 22, 32 und 33 sind unbefristet. Ausnahmen Nr. 18, 20, 21, 24, 28 und 31 enthalten eine Geltungsdauer.*

69 **D** Geltungsbereich Binnenschifffahrt (1)

ⓘ *Fundstelle: § 1 (2) Nr. 1 GGAV*

70 **A** Geltungsbereich Seeschifffahrt (1)

ⓘ *Fundstelle: § 1 (2) Nr. 3 GGAV*

71 **A** Geltungsbereich Eisenbahn (1)

ⓘ *Fundstelle: § 1 (2) Nr. 2 GGAV*

72 **B** Geltungsbereich Straßenverkehr (1)

ⓘ *Fundstelle: § 1 (2) Nr. 4 GGAV*

73 Geltungsbereich Binnenschifffahrt (1)

ⓘ *Fundstelle: § 1 (2) Nr. 1 GGAV*
ⓘ *Hinweis: Der Verkehrsträger Binnenschifffahrt unterliegt dem Geltungsbereich der GGVSEB (aber nur innerhalb Deutschlands).*

74 Geltungsbereich Seeschiffahrt (1)

ⓘ *Fundstelle: § 1 (2) Nr. 3 GGAV*
ⓘ *Hinweis: Der Verkehrsträger Seeschifffahrt unterliegt dem Geltungsbereich der GGVSee (aber nur innerhalb Deutschlands).*

2 Antworten
2.1 Nationale Rechtsvorschriften

75 Geltungsbereich Straßenverkehr (1)

ⓘ *Fundstelle: § 1 (2) Nr. 4 GGAV*

ⓘ *Hinweis: Der Verkehrsträger Straßenverkehr unterliegt dem Geltungsbereich der GGVSEB (aber nur innerhalb Deutschlands).*

76 Geltungsbereich Eisenbahnverkehr (1)

ⓘ *Fundstelle: § 1 (2) Nr. 2 GGAV*

ⓘ *Hinweis: Der Verkehrsträger Eisenbahnverkehr unterliegt dem Geltungsbereich der GGVSEB (aber nur innerhalb Deutschlands).*

77 Nein, nach § 9 Absatz 2 Nummer 1 und § 3 Absatz 3 GbV darf nur derjenige für den jeweiligen Verkehrsträger tätig werden, der eine entsprechende Schulungsbescheinigung vorweisen kann. (2)

ⓘ *Fundstelle: § 9 Absatz 2 Nummer 1 und § 3 Absatz 3 i.V.m. § 2 Absatz 1 GbV*

ⓘ *Hinweis: Eine Befreiungsregelung nach § 2 GbV kann aufgrund der Menge, die über der in 1.1.3.6 ADR (VG I, Beförderungskategorie 1) höchstzulässigen Menge liegt, nicht in Anspruch genommen werden.*

78 Nein, nach § 9 Absatz 2 Nummer 1 und § 3 Absatz 3 GbV darf nur derjenige für den jeweiligen Verkehrsträger tätig werden, der eine entsprechende Schulungsbescheinigung vorweisen kann. (2)

ⓘ *Fundstelle: § 9 Absatz 2 Nummer 1 und § 3 Absatz 3 i.V.m. § 2 Absatz 1 GbV*

ⓘ *Hinweis: Eine Befreiungsregelung nach § 2 GbV kann aufgrund der Menge nicht in Anspruch genommen werden.*

79 Nein, nach § 9 Absatz 2 Nummer 1 und § 3 Absatz 3 GbV darf nur derjenige für den jeweiligen Verkehrsträger tätig werden, der eine entsprechende Schulungsbescheinigung vorweisen kann. (2)

ⓘ *Fundstelle: § 9 Absatz 2 Nummer 1 und § 3 Absatz 3 i.V.m. § 2 Absatz 1 GbV*

ⓘ *Hinweis: Eine Befreiungsregelung nach § 2 GbV kann aufgrund der Menge nicht in Anspruch genommen werden.*

80 Nein, nach § 9 Absatz 2 Nummer 1 und § 3 Absatz 3 GbV darf nur derjenige für den jeweiligen Verkehrsträger tätig werden, der eine entsprechende Schulungsbescheinigung vorweisen kann. (2)

ⓘ *Fundstelle: § 9 Absatz 2 Nummer 1 und § 3 Absatz 3 i.V.m. § 2 Absatz 1 GbV*

ⓘ *Hinweis: Eine Befreiungsregelung nach § 2 GbV kann aufgrund der Menge nicht in Anspruch genommen werden.*

81 Fünf Jahre nach deren Erstellung (1)

ⓘ *Fundstelle: § 8 Absatz 3 GbV*

ⓘ *Hinweis: Die richtige Antwort ergibt sich aus § 8 Absatz 3 GbV (Pflichten des Gefahrgutbeauftragten). Hier wird ausgeführt, dass die Aufzeichnungen mindestens fünf Jahre nach deren Erstellung aufzubewahren sind.*

2 Antworten
2.1 Nationale Rechtsvorschriften

82 – Art der gefährlichen Güter unterteilt nach Klassen (2)
– Gesamtmenge der gefährlichen Güter
– Zahl und Art der Unfälle, über die ein Unfallbericht erstellt worden ist
– sonstige Angaben, die nach Auffassung des Gefahrgutbeauftragten zur Beurteilung der Sicherheitslage wichtig sind
– Angaben, ob das Unternehmen an der Beförderung gefährlicher Güter nach 1.10.3 ADR/RID/ADN oder 1.4.3 IMDG-Code beteiligt gewesen ist

ⓘ *Fundstelle: § 8 Absatz 5 GbV*

ⓘ *Hinweis: Anforderungen an den Jahresbericht ergeben sich aus § 8 Absatz 5 GbV (Pflichten des Gefahrgutbeauftragten). Für die richtige Antwort sind zwei Punkte auszuwählen.*

83 **D** Die Straßenverkehrsordnung kennt Sonderverkehrszeichen, die nur von Gefahrgutfahrern zu beachten sind. (1)

ⓘ *Hinweis: Die StVO regelt auch den Verkehr mit Gefahrgutfahrzeugen. Wenn zu befürchten ist, dass durch gefährliche Güter infolge eines Unfalls oder Zwischenfalls ein Bauwerk so beschädigt werden kann, dass eine zusätzliche Gefahrenlage entsteht, so werden zusätzliche Verkehrszeichen aufgestellt (z.B. im Hamburger Elbtunnel). Seit dem schweren Unglück in Herborn (1987) werden Verbotsschilder für kennzeichnungspflichtige Gefahrgutfahrzeuge häufig auch vor geschlossenen Wohngebieten aufgestellt. Näheres regelt die Straßenverkehrsordnung (StVO).*
Fahrverbot für kennzeichnungspflichtige Fahrzeuge (§§ 39, 41 StVO): *Oftmals findet man das Zeichen 261 – Verbot für kennzeichnungspflichtige Kraftfahrzeuge mit gefährlichen Gütern. Die Kennzeichnung von Fahrzeugen mit gefährlichen Gütern ist in Kapitel 5.3 ADR i.V.m. 1.1.3.6 ADR geregelt. Das bedeutet praktisch, dass alle mit orangefarbenen Tafeln versehene Fahrzeuge, sofern sie der Kennzeichnungspflicht unterliegen, hier nicht fahren dürfen. Erforderliche Umleitungsstrecken sind manchmal gekennzeichnet.*
Wasserschutzgebiet – Besonders vorsichtig fahren (§ 42 StVO): *Wassergefährdende Stoffe verunreinigen das Grundwasser, wenn sie in das Erdreich eindringen. Das Erdreich muss in diesen Fällen mit einem hohen Kostenaufwand ausgebaggert werden. Deshalb in Wasserschutzgebieten besonders vorsichtig fahren! Das Zeichen 354 weist auf Wasserschutzgebiete hin.*
Durchfahrverbot für Fahrzeuge mit wassergefährdenden Stoffen (§ 41 StVO): *Für wassergefährdende Stoffe besteht oftmals im Talsperrenbereich oder in Trinkwassergewinnungsgebieten absolutes Durchfahrverbot. Nach einer Auslegung des BMVBS dürfen auch leere, nicht gereinigte Tankfahrzeuge nicht durchfahren, wenn das Verkehrszeichen 269 aufgestellt ist.*
Fahrverbot bei Nebel, Schneeglätte (§ 2 Absatz 3a StVO): *Beträgt die Sichtweite durch Nebel, Schneefall oder Regen weniger als 50 m, müssen sich die Fahrer kennzeichnungspflichtiger Kraftfahrzeuge mit gefährlichen Gütern so verhalten, dass eine Gefährdung anderer ausgeschlossen ist; wenn nötig, ist der nächste geeignete Platz zum Parken aufzusuchen. Gleiches gilt bei Schneeglätte (nicht Schneematsch) oder Glatteis. Auf Rundfunkansagen achten!*
Durchfahrverbot durch Tunnelanlagen: *Seit 2007 (mit Übergangsregelungen) werden Tunnelanlagen mit dem Verkehrszeichen 261 und Zusatzschild, das einen Buchstaben (z.B. E, B, ...) enthält, gekennzeichnet.*

84 **A** In der Straßenverkehrsordnung gibt es bestimmte Verhaltensregeln, von denen nur die Fahrer von Gefahrguttransporten betroffen sind. (1)

ⓘ *Hinweis: Die StVO regelt auch den Verkehr mit Gefahrgutfahrzeugen. Wenn zu befürchten ist, dass durch gefährliche Güter infolge eines Unfalls oder Zwischenfalls ein Bauwerk so beschädigt werden kann, dass eine zusätzliche Gefahrenlage entsteht, so werden zusätzliche Verkehrszeichen aufgestellt (z.B. im Hamburger Elbtunnel). Seit dem schweren Unglück in Herborn (1987) werden Verbotsschilder für kennzeichnungspflichtige Gefahrgutfahrzeuge häufig auch vor geschlossenen Wohngebieten aufgestellt. Näheres regelt die Straßenverkehrsordnung (StVO).*

2 Antworten
2.1 Nationale Rechtsvorschriften

Fahrverbot für kennzeichnungspflichtige Fahrzeuge (§§ 39, 41 StVO): Oftmals findet man das Zeichen 261 – Verbot für kennzeichnungspflichtige Kraftfahrzeuge mit gefährlichen Gütern. Die Kennzeichnung von Fahrzeugen mit gefährlichen Gütern ist in Kapitel 5.3 ADR i.V.m. 1.1.3.6 ADR geregelt. Das bedeutet praktisch, dass alle mit orangefarbenen Tafeln versehene Fahrzeuge, sofern sie der Kennzeichnungspflicht unterliegen, hier nicht fahren dürfen. Erforderliche Umleitungsstrecken sind manchmal gekennzeichnet.

Wasserschutzgebiet – Besonders vorsichtig fahren (§ 42 StVO): Wassergefährdende Stoffe verunreinigen das Grundwasser, wenn sie in das Erdreich eindringen. Das Erdreich muss in diesen Fällen mit einem hohen Kostenaufwand ausgebaggert werden. Deshalb in Wasserschutzgebieten besonders vorsichtig fahren! Das Zeichen 354 weist auf Wasserschutzgebiete hin.

Durchfahrverbot für Fahrzeuge mit wassergefährdenden Stoffen (§ 41 StVO): Für wassergefährdende Stoffe besteht oftmals im Talsperrenbereich oder in Trinkwassergewinnungsgebieten absolutes Durchfahrverbot. Nach einer Auslegung des BMVBS dürfen auch leere, nicht gereinigte Tankfahrzeuge nicht durchfahren, wenn das Verkehrszeichen 269 aufgestellt ist.

Fahrverbot bei Nebel, Schneeglätte (§ 2 Absatz 3a StVO): Beträgt die Sichtweite durch Nebel, Schneefall oder Regen weniger als 50 m, müssen sich die Fahrer kennzeichnungspflichtiger Kraftfahrzeuge mit gefährlichen Gütern so verhalten, dass eine Gefährdung anderer ausgeschlossen ist; wenn nötig, ist der nächste geeignete Platz zum Parken aufzusuchen. Gleiches gilt bei Schneeglätte (nicht Schneematsch) oder Glatteis. Auf Rundfunkansagen achten!

Durchfahrverbot durch Tunnelanlagen: Seit 2007 (mit Übergangsregelungen) werden Tunnelanlagen mit dem Verkehrszeichen 261 und Zusatzschild, das einen Buchstaben (z.B. E, B, ...) enthält, gekennzeichnet.

85   **B**   Im Bundesgesetzblatt Teil II   (1)
ⓘ *Hinweis: Beim RID handelt es sich um ein internationales Regelwerk, das im Bundesgesetzblatt (BGBl.) Teil II verkündet wird. Im BGBl. I werden nationale Vorschriften verkündet.*

86   **A**   Im Bundesgesetzblatt Teil II   (1)
ⓘ *Hinweis: Beim ADR handelt es sich um ein internationales Regelwerk, das im Bundesgesetzblatt (BGBl.) Teil II verkündet wird. Im BGBl. I werden nationale Vorschriften verkündet.*

87   **A**   Im Bundesgesetzblatt Teil I   (1)
ⓘ *Hinweis: Bei der GGVSee handelt es sich um eine nationale Vorschrift, die im Bundesgesetzblatt (BGBl.) Teil I verkündet wird.*

88   **D**   Im Bundesgesetzblatt Teil I   (1)
ⓘ *Hinweis: Bei der GGVSEB handelt es sich um eine nationale Vorschrift, die im Bundesgesetzblatt (BGBl.) Teil I verkündet wird.*

89   **B**   Im Bundesgesetzblatt Teil II   (1)
ⓘ *Hinweis: Beim ADN handelt es sich um ein internationales Regelwerk, das im Bundesgesetzblatt (BGBl.) Teil II verkündet wird.*

90   **B**   Im Bundesgesetzblatt Teil I   (1)
ⓘ *Hinweis: Bei der GGAV handelt es sich um eine nationale Vorschrift, die im Bundesgesetzblatt (BGBl.) Teil I verkündet wird.*

2 Antworten
2.1 Nationale Rechtsvorschriften

91 – Aufbewahrung des Jahresberichtes für 5 Jahre und ihn ggf. der zuständigen Behörde zur Verfügung stellen (3)
– Bekanntgabe des Namens des Gefahrgutbeauftragten gegenüber der zuständigen Behörde
– der zuständigen Behörde die Unfallberichte auf Verlangen zur Verfügung stellen
– keine Benachteiligung des Gefahrgutbeauftragten
– Der Unternehmer hat dafür zu sorgen, dass der Gefahrgutbeauftragte:
  • vor der Bestellung einen gültigen Schulungsnachweis besitzt,
  • alle nötigen Unterlagen und Auskünfte erhält,
  • die notwendigen Mittel zur Aufgabenwahrnehmung erhält,
  • jederzeit seine Vorschläge und Bedenken der entscheidenden Stelle vortragen kann,
  • bei Änderungsanträgen Stellung nehmen kann,
  • die ihm übertragenen Aufgaben ordnungsgemäß erfüllen kann.

ⓘ *Fundstelle: § 9 GbV*
ⓘ *Hinweis: Für die richtige Antwort müssen drei der o.g. Pflichten angegeben werden.*

92 Der Gefahrgutbeauftragte ist verpflichtet: (3)
– einen Jahresbericht zu erstellen,
– Aufzeichnungen über seine Überwachungstätigkeit zu führen,
– dafür zu sorgen, dass der Unfallbericht erstellt wird,
– seine Aufzeichnungen mindestens 5 Jahre aufzubewahren,
– seinen Schulungsnachweis der Überwachungsbehörde auf Verlangen vorzulegen und rechtzeitig zu verlängern.

ⓘ *Fundstelle: § 8 GbV und 1.8.3.3 ADR/RID/ADN (Hier sind weitere Aufgaben des Gefahrgutbeauftragten enthalten.)*

2.2 Antworten zum verkehrsträgerübergreifenden Teil

Hinweis: Die Zahl in Klammern gibt die erreichbare Punktzahl an.

93   **A**   Nummer zur Kennzeichnung der Gefahr.   (1)

- *Fundstelle: 5.3.2.3 i.V.m. 5.3.2.2.3 ADR/RID/ADN*
- *Hinweis: Die Nummer zur Kennzeichnung der Gefahr (Gefahrnummer) wird in 5.3.2.3 ADR/RID/ADN erläutert. Sie dient insbesondere den Unfallhilfsdiensten als zusätzliche Information zum Gefahrzettel.*

94   **B**   Eine vierstellige Zahl als Nummer zur Kennzeichnung von Stoffen oder Gegenständen gemäß den UN-Modellvorschriften.   (1)

- *Fundstelle: 1.2.1 und Kapitel 3.2 Tabelle A Spalte 1 ADR/RID/ADN*
- *Hinweis: Jedem Gefahrgut wird von der Expertengruppe der Vereinten Nationen (United Nations – UN) eine vierstellige Nummer zugeteilt, die UN-Nummer. Sie dient als Kennzeichnung des Stoffes. Die Gefahrgutvorschriften enthalten jeweils im Teil 3 (ADR/RID/ADN) ein Verzeichnis der gefährlichen Güter (Tabelle A), geordnet aufsteigend nach UN-Nummern.*

95   **D**   Nummer zur Kennzeichnung des Stoffes oder Gegenstandes gemäß den UN-Modellvorschriften.   (1)

- *Fundstelle: 5.3.2.2 ADR/RID/ADN*
- *Hinweis: Allgemeine Vorschriften für die orangefarbenen Tafeln werden in 5.3.2.1 ADR/RID/ADN erläutert. Es handelt sich bei der unteren Nummer um die UN-Nummer eines bestimmten Stoffes. Diese findet man auch über die Tabelle A Spalten 1 und 20 ADR/RID/ADN.*

96   Vierstellige Zahl als Nummer zur Kennzeichnung von Stoffen oder Gegenständen gemäß UN-Modellvorschriften.   (2)

- *Fundstelle: 1.2.1 ADR/RID/ADN*
- *Hinweis: Die UN-Nummer findet man über die Tabelle A Spalten 1 und 20 ADR/RID/ADN.*

97   **C**   Am Kennzeichen „UN 2910"   (1)

- *Fundstelle: Tabelle 2.2.7.2.1.1 i.V.m. 5.1.5.4.1 RID*
- *Hinweis: Radioaktive Stoffe sind nach den Vorschriften der Absätze 2.2.7.2.4 und 2.2.7.2.5 unter Berücksichtigung der in Absatz 2.2.7.2.3 bestimmten Stoffeigenschaften der in der Tabelle 2.2.7.2.1.1 festgelegten UN Nummern zuzuordnen. Freigestellte Versandstücke der Klasse 7 werden nur mit den Kennzeichen gemäß Absatz 5.1.5.4.1 RID gekennzeichnet.*

98   Entzündbarer flüssiger Stoff, der mit Wasser reagiert und entzündbare Gase bildet   (2)

- *Fundstelle: 5.3.2.3.2 ADR/RID/ADN*

99   **A**   664   (1)

- *Fundstelle: 5.3.2.3.2 ADR/RID/ADN*
- *Hinweis: Die richtige Antwort entnehmen wir aus der Liste in 5.3.2.3 ADR/RID/ADN (Bedeutung der Gefahrnummern).*

100   In Kapitel 3.2 Tabelle A Spalte 1 (UN-Nummer) und Spalte 20 (Nummer zur Kennzeichnung der Gefahr)   (1)

- *Hinweis: Für jeden Stoff enthält Kapitel 3.2 Tabelle A ADR/RID/ADN alle besonderen anzuwendenden Vorschriften, u. a. auch die Gefahrnummer und die UN-Nummer.*

2 Antworten — Gb-Prüfung
2.2 Verkehrsträgerübergreifender Teil

101 46 = entzündbarer oder selbsterhitzungsfähiger fester Stoff, giftig (3)
2926 = UN-Nummer für entzündbarer, organischer, fester Stoff, giftig, n.a.g.
- ⓘ *Fundstelle: 5.3.2 und Kapitel 3.2 Tabelle A ADR/RID/ADN*
- ⓘ *Hinweis: Die richtige Antwort finden wir in 5.3.2.3.2 (Nummer zur Kennzeichnung der Gefahr) und in Kapitel 3.2 Tabelle A Spalten 1 und 2 ADR/RID/ADN.*

102 Gefahrzettel Nr. 8, Nr. 3 und Nr. 6.1 (1)
- ⓘ *Fundstelle: Kapitel 3.2 Tabelle A ADR/RID/ADN bzw. Kapitel 3.2 Gefahrgutliste IMDG-Code*
- ⓘ *Hinweis: Die richtige Antwort finden wir in Tabelle A Spalte 5 ADR/RID/ADN bzw. in der Gefahrgutliste Spalten 3 und 4 IMDG-Code. Die Vorgaben für die Anbringung sind aus Abschnitt 5.2.2 ADR/RID/ADN/IMDG-Code zu entnehmen.*

103 Nein, da Bleisulfat mit höchstens 3 % freier Säure nicht den Vorschriften der Klasse 8 unterliegt. (3)
- ⓘ *Fundstelle: Sondervorschrift 591 in Kapitel 3.3 i.V.m. Kapitel 3.2 Tabelle A ADR/RID/ADN bzw. Gefahrgutliste IMDG-Code*
- ⓘ *Hinweis: In der alphabetischen Liste ADR/RID/ADN und im Index IMDG-Code ist Bleisulfat der UN 1794 zugeordnet. Dort ist schon der Zusatz „mit mehr als 3 % Säure" genannt. Jedoch sollte noch bei der UN-Nummer in Tabelle A bzw. in der Gefahrgutliste direkt geschaut werden. Die Sondervorschrift 591 in Kapitel 3.3 weist darauf hin, dass Bleisulfat nicht der Klasse 8 des ADR/RID/ADN unterliegt. Im IMDG-Code ist Bleisulfat mit 2 % freier Säure nicht in der numerischen Liste aufgeführt, darum unterliegt es nicht der Vorschrift.*

104 UN 1700 Tear gas candles (1)
(Richtiger technischer Name in Englisch)
- ⓘ *Hinweis: Die Vorgaben für die Anbringung sind in 5.2.1 IMDG-Code (UN-Nummer, Proper Shipping Name) enthalten.*

105 UN 1333 oder UN 3078 (1)
- ⓘ *Hinweis: Die Bezeichnung ist in der alphabetischen Stoffliste nachzuschlagen. Dort sind die UN-Nummern 1333 und 3078 zu finden. Die Angabe Cer ist für eine eindeutige Klassifizierung nicht ausreichend. Aus diesem Grund empfehlen wir beide UN-Nummern anzugeben. Das Kennzeichnen mit UN-Nummer wird in 5.2.1.1 ADR/RID/ADN beschrieben.*

106 – UN 1805 (2)
– Ausrichtungspfeile auf zwei gegenüberliegenden Seiten
- ⓘ *Fundstelle: Kapitel 3.2 Tabelle A, 5.2.1.1 und 5.2.1.10.1 ADR/RID/ADN*
- ⓘ *Hinweis: Über die Bezeichnung ist in der alphabetischen Stoffliste die UN-Nummer 1805 zu finden. Das Versandstück ist gemäß 5.2.1.1 ADR/RID/ADN mit dieser UN-Nummer zu kennzeichnen. Da es sich um eine zusammengesetzte Verpackung mit flüssigem Stoff handelt, sind zusätzlich die Ausrichtungspfeile nach 5.2.1.10.1 anzubringen.*

107 – UN 1805 Phosphoric acid solution (3)
(Richtiger technischer Name in Englisch)
– Ausrichtungspfeile auf zwei gegenüberliegenden Seiten
- ⓘ *Fundstelle: Kapitel 3.2 Tabelle A, 5.2.1.1 und 5.2.1.7 IMDG-Code*
- ⓘ *Hinweis: Die Bezeichnung ist im Index nachzuschlagen. Dort ist die UN-Nr. 1805 zu finden. Das Versandstück ist gemäß 5.2.1.1 IMDG-Code mit der UN-Nummer und dem richtigen technischen Namen zu kennzeichnen. Da es sich um eine zusammengesetzte Verpackung mit flüssigem Stoff handelt, sind zusätzlich die Ausrichtungspfeile gemäß 5.2.1.7 IMDG-Code anzubringen.*

2 Antworten
2.2 Verkehrsträgerübergreifender Teil

108 ADR/RID/ADN: (3)
Aufschrift „UN 1950 AEROSOLE"

ⓘ *Fundstelle (ADR/RID/ADN): Kapitel 3.2 Tabelle A ADR/RID/ADN, Sondervorschrift 625 in 3.3.1 ADR/RID/ADN*

ⓘ *Hinweis: Es gelten gemäß Spalte 6 die Sondervorschriften 190, 327, 344 und 625. Aus der Sondervorschrift 190 entnehmen wir, dass Druckgaspackungen mit 200 ml Fassungsraum nicht freigestellt sind. Sondervorschrift 327 gilt für Abfall-Druckgaspackungen und Abfall-Gaspatronen. Sondervorschrift 344 verlangt, dass die Bauvorschriften gemäß Abschnitt 6.2.6 eingehalten werden müssen. Aus der Sondervorschrift 625 entnehmen wir, dass das Versandstück mit der Aufschrift „UN 1950 AEROSOLE" zu kennzeichnen ist.*

IMDG-Code:
Aufschrift „UN 1950 AEROSOLS"

ⓘ *Fundstelle (IMDG-Code): Kapitel 3.2 Gefahrgutliste, 5.2.1 IMDG-Code*

ⓘ *Hinweis: Die Vorgaben für die Anbringung sind in 5.2.1 IMDG-Code (UN-Nummer, Proper Shipping Name, Ausrichtungspfeile) enthalten. Für die Antwort ist nur die Kennzeichnung und Beschriftung relevant. Die Angabe des Gefahrzettels Nr. 2.1 ist aufgrund der Fragestellung für die Antwort nicht relevant. Ausrichtungspfeile sind nach 5.2.1.7.1 e) ebenfalls nicht erforderlich.*

109 Mit dem „Kennzeichen für Lithiumbatterien" (2)

ⓘ *Fundstelle: SV 188 f) i.V.m. 5.2.1.9 ADR/RID/ADN, SV 188 Nr. 6 i.V.m. 5.2.1.10 IMDG-Code*

ⓘ *Hinweis: Lithiumbatterien, die nach der SV 188 transportiert werden, müssen mit dem Kennzeichen nach 5.2.1.9 ADR/RID/ADN oder 5.2.1.10 IMDG-Code versehen werden.*

110 A   Auf der Folie und auf den Versandstücken (1)

ⓘ *Fundstelle: 5.1.2.1 ADR/RID/ADN/IMDG-Code*

ⓘ *Hinweis: Die Gefahrzettel auf den Versandstücken müssen auf der Folie wiederholt werden.*

111 D   Angabe zur Identifikation des Absenders und/oder Empfängers (1)

ⓘ *Fundstelle: 5.1.5.4.1 ADR/RID/ADN speziell für freigestellte Versandstücke (siehe auch 5.2.1.7.2 ADR/RID/ADN) und 5.1.5.4.1 IMDG-Code speziell für freigestellte Versandstücke (siehe auch 5.2.1.5.2 IMDG-Code)*

112 A   Kritikalitätssicherheitskennzahl (CSI) (1)

ⓘ *Fundstelle: 5.2.2.1.11.3 ADR/RID/ADN und 5.2.2.1.12.3 IMDG-Code*

113 Quadrat auf der Spitze, mindestens 100 × 100 mm (2)

ⓘ *Fundstelle: 5.2.2.2 ADR/RID/ADN/IMDG-Code*

114 A   An zwei gegenüberliegenden Seiten (1)

ⓘ *Fundstelle: 5.2.2.1.11.1 ADR/RID/ADN, 5.2.2.1.12.1 IMDG-Code*

ⓘ *Hinweis: Die Antwort finden wir in den besonderen Vorschriften für die Bezettelung radioaktiver Stoffe.*

115 A   Mehr als 50 kg (1)

ⓘ *Fundstelle: 5.2.1.7.3 ADR/RID/ADN, 5.2.1.5.3 IMDG-Code*

2 Antworten — Gb-Prüfung
2.2 Verkehrsträgerübergreifender Teil

116 Transportkennzahl (TI) und höchste Dosisleistung an jedem Punkt einer Außen- (2)
fläche (Oberflächendosisleistung)

- ⓘ *Fundstelle: 5.1.5.3.4 ADR/RID/ADN/IMDG-Code (Die Transportkennzahl ist in 1.2.1 ADR/RID/ADN/IMDG-Code definiert.)*
- ⓘ *Hinweis: Die Zuordnung zu den Kategorien erfolgt aufgrund der Oberflächendosisleistung: je höher die Oberflächendosisleistung, desto höher die Kategorie.*

117 Gefahrzettel Nr. 7C – III Gelb (2)

- ⓘ *Fundstelle: 5.1.5.3.4 und 5.2.2.2.2 ADR/RID/ADN/IMDG-Code*
- ⓘ *Hinweis: Aus der Tabelle zur Bestimmung der Kategorie entnehmen wir, dass die Kategorie III-GELB zutreffend ist. Für III-GELB wird der Gefahrzettel Nr. 7C benutzt.*

118 Absatz 5.2.2.2.2 ADR/RID/ADN/IMDG-Code (2)

119 Unterabschnitt 5.3.2.3 ADR/RID/ADN (2)

120 Ja, Absatz 5.2.2.2.1.2 ADR/RID/ADN/IMDG-Code (2)

121 Ja, Absatz 5.2.2.2.1.2 ADR/RID/ADN/IMDG-Code (2)

122 Nein, Nickel-Metallhydridbatterien der UN 3496 unterliegen nach Tabelle A keinen (2)
weiteren Vorschriften des ADR/RID/ADN.
Nickel-Metallhydridbatterien in Ausrüstungen unterliegen nach SV 963 (3.2 Gefahrgutliste Spalte 6) keinen weiteren Vorschriften des IMDG-Codes.

- ⓘ *Fundstelle: Alphabetische Stoffliste (Tabelle B) (3.2.2 ADR/ADN/RID), Kapitel 3.2 Tabelle A ADR/RID/ADN bzw. Index, Kapitel 3.2 Gefahrgutliste und Kapitel 3.3 IMDG-Code; es muss aber nach „Batterien..." gesucht werden*
- ⓘ *Hinweis: Im IMDG-Code ist die Aussage „in Ausrüstung" für die Freistellung von Bedeutung.*

123 Ja, nach Spalte 7a in der Tabelle A bzw. in der Gefahrgutliste und 3.4.2 ADR/RID/ (3)
ADN/IMDG-Code darf das Versandstück 30 kg Bruttomasse haben, wobei die Innenverpackung max. 1 l enthalten darf.
Abschnitte 3.2.1 und 3.4.2 ADR/RID/ADN/IMDG-Code

- ⓘ *Hinweis: Über die alphabetische Stoffliste (Tabelle B) (3.2.2 ADR/ADN/RID) bzw. den Index im IMDG-Code erhalten wir die UN-Nr. 1090. In Kapitel 3.2 Tabelle A ADR/RID/ADN bzw. in Kapitel 3.2 Gefahrgutliste IMDG-Code finden wir in Spalte 7a den Hinweis auf 1 l je Innenverpackung. Aus 3.4.2 ADR/RID/ADN/IMDG-Code entnehmen wir die Menge je Versandstück, welches max. 30 kg Bruttomasse haben darf.*

124 UN 1814 (4)

Potassium hydroxide solution

An zwei gegenüberliegenden Seiten

- ⓘ *Fundstelle: 5.2.1.4 und 5.2.1.1 IMDG-Code*
- ⓘ *Hinweis: Über den Index im IMDG-Code erhalten wir die UN-Nummer 1814 und in Kapitel 3.2 Gefahrgutliste IMDG-Code finden wir die englische Bezeichnung*

125 UN 1814 (3)

An zwei gegenüberliegenden Seiten

- ⓘ *Fundstelle: 5.2.1.1 und 5.2.1.4 ADR/RID/ADN*
- ⓘ *Hinweis: Über die alphabetische Stoffliste (Tabelle B) (3.2.2 ADR/ADN/RID) erhalten wir die UN-Nummer 1814, 5.2.1.1 und 5.2.1.4 ADR/RID/ADN*

Gb-Prüfung	2 Antworten
	2.2 Verkehrsträgerübergreifender Teil

126 – Aufschrift „UMVERPACKUNG" (3)
– Alle UN-Nummern mit vorangestellten Buchstaben „UN"
   ⓘ *Fundstelle: 5.1.2.1 ADR/RID/ADN*

127 – Aufschrift „OVERPACK" (4)
– Alle UN-Nummern, die auf den enthaltenen Versandstücken angebracht sind, jeweils mit vorangestelltem Buchstaben „UN"
– Richtiger technischer Name aller UN-Nummern
   ⓘ *Fundstelle: 5.1.2.1 IMDG-Code*

128 – Aufschrift „BERGUNG" (3)
– Alle UN-Nummern, die auf den enthaltenen Versandstücken angebracht sind, jeweils mit vorangestelltem Buchstaben „UN"
   ⓘ *Fundstelle: Die Kennzeichnung von Bergungsverpackungen finden wir in 5.2.1.3 ADR/RID/ADN, die Kennzeichnung mit den UN-Nummern in 5.2.1.1 ADR/RID/ADN.*

129 – Aufschrift „SALVAGE" (4)
– Alle UN-Nummern, die auf den enthaltenen Versandstücken angebracht sind, jeweils mit vorangestelltem Buchstaben „UN"
– Richtiger technischer Name aller UN-Nummern
   ⓘ *Fundstelle: Die Kennzeichnung von Bergungsverpackungen finden wir in 5.2.1.3 IMDG-Code, die Kennzeichnung mit den UN-Nummern und richtigen technischen Namen in 5.2.1.1 IMDG-Code.*

130 Sondervorschrift 188 (2)
   ⓘ *Fundstelle: Alphabetische Stoffliste (Tabelle B) (3.2.2 ADR/ADN/RID), Kapitel 3.2 Tabelle A und Kapitel 3.3 ADR/RID/ADN oder Index, Kapitel 3.2 Gefahrgutliste und Kapitel 3.3 IMDG-Code für UN-Nummer 3480*
   ⓘ *Hinweis: Konkret ist es die Sondervorschrift 188 Buchstabe f). Das richtige Kennzeichen ist in 5.2.1.9 ADR/RID/ADN bzw. 5.2.1.10 IMDG-Code geregelt (kein Bestandteil der Antwort).*

131 Unterabschnitt 5.2.1.8 ADR/RID/ADN bzw. 5.2.1.6 IMDG-Code (2)

132 UN 3077 Environmentally hazardous substance, solid, n.o.s. (technischer Name) und Kennzeichen für Meeresschadstoffe (4)
   ⓘ *Fundstelle: Index, Kapitel 3.2 Gefahrgutliste, 5.2.1.1 und 5.2.1.6.3 IMDG Code*

133 UN 3082, Ausrichtungspfeile auf zwei gegenüberliegenden Seiten und Kennzeichen für umweltgefährdende Stoffe (4)
   ⓘ *Fundstelle: Alphabetische Stoffliste (Tabelle B) (3.2.2 ADR/ADN/RID), Kapitel 3.2 Tabelle A, 5.2.1.1, 5.2.1.8 und 5.2.1.10 ADR/RID/ADN*

134 D 3.4.7 (1)
   ⓘ *Hinweis: Die Anforderungen für den Versand von begrenzten Mengen sind in Kapitel 3.4 IMDG-Code zu finden. Die Kennzeichnung ist in Abschnitt 3.4.7 IMDG-Code geregelt.*

135 A 3.5.4 (1)
   ⓘ *Hinweis: Die Anforderungen für den Versand von freigestellten Mengen sind in Kapitel 3.5 zu finden. Die Kennzeichnung ist in 3.5.4 ADR/RID/ADN/IMDG-Code geregelt.*

2 Antworten — Gb-Prüfung
2.2 Verkehrsträgerübergreifender Teil

136 IBC dürfen nicht gestapelt werden. Mindestabmessung 100 × 100 mm (2)
- ⓘ Fundstelle: 6.5.2.2.2 ADR/RID/IMDG-Code, ADN verweist auf ADR
- ⓘ Hinweis: Diese Kennzeichnung steht im Zusammenhang mit der Bauartzulassung, daher sind die Einzelheiten im Kapitel 6.5 zu finden.

137 Mindesthöhe von 6 mm (2)
- ⓘ Fundstelle: 5.2.1.1 ADR/RID/ADN/IMDG-Code

138 Abschnitt 5.5.3 (2)
- ⓘ Fundstelle: 5.5.3 ADR/RID/ADN/IMDG-Code (Bezug nehmen auch die Absätze 1.1.3.9 ADR/RID/ADN und 1.1.1.7 IMDG-Code)

139 Ausgenommen von der Kennzeichnungspflicht sind Einzelverpackungen und zusammengesetzte Verpackungen, sofern diese Einzelverpackungen oder die Innenverpackungen dieser zusammengesetzten Verpackungen (2)
- für flüssige Stoffe eine Menge von höchstens 5 l haben oder
- für feste Stoffe eine Nettomasse von höchstens 5 kg haben.
- ⓘ Fundstelle: 5.2.1.8.1 ADR/RID/ADN und 2.10.2.7 IMDG-Code

140 Klasse 6.1 – Giftige Stoffe (2)
- ⓘ Fundstelle: 5.2.2.2.2 ADR/RID/ADN/IMDG-Code. Die genaue Beschreibung der Gefahr ist in 2.2.61.1.1 ADR/RID/ADN und 2.6.1 IMDG-Code enthalten.

141 Innenverpackung max. 1 l, Außenverpackung max. 30 kg brutto (2)
- ⓘ Fundstelle: Kapitel 3.2 Tabelle A Spalte 7a, 3.4.2 und 3.4.7 ADR/RID/ADN oder Kapitel 3.2 Gefahrgutliste Spalte 7a, 3.4.2 und 3.4.5 IMDG-Code

142 A Bei Außenverpackungen, die Druckgefäße mit Ausnahme von verschlossenen oder offenen Kryo-Behältern enthalten (1)
- ⓘ Fundstelle: 5.2.1.10.2 ADR/RID/ADN und 5.2.1.7.2 IMDG-Code

143 (2)
- Bei Außenverpackungen, die Druckgefäße mit Ausnahme von Kryo-Behältern enthalten
- Bei Außenverpackungen, die gefährliche Güter in Innenverpackungen enthalten, wobei jede einzelne Innenverpackung nicht mehr als 120 ml enthält, mit einer für die Aufnahme des gesamten flüssigen Inhalts ausreichenden Menge saugfähigen Materials zwischen den Innen- und Außenverpackungen
- Bei Außenverpackungen, die ansteckungsgefährliche Stoffe der Klasse 6.2 in Primärgefäßen enthalten, wobei jedes einzelne Primärgefäß nicht mehr als 50 ml enthält
- Bei Typ IP-2-, Typ IP-3-, Typ A-, Typ B(U)-, Typ B(M)- oder Typ-C-Versandstücken, die radioaktive Stoffe der Klasse 7 enthalten
- Bei Außenverpackungen, die Gegenstände enthalten, die unabhängig von ihrer Ausrichtung dicht sind
- Bei Außenverpackungen, die gefährliche Güter in dicht verschlossenen Innenverpackungen enthalten, wobei jede einzelne Innenverpackung nicht mehr als 500 ml enthält
- ⓘ Fundstelle: 5.2.1.10.2 ADR/RID/ADN und 5.2.1.7.2 IMDG-Code
- ⓘ Hinweis: Es sind nur zwei Möglichkeiten in der Antwort zu nennen.

144 UN 2211 und „Von Zündquellen fernhalten" (2)
- ⓘ Fundstelle: Kapitel 3.2 Tabelle A, Sondervorschrift 633 in Kapitel 3.3 und 5.2.1.1 ADR/RID/ADN

Gb-Prüfung

2 Antworten
2.2 Verkehrsträgerübergreifender Teil

145 A Auf einer Seite (1)
  ⓘ Fundstelle: 5.2.2.1.1 ADR/RID/ADN, 5.2.2.1.2 IMDG-Code
  ⓘ Hinweis: Aufgepasst! Ein IBC und eine Großverpackung sind auch Versandstücke. Hier hat nach 5.2.2.1.7 ADR/RID/ADN/IMDG-Code der Fassungsraum eine Bedeutung.

146 Auf zwei gegenüberliegenden Seiten (2)
  ⓘ Fundstelle: 5.2.1.4 ADR/RID/ADN/IMDG-Code

147 Das Kennzeichen muss in einer Amtssprache des Ursprungslandes und, wenn diese Sprache nicht Deutsch, Englisch oder Französisch ist, außerdem in Deutsch, Englisch oder Französisch angegeben sein, sofern Vereinbarungen zwischen den von der Beförderung berührten Staaten nichts anderes vorschreiben. (2)
  ⓘ Fundstelle: 5.1.2.1 a), i) ADR/RID/ADN

148 Ja. 3.4.1 ADR/RID/ADN/IMDG-Code i. V. m. 5.2.1.10 ADR/RID/ADN bzw. 5.2.1.7.1 IMDG-Code (3)

149 Mindestens 12 mm (1)
  ⓘ Fundstelle: 5.1.2.1 ADR/RID/ADN/IMDG-Code

150 Ja; 3.5.4.3 und 5.1.2.1 ADR/RID/ADN/IMDG-Code (2)

151 Gefahrzettel Nr. 5.2, 1 und 8; 2.2.52.4 Bemerkungen 3) und 13), Spalte 5 und Spalte 6 (Sondervorschrift 122) in Kapitel 3.2 Tabelle A ADR/RID/ADN (4)

Gefahrzettel Nr. 5.2, 1 und 8; 2.5.3.2.4 Bemerkungen 3) und 13), Spalte 5 und Spalte 6 (Sondervorschrift 122) in Kapitel 3.2 Gefahrgutliste IMDG-Code

152 Ausrichtungspfeile (Anbringung auf zwei gegenüberliegenden Seiten) (1)
  ⓘ Fundstelle: 5.2.1.10.1 und 5.2.2.1.12.2 ADR/RID/ADN, 5.2.1.7.1 und 5.2.2.1.13.2 IMDG-Code

153 A Die niedrigste Temperatur eines flüssigen Stoffes, bei der seine Dämpfe mit Luft ein entzündbares Gemisch bilden (1)
  ⓘ Fundstelle: 1.2.1 ADR/RID/ADN/IMDG-Code
  ⓘ Hinweis: Unter Flammpunkt versteht man die niedrigste Temperatur eines flüssigen Stoffes, bei der seine Dämpfe mit der Luft ein entzündbares Gemisch bilden. Die Flammpunktbestimmung erfolgt nach verschiedenen Methoden, bei allen Methoden wird aber die Temperatur der Flüssigkeit in Grad Celsius (°C) gemessen.

154 Stoffe, die Radionuklide enthalten, bei denen sowohl die Aktivitätskonzentration als auch die Gesamtaktivität je Sendung die aufgeführten Grenzwerte übersteigt (2)
  ⓘ Fundstelle: 2.2.7.1.1 ADR/RID/ADN bzw. 2.7.1.1 IMDG-Code

155 Die höchste Dosisleistung in Millisievert pro Stunde (mSv/h) in einem Abstand von 1 m von den Außenflächen des Versandstücks zu ermitteln. Der ermittelte Wert ist mit 100 zu multiplizieren; diese Zahl ist die Transportkennzahl. (2)
  ⓘ Fundstelle: 5.1.5.3.1 a) und c) ADR/RID/ADN/IMDG-Code

156 Eine Zahl, anhand derer die Ansammlung von Versandstücken, Umverpackungen oder Containern mit spaltbaren Stoffen überwacht wird. (2)
  ⓘ Fundstelle: 1.2.1 ADR/RID/ADN/IMDG-Code
  ⓘ Hinweis: Würde man zu viele spaltbare Stoffe zusammen befördern, könnte es zu einer Kettenreaktion kommen.

2 Antworten
2.2 Verkehrsträgerübergreifender Teil

157 A_1 ist der in der Tabelle 2.2.7.2.2.1 ADR/RID/ADN bzw. 2.7.2.2.1 IMDG-Code aufgeführte oder der nach 2.2.7.2.2.2 ADR/RID/ADN bzw. 2.7.2.2.2 IMDG-Code abgeleitete Aktivitätswert von radioaktiven Stoffen in besonderer Form, der für die Bestimmungen der Aktivitätsgrenzwerte für die Vorschriften des ADR/RID/ADN bzw. des IMDG-Codes verwendet wird.   (2)

- *Fundstelle: 2.2.7.1.3 ADR/RID/ADN, 2.7.1.3 IMDG-Code*
- *Hinweis: Radioaktive Stoffe sind grundsätzlich in unfallsicheren Verpackungen (sog. Typ B-Verpackungen) zu befördern. Andernfalls ist der radioaktive Inhalt zu minimieren, so dass bei einem eventuellen Freiwerden keine Schäden für die Betroffenen entstehen können. Zum Minimieren des radioaktiven Inhalts bedient man sich sog. A_1- bzw. A_2-Werte. Diese legen fest, welcher radioaktive Inhalt in einem Typ A-Versandstück (nicht unfallsicher) vorhanden sein darf. Die A_1- bzw. A_2-Werte sind in einer Tabelle in 2.2.7.2.2.1 ADR/RID/ADN bzw. 2.7.2.2.1 IMDG-Code aufgeführt und von Nuklid zu Nuklid unterschiedlich. A_1-Werte beziehen sich hierbei auf Stoffe, die in besonderer Form vorliegen (also nicht verstreut werden können). A_2-Werte beziehen sich auf Stoffe, die nicht in besonderer Form vorliegen.*

158   10 mSv/h   (2)

- *Fundstelle: 4.1.9.1.12 ADR/RID/ADN/IMDG-Code*
- *Hinweis: Die höchste Dosisleistung darf an keinem Punkt der Außenfläche eines unter ausschließlicher Verwendung beförderten Versandstücks oder einer unter ausschließlicher Verwendung beförderten Umverpackung 10 mSv/h überschreiten.*

159   5 µSv/h   (2)

- *Fundstelle: 2.2.7.2.4.1.2 ADR/RID/ADN, 2.7.2.4.1.2 IMDG-Code*

160   **D**   0,5 mSv/h   (1)

- *Fundstelle: Tabelle in 5.1.5.3.4 ADR/RID/ADN/IMDG-Code*
- *Hinweis: Die maximal zulässigen Dosisleistungen der Kategorien I-WEISS, II-GELB und III-GELB finden wir in der Tabelle zu Kategorien der Versandstücke und Umverpackungen.*

161   UN 2912   (1)

- *Hinweis: Die richtige Antwort finden wir über die alphabetische Stoffliste (Tabelle B) (3.2.2 ADR/ADN/RID) bzw. den Index im IMDG-Code; hier wird den o. g. radioaktiven Stoffen die UN-Nummer 2912 zugeordnet. Es kann auch die Übersicht der UN-Nummern bei der Klasse 7 in 2.2.7.2.1.1 ADR/RID/ADN oder 2.7.2.1.1 IMDG-Code verwendet werden.*

162   Unterklasse 1.1 = Stoffe und Gegenstände, die massenexplosionsfähig sind

Verträglichkeitsgruppe A = Zündstoff   (2)

- *Fundstelle: 2.2.1.1.5 und 2.2.1.1.6 ADR/RID/ADN, 2.1.1.4 und 2.1.2.2 IMDG-Code*
- *Hinweis: Die richtige Antwort entnehmen wir aus den Kriterien der Klasse 1.*

163   Klassifizierungscode: 1.1G; Aufschrift: UN 0049 Patronen, Blitzlicht ADR/RID/ADN

Klasse 1.1; Kennzeichen: UN 0049 Cartridges, flash IMDG-Code   (3)

- *Fundstelle: Kapitel 3.2 Tabelle A Spalte 3b ADR/RID/ADN bzw. Kapitel 3.2 Gefahrgutliste Spalte 3 IMDG-Code und Kennzeichnung in 5.2.1.1 und 5.2.1.5 ADR/RID/ADN, 5.2.1.1 IMDG-Code*
- *Hinweis: Im IMDG-Code gibt es keinen Klassifizierungscode, hier ist die Unterklasse und Verträglichkeitsgruppe gemeint.*

164   Unterklassen 1.1 und 1.5   (1)

- *Fundstelle: 2.2.1.1.5 ADR/RID/ADN, 2.1.1.4 IMDG-Code*

Gb-Prüfung 2 Antworten
2.2 Verkehrsträgerübergreifender Teil

165 Verpackungsgruppe II (1)
ⓘ *Fundstelle: Kapitel 3.2 Tabelle A Spalte 4 ADR/RID/ADN bzw. Kapitel 3.2 Gefahrgutliste Spalte 5 IMDG-Code*

166 Eine Gruppe, der gewisse Stoffe auf Grund ihres Gefahrengrades während der Beförderung für Verpackungszwecke zugeordnet sind. (2)
ⓘ *Fundstelle: 1.2.1 ADR/RID/ADN und 2.0.1.3 IMDG-Code*
ⓘ *Hinweis: Im IMDG-Code gibt es keine Definition der Verpackungsgruppe in 1.2.1 IMDG-Code. Es gibt einen Hinweis in 2.0.1.3 IMDG-Code.*

167 D Klasse 3 (1)
ⓘ *Fundstelle: 2.1.1.1 und 2.2.3.1.1 ADR/RID/ADN, 2.0.1.1, 2.3.1 IMDG-Code*
ⓘ *Hinweis: Die Antwort entnehmen wir aus den allgemeinen Kriterien des Teils 2 sowie aus den Kriterien der Klasse 3.*

168 Klasse 3 (1)
ⓘ *Fundstelle: 2.2.3.1.1 ADR/RID/ADN, 2.0.1.1, 2.3.1 IMDG-Code*

169 Klasse 3 (2)
ⓘ *Fundstelle: Alphabetische Stoffliste (Tabelle B) (3.2.2 ADR/ADN/RID) bzw. Index im IMDG-Code, Kapitel 3.2 Tabelle A ADR/ADN/RID bzw. Kapitel 3.2 Gefahrgutliste IMDG-Code, 2.2.3.1.3, 2.1.3.10 und 2.2.3.3 ADR/RID/ADN, 2.3.2.6, 2.0.3.6, Anhang A und Index im IMDG-Code*
ⓘ *Hinweis: Aufgrund der Angabe „Pestizid" findet man in der alphabetischen Stoffliste bzw. im Index den Eintrag UN 3021 PESTIZID mit den Eigenschaften „FLÜSSIG, ENTZÜNDBAR, GIFTIG, N.A.G." und „Flammpunkt unter 23 °C". Kapitel 3.2 Tabelle A Spalte 3a ADR/RID/ADN bzw. Kapitel 3.2 Gefahrgutliste Spalte 3a IMDG-Code oder Anhang A IMDG-Code enthält die Angabe für die Klasse. Ein Hinweis findet sich auch in der Klasse 3 unter den allgemeinen Klassifizierungskriterien: in der Bemerkung 4 zu 2.2.3.1.1 ADR/RID/ADN und der Bezug zu dem Flammpunkt unter 23 °C.*

170 A Unter 23 °C (1)
ⓘ *Fundstelle: 2.2.3.1.3 ADR/RID/ADN, 2.3.2.6 IMDG-Code*
ⓘ *Hinweis: Je niedriger der Flammpunkt, desto gefährlicher der Stoff!*

171 Stoffe, die in Berührung mit Wasser entzündbare Gase entwickeln (1)
ⓘ *Fundstelle: 2.2.43.1 ADR/RID/ADN, 2.4.4 IMDG-Code*

172 A Gase (1)
ⓘ *Fundstelle: 2.2.2.1 ADR/RID/ADN, 2.2.1.1 IMDG-Code*
ⓘ *Hinweis: Die Antwort finden wir in den allgemeinen Kriterien in Teil 2 bzw. Teil 3 ADR/RID/ADN/IMDG-Code.*

173 B Entzündbarer fester Stoff (1)
ⓘ *Fundstelle: 2.2.41.1 ADR/RID/ADN, 2.4.2 IMDG-Code*

174 Ätzend und giftig (1)
ⓘ *Fundstelle: 2.2.3.1.2 ADR/RID/ADN, Spalte 4 der Gefahrgutliste in Kapitel 3.2 i.V.m. 2.0.1 und Anhang A IMDG-Code*
ⓘ *Hinweis: Die richtige Antwort finden wir in den Ausführungen zur Unterteilung, hier 2.2.3.1.2 ADR/RID/ADN. Dort werden die Klassifizierungscodes aufgezählt, hier FC und FT. Der Buchstabe C steht für ätzend, der Buchstabe T für giftig.*

2 Antworten
2.2 Verkehrsträgerübergreifender Teil

175 Die Stoffe und Gegenstände (ausgenommen Druckgaspackungen und Chemikalien unter Druck) der Klasse 2 werden ihren gefährlichen Eigenschaften entsprechend einer der folgenden Gruppen zugeordnet: (2)

A	Erstickend
O	Oxidierend
F	Entzündbar
T	Giftig
C	Ätzend
TF	Giftig, entzündbar
TC	Giftig, ätzend
TO	Giftig, oxidierend
TFC	Giftig, entzündbar, ätzend
TOC	Giftig, oxidierend, ätzend

ⓘ *Fundstelle: 2.2.2.1.3 ADR/RID/ADN*
ⓘ *Hinweis: Für die Beantwortung sind zwei Gruppen auszuwählen.*

176 **A**   Erstickend (1)

ⓘ *Fundstelle: 2.2.2.1.3 ADR/RID/ADN*

177 Die Stoffe und Gegenstände (ausgenommen Druckgaspackungen und Chemikalien unter Druck) der Klasse 2 werden ihren gefährlichen Eigenschaften entsprechend einer der folgenden Gruppen zugeordnet: (2)

A	Erstickend
O	Oxidierend
F	Entzündbar
T	Giftig
C	Ätzend
TF	Giftig, entzündbar
TC	Giftig, ätzend
TO	Giftig, oxidierend
TFC	Giftig, entzündbar, ätzend
TOC	Giftig, oxidierend, ätzend

ⓘ *Fundstelle: 2.2.2.1.3 ADR/RID/ADN*
ⓘ *Hinweis: Für die Beantwortung sind zwei Gruppen auszuwählen.*

178 **A**   Grad der Gefährlichkeit (1)

ⓘ *Fundstelle: 2.1.1.3 und 2.2.3.1.3 ADR/RID/ADN, 2.0.1.3 und 2.3.2.6 IMDG-Code*
ⓘ *Hinweis: Die Verpackungsgruppen geben den Grad der Gefährlichkeit an und bestimmen, wie leistungsfähig eine Verpackung sein muss (je gefährlicher das Gut, desto sicherer muss die Verpackung sein).*

179 **C** Schwach giftige Stoffe oder Stoffe und Zubereitungen mit geringer Vergiftungsgefahr (1)

ⓘ *Fundstelle: 2.2.61.1.4 ADR/RID/ADN, 2.6.2.2.1 IMDG-Code*

ⓘ *Hinweis: Mit der Angabe der Verpackungsgruppe wird der Grad der Gefährlichkeit angegeben. Bei Klasse 6.1: I = sehr giftig, II = giftig (mittlere Gefahr) III = schwach giftig (geringe Gefahr)*
Die Antwortmöglichkeit D kommt nur dann infrage, wenn keine der anderen Antwortmöglichkeiten genannt ist. Gemäß 2.1.1.3 ADR/RID/ADN und 2.0.1.3 IMDG-Code gilt dies für Verpackungsgruppe III.

180 Chlor (1)

ⓘ *Fundstelle: Kapitel 3.2 Tabelle A ADR/RID/ADN bzw. Kapitel 3.2 Gefahrgutliste IMDG-Code*

ⓘ *Hinweis: Die Antwort finden wir über Tabelle A ADR/RID/ADN bzw. die Gefahrgutliste IMDG-Code. Hier wird in Spalte 2 der Stoffname „Chlor" angegeben.*

181 Klasse 9, Verpackungsgruppe III (1)

ⓘ *Fundstelle: Kapitel 3.2 Tabelle A Spalten 3a und 4 ADR/RID/ADN oder Kapitel 3.2 Gefahrgutliste Spalten 3 und 5 IMDG-Code*

182 Klasse 4.2 (1)

ⓘ *Fundstelle: Alphabetische Stoffliste (Tabelle B) (3.2.2 ADR/ADN/RID) bzw. Index im IMDG-Code – UN 3174*

183 UN 3497, Klasse 4.2, Verpackungsgruppen II und III (2)

ⓘ *Fundstelle: Alphabetische Stoffliste (Tabelle B) (3.2.2 ADR/ADN/RID) oder Index im IMDG-Code, Kapitel 3.2 Tabelle A Spalten 3a und 4 ADR/RID/ADN oder Kapitel 3.2 Gefahrgutliste Spalten 3 und 5 IMDG-Code*

184 Unter Sondervereinbarung versteht man solche Vorschriften, die von der zuständigen Behörde genehmigt sind und nach denen Sendungen, die nicht alle für radioaktive Stoffe geltenden Vorschriften des ADR/RID/ADN/IMDG-Code erfüllen, befördert werden dürfen. (2)

ⓘ *Fundstelle: 2.2.7.2.5 und 1.7.4.1 ADR/RID/ADN bzw. 2.7.2.5 und 1.5.4.1 IMDG-Code*

185 Mehr als 300 kPa (3 bar) (2)

ⓘ *Fundstelle: 2.2.2.1.1 ADR/RID/ADN, 2.2.1.1 IMDG-Code*

ⓘ *Hinweis: In der Beschreibung der Klasse 2 (Gase) wird als Kriterium angegeben: „… Stoffe, die bei 50 °C einen Dampfdruck von mehr als 300 kPa (3 bar) haben."*

186 7 Typen (2)

ⓘ *Fundstelle: 2.2.52.1.6 ADR/RID/ADN, 2.5.3.2.2 IMDG-Code*

187 Nein; Ferrosilicium unterliegt nach der Sondervorschrift 39 ADR/RID/ADN/IMDG-Code nicht den gefahrgutrechtlichen Vorschriften. (2)

ⓘ *Fundstelle: Alphabetische Stoffliste (Tabelle B) (3.2.2 ADR/ADN/RID) oder Index im IMDG-Code, Kapitel 3.2 Tabelle A ADR/RID/ADN oder Kapitel 3.2 Gefahrgutliste IMDG-Code*

ⓘ *Hinweis: Über die alphabetische Stoffliste (3.2.2 Tabelle B ADR/RID/ADN) bzw. dem Index IMDG-Code erhalten wir unter der Stoffbezeichnung „Ferrosilicium mit mindestens 30 Masse-%, aber weniger als 90 Masse-% Silicium. 24 % sind weniger als 30 %" die UN-Nummer 1408. Unter dieser UN-Nummer finden wir in der Tabelle A Spalte 6 bzw. in der Gefahrgutliste Spalte 6 die Sondervorschrift 39, welche definiert, dass es sich nicht um ein Gefahrgut nach ADR/RID/ADN/IMDG-Code handelt. Nur Ferrosilicium mit mindestens 30 Masse-% oder höchstens 90 Masse-% Silicium ist Gefahrgut nach ADR/RID/ADN/IMDG-Code.*

2 Antworten
2.2 Verkehrsträgerübergreifender Teil

188 D   2.0.3.6 (1)
  ⓘ *Fundstelle: 2.0.3.6 IMDG-Code*

189 Unterabschnitt 2.1.3.10 ADR/RID/ADN und 2.0.3.6 IMDG-Code (2)

190 Nicht anderweitig genannt (1)
  ⓘ *Fundstelle: Kapitel 1.2 Begriffsbestimmungen ADR/RID/ADN, 1.2.3, 3.1.1.1 und 3.2.2 IMDG-Code*

191 Unterabschnitt 2.2.1.3 ADR/RID/ADN (2)

192 Unterabschnitt 2.2.3.2 ADR/RID/ADN (2)
  ⓘ *Hinweis: In jeder Klasse gibt es die Vorgaben für „Nicht zur Beförderung zugelassene Stoffe" als Überschrift. Im Inhaltsverzeichnis ist dieser Unterabschnitt auch aufgeführt.*

193 2, 2TC (1)
  ⓘ *Fundstelle: Kapitel 3.2 Tabelle A ADR/RID/ADN*

194 A   Korrosionsrate auf Aluminiumoberflächen (1)
  ⓘ *Fundstelle: 2.2.8.1 und 2.2.8.1.5.3 ADR/RID/ADN, 2.8.1.1.3 und 2.8.3.3 IMDG-Code*

195 Klasse 8 (1)
  ⓘ *Fundstelle: 2.2.8.1 ADR/RID/ADN, 2.8.1 IMDG-Code*

196 Maximal 3 Minuten (von 3 Minuten oder weniger) (2)
  ⓘ *Fundstelle: 2.2.8.1.5.3 und Tabelle ADR/RID/ADN, 2.8.3.3 und Tabelle 2.8.3.4 IMDG-Code*

197 Klasse 8, Verpackungsgruppe III (2)
  ⓘ *Fundstelle: Absatz 2.2.8.1.5.3 c) und i) ADR/RID/ADN mit Tabelle und 2.8.3.3.3.1 IMDG-Code mit Tabelle 2.8.3.4 IMDG-Code*

198 Entzündbare flüssige Stoffe mit einem Flammpunkt von höchstens 60 °C (2)
  ⓘ *Fundstelle: 2.2.3.1.2 ADR/RID/ADN*

199 Klasse 3, Verpackungsgruppe II (2)
  ⓘ *Fundstelle: 2.2.3.1.3 ADR/RID/ADN, 2.3.2.6 IMDG-Code*

200 Ein Gas, das im für die Beförderung verpackten Zustand an einem festen porösen Werkstoff adsorbiert ist, was zu einem Gefäßinnendruck bei 20 °C von weniger als 101,3 kPa und bei 50 °C von weniger als 300 kPa führt. (2)
  ⓘ *Fundstelle: 2.2.2.1.2 ADR/RID/ADN, 2.2.1.2.5 IMDG-Code*

201 Abschnitt 2.2.43 ADR/RID/ADN, Abschnitt 2.4.4 IMDG-Code (1)

202 Abschnitt 2.3.4 ADR/RID/ADN (2)

203 Stoffe und Gegenstände, deren Beförderung gemäß ADR/RID/ADN verboten oder nur unter bestimmten Bedingungen gestattet ist (2)
  ⓘ *Fundstelle: 1.2.1 ADR/RID/ADN (eine von ADR/RID/ADN abweichende Definition siehe § 2 Nr. 7 GGVSEB)*

2.2 Verkehrsträgerübergreifender Teil

204 Klasse 6.1 (2)

ⓘ *Hinweis: In der alphabetischen Stoffliste (3.2.2 ADR/ADN/RID) ist der Eintrag „PESTIZID" mit der UN 2903 und den zusätzlichen Angaben „FLÜSSIG, GIFTIG, ENTZÜNDBAR, N.A.G." und „Flammpunkt von 23 °C oder darüber" zu finden. Kapitel 3.2 Tabelle A ADR/RID/ADN bzw. Kapitel 3.2 Gefahrgutliste Spalte 3a IMDG-Code gibt Auskunft über die Klasse. Weitere Fundstellen sind 2.2.3.1.3, 2.1.3.10 und 2.2.61.3 ADR/RID/ADN*

205 Klasse 9 (1)

ⓘ *Hinweis: Über die alphabetische Stoffliste (Tabelle B) (3.2.2 ADR/ADN/RID) oder den Index im IMDG-Code finden wir heraus, dass „ERWÄRMTER FLÜSSIGER STOFF, N.A.G." der UN-Nummer 3257 zuzuordnen ist. Aus Kapitel 3.2 Tabelle A Spalte 3a ADR/RID/ADN oder Kapitel 3.2 Gefahrgutliste Spalte 3 IMDG-Code entnehmen wir die Klasse 9. Weitere Fundstellen sind 2.2.9.1.13 ADR/RID/ADN und 2.9.2.2 IMDG-Code*

206 Verpackungsgruppe III (2)

ⓘ *Fundstelle: 2.2.61.1.7 ADR/RID/ADN bzw. 2.6.2.2.4.1 IMDG-Code*

ⓘ *Hinweis: Die Antwort finden wir über die Klassifizierungskriterien im Teil 2 (Klassifizierung), hier Tabelle in 2.2.61.1.7 ADR/RID/ADN bzw. 2.6.2.2.4.1 IMDG-Code. Dort wird für flüssige giftige Stoffe in der unteren Spalte „Giftigkeit bei Einnahme" ein Wert > 50 und ≤ 300 angegeben. 230 liegt in diesem Bereich. Links daneben finden wir die Verpackungsgruppe III.*

207 Klassifizierungscodes: (1)

I1 Ansteckungsgefährliche Stoffe, gefährlich für Menschen
I2 Ansteckungsgefährliche Stoffe, gefährlich nur für Tiere
I3 Klinische Abfälle
I4 Biologische Stoffe

ⓘ *Fundstelle: 2.2.62.1.2 ADR/RID/ADN*

ⓘ *Hinweis: Die Klassifizierungscodes gehören zur Klassifizierung, die sich für die Klasse 6.2 in 2.2.62 befindet. In 2.2.62.1.2 sind diese konkret aufgeführt. Für die Beantwortung der Frage wählen Sie zwei Klassifizierungscodes aus.*

208 Nein, nach Absatz 2.2.8.2.2 ADR/RID/ADN ist die Beförderung von UN 1798 verboten. (2)

ⓘ *Fundstelle: 2.2.8.2.2 ADR/RID/ADN*

ⓘ *Hinweis: Die Lösung lässt sich auch über die alphabetische Stoffliste (Tabelle B) (3.2.2 ADR/ADN/RID) finden, in welcher das Gemisch namentlich als UN 1798 genannt ist. In Kapitel 3.2 Tabelle A ADR ist bei der UN-Nummer der Hinweis zu finden, dass die Beförderung verboten ist.*

209 Nein; Absatz 2.2.3.2.1 ADR/RID/ADN (2)

ⓘ *Hinweis: Der Peroxidgehalt ist zu hoch.*

210 UN 2814 (2)

ⓘ *Fundstelle: 2.2.62.1.4.1 ADR/RID/ADN und 2.6.3.2.2.1 IMDG-Code*

ⓘ *Hinweis: Die Viren gehören zur Klasse 6.2. Im Teil 2 sind bei der Klasse 6.2 die Viren mit ihren UN-Nummern aufgeführt.*

211 3; II (2)

ⓘ *Fundstelle: 2.1.3.10 ADR/RID/ADN, 2.0.3.6 IMDG-Code*

ⓘ *Hinweis: In der Gefahrenvorrangtabelle findet sich an der Schnittstelle die überwiegende Gefahr. Beim Vergleich von 3, II und 6.1, II findet man an der Schnittstelle 3, II.*

2 Antworten
2.2 Verkehrsträgerübergreifender Teil

212 Nein; Sondervorschrift 663 in Kapitel 3.3 ADR/RID/ADN (2)
Nein; Sondervorschrift 968 in Kapitel 3.3 IMDG-Code.
- ⓘ *Fundstelle: Kapitel 3.2 Tabelle A, Sondervorschrift 663 ADR/RID/ADN und Kapitel 3.2 Gefahrgutliste, Sondervorschrift 968 IMDG-Code*
- ⓘ *Hinweis: Die SV 663 schließt die Anwendung der UN-Nummer 3509 bei Verpackungen, die zur Rekonditionierung, Reparatur, regelmäßigen Wartung, Wiederaufarbeitung oder Wiederverwendung befördert werden, aus. Der IMDG-Code schließt grundsätzlich die Anwendung der UN-Nummer 3509 gemäß SV 968 aus.*

213 Nein. Es handelt sich um ein Gefahrgut der Klasse 2, das gemäß Sondervorschrift 663 nicht zur Beförderung als UN 3509 zulässig ist. (2)
- ⓘ *Fundstelle: Kapitel 3.2 Tabelle A und Sondervorschrift 663 in Kapitel 3.3 ADR/RID/ADN*

214 UN 3090 (2)
- ⓘ *Fundstelle: Kapitel 3.2 Tabelle A und Sondervorschrift 387 in Kapitel 3.3 ADR/RID/ADN/ IMDG-Code*
- ⓘ *Hinweis: Die UN-Nummer 3091 enthält ebenfalls die Sondervorschrift 387. Da aber in der Frage nicht nach Ausrüstungen gefragt ist, sollte nur die UN-Nummer 3090 genannt werden.*

215 6HD2 (2)
- ⓘ *Fundstelle: 6.1.2.7 ADR/RID/IMDG-Code, ADN verweist auf ADR*

216 A   Jahr der Herstellung (1)
- ⓘ *Fundstelle: 6.1.3.1 Buchstabe e ADR/RID/IMDG-Code, ADN verweist auf ADR*
- ⓘ *Hinweis: In 6.1.3.1 ADR/RID wird die Kennzeichnung beschrieben. Unter Buchstabe e finden wir: „... aus den letzten beiden Ziffern des Jahres der Herstellung. Bei Verpackungen der Verpackungsarten 1H und 3H zusätzlich aus dem Monat der Herstellung; dieser Teil der Kennzeichnung darf auch an anderer Stelle als die übrigen Angaben angebracht sein. ..."*

217 D   Jahr der Herstellung (1)
- ⓘ *Fundstelle: 6.1.3.1 Buchstabe e ADR/RID/IMDG-Code, ADN verweist auf ADR*
- ⓘ *Hinweis: In 6.1.3.1 ADR/RID wird die Kennzeichnung beschrieben. Unter Buchstabe e finden wir: „... aus den letzten beiden Ziffern des Jahres der Herstellung. Bei Verpackungen der Verpackungsarten 1H und 3H zusätzlich aus dem Monat der Herstellung; dieser Teil der Kennzeichnung darf auch an anderer Stelle als die übrigen Angaben angebracht sein. ..."*

218 Fass aus Aluminium mit nicht abnehmbarem Deckel (2)
- ⓘ *Fundstelle: 6.1.2.5, 6.1.2.6 und 6.1.2.7 ADR/RID/IMDG-Code, ADN verweist auf ADR*
- ⓘ *Hinweis: Nach 6.1.2.5 und 6.1.2.6 ADR/RID bedeutet 1 = Fass, B = Aluminium, 1B1 = nicht abnehmbarer Deckel; es handelt sich hier also um ein Fass aus Aluminium mit nicht abnehmbarem Deckel.*

219 Abnehmbarer Deckel (1)
- ⓘ *Fundstelle: 6.1.2.7 ADR/RID/IMDG-Code (Tabelle), ADN verweist auf ADR*

220 50 kg (2)
- ⓘ *Fundstelle: 6.1.3.1 ADR/RID/IMDG-Code, ADN verweist auf ADR*
- ⓘ *Hinweis: Nach 6.1.3.1 Buchstabe c) ii) ADR/RID gibt die Zahl „50" die höchstzulässige Bruttomasse/das maximale Bruttogewicht für das Versandstück in kg an.*

Gb-Prüfung

2 Antworten
2.2 Verkehrsträgerübergreifender Teil

221 Verpackungsgruppen I, II und III (2)
- ⓘ *Fundstelle: 6.1.3.1 ADR/RID/IMDG-Code, ADN verweist auf ADR*
- ⓘ *Hinweis: In 6.1.3.1 c) ii) ADR/RID wird die Codierung der Verpackung beschrieben: ... aus einem Buchstaben, welcher die Verpackungsgruppe(n) angibt, für welche die Bauart erfolgreich geprüft worden ist:*
X für die Verpackungsgruppen I, II und III, Y für die Verpackungsgruppen II und III und Z nur für die Verpackungsgruppe III

222 A X, Y, Z (1)
- ⓘ *Fundstelle: 6.1.3.1 ADR/RID/IMDG-Code, ADN verweist auf ADR*

223 B Verpackungsgruppen II, III (1)
- ⓘ *Fundstelle: 6.1.3.1 ADR/RID/IMDG-Code, ADN verweist auf ADR*
- ⓘ *Hinweis: Die Bedeutung der Buchstaben X, Y und Z wird in 6.1.3.1 ADR/RID/IMDG-Code erklärt: Bessere Verpackungen, hier Y, schließen Verpackungen mit niedrigeren Anforderungen, hier Z, mit ein.*
X für die Verpackungsgruppen I, II und III, Y für die Verpackungsgruppen II und III und Z für die Verpackungsgruppe III

224 Y: für Verpackungsgruppen II und III erfolgreich geprüft (4)

25S: 25 = Bruttohöchstmasse 25 kg, S = Verpackung für feste Stoffe oder Innenverpackungen

0123: 01 = Januar, 23 = 2023 (Monat und Jahr der Herstellung)

D: zugelassen in Deutschland
- ⓘ *Fundstelle: 6.1.3.1 ADR/RID/IMDG-Code, ADN verweist auf ADR*

225 3 m^3 (2)
- ⓘ *Fundstelle: 1.2.1 ADR/RID/ADN/IMDG-Code*

226 Bis einschließlich Juli 2024 (2)
- ⓘ *Fundstelle: PP81 in P001 in 4.1.4.1 ADR/RID/IMDG-Code, ADN verweist auf ADR*
- ⓘ *Hinweis: Aus Kapitel 3.2 Tabelle A ADR/RID/ADN bzw. Kapitel 3.2 Gefahrgutliste IMDG-Code entnehmen wir die Sondervorschrift PP81. Unter PP81 ist eine Verwendungsdauer von 2 Jahren ab Datum der Herstellung vorgeschrieben, also Juli 2022 bis Juli 2024.*

227 5 Jahre (2)
- ⓘ *Fundstelle: 4.1.1.15 ADR/RID/IMDG-Code, ADN verweist auf ADN*
- ⓘ *Hinweis: „3H1" bedeutet laut 6.1.2 ADR/RID/IMDG-Code, ADN verweist auf ADR, „Kanister aus Kunststoff mit nicht abnehmbarem Deckel". Die Verwendungsdauer von Kunststoffkanistern beträgt max. 5 Jahre.*

228 Bis Januar 2025 (2)
- ⓘ *Fundstelle: 4.1.1.15, 4.1.2.2, 6.5.4.4.1, 6.5.4.4.2 ADR/RID/IMDG-Code, ADN verweist auf ADR*
- ⓘ *Hinweis: Für die richtige Beantwortung der Frage ist hier das Herstellungsdatum in der Verpackungscodierung maßgebend, da die Verwendungsfrist für Kunststoff-IBC auf 5 Jahre begrenzt ist (es sei denn, wegen der Art des zu befördernden Stoffes ist eine kürzere Verwendungsdauer vorgeschrieben). Für UN 1173 ist keine kürzere Verwendungsdauer vorgeschrieben. Die Dichtheitsprüfung ist alle 2,5 Jahre durchzuführen. Deshalb kann der IBC jetzt noch zweieinhalb Jahre genutzt werden.*

2 Antworten — Gb-Prüfung
2.2 Verkehrsträgerübergreifender Teil

229 10 Jahre (2)

ⓘ *Hinweis: Aus Kapitel 3.2 Tabelle A ADR/RID bzw. Kapitel 3.2 Gefahrgutliste IMDG-Code entnehmen wir die Verpackungsvorschrift P200, die in 4.1.4 ADR/RID/IMDG-Code (ADN verweist auf ADR) steht.*
ADR/RID, ADN verweist auf ADR: Da UN 2036 Xenon den Klassifizierungscode 2A hat, gilt für wiederkehrende Prüfungen P200 Absatz 9 Buchstabe c und Tabelle 2 Spalte Prüffrist: 10 Jahre.
IMDG-Code: Da UN 2036 Xenon ein verflüssigtes Gas ist (Spalte 17 aus Kapitel 3.2 Gefahrgutliste), gilt für die wiederkehrende Prüfung Tabelle 2 P200: 10 Jahre.

230 Eine Kombination von Verpackungen für Beförderungszwecke, bestehend aus einer oder mehreren Innenverpackungen, die nach Abschnitt 4.1.1.5 in eine Außenverpackung eingesetzt sein müssen (2)

ⓘ *Fundstelle: 1.2.1 ADR/RID/ADN/IMDG-Code und 4.1.3.3 ADR/RID/IMDG-Code, ADN verweist auf ADR*

231 P135 ADR/RID/IMDG-Code, ADN verweist auf ADR (1)

ⓘ *Hinweis: Über Kapitel 3.2 Tabelle A Spalte 8 ADR/RID/ADN bzw. Kapitel 3.2 Gefahrgutliste Spalte 8 IMDG-Code finden wir einen Hinweis auf die Verpackungsvorschrift P135 in 4.1.4 (ADR/RID/IMDG-Code), ADN verweist auf ADR.*

232 P650 (2)
- Primärgefäß
- Sekundärgefäß
- Außenverpackung

ⓘ *Fundstelle: Kapitel 3.2 Tabelle A ADR/RID/ADN bzw. Kapitel 3.2 Gefahrgutliste IMDG-Code und 4.1.4.1 ADR/RID/IMDG-Code, ADN verweist auf ADR*

ⓘ *Hinweis: In der Tabelle A ADR/RID/ADN bzw. in der Gefahrgutliste IMDG-Code ist in der Spalte 8 die Verpackungsanweisung „P650" genannt. In der Verpackungsanweisung P650 Absatz 2 (4.1.4.1) sind die Bestandteile beschrieben. Die Nennung von zwei Bestandteilen ist zur Beantwortung der Frage ausreichend.*

233 IBC08 (1)

ⓘ *Fundstelle: Kapitel 3.2 Tabelle A Spalte 8 i.V.m. 4.1.4 ADR/RID/ADN bzw. Spalte 10 in der Gefahrgutliste in Kapitel 3.2 i.V.m. 4.1.4 IMDG-Code*

234 Sondervorschriften MP8 und MP17 (2)

ⓘ *Fundstelle: Kapitel 3.2 Tabelle A Spalte 9b ADR/RID/ADN*

235 Ja, in Kapitel 3.2, Verpackungsanweisung P001 und Sondervorschrift PP2 in 4.1.4.1 (2)

ⓘ *Fundstelle: Kapitel 3.2 Tabelle A ADR/RID/ADN bzw. Kapitel 3.2 Gefahrgutliste IMDG-Code, 4.1.4 ADR/RID/ADN/IMDG-Code*

ⓘ *Hinweis: Über die Tabelle A Spalten 8 und 9a ADR/RID/ADN oder die Gefahrgutliste IMDG-Code in den Spalten 8 und 9 finden wir einen Hinweis auf die Verpackungsvorschrift.*

236 Nein; Verpackungsvorschrift P905 in 4.1.4.1 ADR/RID/IMDG-Code, ADN verweist auf ADR (2)

ⓘ *Hinweis: Die alphabetische Stoffliste (Tabelle B) führt zu UN 2990. In Kapitel 3.2 Tabelle A Spalte 8 ADR/RID/ADN bzw. Kapitel 3.2 Gefahrgutliste Spalte 8 IMDG-Code befindet sich die Codierung Verpackungsvorschrift P905. Hier ist der Hinweis zu finden, dass Teil 6 nicht anzuwenden ist. ADN verweist auf ADR.*

2 Antworten
2.2 Verkehrsträgerübergreifender Teil

237 A   Typ IP-1 (1)
ⓘ *Fundstelle: 4.1.9.1.1 ADR/RID/IMDG-Code, ADN verweist auf ADR*

238 Die erfassten Typen von Versandstücken für radioaktive Stoffe sind: (2)
Industrieversandstück des Typs 1 (Typ IP-1)
Industrieversandstück des Typs 2 (Typ IP-2)
Industrieversandstück des Typs 3 (Typ IP-3)
Typ A-Versandstück
Typ B(U)-Versandstück
Typ B(M)-Versandstück
Typ C-Versandstück
ⓘ *Fundstelle: 4.1.9.1.1 ADR/RID/IMDG-Code, ADN verweist auf ADR*
ⓘ *Hinweis: Hieraus sind dann zwei Versandstücktypen für die richtige Antwort zu übernehmen.*

239 Dichtheitsprüfung alle 2,5 Jahre und Inspektion alle 2,5 bzw. 5 Jahre (2)
ⓘ *Fundstelle: 6.5.4.4.1 (Inspektion) und 6.5.4.4.2 (Dichtheitsprüfung) ADR/RID/IMDG-Code, ADN verweist auf ADR*

240 Das Versandstück aus Pappe darf die Nettomasse von 55 kg nicht überschreiten. Verpackungsanweisung P207 Buchstabe b) in Unterabschnitt 4.1.4.1. (2)
ⓘ *Fundstelle: Kapitel 3.2 Tabelle A ADR/RID bzw. Kapitel 3.2 Gefahrgutliste IMDG-Code, P207 in 4.1.4.1 ADR/RID/IMDG-Code, ADN verweist auf ADR*
ⓘ *Hinweis: Über die Tabelle A Spalte 8 ADR/RID (ADN verweist auf ADR) oder die Gefahrgutliste Spalte 8 IMDG-Code kommen wir zur Verpackungsanweisung P207. Wir lesen in b) nach und kommen zum Wert → max. 55 kg.*

241 Das Versandstück aus Pappe darf die Nettomasse von 55 kg nicht überschreiten. Verpackungsanweisung P207 Buchstabe b) in 4.1.4.1 ADR/RID/ADN bzw. 4.1.4.1 IMDG-Code. (3)
ⓘ *Fundstelle: Alphabetische Stoffliste (Tabelle B), Kapitel 3.2 Tabelle A ADR/RID bzw. Index, Kapitel 3.2 Gefahrgutliste IMDG-Code, 4.1.4.1 P207 ADR/RID/IMDG-Code, ADN verweist auf ADR*
ⓘ *Hinweis: Über die alphabetische Liste sind Druckgaspackungen der UN 1950 zugeordnet. Über 3.2 Tabelle A Spalte 8 ADR/RID (ADN verweist auf ADR) oder Kapitel 3.2 Gefahrgutliste Spalte 8 IMDG-Code kommen wir zur Verpackungsanweisung P207. Wir lesen in b) nach und kommen zum Wert → max. 55 kg für Verpackungen aus Pappe.*

242 Kapitel 6.5 ADR/RID/IMDG-Code, ADN verweist auf ADR (1)

243 60 Liter (2)
ⓘ *Fundstelle: 6.1.4.4.5 ADR/RID/IMDG-Code, ADN verweist auf ADR*

244 Fass aus Pappe (1G) (2)
ⓘ *Hinweis: Über Kapitel 3.2 Tabelle A ADR/RID/ADN bzw. Kapitel 3.2 Gefahrgutliste IMDG-Code finden wir in Spalte 8 die Verpackungsanweisung P409. In 4.1.4.1 ADR/RID/ADN/IMDG-Code unter P409 (1) finden wir die zulässige Einzelverpackung.*

245 Salpetersäure (2)
ⓘ *Fundstelle: Tabelle 4.1.1.21.6 ADR/RID, ADN verweist auf ADR (UN 1906 ist Abfallschwefelsäure.)*

2 Antworten — Gb-Prüfung
2.2 Verkehrsträgerübergreifender Teil

246 Kunststoffe (2)

ⓘ *Fundstelle: 4.1.1.21 ADR/RID, ADN verweist auf ADR*

247 Unterabschnitt 4.1.1.21 ADR/RID, ADN verweist auf ADR (1)

248 – Primärgefäß (2)
– Sekundärverpackung
– Außenverpackung

Es ist kein Gefahrzettel, sondern das in Abschnitt 4.1.4.1 P650 (4) abgebildete Kennzeichnen mit UN 3373 anzubringen. Die Fundstelle ist 4.1.4.1 P650 ADR/RID/ADN bzw. IMDG-Code.

ⓘ *Hinweis: Über Kapitel 3.2 Tabelle A ADR/RID/ADN bzw. Kapitel 3.2 Gefahrgutliste IMDG-Code finden wir in Spalte 8 die Verpackungsanweisung P650. In 4.1.4.1 ADR/RID/ADN/IMDG-Code unter P650 Absatz 2 wird die Verpackung beschrieben. Außerdem finden wir unter P650 Absatz 4, dass die Kennzeichnung mit UN-Nummer 3373 (aufgestellte Raute, 50 x 50 mm) und die offizielle Benennung daneben „BIOLOGISCHER STOFF, KATEGORIE B" erforderlich ist. Nach der Angabe des Kennzeichens auf dem Versandstück wurde hier aber nicht gefragt.*

249 Nein; Verpackungsanweisung P406, Sondervorschrift PP25 ADR/RID/IMDG-Code, ADN verweist auf ADR (3)

ⓘ *Hinweis: Über Kapitel 3.2 Tabelle A ADR/RID/ADN bzw. Kapitel 3.2 Gefahrgutliste IMDG-Code finden wir in Spalte 8 die Verpackungsanweisung P406. In 4.1.4.1 ADR/RID/ADN/IMDG-Code unter P406 in der Sondervorschrift PP25 befindet sich der Hinweis, dass für die UN-Nr. 1347 die Stoffmenge auf 15 kg begrenzt ist.*

250 a. Innenverpackung: 1 L, Gesamtbruttomasse des Versandstücks: 30 kg (3)
b. 3.4.7 und 3.4.11 ADR/RID/ADN

ⓘ *Fundstelle: Kapitel 3.2 Tabelle A Spalte 7a, 3.4.2 ADR/RID/ADN*

251 Nein. (2)

Nach der Verpackungsanweisung P500, die für UN 3356 anzuwenden ist, müssen die Verpackungen den Prüfanforderungen für die Verpackungsgruppe II (Y) entsprechen.

ⓘ *Hinweis: In Kapitel 3.2 Tabelle A ADR/RID/ADN oder Kapitel 3.2 Gefahrgutliste IMDG-Code finden wir in Spalte 8 die Verpackungsanweisung P500. In 4.1.4.1 ADR/RID/ADN/IMDG-Code unter P500 befindet sich der Hinweis auf die Prüfanforderungen für die Verpackungen.*

252 Abschnitt 3.5.2 (3)
– Innenverpackung
– Zwischenverpackung mit Polstermaterial
– Außenverpackung

ⓘ *Fundstelle: 3.5.2 ADR/RID/ADN/IMDG-Code*

ⓘ *Hinweis: In Kapitel 3.5 sind die Anforderungen für den Versand von freigestellten Mengen zu finden, in 3.5.2 ADR/RID/ADN/IMDG-Code sind die einzelnen Verpackungsanforderungen dargestellt.*

253 Der Code lautet E2. (2)

ⓘ *Fundstelle: Alphabetische Stoffliste (Tabelle B) (3.2.2 ADR/ADN/RID) bzw. Index im IMDG-Code, Kapitel 3.2 Tabelle A Spalte 7b ADR/RID/ADN bzw. Kapitel 3.2 Gefahrgutliste Spalte 7b IMDG-Code*

| 254 | 30 kg | (2) |

ⓘ *Fundstelle: 3.4.2 ADR/RID/ADN, 3.4.2.1 IMDG-Code*

| 255 | Wärmeisoliertes Druckgefäß für tiefgekühlt verflüssigte *Gase* mit einem mit Wasser ausgelitertem Fassungsraum von höchstens 1 000 Litern | (2) |

ⓘ *Fundstelle: 1.2.1 ADR/RID/ADN/IMDG-Code*

| 256 | Nein; Sondervorschrift für die Verpackung PP14 in P002 in 4.1.4.1 | (2) |

ⓘ *Fundstelle: Kapitel 3.2 Tabelle A Spalten 8 und 9a, Sondervorschrift PP14 in P002 in 4.1.4.1 ADR/RID/ADN bzw. Kapitel 3.2 Gefahrgutliste Spalten 8 und 9, Sondervorschrift PP14 in P002 in 4.1.4.1 IMDG-Code*

| 257 | Nein, es ist eine Freistellung von den Vorschriften gemäß Sondervorschrift 375 ADR/RID/ADN bzw. 2.10.2.7 IMDG-Code möglich. | (3) |

ⓘ *Fundstelle: UN-Nummer 3077 über die alphabetische Stoffliste (Tabelle B) (3.2.2 ADR/ADN/RID), Kapitel 3.2 Tabelle A, Kapitel 3.3 Sondervorschrift 375 ADR/RID/ADN bzw. Index, Kapitel 3.2 Gefahrgutliste, 2.10.2.7 IMDG-Code*

| 258 | Nein. | (2) |

In Kapitel 3.2 Tabelle A ADR/RID/ADN sind bei UN 3509 in der Spalte 8 die Verpackungsanweisungen und in der Spalte 9a die Sondervorschriften folgender Einträge enthalten: P003 mit RR 9, IBC08 mit BB 3 und LP02 mit LL1. In den jeweiligen Sondervorschriften wird darauf hingewiesen, dass die entsprechenden Verpackungen nicht den Vorschriften des Unterabschnitts 4.1.1.3 entsprechen müssen.

| 259 | Altverpackungen sind leere ungereinigte Verpackungen, Großverpackungen oder Großpackmittel (IBC) oder Teile davon, die zur Entsorgung, zum Recycling oder zur Wiederverwendung ihrer Werkstoffe, nicht aber zur Rekonditionierung, Reparatur, regelmäßigen Wartung, Wiederaufarbeitung oder Wiederverwendung befördert werden. | (2) |

ⓘ *Fundstelle: 2.1.6 und SV663 (UN 3509) ADR/RID/ADN*

| 260 | P208 | (2) |

ⓘ *Hinweis: Über die alphabetische Stoffliste können die UN-Nummern für adsorbierte Gase ermittelt werden: UN 3510 bis UN 3518. In Kapitel 3.2 Tabelle A ADR/RID/ADN bzw. Kapitel 3.2 Gefahrgutliste ist in Spalte 8 diesen UN-Nummern die Verpackungsanweisung P208 zugeordnet. Im IMDG-Code sind die adsorbierten Gase im Anhang A oder im Index zu finden. Bei den UN-Nummern 3510 bis 3518 ist die Verpackungsanweisung P208 genannt.*

| 261 | P908 und LP904 | (2) |
| | P911 und LP906 | |

ⓘ *Hinweis: Über die alphabetische Stoffliste (Tabelle B) bzw. den Index kann die UN-Nummer für Lithium-Ionen-Batterien UN 3480 ermittelt werden. In Kapitel 3.2 Tabelle A ADR/RID/ADN bzw. Kapitel 3.2 Gefahrgutliste IMDG-Code in Spalte 8 können die Verpackungsanweisungen ermittelt werden. Die Verpackungsanweisungen sind auch über Kapitel 3.2 Tabelle A ADR/RID/ADN bzw. Kapitel 3.2 Gefahrgutliste IMDG-Code Spalte 6 über die Sondervorschriften 376 und 377 auffindbar, weil dort auf die Verpackungsanweisungen Bezug genommen wird.*

| 262 | Nein. Kapitel 3.3 Sondervorschrift 672, 4.1.4.1 P907 ADR/RID/ADN/IMDG-Code | (2) |

ⓘ *Hinweis: Laut Kapitel 3.3 Sondervorschrift 672 i.V.m. 4.1.4.1 P907 ADR/RID/ADN bzw. IMDG-Code sind nur die allgemeinen Verpackungsvorschriften zu beachten, in denen keine definierte Höhe für eine Fallprüfung vorgeschrieben ist.*

2.3 Antworten zum verkehrsträgerspezifischen Teil Straßenverkehr

Hinweis: Die Zahl in Klammern gibt die erreichbare Punktzahl an.

263   C   Das ADR (1)
- ⓘ *Hinweis: Das ADR regelt die grenzüberschreitende Beförderung gefährlicher Güter auf der Straße. Es gilt derzeit in 54 Staaten Europas, Afrikas und Asiens.*

264   ADR (1)
- ⓘ *Hinweis: Das ADR-Übereinkommen regelt die grenzüberschreitende Beförderung gefährlicher Güter auf der Straße. Voller Wortlaut „Übereinkommen über die internationale Beförderung gefährlicher Güter auf der Straße (ADR)" vom 30. September 1957.*

265   A   Bei Notfallbeförderungen zum Schutz der Umwelt, vorausgesetzt, es werden alle Maßnahmen zur völlig sicheren Durchführung dieser Beförderungen getroffen (1)
- ⓘ *Fundstelle: 1.1.3.1 Buchstabe e ADR*
- ⓘ *Hinweis: Die Lösung finden wir in 1.1.3.1 Buchstabe e ADR. Hiernach gelten die Vorschriften nicht für Beförderungen bei Notfällen, wenn alle Maßnahmen getroffen wurden, die für die sichere Beförderung notwendig sind.*

266   B   Die GGVSEB definiert den Begriff Fahrzeuge im innerstaatlichen und innergemeinschaftlichen Verkehr, abweichend vom ADR. (1)
- ⓘ *Fundstelle: § 2 Nummer 6 GGVSEB*

267   1.6.4 ADR (1)
- ⓘ *Fundstelle: Übergangsregelungen in Kapitel 1.6 ADR*

268   1.6.3 ADR (1)
- ⓘ *Fundstelle: Übergangsvorschriften in Kapitel 1.6 ADR*

269   2 Notfallfluchtmasken (1)
- ⓘ *Hinweis: Laut Kapitel 3.2 Tabelle A ist für UN 1017 (Chlor) nach Spalte 5 neben den Gefahrzetteln Nr. 5.1 und Nr. 8 auch ein Gefahrzettel Nr. 2.3 notwendig. Außerdem ist für dieses Gas zusätzliche Ausrüstung gemäß 8.1.5.3 ADR erforderlich. Somit muss für jedes Mitglied der Fahrzeugbesatzung eine Notfallfluchtmaske für den Gefahrzettel 2.3 mitgeführt werden. Da Sie mitfahren, müssen sich 2 Notfallfluchtmasken auf dem Fahrzeug befinden. Laut Fußnote 4) ist die weitere Ausrüstung für den Gefahrzettel 8 (eine Schaufel, eine Kanalabdeckung und ein Auffangbehälter aus Kunststoff) nur bei festen und flüssigen Stoffen vorgeschrieben. Bei Chlor handelt es sich aber um ein Gas.*

270   Unterabschnitt 8.1.5.3 ADR (1)
- ⓘ *Hinweis: In 8.1.5 ADR wird die sonstige Ausrüstung und die persönliche Schutzausrüstung vorgeschrieben. In 8.1.5.3 ADR ist die zusätzliche Ausrüstung, die für bestimmte Klassen gefordert wird, aufgeführt. Hier wird als Fußnote die Anforderung an die Notfallfluchtmaske genannt. In der Fußnote 3) werden Beispiele für die Notfallfluchtmaske aufgeführt.*

271   Kapitel 8.1 ADR (1)
- ⓘ *Hinweis: Die Lösung finden wir über das Inhaltsverzeichnis. Dort wird Kapitel 8.1 ADR angegeben.*

Gb-Prüfung

2 Antworten
2.3 Straßenverkehr

272 Ja; 8.4.1 ADR (2)

ⓘ *Hinweis: Die Regelungen für UN 1202 für die Anwendung in Kapitel 8.4 ADR i.V.m. Kapitel 8.5 ADR treffen nicht zu. Es fehlt der entsprechende Eintrag S20 in Spalte 19. Die Regelungen in der Anlage 2 zur GGVSEB zu Kapitel 8.4 ADR gelten nur für in Deutschland zugelassene Fahrzeuge. Die allgemeinen Regelungen nach Kapitel 1.10 ADR (Sicherung) sind zu berücksichtigen.*

273 50 m (2)

ⓘ *Fundstelle: Kapitel 8.5 und Kapitel 3.2 Tabelle A Spalte 19 ADR*

ⓘ *Hinweis: Die richtige Antwort finden wir über Kapitel 3.2 Tabelle A Spalte 19 bei UN 0362 mit der Sondervorschrift S1, die in Kapitel 8.5 ADR erläutert wird. Danach muss nach der Sondervorschrift S1 Absatz 5 ADR der Abstand zwischen den Beförderungseinheiten mindestens 50 m betragen.*

274 1 Feuerlöschgerät mit einem Mindestfassungsvermögen von 2 kg (2)

ⓘ *Hinweis: Die Vorschriften über Feuerlöschmittel gelten im internationalen Verkehr grundsätzlich. Die besonderen Vorschriften in 8.1.4 ADR, hier 8.1.4.1 (Tabelle) ADR, treffen nicht zu, weil nach 1.1.3.6.2 ADR i.V.m. der Tabelle nach 1.1.3.6.3 ADR die höchstzulässige Gesamtmasse je Beförderungseinheit von 1 000 l (es sind nur 900 l Terpentin [UN 1299 Beförderungskategorie 3 nach Spalte 15] auf dem Lkw) unterschritten wird.*

275 Unterabschnitt 1.1.3.6 ADR kann bei der Beförderung in Versandstücken angewendet werden. (2)

1 Feuerlöscher mit mindestens 2 kg Mindestfassungsvermögen

ⓘ *Hinweis: Benzin UN 1203 ist laut Kapitel 3.2 Tabelle A der Klasse 3 VG II, Beförderungskategorie 2 zugeordnet. Die Antwort finden wir in 8.1.4.2 ADR, über 1.1.3.6.2 ADR i.V. m. der Tabelle 1.1.3.6.3 ADR, wonach für UN 1203 Benzin die höchstzulässige Gesamtmenge je Beförderungseinheit 333 l beträgt, die hier nicht überschritten wird.*

276 D   Trichlorsilan ist in der Tabelle nach Unterabschnitt 1.1.3.6 ADR der Beförderungskategorie 0 zugeordnet. (1)

ⓘ *Hinweis: Die Lösung finden wir über die Tabelle 1.1.3.6.3 ADR. Danach ist der Stoff der Klasse 4.3, UN 1295 in der Beförderungskategorie 0 aufgeführt.*
Die Lösung ist auch möglich über Kapitel 3.2 Tabelle A Spalte 15.

277 C   Die Gesamtmenge je Beförderungseinheit ist für diese ungereinigten leeren Gefäße „unbegrenzt". (1)

ⓘ *Hinweis: In der Beförderungskategorie 4 finden wir einen Satz „sowie ungereinigte leere Verpackungen, die gefährliche Stoffe mit Ausnahme solcher enthalten, die unter die Beförderungskategorie 0 fallen", hierfür ist die höchstzulässige Gesamtmenge unbegrenzt. Ammoniak, wasserfrei ist der UN-Nummer 1005 zugeordnet und hat in Kapitel 3.2 Tabelle A Spalte 15 die Beförderungskategorie 1. Die Fußnote a) gilt nur bei gefüllten Gasflaschen (ortsbewegliche Druckgeräte).*

278 EX/III-Fahrzeuge (2)

ⓘ *Fundstelle: 9.2.1 ADR (Tabelle)*

ⓘ *Hinweis: Die Lösung finden wir über die Tabelle in 9.2.1 ADR. Danach gilt die Vorschrift bei der Beförderung von Explosivstoffen für EX/III-Fahrzeuge. (FL gilt nicht für Explosivstoffe.)*

279 Abschnitt 8.1.5 ADR (1)

ⓘ *Hinweis: Die Lösung finden wir u. a. über das Inhaltsverzeichnis. Dort wird im Teil 8 u. a. die Ausrüstung der Fahrzeuge genannt; bei sonstigen Ausrüstungen 8.1.5 ADR.*

2 Antworten
2.3 Straßenverkehr

280 1 000 kg (2)

ⓘ *Hinweis: Bei UN 1017 handelt es sich um Chlor, Klasse 2; Klassifizierungscode 2TOC, also um besonders gefährliche Güter, für die nach den §§ 35, 35a und 35b GGVSEB besondere Vorschriften gelten. Die Tabelle in § 35b lfd. Nr. 3 gibt den Hinweis, dass die §§ 35 und 35a ab jeweils 1 000 kg Nettomasse in Tanks gelten.*

281 Nein; § 35b GGVSEB (2)

ⓘ *Hinweis: Bei UN 1553 handelt es sich um Arsensäure, flüssig, Klasse 6.1, VG I. Die §§ 35, 35a und 35b GGVSEB gelten nur bei der Beförderung in Tanks. Die Tabelle in § 35b lfd. Nr. 10 gibt den Hinweis, dass die §§ 35 und 35a nur bei Beförderungen in Tanks ab 3 000 Liter gelten.*

282 Nettomenge ab 3 000 l (1)

ⓘ *Hinweis: Über die alphabetische Stoffliste (Tabelle B) (3.2.2 ADR) wird die UN-Nr. 1553 und die Klasse 6.1 VG I ermittelt. Nun kann über die Tabelle in § 35b lfd. Nr. 10 GGVSEB ermittelt werden, dass für die Klasse 6.1 ab einer Nettomenge von 3 000 l bei Beförderungen in Tanks die §§ 35 und 35a anzuwenden sind.*

283 5 kg je Innenverpackung und 30 kg brutto je Versandstück (2)

ⓘ *Hinweis: Aus Kapitel 3.2 Tabelle A ADR entnehmen wir für die UN-Nr. 3453 folgende Einträge: Phosphorsäure, fest, Klasse 8, Verpackungsgruppe III. In der Spalte 7a sind 5 kg höchstzulässiger Inhalt je Innenverpackung zu finden und in Abschnitt 3.4.2 ADR ist für das Versandstück 30 kg höchstzulässige Bruttomasse (3.4.2 ADR) festgelegt.*

284 Ja; Unterabschnitt 4.3.2.4 ADR (genau: 4.3.2.4.4 ADR) (2)

ⓘ *Hinweis: Die Vorschriften über die Verwendung von Aufsetztanks befinden sich im Teil 4 ADR. Mithilfe des Inhaltsverzeichnisses finden wir dann heraus, dass in 4.3.2.4 ADR ungereinigte Tanks (hierzu gehört nach der Begriffsbestimmung für Tank in 1.2.1 auch der Aufsetztank) angesprochen werden. Eine weitere Auffindung wäre über Kapitel 3.2 Tabelle A ADR möglich. In den Spalten 12 und 13 wird jeweils auf Teil 4 ADR hingewiesen.*

285 Ja; Unterabschnitt 4.3.2.4 ADR (2)

ⓘ *Fundstelle: 4.3.2.4.4 ADR*

ⓘ *Hinweis: Die Vorschriften über die Verwendung von Tankcontainern befinden sich im Teil 4 ADR. Mithilfe des Inhaltsverzeichnisses finden wir dann heraus, dass in 4.3.2.4 ADR ungereinigte Tanks (hierzu gehört nach der Begriffsbestimmung für Tank in 1.2.1 auch der Tankcontainer) angesprochen werden. Eine weitere Auffindung wäre über Kapitel 3.2 Tabelle A ADR möglich. In den Spalten 12 und 13 wird jeweils auf Teil 4 ADR hingewiesen.*

286 Nein; 5 kg je Innenverpackung für dieses Versandstück wäre zulässig, aber die Kiste darf als Versandstück nur maximal eine Bruttomasse von 30 kg haben. (2)

ⓘ *Hinweis: Da nur der Stoffname bekannt ist, wird über 3.2.2 Alphabetische Stoffliste (Tabelle B) ADR die UN-Nr. 1944 gefunden. Anhand Kapitel 3.2 Tabelle A ADR wird nun in der Spalte 7a die Menge von 5 kg je Innenverpackung ermittelt. Die Außenverpackung als Versandstück darf nur 30 kg Bruttomasse haben (3.4.2 ADR).*

287 Nein. (2)
UN 1950 5 TF dürfen 120 ml je Innenverpackung haben und nach 3.4.2 ADR sind jedoch nur 30 kg brutto als Versandstückgewicht erlaubt. Damit ist die Menge je Außenverpackung zu groß.

Gb-Prüfung

2 Antworten
2.3 Straßenverkehr

288 333 kg (2)

ⓘ *Hinweis: Die Antwort finden wir in der Tabelle in 1.1.3.6.3 ADR. Vorerst müssen aber über die UN-Nr. in Kapitel 3.2 Tabelle A ADR der Klassifizierungscode und die Beförderungskategorie ermittelt werden, die für die Auswertung der Tabelle 1.1.3.6.3 ADR erforderlich sind. Der Stoff UN 0276 hat die Beförderungskategorie 2 und den Klassifizierungscode 1.4C. Anhand dieser Angaben wird per Tabelle 1.1.3.6.3 ADR ermittelt, dass die höchstzulässige Gesamtmenge „333" beträgt.*

289 20 kg (2)

ⓘ *Hinweis: Die Antwort finden wir in der Tabelle in 1.1.3.6.3 ADR. Vorerst müssen aber über die UN-Nr. in Kapitel 3.2 Tabelle A ADR der Klassifizierungscode und die Beförderungskategorie ermittelt werden, die für die Auswertung der Tabelle 1.1.3.6.3 ADR erforderlich sind. Der Stoff UN 0027 hat die Beförderungskategorie 1 und den Klassifizierungscode 1.1D. Anhand dieser Angaben wird per Tabelle 1.1.3.6.3 ADR ermittelt, dass die höchstzulässige Gesamtmenge „20" beträgt.*

290 Nein, weil keine zusammengesetzte Verpackung verwendet wird. (3)

ⓘ *Hinweis: Hier werden zwar alle erforderlichen Angaben vorgegeben, jedoch verlangt Kapitel 3.4 ADR eine zusammengesetzte Verpackung, die aus Innen- und Außenverpackung besteht (Erläuterung zur zusammengesetzten Verpackung siehe 1.2.1 ADR).*

291 Der Versand als begrenzte Menge ist nicht zulässig, da in Kapitel 3.2 Tabelle A Spalte 7a die Menge 0 genannt ist. (2)

ⓘ *Hinweis: Über Kapitel 3.2 Tabelle A ADR finden wir heraus, dass es sich bei dem Stoff mit der UN-Nr. 1155 um Diethylether (Ethylether) der Klasse 3 Verpackungsgruppe I handelt. Über Kapitel 3.2 Tabelle A ADR wird in der Spalte 7a die Menge 0 ermittelt. Nach 3.4.1 ADR darf bei 0 kein Versand als begrenzte Menge erfolgen.*

292 Alle 6 Jahre eine wiederkehrende Prüfung und alle 3 Jahre eine Zwischenprüfung (Dichtheits- und Funktionsprüfung) (4)

ⓘ *Fundstelle: 6.8.2.4.2 und 6.8.2.4.3 ADR*

ⓘ *Hinweis: Diese Vorschriften befinden sich im Teil 6 ADR, da es sich um Bau- und Prüfvorschriften handelt. Anhand des Inhaltsverzeichnisses finden wir dann in Kapitel 6.8 ADR, wo unter 6.8.2.4 ADR die Prüfungen behandelt werden. In diesem Unterabschnitt entnehmen wir dann die Daten der Prüfungsabstände, die sich für Tankfahrzeuge links vom senkrechten Trennungsstrich befinden (siehe 6.8.1.2).*

293 Alle 5 Jahre die wiederkehrende Prüfung und alle 2,5 Jahre die Zwischenprüfung (Dichtheits- und Funktionsprüfung) (4)

ⓘ *Fundstelle: 6.8.2.4.2 und 6.8.2.4.3 ADR*

ⓘ *Hinweis: Diese Vorschriften befinden sich im Teil 6 ADR, da es sich um Bau- und Prüfvorschriften handelt. Anhand des Inhaltsverzeichnisses finden wir dann in Kapitel 6.8 ADR, wo unter 6.8.2.4 ADR die Prüfungen behandelt werden. In diesem Unterabschnitt entnehmen wir dann die Daten der Prüfungsabstände, die sich für Tankcontainer rechts vom senkrechten Trennungsstrich befinden (siehe 6.8.1.2).*

294 a) bei mehr als 1 000 l
b) immer (4)

ⓘ *Hinweis:*
zu a) Über UN-Nr. 1223 erfahren wir unter Zuhilfenahme von Kapitel 3.2 Tabelle A ADR, dass es sich bei dem Stoff mit der UN-Nr. 1223 um Kerosin der Klasse 3 Verpackungsgruppe III handelt. In der Spalte 15 ist die Beförderungskategorie 3 in Kapitel 3.2 Tabelle A ADR i.V.m. 1.1.3.6.3 ADR aufgeführt. Hier beträgt für die sonstige Ausrüstung nach 8.1.5 ADR für Stückguttransporte die höchstzulässige Gesamtmenge 1 000 kg bzw. l, bei der man von Teil 8 ADR befreit ist.
zu b) Für Tanktransporte ist die sonstige Ausrüstung nach 8.1.5 ADR grundsätzlich anzuwenden, da die Vorschriften über die Erleichterungen nach 1.1.3.6 ADR nur für Versandstücke gelten.

2 Antworten
2.3 Straßenverkehr

295 Ja, gemäß 7.2.4 V2 Absatz 2 ADR (3)

ⓘ *Hinweis: Unter Zuhilfenahme von Kapitel 3.2 Tabelle A finden wir in der Spalte 16 den Code V2 für die UN-Nr. 0094, der gemäß der Spalte 16 in 7.2.4 ADR erläutert wird. Nach dem Code V2, Absatz 2 dürfen danach auch Zugfahrzeuge eingesetzt werden, die nicht die EX/II- bzw. EX/III-Zulassung haben.*

296 Ja, da die höchstzulässige Gesamtmenge von 333 l gemäß Tabelle 1.1.3.6.3 ADR nicht überschritten und somit das Fahrzeug nicht kennzeichnungspflichtig ist. (2)

ⓘ *Hinweis: Zuerst ist zu klären, ob das Fahrzeug mit der beförderten Menge Gefahrgut nach 5.3.2 ADR der Kennzeichnungspflicht mit orangefarbenen Tafeln unterliegt. Die Lösung holen wir uns über 3.2.2 Alphabetische Stoffliste (Tabelle B) ADR i.V.m. Kapitel 3.2 Tabelle A ADR. Benzin hat die UN-Nr. 1203. Laut Kapitel 3.2 Tabelle A ADR ist das ein Stoff der Klasse 3 mit der Verpackungsgruppe II. In Kapitel 3.2 Tabelle A Spalte 15 ADR ist die Beförderungskategorie 2 genannt, die eine Höchstgrenze von 333 gemäß Tabelle 1.1.3.6.3 ADR vorgibt.*
Da die Höchstgrenze von 333 l nicht überschritten ist, darf dieses Gebiet befahren werden.

297 Unterabschnitt 7.5.2.1 ADR (2)

ⓘ *Hinweis: Die Lösung finden wir in Kapitel 7.5 ADR, da sich dort u. a. die Vorschriften über das Be- und Entladen und die Handhabung befinden (auch über das Inhaltsverzeichnis schnell auffindbar). In der Tabelle in 7.5.2.1 ADR kann ermittelt werden, welche Stoffe mit welchem Gefahrzettel auf einer Ladefläche zusammen verladen werden dürfen bzw. wo ein Zusammenladeverbot besteht. In der ersten senkrechten Spalte dieser Tabelle sucht man die Gefahrzettel Nr. 7A, 7B und 7C.*

298 Unterabschnitt 4.1.9.1 ADR (2)

ⓘ *Hinweis: Da es sich hier um Umverpackungen und Container handelt, ist für die Stoffe der Klasse 7 die Lösung in 4.1.9.1 ADR zu finden. In 4.1.9.1.4 ADR gibt es eine Grenzwertangabe für „nicht festhaftende Kontamination an den Außenseiten eines Versandstückes"; hier wird aber nicht von einer festhaftenden Oberflächenkontamination gesprochen. Die konkrete Fundstelle ist in 4.1.9.1.4 ADR i.V.m. 4.1.9.1.2 ADR.*

299 D offensichtlich beschädigt ist. (1)

ⓘ *Hinweis: Die Lösung finden wir in Kapitel 3.2 Tabelle A Spalte 18 ADR (im Bezug der Be- und Entladung, Handhabung). Für radioaktive Stoffe finden wir jeweils den Code CV33. Dieser Code wird in 7.5.11 ADR entschlüsselt. Im Absatz (5) wird in (5.1) und (5.2) festgelegt, dass offensichtlich beschädigte Versandstücke nicht befördert werden dürfen.*

300 C Anzahl, Zustand und Kennzeichnung der Versandstücke anhand der Begleitpapiere (1)

ⓘ *Fundstelle: 5.4.1.2.5.1 Buchstabe h) ADR*

ⓘ *Hinweis: Bei jeder Sendung sind Anzahl, Zustand und Kennzeichnung anhand der Begleitpapiere zu überprüfen, damit gewährleistet ist, dass die Summe der Transportkennzahlen im Fahrzeug den zulässigen Wert nicht überschreitet. Grundlage ist der Eintrag im Beförderungspapier nach 5.4.1.2.5.1 Buchstabe h ADR. Der Bezug wird dann über den Verweis auf 5.4.1.1.1 a) bis g) hergestellt.*

301 A Bei der Beförderung von Druckgaspackungen muss diese Vorschrift nicht beachtet werden. (1)

ⓘ *Fundstelle: Kapitel 3.2 Tabelle A Spalte 18, 7.5.11 CV36 ADR*

ⓘ *Hinweis: Über 3.2.2 Alphabetische Stoffliste (Tabelle B) ADR können wir die UN-Nr. der Druckgaspackungen ermitteln. Mit dieser UN-Nr., hier 1950, gehen wir in Kapitel 3.2 Tabelle A ADR, wo wir über die Spalte 18 nach einer Sondervorschrift für diesen Stoff suchen. Wir stellen fest, dass bei einigen Stoffen der Klasse 2 in der Spalte 18 ein Code „CV36" erscheint, der entsprechend in 7.5.11 ADR erläutert wird. Da für UN-Nr. 1950 ein solcher Code nicht vorhanden ist, ist auch keine besondere Belüftung vorgeschrieben.*

302 Ja, die Zusammenladeverbote sind grundsätzlich anzuwenden. (2)

ⓘ *Fundstelle: 7.5.2.1 und 1.1.3.6 ADR*

ⓘ *Hinweis: Über die Tabelle in 7.5.2.1 ADR ist zuerst zu überprüfen, ob ein Zusammenladeverbot besteht, was mit „Ja" zu beantworten ist. Über 1.1.3.6 ADR muss nun festgestellt werden, ob eine Freistellung vom Zusammenladeverbot besteht, wenn die in der Tabelle 1.1.3.6.3 ADR genannten Höchstmengen (oder der berechnete Wert von 1 000) nicht überschritten werden. In 1.1.3.6.2 ADR werden die Vorschriften angesprochen, die freigestellt werden; das Zusammenladeverbot nach 7.5.2 ADR ist dabei nicht aufgeführt und gilt somit immer.*

303 Ja, die Zusammenladeverbote sind grundsätzlich anzuwenden. In 1.1.3.6.2 ADR werden die Vorschriften angesprochen, die freigestellt werden. Das Zusammenladeverbot nach 7.5.2 ADR ist dort nicht aufgeführt und gilt somit immer. (2)

ⓘ *Fundstelle: 7.5.2.1 und 1.1.3.6 ADR*

304 B   Wenn die Sicherheit gefährdet ist (1)

ⓘ *Fundstelle: 7.5.1.3 ADR*

ⓘ *Hinweis: Die Lösung finden wir im Teil 7 ADR, da dort in Kapitel 7.5 u. a. die Vorschriften über das Entladen enthalten sind. Nach 7.5.1.3 ADR darf die Entladung nicht erfolgen, wenn die vorgenannten Kontrollen Verstöße aufzeigen, die eine sichere Entladung infrage stellen können, also die Sicherheit gefährdet ist.*

305 Abschnitt 7.5.8 ADR (1)

ⓘ *Hinweis: Die Lösung finden wir im Teil 7 ADR, da dort in 7.5.8 ADR die Vorschriften über die Reinigung nach dem Entladen enthalten sind. Nach 7.5.8.1 ADR darf die Beladung nicht erfolgen, wenn die Kontrollen aufzeigen, dass gefährliche Güter ausgetreten sind. Bevor neu verladen werden darf, ist die Ladefläche zu reinigen.*

306 B   Innerhalb von Containern (1)

ⓘ *Fundstelle: 7.5.2.1 ADR*

ⓘ *Hinweis: Die Lösung befindet sich in 7.5.2.1 ADR, wonach auch die Vorschriften über das Zusammenladen innerhalb eines Containers gelten.*

307 C   Zusammenladeverbote gelten für das Zusammenladen auf einem Fahrzeug. (1)

ⓘ *Fundstelle: 7.5.2.1 ADR*

ⓘ *Hinweis: Die Lösung befindet sich in 7.5.2.1 ADR, wonach die Vorschriften über das Zusammenladen „in einem Fahrzeug" gelten.*

308 Unterabschnitt 7.5.2.1 ADR (1)

ⓘ *Hinweis: Die Lösung finden wir in Kapitel 7.5 ADR, da sich dort u. a. die Vorschriften über das Be- und Entladen und die Handhabung befinden (auch über das Inhaltsverzeichnis schnell auffindbar). In 7.5.2 ADR i.V.m. der Tabelle in 7.5.2.1 ADR kann ermittelt werden, welche Stoffe mit welchem Gefahrzettel auf einer Ladefläche zusammen verladen werden dürfen bzw. wo ein Zusammenladeverbot besteht. In der ersten senkrechten Spalte dieser Tabelle sucht man die Gefahrzettel, mit der die Gasflaschen gekennzeichnet sind.*

309 Abschnitt 7.5.2 ADR (1)

ⓘ *Hinweis: Die Lösung befindet sich in 7.5.2 ADR (7.5.2.1 ADR), wonach die Vorschriften über das Zusammenladen „in einem Fahrzeug" gelten.*

310 C   Abschnitt 7.5.2 (1)

ⓘ *Hinweis: Lösung über das Inhaltsverzeichnis, hier Teil 7 Be- und Entladung, Handhabung ADR*

2 Antworten
2.3 Straßenverkehr

311   A   Ja, wenn eine Trennung auf dem Fahrzeug erfolgt.   (1)

ⓘ *Fundstelle: 7.5.4 ADR*

ⓘ *Hinweis: Vorschriften über das Zusammenladen von Nahrungs- und Genussmitteln finden wir in 7.5.4 ADR. Danach darf eine Verladung auf einem Fahrzeug nur erfolgen, wenn entsprechende Trennvorschriften eingehalten werden.*

312   Versandstücke mit Zetteln 6.1 oder 6.2 oder 9 (UN-Nr. 2212, 2315, 2590, 3151, 3152 oder 3245)   (2)

– vollwandige Trennwände
– Abstand von mindestens 0,8 m

ⓘ *Hinweis: Vorsichtsmaßnahmen für Nahrungs-, Genuss- und Futtermittel finden wir in 7.5.4 ADR. Hier sind Versandstücke mit Zetteln nach Muster 6.1 oder 6.2 oder solche mit Zetteln nach Muster 9 (bestimmte UN-Nr.) aufgeführt, für die bestimmte Trennvorschriften gelten.*

313   – vollwandige Trennwände   (2)

– andere Versandstücke, die nicht mit den Gefahrzetteln 6.1, 6.2 oder 9 mit den UN-Nr. 2212, 2315, 2590, 3151, 3152 oder 3245 versehen sind
– Abstand von mindestens 0,8 m
– zusätzliche Verpackungen (z. B. Folie, Stülpkarton), um das Versandstück mit Stoffen mit Gefahrzetteln 6.1, 6.2 und 9 zu verpacken und abzudecken

ⓘ *Fundstelle: 7.5.4 ADR*

314   D   Wenn eine Sichtprüfung des Fahrzeugs zeigt, dass es nicht den Rechtsvorschriften genügt   (1)

ⓘ *Fundstelle: 7.5.1.1 und 7.5.1.2 ADR*

ⓘ *Hinweis: Nach 7.5.1.2 ADR darf die Beladung nicht erfolgen, wenn eine Kontrolle der Dokumente oder eine Sichtprüfung des Fahrzeugs und seiner Ausrüstung zeigt, dass das Fahrzeug oder der Fahrzeugführer den Rechtsvorschriften nicht genügen. Es ist also verboten, ein Fahrzeug zu beladen, auf dem beispielsweise die Ausrüstung nach ADR nicht vorhanden ist. In der Regel wird diese Vorschrift vom Verlader vor der Beladung bzw. vom Befüller vor der Befüllung überprüft. Nach 7.5.1.1 und 7.5.1.2 ADR ist die Sichtprüfung eines Fahrzeugs die Voraussetzung für die Beladung.*

315   Ein Zusammenladen in einem Container ist erlaubt; 7.5.2.1 ADR.   (2)

ⓘ *Hinweis: Um diese Frage beantworten zu können, muss vorerst die Bezettelung und damit die Einstufung der beiden Güter ermittelt werden. Die Gefahrgutklasse finden wir in Kapitel 3.2 Tabelle A ADR in der Spalte 5. UN 0366 Detonatoren mit dem Klassifizierungscode 1.4S (aus der Spalte 3b) hat den Gefahrzettel Nr. 1.4 und UN 1203 Benzin hat den Gefahrzettel Nr. 3. Anhand der Tabelle in 7.5.2.1 ADR kann nun ermittelt werden, dass Güter mit dem Gefahrzettel Nr. 1.4 mit Gütern mit dem Gefahrzettel Nr. 3 gemäß 7.5.2.1 ADR nicht in einem Container verladen werden dürfen. Durch die Fußnote a) wird jedoch ein Zusammenladen erlaubt, wenn das Gut der Klasse 1 der Verträglichkeitsgruppe 1.4S (entspricht dem Klassifizierungscode aus Kapitel 3.2 Tabelle A Spalte 3b ADR) zugeordnet ist, was hier der Fall ist.*

316   Ja; Unterabschnitt 7.5.2.1 Fußnote b) ADR   (2)

ⓘ *Hinweis: Da die Unterklasse 1.1D grundsätzlich mit dem Gefahrzettel Nr. 1 bezettelt ist (siehe Kapitel 3.2 Tabelle A ADR), gilt bis auf die Besonderheit mit der Klasse 9 (Fußnote b = Rettungsmittel mit den UN-Nrn. 2990, 3072 und 3268 – Zusammenladung zugelassen) ein Zusammenladeverbot mit anderen gefährlichen Gütern.*

Gb-Prüfung

2 Antworten
2.3 Straßenverkehr

317   **C**   Nein, siehe 7.5.2.1 a) ADR (1)

ⓘ *Hinweis: UN 0012 gehört gemäß Kapitel 3.2 Tabelle A Spalte 3b ADR zur Klasse 1.4S. In 7.5.2.1 Fußnote a) ADR zur Tabelle gelten die Zusammenladeverbote nicht für Klasse 1.4S.*

318   **B**   Nach der Kennzeichnung der Versandstücke mit Gefahrzetteln (1)

ⓘ *Fundstelle: 7.5.2.1 und 5.2.2.2.2 ADR*

ⓘ *Hinweis: In 7.5.2.1 ADR wird ausdrücklich vermerkt, dass sich die Zusammenladeverbote nach den für die jeweiligen Klassen anzubringenden Gefahrzetteln in 5.2.2.2.2 ADR richten.*

319   Abschnitt 7.5.7 ADR (1)

ⓘ *Hinweis: Die Lösung finden wir im Teil 7 ADR, da sich dort die Vorschriften für die Beförderung, die Be- und Entladung und die Handhabung befinden. Über den Check des Inhaltsverzeichnisses können wir dann schnell feststellen, dass sich die Vorschriften über Handhabung und Verstauung in 7.5.7 ADR befinden.*

320   **A**   Gefäße sind so zu verladen, dass sie nicht umkippen oder herabfallen können. (1)

ⓘ *Fundstelle: 7.5.11 CV9 ADR*

ⓘ *Hinweis: In der Frage geht es um die Ladungssicherung, die in 7.5 ADR behandelt wird. In 7.5.11 ADR sind zusätzliche Vorschriften für bestimmte Klassen oder Güter enthalten. Diese zusätzlichen Vorschriften sind nur über die Spalte 18 erkennbar.*
Bei Gefäßen der Klasse 2 erhält man anhand einer beispielhaften UN-Nummer für Gase, z. B. UN 1965, über Kapitel 3.2 Tabelle A Spalte 18 ADR die Sondervorschrift CV9, die die Antwort enthält.

321   Ja; Unterabschnitt 5.1.2.4 ADR (2)

ⓘ *Hinweis: Die Lösung suchen wir im Teil 5 ADR, da sich dort die Vorschriften über Umverpackungen befinden. In 5.1.2.4 ADR ist die Lösung enthalten.*

322   **A**   Eine Kennzeichnung nach einer anerkannten Norm und dem ADR ist erforderlich. (1)

ⓘ *Fundstelle: 8.1.4 und 8.1.4.4 ADR*

ⓘ *Hinweis: Vorschriften über Feuerlöscher finden wir in 8.1.4 ADR. In 8.1.4.4 ADR sind dann die Anforderungen über die Kennzeichnung zu finden.*

323   Abschnitt 4.3.4 ADR (1)

ⓘ *Hinweis: Über das Inhaltsverzeichnis oder über Kapitel 3.2 Spalte 13 Tabelle A ADR kommen wir zu den Sondervorschriften für die Klassen 3 bis 9 ADR. Aus Kapitel 3.2 Tabelle A Spalte 13 ADR können für festverbundene Tanks (ADR-Tanks) die Codes für spezielle Sondervorschriften entnommen werden, die über 4.3.5 und 6.8.4 ADR entschlüsselt werden können. Für die weitere besondere Verwendung gilt dann, soweit in Spalte 14 eingetragen, die stoffbezogene TU xx in 4.3.5 ADR. In der Fragestellung wird nach „welchem Abschnitt" gefragt. Das wäre aufgrund der Überschrift der Abschnitt 4.3.4 Sondervorschriften für die Klassen 1 und 3 bis 9.*

324   Wiederkehrende Prüfung und Zwischenprüfung (2)

ⓘ *Hinweis: Die Lösung finden wir in Kapitel 6.8 ADR, da dort die Vorschriften über Bau und Prüfung zu finden sind. In 6.8.2.4 ADR finden wir dann die Vorschriften über Prüfungen von Tanks. Dort werden u. a. unter der wiederkehrenden Prüfung die Wasserdruckprüfung, Dichtheitsprüfung, Prüfungen vor erstmaliger Inbetriebnahme, innere und äußere Prüfung usw. genannt. Bei der Zwischenprüfung sind auch die Dichtheitsprüfung und Funktionsprüfung enthalten.*

2 Antworten
2.3 Straßenverkehr

325 Alle 6 Jahre (2)

ⓘ *Hinweis: Die Lösung finden wir in Kapitel 6.8 ADR, da dort die Vorschriften über Bau und Prüfung zu finden sind. In 6.8.2.4 ADR finden wir dann die Vorschriften über Prüfungen von Tanks. In 6.8.2.4.2 ADR finden wir dann links vom senkrechten Trennungsstrich (siehe 6.8.1.2 ADR) die Fristen der wiederkehrenden Prüfung für festverbundene Tanks, die max. 6 Jahre nicht überschreiten dürfen.*

326 Alle 3 Jahre (2)

ⓘ *Fundstelle: 6.8.2.4.3 ADR*

ⓘ *Hinweis: Die Lösung finden wir in Kapitel 6.8 ADR, da dort die Vorschriften über Bau und Prüfung zu finden sind. In 6.8.2.4 ADR finden wir dann die Vorschriften über Prüfungen von Tanks. In 6.8.2.4.3 ADR finden wir dann links vom senkrechten Trennungsstrich (siehe 6.8.1.2 ADR) die Fristen der Zwischenprüfung für festverbundene Tanks, die alle 3 Jahre durchzuführen sind.*

327 Wenn die Sicherheit nach einem Unfall, einer Ausbesserung oder nach Umbau beeinträchtigt sein könnte. (2)

ⓘ *Fundstelle: 6.8.2.4.4 ADR*

ⓘ *Hinweis: Die Lösung finden wir in Kapitel 6.8 ADR, da dort die Vorschriften über Bau und Prüfung zu finden sind. In 6.8.2.4.4 ADR finden wir dann die Vorschriften über eine außerordentliche Prüfung von Tanks oder ihren Ausrüstungen, wenn durch Umbau oder Ausbesserung oder Unfall die Sicherheit beeinträchtigt wird.*

328 Unterabschnitt 1.1.4.2 ADR (1)

ⓘ *Fundstelle: 1.1.4.2 ADR kann man über das Inhaltsverzeichnis finden.*

329 Ja. Nach Kapitel 3.2 Tabelle A Spalte 19 ist nach der Sondervorschrift S20 (Kapitel 8.5 ADR) zu verfahren, die bei Beförderungen von mehr als 3 000 l in Tanks anzuwenden ist. Dort wird auf das Kapitel 8.4 (Überwachung) verwiesen, welches beinhaltet, dass der Fahrzeugführer den Beauftragten für den Parkplatz über die Art und Gefährlichkeit der Ladung und den Aufenthaltsort des Fahrers informieren muss. (2)

ⓘ *Fundstelle: Kapitel 3.2 Tabelle A Spalte 19, Kapitel 8.4 Sondervorschrift S20 und Kapitel 8.5 ADR*

ⓘ *Hinweis: Falls der Transport in Deutschland mit einem in Deutschland zugelassenen Fahrzeug stattfindet, gilt Anlage 2 Nummer 3.3 zur GGVSEB.*

330 B Die Regelungen der Anlage 2 Nummer 3.3 GGVSEB gelten nur für innerstaatliche Beförderungen mit in Deutschland zugelassenen Fahrzeugen. (1)

ⓘ *Hinweis: Die Lösung finden wir in Anlage 2 Nummer 3.3 zur GGVSEB.*

331 Nein. (3)
Für UN 1134 treffen die Regelungen in Kapitel 8.4 ADR nicht zu. Es fehlt hierzu der entsprechende Eintrag in Kapitel 3.2 Tabelle A Spalte 19 ADR. Der Eintrag S2 behandelt nicht Kapitel 8.4 ADR. Es handelt sich außerdem **nicht** um eine rein innerstaatliche Beförderung, somit sind die Regelungen der Anlage 2 der GGVSEB auch nicht anzuwenden, nach denen alle kennzeichnungspflichtigen Fahrzeuge zu überwachen wären.

332 Spalte 16 (1)

ⓘ *Hinweis: Die Sondervorschriften aus Kapitel 3.2 Tabelle A sind dann mit der Codierung V … in Kapitel 7.2 ADR genannt.*

Gb-Prüfung

2 Antworten
2.3 Straßenverkehr

333 UN 3291 (4)

Die Verpackung (Fass) kann verwendet werden. Siehe Abschnitt 4.1.4.1 P621 (1) mit dem Hinweis auf VG II. Das entspricht dem Buchstaben Y.

ⓘ *Fundstelle: 2.2.62.1.11.1 b) und 2.2.62.1.11.2 ADR*

ⓘ *Hinweis: In der Fragestellung wird die Aussage getroffen, dass im Rahmen der ordnungsgemäßen Entsorgung diese Abfälle der EAK-Nummer 18 02 02 zugeordnet werden. Deswegen ist in der Klasse 6.2 (Abschnitt 2.2.62) im Abschnitt 2.2.62.1.11 Medizinische oder klinische Abfälle nachzulesen. Über den Absatz 2.2.62.1.11.1 b) Bemerkung 2 findet man heraus, dass solche Abfälle der UN-Nummer 3291 zugeordnet werden. Laut Kapitel 3.2 Tabelle A Spalte 8 ADR trifft für UN-Nummer 3291 die Verpackungsvorschrift P621 in Abschnitt 4.1.4.1 zu. Dort steht im Absatz (1) ein Hinweis auf VG II, was dem Buchstaben Y entspricht.*
Da in der Fragestellung für die Antwort nur die UN-Nummer gefordert wird, ist eine genaue Zuordnung der Benennung/Beschreibung nicht erforderlich. Drei Alternativen wären je nach Herkunft denkbar: UN 3291 KLINISCHER ABFALL, UNSPEZIFIZIERT, N.A.G. oder UN 3291 (BIO)MEDIZINISCHER ABFALL, N.A.G. oder UN 3291 UNTER DIE VORSCHRIFTEN FALLENDER MEDIZINISCHER ABFALL, N.A.G. Achtung: Aufgrund des Hinweises auf den Maul- und Klauenseuche-Virus (nur Kulturen) kann über die Zuordnungstabelle in Absatz 2.2.62.1.4.1 die UN 2900 (ansteckungsgefährliche Stoffe der Kategorie A) ausgeschlossen werden, weil dort nur Kulturen die Kriterien erfüllen.

334 Zusätzliche Prüfung des inneren Zustandes festverbundene Tanks alle drei Jahre (2)

ⓘ *Fundstelle: 6.10.4 ADR*

335 B Der Eigentümer oder der Betreiber des Tanks (1)

ⓘ *Fundstelle: 4.3.2.1.7 ADR*

336 B 15 Monate (1)

ⓘ *Fundstelle: 4.3.2.1.7 ADR*

337 A Alle technisch relevanten Informationen eines Tanks, wie die in den Unterabschnitten 6.8.2.3, 6.8.2.4 und 6.8.3.4 genannten Bescheinigungen (1)

ⓘ *Fundstelle: 1.2.1, 4.3.2.1.7, 6.8.2.3.1, 6.8.2.4.5 ADR*

338 Die Tankakte ist dem Käufer zu übergeben. Sie verbleibt beim Eigentümer oder Betreiber des Tanks während der gesamten Lebensdauer. (1)

ⓘ *Hinweis: 4.3.2.1.7 ADR, weil die Tankakte während der gesamten Lebensdauer geführt werden muss. Im ADR unterscheidet man nur nach Betreiber und Eigentümer. Beförderer für Tankfahrzeuge (§ 19 Absatz 2 Nummer 8), Betreiber für Tankcontainer (§ 24 Nummer 7 GGVSEB)*

339 Nach Absatz 6.8.2.4.5 ADR ist eine Kopie der Bescheinigung zur Tankakte zu nehmen. (2)

340 A Die zuletzt durchgeführte Prüfung war eine Prüfung nach 6.8.2.4.1 oder 6.8.2.4.2 ADR. (1)

ⓘ *Fundstelle: 6.8.2.5.1 – 9. Spiegelstrich ADR*

341 Angabe von Monat und Jahr (1)

ⓘ *Fundstelle: 6.8.2.5.1 – 9. Spiegelstrich ADR (die Fragestellung bezieht sich nur auf die Form wie das Datum anzugeben ist)*

2 Antworten
2.3 Straßenverkehr

342 „Monat, Jahr", gefolgt von dem Buchstaben „P", wenn es sich bei dieser Prüfung um die erstmalige Prüfung oder um eine wiederkehrende Prüfung gemäß den Absätzen 6.8.2.4.1 und 6.8.2.4.2 ADR oder gefolgt von dem Buchstaben L, wenn es sich um die zwischendurch stattfindende Dichtheitsprüfung gem. 6.8.2.4.3 ADR handelt. (2)

ⓘ *Fundstelle: 6.8.2.5.1 – 9. Spiegelstrich ADR*

343 Auf dem Tankschild nach 6.8.2.5.1 ADR (1)

ⓘ *Fundstelle: 6.8.2.5.1 – 9. Spiegelstrich ADR*

344 Die Beförderung kann unter den Erleichterungen in der Freistellung nach 1.1.3.1 f) ADR erfolgen, weil es sich um einen Lagerbehälter handelt, der zuletzt brennbare Gase der Klasse 2 Gruppe F (UN 1965) enthalten hat. Die Bedingungen in 1.1.3.1 f) ADR sind jedoch einzuhalten. (3)

ⓘ *Fundstelle: 1.1.3.1 f) ADR und Erläuterung in der RSEB zu Teil 1*

345 A Ja, die Beförderung ist unter Einhaltung der Bedingungen nach 1.1.3.1 f) ADR freigestellt möglich. (1)

ⓘ *Fundstelle: 1.1.3.1 f) ADR*

346 Nein, bei UN 1005 handelt es sich um Ammoniak, wasserfrei, Gruppe TC. Die Freistellung in Unterabschnitt 1.1.3.1 f) gilt nicht für Gase der Klasse 2 Gruppe TC. (3)

ⓘ *Fundstelle: 1.1.3.1 f) ADR*

347 Durchfahrt verboten durch Tunnel der Kategorien B, C, D und E. (1)

ⓘ *Fundstelle: 8.6.4 ADR*

ⓘ *Hinweis: Die Beschränkungen für die Beförderung bestimmter gefährlicher Güter durch Tunnel basieren auf dem in Kapitel 3.2 Tabelle A Spalte 15 angegebenen Tunnelbeschränkungscode dieser Güter. Die Tunnelbeschränkungscodes sind in Klammern im unteren Teil der Zeile angegeben.*

348 A Durchfahrt verboten durch Tunnel der Kategorie B, C, D und E, wenn die Nettoexplosivstoffmasse je Beförderungseinheit mehr als 1 000 kg beträgt (1)

ⓘ *Fundstelle: Tabelle 8.6.4 ADR (Beschränkungen für die Durchfahrt von Beförderungseinheiten mit gefährlichen Gütern durch Tunnel)*

349 Nein. Die Durchfahrt ist durch einen Tunnel der Kategorie D und E verboten, weil Dinitrosobenzen dem Tunnelbeschränkungscode C5000D zugeordnet ist und mit diesem Gefahrgut nicht durch Tunnel der Kategorie E gefahren werden darf. (3)

ⓘ *Fundstelle: 8.6.3 und 8.6.4 ADR*

ⓘ *Hinweis: Zur Feststellung der Tunnelkategorie ist über 3.2.2 Alphabetische Stoffliste (Tabelle B) ADR die UN-Nummer 0406 für Dinitrosobenzen zu ermitteln. Für UN 0406 ist der Tunnelbeschränkungscode laut Kapitel 3.2 Tabelle A Spalte 15 C5000D. Für C5000D wäre die Durchfahrt verboten durch Tunnel der Kategorien C, D und E, wenn die gesamte Nettoexplosivstoffmasse je Beförderungseinheit größer als 5 000 kg ist. Weil es sich jedoch nur um 600 kg Nettoexplosivstoffmasse handelt, ist die Durchfahrt verboten durch Tunnel der Kategorien D und E.*

350 Nein – 1.9.5.3.6 und 8.6.3.3 ADR (2)

ⓘ *Hinweis: Nach 1.9.5.3.6 und 8.6.3.3 ADR unterliegen gefährliche Güter, die in Übereinstimmung mit 1.1.3 ADR befördert werden, nicht den Tunnelbeschränkungen und sind bei der Bestimmung des der gesamten Ladung einer Beförderungseinheit zuzuordnenden Tunnelbeschränkungscodes nicht zu berücksichtigen. Damit ist auch 1.1.3.6 ADR eingeschlossen.*

351 Tunnelbeschränkungscode E (2)

ⓘ *Hinweis: Die Ermittlung des Tunnelbeschränkungscodes geht über die UN-Nummern: UN 1202 für Diesel – Tunnelbeschränkungscode nach Kapitel 3.2 Tabelle A Spalte 15 ADR ist D/E.*
UN 1203 für Benzin – Tunnelbeschränkungscode nach Kapitel 3.2 Tabelle A Spalte 15 ADR ist D/E.
Weil auch UN 1202 und 1203 in Fässern befördert wird, ist nach der Tabelle 8.6.4 ADR auch hier die Durchfahrt verboten durch Tunnel der Kategorie E.
Ansonsten gilt bei mehreren Gefahrgütern die Regelung nach 8.6.3.2 ADR, nach der, wenn eine Beförderungseinheit gefährliche Güter enthält, denen unterschiedliche Tunnelbeschränkungscodes zugeordnet wurden, der gesamten Ladung der restriktivste dieser Tunnelbeschränkungscodes zuzuordnen ist.

352 Ein Feuerlöscher mit 2 kg Mindestfassungsvermögen, weil die Sondervorschrift S3 die Mitführung weiterer Feuerlöscher freistellt. Es wird nur ein Feuerlöscher für einen Motorbrand gefordert. (3)

ⓘ *Fundstelle: Kapitel 3.2 Tabelle A Spalte 19 i.V.m. Kapitel 8.5 und 8.1.4.1 Buchstabe a ADR*

ⓘ *Hinweis: Grundsätzlich ist für alle Beförderungen die Regelung nach 8.1.4.2 ADR anzuwenden, wonach jede Beförderungseinheit mit mindestens einem tragbaren Feuerlöschgerät … mit mindestens 2 kg Pulver zum Löschen eines Motor- oder Fahrerhausbrandes ausgerüstet sein muss, wenn gefährliche Güter nach 1.1.3.6 ADR befördert werden.*
UN 3291 unterliegt der Verpackungsgruppe II und kann nur unterhalb von 333 kg unter der Regelung in 8.1.4.2 ADR befördert werden. Weil jedoch 1 500 kg in einem Fahrzeug unter 7,5 t befördert werden, greift zunächst die Regelung nach 8.1.4.1 ADR.
Diese wiederum wird jedoch durch die Sondervorschrift für den Betrieb „S3" (Kapitel 3.2 Tabelle A UN 3291 Spalte 19) aufgehoben.

353 Die Geschwindigkeit darf 90 km/h nicht überschreiten. (1)

ⓘ *Fundstelle: 9.2.5 ADR*

354 A   Mehr als 3,5 t (1)

ⓘ *Fundstelle: 9.2.5 ADR*

355 Abschnitt 9.2.5 ADR (1)

356 Abschnitt 9.2.1 ADR (2)

357 5 L (1)

ⓘ *Fundstelle: Kapitel 3.2 Tabelle A (UN 1104) Spalte 7a ADR*

358 Sondervorschrift: 188, 230, 310, 348, 376, 377, 387 und 636 (1)

ⓘ *Hinweis: Lithium-Ionen-Batterien sind in der alphabetischen Stoffliste (3.2.2 ADR) der UN-Nr. 3480 zugeordnet. In Kapitel 3.2 Tabelle A ADR sind in der Spalte 6 die Sondervorschriften aufgeführt, die bei dieser UN-Nummer möglich sind.*

359 Sondervorschrift 654 (1)

ⓘ *Hinweis: Feuerzeuge sind in der alphabetischen Stoffliste (3.2.2 ADR) der UN-Nr. 1057 zugeordnet. In Kapitel 3.2 Tabelle A ADR sind in der Spalte 6 die Sondervorschriften 201 und 654 aufgeführt. In Kapitel 3.3 ADR sind die Inhalte der einzelnen Sondervorschriften aufgeführt; damit regelt die Sondervorschrift 654 die Abfall-Feuerzeuge.*

360 Tankkörper ist durch Schwallwände in Abschnitte von höchstens 7 500 l Fassungsraum unterteilt. (1)

ⓘ *Hinweis: In 6.8.2.5.1 ADR sind die Angaben, die auf dem Tankschild vorhanden sind, erläutert. Bei dem Fassungsraum ist der Buchstabe S erklärt; siehe auch 4.3.2.2.4 ADR.*

2 Antworten
2.3 Straßenverkehr

361 A Der Anhänger ist durch Verwendung mindestens eines Unterlegkeils zu sichern. (1)

ⓘ *Hinweis: In Kapitel 8.3 ADR sind die verschiedenen Vorschriften aufgeführt, die von der Fahrzeugbesatzung zu beachten sind. In 8.3.7 ADR sind die Anforderungen für die Verwendung der Feststellbremse und von Unterlegkeilen geregelt.*

362 Beförderung in bedeckten Schüttgut-Containern ist zugelassen. (1)

ⓘ *Hinweis: Dieser Code ist in Kapitel 3.2 Tabelle A ADR in Spalte 10 aufgeführt. In Spalte 10 erfolgt der Hinweis auf 7.3.2 ADR. In 7.3.2.1 ADR werden die Codes BK1, BK2 und BK3 beschrieben.*

363 B Mobile Einheit zur Herstellung von explosiven Stoffen oder Gegenständen mit Explosivstoff (1)

ⓘ *Hinweis: In 1.2.1 ADR sind die Begriffsbestimmungen aufgeführt, hier ist auch der Begriff MEMU genannt.*

364 Nein; Bemerkung zur Begriffsbestimmung „Mobile Einheiten zur Herstellung von explosiven Stoffen oder Gegenständen mit Explosivstoff" in 1.2.1 ADR (2)

Durch die Bemerkung zur Begriffsbestimmung wird die Möglichkeit wieder eingeschränkt.

ⓘ *Hinweis: Der Wortlaut der Bemerkung: „Obwohl die Begriffsbestimmung für MEMU den Ausdruck zur Herstellung und zum Laden von explosiven Stoffen oder Gegenständen mit Explosivstoff' enthält, gelten die Vorschriften für MEMU nur für die Beförderung und nicht für die Herstellung und das Laden von explosiven Stoffen oder Gegenständen mit Explosivstoff." Der Begriff „MEMU" wird in Kapitel 1.2.3 ADR erläutert.*

365 – Stoffe, die in 2.1.3.5.3 ADR genannt sind (1)
– Stoffe der Klasse 4.3
– Stoffe des in 2.1.3.7 ADR genannten Falls
– Stoffe, die gemäß Unterabschnitt 2.2.x.2 nicht zur Beförderung zugelassen sind

ⓘ *Hinweis: In 2.1.3.5.5 ADR werden direkt die Stoffe aufgeführt, für die das Verfahren für die Klassifizierung von Abfällen unbekannter Zusammensetzung nicht angewendet werden darf.*

366 Zum Beispiel: (2)
– radioaktive Stoffe, die integraler Bestandteil der Beförderungsmittel sind;
– radioaktive Stoffe in Konsumgütern, die eine vorschriftsmäßige Genehmigung erhalten haben; ...

ⓘ *Fundstelle: In 1.7.1.4 Buchstabe a bis Buchstabe g ADR sind alle Beispiele aufgeführt.*

367 Durchfahrt durch Tunnel der Tunnelkategorie D ist zulässig; 8.6.4 ADR (2)

ⓘ *Hinweis: In 8.6 ADR sind die Regelungen für die Durchfahrt von Fahrzeugen zu finden. In 8.6.3.2 ADR wird verlangt, dass der restriktivste Code für die gesamte Ladung anzuwenden ist; damit gibt der Code D/E den Ausschlag. In 8.6.4 ADR ist in der Tabelle bei diesem Code für sonstige Beförderungen nur die Durchfahrt durch Tunnel der Tunnelkategorie E verboten, weil es sich um die Beförderung in Versandstücken handelt.*

368 Durchfahrt durch Tunnel der Kategorien D und E verboten. (2)

ⓘ *Hinweis: In Kapitel 8.6 ADR sind die Regelungen für die Durchfahrt von Fahrzeugen zu finden. In 8.6.4 ADR ist in der Tabelle bei diesem Code D/E für Tankbeförderungen die Durchfahrt durch Tunnel der Tunnelkategorien D und E verboten.*

| 369 | Die zusätzliche klassenspezifische Ausrüstung sind Notfallfluchtmaske für jedes Mitglied der Fahrzeugbesatzung, die Schaufel, die Kanalabdeckung und der Auffangbehälter. | (2) |

ⓘ *Hinweis: Für UN 1230 wird in Kapitel 3.2 Tabelle A ADR ein Gefahrzettel Nr. 3 und 6.1 als Nebengefahr vorgeschrieben. In 8.1.5 ADR ist die sonstige Ausrüstung und persönliche Schutzausrüstung zu finden. In 8.1.5.3 ADR wird für den Gefahrzettel Nr. 3 die Schaufel, die Kanalabdeckung und der Auffangbehälter aus Kunststoff und für den Gefahrzettel Nr. 6.1 die Notfallfluchtmaske verlangt. Die andere Ausrüstung ist natürlich auch mitzuführen.*

| 370 | Nein. | (2) |

Das Gas ist dem Klassifizierungscode 2A zugeordnet, wie Kapitel 3.2 Tabelle A Spalte 3b ADR zu entnehmen ist. Damit handelt es sich um ein verflüssigtes Gas, das ausdrücklich ausgenommen werden.

ⓘ *Hinweis: Die Ziffer 2 steht – nach 2.2.2.1.2 ADR – für verflüssigtes Gas. Damit ist der Buchstabe A für die Freistellungsregelung nach 1.1.3.2 c) ADR nicht mehr von Bedeutung, weil die Freistellung u. a. nicht für verflüssigtes Gas gilt.*

| 371 | Nein; S1 in Kapitel 8.5 ADR | (3) |

ⓘ *Hinweis: UN 0009 hat die Sondervorschrift S1 in Kapitel 3.2 Tabelle A Spalte 19. In S1 in Kapitel 8.5 wird in (3) ein grundsätzliches Rauchverbot festgelegt. Obwohl die Mengengrenzen von 1.1.3.6 ADR nicht überschritten werden, muss S1 (3) grundsätzlich angewendet werden, weil diese Vorschrift von einer Befreiung ausgeschlossen ist. Die Fragestellung „Rauchen im Fahrzeug" ist nach Auffassung der Autoren durch die Formulierung in S1 Absatz 3 „Rauchen sowie die Verwendung von Feuer und offenem Licht ist auf Fahrzeugen, …" mit eingeschlossen und deshalb ist das Rauchen im Fahrzeug verboten. Die Fragestellung ist nicht ganz eindeutig.*

| 372 | Ja, da für Geräte, die im ADR und somit in Kapitel 3.2 Tabelle A ADR, hier UN 2857 für Kältemaschinen, näher bezeichnet sind, in diesem Fall die Gesamtmenge der darin enthaltenen gefährlichen Güter zur Beurteilung herangezogen wird. | (3) |

ⓘ *Hinweis: UN 3159 ist laut Kapitel 3.2 Tabelle A Spalte 15 ADR der Beförderungskategorie 3 zugeordnet und ein verflüssigtes Gas mit der Eigenschaft A (erstickend). Gemäß 1.1.3.6.3 ADR beträgt für die Beförderungskategorie 3 die Mengengrenze 1 000; somit hätte die Kältemaschine die Mengengrenze überschritten. Jedoch ist in den Erläuterungen zu der höchstzulässigen Gesamtmenge hinter der Tabelle für Geräte die Gesamtmenge der darin enthaltenen gefährlichen Güter, in diesem Fall 20 kg, für die Beurteilung heranzuziehen. Somit ist die höchstzulässige Gesamtmenge nicht überschritten. Da es sich um eine Kältemaschine mit einem nicht entzündbaren und nicht giftigen Gas handelt, ist über 3.2.2 Alphabetische Stoffliste (Tabelle B) ADR die UN-Nr. 2857 zutreffend.*

| 373 | Unterabschnitt 1.1.3.10 ADR | (1) |

| 374 | Die Beförderung darf nicht unter der Freistellungsregelung nach 1.1.3.1 f) ADR erfolgen, weil alle Öffnungen mit Ausnahme der Druckentlastungseinrichtungen (sofern angebracht) luftdicht verschlossen sein und Maßnahmen getroffen werden müssten, um unter normalen Beförderungsbedingungen ein Austreten des Inhalts zu verhindern. | (3) |

ⓘ *Fundstelle: 1.1.3.1 f) ADR*

| 375 | Beförderung mit Abschleppfahrzeugen, die von den für Notfallmaßnahmen zuständigen Behörden oder unter deren Überwachung durchgeführt werden | (2) |

ⓘ *Fundstelle: 1.1.3.1 Buchstabe d ADR*

| 376 | A   3.2 Tabelle A Spalte 7a | (1) |

2 Antworten
2.3 Straßenverkehr

377 Tunnelbeschränkungscode E – der Tunnel darf durchfahren werden. (2)

ⓘ *Fundstelle: 8.6.4 ADR*

ⓘ *Hinweis: Bei UN 2821 gilt der Tunnelbeschränkungscode (D/E), es ist aber nur E anzuwenden, da gemäß Tabelle 8.6.4 ADR bei verpackter Ware nur der Tunnelbeschränkungscode E gilt. Bei E ist nur die Durchfahrt durch Tunnel mit dem Buchstaben E verboten. Außerdem ist nach 8.6.3.2 ADR immer der restriktivste Tunnelbeschränkungscode anzuwenden.*

378
- zwei Feuerlöscher à 6 kg (3)
- ein Unterlegkeil je Fahrzeug
- zwei selbststehende Warnzeichen
- Augenspülflüssigkeit pro Mitglied der Fahrzeugbesatzung
- Warnweste pro Mitglied der Fahrzeugbesatzung
- tragbares Beleuchtungsgerät
- ein Paar Schutzhandschuhe pro Mitglied der Fahrzeugbesatzung
- Augenschutz pro Mitglied der Fahrzeugbesatzung
- Schaufel
- Kanalabdeckung
- Auffangbehälter

ⓘ *Fundstelle: 8.1.4 und 8.1.5 ADR*

379 Ja, Unterabschnitt 1.1.3.6 ADR ist nutzbar. Berechnungswert: 45 (4)

Es müssen mitgeführt werden:

– ein Feuerlöscher (2 kg)

Der Fahrzeugführer darf einen Tunnel der Kategorie D durchfahren.

ⓘ *Hinweis: UN 1013 Kohlendioxid ist Beförderungskategorie 3 nach Kapitel 3.2 Tabelle A Spalte 15 ADR zugeordnet.*
Mit 45 kg liegt man unter den möglichen 1 000 kg, damit kann 1.1.3.6 ADR zur Anwendung kommen. Der berechnete Wert entspricht 45 (siehe Bemerkung zu 5.4.1.1.1 f)). Mitzuführen sind nach 8.1.2.1 ADR ein Beförderungspapier und nach 8.1.4.2 ADR ein 2-kg-Feuerlöscher. Nach Absatz 1.9.5.3.6 und 8.6.3.3 ADR ist man von den Tunnelbeschränkungen befreit.

380 Nein; Unterabschnitt 1.1.3.3 ADR (2)

ⓘ *Fundstelle: 1.1.3.3 a) Bemerkung 1 ADR*

ⓘ *Hinweis: Brennstoff, der zum Antrieb der Einrichtung dient, ist freigestellt. Dies gilt auch für Container, die mit dem Fahrzeug verbunden sind.*

381 Ja; Unterabschnitt 9.2.4.4 ADR (2)

ⓘ *Hinweis: Lediglich beim EX/II- und EX/III-Fahrzeug gibt es Einschränkungen, ansonsten müssen nur die ECE-Regelungen erfüllt werden.*

382 Z = Verpackungsgruppe III (2)

40 000 = Prüflast der Stapeldruckprüfung in kg

ⓘ *Fundstelle: 6.11.5.5.1 c) und g) ADR*

383 Nein; Sondervorschrift 363 b) ADR (2)

ⓘ *Hinweis: Über 3.2.2 Alphabetische Stoffliste (Tabelle B) ADR kommen wir zu UN 3528. In Kapitel 3.2 Tabelle A Spalte 6 sind die Sondervorschriften 363, 667 und 669 genannt.*

384 Ja; Beförderung nach Absatz 1.1.4.7.1 ADR (2)
ⓘ *Fundstelle: 1.1.4.7.1 ADR*
ⓘ *Hinweis: Vom Verkehrsministerium der Vereinigten Staaten von Amerika zugelassene wiederbefüllbare Druckgefäße (DOT) dürfen in einer Transportkette gemäß Unterabschnitt 1.1.4.2 ADR befördert werden und dürfen vom Ort des zeitweiligen Aufenthalts am Endpunkt der Transportkette zum Endverbraucher befördert werden.*

385 Ein Antriebsmotor mit CNG ist zulässig, wenn die Bedingungen nach Unterabschnitt 9.2.4.4 ADR eingehalten werden. (3)
ⓘ *Fundstelle: Tabelle in 9.2.1.1 ADR mit Hinweis beim Motor auf 9.2.4.4 ADR*

386 **B** Fahrzeug Typ AT (1)
ⓘ *Fundstelle: Tabelle 9.2.1.1 ADR mit dem Hinweis auf 9.2.4.6 ADR*

387 Nein. (2)
Nach 5.4.1.1.1 Buchstabe e) ADR sind Anzahl und Beschreibung erforderlich. Der UN-Verpackungscode darf nur als Ergänzung angegeben werden.

388 **A** Trägerfahrzeug für Aufsetztanks mit einem Fassungsraum von mehr als 1 m^3 (1)
ⓘ *Fundstelle: 9.1.1.2 ADR*
ⓘ *Hinweis: Die Lösung finden wir im Teil 9 ADR, dort sind unter 9.1.1.2 ADR die Beförderungseinheiten aufgeführt, die eine Zulassungsbescheinigung benötigen.*

389 **B** Bedecktes Fahrzeug mit gefährlichen Gütern in loser Schüttung (1)
ⓘ *Fundstelle: 9.1.1.2 ADR (Auflistung der Fahrzeuge, die eine Zulassungsbescheinigung benötigen)*

390 EX/II- und EX/III-Fahrzeuge (2)
ⓘ *Fundstelle: 9.1.1.2 i.V.m. 1.1.3.6.3 ADR*
ⓘ *Hinweis: Die Lösung finden wir im Teil 9 ADR, da dort in 9.1.1.2 ADR die Beförderungseinheiten aufgeführt sind, die eine Zulassungsbescheinigung benötigen. Für EX/II- und EX/III-Fahrzeuge müssen wir dann in den Teil 1, 1.1.3.6 ADR gehen, da sich hier u. a. die Freistellung vom Teil 9 ADR befindet. Werden die in der Tabelle in 1.1.3.6.3 ADR festgelegten Mengen (berechneter Wert von 1 000) überschritten, benötigen die EX/II- und EX/III-Fahrzeuge eine Zulassungsbescheinigung.*

391 UN-Nummer, die Benennung des Kühl- oder Konditionierungsmittels und der Ausdruck „als Kühlmittel" oder „als Konditionierungsmittel" (2)
UN 1845 Kohlendioxid, fest, als Kühlmittel
ⓘ *Fundstelle: 5.5.3.7.1 ADR*

392 Leer, ungereinigt, UN 1906 Abfallschwefelsäure, 8, II (3)
UN 1906 Abfallschwefelsäure, 8, II, Rückstände des zuletzt enthaltenen Stoffes
Leeres Tankfahrzeug, letztes Ladegut: UN 1906 Abfallschwefelsäure, 8, II
UN 1906 Abfallschwefelsäure, 8, II, leere, ungereinigte Rücksendung
ⓘ *Hinweis: Bei letztgenannter Alternative wird das für die Beförderung dieser Güter im befüllten Zustand erstellte Beförderungspapier verwendet. Deshalb muss der Mengenangabe gestrichen und die Angabe „leere, ungereinigte Rücksendung" ergänzt werden. Nach Kapitel 3.2 Tabelle A ADR ist Abfallschwefelsäure nach UN 1906 in Klasse 8 eingestuft. In 5.4.1 ADR finden wir dann die Vorschriften über den Inhalt des Beförderungspapiers. Für leere, ungereinigte Tankfahrzeuge sind die erforderlichen Eintragungen unter 5.4.1.1.6.1 oder 5.4.1.1.6.2.2 oder 5.4.1.1.6.2.3 ADR zu finden. Damit gibt es mehrere Alternativen.*
Die Vorgaben nach 5.4.1.1.3 ADR wegen des Begriffs „Abfall" finden insoweit keine Anwendung, weil der Begriff „Abfall" Bestandteil der Benennung ist.

2 Antworten
2.3 Straßenverkehr

393 Nein; 9.1.3.4 ADR (2)

ⓘ *Hinweis: Die Lösung befindet sich in Teil 4 und Teil 9 ADR. In 9.1.3.4 ADR finden wir den Gültigkeitszeitraum, nämlich 1 Jahr, der, wenn die Zeit abgelaufen ist, eine Beförderung gefährlicher Güter nicht mehr erlaubt. Nach 4.3.2.3.7 ADR dürfen festverbundene Tanks nach Ablauf der Frist für die wiederkehrende Prüfung nicht mehr befüllt werden.*

394 B UN 2917 Radioaktive Stoffe, Typ B(M)-Versandstück, 7, (E) (1)

ⓘ *Fundstelle: 5.4.1.1.1 und 5.4.1.2.5.3 ADR*

395 B Kennzeichen des Zulassungszeugnisses (1)

ⓘ *Hinweis: Für Stoffe der Klasse 7 sind noch zusätzliche Angaben erforderlich, die in 5.4.1.2.5.1 ADR aufgeführt sind. Gemäß Buchstabe g ist im Beförderungspapier das „Kennzeichen jedes Zulassungs-/Genehmigungszeugnisses ..." mit aufzunehmen. In der Frage müsste der Zusatz „in besonderer Form" hinzugefügt werden, weil sonst die Frage keinen Sinn macht und keine der vorgegebenen Antworten richtig gewesen wäre.*

396 B UN 1006 Argon, verdichtet, 2.2, (E) (1)

ⓘ *Hinweis: Wir schauen in der alphabetischen Stoffliste und finden Argon, verdichtet, mit der UN-Nr. 1006. Nach 5.4.1.1.1 ADR ist die Bezeichnung des Gutes im Beförderungspapier einzutragen, wie sie in Kapitel 3.2 Tabelle A durch Großbuchstaben hervorgehoben ist, und dann mit dem Tunnelbeschränkungscode zu ergänzen (falls Tunnel durchfahren werden, wovon hier ausgegangen wurde).*

397 Nein. (2)
Ergänzung mit der Verpackungsgruppe II (UN 1114 Benzen, 3, II, (D/E))

ⓘ *Fundstelle: Kapitel 3.2 Tabelle A, Erläuterung 3.1.2 und 5.4.1.1.1 Buchstabe d ADR*

ⓘ *Hinweis: Es könnte noch eine Ergänzung mit den Buchstaben „VG" (Verpackungsgruppe) nach 5.4.1.1.1 Buchstabe d ADR erfolgen.*

398 BEFÖRDERUNG GEMÄSS UNTERABSCHNITT 4.1.6.10 (2)

ⓘ *Hinweis: Im Beförderungspapier ist gemäß 5.4.1.2.2 Buchstabe b) ADR der dort genannte Eintrag erforderlich. Nach 4.1.6.10 ADR dürfen Gefäße auch nach Ablauf der Prüffrist zur Prüfung vorgeführt werden.*

399 – Beförderungspapier (2)
– ADR-Zulassungsbescheinigung
– ADR-Schulungsbescheinigung (in diesem Fall für Tankfahrzeuge)
– schriftliche Weisungen
– für jedes Mitglied der Fahrzeugbesatzung Lichtbildausweis

ⓘ *Fundstelle: 8.1.2 ADR*

400 – Beförderungspapier (3)
– ggf. Zulassungsbescheinigung
– ADR-Schulungsbescheinigung
– schriftliche Weisungen
– ggf. Beförderungsgenehmigung (für bestimmte radioaktive Stoffe)
– für jedes Mitglied der Fahrzeugbesatzung Lichtbildausweis

ⓘ *Fundstelle: 8.1.2 ADR*

Gb-Prüfung

2 Antworten
2.3 Straßenverkehr

401 Es sind folgende Begleitpapiere erforderlich: (2)
- Beförderungspapier
- ADR-Schulungsbescheinigung für den Fahrzeugführer für Stückgut
- schriftliche Weisungen
- Lichtbildausweis für jedes Mitglied der Fahrzeugbesatzung

ⓘ *Fundstelle: 8.1.2 ADR*

402 Es sind folgende Begleitpapiere erforderlich: (2)
- Beförderungspapier
- ADR-Schulungsbescheinigung
- schriftliche Weisungen
- Lichtbildausweis

ⓘ *Fundstelle: 8.1.2 ADR*

403 C Angabe der gesamten Nettomasse in kg der enthaltenen Explosivstoffe für (1)
den beförderten Stoff

ⓘ *Fundstelle: 5.4.1.2.1 a) ADR*

ⓘ *Hinweis: Die Lösung ist aus 5.4.1.2.1 ADR der zusätzlichen Angaben für bestimmte Klassen zu entnehmen.*

404 C Klassifizierung von Feuerwerkskörpern durch die zuständige Behörde von ... (1)
mit der Referenz für Feuerwerkskörper ... bestätigt

ⓘ *Hinweis: Die Lösung ist aus 5.4.1.2.1 g) ADR (zusätzliche Angaben für bestimmte UN-Nummern) zu entnehmen. Wenn man die UN-Nummer kennt, ergibt sich über Kapitel 3.2 Tabelle A Spalte 6 ADR der Eintrag SV 645 und dort der Hinweis auf 5.4.1.2.1 g) ADR.*

405 B Kapitel 9.1 ADR (1)

ⓘ *Fundstelle: 9.1.3 ADR*

406 1 Jahr; 9.1.3.4 ADR (2)

ⓘ *Hinweis: Die Lösung finden wir im Teil 9 ADR. In 9.1.2.3 ADR wird geregelt, wie lange eine Zulassungsbescheinigung gültig ist; hier in 9.1.2.3.4 ADR.*

407 Zulassungsbescheinigung (1)

ⓘ *Fundstelle: 8.1.2.2 a) ADR, 9.1.3.5 Abschnitt 9.5*

ⓘ *Hinweis: In 8.1.2 ADR sind die Begleitpapiere aufgeführt, die in einer Beförderungseinheit mitzuführen sind. Danach ist nach 8.1.2.2 Buchstabe a) ADR die in 9.1.3 ADR genannte Zulassungsbescheinigung mitzuführen, aus der zu entnehmen ist, welche Stoffe im Tank befördert werden dürfen. In der Zulassungsbescheinigung ist im Abschnitt 9.5 die Tankcodierung aufgeführt.*

408 Unterabschnitt 8.1.2.2 ADR (1)

ⓘ *Hinweis: Angaben über mitzuführende Begleitpapiere finden wir in 8.1.2 ADR. Danach ist laut 8.1.2.2 ADR die Zulassungsbescheinigung erforderlich.*

409 Ja; Unterabschnitt 9.1.1.2 ADR (2)

ⓘ *Hinweis: Ob für Fahrzeuge zur Beförderung von Tankcontainern eine Zulassungsbescheinigung erforderlich ist, können wir aus 9.1.1.2 ADR i.V.m. der Erläuterung der „Fahrzeuge FL" und „Fahrzeuge AT" entnehmen.*

2 Antworten
2.3 Straßenverkehr

410 Nein; Abschnitt 9.1.1 ADR (2)

ⓘ *Hinweis: Ob für Batterie-Fahrzeuge eine Zulassungsbescheinigung erforderlich ist, können wir aus 9.1.1.2 ADR entnehmen. Danach ist bei Übereinstimmung der Fahrzeuge EX/II, EX/III, FL, OX und AT mit den Vorschriften des Teils 9 ADR für jedes Fahrzeug mit befriedigendem Untersuchungsergebnis durch die zuständigen Behörden dieses durch eine „Zulassungsbescheinigung" zu bestätigen. Für Batterie-Fahrzeuge gilt dies ab einem Fassungsraum von mehr als 1 m^3 (1 000 l).*

411 Ja; Unterabschnitt 9.1.3.4 ADR (2)

ⓘ *Hinweis: Die Lösung finden wir im Teil 9 ADR. Nach 9.1.3.4 ADR darf noch innerhalb von 1 Monat nach Ablauf die technische Untersuchung durchgeführt werden.*

412 Zulassungsbescheinigung (1)

ⓘ *Hinweis: Angaben über mitzuführende Begleitpapiere finden wir in 8.1.2 ADR. Danach ist in 8.1.2.2 ADR i.V.m. 9.1.3.5 ADR die Zulassungsbescheinigung erforderlich.*

413 Unterabschnitt 8.1.2.2 a) ADR (1)

ⓘ *Fundstelle: 8.1.2.2 a) ADR – Hier ist unter den sonstigen in einer Beförderungseinheit mitzuführenden Begleitpapieren auch die Zulassungsbescheinigung genannt.*

414 C   Abkürzung „UN" vor der UN-Nummer (1)

ⓘ *Fundstelle: 5.4.1.1.1 und für die Sonderfälle z.B. 5.4.1.1.3, 5.4.1.1.18 ADR*

415 Nein; Abschnitt 5.4.2 ADR (2)

ⓘ *Fundstelle: 5.4.2 ADR*

ⓘ *Hinweis: Das Container-/Fahrzeugpackzertifikat muss erst bei der Seebeförderung zur Verfügung gestellt werden. Es darf natürlich freiwillig im Vorlauf mitgegeben werden.*

416 A   Fahrwegbestimmung (1)

ⓘ *Fundstelle: §§ 35 und 35a GGVSEB*

417 B   § 5 GGVSEB (1)

ⓘ *Fundstelle: § 5 GGVSEB*

418 2 Beförderungspapiere (1)

ⓘ *Fundstelle: 5.4.1.4.2 ADR*

ⓘ *Hinweis: Die Antwort finden wir in 5.4.1.4.2 ADR. Danach sind zunächst mehrere Beförderungspapiere erforderlich, wenn für eine „Sendung" mehrere Beförderungseinheiten verwendet werden. Ferner sind getrennte Beförderungspapiere erforderlich, wenn gemäß 7.5.2 ADR für verschiedene Güter ein Zusammenladeverbot besteht und sie deshalb auf mehrere Fahrzeuge (z. B. Lkw und Anhänger) verladen werden müssen (das gilt auch, wenn die Fahrzeuge eine Beförderungseinheit bilden). Es sind damit 2 Beförderungspapiere erforderlich.*

419 Nein. (1)

ⓘ *Hinweis: Um diese Frage beantworten zu können, muss über 3.2.2 Alphabetische Stoffliste (Tabelle B) ADR die UN-Nummer ermittelt werden, die 1944 lautet. Mit dieser UN-Nr. 1944 wird jetzt über Kapitel 3.2 Tabelle A Spalte 15 ADR die Beförderungskategorie ermittelt. Man kann auch direkt in der Tabelle 1.1.3.6.3 ADR nach der UN-Nummer 1944 suchen. Da diese in der Klasse 4.1 explizit genannt ist, nämlich unter Beförderungskategorie 4, wird die Beförderungskategorie für diesen Stoff nicht über die Verpackungsgruppe festgelegt. Beförderungskategorie 4 bedeutet: Die Menge, für die die Freistellungen nach 1.1.3.6.3 ADR angewendet werden darf, ist unbegrenzt.*
In 1.1.3.6.2 ADR finden wir den Hinweis auf die „Befreiungsmöglichkeiten", darunter 5.4.3 ADR (schriftliche Weisungen).

420	**B** Spätestens bis 31.01.2024	(2)

ⓘ *Fundstelle: 9.1.3.4 ADR*

ⓘ *Hinweis: Nach 9.1.3.4 ADR gilt die Zulassungsbescheinigung ein Jahr. Die technische Untersuchung darf aber noch innerhalb eines Monats nach Ablauf des Gültigkeitszeitraumes durchgeführt werden, aber die Dauer der Gültigkeit von 12 Monaten verlängert sich nicht. In dem Monat nach Ablauf darf das Fahrzeug aber nicht für die Beförderung gefährlicher Güter eingesetzt werden.*

421	Nein.	(1)

ⓘ *Hinweis: Laut 3.2.1 Tabelle A ADR ist die UN 1809 ein Stoff der Klasse 6.1 mit Nebengefahr 8, VG I. Nach der Tabelle in § 35 b) GGVSEB entfällt die Fahrwegbestimmung hier bei der Beförderung in Versandstücken (Stahlfässer).*

422	In den schriftlichen Weisungen	(1)

ⓘ *Fundstelle: 5.4.3 ADR*

423	UN 1950 Druckgaspackungen, 2.1, (D)	(2)

ⓘ *Hinweis: 2.2.2.1.6 Buchstabe c ADR (Zuordnung von Druckgaspackungen) und Kapitel 3.2 Tabelle A i.V.m. 5.4.1.1.1 ADR. Trotz der Beförderungskategorie 2 ist nach 1.1.3.6 ADR ein Beförderungspapier erforderlich.*

424	UN 2800 Batterien, nass, auslaufsicher, 8, (E) oder UN 2800 Akkumulatoren, nass, auslaufsicher, 8, (E)	(2)

ⓘ *Hinweis: Die Lösung finden wir über Kapitel 3.2 Tabelle A i.V.m. dem Absatz 5.4.1.1.1 ADR. Der Tunnelbeschränkungscode gehört zu den stoffspezifischen Angaben. Die Benennung Akkumulatoren kann als Synonym für Batterien verwendet werden.*

425	UN 1134 Chlorbenzen, 3, III, (D/E), umweltgefährdend	(2)

ⓘ *Hinweis: Die Lösung finden wir über 3.2.2 Alphabetische Stoffliste (Tabelle B) ADR, wo mit der dort gefundenen UN-Nr. 1134 in Kapitel 3.2 Tabelle A ADR i.V.m. 5.4.1.1.1 ADR und 5.4.1.1.18 ADR (umweltgefährdend wegen dem Hinweis auf 2.2.9.1.10 ADR) die erforderlichen Einträge für das Beförderungspapier zusammengestellt werden können. Der Tunnelbeschränkungscode gehört zu den stoffspezifischen Angaben.*

426	UN 1794 Bleisulfat, 8, VG II, (E)	(2)

ⓘ *Hinweis: Die Angabe „VG" freiwillig. Die Lösung finden wir über Kapitel 3.2 Tabelle A ADR i.V.m. 5.4.1.1.1 ADR. Der Tunnelbeschränkungscode gehört zu den stoffspezifischen Angaben.*

427	Schriftliche Weisungen sind erforderlich, wenn mehr als 333 kg befördert werden.	(2)

ⓘ *Hinweis: Mithilfe von Kapitel 3.2 Tabelle A ADR finden wir heraus, dass es sich bei dem Stoff mit der UN-Nr. 3175 um „Feste Stoffe, die entzündbare flüssige Stoffe enthalten, n.a.g., Klasse 4.1, VG II" handelt. Nach Spalte 15 oder Tabelle in 1.1.3.6.3 ADR sind diese Stoffe der Beförderungskategorie 2 zuzuordnen; hier beträgt die höchstzulässige Gesamtmenge „333".*

428	**B** Bescheinigung über die Tankprüfung	(1)

ⓘ *Fundstelle: 6.8.2.4.5 ADR*

ⓘ *Hinweis: Laut ADR wurde 2023 die von der zuständigen Behörde zugelassene Prüfstelle als Ersatz für den Sachverständigen mit Übergangsregelungen eingeführt (1.6.3.4.5 ADR).*

429	**A** Klasse 1	(1)

ⓘ *Fundstelle: 5.4.1.1.1 Buchstabe c) ADR i.V.m. Kapitel 3.2 Tabelle A Spalte 3b ADR*

ⓘ *Hinweis: Der Klassifizierungscode entspricht der Verträglichkeitsgruppe.*

2 Antworten — Gb-Prüfung
2.3 Straßenverkehr

430   **C**   Datum und Zeitpunkt der Begasung   (1)
  - *Fundstelle: 5.5.2.4.1 ADR*

431   **C**   Leere Gefäße, 2   (1)
  - *Fundstelle: 5.4.1.1.6.2.1 ADR, letzten Satz beachten!*

432   Die Mengenangaben sind zu entfernen und durch die Angabe „Leere, ungereinigte Rücksendung" zu ersetzen.   (2)
  - *Fundstelle: 5.4.1.1.6.2.3 ADR*

433   Nein. Das Beförderungspapier für den vorherigen befüllten Zustand darf bei der Klasse 7 nach 5.4.1.1.6.2.3 ADR für die Rücksendung nicht verwendet werden.   (2)

434   UN 3170 Nebenprodukte der Aluminiumherstellung, 4.3, VG III, (E)   (2)
  - *Fundstelle: Kapitel 3.2 Tabelle A ADR i.V.m. der alphabetischen Stoffliste (UN-Nr. 3170) und 5.4.1.1.1 ADR (Angaben im Beförderungspapier)*
  - *Hinweis: Es müssen die Buchstaben „UN" vor der UN-Nummer ergänzt werden und 4.2 (Gefahrzettel) ist falsch – es muss 4.3 heißen. Bei der Benennung gibt es zwei Bezeichnungen zur Auswahl. Hier ist die in der Fragestellung genannte Benennung zu verwenden.*

435   Ja, Kapitel 8.4   (1)
  - *Hinweis: Sowohl nach Kapitel 8.4 ADR als auch nach Anlage 2 Nummer 3.3 GGVSEB ist dies zulässig. In der Spalte 20 der Gefahrgutliste ist die Sondervorschrift S20 genannt. Diese fordert die Überwachung der Fahrzeuge ab einem Gesamtvolumen von 3000 l. Gemäß Kapitel 8.4 ist es zulässig, das Fahrzeug ohne Überwachung in einem Lager oder im Werksbereich zu parken, wenn dabei ausreichende Sicherheit gewährleistet ist.*

436   ADR-Schulungsbescheinigung nach 8.1.2.2 Buchstabe b) ADR (Basiskurs und Aufbaukurs Tank); Lichtbildausweis nach 8.1.2.1 Buchstabe d) ADR   (3)
  - *Fundstelle: 8.1.2 ADR*

437   UN 1219 Isopropylalkohol, 3, II, (D/E), 10 Kanister, 100 Liter (Beförderungskategorie 2: 100 Liter, berechneter Wert: 300)   (3)
  - *Fundstelle: Kapitel 3.2 Tabelle A Spalte 4 ADR (Verpackungsgruppe), 5.4.1.1.1 ADR und besonders hier die Bemerkung 1 zu 5.4.1.1.1 Buchstabe f) Bem. 1 ADR (Angaben im Beförderungspapier), Tabelle 1.1.3.6.3 ADR (Ermittlung der Beförderungskategorie)*
  - *Hinweis: Es fehlen die Buchstaben „UN" vor der UN-Nummer, die Verpackungsgruppe III muss auf II korrigiert werden und bei der Beförderungskategorie 2 beträgt der Multiplikationsfaktor 3, damit ist der berechnete Wert 300.*

438   „Beförderung nach Absatz 4.3.2.4.3"   (2)
  - *Fundstelle: 5.4.1.1.6.3 Buchstabe a ADR, weil es sich um ein Tankfahrzeug handelt*

439   Leer ungereinigt, UN 1824 Natriumhydroxidlösung, 8, II, (E)   (3)

UN 1824 Natriumhydroxidlösung, 8, II, (E), Rückstände des zuletzt enthaltenen Stoffes

Leerer Aufsetztank, letztes Ladegut: UN 1824 Natriumhydroxidlösung, 8, II, (E)
  - *Fundstelle: Nach 5.4.1.1.6.1, 5.4.1.1.6.2.2, Grundlage 5.4.1.1.1 und Kapitel 3.2 Tabelle A ADR gibt es mehrere Alternativen.*

440	5.2 (8)	(2)

ⓘ *Fundstelle: 2.2.52.4 Bem. 13 und Kapitel 3.2 Tabelle A ADR*

ⓘ *Hinweis: In 3.2.1 Tabelle A Spalte 6 ADR ist bei der UN-Nummer 3115 die Sondervorschrift 122 genannt, die auf den Unterabschnitt 2.2.52.4 ADR verweist. In der Stoffliste der Klasse 5.2 in 2.2.52.4 ADR ist Diacetylperoxid namentlich genannt. Bei der Eintragung mit UN 3115 ist die Bemerkung 13 aufgeführt. Danach wird der Gefahrzettel Nr. 8 verlangt.*

441	A	Einen Lichtbildausweis	(1)

ⓘ *Fundstelle: 1.10.1.4 und 8.1.2.1 Buchstabe d) ADR*

442	C	Leeres Tankfahrzeug, letztes Ladegut: UN 1203 Benzin, 3, II, (D/E), umweltgefährdend	(1)

ⓘ *Fundstelle: 5.4.1.1.6.2.2 ADR*

443	Leerer Tankcontainer, letztes Ladegut: UN 1073 Sauerstoff, tiefgekühlt, flüssig, 2.2 (5.1), (C/E)	(2)

ⓘ *Fundstelle: 5.4.1.1.6.2.2 ADR*

444	Leeres Großpackmittel (IBC), 3 (8)	(2)

ⓘ *Fundstelle: 5.4.1.1.6.2.1 ADR*

Alternativ:

Leer, ungereinigt, UN 1235 Methylamin, wässerige Lösung, 3 (8), II

Rückstände des zuletzt enthaltenen Stoffes, UN 1235 Methylamin, wässerige Lösung, 3 (8), II

UN 1235 Methylamin, wässerige Lösung, 3 (8), II, leer, ungereinigt

UN 1235 Methylamin, wässerige Lösung, 3 (8), II, Rückstände des zuletzt enthaltenen Stoffes

Leere Verpackung mit Rückständen von 3, 8

ⓘ *Fundstelle: 5.4.1.1.6.1 und 5.4.1.1.6.2.1 ADR*

ⓘ *Hinweis: Über UN 1235 sind die erforderlichen Angaben in Kapitel 3.2 Tabelle A Spalte 5 ADR zu ermitteln.*

445	Beförderung nach Absatz 1.1.4.2.1	(2)

ⓘ *Fundstelle: 1.1.4.2 und 5.4.1.1.7 ADR*

446	Unter der Voraussetzung, dass alle im ADR vorgeschriebenen zusätzlichen Angaben ebenfalls enthalten sind; Unterabschnitt 1.1.4.2 ADR	(2)

ⓘ *Fundstelle: 1.1.4.2 ADR*

ⓘ *Hinweis: Es müssen auch alle zusätzlichen Angaben, die das ADR verlangt, enthalten sein.*

447	B	Klasse 2	(1)

ⓘ *Fundstelle: 4.1.6.10 und 5.4.1.2.2 b) ADR*

448	C	Für alle Gefahrgüter gibt es einheitliche schriftliche Weisungen.	(1)

ⓘ *Hinweis: Die schriftlichen Weisungen sind in 5.4.3 ADR mit ihren Anforderungen aufgeführt.*

449	B	In den schriftlichen Weisungen wird die mitzuführende Ausrüstung aufgeführt.	(1)

ⓘ *Hinweis: Die schriftlichen Weisungen sind in 5.4.3 ADR mit ihren Anforderungen aufgeführt.*

2.3 Straßenverkehr

450   C   Beförderungspapier   (1)
> ⓘ Hinweis: Im Beförderungspapier (5.4.1.1.1 ADR) sind die Gefahrzettelmuster anzugeben. In 8.1.5.3 ADR werden die zusätzlichen Ausrüstungsgegenstände genannt, die aufgrund der Gefahrzettel mitzuführen sind.

451   Nein; 5.4.1.1.1 k) ADR   (2)
> ⓘ Hinweis: Bei den Angaben für das Beförderungspapier (5.4.1.1.1 ADR) ist der Tunnelbeschränkungscode aufgeführt; dieser muss nur bei Tunneldurchfahrten mit Beschränkung im Beförderungspapier angegeben werden.

452   Nein; 5.4.1.1.1 k) ADR   (2)
> ⓘ Hinweis: Bei den Angaben für das Beförderungspapier (5.4.1.1.1 ADR) ist der Tunnelbeschränkungscode aufgeführt; dieser muss immer in Großbuchstaben angegeben werden. Er kann weggelassen werden, wenn kein Tunnel durchfahren wird. Siehe 5.4.1.1.1 k) ADR.

453   Beförderung nach Absatz 4.3.2.4.4   (2)
> ⓘ Fundstelle: 5.4.1.1.6.4 ADR

454   UN 1057 Abfall, Feuerzeuge, 2.1, (D)   (2)
> ⓘ Hinweis: Bei Anwendung der Sondervorschrift 654 handelt es sich um Abfallfeuerzeuge, damit handelt es sich um Abfall. Daher muss zusätzlich das Wort „Abfall" gemäß 5.4.1.1.3 ADR neben den normalen Angaben für das Beförderungspapier gemäß 5.4.1.1.1 ADR genannt werden.

455   UN 1993 Entzündbarer flüssiger Stoff, n.a.g., 3, II, (D/E), Abfall nach Absatz 2.1.3.5.5   (3)
> ⓘ Hinweis: Bei Anwendung der Vorschriften 2.1.3.5.5 ADR handelt es sich um Abfall. Daher muss zusätzlich die Ergänzung „Abfall" nach 2.1.3.5.5 ADR gemäß 5.4.1.1.3 ADR nach der offiziellen Benennung angefügt werden; eine technische Benennung braucht nicht hinzugefügt zu werden. Die normalen Angaben für das Beförderungspapier gemäß 5.4.1.1.1 ADR müssen genannt werden.

456   Schriftliche Weisungen   (1)
> ⓘ Fundstelle: 8.1.2 ADR (Begleitpapiere) und 5.4.3 ADR

457   A   UN, UN-Nummer, Name und Anschrift des Absenders und Empfängers   (1)
> ⓘ Fundstelle: 5.1.5.4.2 ADR

458   Bei Beförderungen in einer Transportkette, die eine Seebeförderung einschließt   (2)
> ⓘ Fundstelle: 5.4.1.1.18 ADR

459   SV 363
Beförderung nach Sondervorschrift 363   (2)
> ⓘ Fundstelle: Mit UN-Nummer über Kapitel 3.2 Tabelle A Spalte 6 SV 363 ADR
> ⓘ Hinweis: Es muss zunächst die UN-Nummer 3528 über 3.2.2 Alphabetische Stoffliste (Tabelle B) ADR ausgewählt werden, da es sich bei einem Generator mit Verbrennungsmotor um einen Verbrennungsmotor mit Antrieb durch entzündbare Flüssigkeit handelt. Es sind die Sondervorschriften 363, 667 und 669 in Kapitel 3.2 Tabelle A Spalte 6 ADR genannt.

460   C   Ende der Haltezeit: .... (TT/MM/JJJJ)   (1)
> ⓘ Fundstelle: 5.4.1.2.2 d) ADR

461   Beförderung gemäß Absatz 2.2.52.1.9   (1)
> ⓘ Fundstelle: 5.4.1.2.3.4 ADR

2 Antworten
2.3 Straßenverkehr

462 **A** UN 3114 (1)

ⓘ *Fundstelle: Kapitel 3.2 Tabelle A ADR. Der Eintrag hat den Zusatz „temperaturkontrolliert".*

463 Beförderung nach Absatz 1.1.4.2.1 (1)

ⓘ *Fundstelle: 5.4.1.1.7 ADR*

464 **A** Orangefarbene Tafeln mit Nummern zur Kennzeichnung der Gefahr und UN-Nummern 33/1203 (1)

ⓘ *Hinweis: Die Lösung finden wir über 5.3.2.1.3 ADR, wonach die orangefarbenen Tafeln vorn und hinten mit der Kennzeichnung 33/1203 ausgestattet werden dürfen (hier für den Stoff mit dem niedrigsten Flammpunkt).*

465 Ja, weil der berechnete Wert nach 1.1.3.6 ADR überschritten wurde. (3)

Stoffe	Menge	Beförderungskategorie	Multiplikator	Summe
Benzin	200	2	3	= 600
Diesel	500	3	1	= 500
			1000 < 1100 (berechneter Wert)	

ⓘ *Fundstelle: 1.1.3.6.3 und 1.1.3.6.4 ADR*

ⓘ *Hinweis: Wir beantworten die Frage anhand der Tabelle in 1.1.3.6.3 ADR. Zunächst finden wir über 3.2.2 Alphabetische Stoffliste (Tabelle B) ADR i.V.m. Kapitel 3.2 Tabelle A ADR die richtige Klassifizierung heraus. Würden wir den Stoff jeweils einzeln transportieren, so sind die Grenzen bei Benzin 333 l, Diesel 1 000 l. Wir müssen nun 1.1.3.6.4 ADR zu Hilfe nehmen und die Menge von Benzin (Beförderungskategorie 2) mit 3 multiplizieren. Das Ergebnis ist 600. Die Kategorie 3 enthält keinen Multiplikationsfaktor, hier finden die 500 l direkt Anwendung. Wir addieren 600 + 500 und kommen auf einen berechneten Wert von 1 100 und damit über 1 000. Somit ist das Fahrzeug kennzeichnungspflichtig.*

466 Nein. Berechnungswert: 400 (3)

Stoffe	Menge	Beförderungskategorie	Multiplikator	Summe
Acetylen	50	2	3	= 150
Sauerstoff	250	3	1	= 250
			1000 > 400 (berechneter Wert)	

ⓘ *Hinweis: Über Kapitel 3.2 Tabelle A ADR finden wir die Klassifizierung heraus. UN 1072 Sauerstoff und UN 1001 Acetylen sind Stoffe der Klasse 2. Wir benutzen sodann die Tabelle in 1.1.3.6.3 ADR und finden folgende Grenzmengen heraus: Sauerstoff – 1000, Acetylen – 333. Wir liegen also jeweils darunter und müssen deshalb 1.1.3.6.4 ADR zu Hilfe nehmen. Acetylen wird der Beförderungskategorie 2 zugeordnet, hier beträgt der Multiplikationsfaktor 3. 3 × 50 = 150; Sauerstoff wird der Beförderungskategorie 3 zugeordnet, hier gibt es keinen Multiplikationsfaktor. Die Addition von 150 und 250 ergibt 400. Dieser berechnete Wert liegt unter 1 000. Somit besteht keine Kennzeichnungspflicht.*

467 An beiden Längsseiten und hinten am Fahrzeug die Großzettel Nr. 7D (2)

ⓘ *Hinweis: Die Lösung finden wir über 5.3.1.5.2 ADR i.V.m. 5.3.1.7.2 ADR.*

2 Antworten Gb-Prüfung
2.3 Straßenverkehr

468 Es sind keine Großzettel erforderlich. (2)

ⓘ *Hinweis: Über Kapitel 3.2 Tabelle A ADR Spalte 15 finden wir bei den UN-Nummern 0012 und 0014 die Beförderungskategorie 4, d.h. laut Tabelle 1.1.3.6.3 ADR dürfen diese Stoffe „unbegrenzt" befördert werden. Dies bedeutet, dass die Kennzeichnungsvorschriften durch die Freistellung nach 1.1.3.6.2 ADR zweiter Spiegelstrich „Kapitel 5.3" nicht anzuwenden sind.*

469 Nummer zur Kennzeichnung der Gefahr = 80 (2)
UN-Nummer = 1794
Anbringung an beiden Längsseiten der Container

ⓘ *Hinweis: Über 3.2.2 Alphabetische Stoffliste (Tabelle B) ADR die UN-Nr. 1794 ermitteln. In Kapitel 3.2 Tabelle A Spalten 1 und 20 ADR die erforderliche Kennzeichnung heraussuchen. Anbringung der orangefarbenen Tafeln nach 5.3.2.1.4 ADR.*

470 Nummer zur Kennzeichnung der Gefahr = 336 (2)
UN-Nummer = 2762
Anbringung an beiden Seiten der Tankcontainer nach 5.3.2.1.2

ⓘ *Hinweis: Über 3.2.2 Alphabetische Stoffliste (Tabelle B) ADR die UN-Nr. 2762 ermitteln. In Kapitel 3.2 Tabelle A Spalten 1 und 20 ADR die erforderliche Kennzeichnung heraussuchen. Anbringung der orangefarbenen Tafeln nach 5.3.2.1.2 ADR.*

471 Höchstzulässige Gesamtmenge 20 kg (Nettomasse der Explosivstoffe) (2)

ⓘ *Hinweis: Die Lösung finden wir durch Kapitel 3.2 Tabelle A ADR i.V.m. der Tabelle in 1.1.3.6.3 ADR. Laut Tabelle A hat der Stoff UN 0305 den Klassifizierungscode 1.3G (Spalte 3b) und die Beförderungskategorie 1 (Spalte 15). Laut Tabelle 1.1.3.6.3 haben Stoffe der Klasse 1, Klassifizierungscode 1.3G, Beförderungskategorie 1 eine Freigrenze von „20".*

472 Nummer zur Kennzeichnung der Gefahr = 33 (2)
UN-Nummer = 1203
Die Großzettel sind an beiden Längsseiten und hinten anzubringen.

ⓘ *Hinweis: Über 3.2.2 Alphabetische Stoffliste (Tabelle B) ADR wird die UN-Nr. 1203 ermittelt. Aus Kapitel 3.2 Tabelle A ADR werden in den Spalten 1 und 20 die entsprechenden Kennzeichnungen entnommen. In 5.3.1.4.1 ADR ist die Anbringung der Großzettel vorgeschrieben.*

473 Nummer zur Kennzeichnung der Gefahr = 80 (2)
UN-Nummer = 1824
Anbringung der Großzettel an beiden Längsseiten und hinten am Fahrzeug

ⓘ *Fundstelle: 5.3.1.4.1 ADR und Kapitel 3.2 Tabelle A Spalten 1 und 20 ADR*

474 Nummer zur Kennzeichnung der Gefahr = 60 (2)
UN-Nummer = 1897
Die Großzettel Nr. 6.1 müssen an vier Seiten (zwei Längsseiten und an jedem Ende des Tankcontainers) angebracht werden.

ⓘ *Fundstelle: Über 3.2.2 Alphabetische Stoffliste (Tabelle B) ADR die UN-Nummer 1897 und mit Kapitel 3.2 Tabelle A Spalte 20 die Nummer zur Kennzeichnung der Gefahr ermitteln.*
Die Anbringung der Großzettel ist in 5.3.1.2 ADR geregelt.

475 An beiden Längsseiten des Containers (1)

ⓘ *Fundstelle: Die Anbringung der orangefarbenen Tafeln ist in 5.3.2.1.4 ADR geregelt.*

Gb-Prüfung

2 Antworten
2.3 Straßenverkehr

476 An beiden Längsseiten und hinten am Fahrzeug mit den Großzetteln Nr. 4.1 (2)

ⓘ *Fundstelle: 5.3.1.4 ADR i.V.m. Kapitel 3.2 Tabelle A ADR*

477 A   Ja, nach Absatz 5.3.1.7.1 i.V.m. Absatz 5.2.2.2.1.5 ist dies zulässig. (1)

ⓘ *Fundstelle: 5.3.1.7.1, 5.2.2.2.1, 5.2.2.2.1.3 und 5.2.2.2.1.5 ADR. Falls ein Hinweis im Gefahrzettel angegeben wird, muss die tatsächliche Gefahr wiedergegeben werden.*

478 UN 1133 (4)
Gefahrzettel Nr. 3
Ausrichtungspfeile auf zwei gegenüberliegenden Seiten sowie das Wort „Umverpackung"

ⓘ *Fundstelle: 5.1.2.1 und 5.1.2.2 i.V.m. 5.2.1.1, 5.2.2.1.1, 5.2.1.10.1 ADR*

ⓘ *Hinweis: Zunächst ist über 3.2.2 Alphabetische Stoffliste (Tabelle B) ADR die UN-Nummer für Klebstoffe zu ermitteln. Mit der Tabelle A und Kapitel 5.1 und 5.2 ADR ermittelt man die Kennzeichnung und die Gefahrzettel. Somit müssen Gefahrzettel und Kennzeichnung, wenn sie in einer Umverpackung nicht sichtbar sind, auf der Umverpackung wiederholt werden (bei einer Kiste aus Pappe ist davon auszugehen). Zusätzlich sind bei Verpackungen mit flüssigen Stoffen, wenn der Verschluss nicht sichtbar ist, Ausrichtungspfeile an zwei gegenüberliegenden Seiten anzubringen. Außerdem ist das Wort „Umverpackung" anzubringen.*

479 Am Container sind die Großzettel an allen vier Seiten und am Fahrzeug sind die orangefarbenen Tafeln ohne Kennzeichnungsnummern vorn und hinten anzubringen. (4)

ⓘ *Fundstelle: 5.3.1.2 und in 5.3.2.1.1 ADR*

ⓘ *Hinweis: Eine generelle Freistellung von Asbest wäre nach SV 168 möglich. Dies wird aber durch die Fragestellung nicht angesprochen.*

480 – Je Innenverpackung maximal 1 l (4)
– Höchstzulässige Bruttomasse je Versandstück 30 kg
– Kennzeichnung mit einer rautenförmigen Fläche, oben und unten schwarz und in der Mitte weiß, mit einer Seitenlänge von mindestens 100 mm (Kennzeichen für begrenzte Mengen)
– Kennzeichnung mit Ausrichtungspfeilen (an zwei gegenüberliegenden Seiten)

ⓘ *Fundstelle: Kapitel 3.2 Tabelle A, 3.4.1.2, 3.4.2.1 und 3.4.7 ADR*

ⓘ *Hinweis: Über Kapitel 3.2 Tabelle A ADR bei UN 1208 Hexane prüfen, ob der Stoff als begrenzte Menge (Spalte 7a) nach 3.4 ADR befördert werden darf. In der Spalte 7a steht 1 L. Somit ist zunächst die Möglichkeit gegeben. In Kapitel 3.4 wird in 3.4.2 ADR das Bruttogewicht auf 30 kg limitiert. Die Kennzeichnung ist in 3.4.7 ADR geregelt. Die Kennzeichnung mit Ausrichtungspfeilen ergibt sich aus 3.4.1 Buchstabe e) ADR. Es handelt sich um einen flüssigen Stoff (5.2.1.10.1 ADR).*

481 Nein. (2)
Es muss noch mit dem Wort „UMVERPACKUNG" gekennzeichnet werden.

ⓘ *Fundstelle: 5.1.2.1 ADR*

482 C   Der Container darf bereits für den Straßentransport entsprechend dem IMDG-Code gekennzeichnet werden. Ggf. ist aber ein zusätzlicher Eintrag im Beförderungspapier erforderlich. (1)

ⓘ *Fundstelle: 1.1.4.2 ADR*

483 Die orangefarbenen Tafeln mit den Kennzeichnungsnummern der Tankcontainer sind an beiden Längsseiten des offenen Trägerfahrzeugs nach 5.3.2.1.5 ADR anzubringen, weil die orangefarbenen Tafeln nicht mehr deutlich sichtbar sind. (2)

2 Antworten — Gb-Prüfung
2.3 Straßenverkehr

484 **A** Nein, es sind an den Längsseiten des Fahrzeugs dieselben orangefarbenen Tafeln wie auf dem Tankcontainer anzubringen. (1)

ⓘ *Fundstelle: 5.3.2.1.5 ADR (Überschreitung der Mengengrenze von 3 000 l je Tank)*

485 Wenn die Großzettel der Tankcontainer nicht mehr sichtbar sind, sind dieselben Großzettel an beiden Längsseiten und hinten am Fahrzeug anzubringen. (2)

ⓘ *Fundstelle: 5.3.1.3 ADR.*

ⓘ *Hinweis: Die Anbringung von orangefarbenen Tafeln wäre nur bei Tankcontainern mit mehr als 3 000 l Fassungsraum vorgeschrieben (Bem. zu 5.3.2.1.5 ADR).*

486 Die orangefarbenen Tafeln mit der Gefahrnummer 336 und der UN-Nummer 1230 müssen an beiden Längsseiten des Fahrzeugs angebracht werden. (2)

ⓘ *Fundstelle: 5.3.2.1.5 ADR*

487 Die Kennzeichnung erfolgt nach der P650 mit einer Raute mit der UN-Nummer 3373 und der Aufschrift „BIOLOGISCHER STOFF, KATEGORIE B". (2)

ⓘ *Fundstelle: Kapitel 3.2 Tabelle A ADR und P650 in 4.1.4.1 ADR*

ⓘ *Hinweis: Die Beförderung als freigestellte medizinische Probe ist wegen des Verdachts auf ansteckungsgefährliche Stoffe nicht mehr möglich. Beförderung unter Beachtung der P650 ist erforderlich.*

488 **D** Wenn die auf den enthaltenen Versandstücken vorgeschriebenen Ausrichtungspfeile nicht sichtbar sind (1)

ⓘ *Fundstelle: 5.1.2.1 Buchstabe b, 5.2.1.10 und 3.4.11, 3.4.1 Buchstabe e) ADR*

489 Kennzeichnung mit Ausrichtungspfeilen ist erforderlich bei: (2)
– zusammengesetzten Verpackungen mit Innenverpackungen, die flüssige Stoffe enthalten,
– Einzelverpackungen, die mit Lüftungseinrichtungen ausgerüstet sind,
– verschlossenen oder offenen Kryo-Behältern zur Beförderung tiefgekühlt verflüssigter Gase und
– Maschinen oder Geräte, die flüssige gefährliche Güter enthalten, wenn sichergestellt werden muss, dass die flüssigen gefährlichen Güter in ihrer vorgesehenen Ausrichtung verbleiben.

ⓘ *Fundstelle: 5.2.1.10.1 ADR. Die Nennung eines Falles wäre ausreichend.*

490 Die Kennzeichnung mit Ausrichtungspfeilen ist nach Absatz 5.2.1.10.2 Buchstabe b ADR nicht erforderlich. (2)

491 Typ IP-2-, Typ IP-3-, Typ A-, Typ B(U)-, Typ-B(M) oder Typ C-Versandstücke (1)

ⓘ *Fundstelle: 5.2.1.10.2 d) ADR.*

492 Die Seitenlänge muss mindestens 100 mm betragen. (1)

ⓘ *Fundstelle: 3.4.7 ADR*

493 Kennzeichnung mit UN 1950 AEROSOLE an zwei gegenüberliegenden Seiten (2)

ⓘ *Hinweis: Über die UN 1950 TF Sondervorschrift 625 erhält man den Grundsatz für die Kennzeichnung von Versandstücken mit Druckgaspackungen, und in 5.2.1.4 ADR ist der allgemeine Grundsatz für die Kennzeichnung von Großverpackungen enthalten. Es wird nicht nach der Bezettelung (Gefahrzettel) gefragt. Hier müssten dann noch Gefahrzettel Nr. 2.1 und Nr. 6.1 angebracht werden (ebenfalls an zwei gegenüberliegenden Seiten).*

494	B Zusätzlich zu den neutralen orangefarbenen Tafeln vorn und hinten sind an beiden Längsseiten der Beförderungseinheit orangefarbene Tafeln (30 cm × 40 cm) mit den Nummern (70/2915) anzubringen.	(1)

ⓘ *Fundstelle: 5.3.2.1.4 ADR schreibt bei Beförderungen unter ausschließlicher Verwendung die Kennzeichnung an beiden Längsseiten mit orangefarbenen Tafeln mit Gefahr- und UN-Nummer vor.*

495	A Das Kennzeichen für umweltgefährdende Stoffe	(1)

ⓘ *Fundstelle: 5.2.1.8 ADR schreibt die Kennzeichnung für alle Stoffe vor, die den Kriterien von 2.2.9.1.10 ADR entsprechen.*

496	Die Beförderungseinheit muss mit dem vergrößerten Kennzeichen für begrenzte Mengen (auf die Spitze gestelltes Quadrat, das oben und unten schwarz ist und in der Mitte eine weiße Fläche hat) in der Größe 25 cm × 25 cm vorn und hinten gekennzeichnet sein.	(2)

ⓘ *Hinweis: In 3.4.13 ADR werden die Anforderungen für die Kennzeichnung von Beförderungseinheiten bei der Beförderung von begrenzten Mengen vorgegeben. Die Regelung für den Verzicht auf die Kennzeichnung in 3.4.14 ADR kann nicht angewendet werden. Somit muss die Kennzeichnung gemäß 3.4.15 ADR ausgeführt werden.*

497	A Beförderung von gefährlichen Gütern in begrenzten Mengen nach 3.4 ADR	(1)

ⓘ *Fundstelle: 3.4.7 ADR*

498	5.1.5.4.1 ADR	(1)
499	C UN, UN-Nummer, Absender und/oder Empfänger	(1)

ⓘ *Fundstelle: 5.1.5.4.1 ADR*

500	UN 1866, Gefahrzettel Nr. 3 und Kennzeichen für umweltgefährdende Stoffe	(2)

ⓘ *Fundstelle: Kapitel 3.2 Tabelle A Spalten 1 und 5, 5.2.1.1, 5.2.1.8 und 5.2.2.1.1 ADR*

501	Wenn mehr als 8 t Bruttogesamtmasse in begrenzten Mengen verpackte gefährliche Güter gemäß 3.4 ADR befördert werden	(2)

ⓘ *Fundstelle: 3.4.13 und 3.4.14 ADR*

502	An allen Zugängen, die eine Person öffnen und an denen sie den Lkw betreten kann. Das Zeichen muss mind. 150 mm breit und 250 mm hoch sein.	(2)

ⓘ *Fundstelle: 5.5.3.6.1 (Anbringung), 5.5.3.6.2 (Größe) ADR*

503	Anwendung der SV 363 und Gefahrzettel Nr. 3 an zwei gegenüberliegenden Seiten des Generators	(2)

ⓘ *Hinweis: Der Generator mit dieselgetriebenem Verbrennungsmotor ist laut der alphabetischen Stoffliste der UN 3528 zuzuordnen. Mit der UN-Nummer finden wir in Kapitel 3.2 Tabelle A Spalte 6 ADR die SV 363. In der Sondervorschrift 363 j) (Kapitel 3.3 ADR) sind die Vorgaben zur Bezettelung zu finden.*

504	Nein. Die Verkleinerungsmöglichkeit besteht nur für Flaschen, aber nicht für Flaschenbündel.	(2)

ⓘ *Fundstelle: 5.2.2.2.1.2 und 1.2.1 (Begriffsbestimmung für Flaschenbündel) ADR*

505	Gefahrzettel Nr. 2.2 und 5.1; einmal	(2)

ⓘ *Hinweis: Lediglich 5.2.2.1.7 ADR enthält für IBC größer als 450 l und Großverpackungen die Anforderung, dass die Gefahrzettel auf zwei gegenüberliegenden Seiten anzubringen sind.*

ⓘ *Fundstelle: 5.2.2.1 ADR*

2 Antworten
2.3 Straßenverkehr

506 An den beiden Längsseiten und hinten am Ende des Tankfahrzeugs (1)
ⓘ *Fundstelle: Absatz 6.8.3.2.9.6.7 (Anmerkung: vergleichbar mit der Anbringung von Großzetteln)*

507 Nein; 5.5.3.6.1 ADR (2)
ⓘ *Hinweis: Lediglich nicht gut belüftete Fahrzeuge und Container müssen gekennzeichnet werden.*

508 Großzettel Nr. 9 an allen vier Seiten. (3)
5.3.1.1.4 und 5.3.1.2 ADR
ⓘ *Hinweis: 3.2.2 Alphabetische Stoffliste (Tabelle B) ADR führt zu UN 3090. Unter dieser UN-Nummer ist in Kapitel 3.2 Tabelle A ADR die Sondervorschrift 188 in Spalte 6 zu finden. Die Sondervorschrift 188 (Kapitel 3.3 ADR) lässt keine Freistellung zu, da der Lithiumgehalt größer als 2 g ist. Damit handelt es sich um reguläres Gefahrgut. Der Gefahrzettel 9A kommt nur auf Versandstücke.*

509 Ja; Kapitel 3.2 Tabelle A Spalte 12 ADR i.V.m. 4.3.2.1.1 ADR (2)
ⓘ *Fundstelle: Die Lösung befindet sich in Kapitel 3.2 Tabelle A ADR in Spalte 12 mit Code L4BN i.V.m. Absatz 4.3.2.1.1. Bei der UN-Nr. 1789 handelt es sich um Chlorwasserstoffsäure der Klasse 8 mit VG II und III ADR.*

510 D Unterabschnitt 4.3.3.2 (1)
ⓘ *Fundstelle: Kapitel 4.3 ADR (Vorschriften für die Verwendung von ... und Tanks). Die Tabelle in 4.3.3.2.5 enthält die Einzelheiten.*

511 C Die Beförderung von gefährlichen Gütern in loser Schüttung ist nur zulässig, wenn diese Beförderungsart ausdrücklich zugelassen ist. (1)
ⓘ *Fundstelle: 7.3.1 ADR i.V.m. Kapitel 3.2 Tabelle A ADR*
ⓘ *Hinweis: Die Grundaussage über die Beförderung in loser Schüttung finden wir über Kapitel 3.2 Tabelle A Spalte 17 ADR. Danach ist eine Beförderung in loser Schüttung nur zulässig, wenn diese Beförderung ausdrücklich zugelassen ist, was über eine entsprechende Codierung VCx in der Spalte 17 angezeigt wird. Für bestimmte Stoffe gibt es für die lose Schüttung auch die Beförderung nach BK1, BK2 und BK3 nach Kapitel 3.2 Tabelle A Spalte 10 ADR.*

512 7.3.1 ADR i.V.m. Kapitel 3.2 Tabelle A Spalten 10 und 17 ADR (2)
ⓘ *Hinweis: Die Grundaussage über die Beförderung in loser Schüttung finden wir über Kapitel 3.2 Tabelle A Spalte 17 ADR i.V.m. 7.3.1 ADR. Danach ist eine Beförderung in loser Schüttung nur zulässig, wenn diese Beförderung ausdrücklich zugelassen ist, was über eine entsprechende Codierung VCx in der Spalte 17 angezeigt wird. Für bestimmte Stoffe gibt es auch die Beförderung nach BK1, BK2 und BK 3 für lose Schüttung nach Spalte 10.*

513 C Ein bedecktes Fahrzeug mit angemessener Belüftung (1)
ⓘ *Hinweis: Für UN 2211 steht in Kapitel 3.2 Tabelle A Spalte 17 ADR die Sondervorschrift VC1 und VC2 mit AP2, die in 7.3.3 ADR erläutert wird. Danach ist eine Beförderung in bedeckten oder gedeckten Fahrzeugen mit angemessener Belüftung zugelassen.*

514 C Ein bedecktes Fahrzeug mit angemessener Belüftung (1)
ⓘ *Hinweis: Über Kapitel 3.2 Tabelle A ADR finden wir heraus, dass es sich bei Stoffen der UN 3175 um feste Stoffe, die entzündbare flüssige Stoffe enthalten, n.a.g., der Klasse 4.1, VG II, handelt. In Spalte 17 finden wir die Sondervorschriften VC1 und VC2 mit AP2, die in 7.3.3 ADR erläutert wird. Danach ist die Beförderung in bedeckten Fahrzeugen mit angemessener Belüftung zugelassen.*

515 Ja, gemäß Sondervorschrift VC1 und AP2 ADR (2)

ⓘ *Hinweis: Über Kapitel 3.2 Tabelle A ADR finden wir heraus, dass es sich bei Stoffen der UN 3175 um feste Stoffe, die entzündbare flüssige Stoffe enthalten, n.a.g., der Klasse 4.1, VG II, handelt. In Spalte 17 finden wir die Sondervorschriften VC1 und VC2 mit AP2, die in 7.3.3 ADR erläutert wird. Danach ist die Beförderung in bedeckten Fahrzeugen (VC1) mit angemessener Belüftung zugelassen.*

516 C Die Umverpackung muss mit dem Ausdruck „Umverpackung" gekennzeichnet sein. (1)

ⓘ *Fundstelle: Unterabschnitt 5.1.2.1*

ⓘ *Hinweis: Über Kapitel 3.2 Tabelle A ADR die UN 1294 prüfen, welche Verpackung und welche Kennzeichen und Gefahrzettel nach 5.2 ADR erforderlich sind. Gemäß 5.1.2.3 ADR sind Ausrichtungspfeile nicht erforderlich, da die Kanister selber auch keine Ausrichtungspfeile benötigen (5.1.2.3 und 5.2.1.10 ADR).*
Der Gefahrzettel Nr. 3, UN 1294 und das Wort „UMVERPACKUNG" sind anzubringen.

517 B Die Umverpackung ist mit dem Kennzeichen „UN 1057" zu versehen. (1)

ⓘ *Fundstelle: 5.1.2.1 ADR i.V.m. 5.2.1.1, 5.2.2.1.1 ADR*

ⓘ *Hinweis: Über Kapitel 3.2 Tabelle A ADR prüfen, zu welchem Stoff oder Gegenstand UN 1057 (Feuerzeuge) gehört. Mit der Tabelle A und Kapitel 5.1 und 5.2 ADR ermittelt man die Kennzeichen und die Gefahrzettel. Es ist aus der Aufgabe bekannt, dass es sich um einen festen Gegenstand handelt (5.1.2.1 ADR i.V.m. 5.2.1.1, 5.2.2.1.1 ADR). Gemäß 5.1.2.3 ADR sind Ausrichtungspfeile nicht erforderlich, da die Verpackungen selber auch keine Ausrichtungspfeile benötigen (5.1.2.3 und 5.2.1.10 ADR). Somit müssen Gefahrzettel und Kennzeichen, wenn sie in einer Umverpackung nicht sichtbar sind, auf der Umverpackung wiederholt werden. Außerdem ist das Wort „UMVERPACKUNG" anzubringen.*

518 Beförderung von unverpackten festen Stoffen oder Gegenständen in Fahrzeugen, Containern oder Schüttgut-Containern (1)

ⓘ *Fundstelle: 1.2.1 (Begriffsbestimmungen) ADR*

ⓘ *Hinweis: Die Antwort entnehmen wir der Begriffsbestimmung aus 1.2.1 ADR.*

519 Unterabschnitt 7.5.1.2 ADR (1)

520 Abschnitt 1.2.1 ADR (1)

521 Nein; Kapitel 3.2 Tabelle A Spalten 8 und 9a ADR i.V.m. der Erläuterung in 3.2.1 ADR (3)

ⓘ *Hinweis: Die Lösung erfolgt über 3.2.2 Alphabetische Stoffliste (Tabelle B) ADR, um die UN-Nr. zu ermitteln. Mit der UN-Nr. 2426 gehen wir in Kapitel 3.2 Tabelle A ADR. Dort befinden sich in den Spalten 8 und 9a keine Angaben von Verpackungen. Somit darf dieser Stoff auch nicht in Versandstücken befördert werden (vgl. dazu die Erläuterungen in 3.2.1 ADR zu den beiden Spalten).*

522 Abschnitt 1.2.1 ADR (1)

ⓘ *Hinweis: Die Lösung finden wir in den Begriffsbestimmungen unter 1.2.1 ADR.*

523 Umverpackung (1)

ⓘ *Hinweis: Die Lösung befindet sich in 1.2.1 ADR – Begriffsbestimmungen „Umverpackung".*

524 LGBF; L1,5BN; L4BN; L4BH; L4DH usw. (2)

ⓘ *Hinweis: Der Lösungsweg geht über 3.2.2 Alphabetische Stoffliste (Tabelle B) ADR, dann mit der gefundenen UN-Nr. 1294 in Kapitel 3.2 Tabelle A ADR. Hier stellen wir fest, dass es sich um einen Stoff der Klasse 3 handelt und in der Spalte 12 der Code LGBF genannt wird. Weitere Tanks sind dann aus der Tankhierarchie in 4.3.4.1.2 ADR zu ermitteln.*

2 Antworten
2.3 Straßenverkehr

525   **C**   Tankfahrzeug – Tankcodierung LGBF   (1)

ⓘ *Hinweis: Über Kapitel 3.2 Tabelle A ADR erfahren wir, dass es sich hier um den Stoff Toluen handelt, der die UN-Nr. 1294 hat. In der Spalte 12 wird der Code LGBF genannt. Mit diesem Code gehen wir in 4.3.4.1.2 ADR (Tankhierarchie). Hieraus kann auch der Tank LGBF ermittelt werden. Ein höherwertiger Tank ist auch möglich. Dies ist aber nicht Gegenstand der möglichen Antwortvorgaben.*

526   **A**   Der Transport ist in bedeckten Fahrzeugen mit angemessener Belüftung zulässig.   (1)

ⓘ *Hinweis: Über 3.2.2 Alphabetische Stoffliste (Tabelle B) ADR suchen wir die UN-Nr. für diesen Stoff. Mit der UN 3314 gehen wir in Kapitel 3.2 Tabelle A ADR und finden in Spalte 17 die Sondervorschriften VC1 und VC2 mit AP2. In 7.3.3 werden die Kriterien genannt, die eine Beförderung in loser Schüttung zulassen: Ein bedecktes Fahrzeug (VC1) mit angemessener Belüftung ist zulässig.*

527   Nein; es ist der Code LGBF erforderlich.   (2)

ⓘ *Hinweis: Über 3.2.2 Alphabetische Stoffliste (Tabelle B) ADR suchen wir die UN-Nummer für diesen Stoff. Mit der gefundenen UN 1202 gehen wir in Kapitel 3.2 Tabelle A ADR in die Spalte 12. Dort wird der Code LGBF für UN 1202 i.V.m. 640K genannt. Mit diesem Code gehen wir in 4.3.4.1.2 ADR (Tankhierarchie). Hiernach wird ermittelt, dass der Tank nur höherwertig sein darf.*

528   Nein. In Kapitel 3.2 Tabelle A ADR ist in Spalte 12 nur ein RxBN-Tank für UN 1073 zugelassen. Über die Tankcodierung und die Tankhierarchie in 4.3.3.1 ADR ist dann auch eindeutig festzustellen, dass ein C22BN-Tank für UN 1073 tiefgekühlt, flüssig nicht zulässig ist.   (2)

ⓘ *Hinweis: Über 3.2.2 Alphabetische Stoffliste (Tabelle B) ADR erhält man UN 1073 für Sauerstoff, tiefgekühlt, flüssig. In Kapitel 3.2 Tabelle A ADR ist in der Spalte 12 nur ein RxBN-Tank für UN 1073 zugelassen. Über die Tankcodierung und Tankhierarchie in 4.3.3.1 ADR ist auch dann eindeutig festzustellen, dass ein C22BN Tank für UN 1073 tiefgekühlt, flüssig nicht zulässig ist.*

529   Nein, da nur mit ge- oder bedeckten Fahrzeugen erlaubt (Sondervorschriften VC1 und VC2 ADR).   (2)

ⓘ *Fundstelle: Kapitel 3.2 Tabelle A Spalte 17, Sondervorschriften VC1 und VC2 i.V.m. 7.3.3 ADR*

ⓘ *Hinweis: Lösung über Kapitel 3.2 Tabelle A ADR. Bei UN 2717 handelt es sich um einen festen Stoff der Klasse 4.1. In der Spalte 17 wird der Code VC1 und VC2 genannt, der entsprechend 7.3.3 ADR kein offenes Fahrzeug für die Beförderung in loser Schüttung zulässt.*

530   Sondervorschriften VC1 und VC2 mit AP7. Es muss sich um bedeckte oder geschlossene Container handeln und die Beförderung darf nur als geschlossene Ladung durchgeführt werden.   (1)

ⓘ *Fundstelle: Kapitel 3.2 Tabelle A Spalte 17, Code VC1 und VC2 mit AP7, 7.3.3 ADR*

ⓘ *Hinweis: Lösung über Kapitel 3.2 Tabelle A ADR. Bei UN 2834 handelt es sich um einen Stoff der Klasse 8. Über den Klassifizierungscode C2 in der Spalte 3b können wir in 2.2.8.1.1 ADR feststellen, dass es sich um einen anorganischen festen Stoff handelt. In der Spalte 17 wird der Code VC1 und VC2 mit AP7 genannt, der entsprechend 7.3.3 ADR eine Beförderung in loser Schüttung zulässt, wenn der Transport als geschlossene Ladung zur Beförderung übergeben wird.*

531 Gedeckte oder bedeckte Fahrzeuge (2)

ⓘ *Fundstelle: Kapitel 3.2 Tabelle A Spalte 8 (Code IBC08), Spalte 16 (Code V11), 7.2.4 ADR*

ⓘ *Hinweis: Über Kapitel 3.2 Tabelle A Spalte 8 ADR wird u. a. der Code IBC08 gefordert. In Spalte 16 wird die Sondervorschrift für Versandstücke genannt (Code V11). Danach darf die Beförderung nur mit gedeckten oder bedeckten Fahrzeugen durchgeführt werden.*

532 Abschnitt 1.2.1 ADR (1)

ⓘ *Hinweis: Die Lösung bekommen wir aus 1.2.1 ADR in den dortigen Begriffsbestimmungen.*

533 UN 1748, Gefahrzettel Nr. 5.1 und Aufschrift „Umverpackung" (3)

ⓘ *Hinweis: Die Lösung holen wir uns aus 5.1.2 ADR. Danach müssen an Umverpackungen alle Kennzeichen und Gefahrzettel, die von außen nicht sichtbar sind, wiederholt werden. Über 3.2.2 Alphabetische Stoffliste (Tabelle B) ADR wird die UN-Nr. 1748 ermittelt. Über Kapitel 3.2 Tabelle A ADR können wir dann noch den erforderlichen Gefahrzettel ermitteln. Nach 5.1.2.1 ADR ist auch die Aufschrift „Umverpackung" anzubringen.*

534 A Keine (1)

ⓘ *Fundstelle: 4.1.1.15 ADR*

ⓘ *Hinweis: Da Kunststoffkisten nicht genannt sind, gibt es keine maximale Verwendungsdauer.*

535 Abschnitt 5.5.2 ADR (1)

ⓘ *Hinweis: Die Lösung finden wir über die Suche im Inhaltsverzeichnis: Vorschriften für den Versand (Teil 5), Sondervorschriften für begaste Güterbeförderungseinheiten (Abschnitt 5.5.2).*

536 Ja; Unterabschnitt 2.2.62.1.12.1 (2)
Die Beförderung ist nur unter den von den zuständigen Behörden genehmigten Bedingungen erlaubt.

537 C Tabelle A Spalte 12 (1)

ⓘ *Hinweis: Über Kapitel 3.2 Tabelle A ADR ist die Antwort zu entnehmen.*

538 B Tabelle A Spalte 17 (1)

ⓘ *Fundstelle: Kapitel 7.3 ADR, Erläuterungen für die Tabelle A in 3.2.1 ADR*

539 D Tabelle A Spalte 10 (1)

ⓘ *Hinweis: Über Kapitel 3.2 Tabelle A ADR ist die Antwort zu entnehmen.*

540 1 000 kg Nettoexplosivstoffmasse (2)

ⓘ *Hinweis: Über Kapitel 3.2 Tabelle A ADR bei UN 0027 in Spalte 3b den Klassifizierungscode 1.1D feststellen. Unter Sondervorschriften für Versandstücke in Spalte 16 steht V2 und V3. In V2 wird auf 7.5.5.2 ADR hingewiesen. Hier ist die Grundlage für die Mengen, die befördert werden dürfen. In der Tabelle 7.5.5.2.1 ADR ist für 1.1D 1 000 kg Nettoexplosivstoffmasse in EX/II-Fahrzeugen zulässig.*

541 D Ein Behältnissystem, das für die Beförderung fester Stoffe in direktem Kontakt mit dem Behältnissystem vorgesehen ist. Verpackungen, Großpackmittel (IBC), Großverpackungen und Tanks sind nicht eingeschlossen. (1)

ⓘ *Fundstelle: Begriffsbestimmung in 1.2.1 ADR*

2 Antworten
2.3 Straßenverkehr

542 Ja. (2)
In Kapitel 3.2 Tabelle A ADR in Spalte 10 ist der Tankcode T1 für ortsbewegliche Tanks und in Spalte 12 der Tankcode S2,65AN(+) aufgeführt. Außerdem wird in den Verwendungsvorschriften in 4.2.1 und 4.3.4 ADR auf die Klasse 1 hingewiesen.
ⓘ *Fundstelle: Kapitel 3.2 Tabelle A Spalten 10 und 12, 4.2.1 und 4.3.4 ADR*

543 Wenn in der Spalte 10 der Code BK1, BK2 oder BK3 oder in Spalte 17 eine Codierung VC aufgeführt ist. (2)
ⓘ *Fundstelle: Erläuterungen in 3.2.1 zu den Spalten 10 und 17 und in 7.3.1.1 ADR*

544 B SV 327 (1)
ⓘ *Hinweis: Die Sondervorschrift „SV 327" ist in Spalte 6 zu finden. Für UN 1950 gilt die Verpackungsanweisung P207, also passt P203 nicht. S20 ist in Spalte 19 nicht aufgeführt. CV 36 ist in Spalte 18 nicht genannt.*

545 Im Kapitel 3.3 (1)
ⓘ *Hinweis: Lösung über das Inhaltsverzeichnis des ADR*

546 Nein; Sondervorschrift 145 (2)
ⓘ *Hinweis: Über 3.2.2 Alphabetische Stoffliste (Tabelle B) ADR die UN-Nummer für alkoholische Getränke feststellen: UN 3065. In Kapitel 3.2 Tabelle A Spalte 6 ADR zunächst die Sondervorschriften 144, 145 und 247 (Kapitel 3.3 ADR) auf mögliche Antworten überprüfen. In der Sondervorschrift 145 ist die Möglichkeit für die Befreiung bis höchstens 250 l Fassungsraum enthalten.*

547 C Nein, erst nach Reinigung der Ladefläche (1)
ⓘ *Hinweis: Die Vorgaben für das Be- und Entladen findet man in Kapitel 7.5 ADR. Für das Reinigen nach dem Entladen sind die Regelungen in 7.5.8 und 7.5.8.1 ADR enthalten.*

548 Das Fahrzeug ist sobald wie möglich, auf jeden Fall aber vor dem erneuten Beladen, zu reinigen; 7.5.8 ADR. (2)

549 Das Fahrzeug ist sobald wie möglich, auf jeden Fall aber vor dem erneuten Beladen, zu reinigen; 7.5.8 ADR. (2)

550 A V5 (1)
ⓘ *Hinweis: Über Kapitel 3.2 Tabelle A ADR die Spalten für UN 1977 Stickstoff, tiefgekühlt, flüssig, 2.2, prüfen. In Spalte 16 wird auf Kapitel 7.2 ADR verwiesen.*

551 Nein. Sondervorschrift V12 (2)
ⓘ *Hinweis: Über Kapitel 3.2 Tabelle A ADR wird bei UN 3141 in der Spalte 16 für die Beförderung in Versandstücken die Sondervorschrift V12 genannt. In Kapitel 7.2 ADR steht in der Sondervorschrift V12, dass UN 3141 in Großpackmitteln des Typs 31HZ2 (31HA2, 31HB2, 31HN2, 31HD2 und 31HH2) nur in gedeckten Fahrzeugen oder geschlossenen Containern befördert werden darf. Es handelt sich aber um ein bedecktes Fahrzeug.*

552 6.10 ADR (1)

553 Gedeckte oder bedeckte Fahrzeuge (1)
ⓘ *Fundstelle: 7.2 ADR und 7.2.2 ADR*
ⓘ *Hinweis: In Kapitel 7.2 ADR sind die Vorschriften für die Beförderung in Versandstücken enthalten. In 7.2.2 ADR sind die Anforderungen zu finden.*

554 Das Fahrzeug ist sobald wie möglich, auf jeden Fall aber vor dem erneuten Beladen, zu reinigen. (2)

ⓘ *Fundstelle: Die Vorgaben für das Be- und Entladen findet man in Kapitel 7.5 ADR. Für das Reinigen nach dem Entladen sind die Regelungen in 7.5.8 und 7.5.8.1 ADR enthalten.*

555 **D** Ggf. gründliche Reinigung vor Wiederverwendung des Fahrzeugs erforderlich (1)

ⓘ *Hinweis: Über die Spalte 18 in Kapitel 3.2 Tabelle A ADR ist zu erkennen, dass die Sondervorschrift CV13 in 7.5.11 ADR aufgeführt ist.*

556 Das Fahrzeug muss nicht vor erneuter Beladung gereinigt werden, da die neue Ladung aus dem gleichen gefährlichen Gut besteht. 7.5.8.2 ADR (2)

ⓘ *Fundstelle: 7.5.8.2 ADR*

557 Mögliche Antworten: (1)
Unterabschnitte 4.1.1.1, 4.1.1.2, 4.1.1.4, 4.1.1.5, 4.1.1.6, 4.1.1.7, 4.1.1.8 ADR

ⓘ *Fundstelle: 3.4.1 Buchstabe d) ADR*

558 Die Bruttomasse beträgt 30 kg. (1)

ⓘ *Fundstelle: 3.4.2 ADR*

559 Für Druckgaspackungen mit giftigem Inhalt (UN 1950 5T) beträgt die höchstzulässige Menge je Innenverpackung 120 ml. (4)
Für Druckgaspackungen mit ätzendem Inhalt (UN 1950 5C) beträgt die höchstzulässige Menge je Innenverpackung 1 l.
Die höchstzulässige Menge für die Außenverpackung beträgt 30 kg Bruttomasse.

ⓘ *Hinweis: Über 3.2.2 Alphabetische Stoffliste (Tabelle B) ADR findet man UN 1950 Druckgaspackungen mit dem Klassifizierungscode 5T und 5C. In Kapitel 3.2 Tabelle A ADR sind die dazugehörigen Mengen je Innenverpackung aus der Spalte 7a erkennbar. Die Bruttomasse für die Außenverpackung ergibt sich aus 3.4.2 ADR.*

560 **A** Nein, da Unterabschnitt 4.1.1.3 ADR nicht berücksichtigt werden muss. (1)

ⓘ *Fundstelle: 3.4.1 ADR*

561 Abfall-Druckgaspackungen dürfen nur in belüfteten oder offenen Fahrzeugen oder Containern befördert werden. (2)

ⓘ *Hinweis: Über 3.2.2 Alphabetische Stoffliste (Tabelle B) ADR ist UN 1950 für Druckgaspackungen 5FC zu finden. In Kapitel 3.2 Tabelle A ADR ist in der Spalte 16 die Sondervorschrift V14 für die Beförderung nach Sondervorschrift 327 vorgeschrieben: „Druckgaspackungen, die gemäß Kapitel 3.3 ADR Sondervorschrift 327 für Wiederaufarbeitungs- oder Entsorgungszwecke befördert werden, dürfen nur in belüfteten oder offenen Fahrzeugen oder Containern befördert werden."*

562 Für die Beförderung undichter oder stark verformter Druckgaspackungen (Abfall-Druckgaspackungen) sind Bergungsverpackungen nach der Sondervorschrift 327 zu verwenden. (2)

ⓘ *Hinweis: Über 3.2.2 Alphabetische Stoffliste (Tabelle B) ADR ist UN 1950 für Druckgaspackungen 5F zu finden. In Kapitel 3.2 Tabelle A ADR ist bei diesem Eintrag in der Spalte 6 die Sondervorschrift 327 angegeben.*

563 **D** V14 (1)

ⓘ *Fundstelle: Die Sondervorschriften sind über die UN-Nummer 1950 in den Spalten 6 und 16 in Kapitel 3.2 Tabelle A ADR aufgeführt.*

2.3 Straßenverkehr

564 Die Beförderung ist nach den Verpackungsvorschriften P207 i.V.m. PP87 oder nach LP200 i.V.m. L2 möglich. (2)

ⓘ *Hinweis: Für die UN 1950 ist in der Spalte 6 in Kapitel 3.2 Tabelle A ADR die Sondervorschrift 327 aufgeführt. UN 1950 (Abfall-Druckgaspackungen größer 50 ml), Klassifizierungscode 5F, ohne Schutzkappen gegen unbeabsichtigtes Entleeren, sind nach den Verpackungsvorschriften dieser Sondervorschrift zu befördern.*

565 A Mengengrenzen für Innen- und Außenverpackung (1)

ⓘ *Hinweis: Die Anforderungen für den Versand von freigestellten Mengen sind in Kapitel 3.5 ADR zu finden. In 3.5.1.1 ADR sind die Regelungen aufgeführt, die zusätzlich anzuwenden sind und in 3.5.1.2 ADR sind die höchstzulässigen Bruttomassen zu finden.*

566 C 500 ml (1)

ⓘ *Hinweis: In Kapitel 3.2 Tabelle A ADR sind in Spalte 7b die Codes für die jeweiligen UN-Nummern zu finden. UN 1133 hat den Code E1 und UN 1230 hat den Code E2. Gemäß 3.5.1.3 ADR ist der restriktivste Code anzuwenden, somit gilt E2; und die Mengengrenze für die Außenverpackung ist gemäß 3.5.1.2 ADR auf 500 ml begrenzt.*

567 Nein, da Quecksilber den Code E0 hat. (2)

ⓘ *Hinweis: In der alphabetischen Stoffliste ist Quecksilber die UN-Nummer 2809 zugeordnet. In Kapitel 3.2 Tabelle A ADR ist in Spalte 7b der Code für die UN-Nummer zu finden. UN 2809 hat den Code E0. Gemäß 3.5.1.3 ADR ist für E0 eine Beförderung als freigestellte Menge nicht zugelassen.*

568 Ja, da keine Zusammenpackverbote zwischen freigestellten Mengen und anderen Gütern bestehen, die nicht unter die Gefahrgutvorschriften fallen. Dies wird durch 3.5.2 Buchstabe f) ADR geregelt. (2)

569 4.3.2.2.1 ADR (1)

ⓘ *Hinweis: In Kapitel 4.3 ADR sind die Vorschriften für die Verwendung von festverbundenen Tanks und Tankcontainern geregelt. In 4.3.2.2 ADR sind die Formeln für die Füllungsgrade aufgeführt.*

570 C 7 500 l (1)

ⓘ *Fundstelle: 4.3.2.2.4 ADR*

571 Füllungsgrade von mindestens 80 % oder zu höchstens 20 % nach 4.3.2.2.4 ADR (2)

ⓘ *Fundstelle: 4.3.2.2.4 ADR*

572 A Ausschließlich zugelassene Schüttgut-Container des Typs BK2 (1)

ⓘ *Hinweis: In Kapitel 6.12 ADR sind die Vorschriften für den Bau und die Ausrüstung von MEMU zu finden. In 6.12.2.2 ADR sind die Regelungen für Schüttgut-Container aufgeführt.*

573 BK1, BK2 und BK3 (1)

ⓘ *Hinweis: Umweltgefährdende feste Stoffe sind gemäß alphabetischer Stoffliste der UN 3077 zugeordnet. In Spalte 10 in Kapitel 3.2 Tabelle A ADR sind die Containertypen genannt.*

574 Ja; Kapitel 3.2 Tabelle A Spalte 10 ADR i.V.m. 7.3.3.1 ADR (2)

ⓘ *Hinweis: Umweltgefährdende feste Stoffe sind gemäß alphabetischer Stoffliste der UN-Nr. 3077 zugeordnet. In Spalte 10 in Kapitel 3.2 Tabelle A ADR sind die Containertypen genannt. Gemäß 7.3.1.1 ADR müssen die Containertypen in Spalte 10 aufgeführt sein.*

575 Fassungsraum von höchstens 450 l – 2.2.3.1.5 ADR (2)

ⓘ *Hinweis: In den Klassifizierungskriterien für die Klasse 3 (2.2.3 ADR) sind in 2.2.3.1.5 ADR die Erleichterungen aufgeführt.*

Gb-Prüfung

2 Antworten
2.3 Straßenverkehr

576 Nein, die höchstzulässige Bruttomasse von 30 kg würde überschritten werden. Nach 3.4.2 ADR dürfen die Höchstgrenzen nicht überschritten werden. (2)

ⓘ *Hinweis: In Kapitel 3.2 Tabelle A ADR sind für die jeweiligen UN-Nummern in der Spalte 7a die Codes für die Ermittlung der Mengengrenzen angegeben. Bei UN 1133 sind 5 l und bei UN 1950 ist 1 l genannt. Allerdings wird beim Zusammenpacken die Mengengrenze für die Außenverpackung von 30 kg brutto überschritten, somit ist ein Versand als begrenzte Menge nicht möglich.*

577 Nein; Sondervorschrift 375 (2)

ⓘ *Hinweis: Ein umweltgefährdender flüssiger Stoff wird der UN-Nr. 3082 zugeordnet (3.2.2 Alphabetische Stoffliste (Tabelle B) ADR und Kapitel 3.2 Tabelle A ADR). In Spalte 6 ist die Sondervorschrift 375 genannt, die die Bedingungen für die Freistellung festlegt. Damit unterliegen Einzelverpackungen bis einschließlich 5 l Nettomenge nicht dem ADR.*

578 Feuerlöscher, die mit einem Schutz gegen unbeabsichtigte Betätigung und in einer starken Außenverpackung versehen sind (2)

ⓘ *Hinweis: In Kapitel 3.2 Tabelle A ADR sind bei UN 1044 die Sondervorschriften (Spalte 6) 225 und 594 aufgeführt. Sondervorschrift 594 (Kapitel 3.3 ADR) enthält die Freistellungsregelung.*

579 Nein, da Behälter bis 250 l nicht dem ADR unterliegen. (2)

ⓘ *Hinweis: In Kapitel 3.2 Tabelle A ADR sind bei UN 3065, III, die Sondervorschriften (Spalte 6) 144, 145 und 247 aufgeführt. Sondervorschrift 145 nach Kapitel 3.3 ADR enthält die Befreiung für Verpackungen bis 250 l.*

580 Nein. Die Menge, die in einer Beförderungseinheit transportiert werden darf, ist auf 20 000 kg begrenzt; 7.5.5.3 ADR. (3)

ⓘ *Hinweis: In der alphabetischen Stoffliste ist diese Bezeichnung der UN-Nr. 3104 zugeordnet. In Kapitel 3.2 Tabelle A ADR ist in Spalte 18 die Sondervorschrift CV15 (7.5.11 ADR) genannt, die auf 7.5.5.3 ADR verweist. Hier ist die Gesamtmenge auf 20 000 kg begrenzt.*

581 Nein; 7.5.5.2.3 Buchstabe b) ADR (3)

ⓘ *Hinweis: In Kapitel 3.2 Tabelle A ADR kann in der Spalte 3b die Verträglichkeitsgruppe anhand des Klassifizierungscodes ermittelt werden. In der Spalte 18 sind die Sondervorschriften für das Be- und Entladen und die Handhabung genannt. Für UN 0331 gilt Verträglichkeitsgruppe 1.5D und für UN 0409 gilt Verträglichkeitsgruppe 1.2D. Es trifft die Sondervorschrift CV3 zu. Nach 7.5.5.2.3 ADR darf die Gesamtmenge von Zündereinheiten 400 nicht überschreiten. Dies ist hier für UN 0409 der Fall.*

582 In Kapitel 3.2 Tabelle A Spalte 6 und Kapitel 3.3 ADR; Regelung in der Sondervorschrift 290 (2)

583 A   UN 1789 (1)

ⓘ *Fundstelle: Kapitel 3.3 SV 290 Buchstabe b und Kapitel 3.2 Tabelle A Spalte 6 ADR*

584 Ja, dies ist zulässig, wenn die Innenverpackung nach 3.5.1.4 ADR auf 1 ml beschränkt ist und die Außenverpackung nicht mehr als 100 ml hat. (2)

ⓘ *Hinweis: Nach Kapitel 3.2 Tabelle A ADR hat UN 1133, VG III, in der Spalte 7b den Eintrag E1. Deshalb dürfen nach 3.5.1.4 ADR bei einer Begrenzung von 1 ml je Innenverpackung die 80 ml in einer Außenverpackung befördert werden, wenn die Vorgaben nach 3.5.2 und 3.5.3 ADR beachtet werden.*

2 Antworten — Gb-Prüfung
2.3 Straßenverkehr

585 Nein; 7.2.2 ADR (3)
ⓘ *Fundstelle: 7.2.2 ADR*
ⓘ *Hinweis: Da es sich bei einem Fass aus Pappe um eine nässeempfindliche Verpackung handelt, ist eine Beförderung auf einem offenen Lkw nicht zulässig.*

586 Die lose Schüttung darf in einem bedeckten Großcontainer mit angemessener Belüftung nach der Sondervorschrift VC1 und AP2 durchgeführt werden. (2)
ⓘ *Fundstelle: Kapitel 3.2 Tabelle A Spalte 17 und 7.3.3 ADR*

587 D Ja, in diesem Fall ist die Beförderung innerhalb eines Zeitraums von höchstens einem Monat nach dem festgelegten Datum zur wiederkehrenden Prüfung zulässig. (1)
ⓘ *Fundstelle: 4.3.2.3.7 ADR*

588 A AT (1)
ⓘ *Fundstelle: Kapitel 3.2 Tabelle A Spalte 14 ADR für UN 1977*

589 Über Kapitel 3.2 Tabelle A ADR Spalte 12 i.V.m. Kapitel 4.3 ADR (2)
ⓘ *Fundstelle: 7.4.1 ADR*

590 A 2 Jahre (1)
ⓘ *Fundstelle: 7.3.2.10.2 ADR*

591 14 Tonnen (1)
ⓘ *Fundstelle: 7.3.2.10.4 ADR*

592 Sondervorschrift 670 (1)
ⓘ *Fundstelle: Kapitel 3.2 Tabelle A Spalte 6 und Kapitel 3.3 Sondervorschrift 636 ADR*
ⓘ *Hinweis: Es können sowohl UN 3091 und UN 3481 zutreffen. Beide Eintragungen haben in Kapitel 3.2 Tabelle A Spalte 6 ADR die Sondervorschriften 188, 230, 310, 360, 376, 377, 387 und 670.*

593 Dieses Tankfahrzeug darf nach der Übergangsregelung in 1.6.3.57 ADR weiter eingesetzt werden. (2)

594 B Multilaterale Vereinbarungen gelten unmittelbar im Verkehr zwischen den Unterzeichnerstaaten der jeweiligen Vereinbarung. (1)
ⓘ *Hinweis: Nach Kapitel 1.5 ADR können die zuständigen Behörden der Vertragsparteien unmittelbar untereinander vereinbaren, bestimmte Beförderungen auf ihrem Gebiet unter zeitweiliger Abweichung von den Vorschriften dieser Anlage (gemeint sind die Anlagen A – Teile 1 bis 7 – und B – Teile 8 und 9 – zum ADR) zu genehmigen. Diese sog. ADR-Vereinbarungen gelten also unmittelbar im Verkehr zwischen den Unterzeichnerstaaten der jeweiligen Vereinbarung.*

595 C Es reicht die ADR-Schulungsbescheinigung für andere Beförderungen als in Tanks (Basiskurs). (1)
ⓘ *Hinweis: Die Schulung von Fahrzeugführern ergibt sich nach Kapitel 8.2 ADR, hier 8.2.1.1 i.V.m. 8.2.1.2 ADR. Soweit Tankcontainer einen Fassungsraum von unter 3 000 l haben, ist die besondere Schulung für Fahrzeugführer, die Tanks befördern, nicht erforderlich (vgl. 8.2.1.3 ADR). Es reicht in diesem Fall die einfache „Stückgutfahrerschulung".*

Gb-Prüfung

2 Antworten
2.3 Straßenverkehr

596 **B** Beförderung von 300 kg UN 3291 Klinischer Abfall, unspezifiziert, n.a.g., in loser Schüttung in einem Schüttgut-Container (1)

ⓘ *Hinweis: Da die Beförderung von UN 3291 in loser Schüttung erfolgt, ist eine ADR-Schulungsbescheinigung erforderlich. Die Regelung 1.1.3.6 ADR kann nicht angewendet werden, weil diese nur für die Beförderung in Versandstücken gilt. Bei Antwort A handelt es sich um eine Freistellung. Bei Antwort C ist die UN 0012 nach 1.1.3.6 ADR mit der Beförderungskategorie 4 von der ADR-Fahrerschulung freigestellt. Bei Antwort D ist nach der Bemerkung a) zu 1.1.3.6.3 ADR erst ab 50 kg eine ADR-Fahrerschulung erforderlich.*

597 Ja; 8.2.1.1 und 1.1.3.6 ADR (2)

ⓘ *Fundstelle: Kapitel 3.2 Tabelle A, 1.1.3.6 und 8.2.1.1 ADR*

ⓘ *Hinweis: Weil die Beförderung in loser Schüttung erfolgt, kann die Erleichterung nach 1.1.3.6 ADR nicht zur Anwendung kommen. Laut 8.2.1.1 ADR müssen Fahrzeugführer, die gefährliche Güter befördern, eine ADR-Schulungsbescheinigung haben.*

598 Bei mehr als 1 000 l (2)

ⓘ *Fundstelle: 1.1.3.6 und Kapitel 8.2 ADR*

ⓘ *Hinweis: Sobald in einer Beförderungseinheit die Freimengen nach 1.1.3.6 ADR überschritten werden. Hier ist in der Beförderungskategorie 3 für Stoffe und Gegenstände, die der Verpackungsgruppe III zuzuordnen sind, als höchstzulässige Gesamtmenge 1 000 l Fassungsraum (Nenninhalt) angegeben. Bei mehr als 1 000 l benötigt der Fahrer somit eine ADR-Schulungsbescheinigung.*

599 Ja, da die Freistellungsregelung gemäß 1.1.3.6 ADR nicht angewendet werden kann, da die Mengengrenze überschritten wird. (2)

ⓘ *Hinweis: Über Kapitel 3.2 Tabelle A ADR wird die Klasse 5.2 ermittelt und in der Spalte 15 steht die Beförderungskategorie 1. In der Tabelle 1.1.3.6.3 ADR ist außerdem die UN 3102 der Klasse 5.2 explizit in der Beförderungskategorie 1 genannt. Die dort genannte begrenzte Menge beträgt nur 20. Somit ist 1.1.3.6 ADR (Erleichterungen) nicht mehr anwendbar. Nun kommt Kapitel 8.2 ADR zum Tragen. Der Fahrer benötigt eine ADR-Schulungsbescheinigung.*

600 Ja, weil die Freistellung nach 1.1.3.6 ADR nicht angewendet werden kann, da die Mengengrenze von 20 l überschritten wurde. (2)

ⓘ *Hinweis: Für die UN-Nummer 1589 ist in Kapitel 3.2 Tabelle A Spalte 15 ADR die Beförderungskategorie 1 angegeben. Nach der Tabelle in 1.1.3.6.3 ADR bedeutet dies eine höchstzulässige Gesamtmenge von 20 kg bzw. l auf einem Fahrzeug, wenn man die Freistellungsregelungen in Anspruch nehmen will.*

601 Ja, weil die Freistellung nach 1.1.3.6 ADR nicht angewendet werden kann, da die Mengengrenze von 20 kg überschritten wurde. (2)

ⓘ *Hinweis: Für UN 1689 ist in Kapitel 3.2 Tabelle A Spalte 15 ADR die Beförderungskategorie 1 angegeben. Nach der Tabelle in 1.1.3.6.3 ADR bedeutet dies eine höchstzulässige Gesamtmenge von 20 kg bzw. l auf einem Fahrzeug, wenn man die Freistellungsregelungen in Anspruch nehmen will. Mit 40 kg Nettomasse wird diese Menge überschritten. Nach Unterabschnitt 8.2.1.1 und 8.2.1.2 ADR benötigt der Fahrzeugführer auch bei einem Fahrzeug mit 1,8 t zGM eine ADR-Schulungsbescheinigung, weil es keine Gewichtsgrenze für Fahrzeuge gibt.*

602 **A** Ja, nur wenn sie Mitglied der Fahrzeugbesatzung ist. (1)

ⓘ *Fundstelle: 8.3.1 ADR und Begriffsbestimmung zum „Mitglied der Fahrzeugbesatzung" im ADR*

ⓘ *Hinweis: Nach 8.3.1 ADR dürfen außer der Fahrzeugbesatzung Personen in Beförderungseinheiten, in denen gefährliche Güter befördert werden, nicht mitgenommen werden.*

2 Antworten
2.3 Straßenverkehr

603 Basiskurs (2)

ⓘ *Hinweis: Über 8.2.1.2 und 8.2.1.3 ADR kann diese Frage gelöst werden. Demnach benötigen nur Fahrzeugführer von Fahrzeugen mit Tank einen Zusatzkurs. In diesem Fall wird die lose Schüttung nicht in Tanks befördert, somit reicht der Basiskurs.*

604 **D** Der Fahrzeugführer muss durch geeignete Maßnahmen versuchen, den Schaden so gering wie möglich zu halten. Außerdem muss er die nächstgelegenen zuständigen Behörden benachrichtigen oder benachrichtigen lassen. (1)

ⓘ *Hinweis: Im § 4 GGVSEB sind allgemeine Sicherheitspflichten festgelegt: Der Fahrzeugführer muss die dem Ort des Gefahreneintritts nächstgelegene zuständige Behörde unverzüglich benachrichtigen oder benachrichtigen lassen, wenn die beförderten gefährlichen Güter eine besondere Gefahr für andere bilden, insbesondere, wenn gefährliches Gut bei Unfällen oder Unregelmäßigkeiten austritt oder austreten kann und die Gefahr nicht rasch zu beseitigen ist.*

605 **B** Als Anweisung für den Fahrzeugführer für das richtige Verhalten bei Unfällen oder Notfällen, die sich während der Beförderung ereignen können (1)

ⓘ *Fundstelle: 5.4.3.1 und 5.4.3.3 ADR*

606 **D** Wenn er nicht dafür sorgt, dass das vorgeschriebene Beförderungspapier mitgegeben wird (1)

ⓘ *Fundstelle: § 37 Absatz 1 Nummer 4 Buchstabe h) GGVSEB*

ⓘ *Hinweis: Die Lösung erfolgt über den § 18 Absatz 1 Nummer 8 GGVSEB. Mit diesem Wissen wird § 37 GGVSEB durchsucht.*

607 **B** Er hat dafür zu sorgen, dass nur Fahrzeugführer mit einer gültigen Bescheinigung nach Absatz 8.2.2.8.1 ADR eingesetzt werden. (1)

ⓘ *Fundstelle: § 19 Absatz 2 Nummer 6 GGVSEB*

608 **B** Er hat die Vorschriften über die Beförderung in Versandstücken nach Kapitel 7.2 ADR zu beachten. (1)

ⓘ *Fundstelle: § 29 Absatz 3 Nummer 2 (Pflichten mehrerer Beteiligter) GGVSEB*

609 **B** Der Fahrzeugführer (1)

ⓘ *Fundstelle: § 28 Nummer 6 GGVSEB*

610 Fahrzeugführer (2)

ⓘ *Fundstelle: § 28 Nummer 5 GGVSEB*

611 Verlader (2)

ⓘ *Fundstelle: § 21 Absatz 2 Nummer 3 GGVSEB*

612 Verlader und Fahrzeugführer (2)

ⓘ *Fundstelle: § 29 Absatz 1 GGVSEB*

613 **B** Fahrzeugführer (1)

ⓘ *Fundstelle: § 28 Nummer 6 GGVSEB*

614 **B** Er hat dafür zu sorgen, dass die Vorschriften über die Beförderung in loser Schüttung nach Kapitel 7.3 ADR beachtet werden. (1)

ⓘ *Fundstelle: § 23 Absatz 2 Nummer 8 GGVSEB*

615 **B** Er hat dafür zu sorgen, dass eine außerordentliche Prüfung des Tankcontainers durchgeführt wird, wenn die Sicherheit des Tanks beeinträchtigt ist. (1)

ⓘ *Fundstelle: § 24 Nummer 3 GGVSEB*

616	A	Er hat die Vorschriften über die Kennzeichnung zu beachten.	(1)

ⓘ *Fundstelle: § 22 Absatz 1 Nummer 5 Buchstabe c) GGVSEB*

617	D	Er hat dafür zu sorgen, dass dem Beförderungspapier die schriftlichen Hinweise nach Absatz 5.4.1.2.5.2 beigefügt werden.	(1)

ⓘ *Fundstelle: § 18 Absatz 1 Nummer 8 oder Nummer 10 GGVSEB (Nach der Fragestellung würde die Nummer 10 als richtige Antwort infrage kommen, weil hier den Begleitpapieren etwas beigefügt wird.)*

618	B	Das Bundesamt für Logistik und Mobilität	(1)

ⓘ *Fundstelle: § 3 (1) GGKontrollV*

619	§ 22 GGVSEB	(1)
620	§ 17 GGVSEB	(1)
621	§§ 21, 27, 29 GGVSEB	(2)

ⓘ *Hinweis: In der GGVSEB sind Aufgaben des Verladers in drei Paragrafen beschrieben. Für die richtige Antwort reichen zwei Angaben aus.*

622	Abschnitt 1.4.2 ADR	(1)
623	Absender, Beförderer, Empfänger, Verlader, Verpacker, Befüller, Betreiber eines Tankcontainers oder eines ortsbeweglichen Tanks	(2)

ⓘ *Fundstelle: 1.4.2 und 1.4.3 ADR und §§ 17 bis 34a GGVSEB*

624	Abschnitt 1.2.1 ADR	(1)

ⓘ *Fundstelle: Die Lösung befindet sich in 1.2.1 „Begriffsbestimmungen". Die Pflichten werden in 1.4.2.2 ADR genannt, was aber nicht gefragt ist.*

625	Z. B. Verlader, Befüller, Beförderer, Empfänger	(1)

ⓘ *Fundstelle: § 27 Absatz 1 Nummer 1 GGVSEB*

626	D	Personenschaden im Zusammenhang mit der Beförderung von Gefahrgut und Krankenhausaufenthalt von drei Tagen	(1)

ⓘ *Fundstelle: 1.8.5.3 ADR*

627	Bundesamt für Logistik und Mobilität	(1)

ⓘ *Fundstelle: § 14 Absatz 1 GGVSEB*

628	B	UN 1575 Calciumcyanid, 6.1, I, (C/E), umweltgefährend, 25 kg in einer zusammengesetzten Verpackung	(1)

ⓘ *Fundstelle: Tabelle in 1.10.3.1.2 ADR*

629	a)	spezifische Zuweisung der Verantwortlichkeiten im Bereich der Sicherung an Personen, welche über die erforderlichen Kompetenzen und Qualifikationen verfügen und mit den entsprechenden Befugnissen ausgestattet sind;	(2)
	b)	Verzeichnis der betroffenen gefährlichen Güter oder der Arten der betroffenen gefährlichen Güter;	
	c)	Bewertung der üblichen Vorgänge und der sich daraus ergebenden Sicherungsrisiken, einschließlich der transportbedingten Aufenthalte, des verkehrsbedingten Verweilens der Güter in den Fahrzeugen, Tanks oder Con-	

tainern vor, während und nach der Ortsveränderung und des zeitweiligen Abstellens gefährlicher Güter für den Wechsel der Beförderungsart oder des Beförderungsmittels (Umschlag), soweit angemessen;

d) klare Darstellung der Maßnahmen, die für die Verringerung der Sicherungsrisiken entsprechend den Verantwortlichkeiten und Pflichten des Beteiligten zu ergreifen sind, einschließlich:
   – Unterweisung;
   – Sicherungspolitik (z. B. Maßnahmen bei erhöhter Bedrohung, Überprüfung bei Einstellung von Personal oder Versetzung von Personal auf bestimmte Stellen usw.);
   – Betriebsverfahren (z. B. Wahl und Nutzung von Strecken, sofern diese bekannt sind, Zugang zu gefährlichen Gütern während des zeitweiligen Abstellens [wie in Absatz c) bestimmt], Nähe zu gefährdeten Infrastruktureinrichtungen usw.);
   – für die Verringerung der Sicherungsrisiken zu verwendende Ausrüstungen und Ressourcen;

e) wirksame und aktualisierte Verfahren zur Meldung von und für das Verhalten bei Bedrohungen, Verletzungen der Sicherung oder damit zusammenhängenden Zwischenfällen;

f) Verfahren zur Bewertung und Erprobung der Sicherungspläne und Verfahren zur wiederkehrenden Überprüfung und Aktualisierung der Pläne;

g) Maßnahmen zur Gewährleistung der physischen Sicherung der im Sicherungsplan enthaltenen Beförderungsinformation und

h) Maßnahmen zur Gewährleistung, dass die Verbreitung der im Sicherungsplan enthaltenen Information betreffend den Beförderungsvorgang auf diejenigen Personen begrenzt ist, die diese Informationen benötigen. Diese Maßnahmen dürfen die an anderen Stellen des ADR vorgeschriebene Bereitstellung von Informationen nicht ausschließen.

Bem. Beförderer, Absender und Empfänger sollten untereinander und mit den zuständigen Behörden zusammenarbeiten, um Hinweise über eventuelle Bedrohungen auszutauschen, geeignete Sicherungsmaßnahmen zu treffen und auf Zwischenfälle, welche die Sicherung gefährden, zu reagieren.

ⓘ *Fundstelle: 1.10.3.2.2 ADR*

ⓘ *Hinweis: Hieraus sind dann für die Beantwortung zwei Elemente zu verwenden.*

630 – Allgemeines Sicherheitsbewusstsein (3)
– Aufgabenbezogene Unterweisung
– Sicherheitsunterweisung

ⓘ *Fundstelle: 1.3.2 ADR*

631 Nein. (2)
In der Tabelle in 1.10.3.1.2 ADR ist die VG III bei Klasse 3 nicht aufgeführt.

632 C Verzeichnis der betroffenen gefährlichen Güter bzw. der Art der betroffenen gefährlichen Güter (1)

ⓘ *Fundstelle: 1.10.3.2.2 ADR*

633 C Maßnahmen oder Vorkehrungen, die zu treffen sind, um den Diebstahl oder den Missbrauch gefährlicher Güter zu minimieren (1)

ⓘ *Fundstelle: Kapitel 1.10 ADR (Bemerkung)*

634		Nein.	(4)

Über Kapitel 3.2 Tabelle A ADR ist feststellbar, dass UN 1005 Ammoniak ein giftiger und ätzender Stoff (Gas – TC) ist. Damit fällt er in die Tabelle 1.10.3.1.2 ADR. Jedoch wird diese Regelung in 1.10.4 ADR eingeschränkt auf Beförderungen oberhalb der Mengengrenze nach 1.1.3.6.3 ADR und diese liegt für UN 1005 bei 50 kg (Fußnote a zur Tabelle 1.1.3.6.3 ADR).

635 Nein. (2)

Nach 1.10.3.1.3 ADR gelten die Vorschriften nicht für Cs-137 mit einer Aktivität von 0,9 TBq. Der Grenzwert liegt bei 1 TBq.

636 **D** Beförderer, Absender sowie in Abschnitt 1.4.2 und 1.4.3 ADR aufgeführte weitere Beteiligte (1)

ⓘ *Fundstelle: 1.10.3.2.1 ADR*

637 **D** Die in Kapitel 1.3 ADR festgelegten Unterweisungen müssen auch Bestandteile enthalten, die der Sensibilisierung im Bereich der Sicherung dienen. (1)

ⓘ *Fundstelle: 1.10.2.1 ADR*

638 Nach 1.8.5.1 ADR muss das Ereignis spätestens einen Monat nach Ereigniseintritt gemeldet werden. (2)

ⓘ *Hinweis: Im § 27 GGVSEB sind die Zuständigkeiten geregelt.*

639 Nein. In der Tabelle 1.10.3.1.2 ADR (Liste der gefährlichen Güter mit hohem Gefahrenpotenzial) wird bei Klasse 4.3 für Versandstücke der Buchstabe b) angegeben. Damit gelten die Vorschriften des Abschnitts 1.10.3 ADR nicht. (2)

640 **B** Beförderer (1)

ⓘ *Fundstelle: 5.4.3.2 ADR*

641 Nein; 8.2.1.4 ADR befreit die Unterklasse 1.4 Verträglichkeitsgruppe S vom Aufbaukurs der Klasse 1. (2)

ⓘ *Hinweis: Dadurch dass die Mengengrenze nach 1.1.3.6 ADR bereits überschritten wurde, gilt für UN 0323 1.4 S die Regelung in 8.2.1.4 ADR, die besagt, dass Unterklasse 1.4 Verträglichkeitsgruppe S vom Aufbaukurs Klasse 1 befreit ist.*

642 3 Monate (1)

ⓘ *Fundstelle: 5.4.4.1 ADR*

643 **A** 5 Jahre (1)

ⓘ *Fundstelle: § 27 Absatz 5 Nummer 2 GGVSEB*

644 **A** Arbeitnehmer müssen unterwiesen sein, bevor sie Pflichten gemäß Abschnitt 1.3.2 ADR übernehmen. (1)

ⓘ *Fundstelle: 1.3.1 ADR*

645 **A** Ohne eine erforderliche Unterweisung dürfen Aufgaben nur unter der direkten Überwachung einer unterwiesenen Person wahrgenommen werden. (1)

ⓘ *Fundstelle: Abschnitt 1.3.1 ADR*

2 Antworten Gb-Prüfung
2.3 Straßenverkehr

646
a) UN 1794 Bleisulfat, 8, VG II, (E), umweltgefährdend (2) **(10)**
b) Großzettel Nr. 8, Kennzeichen umweltgefährdend (2)
c) An beiden Längsseiten und an jedem Ende des Containers (1)
d) Nummer zur Kennzeichnung der Gefahr = 80 (1)
  UN-Nummer = 1794
e) An beiden Längsseiten des Containers (1)
f) Zwei orangefarbene Tafeln, vorne und hinten (2)
g) Fahrzeugführer (1)

ⓘ *Lösungsweg: Die Angaben für das Beförderungspapier sind über Kapitel 3.2 Tabelle A ADR und 5.4.1.1.1 ADR zu finden. In 5.3.1.2 ADR sind die Stellen zu finden, an denen die Großzettel angebracht werden müssen. Die orangefarbene Tafel mit ihrem Anbringungsort ist in 5.3.2.1.4 ADR zu finden. In § 28 Nummer 7 GGVSEB ist die Pflicht des Fahrzeugführers genannt.*

647
a) Absender ist der Heizölhändler. (1) **(10)**
b) UN 1202 Heizöl, leicht, 3, VG III, (D/E), umweltgefährdend (2)

  ⓘ *Hinweis: Auf die Angabe der Sondervorschrift 640 kann verzichtet werden, da der Tanktyp den höchsten Anforderungen entspricht.*

c) Keine Beachtung des § 35a GGVSEB, da dieser Stoff bzw. die Verpackungsgruppe III nicht bei Klasse 3 in der Tabelle 4 in § 35b GGVSEB genannt ist. (2)
d) Großzettel Nr. 3 und Kennzeichen „umweltgefährdend" (toter Baum und toter Fisch) an den beiden Längsseiten und hinten am Fahrzeug (3)
e) Zwei Feuerlöscher mit einem Mindestgesamtfassungsvermögen von 12 kg, wobei einer der Feuerlöscher mindestens ein Fassungsvermögen von 2 kg und einer der Feuerlöscher ein Mindestgesamtfassungsvermögen von 6 kg haben muss. (2)

ⓘ *Lösungsweg: Die Lösung finden wir über Kapitel 3.2 Tabelle A ADR, die §§ 18, 35a und 35b GGVSEB, den Teil 5 ADR (Großzettel und orangefarbene Tafeln sowie Beförderungspapier und schriftliche Weisungen) und 8.1.4 ADR (Feuerlöscher). Die Ergänzung um den Tunnelbeschränkungscode (D/E) wäre bei Tunneldurchfahrt erforderlich.*

648
a) Absender ist der Gasproduzent, der für die Mitgabe des Beförderungspapiers zu sorgen hat. (1) **(10)**

  ⓘ *Hinweis: Begriffsbestimmung für Absender in § 2 Nummer 1 GGVSEB*

b) UN 1073 Sauerstoff, tiefgekühlt, flüssig, 2.2 (5.1), (C/E) (2)

  ⓘ *Hinweis: UN-Nr. des Gutes = 1073 (Sauerstoff, tiefgekühlt, flüssig) über 3.2.2 Alphabetische Stoffliste (Tabelle B) ADR; Kapitel 3.2 Tabelle A ADR Spalte 5 (Gefahrzettel) und Spalte 15 (Tunnelbeschränkungscode)*

c) Die Kryo-Behälter sind jeweils mit einem Gefahrzettel Nr. 2.2 und 5.1, zwei Ausrichtungspfeilen, mit „UN 1073" und mit der Bezeichnung des Gases „Sauerstoff, tiefgekühlt, flüssig " zu kennzeichnen. (3)

  ⓘ *Hinweis: Gefahrzettel für UN 1073 = Nr. 2.2 und Nr. 5.1 (Kapitel 3.2 Tabelle A Spalte 5 ADR), 5.2.1.6 ADR (UN-Nummer und Bezeichnung des Gases), Ausrichtungspfelle nach 5.2.1.10.1 ADR*

d) Je eine orangefarbene Tafel vorne und hinten am Fahrzeug. Verantwortlich ist der Fahrzeugführer. (2)

  ⓘ *Hinweis: Kennzeichnung des Fahrzeugs mit orangefarbenen Tafeln in 5.3.2 ADR*

e) Nein. Die Mengengrenze von 1 000 kg netto ist überschritten. (2)
Für die zu befördernde Masse ist anhand der Tabelle in 1.1.3.6.3 ADR
zu prüfen, ob Erleichterungen in Anspruch genommen werden können
(= Gruppe O bis 1 000 kg).

ⓘ *Fundstelle: Beförderungskategorie 3 aus Kapitel 3.2 Tabelle A Spalte 15 ADR entnehmen.*

ⓘ *Hinweis: Damit wird mit 1 600 kg die Freistellung überschritten und eine ADR-Schulungsbescheinigung ist erforderlich.*

ⓘ *Lösungsweg: Ein Kryo-Behälter ist nach der Definition in 1.2.1 ADR ein ortsbeweglicher Behälter für tiefgekühlt verflüssigte Gase mit einem Fassungsraum bis 1 000 l. Beförderung nach P203 (4.1.4.1 ADR). Die Verantwortlichen sind in der GGVSEB im § 2 und die Aufgaben nach § 18 Absender und § 28 Fahrzeugführer zu finden.*

649 a) Bei der Beförderung sind folgende Begleitpapiere mitzuführen: (1) **(10)**
- schriftliche Weisungen
- ADR-Schulungsbescheinigung
- Zulassungsbescheinigung
- Lichtbildausweis

ⓘ *Hinweis: Begleitpapiere sind aus 8.1.2 ADR zu entnehmen.*

b) Das Beförderungspapier muss folgenden Inhalt haben: (2)
„UN 1203 Benzin, 3, II, (D/E), umweltgefährdend".

ⓘ *Hinweis: Über 3.2.2 Alphabetische Stoffliste (Tabelle B) ADR wird die UN-Nummer ermittelt: UN 1203 Benzin. Ermittlung von offizieller Benennung, Verpackungsgruppe, Gefahrzettel und Tunnelbeschränkungscode aus Kapitel 3.2 Tabelle A ADR. Angaben im Beförderungspapier aus 5.4.1 ADR entnehmen. Ergänzung um Tunnelbeschränkungscode (D/E), wenn Tunnelstrecke durchfahren wird (5.4.1.1.1 k) ADR)). Umweltgefährdend, 5.4.1.1.18 ADR.*

c) Es sind mitzuführen: (1)
- 2 Feuerlöscher mit einem Mindestfassungsvermögen von 12 kg, wobei 1 Feuerlöscher mindestens ein Fassungsvermögen von 6 kg haben muss
- 1 Unterlegkeil je Fahrzeug
- 2 selbststehende Warnzeichen
- Augenspülflüssigkeit
- geeignete Warnweste pro Mitglied der Fahrzeugbesatzung
- 1 Handlampe pro Mitglied der Fahrzeugbesatzung
- Schutzhandschuhe pro Mitglied der Fahrzeugbesatzung
- Augenschutz pro Mitglied der Fahrzeugbesatzung
- Schaufel
- Kanalabdeckung
- Auffangbehälter

ⓘ *Fundstelle: Ausrüstungsgegenstände aus 8.1.4 und 8.1.5 ADR entnehmen.*

d) Die neutralen orangefarbenen Tafeln sind vorn und hinten an der Beförderungseinheit anzubringen. (1)

ⓘ *Hinweis: Anbringung der orangefarbenen Tafeln aus 5.3.2 ADR entnehmen. Kennzeichnung, Gefahrzettel und Großzettel aus 5.2.1, 5.2.2 und 5.3.1 ADR entnehmen.*

e) Die Großzettel Nr. 3 und das Kennzeichen „umweltgefährdend" sind an den beiden Längsseiten und hinten am Tankfahrzeug anzubringen. (2)

f) Der Gefahrzettel Nr. 3, Kennzeichen „umweltgefährdend" sowie „UN 1202" sind jeweils an den einzelnen Kanistern anzubringen. (3)

2 Antworten
2.3 Straßenverkehr

650 a) Auftraggeber des Absenders = M; Absender = S; Beförderer = U; Befüller = R (2) **(10)**

ⓘ *Hinweis: Verantwortlichen Personenkreis aus § 2 GGVSEB und 1.2.1 ADR entnehmen.*

b) Das Tankfahrzeug ist jeweils mit dem Großzettel Nr. 3 und dem Kennzeichen „umweltgefährdend" an den beiden Längsseiten und hinten zu kennzeichnen. (3)

ⓘ *Hinweis: Anbringung der Großzettel am Fahrzeug aus 5.3.1.1 ADR entnehmen. Das Kennzeichen „umweltgefährdend" ist in 5.3.6 ADR zu finden.*

c) Ja; 5.3.2.1 (2)

ⓘ *Hinweis: Gemäß 5.3.2.1 ADR i.V.m. 5.3.2.1.3 ADR darf eine Beförderungseinheit, die sowohl UN 1203 als auch UN 1202 geladen hat, mit der Kennzeichnung 33/1203 ausgeschildert werden. Anbringung der orangefarbenen Tafeln an der Beförderungseinheit aus 5.3.2.1 ADR entnehmen.*

d) Für die erforderlichen Ausrüstungsgegenstände ist gemäß § 19 Absatz 2 Nummer 16 GGVSEB der Beförderer verantwortlich. (1)

ⓘ *Hinweis: Die Verpflichtung zur Mitgabe der erforderlichen Ausrüstungsgegenstände aus § 19 Absatz 2 Nummer 15 GGVSEB entnehmen.*

e) Der Sohn darf gemäß 8.3.1 ADR nicht mitgenommen werden. (2)

ⓘ *Hinweis: Die Personenmitnahme aus 8.3.1 ADR (Fahrgäste i.V.m. der Begriffsbestimmung zu „Mitglied der Fahrzeugbesatzung") entnehmen.*

ⓘ *Lösungsweg: Um dieses Fallbeispiel lösen zu können, sind folgende Sachverhalte zu ermitteln: Feststellung, dass es sich um einen Tanktransport handelt. Somit gilt die Tabelle der begrenzten Mengen in 1.1.3.6.3 ADR nicht.*

651 a) UN 1848 Propionsäure, 8, VG III, (E) (2) **(10)**

ⓘ *Fundstelle: Angaben im Beförderungspapier gemäß 5.4.1.1.1 a) bis e) und k) ADR.*

ⓘ *Hinweis: Über 3.2.2 Alphabetische Stoffliste (Tabelle B) ADR und Kapitel 3.2 Tabelle A Spalten 1 und 20 ADR werden die UN-Nummer und die Gefahrnummer ermittelt:*
Propionsäure = 1848, Gefahrnummer = 80.

b) Es sind mitzuführen: (2)
- schriftliche Weisungen
- Zulassungsbescheinigung
- ADR-Schulungsbescheinigung
- Lichtbildausweis

ⓘ *Fundstelle: Begleitpapiere sind aus 8.1.2 ADR zu entnehmen.*

c) Der Tankcontainer ist mit orangefarbenen Tafeln mit den Kennzeichnungsnummern 80/1848 und mit den Großzetteln Nr. 8 zu kennzeichnen. Die orangefarbenen Tafeln mit Kennzeichnungsnummern sind an beiden Längsseiten und der Zettel Nr. 8 an allen vier Seiten des Tankcontainers anzubringen. (3)

ⓘ *Fundstelle: Inhalt der orangefarbenen Tafeln und Nummern der Großzettel am Tankcontainer sind aus Kapitel 3.2 Tabelle A Spalten 1, 5 und 20 ADR zu entnehmen. Ort der Anbringung der Großzettel und orangefarbenen Tafeln am Tankcontainer sind aus 5.3.1.2 und 5.3.2.1.2 ADR zu entnehmen.*

d) Die Beförderungseinheit ist vorn und hinten mit orangefarbenen Tafeln ohne Kennzeichnungsnummern zu kennzeichnen. (1)

ⓘ *Fundstelle: Die Art der Kennzeichnung der Beförderungseinheit mit orangefarbenen Tafeln aus 5.3.2.1.1 ADR entnehmen.*

e) Eine Überwachung ist gemäß Kapitel 8.4 ADR i.V.m. Kapitel 8.5 ADR, Sondervorschriften S14 bis S24, nicht erforderlich, weil es keinen Eintrag in Kapitel 3.2 Tabelle A Spalte 19 ADR gibt. (2)

   ⓘ *Fundstelle: Überwachungspflicht beim Parken aus Kapitel 8.4 ADR i.V.m. Kapitel 8.5 ADR und Kapitel 3.2 Tabelle A Spalte 19 ADR erkennbar. In Spalte 19 kein Eintrag.*

   ⓘ *Lösungsweg: Um dieses Fallbeispiel lösen zu können, sind folgende Sachverhalte zu ermitteln: Feststellung, dass es sich um einen Tanktransport handelt; somit gilt die Tabelle der begrenzten Mengen in 1.1.3.6.3 ADR nicht.*

652 a) Ja, es sind insgesamt 360 l. Berechnungswert: 1080 (2) **(10)**

   ⓘ *Hinweis: Der Berechnungswert (Menge 12 × 30 l = 360 l) liegt über der höchstzulässigen Gesamtmenge von 333 kg bzw. l je Beförderungseinheit. UN 1219 hat in Kapitel 3.2 Tabelle A Spalte 15 ADR die Beförderungskategorie 2.*

b) – Beförderungspapier (2)
   – schriftliche Weisungen
   – Lichtbildausweis für Fahrzeugführer
   – ADR-Schulungsbescheinigung für Fahrzeugführer

   ⓘ *Fundstelle: 8.1.2 ADR*

c) Beförderer (1)

   ⓘ *Fundstelle: § 19 Absatz 2 Nummer 15 und 16 GGVSEB*

d) Nach 8.1.4 und 8.1.5 ADR müssen zwei Feuerlöscher, zwei selbststehende Warnzeichen, geeignete Warnweste, Handlampe, Unterlegkeil, Augenspülflüssigkeit, Schutzhandschuhe, Augenschutz, Schaufel, Kanalabdeckung und Auffangbehälter mitgeführt werden. (3)

   ⓘ *Fundstelle: 8.1.4 und 8.1.5 ADR*

e) Vorn und hinten mit orangefarbenen Tafeln (1)

f) §§ 35/35a GGVSEB sind bei der Beförderung in Versandstücken der Klasse 3, VG II, mit UN 1219 nicht anzuwenden. (1)

   ⓘ *Fundstelle: § 35b Tabelle Klasse 3 GGVSEB*

   ⓘ *Lösungsweg: Um dieses Fallbeispiel lösen zu können, sind folgende Sachverhalte zu ermitteln: Es handelt sich um einen Transport mit Versandstücken. Somit kann die Regelung in 1.1.3.6 ADR ggf. angewendet werden. Isopropanol ist gemäß der alphabetischen Stoffliste der UN 1219 zuzuordnen und laut Kapitel 3.2 Tabelle A ADR damit ein Gefahrgut der Klasse 3, VG II.*
   Über 3.2.2 Alphabetische Stoffliste (Tabelle B) ADR werden die UN 1219 und die weiteren Angaben, wie VG II für Isopropanol, ermittelt. UN 1219 hat die VG II. In Kapitel 3.2 Tabelle A ADR ist in Spalte 15 die Beförderungskategorie 2 (333 kg) nach Tabelle 1.1.3.6.3 ADR eingetragen. Für die Berechnung gilt: für flüssige Stoffe die Gesamtmenge in Litern.

653 a) 10 Jahre (2) **(10)**

   ⓘ *Hinweis: Aus Kapitel 3.2 Tabelle A ADR entnehmen wir die Verpackungsvorschrift P200, die in 4.1.4.1 ADR zu finden ist. Da UN 1965 Propan den Klassifizierungscode 2F hat, gilt für wiederkehrende Prüfungen Absatz 9 Buchstabe c) und Tabelle 2 P200. Nach Absatz 10 Buchstabe v Absatz 2 P200 darf diese Frist für nachfüllbare geschweißte Flaschen aus Stahl für die UN-Nummern 1011, 1075, 1965, 1969 oder 1978 auf 15 Jahre ausgedehnt werden, wenn die Vorschriften des Absatzes 12 P200 angewendet werden.*

b) Ja, der Wert beträgt 1089. (2)

   ⓘ *Fundstelle: 1.1.3.6.3 ADR*

   ⓘ *Hinweis: Kapitel 3.2 Tabelle A ADR gibt in Spalte 15 die Beförderungskategorie 2 für UN 1965 an. Damit ist die Gesamtmenge von 363 kg (11 Flaschen x 33 kg) mit 2 zu multiplizieren. Somit ist der Grenzwert von 1000 überschritten.*

2 Antworten
2.3 Straßenverkehr

c) Angaben über die mitzuführende persönliche Schutzausrüstung befinden sich in 8.1.5 ADR: (2)
   – ein Unterlegkeil je Fahrzeug
   – zwei selbststehende Warnzeichen
   – Warnweste
   – Handlampe
   – ein Paar Schutzhandschuhe
   – Augenschutz
   ⓘ *Hinweis: Schutzausrüstung in 8.1.5 ADR ermitteln*

d) Der Fahrer muss mitführen: (2)
   – Beförderungspapier
   – schriftliche Weisungen
   – ADR-Schulungsbescheinigung
   – Lichtbildausweis
   ⓘ *Fundstelle: 8.1.2 ADR i.V.m. 5.4.1 ADR, 5.4.3 ADR*

e) Das Fahrzeug ist vorne und hinten mit neutralen orangefarbenen Tafeln zu kennzeichnen. (1)
   ⓘ *Fundstelle: 5.3.2.1.1 ADR*

f) Nein, vorausgesetzt, das bedeckte Fahrzeug ist als ausreichend belüftet zu bewerten. (1)
   ⓘ *Hinweis: Für UN 1965 ist zwar in Kapitel 3.2 Tabelle A ADR der Eintrag CV36 in Spalte 18 enthalten, jedoch gilt die Kennzeichnungspflicht nur für gedeckte Fahrzeuge. In der Aufgabenstellung geht es aber um ein bedecktes Fahrzeug.*

654 a) Leeres Tankfahrzeug, letztes Ladegut: UN 1202 Dieselkraftstoff, 3, III, (D/E), Sondervorschrift 640L, umweltgefährdend. (3) **(10)**
   ⓘ *Fundstelle: 5.4.1.1.1, 5.4.1.1.6.2.2 und 5.4.1.1.18 ADR*
   Alternativ:
   Leer, ungereinigt, UN 1202 Dieselkraftstoff, 3, III, (D/E), Sondervorschrift 640L, umweltgefährdend
   Rückstände des zuletzt enthaltenen Stoffes, UN 1202 Dieselkraftstoff, 3, III, (D/E), umweltgefährdend
   Sondervorschrift 640L
   ⓘ *Hinweis: Auch weitere Alternativen nach 5.4.1.1.6.1 ADR sind möglich. Auf die Angabe der SV 640L könnte verzichtet werden, weil der Tanktyp den höheren Anforderungen entspricht.*

b) Leerfahrt Raffinerie: 30/1202 (1)
   Nach der Beladung: 33/1203
   ⓘ *Hinweis: Die Kennzeichnung mit orangefarbenen Tafeln ist aus 5.3.2 ADR i.V.m. Kapitel 3.2 Tabelle A Spalten 1 und 20 ADR zu ermitteln.*

c) Das Tankfahrzeug ist mit Großzetteln Nr. 3 und dem Kennzeichen für umweltgefährdende Stoffe zu versehen; sie sind an beiden Längsseiten und hinten am Fahrzeug anzubringen. (2)
   ⓘ *Hinweis: Festlegung des Großzettels für das Tankfahrzeug und Örtlichkeit der Anbringung der Großzettel aus Kapitel 5.3 ADR ermitteln.*

d) Die Ausrüstungspflicht liegt beim Beförderer nach § 19 Abs. 2 Nr. 11 GGVSEB. (1)
   ⓘ *Hinweis: Die Verantwortlichkeit ist dem § 19 GGVSEB zu entnehmen.*

e) Aus der Zulassungsbescheinigung gemäß 9.1.3 ADR ist zu entnehmen, ob die Beförderung von Benzin mit diesem Tank erlaubt ist. (1)

f) Aus 4.3.4.1 ADR (sog. Tankhierarchie) kann entnommen werden, dass für diesen Transport auch ein Tank mit der Codierung L4BN verwendet werden kann. (2)

> ⓘ *Hinweis: Aus der Tankhierarchie in 4.3.4.1.2 ADR mögliche Tankkategorie entnehmen.*

> ⓘ *Lösungsweg: Über 3.2.2 Alphabetische Stoffliste (Tabelle B) ADR ermitteln wir die UN-Nummer von Benzin = UN 1203, Dieselkraftstoff = UN 1202. Inhalt für das Beförderungspapier in Kapitel 5.4 ADR. Aus Kapitel 3.2 Tabelle A ADR ermitteln wir die Klasse, die Gefahrzettel (Großzettel), den Klassifizierungscode, die Gefahrnummer und den Tunnelbeschränkungscode (D/E), wenn eine Tunnelstrecke durchfahren wird (5.4.1.1.1 k) ADR)*

655 a) UN 3156 Verdichtetes Gas, oxidierend, n.a.g., (Kohlendioxid und Sauerstoff), 2.2 (5.1), (E) (2) **(10)**

> ⓘ *Hinweis: Diese stoffspezifischen Angaben sind laut 5.4.1.1.1 Buchstabe a) bis d) ADR und Sondervorschrift 274 (Kapitel 3.3 ADR) im Beförderungspapier erforderlich. Nach 5.4.1.1.1 k) ADR ist bei Durchfahrung einer Tunnelstrecke der Tunnelbeschränkungscode aus Kapitel 3.2 Tabelle A Spalte 15 ADR in Klammern anzugeben.*

b) Es sind die Gefahrzettel Nr. 2.2 und Nr. 5.1 erforderlich. (1)

> ⓘ *Hinweis: Die Gefahrzettel werden aus Kapitel 3.2 Tabelle A Spalte 5 ADR ermittelt. Die Anbringung ergibt sich aus 5.2 ADR.*

c) Es ist keine Notfallfluchtmaske erforderlich. (1)

> ⓘ *Hinweis: Wenn eine Notfallfluchtmaske erforderlich wäre, müsste bei UN 3156 ein Gefahrzettel Nr. 2.3 oder 6.1 in Kapitel 3.2 Tabelle A ADR in der Spalte 5 eingetragen sein. Das ist nicht der Fall.*

d) Ein Zusammenladen ist erlaubt. Grundlage ist 7.5.2.1 ADR. (2)

e) Ja. Für das eingesetzte Fahrzeug ist keine Zulassungsbescheinigung erforderlich. (1)

> ⓘ *Hinweis: In 9.1.1.2 ADR sind die Fahrzeuge aufgeführt, für die eine Zulassungsbescheinigung erforderlich wird.*

f) Die Freistellungsregelung nach 1.1.3.6 ADR kann zur Anwendung kommen und das Fahrzeug muss nicht mit orangefarbenen Tafeln nach 5.3.2 ADR gekennzeichnet werden. Berechnungswert: 640 (2)

> ⓘ *Hinweis: Es befinden sich auf dem Fahrzeug 12 Flaschen mit 20 l UN 3156, Beförderungskategorie 3 (Faktor 1), und 400 l UN 1202, VG III, und damit auch Beförderungskategorie 3 (Faktor 1).*
> *Die beiden Mengen können addiert werden. Man kommt somit auf die Summe von 640 und liegt damit unter 1 000 nach der Tabelle 1.1.3.6.3 ADR.*

g) Es ist die Sondervorschrift CV36 für die Belüftung anzuwenden. (1)

> ⓘ *Fundstelle: Kapitel 3.2 Tabelle A Spalte 18 ADR zur UN 3156 i.V.m. 7.5.11 ADR*

> ⓘ *Lösungsweg: Zur Lösung des Falles muss die UN-Nummer für verdichtetes Gas, oxidierend, n.a.g., über 3.2.2 Alphabetische Stoffliste (Tabelle B) ADR ermittelt werden. Hiernach handelt es sich um die UN-Nummer 3156.*

656 a) UN 1184 Ethylendichlorid, 3 (6.1), II, (D/E). (2) **(10)**

> ⓘ *Hinweis: Über 3.2.2 Alphabetische Stoffliste (Tabelle B) wird die UN 1184 ermittelt. Aus Kapitel 3.2 Tabelle A ADR werden die Klasse, VG, Großzettel und Gefahrnummer ermittelt. Der erforderliche Inhalt im Beförderungspapier wird aus 5.4.1 ADR ermittelt.*

2 Antworten
2.3 Straßenverkehr

    b) Es sind an Begleitpapieren mitzuführen: (2)
- schriftliche Weisungen,
- ADR-Schulungsbescheinigung,
- Lichtbildausweis und
- Zulassungsbescheinigung für Zugmaschine und Tankanhänger.

       ⓘ *Hinweis: Die erforderlichen Begleitpapiere sind aus 8.1.2 ADR zu ermitteln.*

    c) Die orangefarbenen Tafeln müssen die Nummer zur Kennzeichnung der (2)
Gefahr 336 und die UN-Nummer 1184 tragen. Es sind die Großzettel Nr. 3
und 6.1 erforderlich.

       ⓘ *Fundstelle: Kapitel 3.2 Tabelle A ADR i.V.m. Kapitel 5.3 ADR*

    d) Die neutralen orangefarbenen Tafeln sind vorn und hinten an der Beförde- (2)
rungseinheit anzubringen. Die orangefarbenen Tafeln mit Nummern sind
an beiden Längsseiten des Tankfahrzeugs anzubringen.

       ⓘ *Fundstelle: 5.3.2.1.1 und 5.3.2.1.2 ADR*

       ⓘ *Hinweis: Es gibt eine zweite Lösungsmöglichkeit nach 5.3.2.1.6 ADR. Hiernach sind an Beförderungseinheiten, in denen nur ein gefährlicher Stoff und kein nicht gefährlicher Stoff befördert wird, die nach 5.3.2.1.2, 5.3.2.1.4 und 5.3.2.1.5 ADR vorgeschriebenen orangefarbenen Tafeln nicht erforderlich, wenn die vorn und hinten gemäß 5.3.2.1.1 ADR angebrachten Tafeln mit der nach Kapitel 3.2 Tabelle A Spalte 20 bzw. Spalte 1 ADR für diesen Stoff vorgeschriebenen Nummer zur Kennzeichnung der Gefahr und UN-Nummer versehen sind. Da in der Fragestellung sowohl nach neutralen als auch nach orangefarbenen Tafeln mit Nummern gefragt wird, kann die Alternative nicht für die Beantwortung verwendet werden.*

    e) Die zusätzliche Beschriftung ist aus 6.8.2.5 ADR zu entnehmen. (1)

       ⓘ *Hinweis: Die zusätzlichen Angaben am Tankfahrzeug sind aus 6.8.2.5 ADR zu entnehmen.*

    f) Notfallfluchtmaske, Schaufel, Kanalabdeckung und Auffangbehälter (1)

       ⓘ *Hinweis: Die zusätzlich erforderlichen Ausrüstungsgegenstände sind aus 8.1.5.3 ADR zu entnehmen.*

       ⓘ *Lösungsweg: Um diese Fallgestaltung lösen zu können, sind folgende Sachverhalte zu ermitteln: Die UN-Nummer muss über 3.2.2 Alphabetische Stoffliste (Tabelle B) ADR ermittelt werden, sie lautet UN 1184.*

657   a) Es sind mitzuführen: (1) **(10)**
- 2 Feuerlöscher mit einem Mindestfassungsvermögen von 12 kg, wobei 1 Feuerlöscher mindestens ein Fassungsvermögen von 6 kg haben muss
- 1 Unterlegkeil je Beförderungseinheit
- 2 selbststehende Warnzeichen
- Augenspülflüssigkeit
- geeignete Warnweste pro Mitglied der Fahrzeugbesatzung
- 1 Handlampe pro Mitglied der Fahrzeugbesatzung
- Schutzhandschuhe pro Mitglied der Fahrzeugbesatzung
- Augenschutz pro Mitglied der Fahrzeugbesatzung
- Schaufel
- Kanalabdeckung
- Auffangbehälter

       ⓘ *Hinweis: Die Ausrüstungsgegenstände werden aus 8.1.4 und 8.1.5 ADR entnommen.*

b) Nummer zur Kennzeichnung der Gefahr = 80 (2)
UN-Nummer = 2209
Großzettel = 8

ⓘ *Fundstelle: Alphabetische Stoffliste (Tabelle B) und Kapitel 3.2 Tabelle A ADR i.V.m. Kapitel 5.3 ADR*

c) Die Großzettel sind an beiden Längsseiten und hinten am Tankfahrzeug anzubringen. (1)

ⓘ *Hinweis: Die Angaben zum Anbringungsort von orangefarbenen Tafeln und Großzetteln entnehmen wir aus Kapitel 5.3 ADR.*

d) Folgende Begleitpapiere sind mitzuführen: (2)
– schriftliche Weisungen
– ADR-Schulungsbescheinigung
– Lichtbildausweis
– Zulassungsbescheinigung

ⓘ *Hinweis: Die mitzuführenden Begleitpapiere finden sich in 8.1.2 ADR.*

e) Leeres Tankfahrzeug, letztes Ladegut: UN 2209 Formaldehydlösung, 8, III, (E). (2)

ⓘ *Fundstelle: 5.4.1.1.6.2.2 ADR*

ⓘ *Hinweis: Die erforderlichen Angaben entnehmen wir aus 5.4.1 ADR und Kapitel 3.2 Tabelle A ADR.*

Alternativ:
Leer, ungereinigt, UN 2209 Formaldehydlösung, 8, III, (E)
Rückstände des zuletzt enthaltenen Stoffes, UN 2209 Formaldehydlösung, 8, III, (E)

ⓘ *Hinweis: Auch weitere Alternativen nach 5.4.1.1.6.1 ADR sind möglich.*

f) Der Fahrzeugführer muss am Basiskurs und am Aufbaukurs Tank erfolgreich teilgenommen haben. (1)

ⓘ *Hinweis: Welche Schulung für den Fahrer erforderlich ist, steht in 8.2.1 ADR.*

g) Ja. (1)

ⓘ *Hinweis: Gemäß 4.3.2.4.4 ADR ist die Fahrt noch zulässig. Deshalb muss ein Eintrag im Beförderungspapier nach 5.4.1.1.6.4 ADR erfolgen.*

ⓘ *Lösungsweg: Um die Fragestellung beantworten zu können, ermitteln Sie über 3.2.2 Alphabetische Stoffliste (Tabelle B) ADR die UN-Nummer 2209.*

658 a) Verlader, Auftraggeber des Absenders und Verpacker sind die Lackwerke Mayer und der Absender die Sped GmbH. (2) **(10)**

ⓘ *Hinweis: Wer die verantwortlichen Personen sind, kann aus §§ 2, 17, 18, 19, 21, 22 GGVSEB entnommen werden.*

b) Ja. (1)

ⓘ *Fundstelle: PP1 in P001 in 4.1.4.1 ADR*

ⓘ *Hinweis: Die Fässer müssen bauartzugelassen sein, da die Erleichterung „nicht UN-geprüft" nur für Verpackungen von höchstens 5 l je Verpackung gilt. Hier kommen aber 30-l-Fässer zum Versand.*

c) Auf der Folie müssen der Gefahrzettel Nr. 3, UN 1263 und das Wort „Umverpackung" gekennzeichnet werden. (2)

ⓘ *Fundstelle: 5.1.2 ADR*

d) Es sind erforderlich: (2)
– Beförderungspapier
– schriftliche Weisunge
– ADR-Schulungsbescheinigung
– Lichtbildausweis

ⓘ *Hinweis: Die Angaben über die Begleitpapiere entnehmen wir aus 8.1.2 ADR.*

2 Antworten
2.3 Straßenverkehr

e) Es sind mitzuführen: (2)
- 2 Feuerlöscher mit einem Mindestfassungsvermögen von 12 kg, wobei 1 Feuerlöscher mindestens ein Fassungsvermögen von 6 kg haben muss
- ein Unterlegkeil je Fahrzeug
- zwei selbststehende Warnzeichen
- Augenspülflüssigkeit
- geeignete Warnweste pro Mitglied der Fahrzeugbesatzung
- eine Handlampe pro Mitglied der Fahrzeugbesatzung
- Schutzhandschuhe pro Mitglied der Fahrzeugbesatzung
- Augenschutz pro Mitglied der Fahrzeugbesatzung
- eine Schaufel
- eine Kanalabdeckung
- ein Auffangbehälter

ⓘ *Hinweis: Die Ausrüstungsvorschriften sind aus 8.1.4 und 8.1.5 ADR zu entnehmen.*

f) Es sind an der Beförderungseinheit vorne und hinten neutrale orangefarbene Tafeln anzubringen. (1)

ⓘ *Hinweis: Die Kennzeichnungsvorgaben für die Beförderungseinheit entnehmen wir aus 5.3.2 ADR.*

659 a) Es sind mitzuführen: (2) **(10)**
- 2 Feuerlöscher mit einem Mindestfassungsvermögen von 12 kg, wobei 1 Feuerlöscher mindestens ein Fassungsvermögen von 6 kg haben muss
- 1 Unterlegkeil je Fahrzeug
- 2 selbststehende Warnzeichen
- Augenspülflüssigkeit
- geeignete Warnweste pro Mitglied der Fahrzeugbesatzung
- 1 Handlampe pro Mitglied der Fahrzeugbesatzung
- Schutzhandschuhe pro Mitglied der Fahrzeugbesatzung
- Augenschutz pro Mitglied der Fahrzeugbesatzung
- Schaufel
- Kanalabdeckung
- Auffangbehälter

ⓘ *Hinweis: Ausrüstungsgegenstände befinden sich in 8.1.4 und 8.1.5 ADR.*

b)
- schriftliche Weisungen (2)
- ADR-Schulungsbescheinigung
- Lichtbildausweis
- Zulassungsbescheinigung

ⓘ *Hinweis: Die erforderlichen Angaben über Begleitpapiere können aus 8.1.2 ADR entnommen werden.*

c) Die stoffspezifischen Angaben müssten wie folgt ergänzt werden: das Wort „leicht" hinter Heizöl und das Wort „umweltgefährdend" am Ende: (2)
UN 1202 Heizöl, **leicht**, 3, III, (D/E) Sondervorschrift 640L, **umweltgefährdend**

ⓘ *Hinweis: Die Angaben ergeben sich aus Kapitel 3.2 Tabelle A Spalten 1, 2, 5 und 6 i.V.m. 5.4.1.1.1 Buchstabe a) bis d) und k) und 5.4.1.1.18 ADR.*

d) Jeweils an den beiden Längsseiten und hinten am Tankkraftfahrzeug und Tankanhänger. (1)

   ⓘ *Hinweis: Anbringung der Großzettel wird aus 5.3.1 ADR entnommen.*

e) Nein, wenn er den Fahrer nicht ablösen soll. (1)

   ⓘ *Hinweis: Ob der Beifahrer eine ADR-Schulungsbescheinigung benötigt, ist aus 8.2 ADR zu entnehmen und davon abhängig, ob der Fahrer abgelöst werden soll.*

f) Nein, Aufschrift muss gemäß 8.1.4.4 ADR lauten: Monat und Jahr. Der Monat ist erforderlich, da sonst der Prüftermin um 12 Monate überschritten werden kann. (2)

   ⓘ *Hinweis: Überprüfung der Aufschrift auf Feuerlöscher ist aus 8.1.4 ADR zu ermitteln. Die Prüffristen für in Deutschland hergestellte Feuerlöscher ergeben sich aus § 36 GGVSEB.*

660 a) UN 1170 Ethanol, Lösung, 3, III, (D/E), 3 Fässer insgesamt 600 l; UN 1710 Trichlorethylen, 6.1, III, (E), 2 Kisten insgesamt 40 l; UN 2015 Wasserstoffperoxid, wässerige Lösung, stabilisiert, 5.1 (8), I, (B/E), 1 Kiste insgesamt 6 l (3) **(10)**

   ⓘ *Hinweis: Die UN-Nummern werden der alphabetischen Stoffliste entnommen. Über Kapitel 3.2 Tabelle A ADR sind die Stoffzuordnungen und die Angaben zu überprüfen. Inhalt des Beförderungspapiers ist aus 5.4.1 ADR zu ermitteln. Nach 5.4.1.1.1 k) ADR ist bei Durchfahrung einer Tunnelstrecke der Tunnelbeschränkungscode aus Spalte 15 in Klammern anzugeben.*

b) Ja. (3)

	Menge	Beförderungskategorie	Multiplikator	Summe
UN 1170	600	3	1	= 600
UN 1710	40	2	3	= 120
UN 2015	6	1	50	= 300
				1000 < 1020

Der errechnete Wert beträgt „1020". Die in der Tabelle 1.1.3.6.3 ADR genannte Höchstmenge (berechneter Wert) ist um „20" überschritten.

   ⓘ *Hinweis: Überprüfung der Mengengrenze durch Tabelle 1.1.3.6.3 ADR*

c) Die Beförderungseinheit ist vorne und hinten mit neutralen orangefarbenen Tafeln zu kennzeichnen. (1)

   ⓘ *Hinweis: Kennzeichnungspflicht der Beförderungseinheit ist über Kapitel 5.3 ADR zu prüfen.*

d) Verantwortlich für die Kennzeichnung ist der Fahrer. (1)

   ⓘ *Hinweis: Die Verantwortlichkeit für die Kennzeichnung ist § 28 Nummer 7 GGVSEB zu entnehmen.*

e) Nein. (1)

   ⓘ *Hinweis: Gemäß 8.2.1.1 ADR muss jeder Führer von Fahrzeugen, mit denen gefährliche Güter befördert werden, im Besitz einer ADR-Schulungsbescheinigung sein.*

f) Absender ist die Spedition. (1)

   ⓘ *Hinweis: Der Begriff „Absender" ist aus § 2 GGVSEB zu entnehmen.*

ⓘ *Lösungsweg: Um diese Fallgestaltung lösen zu können, sind folgende Sachverhalte zu ermitteln: Die UN-Nr. wird der alphabetischen Stoffliste entnommen. Aus Kapitel 3.2 Tabelle A ADR sind für die Beantwortung der Frage zu entnehmen: Benennung und Beschreibung, Klasse, Gefahrzettel, Verpackungsgruppe, Tunnelbeschränkungscode.*

2 Antworten
2.3 Straßenverkehr
Gb-Prüfung

661 a) Absender (S) – Beförderer (F) – Auftraggeber des Absenders (C) – Fahrzeugführer (T) – Verlader (C) – Verpacker (C) (3) **(10)**

ⓘ *Hinweis: Die Verantwortlichkeiten sind aus den §§ 2 und 17 ff. GGVSEB zu entnehmen.*

b) UN 1261 Nitromethan, 3, II, (E), 3 Fässer insgesamt 600 l; (3)
UN 1824 Natriumhydroxidlösung, 8, III, (E), 8 Kanister insgesamt 240 l;
UN 1710 Trichlorethylen, 6.1, III, (E), 2 Kisten insgesamt 40 l

ⓘ *Hinweis: Die UN-Nr. für Nitromethan wird der alphabetischen Stoffliste entnommen. Über Kapitel 3.2 Tabelle A ADR sind die Stoffzuordnungen und die Angaben zu überprüfen. Inhalt des Beförderungspapiers ist aus 5.4.1 ADR zu ermitteln.*

c) Das Beförderungspapier ist gemäß § 18 Absatz 1 Nummer 8 GGVSEB (1)
von der Spedition S als Absender zu übergeben.

ⓘ *Hinweis: Verantwortlichkeit für die Übergabe des Beförderungspapiers aus § 18 GGVSEB entnehmen.*

d) Ja; Unterabschnitt 7.5.2.1 ADR (2)

ⓘ *Hinweis: Das Zusammenladeverbot in 7.5.2.1 ADR ist zu überprüfen.*

e) Der Fahrzeugführer benötigt eine ADR-Schulungsbescheinigung. (1)

ⓘ *Hinweis: Um diese Antwort zu ermitteln, muss die Berechnung nach 1.1.3.6.4 ADR i.V.m. der Tabelle 1.1.3.6.3 ADR erfolgen:*
UN 1261, VG II, Klasse 3, Beförderungskategorie 2, Faktor 3,
Menge 600 l = 1800
UN 1824, VG III, Klasse 8, Beförderungskategorie 3, Faktor 1,
Menge 240 l = 240
UN 1710, VG III, Klasse 6.1, Beförderungskategorie 2, Faktor 3,
Menge 40 l = 120
Summe: 1800 + 240 + 120 = 2160
Damit wird die Höchstmenge (berechneter Wert) von 1000 überschritten, und nach 1.1.3.6.2 ADR ist die Fahrerschulung erforderlich.

662 a) UN 1202 Heizöl, leicht, 3, III, (D/E), Sondervorschrift 640L, umweltgefährdend (2) **(10)**

ⓘ *Hinweis: Die UN-Nr. wird aus der alphabetischen Stoffliste entnommen. Über Kapitel 3.2 Tabelle A ADR sind die Stoffzuordnungen und die Angaben zu übernehmen. Die Angaben für das Beförderungspapier ergeben sich aus 5.4.1 ADR.*

b) Es sind mitzuführen: (2)
– schriftliche Weisungen
– ADR-Schulungsbescheinigung
– Lichtbildausweis
– ADR-Zulassungsbescheinigung jeweils für beide Fahrzeuge

ⓘ *Hinweis: Begleitpapiere über 8.1.2 ADR ermitteln.*

c) Es sind der Großzettel Nr. 3 und das Kennzeichen „umweltgefährdend" anzubringen. (1)

ⓘ *Hinweis: Ergibt sich aus Kapitel 3.2 Tabelle A Spalte 5 bei UN 1202 und dem Hinweis in der Fallstudie, dass es sich um einen umweltgefährdenden Stoff handelt.*

d) Es sind insgesamt 6 Großzettel und 6 Kennzeichen „umweltgefährdend" erforderlich, die jeweils an den beiden Längsseiten und hinten am Tankfahrzeug und Tankanhänger anzubringen sind. (2)

ⓘ *Hinweis: Anzahl der Großzettel ist über Kapitel 5.3 ADR zu ermitteln.*

e) Nummer zur Kennzeichnung der Gefahr: 30 (1)
UN-Nummer: 1202

   ⓘ *Hinweis: Kennzeichnungspflicht der Beförderungseinheit über Kapitel 5.3 ADR ermitteln.*

f) Der Mineralölhändler M als Beförderer (Halter) ist gemäß § 19 Absatz 2 Nummer 11 GGVSEB für die Ausrüstung mit orangefarbenen Tafeln verantwortlich. (1)

   ⓘ *Hinweis: Verantwortlichkeit für die orangefarbenen Tafeln über § 19 GGVSEB ermitteln.*

g) Ja. (1)

   ⓘ *Lösungsweg: Um diese Fallgestaltung lösen zu können, sind folgende Sachverhalte zu ermitteln: Die UN-Nr. wird der alphabetischen Stoffliste entnommen. Es handelt sich um UN 1202 mit dem Tunnelbeschränkungscode D/E (Kapitel 3.2 Tabelle A Spalte 15 ADR). In Tabelle 8.6.4 ADR ist bei dem Tunnelbeschränkungscode D/E nur die Durchfahrt durch Tunnel der Kategorie D und E verboten.*

663 a) UN 1230 Methanol, 3 (6.1), II, (D/E). (2) **(10)**

   ⓘ *Hinweis: Über 3.2.2 Alphabetische Stoffliste (Tabelle B) ADR wird die UN-Nr. 1230 (Methanol) ermittelt. Aus Kapitel 3.2 Tabelle A ADR werden die Klasse, VG, Großzettel und Gefahrnummer ermittelt. Der erforderliche Inhalt im Beförderungspapier wird aus Kapitel 5.4 ADR ermittelt.*

b) Es sind an Begleitpapieren mitzuführen: (2)

   – schriftliche Weisungen,
   – ADR-Schulungsbescheinigung,
   – Lichtbildausweis und
   – Zulassungsbescheinigung für Zugmaschine und Tankanhänger.

   ⓘ *Hinweis: Die erforderlichen Begleitpapiere sind aus 8.1.2 ADR zu ermitteln.*

c) Die Großzettel sind an beiden Längsseiten und hinten am Tanksattelanhänger anzubringen. (1)

   ⓘ *Hinweis: Der Anbringungsort von Großzetteln und orangefarbenen Tafeln ist aus 5.3.1 ADR zu entnehmen.*

d) Die neutralen orangefarbenen Tafeln sind vorn und hinten am Fahrzeug anzubringen. Die orangefarbenen Tafeln mit Nummern sind an beiden Längsseiten des Tankfahrzeugs anzubringen. (2)

   ⓘ *Fundstelle: 5.3.2.1.1 und 5.3.2.1.2 ADR*

   ⓘ *Hinweis: Es gibt eine zweite Lösungsmöglichkeit nach 5.3.2.1.6 ADR. Hiernach sind an Beförderungseinheiten, in denen nur ein gefährlicher Stoff und kein nicht gefährlicher Stoff befördert wird, die nach 5.3.2.1.2, 5.3.2.1.4 und 5.3.2.1.5 ADR vorgeschriebenen orangefarbenen Tafeln nicht erforderlich, wenn die vorn und hinten gemäß 5.3.2.1.1 ADR angebrachten Tafeln mit der nach Kapitel 3.2 Tabelle A Spalte 20 bzw. Spalte 1 ADR für diesen Stoff vorgeschriebenen Nummer zur Kennzeichnung der Gefahr und UN-Nummer versehen sind. Da in der Fragestellung nach neutralen und orangefarbenen Tafeln mit Nummern gefragt wird, kann die Alternative nicht als Antwort verwendet werden.*

e) Nein. Da die zGM über 7,5 t liegt, muss gemäß Tabelle 8.1.4.1 ADR der zweite Feuerlöscher ein Mindestfassungsvermögen von 6 kg und das Mindestgesamtfassungsvermögen mindestens 12 kg betragen. (2)

   ⓘ *Fundstelle: 8.1.4 und 1.1.3.6 ADR*

   ⓘ *Hinweis: Da das zulässige Gesamtgewicht des Fahrzeugs größer als 7,5 t ist und die Freistellungen nach 1.1.3.6 ADR für Tankfahrzeuge nicht angewendet werden können, muss das Fahrzeug mit zwei Feuerlöschern à 6 kg ausgestattet sein.*

2 Antworten
2.3 Straßenverkehr

f) Die zusätzliche Beschriftung ist aus 6.8.2.5 ADR zu entnehmen. (1)

ⓘ *Hinweis: Die zusätzlichen Angaben am Tankfahrzeug sind aus 6.8.2.5 ADR zu entnehmen.*

ⓘ *Lösungsweg: Zur Lösung des Falls ist die UN-Nummer über 3.2.2 Alphabetische Stoffliste (Tabelle B) ADR zu ermitteln. Dies ist UN 1230, VG II. Dann können anhand Kapitel 3.2 Tabelle A ADR z. B. die Einträge im Beförderungspapier, Kennzeichnung usw. ermittelt werden.*

664 a) (2) **(10)**

	Menge	Beförderungskategorie	Multiplikator	Summe
UN 1267	600	3	1	= 600
UN 2015	12	1	50	= 600
			1000 < 1200	

Die in der Tabelle 1.1.3.6.3 ADR genannte Höchstmenge (berechneter Wert) ist überschritten.
Berechnungswert: 1 200.

ⓘ *Hinweis: Es sind die für die Tabelle 1.1.3.6.3 ADR erforderlichen Beförderungskategorien zu ermitteln (z. B. Kapitel 3.2 Tabelle A Spalte 15 ADR).*

b) Beförderungspapier, schriftliche Weisungen, ADR-Schulungsbescheinigung und Lichtbildausweis (2)

ⓘ *Hinweis: Die Begleitpapiere sind aus 8.1.2 ADR zu ermitteln.*

c) Die Firma C als Auftraggeber des Absenders gemäß § 17 GGVSEB (1)

ⓘ *Hinweis: Über die §§ 2 und 17 GGVSEB sind die verantwortlichen Personen zu ermitteln.*

d) Gemäß 8.1.4 ADR sind mitzuführen: 2 Feuerlöscher mit einem Mindestfassungsvermögen von 4 kg; 2 kg + 2 kg (mindestens ein 2-kg-Feuerlöscher muss zur Bekämpfung eines Motor- oder Fahrerhausbrandes geeignet sein). (2)

ⓘ *Hinweis: Anzahl der Feuerlöscher ist in 8.1.4.1 ADR festgelegt.*

e) Frachtführer F als Beförderer nach § 19 Absatz 2 Nummer 9 GGVSEB (1)

ⓘ *Hinweis: Die Verantwortlichkeit für Ausrüstung mit Feuerlöschern ist aus § 19 GGVSEB zu ermitteln.*

f) Ja. (2)

ⓘ *Fundstelle: 8.6.4 ADR*

ⓘ *Hinweis: Es ist die Durchfahrt durch Tunnel der Kategorie E verboten, da beide Gefahrgüter als verpackte Ware transportiert werden. Somit darf der Tunnel durchfahren werden.*

665 a) Auftraggeber des Absenders (B) – Absender (S) – Beförderer (T) – Befüller (B) (2) **(10)**

ⓘ *Hinweis: Die Verantwortlichen sind aus § 2 und den §§ 17, 18, 19, 23, 28 GGVSEB zu ermitteln.*

b) Beförderungspapier, schriftliche Weisungen, ADR-Schulungsbescheinigung und Lichtbildausweis (2)

ⓘ *Hinweis: Erforderliche Begleitpapiere aus 8.1.2 ADR ermitteln.*

c) Die Großzettel sind an allen vier Seiten und die orangefarbenen Tafeln ebenfalls an den beiden Längsseiten anzubringen. (2)
Großzettel: Nr. 8
Orangefarbene Tafel: 80/2794

ⓘ *Hinweis: Anbringung der Großzettel (5.3.1.4.2 und 5.3.1.4.1 ADR) und orangefarbenen Tafeln (5.3.2.1.4 ADR) am Container aus Teil 5 ADR ermitteln.*

Gb-Prüfung 2 Antworten
2.3 Straßenverkehr

d) 2 Feuerlöscher mit einem Mindestgesamtfassungsvermögen von 12 kg, (2)
wobei ein Feuerlöscher mindestens ein Fassungsvermögen von 6 kg und ein Feuerlöscher mindestens ein Fassungsvermögen von 2 kg haben muss.

  ⓘ *Hinweis: Angaben für Feuerlöscher aus 8.1.4 ADR ermitteln.*

e) UN 2794 Abfall, Batterien (Akkumulatoren), nass, gefüllt mit Säure, 8, (E) (2)

  ⓘ *Hinweis: Angaben für Beförderungspapier aus 5.4.1.1 ADR ermitteln.*

666 a) UN 1011 Butan, 2.1, (B/D), 5 Flaschen, insgesamt 150 kg, 450 (1) **(10)**
UN 1978 Propan, 2.1, (B/D), 10 Flaschen, insgesamt 120 kg, 360

  ⓘ *Hinweis: Nach 5.4.1.1.1 k) ADR ist bei Durchfahrung einer Tunnelstrecke der Tunnelbeschränkungscode aus Kapitel 3.2 Tabelle A Spalte 15 ADR in Klammern anzugeben. Die Angabe der Versandstücke und der Menge darf auch vor den stoffspezifischen Angaben erfolgen.*

b) Ja. Berechnungswert: 810 (2)

	Menge	Beförderungskategorie	Multiplikator	Summe
UN 1011	150	2	3	= 450
UN 1978	120	2	3	= 360
				1000 > 810

  ⓘ *Hinweis: Mit den ermittelten Beförderungskategorien die höchstzulässigen Mengen in der Tabelle 1.1.3.6.3 ADR überprüfen.*

c) Beförderungskategorie 2, Gesamtmenge: 270, berechneter Wert: 810 (2)

  ⓘ *Hinweis: Angaben für das Beförderungspapier gem. 5.4.1.1.1 f) Bemerkung 1 ADR*

d) Gasproduzent G. ist Auftraggeber des Absenders gemäß § 17 GGVSEB. (1)

  ⓘ *Hinweis: Ermittlung des „Auftraggebers des Absenders" aus § 17 GGVSEB*

e) Mitgabe des Beförderungspapiers obliegt der Spedition S als Absender, (1)
§ 18 GGVSEB.

  ⓘ *Hinweis: Verantwortlichkeit für die Mitgabe des Beförderungspapiers aus § 18 Absatz 1 Nummer 8 GGVSEB ermitteln.*

f) 1 × 2-kg-Feuerlöscher (2)

  ⓘ *Hinweis: Angaben für Feuerlöscher aus 8.1.4 ADR ermitteln.*

g) Frachtführer F ist als Beförderer verantwortlich, § 19 GGVSEB. (1)

  ⓘ *Hinweis: Den Verantwortlichen für die Mitgabe der Feuerlöscher aus § 19 Absatz 2 Nummer 9 GGVSEB ermitteln.*

ⓘ *Lösungsweg: Um diese Fallgestaltung lösen zu können, sind folgende Sachverhalte zu ermitteln: Mit den vorhandenen UN-Nummern aus Kapitel 3.2 Tabelle A ADR die Benennung der Stoffe, Klasse, Gefahrzettel, Tunnelkategorien und Beförderungskategorien ermitteln. Die Angaben für das Beförderungspapier sind in 5.4.1.1 ADR zu finden.*

667 a) UN 1811 ist falsch. UN 3421 ist richtig; außerdem müssen die Buchstaben (5) **(10)**
„UN" davor stehen.
Es fehlt der Gefahrzettel 6.1.
Die Z-Verpackung ist falsch. Es muss mindestens eine Y-Verpackung sein, weil es VG II ist.

2 Antworten
2.3 Straßenverkehr

    b) Eintrag nach 5.4.1.1.1 ADR muss wie folgt lauten: (5)
UN 3421 Kaliumhydrogendifluorid, Lösung, 8 (6.1), II, (E)
7 Kanister Gesamtmenge: 420 L
Absender und Empfänger

    ⓘ *Fundstelle: Kapitel 3.2 Tabelle A, 4.1, 5.2, 5.4 und 6.1 ADR*

    ⓘ *Hinweis: Über 3.2.2 Alphabetische Stoffliste (Tabelle B) ADR die UN-Nummer ermitteln. Ergebnis: UN 3421; Beförderung nach P001 (4.1.4.1 ADR) – 3H1 zulässig. Nach 5.4.1.1.1 k) ADR ist bei Durchfahrung einer Tunnelstrecke der Tunnelbeschränkungscode aus Kapitel 3.2 Tabelle A Spalte 15 ADR in Klammern anzugeben.*

668 a) Es fehlen die Buchstaben UN vor der UN-Nummer und der Gefahrzettel (2) **(10)**
Nr. 6.1 für die Nebengefahr.

    ⓘ *Fundstelle: 5.2.1 und 5.2.2 ADR*

    ⓘ *Hinweis: Ob die Fässer zusätzlich mit Ausrichtungspfeilen zu kennzeichnen sind, ist aus der Fragestellung nicht erkennbar, weil kein Hinweis auf Lüftungseinrichtungen erfolgt. Bei der Beantwortung der Frage sollte man darauf eingehen und dann hierauf hinweisen.*

    b) Es fehlen die Anzahl und Art der Verpackung: 4 Fässer und die Angabe (2)
der zusätzlichen Gefahr 6.1 (Spalte 5 Tabelle A)

    ⓘ *Fundstelle: 5.4.1.1.1 ADR*

    c) Kennzeichnung der Folie mit Gefahrzetteln Nr. 3 und 6.1, UN 2310 und (2)
das Wort „Umverpackung"

    ⓘ *Fundstelle: 5.1.2 ADR*

    d) (2)

	Menge	Beförderungskategorie	Multiplikator	Summe
UN 2310	800	3	1	= 800
UN 1279	200	2	3	= 600
				1000 < 1400

Der Berechnungswert beträgt 1 400 und damit müssen die orangefarbenen Tafeln geöffnet werden.

    ⓘ *Fundstelle: Kapitel 3.2 Tabelle A Spalte 15 und 1.1.3.6 ADR*

    e) – Zwei Feuerlöscher mit einem Mindestfassungsvermögen von 8 kg, wobei ein Feuerlöscher mindestens ein Fassungsvermögen von 6 kg haben muss, (1)

    – 1 Unterlegkeil je Fahrzeug

    – 2 selbststehende Warnzeichen

    – Augenspülflüssigkeit

    – geeignete Warnweste pro Mitglied der Fahrzeugbesatzung

    – 1 Handlampe pro Mitglied der Fahrzeugbesatzung

    – Schutzhandschuhe pro Mitglied der Fahrzeugbesatzung

    – Augenschutz pro Mitglied der Fahrzeugbesatzung

    – Schaufel

    – Kanalabdeckung

    – Auffangbehälter

    ⓘ *Hinweis: Ausrüstungsgegenstände finden sich in 8.1.4 und 8.1.5 ADR.*

f) Nein. (1)

ⓘ *Fundstelle: 8.6.3.3 ADR*

ⓘ *Hinweis: Über 3.2.2 Alphabetische Stoffliste (Tabelle B) ADR ist das Gefahrgut der UN 2310 zugeordnet. In Kapitel 3.2 Tabelle A Spalte 15 ist der Tunnelbeschränkungscode (D/E) aufgeführt. Für verpackte Güter gilt Durchfahrt verboten durch Tunnel der Kategorie E. Damit ist die Durchfahrt des Tunnels verboten, da durch die gemeinsame Beförderung von UN 2310 und UN 1279 der berechnete Wert von 1000 überschritten wird.*

669 a) Die Buchstaben „UN" vor der Benennung müssen ergänzt werden, d.h. es muss UN 3332 lauten. (4) **(10)**
Die Angabe der Tranportkennzahl fehlt: 0,5
Der Gefahrzettel muss auf zwei gegenüberliegenden Seiten angebracht sein.

ⓘ *Fundstelle: 5.2.1.7, 5.2.2.1.11, 5.1.5.4 ADR*

ⓘ *Hinweis: Die Angabe des Bruttogewichts ist nicht erforderlich, ebenso wie die Angabe D/Müller Verpackungen M 123.*

b) UN 3332 RADIOAKTIVE STOFFE, TYP A-VERSANDSTÜCK, IN BESONDERER FORM, 7 (6)
Cs-137, Am-241, 1776 MBq, II-GELB, Transportkennzahl 0,5, Zulassungskennzeichen für besondere Form GB/140/S, GB/7/S
Keine besonderen Maßnahmen nach 5.4.1.2.5.2 a) ADR erforderlich.

ⓘ *Fundstelle: 5.4.1.2.5.2 ADR*

ⓘ *Lösungsweg: Über Kapitel 3.2 Tabelle A ADR die wesentlichen Inhalte zusammenstellen: UN 3332 RADIOAKTIVE STOFFE, TYP A-VERSANDSTÜCK, IN BESONDERER FORM*

670 a) UN 1077 Propen, 2.1, (B/D) (2) **(10)**

ⓘ *Fundstelle: 5.4.1.1 ADR*

b) Ja. (2)

ⓘ *Fundstelle: §§ 35, 35a und 35b GGVSEB*

ⓘ *Hinweis: Gemäß der Tabelle in § 35b unterliegen entzündbare Gase in Tanks ab einer Menge von 9 000 kg den §§ 35 und 35a.*

c) Großzettel Nr. 2.1 an beiden Längsseiten und hinten am Fahrzeug (2)

ⓘ *Fundstelle: Kapitel 3.2 Tabelle A Spalte 5 und 5.3.1.4.1 ADR*

d) Nummor zur Kennzeichnung der Gefahr: 23, UN-Nummer: 1077 (1)

ⓘ *Fundstelle: 5.3.2.1.2 ADR*

e) Nein. (1)

ⓘ *Fundstelle: Kapitel 3.2 Tabelle A Spalte 5 und 8.1.5.3 ADR*

ⓘ *Hinweis: Da kein Gefahrzettel Nr. 2.3 für dieses Gefahrgut erforderlich ist, muss auch keine Notfallfluchtmaske mitgeführt werden.*

f) Ja; 5.3.2.1 ADR (2)

ⓘ *Fundstelle: 5.3.2.1.7 ADR*

ⓘ *Lösungsweg: Ermitteln Sie über 3.2.2 Alphabetische Stoffliste (Tabelle B) ADR die UN-Nummer 1077, um alle weiteren Fragen beantwortet werden können.*

671 a) Klasse 4.3, VG II (3) **(10)**

b) UN 3170 Nebenprodukte der Aluminiumherstellung, 4.3, VG II, (D/E) (2)

ⓘ *Hinweis: Alternativ könnte als Benennung auch Nebenprodukte der Aluminiumumschmelzung verwendet werden. Die Angabe des Tunnelbeschränkungscodes wurde generell aufgenommen, weil man nicht ausschließen kann, dass ein Tunnel durchfahren wird.*

2 Antworten
2.3 Straßenverkehr

c) Nach der ergänzenden Vorschrift AP2 angemessene Belüftung in 7.3.3.2.3 ADR (1)

ⓘ *Hinweis: Inwieweit die CV 37 hier zur Anwendung kommt, ist aus der Fragestellung nicht eindeutig erkennbar.*

d) An den beiden Längsseiten und an jedem Ende des Großcontainers (1)

ⓘ *Fundstelle: 5.3.1.2*

e) Nein. Für UN 3170 gilt der Tunnelbeschränkungscode (D/E). Nach der Tabelle 8.6.4 ADR darf man in loser Schüttung nicht durch einen Tunnel der Kategorien D und E fahren. (1)

ⓘ *Hinweis: 5.3.1.2*

f) Nein. In der Tabelle in 1.10.3.1.2 ADR ist der Stoff nicht erfasst. (2)

ⓘ *Lösungsweg: Zunächst ist zu prüfen, ob UN 3170 in loser Schüttung befördert werden darf. Für UN 3170 gibt es zwei Verpackungsgruppen. Es muss nach 2.2.43.1.8 ADR überprüft werden, in welche VG UN 3170 fällt. Nach der Fallstudie trifft die VG II zu. Somit darf nach Kapitel 3.2 Tabelle A ADR und den Einträgen in Spalte 10 BK1, BK2, BK3 und in Spalte 17 VC1 und VC2 mit AP2 UN 3170 in loser Schüttung befördert werden.*

672 a) Klasse 4.1, VG II (2) **(10)**

ⓘ *Hinweis: Über 3.2.2 Alphabetische Stoffliste (Tabelle B) ADR erhält man die UN-Nummer 3175 für feste Stoffe, die entzündbare flüssige Stoffe enthalten, n.a.g. (Kohlenwasserstoffgemische), 4.1, VG II.*

b) UN 3175 Abfall Feste Stoffe, die entzündbare flüssige Stoffe enthalten, n.a.g., (Kohlenwasserstoffgemische), 4.1, II, (E) (2)

ⓘ *Fundstelle: Kapitel 3.2 Tabelle A Spalten 1, 2, 4, 5, 6 i.V.m. 5.4.1.1.1 und SV 274, 5.4.1.1.3 ADR*

c) Großzettel Nr. 4.1 (1)

ⓘ *Fundstelle: Kapitel 3.2 Tabelle A Spalte 5 und 5.2.2.2.2 ADR für Muster*

d) An beiden Längsseiten und an jedem Ende des Containers (2)

ⓘ *Fundstelle: 5.3.1.2 ADR*

e) Nummer zur Kennzeichnung der Gefahr = 40
UN-Nummer = 3175 (1)

ⓘ *Fundstelle: Kapitel 3.2 Tabelle A Spalten 1 und 20 i.V.m. 5.3.2 ADR*

f) An beiden Längsseiten des Containers und ggf. außen am Trägerfahrzeug an den Längsseiten, wenn die orangefarbenen Tafeln auf dem Container außen nicht sichtbar sind
Die Kennzeichnung des Trägerfahrzeugs mit orangefarbenen Tafeln ohne Kennzeichnungsnummern bleibt hiervon unberührt bestehen. (2)

ⓘ *Fundstelle: 5.3.2.1.4 und 5.3.2.1.5 ADR. Die Kennzeichnung nach 5.3.2.1.1 ADR bleibt unberührt bestehen.*

673 a) UN 3257 Erwärmter flüssiger Stoff, n.a.g. (Aluminiumlegierung), 9, III, (D) (2) **(10)**

ⓘ *Fundstelle: Kapitel 3.2 Tabelle A und Kapitel 5.4.1.1 ADR*

ⓘ *Hinweis: Nach 5.4.1.1.1 k) ADR ist bei Durchfahrung einer Tunnelstrecke der Tunnelbeschränkungscode aus Kapitel 3.2 Tabelle A Spalte 15 ADR in Klammern anzugeben.*

b) SV 274 (1)

ⓘ *Fundstelle: Kapitel 3.2 Tabelle A Spalte 6, Kapitel 3.3 ADR*

ⓘ *Hinweis: Die SV 643 kommt deshalb nicht zur Anwendung, weil es sich nicht um Gussasphalt handelt und in der Frage auf die Beförderung von Aluminium Bezug genommen wird. Die SV 668 kommt nicht zur Anwendung, weil es sich nicht um die Anbringung von Straßenmarkierungen handelt.*

c) Kennzeichen für erwärmte Stoffe, Großzettel nach Muster 9 (2)
  - ⓘ *Fundstelle: Kapitel 3.2 Tabelle A Spalten 1 und 20 und 5.3.3 ADR und 5.3.1.1.1 ADR*

d) An den beiden Längsseiten und hinten (1)
  - ⓘ *Fundstelle: 5.3.1.4 und 5.3.3 ADR, Anlage 3 Nr. 2.3 GGVSEB*
  - ⓘ *Hinweis: Das Fahrzeug, auf dem die besonders ausgerüsteten Container befördert werden, ist an beiden Fahrzeugseiten in Längsrichtung und an der Rückseite gemäß 5.3.3 ADR mit dem Kennzeichen für erwärmte Stoffe und entsprechend 5.3.1.4 ADR mit Großzetteln des Musters 9 nach Absatz 5.2.2.2.2 ADR zu kennzeichnen.*

e) Vorne und hinten an der Beförderungseinheit (1)
  - ⓘ *Fundstelle: 5.3.2.1.6 ADR*

f) Nein. (1)
  - ⓘ *Fundstelle: 8.6.4 ADR*
  - ⓘ *Hinweis: Die UN-Nummer 3257 ist dem Tunnelbeschränkungscode D zugeordnet. Damit ist die Durchfahrt durch Tunnel der Kategorien D und E verboten.*

g) Nein. (2)
  - ⓘ *Fundstelle: 1.10.3.1.2 ADR*

674 a) Ja. (2) **(10)**
Sobald eine spezifische Aktivität überschritten wird (siehe 2.2.7.2.2.1 bis 2.2.7.2.2.6 ADR), erfolgt eine Beförderung als radioaktiver Stoff, auch wenn Nebengefahren vorhanden sind.
Der Aktivitätskonzentrationsgrenzwert AS (= spezifische Aktivität, in Bq/g) eines speziellen Stoffes übersteigt den Grenzwert in Spalte 4 der Tabelle 2.2.7.2.2.1 ADR und die Aktivität A für eine Sendung (in Bq) übersteigt den Aktivitätsgrenzwert (für eine freigestellte Sendung) in Spalte 5 der Tabelle 2.2.7.2.2.1 ADR.

b) Nein. (2)
  - ⓘ *Fundstelle: 2.2.7.2.2.1 und 2.2.7.2.4.1.2 ADR*
  - ⓘ *Hinweis: Der Aktivitätsgrenzwert für ein freigestelltes Versandstück ist nicht überschritten: 200 MBq < 3 GBq.*
  - ⓘ *Lösungsweg: Tabelle 2.2.7.2.2.1 ADR legt einen A_2-Wert von 3×10^1 TBq als Grenzwert fest. Um in diesem Fall den Versand als freigestelltes Versandstück vornehmen zu können, muss der Grenzwert aus Tabelle 2.2.7.2.4.1.2 ADR unterschritten werden. Da es sich um einen Stoff handelt, muss die letzte Spalte mit dem Eintrag „flüssige Stoffe" herangezogen werden, also $10^{-4}\, A_2$. Es darf also der Wert $10^{-4} \times 3 \times 10^1$ TBq nicht überschritten werden. Unter Verwendung der Tabelle in 1.2.2.1 ADR handelt es sich um 0,003 TBq oder 3 GBq oder 3 000 MBq.*
  Nach Aufgabenstellung also ist der Grenzwert „freigestellte Versandstücke" von 3 000 MBq nicht überschritten.

c) Hauptgefahr: Ätzend – Klasse 8; (2)
Nebengefahr: Radioaktiv – Klasse 7
  - ⓘ *Fundstelle: 2.1.3.5.3 ADR und SV 290 in Kapitel 3.3 ADR*
  - ⓘ *Hinweis: Wenn die 50 ml sich in einem Gefäß befinden, dann ist die Hauptgefahr „Ätzend".*

2 Antworten
2.3 Straßenverkehr

    d) Nein, weil wenn nach SV 290 b) wie in diesem Beispiel klassifiziert wird, (2) dürfen die Vorschriften nach Kapitel 3.4 ADR für die Beförderung von in begrenzten Mengen verpackten gefährlichen Gütern nach SV 290 c) nicht zur Anwendung kommen.
        ⓘ *Hinweis: Auch nach 3.4.1 c) ADR ist für radioaktive Stoffe generell die Anwendung von Kapitel 3.4 ADR nicht vorgesehen.*
    e) UN 1789 Chlorwasserstoffsäure, radioaktive Stoffe, freigestelltes Versand- (2) stück – begrenzte Stoffmenge, 8, III, (E)
        ⓘ *Fundstelle: SV 290 in Kapitel 3.3, 5.4.1.1.1 und 5.4.1.2.5 ADR*
        ⓘ *Hinweis: Der Tunnelbeschränkungscode fehlt im Beispiel der SV 290 in Kapitel 3.3 ADR.*

675 a) Zuordnung zu UN 3291 Klinischer Abfall, unspezifiziert, n.a.g. (2) **(10)**
        ⓘ *Fundstelle: 2.2.62.1.11.1 ADR*
    b) Ja. (3)
Nach der P621 (Spalte 8 in Kapitel 3.2 Tabelle A ADR) dürfen starre dichte Verpackungen, die den Vorschriften nach 6.1 ADR entsprechen, verwendet werden. Ein Fass aus Kunststoff mit abnehmbarem Deckel (1H2) erfüllt diese Anforderung, wenn sie zusätzlich noch mit der Verpackungsgruppe Y codiert ist (Kriterien der VG II).
    c) Die Verpackung muss nach P621 (1) die Prüfanforderung der Verpackungsgruppe II erfüllen. (1)
        ⓘ *Fundstelle: P621 in 4.1.4.1 ADR*
    d) Kennzeichen: UN 3291 (1)
        ⓘ *Fundstelle: 5.2.1.1 ADR*
    e) Gefahrzettel: Nr. 6.2 (1)
        ⓘ *Fundstelle: 5.2.2.1.1 ADR*
    f) UN 3291 Klinischer Abfall, unspezifiziert, n.a.g. 6.2, (–) (2)
        ⓘ *Fundstelle: Kapitel 3.2 Tabelle A Spalten 1, 2, 4, 5 und 15 und 5.4.1.1 ADR*
        ⓘ *Hinweis: Nach 5.4.1.1.1 k) ADR ist bei Durchfahrung einer Tunnelstrecke der Tunnelbeschränkungscode aus Kapitel 3.2 Tabelle A Spalte 15 ADR in Klammern anzugeben. Hier ist keine Beschränkung vorhanden, deshalb (–). Eine Verpackungsgruppe ist in Spalte 4 der Tabelle 4 nicht angegeben. Der Eintrag einer technischen Benennung ist wegen fehlender SV 274 nicht erforderlich.*
    ⓘ *Lösungsweg: Zur Lösung des Fallbeispieles ist die Klassifizierung zu ermitteln. Mit dem Hinweis auf ansteckungsgefährliche Stoffe handelt es sich um Stoffe der Klasse 6.2. Durch den Hinweis auf „Humanes Immundefizienz Virus" ist in der Tabelle in 2.2.62.1.4.1 ADR Kategorie A zu suchen.*
Dort ist dieser Stoff als „Humanes Immundefizienz Virus (nur Kulturen)" aufgenommen. Weil es sich aber um keine Kultur handelt, ist es kein Stoff der Kategorie A. Weil es sich um Abfälle handelt (Beförderung zur Entsorgung), muss eine andere Zuordnung nach 2.2.62.1.2 erfolgen.

676 a) Nein, 4.1.1.3 ADR ist in 3.4.1 ADR nicht genannt. Nur bei Querverweis auf (2) **(10)** 4.1.1.3 ADR sind bauartgeprüfte Verpackungen erforderlich.
        ⓘ *Fundstelle: 3.4.1 ADR*
    b) Ja, da die Mengengrenze von 5 l netto je Innenverpackung eingehalten (2) wird.
        ⓘ *Hinweis: Farbe ist in der alphabetischen Stoffliste der UN 1263 zugeordnet. In Kapitel 3.2 Tabelle A ADR ist in Spalte 7a die Menge von 5 l angegeben.*

c) 3 Versandstücke – die höchstzulässige Bruttomenge je Versandstück darf (2) maximal 30 kg betragen. Jeder Kanister wiegt 5,5 kg brutto, somit können maximal 5 Kanister in eine Außenverpackung gepackt werden, vorausgesetzt diese ist nicht schwerer als 2,5 kg. Insgesamt kommen 12 Kanister zum Versand, daraus ergeben sich 3 Versandstücke.

ⓘ *Hinweis: Jeder Kanister wiegt 5,5 kg. Bei einer Gesamtmenge von 60 l müssen 12 Kanister verschickt werden und aufgrund des Gewichtes von 5,5 kg je Innenverpackung sind nur 5 Kanister je Versandstück möglich, weil sonst die 30 kg Bruttomasse überschritten werden.*

d) Kennzeichen für begrenzte Mengen (ein auf die Spitze gestelltes Quadrat (2) – oben und unten schwarz, in der Mitte weiß – mit den Abmessungen 10 cm × 10 cm) und Ausrichtungspfeile auf zwei gegenüberliegenden Seiten

ⓘ *Fundstelle: 3.4.7 und 3.4.1 ADR i.V.m. 5.2.1.10 ADR*

e) Verpacker; § 22 Absatz 1 Nummer 1 GGVSEB (2)

ⓘ *Lösungsweg: Um die Fragestellung beantworten zu können, ermitteln Sie über 3.2.2 Alphabetische Stoffliste (Tabelle B) ADR die UN-Nummer 1263.*

677 a) Ja; berechnete Wert 850 (2) **(10)**

ⓘ *Fundstelle: 1.1.3.6.4 ADR*

ⓘ *Hinweis: Es sind die Beförderungskategorien für die einzelnen Gefahrgüter herauszusuchen (Spalte 15 in Kapitel 3.2 Tabelle A ADR).*

UN 3048, 1 × 10 kg, Beförderungskategorie 1, Multiplikationsfaktor 50, Summe 500

UN 1170, II, 1 × 50 l, Beförderungskategorie 2, Multiplikationsfaktor 3, Summe 150

UN 1002, 2 × 50 l, Beförderungskategorie 3, Multiplikationsfaktor 1, Summe 100

UN 1104, 5 × 20 l, Beförderungskategorie 3, Multiplikationsfaktor 1, Summe 100

Gesamtpunktwert: 500 + 150 + 100 + 100 = 850

b) Ja, da für den Transport von Versandstücken (Verpackungen und IBC) keine Zulassungsbescheinigung (außer bei Klasse 1 bei Überschreitung der Mengengrenzen) erforderlich ist. (1)

ⓘ *Fundstelle: 9.1.1.1 und 9.1.1.2 ADR*

c) Ja, da die Freistellungsregelung gemäß 1.1.3.6 ADR angewendet werden kann und der Punktwert 1 000 nicht überschritten ist. Aus diesem Grund benötigt der Fahrzeugführer keinen ADR-Schein. (2)

ⓘ *Fundstelle: 1.1.3.6 ADR und Kapitel 3.2 Tabelle A Spalte 15 ADR*

d) Der berechnete Wert von 850 bleibt unverändert, da begrenzte Mengen nicht in die Berechnung von 1.1.3.6 ADR einbezogen werden. (1)

ⓘ *Fundstelle: 1.1.3.6.5 und 1.1.3.4.2 ADR*

e) Beförderungskategorie 4 und damit unbegrenzte Menge für die leeren Gefäße (2)

ⓘ *Fundstelle: Tabelle 1.1.3.6.3 ADR*

f) Ja. Die Vorgaben zur Ladungssicherung aus 7.5.7 ADR gelten immer, da dieser in 1.1.3.6.1 ADR nicht ausgenommen wird. (2)

ⓘ *Fundstelle: 1.1.3.6.1 ADR*

ⓘ *Lösungsweg: Um die Fragestellung beantworten zu können, ermitteln Sie über 3.2.2 Alphabetische Stoffliste (Tabelle B) ADR die UN-Nummer 1263.*

2 Antworten
2.3 Straßenverkehr

678 a) UN 1202 Dieselkraftstoff, 3, III, Sondervorschrift 640 L, umweltgefährdend (2) **(10)**
- ⓘ *Fundstelle: Kapitel 3.2 Tabelle A ADR, 3.3.1 SV 640 und 5.4.1.1.1, 5.4.1.1.18 ADR*
- ⓘ *Hinweis: Auf die Angabe des Tunnelbeschränkungscodes wurde verzichtet, weil kein Hinweis in der Fragestellung auf das Durchfahren eines Tunnels gegeben war.*

b) Nein. Die Großzettel Nr. 3 und das Zeichen „umweltgefährdend" sind an beiden Längsseiten und hinten anzubringen (5.3.1.4.1 ADR). Es sind zusätzlich die orangefarbenen Tafeln mit der Gefahrnummer 30 und der UN-Nummer 1202 zu kennzeichnen (5.3.2.1.2 ADR) und an beiden Seiten des Aufsetztanks anzubringen. (2)

c) LGBF (1)
- ⓘ *Fundstelle: Kapitel 3.2 Tabelle A Spalte 12 ADR*

d) – Name des Eigentümers (1)
– Angabe – Aufsetztank
– Eigenmasse des Tanks
– ...
- ⓘ *Hinweis: Die weiteren Angaben sind in 6.8.2.5.2 ADR aufgeführt. Die Übergangsregelung in 1.6.3.41 ADR bleibt in der Betrachtung unberücksichtigt.*

e) Ja. Nach der Spalte 14 ist mindestens ein AT-Fahrzeug erforderlich. Siehe auch 9.1.1.2 ADR. (1)

f) 01/29 (1)
- ⓘ *Fundstelle: 6.8.2.4.2 ADR*

g) Der Fahrzeugführer kann fahren, weil der Tank nur einen Fassungsraum von 6 500 l hat. Die Regelungen für den Füllungsgrad nach 4.3.2.2.4 ADR gelten deshalb nicht. (2)
- ⓘ *Lösungsweg: Zunächst ist zu prüfen, wie der Diesel einzustufen ist. Nach Kapitel 3.2 Tabelle A ADR ist der Diesel UN 1202 Dieselkraftstoff, 3, III, SV 640 L, zuzuordnen.*

679 a) T7 (1) **(10)**
- ⓘ *Fundstelle: Kapitel 3.2 Tabelle A Spalte 10 ADR*

b) An beiden Längsseiten (1)
- ⓘ *Fundstelle: 5.3.2.1.2 ADR*

c) Ja. 5.3.2.2.1 ADR (2)

d) Der Befüller (1)
- ⓘ *Fundstelle: § 23 Absatz 2 Nummer 3 GGVSEB*

e) Die Großzettel müssen an beiden Längsseiten und hinten am Sattelauflieger angebracht werden. (2)
- ⓘ *Fundstelle: 5.3.1.3 ADR*

f) Basiskurs und Aufbaukurs Tank (1)
- ⓘ *Fundstelle: 8.2.1.1 und 8.2.1.3 ADR*

g) Schriftliche Weisungen, Lichtbildausweis, Zulassungsbescheinigung, Beförderungspapier (1)
- ⓘ *Fundstelle: 8.1.2 ADR*

h) IMDG-Code (1)
- ⓘ *Hinweis: Bei der Beförderung nach Großbritannien muss der Ärmelkanal überquert werden. Hier gilt der IMDG-Code.*
- ⓘ *Lösungsweg: Bei UN 2383 handelt es sich um Dipropylamin der Klasse 3 mit Zusatzgefahr der Klasse 8 in der VG II.*

Gb-Prüfung

2 Antworten
2.3 Straßenverkehr

680 a) Absender: Kunde H (1) **(10)**
Beförderer: Entsorger E
Empfänger: Sondermüllentsorgungsanlage S
ⓘ *Fundstelle: § 2 GGVSEB und 1.2.1 ADR*
b) UN 1730 Abfall, Antimonpentachlorid, flüssig, 8, II, (E), umweltgefährdend (3)
ⓘ *Fundstelle: Kapitel 3.2 Tabelle A, 5.4.1.1.1 und 5.4.1.1.3 ADR*
c) Saug-Druck-Tankfahrzeuge für Abfälle (2)
ⓘ *Fundstelle: 9.1.3.3 ADR*
d) Ja, der Tank hat eine bessere Sicherheitseinrichtung als verlangt. (2)
ⓘ *Fundstelle: Kapitel 3.2 Tabelle A Spalte 12 und 4.3.4.1.2 ADR*
e) Prüfung des inneren Zustandes (2)
ⓘ *Fundstelle: 6.10.4 ADR*

681 a) UN 1049 Wasserstoff, verdichtet, 2.1, (B/D) (2) **(10)**
ⓘ *Fundstelle: Kapitel 3.2 Tabelle A und 5.4.1.1.1 ADR*
b) Fahrzeug FL (1)
ⓘ *Fundstelle: Kapitel 3.2 Tabelle A Spalte 14 ADR*
c) – Zulassungsnummer (1)
– Name oder Zeichen des Herstellers
– Seriennummer des Herstellers
– Baujahr
– Prüfdruck
– Berechnungstemperatur
– Datum der erstmaligen und zuletzt durchgeführten wiederkehrenden Prüfung oder
– Stempel der Prüfstelle
ⓘ *Fundstelle: 6.8.3.5.10 ADR*
d) Großzettel Nr. 2.1 an beiden Längsseiten und hinten (2)
ⓘ *Fundstelle: Kapitel 3.2 Tabelle A Spalte 5 und 5.3.1.4 ADR*
e) Nummer zur Kennzeichnung der Gefahr: 23 (2)
UN-Nummer 1049
Orangefarbene Tafeln mit Gefahr- und UN-Nummer vorn und hinten am Fahrzeug
ⓘ *Fundstelle: Kapitel 3.2 Tabelle A Spalten 1 und 20, 5.3.2.1.2 und 5.3.2.1.6 ADR*
f) Nein. (1)
ⓘ *Fundstelle: 1.10.3.1.2 ADR. Da Flaschenbündel Versandstücke sind, fallen sie nicht unter die Regelung in 1.10.3.*
g) Die Beförderung unterliegt nicht den §§ 35 und 35a GGVSEB. (1)
ⓘ *Fundstelle: Tabelle in § 35b GGVSEB – Beförderung von Versandstücken*

2.4 Antworten zum verkehrsträgerspezifischen Teil Eisenbahnverkehr

Hinweis: Die Zahl in Klammern gibt die erreichbare Punktzahl an.

682   A   GGVSEB/RID   (1)
  ⓘ *Fundstelle: § 1 GGVSEB*

683   Bei Gefahr, insbesondere wenn gefährliches Gut bei Unfällen oder Unregelmäßigkeiten austritt oder austreten kann und die Gefahr nicht rasch zu beseitigen ist.   (2)
  ⓘ *Fundstelle: § 4 Absatz 2 Satz 2 GGVSEB*

684   D   Im RID, Abschnitt 1.4.1   (1)

685   Nein.   (2)
  ⓘ *Fundstelle: § 3 GGVSEB i.V.m. Kapitel 2.2 und Kapitel 3.2 Tabelle A RID; UN 3117 über Tabelle 2.2.52.4 und 2.2.52.2 RID*
  ⓘ *Hinweis: Bei allen UN-Nummern für Peroxide ist die Sondervorschrift 122 genannt, die auf 2.2.52.4 RID verweist. Dort sind alle Peroxide mit der Zuordnung zur relevanten UN-Nummer aufgefürt.*

686   C   Am Eintrag im Tankschild   (1)
  ⓘ *Fundstelle: 6.8.2.5.1 RID*

687   D   Auf beiden Seiten des Kesselwagens (auf dem Tank selbst oder auf einer Tafel)   (1)
  ⓘ *Fundstelle: 6.8.2.5.1 und 6.8.2.5.2 i.V.m. 6.8.2.4.2 und 6.8.2.4.3 RID*
  ⓘ *Hinweis: Im RID sind zwei Einträge vorgeschrieben. Verantwortlich ist der Betreiber eines Kesselwagens nach § 24 GGVSEB.*

688   D   Auf dem Tankschild   (1)
  ⓘ *Fundstelle: 6.8.2.5.1 und 6.8.2.5.2 RID*
  ⓘ *Hinweis: Die Antwortvorgabe müsste nach der 17. RID-Änderungsverordnung lauten: Auf beiden Seiten des Kesselwagens (auf dem Tank selbst oder auf Tafeln)*

689   D   Auf dem Tankcontainer selbst oder auf einer Tafel   (1)
  ⓘ *Fundstelle: 6.8.2.5.2 RID*

690   A   Von der Einfülltemperatur und der Dichte   (1)
  ⓘ *Fundstelle: 4.3.2.2.2 RID*
  ⓘ *Hinweis: Die verschiedenen Formeln in 4.3.2.2.1 sind immer unter Berücksichtigung der Einfülltemperatur (t_F) und dem kubischen Ausdehnungskoeffizienten (Formel in Bezug auf die Dichte bei 15 °C und 50 °C) zu berechnen.*

691   Wenn die Sicherheit des Tanks oder seiner Ausrüstungen durch Ausbesserungen, Umbau oder Unfall beeinträchtigt sein könnte.   (2)
  ⓘ *Fundstelle: 6.8.2.4.4 RID*

692   Unterabschnitt 5.1.5.3 RID   (2)

693   Abschnitt 5.1.5 RID   (2)

694   Tabelle 2.2.7.2.2.1 in 2.2.7.2.2 RID   (2)
  ⓘ *Hinweis: Bei der Beantwortung der Frage geht man von den bekannten Radionukliden aus.*

Gb-Prüfung 2 Antworten
2.4 Eisenbahn

695 Antwortmöglichkeiten: (2)
- erstmalige Prüfung
- wiederkehrende Prüfung spätestens nach 8 Jahren
- Zwischenprüfung spätestens nach 4 Jahren
- außerordentliche Prüfung

ⓘ *Fundstelle: 6.8.2.4 RID*

696 Alle 8 Jahre (2)

ⓘ *Fundstelle: 6.8.2.4.2 RID*

697 Alle 4 Jahre (2)

ⓘ *Fundstelle: 6.8.2.4.3 RID*

698 Alle 2,5 Jahre (2)

ⓘ *Fundstelle: 6.7.2.19.2 RID*

ⓘ *Hinweis: Vor Beantwortung ist unbedingt zu prüfen: Ist ein ortsbeweglicher Tank zugelassen? Ja – T4 in Spalte 10*

699 Nein; Unterabschnitt 7.5.2.1 RID (2)

700 A Verwendung von Wagen mit ordnungsgemäßen Funkenschutzblechen (1)

ⓘ *Fundstelle: 7.5.2.2 und 7.2.4 Sondervorschrift W2 erster Absatz RID*

701 Ja, nach Unterabschnitt 7.5.2.4 dürfen begrenzte Mengen mit Gütern der Unterklasse 1.4 befördert werden. (2)

ⓘ *Hinweis: Über Tabelle A UN-Nummer 2475 Klasse 8 und UN-Nummer 0174 1.4S. Die Beförderung von begrenzten Mengen ist im Unterabschnitt 7.5.2.4 geregelt.*

702 Ja; Abschnitt 7.5.4 RID (2)

ⓘ *Hinweis: Die Lösung ergibt sich aus Kapitel 3.2 Tabelle A RID. UN 1230 Methanol ist ein Stoff der Klasse 3 und mit Gefahrzetteln Nr. 3 und 6.1 zu kennzeichnen. Durch den Gefahrzettel Nr. 6.1 i.V.m. der Sondervorschrift CW28 wird in 7.5.11 RID auf die Anwendung 7.5.4 RID hingewiesen.*

703 Richtige Antwortmöglichkeiten (mindestens zwei nennen): (2)
- vollwandige Trennwände, so hoch wie die geladenen Versandstücke
- Trennung durch Versandstücke, die nicht mit Zetteln nach Muster 6.1, 6.2 oder 9 gekennzeichnet und keine Güter der UN-Nummern 2212, 2315, 2590, 3151, 3152 oder 3245 sind
- ein Abstand von mindestens 0,8 m
- zusätzliche Verpackung oder vollständige Abdeckung von Versandstücken

ⓘ *Fundstelle: 7.5.4 i.V.m. 7.5.11 (CW28) RID*

704 C Im Abschnitt 7.5.7 des RID (1)

705 Es ist zuerst die dem Füllgut zunächst liegende Absperreinrichtung zu schließen. (2)

ⓘ *Fundstelle: 4.3.2.3.4 RID*

2 Antworten
2.4 Eisenbahn

706 Richtige Antwortmöglichkeiten (mindestens zwei nennen): (2)
- Dichtheit des Tankkörpers und Dichtheit der Ausrüstungsteile sowie ihre Funktionstüchtigkeit überprüfen
- Masse der Restladung (z. B. durch Wiegen) bestimmen
- das letzte Ladegut ermitteln (ggf. Vermischungsverbot)
- Angaben des Ladegutes auf dem Tankschild müssen mit dem zu befüllenden Gut übereinstimmen; bei Verwendung für mehrere Gase muss die richtige Klapptafel geöffnet sein.
- Lastgrenzen i.V.m. höchstzulässiger Masse der Füllung überprüfen

ⓘ *Fundstelle: 4.3.3.4.1 a) RID*

707
- Tanktyp (2)
- Berechnungsdruck
- Öffnungen
- Sicherheitsventil/-einrichtung

ⓘ *Fundstelle: 4.3.4.1.1 RID für Klassen 3 bis 9*

708 LGBF und L4BN (3)

ⓘ *Hinweis: Über 3.2.1 Alphabetische Stoffliste (Tabelle B) RID: UN-Nummer 1294, dann Kapitel 3.2 Tabelle A RID: Toluen, Verpackungsgruppe II, Klassifizierungscode F1. Nach Spalte 12 ist LGBF zugelassen. Nach der Tankhierarchie 4.3.4.1.2 RID ist auch L4BN zugelassen sowie weitere Tanks gemäß dieser Tankhierarchie. Es können alle Tanks verwendet werden, die in der Spalte „zugelassene Stoffgruppen" den Eintrag „sowie die für die Tankcodierungen LGBF zugelassenen Stoffgruppen" haben, oder jeweils höherwertige Tanks gemäß Tankhierarchie am Ende der Tabelle in 4.3.4.1.2 RID.*

709 B Mindestens drei voneinander unabhängige hintereinanderliegende (1)

ⓘ *Hinweis: Aus der alphabetischen Stoffliste RID: Heizöl (leicht), UN 1202, Sondervorschrift 640L, ist dann nach Kapitel 3.2 Tabelle A Spalte 12 RID der Tankcode LGBF erforderlich.*
Tankcodierung nach 4.3.4.1.1 RID, Teil 3 „Öffnungen": Hiernach ist B genannt; somit sind drei Verschlüsse erforderlich.

710 A 1 l Innenverpackung, 20 kg Bruttomasse/Versandstück (1)

ⓘ *Fundstelle: Kapitel 3.2 Tabelle A RID: UN 1715, Spalte 7a und 3.4.3 RID*

711 Je Innenverpackung 5 kg (2)
Versandstück 30 kg brutto

ⓘ *Fundstelle: Kapitel 3.2 Tabelle A RID: UN 3453 Phosphorsäure, fest, 8, VG III, Spalte 7a und 3.4.2 RID*

712 Unterabschnitt 7.5.8.1 RID (1)

713 B Auf jeden Fall vor erneutem Beladen (1)

ⓘ *Fundstelle: 7.5.8.1 RID (Regelung für die Reinigung nach dem Entladen)*

714 Kapitel 6.11 RID (1)

715 C Sie muss für die gesamte Lebensdauer geführt und bis 15 Monate nach der (1)
Außerbetriebnahme des Tanks aufbewahrt werden.

ⓘ *Fundstelle: 4.3.2.1.7 RID*

716 A P (1)

ⓘ *Fundstelle: 6.8.2.5.1 RID*

717   **C**   Die Beförderung kann noch durchgeführt werden.   (1)

        ⓘ *Fundstelle: 4.3.2.4.4 RID (Teil 4, weil es um die Verwendung geht)*

718   BK1 = Die Beförderung in bedeckten Schüttgut-Containern ist zugelassen.   (1)

        ⓘ *Hinweis: In Spalte 10 sind die Regelungen für Schüttgut-Container aufgeführt. Die Regelungen für die Beförderung in loser Schüttung sind in Kapitel 7.3 RID zu finden. In 7.3.2.1 RID sind die Typen erläutert.*

719   **D**   öffnungsfähige Seitenwände haben, die während der Beförderung geschlossen werden können.   (1)

        ⓘ *Hinweis: Über die Begriffsbestimmung in 1.2.1 RID ist die Lösung und in Kapitel 6.11 RID sind die baulichen Anforderungen an Schüttgut-Container zu finden.*

720   Ein oben offener Schüttgut-Container mit starrem Boden (einschließlich trichterförmiger Böden), starren Seitenwänden und starren Stirnseiten und einer nicht starren Abdeckung.   (1)

        ⓘ *Fundstelle: 1.2.1 RID*

721   Die Beförderung kann noch durchgeführt werden; 4.3.2.4.4 RID.   (2)

        ⓘ *Fundstelle: 4.3.2.4.4 RID (Teil 4, weil es um die Verwendung von Tanks geht)*

722   **B**   verdichteten Gasen der Gruppe O, wenn der Druck des Gases im Gefäß bei einer Temperatur von 20 °C höchstens 200 kPa beträgt.   (1)

        ⓘ *Fundstelle: 1.1.3.2 Buchstabe c RID (Freistellungen für Gase)*

723   Die Kältemaschine unterliegt nicht den Vorschriften des RID, da nur 10 kg eines nicht entzündbaren und nicht giftigen Gases enthalten sind. Dies wird durch Sondervorschrift 119 geregelt.   (2)

        ⓘ *Hinweis: UN 2857 hat in Kapitel 3.2 Tabelle A Spalte 6 die Sondervorschrift 119 (Kapitel 3.3 RID); hier werden Kältemaschinen freigestellt, die nur geringe Mengen an Gas enthalten.*

724   **A**   Sondervorschrift 598 eingehalten sind.   (1)

        ⓘ *Hinweis: UN 2800 hat in Kapitel 3.2 Tabelle A Spalte 6 die Sondervorschriften 238, 295 und 598 (Kapitel 3.3). Die Sondervorschrift 598 in Kapitel 3.3 RID lässt eine Freistellung vom RID zu.*

725   **A**   In Innenverpackungen, die in starken Außenverpackungen verpackt sind, die u. a. den Vorschriften von 4.1.1.1 entsprechen   (1)

        ⓘ *Hinweis: Lithium-Metall-Batterien sind in der alphabetischen Stoffliste des RID der UN 3090 zugeordnet. In Kapitel 3.2 Tabelle A RID sind in Spalte 6 die Sondervorschriften aufgeführt. In der Sondervorschrift 188 (Kapitel 3.3 RID) sind die Bedingungen aufgeführt. In Sondervorschrift 188 Buchstabe d und h wird verlangt, dass die Außenverpackung lediglich einem Falltest aus 1,2 m standhalten muss. Hier sind die Lösungen über Buchstabe d zu finden.*

726   Nein, die Verpackung muss lediglich einem Falltest aus 1,2 m standhalten.   (3)

        ⓘ *Fundstelle: Kapitel 3.2 Tabelle A über UN-Nummer 3480 Spalte 6 Sondervorschrift 188 d) und g) in Kapitel 3.3 RID*

        ⓘ *Hinweis: Wenn die Batterie nur eine Gesamtmenge von 2 g Lithium enthält oder eine Nennenergie von höchstens 100 Wh hat, dann ist eine Freistellung nach Sondervorschrift 188 möglich. Nach Sondervorschrift 188 müssen keine bauartgeprüften Verpackungen verwendet werden. Die Außenverpackung muss lediglich einem Falltest aus 1,2 m standhalten.*

2 Antworten — Gb-Prüfung
2.4 Eisenbahn

727 D müssen in ausreichend belüfteten Verpackungen verpackt werden. (1)
 ⓘ *Fundstelle: Über UN 1057 in Kapitel 3.2 Tabelle A RID, Sondervorschrift 654 in Spalte 6 (Kapitel 3.3 RID)*

728 Unterabschnitt 1.1.3.10 RID (1)

729 Unterabschnitt 1.1.3.8 RID (1)

730 Unterabschnitt 4.3.2.2 RID (1)

731 4.3.2.2.1 a) RID (3)
 ⓘ *Hinweis: Bei UN 1170 handelt es sich um einen entzündbaren flüssigen Stoff. Hier ist die Berechnung nach 4.3.2.2.1 a) RID durchzuführen. Mit der Tankcodierung LGBF und dem Buchstaben „F" erhält man den Hinweis, dass es sich um einen Tank mit Über- und Unterdruckbelüftungseinrichtungen handelt. Das ist ein Kriterium für 4.3.2.2.1 a).*

732 Nein, da der Tank nur für feste Stoffe zugelassen ist und UN 1824 in Tanks, die für flüssige Stoffe zugelassen sind, befördert werden darf. Die Tankhierarchie lässt dies nicht zu. (3)
 ⓘ *Fundstelle: Kapitel 3.2 Tabelle A Spalte 12 i.V.m. 4.3.4.1.1 und 4.3.4.1.2 RID*

733 Für UN 1223 wird ein LGBF-Tank verlangt. (2)
 L Tank für flüssige Stoffe
 G Mindestberechnungsdruck gemäß allgemeinen Vorschriften des Absatzes 6.8.2.1.14 RID
 B Tank mit Bodenöffnungen mit 3 Verschlüssen für das Befüllen oder Entleeren
 F Tank mit Lüftungseinrichtung
 ⓘ *Fundstelle: Kapitel 3.2 Tabelle A, 3.2.1 Alphabetische Stoffliste (Tabelle B), UN 1223, und 4.3.4.1.1 RID*

734 B 1.6.3 RID (1)

735 Beförderung von Straßenfahrzeugen im kombinierten Verkehr Straße/Schiene. Dieser Begriff schließt auch die rollende Landstraße ein. (1)
 ⓘ *Fundstelle: 1.2.1 RID*

736 Ja, weil die Sperrung von öffentlichen Verkehrswegen für mehr als 3 Stunden erfolgte. (2)
 ⓘ *Fundstelle: 1.8.5.3 RID*

737 C UN 1154 in begrenzten Mengen und UN 0499 (1)
 ⓘ *Fundstelle: 7.5.2.4 RID*

738 A Kapitel 6.11 (1)

739 Keine Ausbuchtungen oder Schäden bei: (2)
 – Gewebeschlaufen
 – lasttragenden Gurtbändern
 – Gewebe
 – Teilen der Verschlusseinrichtung, einschließlich Metall- und Textilteile
 – Innenauskleidungen (keine Schlitze, Risse oder andere Beschädigungen)
 ⓘ *Fundstelle: 7.3.2.10.1 RID*
 ⓘ *Hinweis: Für die Antwort reichen zwei Bauteile aus.*

2 Antworten
2.4 Eisenbahn

740   **C**   Container-/Fahrzeugpackzertifikat   (1)
- *Fundstelle: 5.4.2 RID*
- *Hinweis: Das RID fordert, dass dem Seebeförderer ein Container-/Fahrzeugpackzertifikat zur Verfügung gestellt wird.*

741   **C**   Nein   (1)
- *Hinweis: Nach Abschnitt 5.4.2 muss ein Containerpackzertifikat dem Verantwortlichen für die Seebeförderung vorliegen. Das ist in der Regel im Seehafen. Eine Mitführpflicht gibt es nicht.*

742   Kein Hinweis erforderlich.   (1)
- *Fundstelle: 5.4.1.1.11 und 4.1.2.2 RID*
- *Hinweis: Ein Hinweis in den Beförderungspapieren ist nur dann erforderlich, wenn 4.1.2.2 b) zutrifft und die IBC noch voll sind. In diesem Fall handelt es sich um leere ungereinigte IBC und somit trifft 4.1.2.2 a) zu und es ist kein Hinweis erforderlich.*

743   Die Nummer der Kennzeichnung der Gefahr aus Spalte 20 „80"   (1)
- *Fundstelle: Kapitel 3.2 Tabelle A und 5.4.1.1.1 Buchstabe j) i.V.m. Spalte 20 und 5.3.2.1.1 RID*

744   Die Nummer zur Kennzeichnung der Gefahr. Für UN 2270 die 338.   (1)
- *Fundstelle: 5.4.1.1.1 j) i.V.m. Spalte 20 und i.V.m. 5.3.2.1.1 RID*

745   Ende der Haltezeit: .... (TT/MM/JJJJ)   (2)
- *Fundstelle: Absatz 5.4.1.2.2 Buchstabe d RID*
- *Hinweis: Das Datum, an dem die tatsächliche Haltezeit endet, muss eingetragen werden.*

746   Leer, ungereinigt, 23, UN 1077 Propen, 2.1   (3)
Rückstände des zuletzt enthaltenen Stoffes, 23, UN 1077 Propen, 2.1
23, UN 1077 Propen, 2.1, leer, ungereinigt
23, UN 1077 Propen, 2.1, Rückstände des zuletzt enthaltenen Stoffes
Leerer Kesselwagen, letztes Ladegut: 23, UN 1077 Propen, 2.1
- *Fundstelle: 5.4.1.1.6.1 und 5.4.1.1.6.2.2 RID*
- *Hinweis: Aus 3.2.1 Alphabetische Stoffliste (Tabelle B): Propen UN 1077, dann Kapitel 3.2 Tabelle A RID: Gefahrzettelnummer 2.1 (Spalte 5) und Nummer zur Kennzeichnung der Gefahr: 23 (Spalte 20)*

747   **B**   Aus den schriftlichen Weisungen   (1)
- *Fundstelle: 5.4.3 RID*

748   UN 3332 RADIOAKTIVE STOFFE, TYP A-VERSANDSTÜCK, IN BESONDERER FORM, 7   (4)
Cs-137, Am-241, 1776 MBq, II-GELB, Transportkennzahl 0,5, Zulassungskennzeichen für besondere Form GB/140/S, GB/7/S

Keine besonderen Maßnahmen nach 5.4.1.2.5.2 a) RID erforderlich.
- *Hinweis:*
  Nach 5.4.1.2.5.1 b) RID ist entweder die „Beschreibung der physikalischen und chemischen Form des Stoffes" oder „die Angabe, dass es sich um einen radioaktiven Stoff in besonderer Form handelt" anzugeben. Bei UN 3332 ist diese Angabe Teil der offiziellen Benennung, kann also hier weggelassen werden (steht so ausdrücklich nur bei 10.8.3.9.2 Schritt 6, b) IATA-DGR).
  Nach 5.4.1.2.5.1 c) RID ist die „maximale Aktivität des radioaktiven Inhalts" anzugeben, also die Summe von 296 MBq + 1 480 MBq = 1 776 MBq.

2 Antworten
2.4 Eisenbahn

> *Nach 5.4.1.2.5.2 a) RID hat der Absender „zusammen mit dem Beförderungspapier" u.a. auf zusätzliche Maßnahmen bei der Verladung/Verstauung/Beförderung/Handhabung/Entladung hinzuweisen oder einen Hinweis zu geben, „dass solche Maßnahmen nicht erforderlich sind".*
> *Die Kategorie ist aus Tabelle 5.1.5.3.4 RID zuzuordnen; bzgl. der Umrechnung siehe 1.2.2 RID.*

749 Beförderung nach Unterabschnitt 7.5.8.1 (2)
   ⓘ *Fundstelle: 5.4.1.1.6.3 Buchstabe b RID*

750
- UN-Nummer mit Buchstaben „UN" vorangestellt (3)
- offizielle Benennung ggf. ergänzt mit technischer Benennung
- Gefahrzettelmuster (klassenbezogene Besonderheiten beachten)
- Verpackungsgruppe (klassenbezogene Besonderheiten beachten)
- Anzahl und Beschreibung der Versandstücke
- Gesamtmenge
- Name und Anschrift des Absenders
- Name und Anschrift des Empfängers

   ⓘ *Fundstelle: 5.4.1.1.1 RID*
   ⓘ *Hinweis: Es wurde hier eine verkürzte Form der Darstellung gewählt.*

751 40, UN 1346 Silicium-Pulver, amorph, 4.1, III (2)
   ⓘ *Hinweis: Angaben gemäß 3.2 Tabelle A i.V.m. 5.4.1.1.1 RID*

752 30, UN 1300 Terpentinölersatz, 3, III, umweltgefährdend, Beförderung nach Absatz 1.1.4.2.1 (3)
   ⓘ *Hinweis: Angaben aus Kapitel 3.2 Tabelle A Spalte 2 Benennung und Beschreibung: Terpentinölersatz ist der richtige Eintrag für das Beförderungspapier, 2.2.3.1.3 (Flammpunkt) für VG III, Spalte 20 für Nummer zur Kennzeichnung der Gefahr, 5.4.1.1.1 und 5.4.1.1.7 (Beförderungspapier) und 1.1.4.2 (Vorlauf Seeverkehr) RID*

753 Leere Verpackung, 6.1 (3) (2)
Weitere Möglichkeiten:
Leer ungereinigt, UN 2023 Epichlorhydrin, 6.1 (3), II
Rückstände des zuletzt enthaltenen Stoffes UN 2023 Epichlorhydrin, 6.1 (3), II
UN 2023 Epichlorhydrin, 6.1 (3), II, leer ungereinigt
UN 2023 Epichlorhydrin, 6.1 (3), II, Rückstände des zuletzt enthaltenen Stoffes
   ⓘ *Fundstelle: 5.4.1.1.6.1 und 5.4.1.1.6.2.1 RID*

754 Leer ungereinigt 886, UN 1744 Brom, 8 (6.1), I, umweltgefährdend (3)
Rückstände des zuletzt enthaltenen Stoffes 886, UN 1744 Brom, 8 (6.1), I, umweltgefährdend
886, UN 1744 Brom, 8 (6.1), I, umweltgefährdend, leer ungereinigt
886, UN 1744 Brom, 8 (6.1), I, umweltgefährdend, Rückstände des zuletzt enthaltenen Stoffes
Leerer Tankcontainer, letztes Ladegut: 886, UN 1744 Brom, 8 (6.1), I, umweltgefährdend
   ⓘ *Fundstelle: 5.4.1.1.6.1 und 5.4.1.1.6.2.2 RID*

755 Leer ungereinigt 40, UN 1364 Baumwollabfälle, ölhaltig, 4.2, III (3)
Rückstände des zuletzt enthaltenen Stoffes 40, UN 1364 Baumwollabfälle, ölhaltig, 4.2, III
40, UN 1364 Baumwollabfälle, ölhaltig, 4.2, III, leer ungereinigt
40, UN 1364 Baumwollabfälle, ölhaltig, 4.2, III, Rückstände des zuletzt enthaltenen Stoffes
Leerer Wagen, letztes Ladegut: 40, UN 1364 Baumwollabfälle, ölhaltig, 4.2, III
ⓘ *Fundstelle: 5.4.1.1.6.1 und 5.4.1.1.6.2.2 RID*

756 UN 3509 Altverpackungen, leer ungereinigt (mit Rückständen von 6.1), 9 (2)
ⓘ *Fundstelle: Kapitel 3.2 Tabelle A und 5.4.1.1.19 RID*

757 Sondervorschrift 640 D (2)
ⓘ *Fundstelle: Kapitel 3.2 Tabelle A Spalte 6 Sondervorschrift 640 D, 2.2.3.1.3 (Flammpunkt) zu VG II, 5.4.1.1.1 (Beförderungspapier) und 5.4.1.1.16 RID*

758 Deutsch, Englisch oder Französisch (1)
ⓘ *Fundstelle: 5.4.1.4.1 RID*

759 C   Ggf. die Anzahl und Beschreibung der Versandstücke (1)
ⓘ *Fundstelle: 5.4.1.1.1 und 5.4.1.1.18 RID*

760 C   Die Nummer zur Kennzeichnung der Gefahr (1)
ⓘ *Fundstelle: 5.4.1.1.1 j) i.V.m. 5.4.1.1.9 und 1.1.4.4.5 RID*

761 B   33, UN 1993, Entzündbarer flüssiger Stoff, n.a.g., 3, II, Abfall nach Absatz 2.1.3.5.5 (1)
ⓘ *Fundstelle: 5.4.1.1.3 und 2.1.3.5.5 und 5.4.1.1.1 j) RID für die Nummer zur Kennzeichnung der Gefahr, weil in Kesselwagen befördert wird*
ⓘ *Hinweis: Aufgrund der Kenntnisse ist die Einstufung in VG II möglich. Die SV 274 muss nicht zur Anwendung kommen.*

762 33, UN 1993, Entzündbarer flüssiger Stoff, n.a.g., 3, II, Abfall nach Absatz 2.1.3.5.5, umweltgefährdend (3)
ⓘ *Fundstelle: 5.4.1.1.3 und 2.1.3.5.5 und 5.4.1.1.1 j) RID für die Nummer zur Kennzeichnung der Gefahr, weil in Kesselwagen befördert wird; 5.4.1.1.18 RID für umweltgefährdende Eigenschaften*
ⓘ *Hinweis: Aufgrund der Kenntnisse ist die Einstufung in VG II gemäß Tabelle in 2.2.3.1.3 möglich. Die SV 274 muss nicht zur Anwendung kommen.*

763 „Gefährliche Güter in freigestellten Mengen" und die Ergänzung der Anzahl der Versandstücke (2)
ⓘ *Fundstelle: 3.5.6 RID*
ⓘ *Hinweis: Weil ein Konnossement mitgeführt wird, muss ein Eintrag erfolgen.*

764 Beförderung nach Absatz 4.3.2.4.4 (2)
ⓘ *Fundstelle: 5.4.1.1.6.4 RID*

765 – Beförderung gemäß Unterabschnitt 1.1.4.4 RID (3)
– Nummer zur Kennzeichnung der Gefahr vor der UN-Nummer: 33
ⓘ *Fundstelle: 1.1.4.4.5 und 5.4.1.1.9 RID*

2 Antworten
2.4 Eisenbahn

766 60, UN 2078 Toluendiisocyanat, 6.1, II, umweltgefährdend (2)
  ⓘ *Fundstelle: 5.4.1.1.1 a) bis d) und j), weil Beförderung in Kesselwagen und 5.4.1.1.18 RID*

767 UN 2910, Adresse des Absenders und Adresse des Empfängers. 5.1.5.4.2 RID (3)
  ⓘ *Fundstelle: 5.1.5.4.2 RID*
  ⓘ *Hinweis: Bei der Fragestellung wird nach den „immer" erforderlichen Angaben gefragt.*

768 D Sie sind auf dem Führerstand an leicht zugänglicher Stelle mitzuführen. (1)
  ⓘ *Fundstelle: 5.4.3.1 RID*

769 1 000 L Brennstoff (1)
  ⓘ *Fundstelle: Über UN 3530 in Kapitel 3.2 Tabelle A Spalte 6, Sondervorschrift 363 l) RID*

770 Nr. 13 „vorsichtig verschieben" und Nr. 15 „Abstoß- und Ablaufverbot" (2)
  ⓘ *Fundstelle: 5.3.4.2 RID*

771 – mindestens 250 mm Seitenlänge (2)
  – Anbringung an beiden Längsseiten
  ⓘ *Fundstelle: 5.3.1.7.1 und 5.3.1.7.4 sowie 5.3.1.4 RID*
  ⓘ *Hinweis: An Wagen dürfen die Großzettel auch auf 150 mm Seitenlänge verkleinert werden, sofern die verfügbare Fläche für die Anbringung der Großzettel wegen der Größe und Bauweise des Wagens nicht ausreicht.*

772 B Mit Großzetteln (Placards), die den Gefahrzetteln der Versandstücke entsprechen, an beiden Längsseiten (1)
  ⓘ *Fundstelle: 5.3.1.5 RID*

773 Sie müssen mit den für die vorherige Ladung vorgeschriebenen Großzetteln versehen sein. (1)
  ⓘ *Fundstelle: 5.3.1.6 RID*

774 C Ja (1)
  ⓘ *Fundstelle: 5.3.1.1.6 RID*

775 D An beiden Längsseiten und an jedem Ende des Großcontainers (1)
  ⓘ *Fundstelle: 5.3.1.2 RID*

776 An beiden Längsseiten und an jedem Ende des Großcontainers (2)
  ⓘ *Fundstelle: 5.3.1.2 RID*

777 An beiden Längsseiten und an jedem Ende des Wechselbehälters (2)
  ⓘ *Fundstelle: 5.3.1.2 RID*
  ⓘ *Hinweis: Ein Wechselaufbau (Wechselbehälter) ist nach 1.2.1 RID wie ein Großcontainer zu behandeln. Siehe auch Bemerkung zu 5.3.1.2 ADR.*

778 B An beiden Längsseiten des Wagens (1)
  ⓘ *Fundstelle: 5.3.1.5 RID*

779 Orangefarbener Streifen (2)
  ⓘ *Fundstelle: 5.3.5 und Sondervorschrift TM6 Spalte 13 und 6.8.4 e) RID*

780	Bei der Beförderung von verflüssigten, tiefgekühlt verflüssigten oder gelösten Gasen	(2)

ⓘ *Fundstelle: 5.3.5 und Sondervorschrift TM6 Spalte 13 und 6.8.4 e) RID*

781	Gefahrzettel Nr. 1 und Nr. 15. Die Anbringung erfolgt auf beiden Längsseiten.	(2)

ⓘ *Fundstelle: Kapitel 3.2 Tabelle A Spalte 5 und 5.3.1.5 und 5.3.4.1 RID*

782	Großzettel Nr. 3 Kennzeichen für umweltgefährdende Stoffe Orangefarbene Tafel mit Nummer zur Kennzeichnung der Gefahr: 33 UN-Nummer: 1203	(3)

ⓘ *Fundstelle: 5.3.1, 5.3.2 und 5.3.6 RID*

783	Die Anbringung erfolgt an beiden Längsseiten. Größe beträgt mindestens 250 mm × 250 mm.	(2)

ⓘ *Fundstelle: 5.3.1.5, 5.3.1.7.1 und 5.3.1.7.4 RID*

ⓘ *Hinweis: An Wagen dürfen die Großzettel auch auf 150 mm Seitenlänge verkleinert werden, sofern die verfügbare Fläche für die Anbringung der Großzettel wegen der Größe und Bauweise des Wagens nicht ausreicht.*

784	Orangefarbene Tafeln an beiden Längsseiten Nummer zur Kennzeichnung der Gefahr: 23 UN-Nummer: 1077 Großzettel Nr. 2.1 Rangierzettel 13 Rundum: orangefarbener Streifen	(4)

ⓘ *Fundstelle: 3.2.1 Alphabetische Stoffliste (Tabelle B), Kapitel 3.2 Tabelle A Spalten 1, 5, 13 und 20 und SV TM6 – 6.8.4, 5.3.1.4, 5.3.2, 5.3.4.2 und 5.3.5 RID*

785	Ja; Absatz 5.3.2.1.1 RID	(2)

ⓘ *Fundstelle: 5.3.2.1.1 letzter Satz RID*

786	**B** Großzettel und Kennzeichen für umweltgefährdende Stoffe vorn und hinten und links und rechts an den befüllten Abteilen sowie orangefarbene Tafeln links und rechts an den befüllten Abteilen des Tankcontainers	(1)

ⓘ *Fundstelle: 5.3.1.2 (Großzettel), 5.3.2.1.2 (orangefarbene Tafeln) und 5.3.6 (umweltgefährdende Stoffe) RID*

787	– Gefahrzettel Nr. 2.2 – Gefahrzettel Nr. 3 – Ausrichtungspfeile auf zwei gegenüberliegenden Seiten – UN 1950 AEROSOLE – UN 1915 – Umverpackung	(4)

ⓘ *Fundstelle: Kapitel 3.2 Tabelle A Spalten 5 und 6 (für UN 1950 gibt es die SV 625: Angabe auf Versandstück „UN 1950 Aerosole"), 5.1.2.1, 5.1.2.2 und 5.1.2.3 sowie 5.2.1.1, 5.2.1.10.1 und 5.2.2.1 RID*

ⓘ *Hinweis: Nach Auffassung des DIHK muss das Wort „AEROSOLE" nicht angegeben werden. Nach Auffassung der Verfasser ist es aber sinnvoll, weil es ggf. sonst bei Kontrollen zur Verwirrung kommen könnte.*

788	Kennzeichen für erwärmte Stoffe	(1)

ⓘ *Fundstelle: 5.3.3 RID*

2 Antworten
2.4 Eisenbahn

789 Toleranz von ± 10 % (1)
ⓘ *Fundstelle: 5.3.2.2.4 RID*

790 Tabelle A RID: Nach Spalte 18 CW36 (2)
Die Ladetüren der Wagen oder Container müssen mit folgender Kennzeichnung versehen sein, wobei die Buchstabenhöhe mindestens 25 mm betragen muss:
„ACHTUNG
KEINE BELÜFTUNG
VORSICHTIG ÖFFNEN"
Diese Angaben müssen in einer Sprache abgefasst sein, die vom Absender als geeignet angesehen wird.
ⓘ *Fundstelle: Kapitel 3.2 Tabelle A Spalte 18, CW36 in 7.5.11 RID*

791 Ja. Bei Beförderung von Tankcontainern mit einem Fassungsraum von höchstens 3 000 l in gedeckten Wagen muss der Wagen nicht mit orangefarbenen Tafeln gekennzeichnet werden. (3)
ⓘ *Fundstelle: Bemerkung zu 5.3.2.1.5 RID*

792 C Sie legen fest, wie das Versandstück während des Transports auszurichten ist. (1)
ⓘ *Fundstelle: 5.2.1.10 und 5.1.2.3 RID*

793 – UN 1230 und UN 1219 (4)
– Gefahrzettel nach Muster 3 und 6.1
– Ausrichtungspfeile auf zwei gegenüberliegenden Seiten
– Umverpackung
ⓘ *Fundstelle: 5.1.2 RID*
ⓘ *Hinweis: Zunächst ist festzustellen, dass zusammengesetzte Verpackungen als Versandstücke gelten (Begriffsbestimmung in 1.2.1 RID). Dann wird weiterhin über 1.2.1 RID festgestellt, dass es sich um eine Umverpackung handelt. Somit gelten die Vorschriften des Unterabschnitts 5.1.2.1 RID. Für die UN-Nummern 1230 und 1219 werden über die Tabelle A RID die Gefahrzettel und Kennzeichnungen ermittelt.*
Obwohl der Gefahrzettel 3 zweimal vorkommt, ist er nur einmal auf der Umverpackung anzubringen. Außerdem handelt es sich um flüssige Stoffe und somit ist auch die Regelung für die Ausrichtungspfeile in 5.2.1.10 RID zu prüfen.

794 Kennzeichnung und Bezettelung an beiden Längsseiten (4)
Großzettel Nr. 4.2 und 4.3
Orangefarbene Tafel mit Gefahrnummer X333 und der UN-Nr. 3394
ⓘ *Fundstelle: 5.3.1.3.1, 5.3.2.1.5 i.V.m. Bemerkung und Kapitel 3.2 Tabelle A Spalten 1 und 20 RID*

795 Orangefarbene Tafeln mit Gefahrnummer 70 und UN-Nr. 3328 sind an beiden Längsseiten anzubringen. (2)
ⓘ *Fundstelle: 5.3.2.1.1 RID*

796 D Mit einer orangefarbenen Tafel mit Nummer zur Kennzeichnung der Gefahr und UN-Nummer an beiden Längsseiten (1)
ⓘ *Fundstelle: 5.3.2.1.1 RID*

797 Großzettel Nr. 9 an allen 4 Seiten und Kennzeichen für umweltgefährdende Stoffe (4)
an allen 4 Seiten
Orangefarbene Tafel mit Gefahrnummer 90 und UN-Nr. 3082 an beiden Längsseiten
  ⓘ *Fundstelle: Kapitel 3.2 Tabelle A Spalten 1, 5 und 20, 5.3.1.2, 5.3.2.1.2 und 5.3.6 RID*

798 Nein, da in den Bedingungen nach der SV 188 keine Kennzeichnung mit Gefahrzettel 9A verlangt wird und die Lithium-Metall-Batterien von den übrigen Vorschriften des RID freigestellt sind. Es muss lediglich das Kennzeichen für Lithium-Batterien angebracht werden. (2)
  ⓘ *Fundstelle: Sondervorschrift 188 in Kapitel 3.3 und 5.2.1.9 RID*

799 Großzettel Nr. 3 und 8 an beiden Längsseiten des Sattelanhängers (2)
  ⓘ *Fundstelle: 1.1.4.4.3 RID*
  ⓘ *Hinweis: Alternative: orangefarbene Tafel auch an der Stirnseite des Anhängers*

800 Nein; 1.1.4.4.2 Buchstabe b) RID (2)

801 Großzettel an beiden Längsseiten, Größe 25 cm × 25 cm (2)
  ⓘ *Fundstelle: 1.1.4.4.4, 5.3.1.7.1 und 5.3.1.7.4 RID*
  ⓘ *Hinweis: An Wagen dürfen die Großzettel auch auf 150 mm Seitenlänge verkleinert werden, sofern die verfügbare Fläche für die Anbringung der Großzettel wegen der Größe und Bauweise des Wagens nicht ausreicht.*

802 Orangefarbene Tafel mit 33/1203, Großzettel Nr. 3 und Kennzeichen „umweltgefährdend" an beiden Längsseiten (4)
  ⓘ *Fundstelle: 5.3.1, 5.3.2 und 5.3.6 RID*

803 – UN-Nummer 1971 (3)
    – Methan verdichtet
    – das Datum (Jahr) der nächsten wiederkehrenden Prüfung
    – 1 000 kg Bruttomasse
    – Gefahrzettel Nr. 2.1
  ⓘ *Hinweis: Es sind drei Angaben auszuwählen. Bei UN 1971 handelt es sich um ein verdichtetes brennbares Gas der Klasse 2.1. Weil es sich um einzelne Gasflaschen handelt, ist das Flaschenbündel nach 5.2.1.6 und 5.2.2 RID zu kennzeichnen und zu bezetteln. Die „technische Kennzeichnung" nach Kapitel 6.2 ist in der Fragestellung nicht enthalten.*

804 Unterabschnitt 1.1.4.2 RID (1)

805 **B** Dem ADR (1)
  ⓘ *Fundstelle: 1.1.4.4.1 RID*

806 **B** Temperaturkontrollierte selbstzersetzliche Stoffe der Klasse 4.1 sind im Huckepackverkehr nicht zugelassen. (1)
  ⓘ *Fundstelle: 1.1.4.4.1 RID*

807 1.1.4.4, 5.4.1.1.9 und 7.7 RID (2)
  ⓘ *Hinweis: Es gibt nur 1.1.4.4 RID als Fundstelle mit diesen Bedingungen. Die weiteren Fundstellen ergeben sich aus 1.1.4.4 RID.*

808 Nein; Sondervorschrift TU15 (2)
  ⓘ *Fundstelle: Kapitel 3.2 Tabelle A Spalte 13 Sondervorschrift TU15, 4.3.5 RID*

2 Antworten
2.4 Eisenbahn

809 Abschnitt 7.5.3 RID (1)

810 C Zwischen den Puffertellern mindestens 18 m (1)
ⓘ *Fundstelle: 7.5.3 RID*

811 Ja. Wagen, in denen Güter nach Kapitel 3.4 RID befördert werden, sind nicht mit (2)
Großzetteln gekennzeichnet und können zur Einhaltung des Schutzabstandes verwendet werden.
ⓘ *Fundstelle: 7.5.3 und Kapitel 3.4 RID*

812 Nein; 7.5.3 RID (2)
ⓘ *Hinweis: Gefahrzettel Nr. 1.4 fällt nicht unter die Regelung in 7.5.3 RID.*

813 Kapitel 4.3 RID (1)

814 Kapitel 4.2 RID (1)

815 Ja; Unterabschnitt 4.3.2.4 RID (2)
ⓘ *Fundstelle: 4.3.2.4.4 RID*

816 D Tabelle A Spalte 10 bzw. Spalte 17 (1)
ⓘ *Fundstelle: 3.2.1 Spaltenerläuterungen RID*
ⓘ *Hinweis: Weitere Angaben sind in Kapitel 7.3 RID enthalten.*

817 A Tabelle A Spalte 12 (1)
ⓘ *Fundstelle: Kapitel 3.2 Tabelle A und 4.3 RID*

818 D Tabelle A Spalte 10 (1)
ⓘ *Fundstelle: Kapitel 3.2 Tabelle A und 4.2 RID*

819 Klasse 1 (1)
ⓘ *Fundstelle: 7.5.2.2 RID*

820 Ein Meter (2)
ⓘ *Fundstelle: CW33 über Kapitel 3.2 Tabelle A Spalte 18, Tabelle B in CW33 in 7.5.11 RID*

821 1. Türscharniere und Beschläge, die verklemmt, verdreht, zerbrochen, nicht vorhanden oder in anderer Art und Weise nicht funktionsfähig sind (3)
2. Undichte Dichtungen und Verschlüsse
3. Jede Beschädigung an Hebeeinrichtungen oder an den Aufnahmepunkten für die Umschlageinrichtungen
ⓘ *Fundstelle: 7.3.1.13 Buchstabe a) bis i) RID*

822 D BK1 (1)
ⓘ *Fundstelle: 6.11.2.3 und 7.3.2.1 RID*

823 In gedeckte Wagen oder Wagen mit Decken (2)
ⓘ *Fundstelle: 7.2.2 RID*

824 Nein. (2)
Über Kapitel 3.2 Tabelle A Spalte 16 Sondervorschriften W5, W7 und W8
Nach der Sondervorschrift W5 in 7.2.4 RID darf UN 3222 nicht in einem Kleincontainer befördert werden.

825	**C** Die Beförderung im Huckepackverkehr ist bei diesem Stoff nicht zulässig.	(1)

ⓘ *Fundstelle: 1.1.4.4.1 und Kapitel 3.2 Tabelle A (UN 0129) RID – generelles Verbot der Beförderung im RID*

826	**D** Dem ADR	(1)

ⓘ *Fundstelle: 1.1.4.4.1 RID*

827	Beförderung unter Beachtung einer ausreichenden Sicherheit zu der nächsten geeigneten Stelle. Eine ausreichende Sicherheit liegt vor, wenn geeignete Maßnahmen ergriffen wurden, die eine gleichwertige Sicherheit gewährleisten und ein unkontrolliertes Freiwerden der gefährlichen Güter verhindern. Außerdem ist im Beförderungspapier zusätzlich zu vermerken: „Beförderung nach Absatz 4.3.2.4.3"	(4)

ⓘ *Hinweis: Es geht hierbei um die Verwendung von Tankcontainern. Somit ist die Maßnahme in Kapitel 4.3 RID zu suchen. Für ungereinigte leere Tanks ist die Vorschrift in 4.3.2.4.3 RID enthalten. Außerdem muss ein Eintrag nach 5.4.1.1.6.3 RID im Beförderungspapier enthalten sein.*

828	Die Anzahl der Versandstücke darf 1 000 nicht übersteigen.	(1)

ⓘ *Fundstelle: 3.5.5 RID*

829	Tankanweisung T14 und Sondervorschrift TP2	(1)

ⓘ *Fundstelle: 3.2.1 Alphabetische Stoffliste (Tabelle B), Kapitel 3.2 Tabelle A Spalten 10 und 11 für UN 1921, weil es sich um einen ortsbeweglichen Tank handelt*

830	Nein. In der Spalte 17 ist der Code VC2 angegeben, damit ist eine Beförderung nur in gedeckten Wagen zulässig.	(2)

ⓘ *Fundstelle: Kapitel 3.2 Tabelle A Spalte 17 mit VC2 in 7.3.3.1 RID*

831	**D** Die Umverpackung ist mit den Kennzeichen beider UN-Nummern zu versehen.	(1)

ⓘ *Fundstelle: 5.1.2 RID*

832	Tabelle A Spalte 7a	(1)

ⓘ *Fundstelle: 3.4.1 und 3.2.2 RID*

833	UN 1823: 1 kg UN 1931: 5 kg	(4)

Kennzeichen für begrenzte Mengen (ein auf die Spitze gestelltes Quadrat, oben und unten schwarz und in der Mitte weiß mit der Abmessung 10 cm × 10 cm)

4.1.1.6 RID

ⓘ *Fundstelle: Kapitel 3.2 Tabelle A Spalten 7a und 9 und 3.4.1, 3.4.7 und 4.1.1.6 RID*

ⓘ *Hinweis: Nach 3.4.1 ist man von den besonderen Vorschriften für das Zusammenpacken befreit.*

834	Nein. Kunststoffsäcke sind als Einzelverpackung nicht zulässig.	(1)

ⓘ *Fundstelle: Über Kapitel 3.2 Tabelle A Spalte 8 ist die P403 anzuwenden. Hiernach sind solche Kunststoffsäcke nicht zulässig.*

835	Wenn die Verpackungsbedingungen nach 3.5.2 und 3.5.3 i.V.m. 3.5.1.4 und die Kennzeichnungsbedingungen nach 3.5.4 eingehalten werden, ist die Aussage richtig.	(2)

ⓘ *Fundstelle: 3.5.1.4 RID*

2 Antworten — Gb-Prüfung
2.4 Eisenbahn

836 Die Sendung entspricht den Anforderungen der SV 296. Bei Verwendung von Gasen des Klassifizierungscodes A bis zu einer Menge von 120 ml je Rettungsmittel zu deren Aktivierung, die in einer starren Außenverpackung bis 40 kg Gesamtbruttomasse verpackt sind, unterliegen diese nicht den Vorschriften. – Sondervorschrift 296 (3)

ⓘ *Fundstelle: Kapitel 3.2 Tabelle A Spalte 6, Kapitel 3.3 Sondervorschrift 296 RID*

837 Wenn die Sicherheitseinrichtungen in Wagen, Schiffen oder Flugzeugen oder einbaufertigen Teilen, wie Lenksäulen, Sitze usw., montiert sind. (2)

ⓘ *Fundstelle: 3.2.1 Alphabetische Stoffliste (Tabelle B) führt zu UN 3268, Kapitel 3.2 Tabelle A und Sondervorschrift 289 in Kapitel 3.3 RID*

838 B   Es dürfen nur zugelassene und zulässige Verpackungen verwendet werden. (1)

ⓘ *Fundstelle: 1.4.3.2 RID und § 22 GGVSEB*

839 Ja; 4.3.2.3.7 a) RID (2)

840 Eine angenommene Umgebungstemperatur von 30 °C (2)

ⓘ *Fundstelle: 6.8.3.4.10 d) RID*

841 Nein. (2)

UN 3509 gilt nur für Verpackungen, Großverpackungen oder Großpackmittel (IBC) oder Teile davon, die zur Entsorgung, zum Recycling oder zur Wiederverwertung ihrer Wertstoffe befördert werden.

ⓘ *Fundstelle: 2.1.5 RID i.V.m. SV 663 RID*

842 Flexible Schüttgut-Container dürfen mit einem Volumen von höchstens 15 m³ und einem maximalen Gewicht von 14 t befüllt werden. (2)

ⓘ *Fundstelle: 1.2.1 Schüttgut-Container (flexible Schüttgut-Container) und 7.3.2.10.4 RID*

843 Absender (2)
Beförderer
Empfänger
Verlader
Verpacker
…

ⓘ *Fundstelle: §§ 18, 19, 20, 21, 22 GGVSEB und siehe weitere Verantwortliche im Inhaltsverzeichnis GGVSEB*

844 B   Er hat für die Mitgabe des Beförderungspapiers zu sorgen. (1)

ⓘ *Fundstelle: § 18 Absatz 1 Nummer 3 und 8 GGVSEB*

845 B   Er hat dafür zu sorgen, dass der höchstzulässige Füllungsgrad bei Kesselwagen eingehalten wird. (1)

ⓘ *Fundstelle: § 23 Absatz 1 Nummer 5 GGVSEB*

846 A   Er hat dafür zu sorgen, dass die Vorschriften über die Beladung und Handhabung beachtet werden. (1)

ⓘ *Fundstelle: § 21 Absatz 3 Nummer 4 GGVSEB*

847 B   Er hat die Vorschriften über die Kennzeichnung von Versandstücken zu beachten. (1)

ⓘ *Fundstelle: § 22 Absatz 1 Nummer 5 GGVSEB*

848	C Er hat sich vor Erteilung des Auftrages zu vergewissern, ob die gefährlichen Güter befördert werden dürfen.	(1)

ⓘ *Fundstelle: § 17 GGVSEB*

849 Antwortmöglichkeiten: (2)
1. Hat sich vor dem Befüllen zu vergewissern, dass sich die „Tanks" und ihre Ausrüstungsteile in einem einwandfreien technischen Zustand befinden.
2. Hat dafür zu sorgen, dass „Tanks" nur mit den dafür zugelassenen gefährlichen Gütern befüllt werden.

ⓘ *Fundstelle: § 23 GGVSEB*

850 D Er hat dafür zu sorgen, dass Begleitpapiere im Zug mitgeführt werden. (1)

ⓘ *Fundstelle: zu A: § 27 Absatz 5 und zu B: § 19 Absatz 3 Nummer 4 GGVSEB*

851 C Er hat dafür zu sorgen, dass ein Kesselwagen nicht verwendet wird, wenn das Datum der nächsten Prüfung überschritten ist. (1)

ⓘ *Fundstelle: § 30 Nummer 5 GGVSEB*

852 Betreiber eines Kesselwagens (2)

ⓘ *Fundstelle: § 30 Nummer 3 GGVSEB*

853 B Der Betreiber eines Kesselwagens (1)

ⓘ *Fundstelle: § 30 Nummer 3 GGVSEB*

854 B Der Betreiber eines Tankcontainers (1)

ⓘ *Fundstelle: § 24 Nummer 2 GGVSEB*

855 B Der Verlader (1)

ⓘ *Fundstelle: § 21 Absatz 3 Nummer 1 GGVSEB*

856 Eisenbahn-Bundesamt (2)
Die nach Landesrecht zuständigen Behörden
Für die Instandhaltung zuständige Stelle im Eisenbahnverkehr (ECM)

ⓘ *Fundstelle: § 15 und § 30a GGVSEB*

857 B Das Eisenbahn-Bundesamt (EBA) (1)

ⓘ *Fundstelle: § 15 Absatz 1 Nummer 3 GGVSEB*

858 B Das Eisenbahn-Bundesamt (EBA) (1)

ⓘ *Fundstelle: § 15 Absatz 1 GGVSEB*

859 Eisenbahn-Bundesamt (1)

ⓘ *Fundstelle: § 15 Absatz 1 Nummer 10 GGVSEB*

860 Der Betreiber (2)

ⓘ *Fundstelle: § 30 Nummer 4 GGVSEB*

861 Beförderung unter Beachtung ausreichender Sicherheit. Ausreichende Sicherheit liegt vor, wenn geeignete Maßnahmen ergriffen wurden, die eine den Vorschriften des RID entsprechende gleichwertige Sicherheit gewährleisten und ein unkontrolliertes Freiwerden der gefährlichen Güter verhindern. Eintrag ins Beförderungspapier nach 5.4.1.1.6.3 RID:
„Beförderung nach Absatz 4.3.2.4.3" (2)

ⓘ *Fundstelle: 4.3.2.4.3 RID*

2 Antworten
2.4 Eisenbahn

862 Der Beförderer, Verlader, Befüller, Empfänger und Entlader (1)
ⓘ *Fundstelle: § 27 Absatz 1 GGVSEB*

863 D Personenschaden im Zusammenhang mit der Beförderung von Gefahrgut und Krankenhausaufenthalt von drei Tagen (1)
ⓘ *Fundstelle: 1.8.5.3 RID*

864 Eisenbahn-Bundesamt spätestens einen Monat nach dem Ereignis (2)
ⓘ *Fundstelle: § 15 Absatz 1 Nummer 5 und § 27 Abs. 1 GGVSEB und 1.8.5.1 RID*

865 Es gelten nur die allgemeinen Vorschriften in Kapitel 1.10 RID, wie 1.10.1 und 1.10.2 RID (Unterweisung im Bereich der Sicherung). (2)
Ein Sicherungsplan ist nicht zu erstellen, weil nach 1.10.3.1.2 RID die Beförderung in Versandstücken nicht berücksichtigt wird.
ⓘ *Fundstelle: Kapitel 3.2 Tabelle A und Kapitel 1.10 RID*

866 C gut beleuchtet sein. (1)
ⓘ *Fundstelle: 1.10.1.3 RID*

867 B Einführung und Anwendung von Sicherungsplänen (1)
ⓘ *Fundstelle: 1.10.3.2.1 RID*

868 D Nur bei Überschreiten bestimmter Mindestmengen (1)
ⓘ *Fundstelle: 1.10.3.1.2 RID*

869 Nein. Bei UN 1219 handelt es sich um Isopropanol, Klasse 3, Verpackungsgruppe II. Die Beförderung erfolgt in IBC, also in Versandstücken. Nach der Tabelle 1.10.3.1.2 Fußnote b) RID gelten die Vorschriften für Sicherungspläne nach 1.10.3 RID nicht. (3)

870 Nein. Bei UN 1202 handelt es sich um Heizöl, Klasse 3, Verpackungsgruppe III. Nach der Tabelle 1.10.3.1.2 RID gelten die Vorschriften für Sicherungspläne für Heizöl nach 1.10.3 RID nicht, weil es sich um die Verpackungsgruppe III handelt. (2)

871 C Nur der Arbeitgeber (1)
ⓘ *Fundstelle: 1.3.3 RID*

872 D Der Betreiber (1)
ⓘ *Fundstelle: § 30 Nummer 4 GGVSEB*

873 A im Beförderungspapier zusätzlich die Nummer zur Kennzeichnung der Gefahr angegeben wird. (1)
ⓘ *Fundstelle: 1.1.4.4.5 und 5.4.1.1.9 RID*

874 Nein; 1.10.4 RID (2)
ⓘ *Fundstelle: 1.10.4 letzter Satz RID*

875 Absender von in begrenzten Mengen verpackten gefährlichen Gütern müssen den Beförderer vor der Beförderung in nachweisbarer Form über die Bruttomasse der so zu versendenden Güter informieren. (2)
ⓘ *Fundstelle: 3.4.12 RID*

876 Absender und Beförderer – 3 Monate (2)
ⓘ *Fundstelle: 5.4.4.1 RID*

Gb-Prüfung

2 Antworten
2.4 Eisenbahn

877 **B** Der Arbeitnehmer muss vor der Übernahme von Pflichten nach den Vorschriften des Abschnitts 1.3.2 RID unterwiesen worden sein. (1)
    ⓘ *Fundstelle: 1.3.1 RID*

878 Schriftliche Weisungen (1)
    ⓘ *Fundstelle: 5.4.3.1 RID*

879 Die Versandstücke müssen mit der offiziellen Benennung und dem Ausdruck „als Kühlmittel bzw. als Konditionierungsmittel" gekennzeichnet werden. (1)
    ⓘ *Fundstelle: 5.5.3.4.1 RID i.V.m. § 22 (1) Nr. 5 b GGVSEB*
    ⓘ *Hinweis: Die zusätzliche Regelung von Transport von Trockeneis ist hier nicht gefragt. Das geht aus dem Wortlaut der Frage heraus. Die neue Regelung spricht von Versandstücken, die Trockeneis (UN 1845) als Sendung enthalten, müssen mit der Angabe „KOHLENDIOXID, FEST" oder „TROCKENEIS" gekennzeichnet sein*

880 **C** Spätestens einen Monat nach dem Ereignis (1)
    ⓘ *Fundstelle: 1.8.5.1 RID*

881 a) Nein, die Mengengrenze für die Außenverpackung wurde überschritten. (2) **(10)**
       ⓘ *Fundstelle: Kapitel 3.2 Tabelle A Spalte 7a für UN 1219 Isopropanol: 1 l; Bruttomasse je Versandstück: 30 kg (3.4.2 RID)*

    b) Kennzeichnung mit „UN 1219", Gefahrzettel Nr. 3 und Ausrichtungspfeile auf 2 gegenüberliegenden Seiten (3)
       ⓘ *Fundstelle: Spalten 1 und 5 in Kapitel 3.2 Tabelle A i.V.m. 5.2.1.1 und 5.2.2.1 (5.2.2.2.2) und 5.2.1.10 RID*

    c) Kennzeichnung mit „UN 1219" und Gefahrzettel Nr. 3 müssen auf der Umverpackung wiederholt werden, da die Kennzeichnung und die Bezettelung auf den Versandstücken nicht mehr sichtbar ist, außerdem die Aufschrift „Umverpackung". (2)
Ausrichtungspfeile, da es sich um zusammengesetzte Verpackungen mit Flüssigkeiten handelt.
       ⓘ *Fundstelle: 5.1.2.1 und 5.1.2.3 RID*

    d) UN 1219, Isopropanol, 3, VG II (2)
       ⓘ *Fundstelle: 5.4.1.1.1 RID*

    e) Beförderer (1)
       ⓘ *Fundstelle: 5.4.3.2 RID*

882 a) UN 1221 Isopropylamin, 3 (8), I, (C/E) (2) **(10)**
       ⓘ *Fundstelle: 1.1.4.4, 5.4.1.1 RID*

    b) Beförderung gemäß 1.1.4.4 RID (1)
       ⓘ *Fundstelle: 1.1.4.4.5 RID*

    c) Orangefarbene Tafel an der Stirnseite des Anhängers anbringen (2)
       ⓘ *Fundstelle: 1.1.4.4.3 RID*

    d) ADR (1)
       ⓘ *Fundstelle: 1.1.4.4.1 RID*

    e) Wiederholung der orangefarbenen Tafeln an beiden Längsseiten des Tragwagens (2)
Anbringung der orangefarbenen Tafeln durch Verlader
       ⓘ *Fundstelle: 1.1.4.4.4 RID und § 22 Absatz 3 Nr. 2 a) GGVSEB*

2.4 Eisenbahn

    f) Nein. UN 3111 ist nach 1.1.4.4.1 RID auf der Schiene im Huckepackverkehr nicht zugelassen. (2)

       ⓘ *Fundstelle: 1.1.4.4.1 RID, 7.5.2.1 RID/ADR*

       ⓘ *Hinweis: Außerdem ist durch die Nebengefahr 1 ein Zusammenladeverbot vorhanden. Die Zusammenladeverbote in Tabelle 7.5.2.1 RID/ADR lassen keine Zusammenladung von explosiven Stoffen (auch als Nebengefahr) mit anderen Gefahrgütern zu.*

883 a) Ja. (1) **(10)**

       ⓘ *Fundstelle: Kapitel 3.2 Tabelle A Spalten 8 und 9 i.V.m. P001 in 4.1.4.1 RID*

    b) Kennzeichnung mit UN 2031 und Gefahrzettel Nr. 8 (2)

       ⓘ *Fundstelle: Kapitel 3.2 Tabelle A Spalten 1 und 5 i.V.m. 5.2.1.1 und 5.2.2.1 (5.2.2.2.2) RID*

    c) 5 Jahre (2)

       ⓘ *Fundstelle: 4.1.1.15 und Kapitel 3.2 Tabelle A Spalte 9a RID*

       ⓘ *Hinweis: Nach der Sondervorschrift PP81 zu P001 in 4.1.4.1 RID gibt es bei Salpetersäure mit mehr als 55 % Salpetersäure eine maximal zulässige Verwendungsdauer von zwei Jahren.*

    d) Aus den letzten beiden Ziffern des Monats und des Jahres der Herstellung (1)

       ⓘ *Fundstelle: 6.1.3.1 Buchstabe e) RID*

    e) Die Standardflüssigkeit ist Salpetersäure. (2)

       ⓘ *Fundstelle: 4.1.1.21.6 RID*

    f) An beiden Längsseiten (1)

       ⓘ *Fundstelle: 5.3.1.5 RID*

    g) Der Verlader (1)

       ⓘ *Fundstelle: § 21 Absatz 3 Nummer 2 Buchstabe a) GGVSEB*

       ⓘ *Lösungsweg: Aus 3.2.1 Alphabetische Stoffliste (Tabelle B) wird die UN-Nummer festgestellt: UN 2031. Mit den restlichen stoffspezifischen Angaben ist die VG II die richtige Zuordnung.*
Über Kapitel 3.2 Tabelle A RID findet man dann die restlichen Antworten.

884 a) 338, UN 1221 Isopropylamin, 3 (8), VG I, (C/E) (2) **(10)**

       ⓘ *Fundstelle: 1.1.4.4.5, 5.4.1.1.1 und 5.4.1.1.9 i.V.m. Kapitel 3.2 Tabelle A RID und 5.4.1.1.1 ADR*

    b) Nummer zur Kennzeichnung der Gefahr = 338
UN-Nummer = 1221 (1)

       ⓘ *Fundstelle: Kapitel 3.2 Tabelle A Spalten 1 und 20 RID*

    c) Nr. 3 und 8 (1)

       ⓘ *Fundstelle: Spalte 5 i.V.m. 5.3.1.1 RID*

    d) An beiden Längsseiten und hinten am Tankfahrzeug die Großzettel (2)

       ⓘ *Fundstelle: 5.3.1.4 ADR*
An beiden Längsseiten der Beförderungseinheit die orangefarbenen Tafeln mit Kennzeichnungsnummern; außerdem vorn und hinten an der Beförderungseinheit orangefarbene Tafeln ohne Kennzeichnungsnummern. Wird nur ein Stoff befördert, können die orangefarbenen Tafeln mit Kennzeichnungsnummern vorn und hinten an der Beförderungseinheit angebracht werden.

       ⓘ *Fundstelle: 5.3.2.1.2, 5.3.2.1.6 und 5.3.2.1.1 ADR*

e) Nein; Absatz 1.1.4.4.2 Buchstabe a) RID (2)

   ⓘ *Hinweis: Das Tankfahrzeug ist an der Seite gekennzeichnet. Diese Kennzeichnung ist auch während der Schienenbeförderung sichtbar. Somit müssen die Großzettel am Tragwagen nicht wiederholt werden.*

f) Absender (1)

   ⓘ *Fundstelle: 1.4.2.1.1 b) RID*

g) Schriftliche Weisungen (1)

   ⓘ *Fundstelle: 5.4.3.2 RID*

885 a) 50, UN 1467 Guanidinnitrat, 5.1, III (2) **(10)**

   ⓘ *Fundstelle: Kapitel 3.2 Tabelle A und 5.4.1.1.1 RID*

b) Ja, da in Spalte 17 der Code VC2 genannt ist und damit gedeckte Wagen verwendet werden dürfen. (2)

   ⓘ *Fundstelle: Kapitel 3.2 Tabelle A Spalte 17 und 7.3.3 RID*

c) Beförderung in Verpackungen, in ortsbeweglichen Tanks, in RID-Tanks oder als Expressgut (2)

   ⓘ *Fundstelle: Kapitel 3.2 Tabelle A RID*

d) Großzettel Nr. 5.1 und orangefarbene Tafel mit Gefahrnummer 50 und UN-Nummer 1467 an beiden Längsseiten (2)

   ⓘ *Fundstelle: Kapitel 3.2 Tabelle A, 5.3.1.4 und 5.3.2.1.1 RID*

e) Nein, da bei der Beförderung von Gefahrgütern in loser Schüttung die Wagen vor erneutem Beladen in geeigneter Weise zu reinigen sind. Sobald das gleiche Gefahrgut geladen wird, entfällt die Reinigung. Außerdem schreibt die Sondervorschrift CW24 bei UN 1467 die generelle Reinigung vor der Beladung vor. (2)

   ⓘ *Fundstelle: 7.5.8.2 und Kapitel 3.2 Tabelle A Spalte 18 i.V.m. 7.5.11 RID*

886 a) UN 1950 Druckgaspackungen, 2.1 (6.1) (2) **(10)**

   ⓘ *Fundstelle: 5.4.1.1.1 RID i.V.m. Kapitel 3.2 Tabelle A Spalten 1, 2 und 5*

b) Nein. (1)

   ⓘ *Fundstelle: Kapitel 3.2 Tabelle A Spalte 7a RID i.V.m. Kapitel 3.4 RID (Hiernach sind nur 120 ml für die Innenverpackung zulässig.)*

c) Ja. (1)

   ⓘ *Fundstelle: Kapitel 3.2 Tabelle A, 4.1.4.1 P207 b) RID (in der Verpackungsanweisung sind nicht bauartzugelassene Verpackungen aus Pappe bis 55 kg und andere bis 125 kg zugelassen)*

d) Bruttohöchstmasse von 60 kg (1)

   ⓘ *Fundstelle: 6.1.3.1 RID*

e) „UN 1950 AEROSOLE" und Gefahrzettel nach Muster 2.1 und 6.1 (2)

   ⓘ *Fundstelle: Kapitel 3.2 Tabelle A – Spalte 6 SV 625 und Spalte 5 i.V.m. Kapitel 5.2 RID*

f) Ja (1)

   ⓘ *Fundstelle: 5.1.2 RID*

g) Kisten aus Holz, Kisten aus Kunststoff, Kisten aus Stahl, Kisten aus Aluminium (2)

   ⓘ *Fundstelle: 4.1.4.1 RID, P207*

2 Antworten
2.4 Eisenbahn

887 a) Nein. (2) **(10)**

ⓘ *Hinweis: Kapitel 3.2 Tabelle A Spalte 12 RID. LGBF-Tank ist zulässig und mit der Tankhierarchie in 4.3.4.1.2 RID ist erkennbar, dass ein LGAH-Tank nicht zulässig ist, weil der dritte Buchstabe A eine schlechtere Ausrüstung darstellt.*

b) Ja; Spalte 12 in Kapitel 3.2 Tabelle A RID (1)

ⓘ *Fundstelle: 3.2.1 Alphabetische Stoffliste (Tabelle B) führt zu UN 1223, Kapitel 3.2 Tabelle A Spalte 12 i.V.m. Kapitel 4.3 und den Erläuterungen zu Spalte 12 in 3.2.2 RID.*

c) Der Befüller (1)

ⓘ *Fundstelle: § 23 Absatz 1 Nummer 5 GGVSEB*

d) Unterabschnitt 4.3.2.2 RID (1)

e) Großzettel Nr. 3, Kennzeichen „umweltgefährdend" und orangefarbene Tafel mit Kennzeichnungsnummern; Nummer zur Kennzeichnung der Gefahr „30"; UN-Nummer 1223; Anbringung an beiden Längsseiten des Kesselwagens (3)

ⓘ *Fundstelle: 5.3.1.4 und 5.3.2.1 RID*

f) 30, UN 1223 Kerosin, 3, III, umweltgefährdend (2)

ⓘ *Fundstelle: Kapitel 3.2 Tabelle A und 5.4.1.1.1 und 5.4.1.1.18 RID*

888 a) Ja, wenn in Spalte 12 ein Tankcode genannt ist, darf das Gefahrgut in RID-Tanks befördert werden. (2) **(10)**

ⓘ *Hinweis: In Kapitel 3.2 Tabelle A Spalte 12 ist ein Tankcode aufgeführt. Damit ist i.V.m. 4.3.2.1.1 RID diese Beförderungsart zulässig.*

b) Wenn ein Tank mit Wärmeisolierung verwendet wird (1)

ⓘ *Hinweis: Kapitel 3.2 Tabelle A RID in Spalte 12: Tankcode PxBN(M); dann muss man die Tankhierarchie nach 4.3.3.1.2 RID verwenden. Hiernach muss der Mindestprüfdruck, hier 12 bar, größer oder gleich dem Mindestprüfdruck nach dem Verzeichnis in 4.3.3.2.5 RID sein. Dies ist bei UN 1965 Gemisch A 01 nur bei Tanks mit Wärmeisolierung der Fall (12 bar).*

c) Feststellung der Überfüllung oder Überladung
Überprüfung, ob die innenliegenden Absperreinrichtungen ausreichend geschlossen sind
... (1)

ⓘ *Fundstelle: 4.3.3.4.3 RID (Hier sind noch weitere Maßnahmen aufgeführt.)*

d) Großzettel Nr. 2.1, Rangierzettel Nr. 13 und orangefarbene Tafel mit Kennzeichnungsnummern; Nummer zur Kennzeichnung der Gefahr „23" und UN-Nummer 1965; Anbringung an beiden Längsseiten des Kesselwagens und orangefarbener Streifen (4)

ⓘ *Fundstelle: Kapitel 3 2 Tabelle A Spalten 1, 5, 13 und 20 i.V.m. 5.3.1.4, 5.3.2.1, 5.3.5, 5.4.2.4, 6.8.4 (TM6) RID*

e) An beiden Seiten des Kesselwagens (auf dem Tank selbst oder auf einer Tafel) (2)

ⓘ *Fundstelle: 6.8.2.5.2 RID*

889 a) 338, UN 2359 Diallylamin, 3 (6.1, 8), II (2) **(10)**

ⓘ *Fundstelle: 5.4.1.1.1 und Kapitel 3.2 Tabelle A RID*

b) Schriftliche Weisungen (2)

ⓘ *Fundstelle: 5.4.3 RID*

c) Großzettel sind an beiden Längsseiten des Tragwagens anzubringen. (1)

ⓘ *Fundstelle: 5.3.1.3 RID*

Gb-Prüfung — 2 Antworten — 2.4 Eisenbahn

d) Befüller am Tankcontainer
   Verlader am Tragwagen (2)

   ⓘ *Fundstelle: Befüller: § 23 Abs. 3 Nr. 1a GGVSEB und Verlader: § 21 Abs. 3 Nr. 2a GGVSEB*

e) Orangefarbene Tafel mit Gefahr-Nr. 338 und UN-Nr. 2359 an beiden Längsseiten. (3)
   Großzettel Nr. 3, 6.1 und 8 an allen 4 Seiten

   ⓘ *Fundstelle: 5.3.1.2 und 5.3.2.1.1 RID*

890 a) P Tank für verflüssigte oder unter Druck gelöste Gase (2) **(10)**
   25 Mindestberechnungsdruck in bar
   B Tank mit Bodenöffnungen mit 3 Verschlüssen für das Befüllen oder Entleeren
   N Tank, Batteriewagen oder MEGC mit Sicherheitsventil gemäß Absätzen 6.8.3.2.9 oder 6.8.3.2.10 RID, der nicht luftdicht verschlossen ist

   ⓘ *Fundstelle: 4.3.3.1.1 RID*

b) Angabe: „wärmeisoliert" oder „vakuumisoliert" auf dem Tankschild (1)

   ⓘ *Fundstelle: 6.8.3.5.1 und 6.8.3.5.5 RID*

   ⓘ *Hinweis: Die Angabe „wärmeisoliert" oder „vakuumisoliert" ist auf dem Tankschild nach 6.8.3.5.1 RID oder auf einer Seite des Kesselwagens (auf den Wänden) anzugeben.*

c) Gemisch C und Angabe „wärmeisoliert" oder „vakuumisoliert" (2)

   ⓘ *Fundstelle: 6.8.3.5.2 (siehe Fußnote) und 6.8.3.5.5 RID*

d) Großzettel Nr. 2.1 und Rangierzettel Nr. 13 und orangefarbene Tafeln mit Kennzeichnungsnummern; Nummer zur Kennzeichnung der Gefahr „23" und UN-Nr. 1965; Anbringung an beiden Längsseiten des Kesselwagens und orangefarbener Streifen (4)

   ⓘ *Fundstelle: Kapitel 3.2 Tabelle A Spalten 1, 5, 13 und 20 i.V.m. 5.3.1.4, 5.3.2.1, 5.3.4, 6.8.4 und 5.3.5 (TM6) RID*

e) Alle 8 Jahre wiederkehrende Prüfungen, alle 4 Jahre Zwischenprüfungen (1)

   ⓘ *Fundstelle: 6.8.2.4.2 und 6.8.2.4.3 RID*

891 a) Ja, da die Freistellungsregelung gemäß 1.1.3.1 Buchstabe c RID nicht angewendet werden kann. (3) **(10)**

   ⓘ *Hinweis: Die Befreiungsregelung in 1.1.3.1 Buchstabe c RID kann nicht in Anspruch genommen werden, weil die Menge des IBC größer als 450 l ist.*

b) Ja. (1)

   ⓘ *Fundstelle: 4.1.1.3 RID*

c) Ja. (1)

   ⓘ *Fundstelle: Kapitel 3.2 Tabelle A und 5.2.1.1, 5.2.2.1 RID*

d) Die Großzettel entsprechend den Gefahrzetteln und Kennzeichen auf den Versandstücken: Gefahrzettel Nr. 2.1 und 3 und Kennzeichen für umweltgefährdende Stoffe (3)

   ⓘ *Fundstelle: Kapitel 3.2 Tabelle A Spalte 5 und 5.3.1.5, 5.3.1.1, 5.3.1.1.4 und 5.3.6 RID*

e) Größe 250 mm × 250 mm (1)

   ⓘ *Fundstelle: 5.3.1.7.1, 5.3.1.7.4 und 5.3.6 RID*

   ⓘ *Hinweis: Verkleinerung auf 150 mm × 150 mm möglich, wenn die Fläche für die Anbringung aufgrund der Größe oder Bauweise des Wagens nicht ausreicht.*

f) Beförderungspapier und schriftliche Weisungen (1)

   ⓘ *Fundstelle: 5.4.1 und 5.4.3 RID*

2 Antworten
2.4 Eisenbahn

892 a) Ja; Angabe des Tankcodes in Kapitel 3.2 Tabelle A Spalte 12 bei UN 2912 (2) **(10)**
   ⓘ *Fundstelle: Zulässigkeit aufgrund der Angabe von Tankcodes in Kapitel 3.2 Tabelle A Spalte 12 RID*
   ⓘ *Hinweis: Zunächst ist aus 3.2.1 Alphabetische Stoffliste (Tabelle B) die UN-Nr. 2912 zu entnehmen.*

   b) Nein. (2)
   ⓘ *Fundstelle: Kapitel 3.2 Tabelle A in Spalte 12 RID: Angabe der Tankcodes mit „(+)" (Damit ist nach 4.3.4.1.3 RID die Hierarchie nicht anwendbar und ein Tank mit dem Code L4BN nicht zugelassen.)*

   c) In 4.3.5 Sondervorschrift TU36 aus Kapitel 3.2 Tabelle A Spalte 13 RID (1)

   d) Der Befüller (1)
   ⓘ *Fundstelle: § 23 Absatz 1 Nummer 5 GGVSEB*

   e) Großzettel 7D, orangefarbene Tafel mit 70/2912 (2)
   ⓘ *Fundstelle: 5.3.1.1.3, 5.3.1.4 und 5.3.2.1 RID*

   f) Nein; 1.10.4 letzter Satz (2)
   ⓘ *Hinweis: Darüber hinaus gelten die Vorschriften dieses Kapitels nicht für die Beförderung von UN 2912 RADIOAKTIVE STOFFE MIT GERINGER SPEZIFISCHER AKTIVITÄT (LSA-I) und UN 2913 RADIOAKTIVE STOFFE, OBERFLÄCHENKONTAMINIERTE GEGENSTÄNDE (SCO-I).*

893 a) Ja. (1) **(10)**
   Kapitel 3.2 Tabelle A Spalte 12 RID i.V.m. Kapitel 4.3 RID. Ist in der Spalte 12 eine Tankcodierung enthalten, ist die Beförderung in RID-Tanks zulässig. 4.3.2.1.1 RID

   b) Nein; Absatz 4.3.4.1.2 RID (2)
   ⓘ *Hinweis: Nach der Tankcodierung in 4.3.4.1.1 RID und der Tankhierarchie in 4.3.4.1.2 RID ist immer das jeweilige gleiche oder höhere Sicherheitsniveau anzuwenden.*
   Bei dem LGAH-Tank ist das „A" niedriger als das „B" im geforderten L4BN-Tank aus Spalte 12. Beim Mindestberechnungsdruck werden 4 bar gefordert, das G ist geringer.

   c) Unterabschnitt 4.3.2.2 RID (1)

   d) Großzettel Nr. 3 und 8 und orangefarbene Tafel mit der Nummer zur Kennzeichnung der Gefahr „83" und der UN-Nummer „1715" (2)
   ⓘ *Fundstelle: 5.3.1.4 und 5.3.2.1.1 RID*

   e) 83, UN 1715 Essigsäureanhydrid, 8 (3), II (2)
   ⓘ *Fundstelle: 5.4.1.1 RID*

   f) Alle 4 Jahre (2)
   12/2024
   ⓘ *Fundstelle: 6.8.2.4.3 RID*

   ⓘ *Lösungsweg: Über 3.2.1 Alphabetische Stoffliste (Tabelle B) ist für Essigsäureanhydrid die UN-Nummer 1715 zu ermitteln. Weitere Angaben sind dann in Kapitel 3.2 Tabelle A RID enthalten.*

894 a) Ja, Calciumcarbid ist nur in der Verpackungsgruppe II nach der Sondervorschrift VC2 mit AP3, AP4 und AP5 (Spalte 17) zur Beförderung in loser Schüttung in geschlossenen Großcontainern zugelassen. (2) **(10)**

   b) 423, UN 1402 Calciumcarbid, 4.3, II (2)
   ⓘ *Fundstelle: Kapitel 3.2 Tabelle A und 5.4.1.1.1 RID*

   c) An beiden Längsseiten des Großcontainers (1)
   ⓘ *Fundstelle: 5.3.2.1.1 RID*

d) Nummer zur Kennzeichnung der Gefahr: 423 (1)
   UN-Nummer: 1402
   ⓘ *Fundstelle: Kapitel 3.2 Tabelle A Spalten 1 und 20 RID*

e) An beiden Längsseiten und an jedem Ende des Großcontainers Großzettel (2)
   Nr. 4.3
   ⓘ *Fundstelle: Kapitel 3.2 Tabelle A Spalte 5 RID und 5.3.1.2 RID*

f) Achtung: keine Belüftung – vorsichtig öffnen (2)
   ⓘ *Fundstelle:Kapitel 3.2 Tabelle A Sondervorschrift AP5 in Spalte 17 und 7.3.3.2.3 RID*

   ⓘ *Lösungsweg: Über 3.2.1 Alphabetische Stoffliste (Tabelle B) ist für Calciumcarbid die UN-Nummer 1402 zu ermitteln. Weitere Angaben sind dann in Kapitel 3.2 Tabelle A RID enthalten.*

895 a) P24BN in wärmeisolierten Tanks (4) **(10)**
   P27BN in nicht wärmeisolierten Tanks
   ⓘ *Hinweis: Über Kapitel 3.2 Tabelle A RID, Spalte 12, erhält man PxBN (M). Über die Tankcodierung für Gase in 4.3.3.1.1 RID i.V.m. dem Verzeichnis der Gase und Gasgemische (4.3.3.2.5 RID) erhält man den Mindestprüfdruck für UN 1078 Gemisch F 3. Das (M) steht für die Möglichkeit, MEGC zu verwenden.*

b) Ja, nach der Tankhierarchie in 4.3.3.1.2 RID ist der Zahlenwert 27 gleich (2)
   oder größer als in P24BN und P27BN; die Buchstaben DH sind höherwertiger als die Buchstaben BN.
   ⓘ *Fundstelle: Kapitel 3.2 Tabelle A Spalte 12, 4.3.3.1.2 und 4.3.3.2.5 RID*

c) 20, UN 1078, Gas als Kältemittel, n.a.g. (Gemisch F3), 2.2 (3)
   ⓘ *Fundstelle: Kapitel 3.2 Tabelle A Spalten 1, 2, 5 und 6 (Sondervorschrift 582) für die Angabe „Gemisch F3" i.V.m. 5.4.1.1.1 Buchstabe a) bis d) und j) RID*

d) Der Verlader (1)
   ⓘ *Fundstelle: § 21 Absatz 3 Nummer 2 Buchstabe a) GGVSEB*
   ⓘ *Hinweis: Der Verlader ist hier zuständig, weil der Tragwagen für den Tankcontainer mit Rangierzettel zu kennzeichnen ist. In 5.3.4 RID wird auf 5.3.1.3 bis 5.3.1.6 RID hingewiesen und nach 5.3.1.2 RID ist der Verlader verantwortlich.*

896 a) Ja, in der Spalte 17 wird die Sondervorschrift VC1 genannt (7.3.3 RID) (2) **(10)**
   ⓘ *Fundstelle: Kapitel 3.2 Tabelle A und 7.3.3 RID*

b) BK1, BK2 und RK3 (1)
   ⓘ *Fundstelle: Kapitel 3.2 Tabelle A Spalte 10 RID*

c) Großzettel Nr. 9 (2)
   Orangefarbene Tafel mit Gefahrnummer 90 und UN-Nr. 3077
   Kennzeichen für umweltgefährdende Stoffe
   ⓘ *Fundstelle: Kapitel 3.2 Tabelle A und 5.3.1, 5.3.2 und 5.3.6 RID*

d) Die Großzettel und Kennzeichen für umweltgefährdende Stoffe sind an (1)
   allen vier Seiten anzubringen.
   ⓘ *Fundstelle: 5.3.1.2 RID*

e) Orangefarbene Tafel mit Gefahrnummer 90 und UN-Nr. 3077 an beiden (2)
   Längsseiten
   ⓘ *Fundstelle: 5.3.2.1.2 RID*

f) Befüller (1)
   ⓘ *Fundstelle: § 23 GGVSEB*

g) Absender (1)
   ⓘ *Fundstelle: § 18 Abs. 1 Nr. 8 GGVSEB und 1.4.2.1.1 b) RID*

2 Antworten
2.4 Eisenbahn

897 a) 13 Innenverpackungen (1) **(10)**
  ⓘ *Fundstelle: Kapitel 3.2 Tabelle A und 3.4.2 RID*
  ⓘ *Hinweis: Die Ethanollösung ist in Verpackungsgruppe III einzustufen. Es dürfen gemäß Spalte 7a maximal 5 l je Innenverpackung und 30 kg brutto je Versandstück als begrenzte Menge transportiert werden.*
  Es werden aber nur 2-Liter-Innenverpackungen verwendet (2 l multipliziert mit der Dichte 0,94 plus das Taragewicht der Innenverpackung = 2,08). Die Kiste wiegt 1 kg, damit können noch 29 kg verpackt werden. Somit können noch 13 Innenverpackungen in die Kiste gepackt werden (29 dividiert durch 2,08 = 13,94).

  b) Das Versandstück wird mit einem auf die Spitze gestellten Quadrat (oben und unten schwarz und in der Mitte weiß) und mit Ausrichtungspfeilen auf zwei gegenüberliegenden Seiten gekennzeichnet. (2)
  ⓘ *Fundstelle: 3.4.7 und 3.4.1 i.V.m. 5.2.1.10 RID*

  c) 5 l (1)
  ⓘ *Fundstelle: Kapitel 3.2 Tabelle A Spalte 7a RID*

  d) Absender (1)
  ⓘ *Fundstelle: § 18 Abs. 1 Nr. 2 GGVSEB und 3.4.12 RID*

  e) Die Umverpackung wird mit einem auf die Spitze gestellten Quadrat (oben und unten schwarz und in der Mitte weiß) gekennzeichnet. Zusätzlich sind die Ausrichtungspfeile auf zwei gegenüberliegenden Seiten anzubringen. Das Wort „Umverpackung" muss angebracht werden. (3)
  ⓘ *Fundstelle: 3.4.11 und 5.1.2.1 a) (i) RID*

  f) Kennzeichnung mit einem auf die Spitze gestellten Quadrat (oben und unten schwarz und in der Mitte weiß) mit einer Größe von 25 cm × 25 cm. Dieses Kennzeichen ist auf beiden Längsseiten anzubringen. (2)
  ⓘ *Fundstelle: 3.4.13 RID*

898 a) T4 und TP1 (1) **(10)**
  ⓘ *Fundstelle: Kapitel 3.2 Tabelle A Spalten 10 und 11 RID*

  b) Ja; 4.2.5.2.5 RID (2)

  c) TP1 i.V.m. 4.2.1.9.2 RID (1)
  ⓘ *Fundstelle: Kapitel 3.2 Tabelle A Spalte 12 und 4.2.5.3 RID*

  d) Ja; 1.1.4.2.1 RID (2)

  e) 33, UN 1170 Ethanol, Lösung, 3, II, Beförderung nach Absatz 1.1.4.2.1 (2)
  ⓘ *Fundstelle: Kapitel 3.2 Tabelle A i.V.m. 5.4.1.1.1 und 5.4.1.1.7 RID*

  f) Ja; 7.5.3 RID (2)

899 a) 99, UN 3257 Erwärmter flüssiger Stoff, n.a.g. (flüssiges Eisen), 9, III (3) **(10)**
  ⓘ *Fundstelle: 3.2.1 Alphabetische Stoffliste, Kapitel 3.2 Tabelle A und 5.4.1.1.1 RID*

  b) Großzettel Nr. 9, Kennzeichen erwärmte Stoffe, orangefarbene Tafel mit Gefahr-Nr. 99 und UN 3257 (3)
  ⓘ *Fundstelle: Kapitel 3.2 Tabelle A und 5.3.1.4, 5.3.2.1.1 und 5.3.3 RID*

  c) An beiden Längsseiten (1)
  ⓘ *Fundstelle: 5.3.1.4, 5.3.2.1.1 und 5.3.3 RID*

2.4 Eisenbahn

d) Die Beförderung erfolgt in loser Schüttung nach der VC3. Hier wird darauf (3) hingewiesen, dass die Beförderung in loser Schüttung in besonders ausgerüsteten Wagen, die den von der zuständigen Behörde des Ursprungslandes festgelegten Normen entsprechen, zugelassen ist. In Deutschland sind die Vorgaben für den Bau der Torpedowagen in der Anlage 12 zur RSEB geregelt.

  ⓘ *Fundstelle: Kapitel 3.2 Tabelle A Spalte 17 RID*

  ⓘ *Lösungsweg: Zuordnung der UN-Nr. über 3.2.1 Alphabetische Stoffliste (Tabelle B) unter der Bezeichnung „erwärmter flüssiger Stoff"*

900 a) BK1, BK2 und BK3 (1) **(10)**

  ⓘ *Fundstelle: Kapitel 3.2 Tabelle A Spalte 10 RID*

  b) Die Beförderungsmittel müssen starre Stirn- und Seitenwände haben, deren Höhe mindestens 2/3 der Höhe des flexiblen Schüttgut-Containers abdeckt. (2)

  ⓘ *Fundstelle: 7.5.7.6.1 RID*

  c) 40, UN 1350 Schwefel, 4.1, III (2)

  ⓘ *Fundstelle: Kapitel 3.2 Tabelle A und 5.4.1.1.1 RID*

  d) 2 Jahre (1)

  ⓘ *Fundstelle: 7.3.2.10.2 RID*

  e) Prüflast der Stapeldruckprüfung (2)

  ⓘ *Fundstelle: 6.11.5.5.1 g) RID*

  f) Großzettel Nr. 4.1. Der Großzettel ist an beiden Längsseiten des Wagens anzubringen. (2)

  ⓘ *Fundstelle: Kapitel 3.2 Tabelle A Spalte 5 und 5.3.1.3 RID*

  ⓘ *Lösungsweg: Zuordnung von Schwefel zu UN 1350 über 3.2.1 Alphabetische Stoffliste (Tabelle B) RID*

901 a) Nein; 4.3.2.3.7 RID (2) **(10)**

  b) Ja; 4.3.2.4.4 RID (2)

  c) 20, UN 1065 Neon, verdichtet, 2.2 (2)

  ⓘ *Fundstelle: Kapitel 3.2 Tabelle A und 5.4.1.1.1 RID*

  d) Beförderung nach 4.3.2.4.4 RID (2)

  ⓘ *Fundstelle: 5.4.1.1.6.4 RID*

  e) Absender (1)

  ⓘ *Fundstelle: § 26 (1) Nr. 3 GGVSEB*

  f) Bescheinigung über die durchgeführte Prüfung (1)

  ⓘ *Fundstelle: 4.3.2.1.7 und 6.8.3.4.18 RID*

2.5 Antworten zum verkehrsträgerspezifischen Teil Binnenschiffsverkehr

Hinweis: Die Zahl in Klammern gibt die erreichbare Punktzahl an.

902 Nein; 1.1.3.6.1 ADN (2)

ⓘ *Fundstelle: 1.1.3.6.1 und Kapitel 3.2 Tabelle A ADN*

ⓘ *Hinweis: Die Freistellungen können nach 1.1.3.6 ADN nicht in Anspruch genommen werden, da es sich bei UN 0012 um ein Gefahrgut der Klasse 1 handelt.*

903 Nein; 8.3.1.1 ADN (2)

ⓘ *Fundstelle: 8.3.1.1 ADN*

ⓘ *Hinweis: In 8.3.1 ADN sind die Personen genannt, die sich an Bord befinden dürfen. Fahrgäste sind nicht zulässig.*

904 Nein; Abschnitt 8.3.1 ADN (2)

ⓘ *Hinweis: Nach 8.3.1.1 ADN dürfen nur bestimmte Personen mitgenommen werden:*
 – Besatzungsmitglieder
 – normalerweise an Bord lebende Personen
 – Personen, die aus dienstlichen Gründen an Bord sind

905 **D** Die Beförderung von Fahrgästen ist im vorliegenden Fall verboten. (1)

ⓘ *Hinweis: Nach 8.3.1.1 ADN dürfen nur bestimmte Personen mitgenommen werden:*
 – Besatzungsmitglieder
 – normalerweise an Bord lebende Personen
 – Personen, die aus dienstlichen Gründen an Bord sind

906 Nein. Die Vorschriften des ADN gelten nicht für gefährliche Güter, die für den Antrieb der Schiffe dienen. (2)

ⓘ *Fundstelle: 1.1.3.3 ADN*

907 15 000 kg (2)

ⓘ *Fundstelle: 7.1.4.1.1 und Tabelle in 7.1.4.1.4 ADN*

ⓘ *Hinweis: Die Menge der zugelassenen gefährlichen Güter ist für „Einhüllenschiffe" in 7.1.4.1.1 ADN begrenzt. Die jeweiligen Mengengrenzen sind in der Tabelle in 7.1.4.1.4 aufgeführt. Werden Doppelhüllenschiffe eingesetzt, dürfen nach 7.1.4.1.2 ADN größere Mengen befördert werden.*

908 Nein; 1.1.3.6.1 ADN (2)

ⓘ *Hinweis: Die Freimengen (3 000 kg brutto) nach 1.1.3.6.1 ADN werden überschritten. Beide Gewichte sind zu addieren.*

909 Nein; 1.1.3.6.1 ADN (2)

ⓘ *Hinweis: Die Freimengen (3 000 kg) nach 1.1.3.6.1 ADN werden unterschritten.*

910 3 000 kg; 1.1.3.6.1 ADN (2)

911 Ja; 1.1.3.5 ADN (2)

ⓘ *Hinweis: Es müssen geeignete Maßnahmen ergriffen werden, um Gefährdungen auszuschließen.*

912 Nein. Begründung: Die Freimenge beträgt für Güter der Klasse 2 Kategorie F nur 300 kg. (2)

ⓘ *Fundstelle: 1.1.3.6.1 ADN*

2.5 Binnenschiff

913   **C**   Es besteht ein generelles Rauchverbot. Dieses Verbot gilt nicht in den Wohnungen und im Steuerhaus, sofern deren Fenster, Türen, Oberlichter und Luken geschlossen sind.   (1)
ⓘ *Fundstelle: 8.3.4 i.V.m. 7.1.3.41.1 und 7.2.3.41.1 ADN je nach Schiffstyp*

914   In Wohnungen und Steuerhaus, sofern Fenster, Türen, Oberlichter und Luken geschlossen sind oder das Lüftungssystem so eingestellt wird, dass ein Überdruck von 0,1 kPa gewährleistet ist.   (2)
ⓘ *Fundstelle: 8.3.4 i.V.m. 7.1.3.41.1 und 7.2.3.41.1 ADN je nach Schiffstyp*

915   Nein; 7.1.3.44 ADN   (2)

916   Einmal täglich; Bilgen und Auffangwannen müssen in einem produktfreien Zustand gehalten werden.   (2)
ⓘ *Fundstelle: 7.2.3.2.1 ADN*

917   Einmal pro Woche; 7.2.3.1.1 ADN   (2)

918   **A**   Einmal pro Jahr durch hierfür von der zuständigen Behörde zugelassene Personen   (1)
ⓘ *Fundstelle: 8.1.6.2 ADN*

919   Mindestens 50 m   (2)
ⓘ *Fundstelle: 7.1.5.2 ADN*

920   300 m   (2)
ⓘ *Fundstelle: 7.2.5.4.3 ADN*

921   500 m   (2)
ⓘ *Fundstelle: 7.1.5.4.3 ADN*

922   Bundeswasserstraßen: Wasser- und Schifffahrtsamt; übrige Wasserstraßen: jeweilige nach Landesrecht zuständige Stelle   (2)
ⓘ *Fundstelle: § 16 Absatz 6 Nummer 1 GGVSEB.*
ⓘ *Hinweis: Hier wird auf Teil 7 ADN Bezug genommen.*

923   Ja.   (1)
ⓘ *Fundstelle: § 1 Absatz 1 GGVSEB*
ⓘ *Hinweis: Grundsätzlich gilt auch im Hafen die GGVSEB/das ADN. Von Fall zu Fall kann die zuständige lokale Behörde im Rahmen von Hafensicherheitsverordnungen weitere Auflagen festlegen.*

924   7.1.4.3 und 7.1.4.4 ADN   (2)

925   **A**   Ja, soweit sich dies aus der Tabelle unter 7.1.4.3.4 ADN ergibt.   (1)
ⓘ *Fundstelle: Tabelle 7.1.4.3.4 ADN*

926   3 m   (2)
ⓘ *Fundstelle: 7.1.4.3.1 ADN*
ⓘ *Hinweis: Es gilt der Grundsatz, dass Stoffe verschiedener Klassen durch einen horizontalen Abstand von mindestens 3 m voneinander getrennt werden müssen.*

927   1 m   (2)
ⓘ *Fundstelle: 7.1.4.14.2 ADN*

2 Antworten
2.5 Binnenschiff

928   **C**   Der Ladetank muss vorher entspannt worden sein. (1)
- ⓘ *Fundstelle: 7.2.4.22.1 ADN*
- ⓘ *Hinweis: Für das Öffnen der Probeentnahmeeinrichtungen gibt es andere Vorgaben.*

929   An der von der örtlich zuständigen Behörde zugelassenen Umschlagstelle. Eine Genehmigung ist nur außerhalb dieser Stelle erforderlich. (2)
- ⓘ *Fundstelle: 7.2.4.9 ADN*

930   **B**   Ja, mit Genehmigung der örtlich zuständigen Behörde (1)
- ⓘ *Fundstelle: 7.1.4.9 und 7.2.4.9 ADN.*
- ⓘ *Hinweis: Nach der Fragestellung wird nicht zwischen Trockengüterschiff und Tankschiff unterschieden.*

931   Die Lade- und Löscharbeiten müssen unterbrochen werden. (2)
- ⓘ *Fundstelle: 7.1.4.8.2 ADN*

932   Die Lade- und Löscharbeiten müssen unterbrochen werden. (2)
- ⓘ *Fundstelle: 7.1.4.8.2 ADN*

933   Die Lade- und Löscharbeiten müssen unterbrochen werden. (2)
- ⓘ *Fundstelle: 7.1.4.8.2 ADN*

934   Nein; 7.2.4.53 ADN (2)

935   An der von der zuständigen Behörde zugelassenen Stelle (2)
- ⓘ *Fundstelle: 7.2.3.7.1.1 ADN*

936   7.2.4.21 ADN (2)
- ⓘ *Fundstelle: 7.2.4.21 i.V.m. 3.2.3 Tabelle C Spalte 11; weitere Erläuterungen in 1.2.2.4 ADN*

937   95 % (2)
- ⓘ *Fundstelle: 3.2.3 Tabelle C Spalte 11 und 7.2.4.21 ADN*

938   95 % (2)
3.2.3 Tabelle C Spalte 11 und 7.2.4.21 ADN

939   97 % (2)
- ⓘ *Fundstelle: 3.2.3 Tabelle C Spalte 11 und 7.2.4.21 ADN*

940   Flüssige Ladung, die nicht durch das Nachlenzsystem aus den Ladetanks oder den Leitungssystemen entfernt werden kann. (2)
- ⓘ *Fundstelle: 1.2.1 (Begriffsbestimmungen) ADN*

941   5.4 und 8.1 ADN (2)

942   Beförderungspapier, Zulassungszeugnis, schriftliche Weisungen (3)
- ⓘ *Fundstelle: 8.1.2.1 und 8.1.2.2 ADN*
- ⓘ *Hinweis: Es können auch andere Dokumente genannt werden, die in 8.1.2.1 und 8.1.2.2 ADN genannt sind.*

943   Beförderungspapier (1)
- ⓘ *Hinweis: Nach 5.4.1 i.V.m. 8.1.2.1 b) ADN handelt es sich um ein Beförderungspapier.*

944	5.4.1 ADN	(2)
945	Ja; 5.4.1.1.6.5 ADN	(2)
946	5.4.1.4.1 ADN	(2)
947	A Die in 5.4.1.1 ADN vorgeschriebenen Vermerke	(1)
948	C Name(n) und Anschrift(en) des/der Empfänger(s)	(1)

ⓘ *Hinweis: Die Angaben im Beförderungspapier ergeben sich aus 5.4.1.1.1 h) lose Schüttung oder Versandstücke und 5.4.1.1.2 g) Tankschiff ADN.*

949 Absender (2)

ⓘ *Hinweis: Die Pflichten des Absenders ergeben sich aus 1.4.2.1.1 b) ADN sowie aus § 18 Absatz 1 Nummer 1 GGVSEB.*

950 Schiffsführer (2)

ⓘ *Fundstelle: 5.4.1.1.6.5 ADN*

951 Trockengüterschiffe: vor dem Beladen (2)
Tankschiffe: direkt nach dem Beladen, und bevor die Fahrt beginnt

ⓘ *Fundstelle: 8.1.2.4 ADN*

ⓘ *Hinweis: Bei Tankschiffen können die Beförderungspapiere erst nach dem Beladen übergeben werden, weil beispielsweise die Lademenge erst dann bekannt ist. Anders ist das bei Trockengüterschiffen, hier ist die Lademenge schon vorher bekannt.*

952 Nein; 8.1.2.4 ADN (2)

ⓘ *Hinweis: Je nach Schiffstyp gibt es Unterschiede. Die schriftlichen Weisungen müssen immer vor dem Beladen durch den Beförderer (5.4.3.2 ADN) übergeben werden. Bei Trockengüterschiffen sind die Beförderungspapiere vor dem Beladen zu übergeben. Nur bei Tankschiffen darf das Beförderungspapier nach dem Beladen übergeben werden.*

953 Wenn alle zusätzlichen Angaben gemäß ADN ergänzt werden. (2)

ⓘ *Fundstelle: 1.1.4.2.2 und 5.4.1.4.1 ADN*

954 Sprache, die der Schiffsführer und der Sachkundige lesen und verstehen können (2)

ⓘ *Fundstelle: 5.4.3.2 ADN*

955 Vor dem Ladebeginn (2)

ⓘ *Fundstelle: 5.4.3.2 und 8.1.2.4 ADN*

956 Beförderer (2)

ⓘ *Fundstelle: 5.4.3.2 ADN*

957 C   Der Beförderer (1)

ⓘ *Fundstelle: 5.4.3.2 ADN*

958 Schriftliche Weisungen (1)

ⓘ *Fundstelle: 5.4.3.1 ADN*

959 Schriftliche Weisungen (1)

ⓘ *Fundstelle: 5.4.3.1 ADN*

960 D   Vom Beförderer (1)

ⓘ *Fundstelle: 5.4.3.2 ADN*

2 Antworten
2.5 Binnenschiff

961 Schriftliche Weisungen (1)
ⓘ *Fundstelle: 5.4.3.1 ADN*

962 Im Steuerhaus an leicht zugänglicher Stelle; sie müssen leicht auffindbar sein. (2)
ⓘ *Fundstelle: 5.4.3.1 und 8.1.2.4 ADN*

963 Schriftliche Weisungen (1)
ⓘ *Fundstelle: 5.4.3.1 ADN*

964 C Jedes Mitglied der Besatzung muss sich selbst informieren. (1)
ⓘ *Fundstelle: 5.4.3.3 ADN*

965 C Der Schiffsführer (1)
ⓘ *Fundstelle: 5.4.3.2 ADN*

966 Nein, da die Menge unterhalb der Freigrenze nach 1.1.3.6.1 ADN liegt. (2)
ⓘ *Hinweis: Aus Kapitel 3.2 Tabelle A ADN entnehmen wir, dass das Gefahrgut mit der UN-Nr. 1080 den Klassifizierungscode 2A hat. Die Freigrenze beträgt nach 1.1.3.6.1 ADN 3 000 kg, so dass keine schriftlichen Weisungen erforderlich sind.*

967 Zulassungszeugnis (2)
ⓘ *Fundstelle: 1.16.1.2.2 ADN*

968 A Dass Bau und Ausrüstung des Schiffes den anwendbaren Vorschriften des ADN entsprechen (1)
ⓘ *Fundstelle: 1.16.1.2.2 ADN*

969 C Die zuständigen Behörden der ADN-Vertragsparteien (1)
ⓘ *Fundstelle: 1.16.2.1 ADN*

970 Ja; 1.16.1.1.1 ADN (2)
ⓘ *Hinweis: Nach 1.16.1.1.1 ADN ist ein Zulassungszeugnis erforderlich, wenn die in 1.1.3.6.1 ADN genannten Freimengen überschritten werden. Die Freimengen betragen 3 000 kg, somit ist ein Zulassungszeugnis erforderlich.*

971 C Maximal 5 Jahre (1)
ⓘ *Fundstelle: 1.16.1.1.2 ADN*

972 Für eine einzige Fahrt (1)
ⓘ *Fundstelle: 1.16.1.3.1 c) ADN*

973 B Ein Abdruck des ADN (1)
ⓘ *Fundstelle: 8.1.2.1 d) ADN*

974 B Maximal 5 Jahre (1)
ⓘ *Fundstelle: 8.2.1.4, 8.2.2.8.3 und 8.2.2.8.4 ADN*

975 D Die vorgeschriebenen Beförderungspapiere für alle beförderten gefährlichen Güter (1)
ⓘ *Fundstelle: 8.1.2.1 b) ADN*

976 A Die vorgeschriebene Bescheinigung der Isolationswiderstände der elektrischen Einrichtungen (1)
ⓘ *Fundstelle: 8.1.2.1 e) ADN*

Gb-Prüfung

2 Antworten
2.5 Binnenschiff

977   **B**   Je ein Lichtbildausweis für jedes Mitglied der Besatzung   (1)
       ⓘ *Fundstelle: 1.10.1.4 und 8.1.2.1 i) ADN*

978   **B**   Der vorgeschriebene Stauplan   (1)
       ⓘ *Fundstelle: 8.1.2.2 a) und 8.1.2.3 a) ADN*

979   **A**   Ein Prüfbuch, in dem alle geforderten Messergebnisse festgehalten sind   (1)
       ⓘ *Fundstelle: 8.1.2.1 g)*

980   **B**   Die vorgeschriebene Bescheinigung der Prüfung der Feuerlöschschläuche   (1)
       ⓘ *Fundstelle: 8.1.2.1 f) ADN*

981   **A**   Die vorgeschriebenen schriftlichen Weisungen   (1)
       ⓘ *Fundstelle: 8.1.2.1 c) ADN*

982   **B**   Das Zulassungszeugnis für das Schiff   (1)
       ⓘ *Fundstelle: 8.1.2.1 a) ADN*

983   **A**   Die vorgeschriebene Bescheinigung über besondere Kenntnisse des ADN   (1)
       ⓘ *Fundstelle: 8.1.2.2 b) und 8.1.2.3 b) ADN*

984   Bundeswasserstraßen: Wasser- und Schifffahrtsamt; übrige Wasserstraßen: jeweilige nach Landesrecht zuständige Stelle   (2)
       ⓘ *Fundstelle: § 16 Absatz 6 Nummer 1 GGVSEB – siehe auch 7.1.4.8 ADN*

985   Bundeswasserstraßen: Wasser- und Schifffahrtsamt; übrige Wasserstraßen: jeweilige nach Landesrecht zuständige Stelle   (2)
       ⓘ *Fundstelle: § 16 Absatz 6 Nummer 1 GGVSEB – siehe auch 7.1.4.8 ADN*

986   Bundeswasserstraßen: Wasser- und Schifffahrtsamt; übrige Wasserstraßen: jeweilige nach Landesrecht zuständige Stelle   (2)
       ⓘ *Fundstelle: § 16 Absatz 6 Nummer 1 GGVSEB – siehe auch 7.1.4.8 ADN*

987   Schiffsführer   (2)
       ⓘ *Fundstelle: 7.1.4.11.1 und 7.2.4.11.1 ADN*

988   **D**   Ein Stauplan, aus dem ersichtlich ist, welche gefährlichen Güter in den einzelnen Laderäumen oder an Deck geladen sind   (1)
       ⓘ *Fundstelle: 7.1.4.11.1 und 8.1.2.2 a) ADN*

989   7.2.4.10, 8.6.3, 7.2.3.7.2.2 und 8.6.4 ADN   (2)

990   Schiffsführer oder von ihm beauftragte Person und verantwortliche Person der Umschlagstelle bzw. Betreiber der Annahmestelle   (2)
       ⓘ *Fundstelle: 7.2.4.10.1, 8.6.3, 7.2.3.7.2.2 und 8.6.4 ADN*

991   **A**   Nach Kapitel 3 des CEVNI und dem ADN   (1)
       ⓘ *Fundstelle: 7.1.5.0.1 und 7.2.5.0.1 ADN*

992   ADN, IMDG-Code und ICAO-TI   (2)
       ⓘ *Fundstelle: 5.2 und 1.1.4.2.1 ADN*

993   3.2.3 Tabelle C Spalte 19 ADN   (2)
       ⓘ *Fundstelle: 7.2.5.0.1 ADN*

2.5 Binnenschiff

994 Nein; Tabelle A Spalte 12 ADN (2)
ⓘ *Fundstelle: 7.1.5.0.1 und Kapitel 3.2 Tabelle A Spalte 12 ADN*
ⓘ *Hinweis: Für UN 1223 ist die Anzahl der Kegel mit 0 angegeben.*

995 A Nein, da für diesen Stoff keine Bezeichnung mit blauen Kegeln/blauen Lichtern vorgesehen ist. (1)
ⓘ *Fundstelle: 7.1.5.0.1 und Kapitel 3.2 Tabelle A Spalte 12 ADN*

996 Die blauen Kegel/Lichter dürfen entfernt werden, wenn nach dem Entgasen der Ladetanks festgestellt wird, dass in keinem der Ladetanks die Konzentration an entzündbaren Gasen und Dämpfen über 20 % der unteren Explosionsschutzgrenze (UEG) liegt. Zusätzlich darf in keinem Ladetank eine Konzentration an giftigen Gasen und Dämpfen feststellbar sein, welche die national zulässigen Expositionsgrenzwerte überschreitet. (3)
ⓘ *Fundstelle: 7.2.3.7.1.5 und 7.2.3.7.2.5 i.V.m. 7.2.5.0.1 und 3.2.3 Tabelle C Spalte 19 ADN*
ⓘ *Hinweis: Es gibt keine direkte Zuordnung zwischen gereinigten Ladetanks und dem Entfernen der blauen Kegel.*

997 Die Gefahrzettel müssen dann zusätzlich angebracht werden, wenn diese von außen nicht sichtbar sind; 5.1.2.1 ADN. (2)

998 A 7.1 ADN (1)
ⓘ *Fundstelle: 7.1.1.11 und 7.1.6.11 ADN*

999 Kapitel 7.1 ADN (2)
ⓘ *Fundstelle: 7.1.6.11 und 7.1.1.11 ADN*

1000 3.2.3 ADN (1)
ⓘ *Hinweis: In Kapitel 3.2 Tabelle A ADN wird jeweils durch den Buchstaben „T" vermerkt, ob eine Beförderung in Tankschiffen zugelassen ist. Einzelheiten sind dann in 3.2.3 Tabelle C zu finden. Näheres, wie die Beförderung zu erfolgen hat, finden wir in 7.2.1.21 ADN.*

1001 Nein, Stoffe mit einem Flammpunkt über 60 °C sind nur dann gefährliche Güter, wenn sie in Tankschiffen befördert werden oder wenn sie auf oder über ihren Flammpunkt erwärmt zur Beförderung übergeben werden. (2)
ⓘ *Fundstelle: 2.2.3.1.1 ADN*

1002 Entzündbarer organischer fester Stoff, n.a.g. (technische Benennung) (2)
ⓘ *Hinweis: 3.2.2 Alphabetische Stoffliste (Tabelle B) ADN. Es wird eine n.a.g.-Eintragung verwendet, UN 1325. Sondervorschrift 274 in Spalte 6 verweist auf 3.1.2.8 ADN (technische Benennung). Die Benennung ist dann aus 3.2.1 Tabelle A Spalte 2 oder 3.2.3.2 Spalte 2 Tabelle C zu verwenden.*

1003 Giftiger organischer flüssiger Stoff, n.a.g. (technische Benennung) (2)
ⓘ *Hinweis: 3.2.2 Alphabetische Stoffliste (Tabelle B) ADN. Es wird eine n.a.g.-Eintragung verwendet, UN 2810. Sondervorschrift 274 in Spalte 6 verweist auf 3.1.2.8 ADN (technische Benennung). Die Benennung ist dann aus 3.2.1 Tabelle A Spalte 2 oder 3.2.3.2 Spalte 2 Tabelle C zu verwenden.*

1004 Ätzender basischer anorganischer fester Stoff, n.a.g. (technische Benennung) (2)
ⓘ *Hinweis: 3.2.2 Alphabetische Stoffliste (Tabelle B) ADN. Es wird eine n.a.g.-Eintragung verwendet, UN 3262. Sondervorschrift 274 in Spalte 6 verweist auf 3.1.2.8 ADN (technische Benennung). Die Benennung ist dann aus 3.2.1 Tabelle A Spalte 2 oder 3.2.3.2 Spalte 2 Tabelle C zu verwenden.*

Gb-Prüfung

2 Antworten
2.5 Binnenschiff

1005 Nein, weil über 2.2.8.2.2 ADN und mit dem Eintrag „verboten" in 3.2.1 Tabelle A ADN die Beförderung nicht zugelassen ist. (2)

1006
- Können sich bei normalen oder erhöhten Temperaturen exotherm zersetzen (3)
- Können heftig brennen
- Können Hornhautschäden oder Hautverätzungen verursachen

ⓘ *Fundstelle: 2.2.52.1.4 ADN*

ⓘ *Hinweis: In der Fragestellung wird der Begriff „Unterklasse 5.2" verwendet. Im offiziellen Sprachgebrauch gibt es Unterklassen nur in der Klasse 1.*

1007 UN 2588 (1)

ⓘ *Fundstelle: 3.2.2 Alphabetische Stoffliste (Tabelle B) ADN*

1008 UN 2601 (1)

ⓘ *Fundstelle: 3.2.2 Alphabetische Stoffliste (Tabelle B) ADN*

1009 UN 2074 (1)

ⓘ *Fundstelle: 3.2.2 Alphabetische Stoffliste (Tabelle B) ADN*

1010 UN 1832 (1)

ⓘ *Fundstelle: 3.2.2 Alphabetische Stoffliste (Tabelle B) ADN*

1011 B Auf der Umverpackung muss der Ausdruck „Umverpackung" angebracht sein. (1)

ⓘ *Fundstelle: 5.1.2.1 ADN*

1012 Nein, da es sich nicht um ein Gefahrgut handelt. (2)

ⓘ *Fundstelle: Sondervorschrift 62 in Kapitel 3.3 i.V.m. Kapitel 3.2 Tabelle A ADN*

ⓘ *Hinweis: Zunächst ist die UN-Nummer für Natronkalk in der alphabetischen Liste (Kapitel 3.2 Tabelle B ADN) herauszusuchen. Natronkalk ist der UN-Nummer 1907 zugeordnet. Es ist der Zusatz „mit mehr als 4 % Natriumhydroxid" vorhanden. Dieser gibt noch keinen Aufschluss darüber, ob eine Konzentration unter 4 % kein Gefahrgut ist. Dies ist in der Sondervorschrift 62 genannt.*

1013 50 kg (2)

ⓘ *Fundstelle: 6.1.4.15.4 ADR, ADN verweist auf ADR*

ⓘ *Hinweis: In der Tabelle 6.1.2.7 ADR sind alle Verpackungen aufgeführt und verweisen auf die Detailanforderungen in 6.1.4.15 ADR. Auch aus Abschnitt 4.1.4.1 P002 ADR kann man die 50 kg ableiten.*

1014 60 kg (2)

ⓘ *Fundstelle: 6.1.4.13.8 ADR, ADN verweist auf ADR*

ⓘ *Hinweis: In der Tabelle 6.1.2.7 ADR sind alle Verpackungen aufgeführt und verweisen auf die Detailanforderungen in 6.1.4.13 ADR.*

1015 400 kg (2)

ⓘ *Fundstelle: 6.1.4.9.4 ADR, ADN verweist auf ADR*

ⓘ *Hinweis: In der Tabelle 6.1.2.7 ADR sind alle Verpackungen aufgeführt und verweisen auf die Detailanforderungen in 6.1.4.9 ADR.*

1016 60 l (2)

ⓘ *Fundstelle: 6.1.4.4.5 ADR, ADN verweist auf ADR*

ⓘ *Hinweis: In der Tabelle 6.1.2.7 ADR sind alle Verpackungen aufgeführt und verweisen auf die Detailanforderungen in 6.1.4.4 ADR.*

2 Antworten
2.5 Binnenschiff

1017 2 (2)
 ⓘ *Fundstelle: 8.1.4 ADN*

1018 Mindestens einmal innerhalb von 2 Jahren (2)
 ⓘ *Fundstelle: 8.1.6.1 ADN*

1019 B Ja, wenn der Flammpunkt des Kraftstoffes > 55 °C ist (1)
 ⓘ *Fundstelle: 7.1.3.31 und 9.1.0.31.1 ADN*

1020 Wenn der Flammpunkt des Kraftstoffes 55 °C oder mehr beträgt (2)
 ⓘ *Fundstelle: 7.1.3.31 und 9.1.0.31.1 ADN*

1021 B Für jede an Bord befindliche Person ein geeignetes Fluchtgerät (1)
 ⓘ *Fundstelle: 8.1.5.1 ADN*

1022 Ein leicht anzulegendes Atemschutzgerät, das Mund, Nase und Augen der Träger bedeckt und zur Flucht aus einem Gefahrenbereich bestimmt ist. (2)
 ⓘ *Fundstelle: 1.2.1 ADN (Begriffsbestimmungen)*

1023 Ein Fluchtgerät für jede an Bord befindliche Person (2)
 ⓘ *Fundstelle: 8.1.5.1 ADN*

1024 3.2.3 Tabelle C (2)
 ⓘ *Fundstelle: 7.2.1.21.1 ADN*
 ⓘ *Hinweis: Die einzelnen Tankschiffstypen werden in 1.2.1 ADN (Begriffsbestimmungen) beschrieben.*

1025 Typ N (2)
 ⓘ *Fundstelle: 3.2.3 Tabelle C Spalte 6 ADN*

1026 Typ C (2)
 ⓘ *Fundstelle: 3.2.3 Tabelle C Spalte 6 ADN*

1027 Typ G (2)
 ⓘ *Fundstelle: 3.2.3 Tabelle C Spalte 6 ADN*

1028 Ja, zusammen werden 140 000 kg Methanol befördert und damit ist die Freimenge überschritten. (2)
 ⓘ *Fundstelle: Kapitel 3.2 Tabelle A i.V.m. 7.1.4.1.1 und 7.1.4.1.4 ADN*
 ⓘ *Hinweis: Aus Tabelle A in Teil 3 entnehmen wir, dass Methanol die Nebengefahr 6.1 hat, der Verpackungsgruppe II angehört und den Klassifizierungscode FT1 hat. Hierfür beträgt nach 7.1.4.1.1 und 7.1.4.1.4 ADN die Freimenge 120 000 kg, so dass ein Doppelhüllenschiff erforderlich ist.*

1029 Nein. (2)
In 7.1.4.1.4 ADN beträgt die Mengengrenze für UN 3102, Klasse 5.2, 15 000 kg; dies gilt auch, wenn das Gefahrgut in einem Doppelhüllenschiff befördert wird gemäß 7.1.4.1.2, weil das Gefahrgut die Nebengefahr 1 hat. Deshalb ist die Beförderung nicht zulässig.
 ⓘ *Fundstelle: 7.1.4.1.1, 7.1.4.1.2, 7.1.4.1.4 und Kapitel 3.2 Tabelle A ADN*

1030 Abschnitt 1.2.1 ADN (2)

Gb-Prüfung

2 Antworten
2.5 Binnenschiff

1031 4 (2)
  ⓘ *Fundstelle: 9.1.0.12.1 ADN*
  ⓘ *Hinweis: Zwei Saugventilatoren je Laderaum. Da zwei Laderäume befüllt sind, werden vier Saugventilatoren benötigt.*

1032 Ja; Spalte 18 in Tabelle C und 8.1.5 ADN (2)
  ⓘ *Hinweis: In Spalte 18 in 3.2.3 Tabelle C ADN wird ein TOX gefordert; in 8.1.5 ADN wird das TOX als Toximeter aufgeführt.*

1033 B Nein, es genügt, wenn das Schubboot oder das Schiff, das die gekoppelte Zusammenstellung antreibt, mit einem solchen Gerät ausgerüstet ist. (1)
  ⓘ *Fundstelle: 8.1.5.3 ADN*

1034 B Ein Gasspürgerät (1)
  ⓘ *Fundstelle: 8.1.5.1 ADN*

1035 Nein; 7.1.3.42 ADN (2)

1036 Typen C, G und N (2)
  ⓘ *Fundstelle: 1.2.1 (Begriffsbestimmungen) und 7.2.2.0.1 ADN*

1037 Ein Tankschiff, das für die Beförderung von Gasen unter Druck oder in tiefgekühltem Zustand bestimmt ist. (2)
  ⓘ *Fundstelle: 1.2.1 (Begriffsbestimmungen) ADN*

1038 Ein Tankschiff, das zur Beförderung von flüssigen Stoffen bestimmt ist. (2)
  ⓘ *Fundstelle: 1.2.1 (Begriffsbestimmungen) ADN*

1039 Ein Tankschiff, das zur Beförderung von flüssigen Stoffen in offenen Ladetanks bestimmt ist. (2)
  ⓘ *Fundstelle: 1.2.1 (Begriffsbestimmungen) ADN*

1040 Ein Tankschiff, das zur Beförderung von flüssigen Stoffen in geschlossenen Ladetanks bestimmt ist. (2)
  ⓘ *Fundstelle: 1.2.1 (Begriffsbestimmungen) ADN*

1041 A 86 % (1)
  ⓘ *Fundstelle: 9.3.1.21.1 c) ADN*

1042 A Eine Person, die beweisen kann, dass sie besondere Kenntnisse des ADN hat. (1)
  ⓘ *Fundstelle: 8.2.1.2 ADN*

1043 18 Jahre (1)
  ⓘ *Fundstelle: 8.2.1.1 ADN*

1044 A Personen, die in der Handhabung dieser Geräte ausgebildet und den zusätzlichen Belastungen gesundheitlich gewachsen sind (1)
  ⓘ *Fundstelle: 1.3.2.2.4 ADN*

1045 1.3, 1.10.2 und 8.2 ADN (3)

1046 B Ein Umschlag darf nur mit Genehmigung der örtlich zuständigen Behörde erfolgen. (1)
  ⓘ *Fundstelle: 7.2.4.7.1 und 7.2.4.9 ADN*

2 Antworten Gb-Prüfung
2.5 Binnenschiff

1047 a) Klasse 3 (1) **(10)**

ⓘ *Hinweis: Über 3.2.2 Alphabetische Stoffliste (Tabelle B) ADN zur UN-Nummer, dann über Kapitel 3.2 Tabelle A Spalte 3a zur Klasse*

b) – UN 1274 n-Propanol (n-Propylalkohol), 3, VG II (4)
– 1 Tankcontainer (20 Tonnen)
– außerdem Name und Anschrift von Absender und Empfänger

ⓘ *Fundstelle: 5.4.1.1.1 ADN*

ⓘ *Hinweis: Vier Angaben können bereits die UN-Nummer, die Benennung, das Gefahrzettelmuster und die Verpackungsgruppe sein.*

c) – Großzettel Nr. 3 an allen vier Seiten (beide Längsseiten sowie vorn und hinten) (4)
– n-Propanol an zwei Seiten
– UN 1274 an allen 4 Seiten

ⓘ *Fundstelle: 1.1.4.2.1, 5.3.1.2 und 5.3.4 ADN*

ⓘ *Hinweis: Die Freigrenzen nach 1.1.3.6.1 ADN werden überschritten.*

d) Ja. (1)

ⓘ *Fundstelle: 7.1.5.0.1, 7.1.5.0.2, Kapitel 3.2 Tabelle A Spalte 12 ADN*

ⓘ *Hinweis: Kegel/Lichter sind erforderlich, da in Tabelle A Spalte 12 ADN angegeben. Die Befreiung nach 7.1.5.0.2 ADN betrifft nur Container, die verpackte gefährliche Güter enthalten, nicht aber Tankcontainer.*

ⓘ *Lösungsweg: Aus 3.2.2 Alphabetische Stoffliste (Tabelle B) ADN entnehmen wir die UN-Nummer 1274. Mit dieser UN-Nummer gehen wir in Kapitel 3.2 Tabelle A ADN. Die Verpackungsgruppe II ist angegeben. Alle Vorschriften leiten wir nun aus der Tabelle A ab.*

1048 a) – UN 1274 n-Propanol (n-Propylalkohol), 3, VG II (5) **(10)**
– 1 Tankcontainer (20 Tonnen)
– außerdem Name und Anschrift von Absender und Empfänger

ⓘ *Fundstelle: 5.4.1.1.1 ADN*

ⓘ *Hinweis: Fünf Angaben können bereits die UN-Nummer, die Benennung, das Gefahrzettelmuster, die Verpackungsgruppe und die Gesamtmenge sein.*

b) Ja. (1)

ⓘ *Fundstelle: 7.1.3.15 und 8.2.1 ADN*

c) PP, EX und A (3)

ⓘ *Fundstelle: 8.1.5.1 i.V.m. Kapitel 3.2 Tabelle A Spalte 9 ADN*

d) Zusätzlich zwei (1)

ⓘ *Fundstelle: 8.1.4 ADN*

ⓘ *Lösungsweg: Aus 3.2.2 Alphabetische Stoffliste (Tabelle B) ADN entnehmen wir die UN-Nummer 1274. Mit dieser UN-Nummer gehen wir in Kapitel 3.2 Tabelle A ADN. Die Verpackungsgruppe II ist angegeben. Alle Vorschriften leiten wir aus der Tabelle A ab.*

1049 a) UN 1386 Ölsaatkuchen, 4.2, VG III, 1 500 Tonnen (5) **(10)**

ⓘ *Fundstelle: 5.4.1.1.1 a) bis d) und f) ADN*

ⓘ *Hinweis: Aus 3.2.2 Alphabetische Stoffliste (Tabelle B) entnehmen wir die UN-Nummer 1386. Mit dieser UN-Nummer gehen wir in Kapitel 3.2 Tabelle A ADN. Die Angaben entnehmen wir aus Tabelle A Spalten 1, 2, 4 und 5 ADN.*

b) Ja, die Spalte 8 in Kapitel 3.2 Tabelle A ADN enthält die Eintragung „B". „B" bedeutet „... Beförderung in loser Schüttung zugelassen ..."; 7.1.1.11 ADN. (2)

Gb-Prüfung

2 Antworten
2.5 Binnenschiff

    c) Nein. (1)
       ⓘ *Fundstelle: Kapitel 3.2 Tabelle A Spalte 12 und 7.1.5.0.1 ADN*
    d) IN 01 Messung der Gaskonzentration vom Empfänger (2)
              Betreten des Laderaums, wenn Gaskonzentration unter 50 % UEG
              Bei Bedarf weitere notwendige Maßnahmen
       IN 02 Gasmessung alle 8 Stunden
       ⓘ *Fundstelle: Kapitel 3.2 Tabelle A Spalte 11 und 7.1.6.16 ADN*

ⓘ *Lösungsweg: Ölsaatkuchen sind als UN 1386, Klasse 4.2, zu klassifizieren. Weitere Vorschriften sind aus Tabelle A ADN abzuleiten.*

1050 a) Klasse 4.2 (1) **(10)**
       ⓘ *Fundstelle: 3.2.2 Alphabetische Stoffliste (Tabelle B) ADN, dann Kapitel 3.2 Tabelle A ADN*
    b) UN 1386 Ölsaatkuchen, 4.2, VG III, 1 500 Tonnen (4)
       ⓘ *Fundstelle: 5.4.1.1.1 ADN*
       ⓘ *Hinweis: Angaben aus Kapitel 3.2 Tabelle A ADN entnehmen (Spalten 1, 2, 5, 4)*
    c) Laut Spalte 9 in Kapitel 3.2 Tabelle A ADN wird gefordert: (2)
       PP, 8.1.5.1 ADN
    d) ADN-Sachkundenachweis: Basiskurs (2)
       ⓘ *Fundstelle: 8.2.1 ADN*
    e) Zusätzlich zwei (1)
       ⓘ *Fundstelle: 8.1.4 ADN*

ⓘ *Lösungsweg: Ölsaatkuchen sind als UN 1386, Klasse 4.2, zu klassifizieren. Weitere Vorschriften sind aus Kapitel 3.2 Tabelle A ADN abzuleiten.*

1051 a) PP, EP, TOX und A (4) **(10)**
       ⓘ *Fundstelle: 3.2.3 Tabelle C Spalte 18 i.V.m. 8.1.5.1 ADN*
    b) Typ C (1)
       ⓘ *Fundstelle: 3.2.3 Tabelle C und 7.2.1.21.1 ADN*
    c) Zwei (1)
       ⓘ *Fundstelle: 3.2.3 Tabelle C Spalte 19 ADN*
    d) Basiskurs und Aufbaukurs „Chemie" (4)
       ⓘ *Fundstelle: 0.2.1 und 8.2.1.7 ADN*

ⓘ *Lösungsweg: Über Kapitel 3.2 Tabelle A ADN entnehmen wir die notwendigen Informationen, wie beispielsweise Klassifizierung und Führung von Kegeln. Mithilfe dieser Angaben lässt sich aus 3.2.3 Tabelle C ADN ableiten, dass der Stoff in Tankschiffen des Typs C zu befördern ist. Mit diesen Angaben lassen sich alle weiteren Vorschriften ableiten.*

1052 a) UN 1547 Anilin 6.1 (N1), II, 1 000 Tonnen, Name und Anschrift von Absender und Empfänger (5) **(10)**
       ⓘ *Fundstelle: 5.4.1.1.2 ADN für Tankschiffe*
       ⓘ *Hinweis: Angaben aus Kapitel 3.2 Tabelle A ADN entnehmen (Spalten 1, 2, 5, 4)*
    b) Typ C (1)
       ⓘ *Fundstelle: 3.2.3 Tabelle C und 7.2.1.21.1 ADN*

2 Antworten
2.5 Binnenschiff

c) Sie müssen eine eigene Stromquelle haben und in explosionsgefährdeten (2)
Bereichen müssen sie mindestens die Anforderungen für den Einsatz in
der jeweiligen Zone erfüllen.
ⓘ *Fundstelle: 8.3.2 ADN*

d) Nein; 8.3.1.3 ADN (2)

ⓘ *Lösungsweg: Über Kapitel 3.2 Tabelle A ADN entnehmen wir die notwendigen Informationen, wie beispielsweise Klassifizierung und Führung von Kegeln. Mithilfe dieser Angaben lässt sich aus Kapitel 3.2.3 Tabelle C ADN ableiten, dass der Stoff in Tankschiffen des Typs C zu befördern ist. Mit diesen Angaben lassen sich alle weiteren Vorschriften ableiten.*

1053
a) Typ C; 3.2 3 Tabelle C Spalte 6 ADN, 7.2.1.21.1 und 7.2.2.0.1 ADN (2) **(10)**
b) PP, EP, EX und A (4)
ⓘ *Fundstelle: Kapitel 3.2 Tabelle A Spalte 18 i.V.m. 8.1.5 ADN*
c) Stauplan (4)
Lecksicherheitsplan
Intaktstabilitätsunterlagen
Unterlagen für die elektrischen Anlagen
Bescheinigung über zugelassene Stoffe
und weitere Urkunden (s. Fundstelle)
ⓘ *Fundstelle: 8.1.2.3 ADN*

1054
a) UN 1888 CHLOROFORM, 6.1 (N2, CMR), III (4) **(10)**
 – Masse in Tonnen
 – Name und Anschrift von Absender und Empfänger
ⓘ *Fundstelle: 3.2.3 Tabelle C und 5.4.1.1.2 ADN*
b) Ja; 1.16.1.1.1 ADN (2)
c) PP, EP, TOX und A (4)
ⓘ *Fundstelle: 3.2.3 Tabelle C Spalte 18 und 8.1.5.1 ADN*

ⓘ *Lösungsweg: Über Kapitel 3.2 Tabelle A ADN finden wir zunächst alle Angaben über den Stoff, einschließlich Verpackungsgruppe und Angabe der Gefahrgutklasse. Weitere Angaben erhalten wir über 3.2.3 Tabelle C ADN, wie den Tankschiffstyp und Angabe der Anzahl der Kegel. Hier finden wir auch die Angaben über die mitzuführende Schutzausrüstung als Kürzel. Die Bedeutung der Kürzel finden wir über den Hinweis zur Spalte 18 in 8.1.5 ADN. Bleiben noch die Betriebsvorschriften für Tankschiffe übrig; diese sind getrennt von denen für Trockengüterschiffe in Abschnitt 7.2.3 ADN enthalten. Die Angaben im Beförderungspapier leiten wir aus 5.4.1.1.2 ADN ab (1.16.1.1.1 ADN (→ Zulassungszeugnis), 8.1.5.1 ADN (→ Schutzausrüstung), 5.4.1.1.2 ADN (→ Beförderungspapier)).*

1055
a) Klasse 6.1 (1) **(10)**
ⓘ *Fundstelle: 3.2.3 Tabelle C ADN*
b) UN 1888 Chloroform, 6.1 (N2, CMR), III, 900 Tonnen, Name und Anschrift (6)
von Absender und Empfänger
ⓘ *Fundstelle: 3.2.3 Tabelle C und 5.4.1.1.2 ADN*
c) Typ C (1)
ⓘ *Fundstelle: 3.2.3 Tabelle C ADN*
d) 0 Kegel/Lichter (1)
ⓘ *Fundstelle: 3.2.3 Tabelle C Spalte 19 ADN*

e) Abschnitt 7.2.3 ADN (1)

ⓘ *Lösungsweg: Über Kapitel 3.2 Tabelle A ADN finden wir zunächst alle Angaben über den Stoff, einschließlich Verpackungsgruppe und Angabe der Gefahrgutklasse. Weitere Angaben erhalten wir über 3.2.3 Tabelle C ADN, wie den Tankschiffstyp und Angabe der Anzahl der Kegel. Hier finden wir auch die Angaben über die mitzuführende Schutzausrüstung als Kürzel. Die Bedeutung der Kürzel finden wir über den Hinweis zur Spalte 18 in 8.1.5 ADN. Bleiben noch die Betriebsvorschriften für Tankschiffe übrig; diese sind getrennt von denen für Trockengüterschiffe in 7.2.3 ADN enthalten. Die Angaben im Beförderungspapier leiten wir aus 5.4.1.1.2 ADN ab (1.16.1.1.1 ADN (→ Zulassungszeugnis), 8.1.5.1 ADN (→ Schutzausrüstung), 5.4.1.1.2 ADN (→ Beförderungspapier)).*

1056 a) Ammoniumnitrathaltiges Düngemittel, Klasse 5.1 (2) **(10)**

ⓘ *Fundstelle: Kapitel 3.2 Tabelle A ADN*

b) UN 2067 Ammoniumnitrathaltiges Düngemittel, 5.1, III, 400 Tonnen, Name und Anschrift von Absender und Empfänger (5)

ⓘ *Fundstelle: 5.4.1.1.1 ADN*

ⓘ *Hinweis: Angaben aus Kapitel 3.2 Tabelle A ADN Spalten 1, 2, 4 und 5 entnehmen*

c) Nein. (1)

ⓘ *Fundstelle: 7.1.5.0.1 ADN*

ⓘ *Hinweis: In Kapitel 3.2 Tabelle A Spalte 12 steht eine „0", also keine blauen Kegel/Lichter.*

d) PP, Kapitel 3.2. Tabelle A Spalte 9 ADN (2)

ⓘ *Hinweis: In Kapitel 3.2 Tabelle A ADN finden wir die Abkürzung PP; die Erklärung hierzu ist in 8.1.5.1 ADN enthalten.*

1057 a) UN 2067 Ammoniumnitrathaltiges Düngemittel, 5.1, III, 400 Tonnen, Name und Anschrift von Absender und Empfänger (3) **(10)**

ⓘ *Fundstelle: Kapitel 3.2 Tabelle A und 5.4.1.1.1 ADN*

b) Ja. Kapitel 3.2 Tabelle A ADN enthält in Spalte 8 den Eintrag „B"; 7.1.1.11 ADN. (2)

c) Ja. (1)

ⓘ *Fundstelle: 1.1.3.6.1, 7.1.3.15 i.V.m. Kapitel 8.2 ADN*

ⓘ *Hinweis: Beförderung in loser Schüttung unterliegt grundsätzlich dem ADN.*

d) CO02 Alle Teile der Laderäume und die Lukenabdeckungen, die mit diesen Stoffen in Berührung kommen können, müssen aus Metall oder aus Holz mit einer spezifischen Dichte von mindestens 0,75 kg/dm^3 (lufttrocken) hergestellt sein. (4)

ST01 Stabilisierung des Stoffes entsprechend BC-Code erforderlich. Vermerk im Beförderungspapier durch Absender; in bestimmten Staaten Beförderung dieses Stoffes in loser Schüttung nur mit Zustimmung der zuständigen Behörde zulässig.

LO04 Vor dem Laden muss sichergestellt sein, dass sich keine losen organischen Materialien im Laderaum befinden.

HA09 Im gleichen Laderaum dürfen keine brennbaren Stoffe befördert werden.

ⓘ *Fundstelle: 7.1.6.11 und 7.1.6.14 i.V.m. Kapitel 3.2 Tabelle A*

ⓘ *Hinweis: Die zusätzlichen Vorschriften entnehmen wir aus Kapitel 3.2 Tabelle A Spalte 11 ADN. Hier sind die Kürzel CO02, ST01, LO04 und HA09 aufgeführt. Die Bedeutung dieser Kürzel ist in 7.1.6.11 und 7.1.6.14 ADN erklärt.*

2.6 Antworten zum verkehrsträgerspezifischen Teil Seeschiffsverkehr

Hinweis: Die Zahl in Klammern gibt die erreichbare Punktzahl an.

1058 B Diese Aussage ist falsch. Die unter den Bestimmungen des Kapitels 3.4 beförderten Güter sind in jedem Fall Gefahrgut gemäß IMDG-Code. (1)
  ⓘ *Fundstelle: 3.4.1 (begrenzte Mengen) IMDG-Code*

1059 3.2 IMDG-Code (2)
  ⓘ *Hinweis: Kapitel 3.2 Gefahrgutliste, 3.2.1 Aufbau der Gefahrgutliste Spalte 7 – Begrenzte Mengen IMDG-Code. In 3.4 IMDG-Code werden die Anforderungen für die Beförderung in begrenzten Mengen festgelegt.*

1060 Max. 30 kg (2)
  ⓘ *Fundstelle: 3.4.2.1 IMDG-Code*

1061 3.4 IMDG-Code (2)

1062 B Kapitel 3.4 (1)
  ⓘ *Fundstelle: 3.4 (begrenzte Mengen) IMDG-Code*

1063 C 30 kg (1)
  ⓘ *Fundstelle: 3.4.2.1 IMDG-Code*

1064 B 20 kg (1)
  ⓘ *Fundstelle: 3.4.2.2 IMDG-Code*

1065 C Kapitel 3.2 (1)
  ⓘ *Fundstelle: Kapitel 3.2 Gefahrgutliste, 3.2.1 Aufbau der Gefahrgutliste Spalte 7a – Begrenzte Mengen IMDG-Code*

1066 4.2 IMDG-Code (2)
  ⓘ *Fundstelle: 4.2 IMDG-Code (Kapitelüberschrift)*

1067 20 kg (2)
  ⓘ *Fundstelle: 3.4.2.2 IMDG-Code*

1068 Beim Zusammenstauen gelten die Trennvorschriften nicht. Beim Zusammenpacken von gefährlichen Gütern sind die Trennvorschriften in vollem Umfang einzuhalten. (2)
  ⓘ *Fundstelle: 3.4.4.1 und 3.4.4.2 IMDG-Code*
  ⓘ *Hinweis: Beim Zusammenpacken von gefährlichen Gütern sind zunächst die Trennvorschriften nach 3.4.4.1 IMDG-Code und danach alle Trennvorschriften (7.2 IMDG-Code Spalte 16b und 3.1.4.4 IMDG-Code) einzuhalten. Nach 3.4.4.2 IMDG-Code gelten die Trennvorschriften laut 7.2 IMDG-Code nicht für die Stauung von Verpackungen mit gefährlichen Gütern in begrenzten Mengen und auch nicht für die Stauung von Verpackungen mit gefährlichen Gütern in begrenzten Mengen zusammen mit anderen gefährlichen Gütern.*

1069 3.4 IMDG-Code (2)
  ⓘ *Fundstelle: 3.4 (begrenzte Mengen) IMDG-Code*

1070 Staukategorie A (1)
  ⓘ *Fundstelle: 3.4.3 IMDG-Code*

Gb-Prüfung

2 Antworten
2.6 Seeschiff

1071 Gefährliche Güter, die gemäß 7.2 IMDG-Code voneinander getrennt werden müssen, dürfen nicht in derselben Güterbeförderungseinheit (z.B. Container) befördert werden; ausgenommen sind gefährliche Güter, die „Entfernt von" zu halten sind, welche mit Genehmigung der zuständigen Behörde in derselben Güterbeförderungseinheit befördert werden dürfen. In diesem Fall muss ein gleicher Sicherheitsstandard gewährleistet werden. (3)

3.1, 3.2, 7.2 und 7.3 IMDG-Code

ⓘ *Fundstelle: 7.3.4.1 i.V.m. 7.3.3.5 IMDG-Code*

1072 Wenn dies nach 3.2, 3.3, 3.4.4.1, 3.5.8.2, 4.1.1.6 und 7.2 des IMDG-Codes zulässig ist. (2)

ⓘ *Fundstelle: § 17 Nummer 7 (Pflichten des Versenders) GGVSee*

1073 Im Seetransport wird aufgrund der Verträglichkeitsgruppen die Trennung festgelegt. Güter der gleichen Klasse und Unterklasse mit unterschiedlicher Verträglichkeitsgruppe müssen nach der Tabelle in 7.2.7.1.4 getrennt werden. (2)

ⓘ *Fundstelle: 2.1.2.1 (Verträglichkeitsgruppe und Klassifizierungscode), 7.2.7.1 (Trennung innerhalb der Klasse 1) IMDG-Code*

1074 Nein; Unterabschnitt 7.2.7.1 IMDG-Code. (2)

ⓘ *Fundstelle: 7.2.7.1.1 und 7.2.7.1.4 IMDG-Code.*

ⓘ *Hinweis: Verträglichkeitsgruppen B und D dürfen nicht zusammengeladen werden.*

1075 **A** Nein (1)

ⓘ *Fundstelle: 7.2.7.1.1 und 7.2.7.1.4 IMDG-Code*

1076 **B** Alle mit Notfallmaßnahmen befassten Besatzungsmitglieder (1)

ⓘ *Fundstelle: § 4 (Allgemeine Sicherheitspflichten, Überwachung, Ausrüstung und Schulung) Absatz 5 und § 23 Nr. 1 GGVSee*

1077 Alle mit Notmaßnahmen befassten Besatzungsmitglieder (2)

ⓘ *Fundstelle: § 4 Absatz 5 und § 23 Nr. 1 GGVSee*

1078 – entfernt von (2)
– getrennt von
– getrennt durch eine ganze Abteilung oder einen Laderaum von
– in Längsrichtung getrennt durch eine dazwischenliegende ganze Abteilung oder einen dazwischenliegenden Laderaum von

ⓘ *Fundstelle: 7.2.2.2 IMDG-Code*

ⓘ *Hinweis: Im IMDG-Code werden vier Trennbegriffe verwendet, von denen nur zwei genannt werden müssen.*

1079 7.2 IMDG-Code (2)

ⓘ *Fundstelle: 7.2.1 IMDG-Code*

1080 Es werden vier Trennbegriffe verwendet, diese sind in 7.2.2.2 IMDG-Code genannt. (2)

1081 7.3.4 IMDG-Code (2)

ⓘ *Fundstelle: 7.3.4.1 IMDG-Code*

ⓘ *Hinweis: Bei Beförderungseinheiten handelt es sich auch um Container nach 1.2.1 IMDG-Code.*

2 Antworten
2.6 Seeschiff

1082 3.1.4 IMDG-Code (2)
ⓘ *Hinweis: In der Spalte 16b sind bei den einzelnen UN-Nummern die Trenngruppen als Trenngruppencodes genannt. In 3.1.4 sind alle UN-Nummern, die einer Trenngruppe zugeordnet sind, genannt.*

1083 Es gibt laut IMDG-Code 18 Trenngruppen. (2)
ⓘ *Fundstelle: 3.1.4.4 und 7.2.5.2 IMDG-Code*

1084 A   Säuren (1)
ⓘ *Fundstelle: 3.1.4.4 und UN 1736 Spalte 16b der Gefahrgutliste IMDG-Code*

1085 Nein, Staukategorie C (2)
ⓘ *Hinweis: Eintragung in Spalte 16a Kapitel 3.2 Gefahrgutliste zu UN-Nr. 1808 i.V.m. 7.1.3.2 IMDG-Code*

1086 A   Fünf: A bis E (1)
ⓘ *Fundstelle: 7.1.3.2 IMDG-Code*

1087 5 Staukategorien (2)
ⓘ *Fundstelle: 7.1.3.2 IMDG-Code*

1088 5 Staukategorien (2)
ⓘ *Fundstelle: 7.1.3.1 IMDG-Code*

1089 B   Von der Tür aus zugänglich (1)
ⓘ *Fundstelle: 7.3.3.10 IMDG-Code*

1090 In der Nähe der Tür; 7.3.3.10 IMDG-Code (2)

1091 So, dass die Türen in einem Notfall sofort geöffnet werden können. (2)
ⓘ *Fundstelle: 7.3.3.11 IMDG-Code*

1092 CSC-Übereinkommen (2)
ⓘ *Fundstelle: 7.3.2.2 IMDG-Code*

1093 Staukategorie A (2)
ⓘ *Fundstelle: 3.5.7.1 IMDG-Code*

1094 Die Trennvorschriften in 7.2 IMDG-Code sind nicht anwendbar. (2)
ⓘ *Fundstelle: 3.5.8.1 und 3.5.8.2 IMDG-Code*
ⓘ *Hinweis: Beim Zusammenpacken in einer Außenverpackung muss darauf geachtet werden, dass die Gefahrgüter nicht gefährlich miteinander reagieren.*

1095 INF-Code (1)
ⓘ *Fundstelle: § 2 Nr. 11 i.V.m. § 3 Absatz 1 Nummer 5 GGVSee*

1096 IMSBC-Code (1)
ⓘ *Fundstelle: § 2 Nr. 13 i.V.m. § 3 Absatz 1 Nummer 2 a) GGVSee*

1097 IGC-Code und GC-Code (1)
ⓘ *Fundstelle: § 2 Nr. 8 und Nr. 10 i.V.m. § 3 Absatz 1 Nummer 4 GGVSee*

Gb-Prüfung

2 Antworten
2.6 Seeschiff

1098 IBC-Code oder BCH-Code (1)

ⓘ *Fundstelle: § 2 Nr. 4 und Nr. 9 i.V.m. § 3 Absatz 1 Nummer 3 GGVSee*

ⓘ *Hinweis: In § 3 Absatz 1 Nummer 3 GGVSee wird auch noch auf den BCH-Code verwiesen, dieser regelt jedoch den Bau und die Ausrüstung von Tankschiffen.*

1099 **B** Im IMDG-Code (1)

ⓘ *Hinweis: In 7.4 IMDG-Code sind einige Anforderungen an die Laderäume vorhanden. Die CTU-Packrichtlinien[1] enthielten nur die Anforderungen für die Stauung von Güterbeförderungseinheiten. Im IMSBC-Code sind die Anforderungen für Massenguttransporte enthalten. SOLAS Kapitel II-2 enthält die Zielsetzungen für die Brandsicherheit und funktionale Anforderungen.*

1100 **D** In MARPOL Anlage II (1)

ⓘ *Hinweis: Der IGC-Code regelt die Beförderung verflüssigter Gase in Tankschiffen. Im IMDG-Code wird nur die Beförderung verpackter gefährlicher Güter geregelt. Der INF-Code gilt für die Beförderung von bestrahlten Kernbrennstoffen, Plutonium und hochradioaktiven Abfällen. MARPOL Anlage II enthält Regeln zur Überwachung der Verschmutzung durch als Massengut beförderte schädliche flüssige Stoffe. Im Kapitel 5 sind die Regeln zum betrieblichen Einleiten von Rückständen mit schädlichen flüssigen Stoffen enthalten.*

1101 1. Ja, weil in der Spalte 13 der Gefahrgutliste der Code BK3 für flexible Schüttgut-Container genannt ist. (3)
2. Nein, weil das Stauen von Schüttgut-Containern nur in Laderäumen und nicht in Güterbeförderungseinheiten zulässig ist.

ⓘ *Fundstelle: zu 1.: 4.3.1.1 und Kapitel 3.2 Spalte 13 Gefahrgutliste IMDG-Code; zu 2.: 4.3.4.1 und 7.3.3.18 IMDG-Code*

1102 Es ist ein Mindestabstand von 2,4 m von möglichen Zündquellen einzuhalten. (2)

ⓘ *Fundstelle: 7.4.2.3.2 IMDG-Code*

1103 Nein; 7.3.4.2.1 IMDG-Code (2)

ⓘ *Fundstelle: 7.3.4.2.1 IMDG-Code*

ⓘ *Hinweis: In der Fragestellung spricht man von Lebensmitteln, im IMDG-Code von Nahrungsmitteln, die man den Lebensmitteln zuordnen kann.*

1104 Ein Containerstellplatz (2)

ⓘ *Fundstelle: 7.4.3.2 und 7.4.3.3 IMDG-Code*

ⓘ *Hinweis: In der Frage wird nicht differenziert, ob es sich um ein Containerschiff mit geschlossenen Laderäumen oder ein offenes Containerschiff handelt. Bei beiden ist der Mindestabstand gleich. In der ersten Spalte muss die Zeile mit „Getrennt von 2" ausgewählt werden, dann sind die Spalten „Horizontal" auszuwählen. Nun ist die Zeile Querschiffs auszuwählen, die mit der Spalte „Geschlossen gegen Geschlossen" und der Unterspalte an Deck die Schnittstelle ein Containerstellplatz ergibt. Bei einem Containerstellplatz handelt es sich gem. 7.4.3.1.1 IMDG-Code um einen Abstand von 2,4 m.*

1105 Muss unter Temperaturkontrolle befördert werden. (1)

ⓘ *Fundstelle: 7.1.5 IMDG-Code*

1106 Geschützt vor Wärmequellen (1)

ⓘ *Fundstelle: 7.1.5 IMDG-Code*

---

[1] *Es müsste eigentlich der CTU-Code genannt sein, Vkbl. Heft 13, 2015, Seite 422.*

2 Antworten
2.6 Seeschiff

1107 „Entfernt von" Klasse 4.1 stauen. (1)
ⓘ *Fundstelle: 7.2.8 IMDG-Code*

1108 D Stauung getrennt von Chlor (1)
ⓘ *Fundstelle: 7.2.8 IMDG-Code*

1109 „Getrennt von" Klasse 6.2 stauen. (1)
ⓘ *Fundstelle: 7.2.8 IMDG-Code*

1110 So trocken wie möglich. (1)
ⓘ *Fundstelle: 7.1.6 IMDG-Code*

1111 Während der Beförderung möglichst an einem kühlen, gut belüfteten Ort stauen (oder halten). (1)
ⓘ *Fundstelle: 7.1.6 IMDG-Code*

1112 „Getrennt von" Chlor stauen. (1)
ⓘ *Fundstelle: 7.2.8 IMDG-Code*

1113 Staukategorie D: Nur an Deck (3)

SW1:	Geschützt vor Wärmequellen.
SW2:	Frei von Wohn- und Aufenthaltsräumen.
H2:	So kühl wie möglich.
SG35:	„Getrennt von" SGG1 – Säuren stauen.

ⓘ *Fundstelle: Im Index ist über den „Proper Shipping Name" die UN-Nummer zu ermitteln. Diese lautet UN 2668. In Kapitel 3.2 Gefahrgutliste sind in der Spalte 16a die Stauungs- und Handhabungsvorschriften zu finden. In der Spalte 16b sind die Trennvorschriften genannt. In 7.1.5 IMDG-Code sind die Beschreibungen der Staucodes vorhanden, 7.1.6 IMDG-Code enthält die Handhabungscodes und in 7.2.8 sind die Trenncodes genannt.*

ⓘ *Hinweis: Weil in der Fragestellung auch das Wort „Stauung" aufgeführt wird, sollte man auch die Staukategorie nennen (7.1.3 IMDG-Code).*

1114 Staukategorie E: An Deck oder unter Deck (3)

SW2:	Frei von Wohn- und Aufenthaltsräumen.
H1:	So trocken wie möglich.
SG26:	Zusätzlich: Von Stoffen der Klassen 2.1 und 3 muss bei Stauung an Deck eines Containerschiffs ein Mindestabstand in Querrichtung von zwei Container-Stellplätzen, bei Stauung auf Ro/Ro-Schiffen ein Abstand in Querrichtung von 6 m eingehalten werden.
SG35:	„Getrennt von" SGG1 – Säuren stauen.

ⓘ *Hinweis: Im Index ist über den „Proper Shipping Name" die UN-Nummer zu ermitteln. Diese lautet UN 1390. In Kapitel 3.2 Gefahrgutliste sind in der Spalte 16a die Stauungs- und Handhabungsvorschriften zu finden. In der Spalte 16b sind die Trennvorschriften genannt. In 7.1.5 IMDG-Code sind die Beschreibungen der Staucodes vorhanden, 7.1.6 IMDG-Code enthält die Handhabungscodes und in 7.2.8 sind die Trenncodes genannt. Weil in der Fragestellung auch das Wort „Stauung" aufgeführt wird, sollte man auch die Staukategorie nennen (7.1.3 IMDG-Code).*

1115 Nein. UN 1588 hat SG35 (getrennt von SGG1 – Säuren) und bei UN 1830 handelt (3)
es sich um eine Säure. UN 1830 hat SG49 (getrennt von SGG6 – Cyaniden) und
bei UN 1588 handelt es sich um Cyanid.

ⓘ *Fundstelle: Kapitel 3.2 Gefahrgutliste, 7.2.4, 7.2.8, 3.1.4.4 und 7.3.4.1 IMDG-Code*

ⓘ *Hinweis: Von beiden UN-Nummern müssen die Gefahrzettel aus den Spalten 3 und 4 und die zusätzlichen Trennvorschriften aus der Spalte 16b aus Kapitel 3.2 Gefahrgutliste herausgesucht werden. UN 1588 hat den Gefahrzettel Nr. 6.1, die Trenngruppe SGG6 und die Trennvorschrift SG35. Da bei allen drei Verpackungsgruppen die Anforderungen bzgl. der Trennung gleich sind, ist hier die Angabe der Verpackungsgruppe nicht notwendig. UN 1830 hat nur den Gefahrzettel Nr. 8, die Trenngruppe SGG1 und die Trennvorschriften SG36 und SG49. Aufgrund der Gefahrzettel ist nun die Trennung mit Tabelle 7.2.4 zu überprüfen. Die Gefahrzettel Nr. 6.1 und 8 erfordern keine Trennung voneinander. Bei UN 1588 muss aber noch die Trennvorschrift SG35 beachtet werden, die gemäß 7.2.8 fordert, dass „getrennt von" SGG1 – Säuren gestaut werden muss. Da UN 1830 die Trenngruppe SGG1 in Spalte 16b hat, handelt es sich um eine Säure. Bei UN 1588 handelt es sich bei Trenngruppe SGG6 um ein Cyanid. UN 1830 hat außerdem die Trennvorschrift SG49, die fordert, dass Stoffe, die unter die UN 1830 fallen, von Cyaniden getrennt werden müssen. Gemäß 7.3.4.1 dürfen Güter, die „getrennt von" zu stauen sind, nicht im selben Container befördert werden. Damit dürfen diese zwei UN-Nummern nicht zusammen in einen Container verladen werden.*

1116 CTU-Code (2)

ⓘ *Fundstelle: 7.3.3.14 und 7.3.3 Fußnote 1 IMDG-Code*

1117 Nein, weil Feuerwerkskörper von der Zusammenstauung ausgenommen sind. (2)

ⓘ *Fundstelle: 7.2.7.1.4 mit Bemerkung 1 IMDG-Code*

ⓘ *Hinweis: Die Überprüfung der Trennung von Klasse 1 hat über die Verträglichkeitsgruppen in Tabelle 7.2.7.1.4 IMDG-Code zu erfolgen. Danach haben Verträglichkeitsgruppe G und C das „X" (Zusammenstauung zugelassen), jedoch gibt es die Bemerkung 1, die dies für Feuerwerkskörper (UN 0335) ausschließt.*

1118 Die Kontrolltemperatur ist die höchste Temperatur, bei der der Stoff sicher befördert werden kann. Die Notfalltemperatur ist die Temperatur, bei der Notfallmaßnahmen zu ergreifen sind. (2)

ⓘ *Fundstelle: 1.2.1 und 7.3.7.2.5 IMDG-Code*

ⓘ *Hinweis: Kontrolltemperatur und Notfalltemperatur sind maßgeblich für die Beförderung von gefährlichen Gütern unter Temperaturkontrolle. In 7.3.7 IMDG-Code sind die Anforderungen für die Beförderung unter Temperaturkontrolle zu finden. 7.3.7.2.5 IMDG-Code beinhaltet die Bedeutung der beiden Temperaturen.*

1119 – Wärmedämmung (2)
– Wärmedämmung mit einer Kühlmethode
– Mechanische Kühlanlage
– Kombination von mechanischer Kühlanlage und Kühlmethode
– Mechanische Doppelkühlanlage

ⓘ *Fundstelle: 7.3.7.4.2 mit Bemerkung 1 IMDG-Code*

ⓘ *Hinweis: Die Möglichkeiten zur Temperaturkontrolle sind vielfältig. Alle Möglichkeiten sind in 7.3.7.4.2 IMDG-Code aufgeführt. Die Nennung einer Möglichkeit ist ausreichend.*

1120 Nein. (1)

ⓘ *Fundstelle: 7.3.3.17 und 5.4.2.1 Bemerkung IMDG-Code*

1121 Nein, nach 7.3.3.17 IMDG-Code nicht erforderlich. (2)

ⓘ *Fundstelle: 7.3.3.17 und 5.4.2.1 Bemerkung IMDG-Code*

2 Antworten
2.6 Seeschiff

1122 Nein. (1)
ⓘ *Fundstelle: 7.3.3.17 und 5.4.2.1 Bemerkung IMDG-Code*

1123 – Beförderungspapier (2)
– Container-/Fahrzeugpackzertifikat
ⓘ *Fundstelle: § 6 GGVSee Absatz 1 Nummer 1 i.V.m. 5.4.1, § 18 Nr. 3 GGVSee i.V.m. 5.4.2 IMDG-Code und § 6 Absatz 1 Nummer 2 GGVSee i.V.m. 5.4.3 IMDG-Code*
ⓘ *Hinweis: Es kann auch ein Gefahrgutmanifest oder Stauplan sein.*

1124 – Wetterungsbescheinigung (2)
– Bescheinigung, nach der ein Stoff oder Gegenstand von den Vorschriften des IMDG-Codes ausgenommen ist
– Erklärung der zuständigen Behörde über die Klassifizierung eines neuen selbstzersetzlichen Stoffes oder organischen Peroxides
ⓘ *Fundstelle: 5.4.4.1 IMDG-Code*

1125 Im Container-/Fahrzeugpackzertifikat (CTU-Packzertifikat) (1)
ⓘ *Fundstelle: 5.4.2 IMDG-Code*

1126 D Der für die Beladung des Containers Verantwortliche (1)
ⓘ *Fundstelle: § 18 Nummer 3 GGVSee und 7.3.3.17 IMDG-Code*

1127 B Ja, die Zusammenfassung der Informationen in einem Dokument ist erlaubt. (1)
ⓘ *Fundstelle: 5.4.2.2 IMDG-Code und § 18 Nummer 3 GGVSee*

1128 Der für das Packen oder Beladen einer Beförderungseinheit mit gefährlichen Gütern jeweils Verantwortliche. (2)
ⓘ *Fundstelle: § 18 Nummer 3 GGVSee, 5.4.2.2 und 7.3.3.17 IMDG-Code*

1129 – Name und Anschrift der ausstellenden Firma (2)
– Name desjenigen, der die Pflichten des Unternehmers oder Betriebsinhabers als Versender wahrnimmt
ⓘ *Fundstelle: § 6 Absatz 1 Nummer 1 GGVSee*

1130 D Ja, wenn für die gefährlichen Güter das Stauen in einem Laderaum oder einer Güterbeförderungseinheit zugelassen ist. (1)
ⓘ *Fundstelle: § 6 Absatz 1 Nummer 1 GGVSee (Unterlagen für die Beförderung)*

1131 Wenn für diese Güter nach 3.2, 3.3, 3.4 und 7.2 des IMDG-Codes das Stauen in einem Laderaum oder einer Güterbeförderungseinheit zugelassen ist, dürfen verschiedene gefährliche Güter einer oder mehrerer Klassen zusammen in einem Beförderungspapier für den Seeverkehr aufgeführt werden. (2)
ⓘ *Fundstelle: § 6 Absatz 1 Nummer 1 GGVSee (Unterlagen für die Beförderung gefährlicher Güter)*

1132 Versender und der Beauftragte des Versenders (2)
ⓘ *Fundstelle: § 17 Nummer 2 GGVSee*

1133 B Der Versender (Hersteller oder Vertreiber) des Gutes (1)
ⓘ *Fundstelle: § 17 Nummer 2 GGVSee*

1134 C Ja. (1)
ⓘ *Fundstelle: § 6 Absatz 4 GGVSee, 5.4.1.1.2 und 5.4.1.6.2 IMDG-Code*

Gb-Prüfung

2 Antworten
2.6 Seeschiff

1135 D alle mit gefährlichen Gütern beladenen Beförderungseinheiten (ausgenommen ortsbewegliche Tanks). (1)
 ⓘ *Fundstelle: 5.4.2 (Container-/Fahrzeugpackzertifikat) IMDG-Code*

1136 „RADIOAKTIVE STOFFE, FREIGESTELLTES VERSANDSTÜCK – BEGRENZTE STOFFMENGE" oder „RADIOACTIVE MATERIAL, EXCEPTED PACKAGE – LIMITED QUANTITY OF MATERIAL" (2)
 ⓘ *Fundstelle: Kapitel 3.2 Spalte 2 Gefahrgutliste IMDG-Code*

1137 – Richtiger technischer Name: „SCHWEFELTETRAFLUORID" oder „SULPHUR TETRAFLUORIDE" (2)
 – Gefahrzettel Nr. 2.3 und Nr. 8
 ⓘ *Fundstelle: Kapitel 3.2 Spalten 2, 3 und 4 Gefahrgutliste IMDG-Code*

1138 „RADIOAKTIVE STOFFE, TYP C-VERSANDSTÜCK, SPALTBAR" oder „RADIO-ACTIVE MATERIAL, TYPE C PACKAGE, FISSILE" (2)
 ⓘ *Fundstelle: Kapitel 3.2 Spalte 2 Gefahrgutliste IMDG-Code*

1139 – Richtiger technischer Name: „SCHWEFELDIOXID" oder „SULPHUR DIOXIDE" (2)
 – Gefahrzettel Nr. 2.3 und Nr. 8
 ⓘ *Fundstelle: Kapitel 3.2 Gefahrgutliste IMDG-Code*

1140 – Richtiger technischer Name: „METHYLHYDRAZIN" oder „METHYLHYDRAZINE" (2)
 – Gefahrzettel Nr. 6.1, Nr. 3 und Nr. 8
 ⓘ *Fundstelle: Kapitel 3.2 Gefahrgutliste IMDG-Code*

1141 – Richtiger technischer Name: „PENTABORAN" oder „PENTABORANE" (2)
 – Gefahrzettel Nr. 4.2 und Nr. 6.1
 ⓘ *Fundstelle: Kapitel 3.2 Gefahrgutliste IMDG-Code*

1142 – Richtiger technischer Name: „alpha-NAPTHYLAMIN" oder „alpha-NAPTHYL-AMINE" (2)
 – Gefahrzettel Nr. 6.1
 ⓘ *Fundstelle: Kapitel 3.2 Gefahrgutliste IMDG-Code*

1143 Nein; es gibt ein Formular für die multimodale Beförderung. Jedoch ist nicht vorgeschrieben, dieses zu verwenden. (1)
 ⓘ *Fundstelle: 5.4.5 IMDG-Code*
 ⓘ *Hinweis: Es gibt ein Formular als Muster für die Beförderung gefährlicher Güter im multimodalen Verkehr. Die nach diesem Abschnitt erforderlichen Angaben (siehe 5.4.1.2.1 IMDG-Code) sind obligatorisch, jedoch die Gestaltung des Formulars nicht. Die Fragestellung ist nicht eindeutig. Es gibt nur erforderliche Angaben.*

1144 Aufbewahrung einer Kopie für einen Mindestzeitraum von drei Monaten. (2)
 ⓘ *Hinweis: Nach § 17 Nummer 10 GGVSee hat der Versender und nach § 21 Nummer 3 GGVSee hat der Beförderer eine Kopie der vorgeschriebenen Dokumente für einen Zeitraum von drei Monaten ab Ende der Beförderung nach 5.4.6.1 des IMDG-Codes aufzubewahren und nach Ablauf der Aufbewahrungsfrist unverzüglich zu löschen, wenn nicht gesetzliche Aufbewahrungsfristen der Löschung entgegenstehen.*

1145 Die UN-Nr. muss im Placard oder auf einer orangefarbenen Tafel an allen 4 Seiten des Containers angebracht werden; 5.3.2.1 IMDG-Code. (3)
 ⓘ *Fundstelle: 5.3.2.1, 5.3.2.1.2 und 5.3.2.1.3 IMDG-Code*

2 Antworten
2.6 Seeschiff

Gb-Prüfung

1146 4 Seiten (An beiden Seiten und an beiden Enden des Frachtcontainers) (2)
  ⓘ *Fundstelle: 5.3.1.1.4.1.1 (Vorschriften für das Anbringen von Placards) IMDG-Code*

1147 Placard Nr. 3 an allen vier Seiten (2)
  ⓘ *Fundstelle: Index mit Suchbegriff „Farbe" und UN 1263 in Kapitel 3.2 Gefahrgutliste i.V.m. 5.3.1.1.4.1.1 IMDG-Code*
  ⓘ *Hinweis: Die Kennzeichnung des Containers mit Placards ist an beiden Seiten und an beiden Enden erforderlich. Im IMDG-Code sind Möbel weder aufgeführt noch lassen sie sich einer Sammelposition oder N.A.G.-Position zuordnen. Damit sind sie kein Gefahrgut im Sinne des IMDG-Codes. Farbe ist unter UN-Nr. 1263 aufgeführt und damit als Gefahrgut zu kennzeichnen. Die Kennzeichnungsvorschrift ergibt sich aus den Spalten 3 und 4 der Gefahrgutliste.*

1148 Placards Nr. 3 an allen vier Seiten (2)
  ⓘ *Fundstelle: 5.3.1.1.4.1.1 (Vorschriften für das Anbringen von Placards) IMDG-Code*
  ⓘ *Hinweis: Die Kennzeichnung des Containers mit Placards ist an beiden Seiten und an beiden Enden erforderlich.*

1149 Die Kennzeichnung „Marine Pollutant" muss an 4 Seiten (an beiden Seiten und an beiden Enden) angebracht sein. (2)
  ⓘ *Fundstelle: 5.3.2.3.1 (Markierung für Meeresschadstoffe), 5.3.1.1.4.1 (Vorschriften für das Anbringen von Placards) IMDG-Code*

1150 B Durch Placards mit Ziffer in der unteren Ecke (1)
  ⓘ *Fundstelle: 5.3.1.1.3 i.V.m. 5.2.2.1.2 (Kennzeichnungsvorschriften) und 5.3.1.2.1 IMDG-Code*

1151 B Der Versender und der Beauftragte des Versenders (1)
  ⓘ *Fundstelle: § 17 Nummer 8 GGVSee*

1152 Versender und der Beauftragte des Versenders (2)
  ⓘ *Fundstelle: § 17 Nummer 8 GGVSee*

1153 Ammonium Sulphide Solution, UN 2683 sind auf dem Versandstück anzubringen. Weiterhin sind die Gefahrzettel Nr. 8, Nr. 6.1 und Nr. 3 anzubringen. (3)
  ⓘ *Fundstelle: Kapitel 3.2 Gefahrgutliste und 5.2.1 (Beschriftung von Versandstücken einschließlich IBC) und 5.2.2 (Kennzeichnung von Versandstücken) IMDG-Code*
  ⓘ *Hinweis: Ausrichtungspfeile wären dann anzubringen, wenn die Kriterien in 5.2.1.7 IMDG-Code erfüllt werden, was aus der Aufgabenstellung nicht ersichtlich ist.*

1154 Lead Perchlorate, Solid, UN 1470 sind auf dem Versandstück anzubringen. Die Gefahrzettel Nr. 5.1 und Nr. 6.1 und das Kennzeichen für Meeresschadstoffe sind erforderlich. (3)
  ⓘ *Fundstelle: Kapitel 3.2 Gefahrgutliste und 5.2.1 (Beschriftung von Versandstücken einschließlich IBC) und 5.2.2 (Kennzeichnung von Versandstücken) IMDG-Code und wegen P in Spalte 4 Markierung für Meeresschadstoffe*

1155 Nitrating acid mixture, UN 1796 sind auf dem Versandstück anzubringen. Die Gefahrzettel Nr. 8 und Nr. 5.1 sind erforderlich. (3)
  ⓘ *Fundstelle: Index zur Zuordnung der UN-Nummer, Kapitel 3.2 Gefahrgutliste und 5.2.1 (Beschriftung von Versandstücken einschließlich IBC) und 5.2.2 (Kennzeichnung von Versandstücken) IMDG-Code*

1156 D In keinem Fall (1)
  ⓘ *Fundstelle: 5.3.2.1 (Angabe von UN-Nummern), 5.3.2.1.1 IMDG-Code*

Gb-Prüfung

2 Antworten
2.6 Seeschiff

1157 3.4.5.5 IMDG-Code (2)

ⓘ *Hinweis: In 5.3.2.4 IMDG-Code wird ebenfalls auf die Kennzeichnung hingewiesen. In 3.4.5.5.1 sind die Detailanforderungen für die Anbringung für die Kennzeichen vorhanden, wenn die Güterbeförderungseinheit ausschließlich Gefahrgut in begrenzten Mengen enthält.*

1158 Kennzeichen für begrenzte Mengen (auf die Spitze gestelltes Quadrat, oben und unten schwarz und in der Mitte weiß) (2)

ⓘ *Fundstelle: 3.4.5 (Beschriftung und Kennzeichnung), 3.4.5.1 IMDG-Code*

1159 Kennzeichen für begrenzte Mengen (auf die Spitze gestelltes Quadrat, oben und unten schwarz und in der Mitte weiß), 25 cm × 25 cm, gemäß 3.4.5.5 IMDG-Code (2)

ⓘ *Hinweis: In 5.3.2.4 IMDG-Code wird ebenfalls auf die Kennzeichnung hingewiesen. In 3.4.5.5.1 wird die Kennzeichnung für Güterbeförderungseinheiten angegeben, die ausschließlich Gefahrgut in begrenzten Mengen enthalten.*

1160 1. Warnzeichen für Konditionierungsmittel gemäß 5.5.3.6.2 IMDG-Code an jedem Zugang (Containertür) (3)
2. Ja – 5.5.3.2.4 IMDG-Code

ⓘ *Fundstelle: 5.5.3.6.1 und 5.5.3.2.4 IMDG-Code – Das Kennzeichen selbst wird als Erstickungswarnkennzeichen bezeichnet.*

1161 Begasungswarnzeichen gem. 5.5.2.3.2 IMDG-Code an jedem Zugang (2)

Nach Belüftung und Entladung des Containers muss das Begasungswarnzeichen entfernt werden.

ⓘ *Fundstelle: 5.5.2.3.1, 5.5.2.3.2 und 5.5.2.3.4 IMDG-Code*

1162 Buchstabenhöhe von mindestens 12 mm (1)

ⓘ *Fundstelle: 5.1.2.1 IMDG-Code*

1163 Sicherheits-Zulassungsschild gemäß CSC (2)

ⓘ *Fundstelle: 1.1.2.3 (Anlage I des CSC), 7.3.2.2 und 7.3.3.1 Fußnote 2 IMDG-Code*

1164 Informationen: (2)
- Stoff oder Gegenstand (Richtiger technischer Name)
- Gefahrgutklasse
- UN-Nummer
- Information, ob es sich um einen Meeresschadstoff handelt oder handeln kann

ⓘ *Hinweis: Der Index ist das alphabetische Verzeichnis der gefährlichen Güter, die durch den IMDG-Code erfasst werden. Es können somit gefährliche Güter nach ihrem Namen ermittelt werden. Die Lösung erfolgt über die Spaltenüberschriften.*

1165 3.2.1 und 3.2.2 IMDG-Code (2)

ⓘ *Fundstelle: 3.2.1 beschreibt den Aufbau der Gefahrgutliste und 3.2.2 die Abkürzungen und Symbole.*

1166 5.4 IMDG-Code (2)

ⓘ *Fundstelle: 5.4 IMDG-Code regelt die Dokumentation und enthält somit auch Festlegungen zu den Beförderungspapieren.*

1167 5.3 IMDG-Code (2)

ⓘ *Fundstelle: 5.3 IMDG-Code regelt die Plakatierung, Markierung und Beschriftung von Güterbeförderungseinheiten.*

2 Antworten
2.6 Seeschiff

1168   2.10 IMDG-Code   (2)
ⓘ *Fundstelle: 2.10 IMDG-Code enthält die Begriffsbestimmungen für Meeresschadstoffe.*

1169   2.0.5 IMDG-Code   (2)
ⓘ *Fundstelle: 2.0.5 IMDG-Code enthält die Vorschriften zu Abfällen*

1170   7.5.2 IMDG-Code   (2)
ⓘ *Fundstelle: 7.5.2 IMDG-Code regelt die Stauung von Straßenfahrzeugen mit verpackten gefährlichen Gütern in Ro/Ro-Laderäumen.*

1171   C   Abschnitt 7.5.2   (1)
ⓘ *Fundstelle: 7.5.2 (Stauung von Güterbeförderungseinheiten in Ro/Ro-Laderäumen) IMDG-Code*

1172   B   Kapitel 4.3   (1)
ⓘ *Fundstelle: 4.3 (Verwendung von Schüttgut-Containern) IMDG-Code*

1173   7.4 IMDG-Code   (2)
ⓘ *Fundstelle: 7.4 IMDG-Code enthält die Vorschriften für die Stauung und Trennung auf Containerschiffen.*
ⓘ *Hinweis: In 7.4.1.1 IMDG-Code wird Stauung und Trennung von Containern gem. CSC genannt.*

1174   7.5.3 IMDG-Code   (2)
ⓘ *Fundstelle: 7.5.3 IMDG-Code enthält die Vorschriften für die Trennung von Beförderungseinheiten mit verpackten gefährlichen Gütern auf Ro/Ro-Schiffen.*

1175   7.3 IMDG-Code   (2)
ⓘ *Fundstelle: 7.3 IMDG-Code (Packen und Verwendung von Güterbeförderungseinheiten) enthält die Vorschriften für das Packen von Containern.*
ⓘ *Hinweis: Die Begriffsbestimmung in 1.2.1 IMDG-Code für Güterbeförderungseinheiten schließt auch Container ein.*

1176   7.2.7.1 IMDG-Code   (2)
ⓘ *Fundstelle: 7.2.7.1 IMDG-Code regelt, welche Trennvorschriften für gefährliche Güter der Klasse 1 untereinander angewandt werden müssen.*

1177   SGG1: Säuren   (1)
ⓘ *Fundstelle: 3.1.4.4 und 7.2.5.2 IMDG-Code*

1178   SGG4: Chlorate   (1)
ⓘ *Fundstelle: 3.1.4.4 und 7.2.5.2 IMDG-Code*

1179   A   Cyanide   (1)
ⓘ *Fundstelle: 3.1.4.4 und 7.2.5.2 IMDG-Code*

1180   Schiffsführer und der für die Ladung verantwortliche Offizier   (2)
ⓘ *Fundstelle: § 4 Absatz 11 GGVSee*

1181   B   5 Jahre   (1)
ⓘ *Fundstelle: § 4 Absatz 11 GGVSee*

1182 Höchstens 5 Jahre (2)

ⓘ *Hinweis: Nach § 4 Absatz 11 (Allgemeine Sicherheitspflichten, Überwachung, Ausrüstung, Unterweisung) GGVSee ist die Unterweisung in regelmäßigen Abständen von höchstens 5 Jahren zu wiederholen.*

1183 A In der GGVSee und im IMDG-Code (1)

ⓘ *Fundstelle: § 5 (1) GGVSee und 7.1 und 7.2 IMDG-Code*

1184 § 27 (Ordnungswidrigkeiten) GGVSee (2)

1185 (3)

1)	Schüttgut-Container: Nein – 4.3 IMDG-Code
	ⓘ *Fundstelle: 4.3.1.1 IMDG-Code*
2)	Ortsbewegliche Tanks: Nein – 4.2 IMDG-Code
	ⓘ *Fundstelle: 4.2.0.1 und 4.2.1 IMDG-Code*

ⓘ *Hinweis: Die Fundstellen verweisen auf die Spalte 13 der Gefahrgutliste. Nur wenn dort in Spalte 13 ein Tank bzw. Containertyp (BK2 oder BK3) genannt ist, hat diese UN-Nummer eine Zulassung zur Beförderung in fester Form in Schüttgut-Containern (BK2 oder BK3) oder in Tanks (Txx) (Erläuterung zu Spalte 13).*

1186 Nein; 4.2.6 und 6.8.2 IMDG-Code (2)

ⓘ *Fundstelle: 4.2.6.2 und 6.8.2.1 IMDG-Code*

1187 Ja; Abschnitt 1.3.1 IMDG-Code (2)

ⓘ *Hinweis: Nach Abschnitt 1.3.1 IMDG-Code ist das Landpersonal vor der selbstständigen Übernahme der Aufgaben nach den Vorschriften des Kapitels 1.3 IMDG-Code zu unterweisen. Die Unterweisung ist in regelmäßigen Abständen von höchstens fünf Jahren zu wiederholen. Datum und Inhalt der Unterweisung sind unverzüglich nach der Unterweisung aufzuzeichnen, die Aufzeichnungen sind fünf Jahre aufzubewahren und dem Arbeitnehmer und der zuständigen Behörde auf Verlangen vorzulegen. Nach Ablauf der Aufbewahrungsfrist sind die Aufzeichnungen unverzüglich zu löschen.*

1188 Ja. Nach § 4 Absatz 12 GGVSee ist Landpersonal, das Aufgaben nach 1.3.1.2 IMDG-Code ausübt, vor der selbstständigen Übernahme der Aufgaben nach den 1.3 IMDG-Code zu unterweisen. Die Unterweisung ist in regelmäßigen Abständen von höchstens fünf Jahren zu wiederholen. Datum und Inhalt der Unterweisung sind unverzüglich nach der Unterweisung aufzuzeichnen, die Aufzeichnungen sind fünf Jahre aufzubewahren und dem Arbeitnehmer und der zuständigen Behörde auf Verlangen vorzulegen. Nach Ablauf der Aufbewahrungsfrist sind die Aufzeichnungen unverzüglich zu löschen. (2)

1189 Nach 1.2.1 IMDG-Code: jede Person, Organisation oder Regierung, die eine Sendung für die Beförderung vorbereitet (1)

Nach § 2 Absatz 1 Nummer 22 GGVSee: der Hersteller oder Vertreiber gefährlicher Güter oder jede andere Person, die die Beförderung gefährlicher Güter ursprünglich veranlasst

ⓘ *Hinweis: Die Fragestellung lässt nicht erkennen, ob die Definition nach IMDG-Code oder GGVSee gefragt ist.*

2 Antworten
2.6 Seeschiff

1190 Hier handelt es sich um Stoffe, die nur bei Beförderung als Massengut gefährlich sind. (2)

ⓘ *Fundstelle: 1.7 und 9.2.3 IMSBC-Code*

ⓘ *Hinweis: Im IMSBC-Code gibt es bei den Begriffsbestimmungen Stoffe, die bei der Beförderung als Massengut gefährlich sind. Die Abkürzung „MHB" ist dort in Klammern genannt. Anhand der Überschrift in 9.2.3 IMSBC-Code kann die Bedeutung ebenfalls herausgefunden werden.*

1191 a) IMDG-Code: Ja. Eine Beförderung im Schüttgut-Container der Typen BK2 und BK3 zu zulässig. (3)

ⓘ *Fundstelle: IMDG-Code: § 17 Nr. 4 GGVSee und 3.2 Gefahrgutliste Spalte 13 IMDG-Code*

b) IMSBC-Code: Ja. Der Stoff ist zur Beförderung zugelassen, weil er namentlich genannt ist und der Gruppe B zugeordnet wurde.

ⓘ *Fundstelle: IMSBC-Code: § 17 Nr. 15 GGVSee*

1192 Ja, wenn eine Ausnahme nach Ziffer 1.3.1.1 IMSBC-Code vorliegt. § 17 Nr. 16 GGVSee (2)

ⓘ *Fundstelle: § 17 Nr. 16 GGVSee*

ⓘ *Hinweis: Der § 17 GGVSee enthält keine Absätze, sondern nur Nummern. Die geforderte Ausnahme ist auch bei dem für den Umschlag Verantwortlichen in § 20 Nr. 4c GGVSee und beim Beförderer in § 21 Nr. 6 GGVSee gefordert.*

1193
- Name der ausstellenden Firma
- Name desjenigen, der eigenverantwortlich die Pflichten des Unernehmers oder Betriebsinhabers als Versender wahrnimmt
- Angaben nach Abschnitt 4.2 IMSBC-Code

(2)

ⓘ *Fundstelle: § 6 Abs. 2 GGVSee*

1194 Die Beförderung ist zugelassen, weil es einen Eintrag in Kapitel 17 gibt, in dem die Anforderungen für die Beförderung festgelegt sind. (2)

ⓘ *Fundstelle: § 17 Nr. 17 GGVSee, 1.2.1 IMDG-Code und Kapitel 17 IBC-Code*

1195 Der Stoff muss im IBC-Code in Kapitel 17 oder 18 genannt sein. (2)

ⓘ *Fundstelle: § 17 Nr. 17 GGVSee*

1196
- Stoffname
- MARPOL-Verschmutzungskategorie, wenn anwendbar
- Ladungstemperatur, Dichte und Flammpunkt, wenn dieser höchstens 60 % °C beträgt
- Notfallmaßnahmen, die beim Freiwerden, bei Körperkontakt und bei Feuer zu ergreifen sind

(2)

ⓘ *Fundstelle § 6 (3) GGVSee*

ⓘ *Hinweis: Die Nennung von zwei Informationen ist ausreichend. Auf die Nennung der zusätzlichen Angaben nach IGC-Code, GC-Code, IBC-Code und BCH-Code wurde verzichtet.*

1197 Das Gas muss im Kapitel 19 des IGC-Codes oder im Kapitel XIX des GC-Codes genannt sein. (2)

ⓘ *Fundstelle: § 17 Nr. 17 GGVSee*

Gb-Prüfung   **2 Antworten**
2.6 Seeschiff

1198   a)   Dichloroanilines, liquid   (2)   **(10)**
Allyl Glycidyl Ether

ⓘ *Fundstelle: 3.2.1 IMDG-Code*

ⓘ *Hinweis: Laut Gefahrgutliste in 3.2 zu UN 1590 sind die richtigen technischen Namen: DICHLORANILINE, FLÜSSIG oder DICHLORANILINES, LIQUID und zu UN 2219: ALLYLGLYCIDYLETHER oder ALLYL GLYCIDYL ETHER. Es ist empfehlenswert, nur die englische Bezeichnung zu verwenden.*

b)   Ja.   (2)

ⓘ *Fundstelle: 3.2.1 (Spalten 3, 4 und 16b) und 7.2.4 IMDG-Code*

ⓘ *Hinweis: Es besteht weder nach der Gefahrgutliste in 3.2 noch nach 7.2.4 IMDG-Code ein Trenngebot, somit dürfen die Güter in einem Container zusammengeladen werden.*

c)   Verantwortliche für das Packen oder Beladen der Güterbeförderungseinheit   (2)

ⓘ *Fundstelle: § 18 Nummer 1 GGVSee*

ⓘ *Hinweis: Gemäß § 18 Nummer 1 GGVSee ist der für das Packen oder Beladen einer Güterbeförderungseinheit jeweils Verantwortliche für die Beachtung von 7.2 IMDG-Code verantwortlich. In 7.2 IMDG-Code sind die Trennvorschriften enthalten.*

d)   Staukategorie A   (2)

ⓘ *Fundstelle: Spalte 16a in Kapitel 3.2 Gefahrgutliste IMDG-Code*

e)   Der Container ist an beiden Seiten und an beiden Enden mit den Placards Nr. 3 und Nr. 6.1 und wegen Dichloranilin, flüssig, mit dem Kennzeichen „Marine Pollutant" an allen 4 Seiten zu kennzeichnen.   (2)

ⓘ *Fundstelle: Spalten 3 und 4 (Eintrag P) in Kapitel 3.2 Gefahrgutliste, 5.3.1.1.4 und 5.3.2.3 IMDG-Code*

1199   a)   (6)   **(10)**

1.)	Ja; UN 1266
	ⓘ *Hinweis: Laut Eintragung für PARFÜMERIEERZEUGNISSE, 3, UN 1266, in der Gefahrgutliste Spalte 7a in 3.2 IMDG-Code ist eine Beförderung als begrenzte Menge in einer Menge von bis zu 5 l je Innenverpackung zulässig.*
2.)	Nein; UN 1381
	ⓘ *Hinweis: Laut Eintragung für PHOSPHOR, WEISS oder GELB, UNTER WASSER, 4.2, UN 1381, in der Gefahrgutliste Spalte 7a in 3.2 IMDG-Code ist eine Beförderung als begrenzte Menge nicht zulässig, da hier die 0 genannt ist (3.4.1.1).*
3.)	Ja; UN 1710
	ⓘ *Hinweis: Laut Eintragung für TRICHLORETHYLEN, 6.1, UN 1710, in der Gefahrgutliste Spalte 7a in 3.2 IMDG-Code ist eine Beförderung als begrenzte Menge in einer Menge von bis zu 5 l je Innenverpackung zulässig.*

ⓘ *Hinweis: Über den Index lässt sich die zutreffende UN-Nummer zuordnen.*

b)   Nein; 3.4.1.2 IMDG-Code   (2)

ⓘ *Fundstelle: 3.4.1.2 und 3.4.2.1 IMDG-Code*

ⓘ *Hinweis: Gefährliche Güter, die als begrenzte Mengen befördert werden, dürfen nach 3.4.2.1 IMDG-Code nur in Innenverpackungen verpackt werden, die in eine geeignete Außenverpackung eingesetzt werden. Die Verpackungen müssen den Vorschriften von 4.1.1.1, 4.1.1.2 und 4.1.1.4 bis 4.1.18 IMDG-Code gemäß 3.4.1.2 IMDG-Code genügen und sie müssen so beschaffen sein, dass sie die Konstruktionsanforderungen von 6.1.4 IMDG-Code erfüllen. Es ist kein Hinweis auf 4.1.1.3 IMDG-Code vorhanden; nur dort werden bauartgeprüfte Verpackungen vorgeschrieben.*

2 Antworten
2.6 Seeschiff

c) Kennzeichen für begrenzte Mengen (auf die Spitze gestelltes Quadrat, oben und unten schwarz und in der Mitte weiß, 10 cm × 10 cm) (2)
  ⓘ *Fundstelle:: 3.4.5.1 IMDG-Code*

1200 a) CYCLOHEXYLAMINE, (2) **(10)**
  ⓘ *Hinweis: UN-Nr. 2357, muss laut Gefahrgutliste (Spalten 3 und 4) in 3.2 IMDG-Code mit Kennzeichen Nr. 8 und Nr. 3 gekennzeichnet sein.*

b) Nein. (1)
  ⓘ *Hinweis: Gemäß Trenntabelle in 7.2.4 IMDG-Code bestehen keine generellen Trennvorschriften für die Klassen 3 und 8.*

c) Die Zusatzgefahr ist in gleicher Weise wie die Hauptgefahr bei der Trennung zu beachten. In diesem Fall hat sie keine Auswirkung. (2)
  ⓘ *Fundstelle: 7.2.3.3 IMDG-Code*

d) Nein, gemäß der Gefahrgutliste in 3.2 IMDG-Code bestehen keine besonderen Trennvorschriften für die beiden Güter. (2)
  ⓘ *Fundstelle: Spalte 16b in der Gefahrgutliste in 3.2 IMDG-Code*
  ⓘ *Hinweis: UN 2357 hat die Angabe SG35 in der Spalte 16b, die aber keine Auswirkung hat, da es sich bei UN 1090 nicht um eine Säure handelt.*

e) Container-/Fahrzeugpackzertifikat (1)
  ⓘ *Hinweis: Gemäß § 18 Nummer 3 GGVSee i.V.m. 5.4.2 IMDG-Code ist ein Container-/Fahrzeugpackzertifikat von der für die Beladung des Containers verantwortlichen Person auszustellen.*

f) Placards Nr. 3 und Nr. 8 an allen 4 Seiten (2)
  ⓘ *Hinweis: Gemäß der Gefahrgutliste in 3.2 IMDG-Code Spalten 3 und 4 ist der Container mit Placards Nr. 3 und Nr. 8 und nach 5.3.1.1.4.1 IMDG-Code jeweils an den beiden Seiten und beiden Enden zu kennzeichnen. Das Placard Nr. 3 muss nicht zweimal angebracht werden, da 5.3.1.1.3 IMDG-Code keine Doppelkennzeichnung für gleiche Haupt- und Nebengefahren vorsieht.*

1201 a) Beförderungspapier und Containerpackzertifikat (2) **(10)**
  ⓘ *Fundstelle: § 6 Absatz 1 Nummer 1 und § 18 Nummer 3 GGVSee und 5.4.1 und 5.4.2 IMDG-Code*

b) SULPHURIC ACID, with more than 51 % acid (60 %) oder SCHWEFELSÄURE mit mehr als 51 % Säure (60 %): UN-Nr. 1830
DIALLYL ETHER oder DIALLYLETHER: UN-Nr. 2360 (2)
  ⓘ *Fundstelle: Index des IMDG-Codes*

c) Ja. (2)
  ⓘ *Fundstelle: Kapitel 3.2 Gefahrgutliste Spalte 16b IMDG-Code*
  ⓘ *Hinweis: Weder nach der Trenntabelle in 7.2.4 IMDG-Code noch nach den individuellen Trenngeboten in Spalte 16b der Gefahrgutliste in 3.2 IMDG-Code besteht kein Trenngebot für die Klassen 3 mit Nebengefahr 6.1 und 8. Somit dürfen die Partien in einem Container zusammengeladen werden.*

d) Placards Nr. 3, 6.1 und Nr. 8 an allen 4 Seiten (2)
  ⓘ *Hinweis: Gemäß der Gefahrgutliste in 3.2 IMDG-Code Spalten 3 und 4 ist der Container mit Placards für die Klassen 3, 6.1 und 8 und nach 5.3.1.1.4.1 IMDG-Code jeweils an den beiden Seiten und den beiden Enden zu kennzeichnen. Gemäß 5.3.1.1.3 IMDG-Code darf das Placard für die Nebengefahr nur entfallen, wenn es bereits durch die Hauptgefahr eines anderen Gefahrguts am Container vorhanden ist. Das ist bei UN 2360 nicht der Fall.*

e) Staukategorie E – die Beförderung ist verboten, da zu viele Fahrgäste an Bord sind. (2)
  ⓘ *Fundstelle: Kapitel 3.2 Gefahrgutliste Spalte 16a und 7.1.3.2 IMDG-Code*
  ⓘ *Hinweis: Es ist immer die schärfere Staukategorie heranzuziehen.*

Gb-Prüfung

2 Antworten
2.6 Seeschiff

1202 a)

| 1.) | METHANOL: UN-Nr. 1230 und |
| 2.) | GIFTIGER ORGANISCHER FESTER STOFF, ENTZÜNDBAR, N.A.G.: UN-Nr. 2930 |

(2) **(10)**

ⓘ *Fundstelle: Index des IMDG-Codes*

b)

| 1.) | METHANOL: Klasse 3 mit Zusatzgefahr 6.1 |
| 2.) | GIFTIGER ORGANISCHER FESTER STOFF, ENTZÜNDBAR, N.A.G.: Klasse 6.1 Zusatzgefahr 4.1 |

(2)

ⓘ *Fundstelle: Kapitel 3.2 Gefahrgutliste (Spalten 3 und 4) IMDG-Code*

c) Ja, nach der Trenntabelle in 7.2.4 IMDG-Code besteht kein Trenngebot für die Klassen 3 und 6.1. Somit dürfen die Partien unter Berücksichtigung der Hauptgefahr zusammengeladen werden. (1)

d) Ja, unter Berücksichtigung ihrer zusätzlichen Kennzeichen (Gefahren) der Klassen 6.1 und 4.1 besteht kein Trenngebot. Somit dürfen die Partien unter Berücksichtigung der Nebengefahr zusammengeladen werden. (2)

ⓘ *Hinweis: In Kapitel 3.2 Gefahrgutliste in Spalte 16b IMDG-Code ist keine weitere Trennvorschrift vorhanden. Somit wären alle Kombinationen erlaubt.*

Stoff 1)	Stoff 2)	Angabe in der Trenntabelle
3	6.1	X (→ Trennvorschriften in der Gefahrgutliste)
3	4.1	X (→ Trennvorschriften in der Gefahrgutliste)
6.1	6.1	X (→ Trennvorschriften in der Gefahrgutliste)
6.1	4.1	X (→ Trennvorschriften in der Gefahrgutliste)

e) Gemäß Kapitel 3.2 Gefahrgutliste Spalten 3 und 4 IMDG-Code ist der Lkw mit Placards 3, 6.1 und 4.1 zu kennzeichnen. (2)

ⓘ *Fundstelle: 5.3.1 und 3.2.1 IMDG-Code*

f) Die Kennzeichnung erfolgt an beiden Seiten und am rückwärtigen Ende. (1)

ⓘ *Fundstelle: 5.3.1.1.4.5 IMDG-Code*

1203 a) Ja. Es sei denn, die einzelnen UN-Nummern haben stoffspezifische Trennvorschriften oder reagieren gefährlich miteinander. (2) **(10)**

ⓘ *Fundstelle: 3.4.4.1 und 7.2.4 IMDG-Code*

ⓘ *Hinweis: Es sind zunächst die Klassen in Trenntabelle 7.2.4 IMDG-Code zu überprüfen. In 3.4.4.1 sind die weiteren Auflagen enthalten.*

b) Nein. (2)

ⓘ *Fundstelle: 3.4.1.2 IMDG-Code*

ⓘ *Hinweis: Außenverpackungen für Gefahrgüter in begrenzten Mengen müssen nicht bauartzugelassen sein, da nicht auf den Unterabschnitt 4.1.1.3 verwiesen wird. In diesem Unterabschnitt ist die Bauartzulassung verlangt.*

c) Kennzeichen für begrenzte Mengen (auf die Spitze gestelltes Quadrat, oben und unten schwarz und in der Mitte weiß, 10 cm × 10 cm) und Ausrichtungspfeile auf zwei gegenüberliegenden Seiten. (2)

ⓘ *Fundstelle: 3.4.5.1, 3.4.1.2 und 5.2.1.7 IMDG-Code*

d) Ja. (2)

ⓘ *Fundstelle: 3.4.4.2 IMDG-Code*

ⓘ *Hinweis: Da alle Gefahrgüter als begrenzte Menge verpackt sind, müssen keine weiteren Trennvorschriften beachtet werden.*

e) Kennzeichen für begrenzte Mengen (auf die Spitze gestelltes Quadrat, oben und unten schwarz und in der Mitte weiß, 25 cm × 25 cm) (2)

ⓘ *Fundstelle: 3.4.5.5 IMDG-Code*

2 Antworten
2.6 Seeschiff

1204 a) 4 bar (2) **(10)**
 ⓘ *Hinweis: Über die Gefahrgutliste ist die Tankanweisung T7 anzuwenden. In 4.2 ist bei der Tankanweisung T7 abzulesen, dass der Mindestprüfdruck 4 bar beträgt.*
 ⓘ *Fundstelle: 3.2.1 und 4.2.5.2.6 IMDG-Code*

b) Placards 3 und 8 an allen 4 Seiten (2)
 ⓘ *Fundstelle: 3.2.1 und 5.3.1.1.4.1.1 IMDG-Code*

c) Richtiger technischer Name (Dipropylamine) an beiden Längsseiten UN-Nummer 2383 an allen vier Seiten (4)
 ⓘ *Fundstelle: 5.3.2.0.1 und 5.3.2.1.1 sowie 5.3.2.1.2.2 (Ableitung: Anbringung neben Placards damit vier Seiten)*

d) Staukategorie B – Stauung nur an Deck (2)
 ⓘ *Fundstelle: 3.2.1 und 7.1.3.2 IMDG-Code*

1205 a) (2) **(10)**

1.)	UN 1717	Hauptgefahr: 3	Nebengefahr: 8
2.)	UN 1814	Hauptgefahr: 8	Nebengefahr: -
3.)	UN 1889	Hauptgefahr: 6.1	Nebengefahr: 8

 ⓘ *Fundstelle: Kapitel 3.2 Gefahrgutliste Spalten 3 und 4 IMDG-Code*

b) UN 1717 (2)
 ⓘ *Fundstelle: Kapitel 3.2 Gefahrgutliste, 7.2.4, 7.2.8 und 7.3.4.1 IMDG-Code*
 ⓘ *Hinweis: Von allen drei UN-Nummern müssen die Gefahrzettel aus den Spalten 3 und 4 und die zusätzlichen Trennvorschriften aus Spalte 16b aus der Gefahrgutliste in Kapitel 3.2 herausgesucht werden. UN 1717 hat die Gefahrzettel Nr. 3 und 8 und die Trennvorschriften SGG1, SG36 und SG49. UN 1814 hat nur den Gefahrzettel Nr. 8 und die Trennvorschrift SG35. UN 1889 hat die Gefahrzettel Nr. 6.1 und 8 und zusätzlich die Trennvorschrift SG35. Nun ist die Trennung aufgrund der Gefahrzettel mit Tabelle 7.2.4 zu überprüfen. Die Gefahrzettel Nr. 3, 6.1 und 8 erfordern keine Trennung voneinander. UN 1814 und UN 1889 haben aber noch die Trennvorschrift SG35, die gem. 7.2.8 fordert, „getrennt von" SGG1 – Säuren zu stauen. In der Spalte 16b ist bei UN 1717 die SGG1 aufgeführt. Danach handelt es sich bei UN 1717 um eine Säure. Gemäß 7.3.4.1 dürfen Güter, die „getrennt von" zu stauen sind, nicht im selben Container befördert werden. Damit dürfen diese zwei UN-Nummern nicht zusammen mit UN 1717 in einen Container verladen werden.*

c) Placards Nr. 6.1 und 8 sowie Kennzeichen für Meeresschadstoffe auf allen vier Seiten (2)

d) UN 1814 = Staukategorie A und UN 1889 = Staukategorie D (1)
 ⓘ *Fundstelle: Kapitel 3.2 Gefahrgutliste Spalte 16a IMDG-Code*

e) Nein. (1)
 ⓘ *Fundstelle: 7.1.3.2 IMDG-Code*
 ⓘ *Hinweis: Staukategorie D nur an Deck bei Frachtschiffen, damit ist eine Stauung unter Deck nicht möglich.*

f) Container-/Fahrzeugpackzertifikat (1)
 ⓘ *Fundstelle: 5.4.2 und 7.3.3.17 IMDG-Code*

g) CTU-Code (1)
 ⓘ *Fundstelle: 7.3.3.14 IMDG-Code*

Gb-Prüfung **2 Antworten**
2.6 Seeschiff

1206 a)

UN 1214	Hauptgefahr: 3	Nebengefahr: 8
UN 1810	Hauptgefahr: 6.1	Nebengefahr: 8
UN 1575	Hauptgefahr: 6.1	Nebengefahr: –

(2) **(10)**

ⓘ *Fundstelle: Kapitel 3.2 Gefahrgutliste Spalten 3 und 4 IMDG-Code*

b) UN 1810 (2)

ⓘ *Fundstelle: Kapitel 3.2 Gefahrgutliste, 7.2.4, 7.2.8, 3.1.4.4 und 7.3.4.1 IMDG-Code*

ⓘ *Hinweis: Von allen drei UN-Nummern müssen die Gefahrzettel aus den Spalten 3 und 4 und die zusätzlichen Trennvorschriften aus Spalte 16b aus Kapitel 3.2 Gefahrgutliste IMDG-Code herausgesucht werden. UN 1214 hat die Gefahrzettel Nr. 3 und 8 und die Trennvorschrift SG35 in Spalte 16b. UN 1810 hat die Gefahrzettel Nr. 6.1 und 8, die Trenngruppe SGG1 und die Trennvorschriften SG36 und SG49. UN 1575 hat den Gefahrzettel Nr. 6.1 und zusätzlich die Trennvorschrift SG35. Nun ist die Trennung aufgrund der Gefahrzettel in der Tabelle 7.2.4 IMDG-Code zu überprüfen. Die Gefahrzettel Nr. 3, 6.1 und 8 erfordern keine Trennung voneinander. UN 1214 und UN 1575 haben aber noch die Trennvorschrift SG35, die gemäß 7.2.8 IMDG-Code fordert, „getrennt von" SGG1 – Säuren zu stauen. In der Spalte 16b ist bei UN 1810 die SGG1 aufgeführt. Danach handelt es sich bei UN 1810 um eine Säure. Gemäß 7.3.4.1 IMDG-Code dürfen Güter, die „getrennt von" zu stauen sind, nicht im selben Container befördert werden. Damit dürfen diese zwei UN-Nummern nicht zusammen mit UN 1810 in einen Container verladen werden.*

c) UN 1214 Isobutylamine, 3, (8), II, Flp – 9 °C (2)
UN 1575 Calciumcyanide, 6.1, I, Marine Pollutant

ⓘ *Fundstelle: Kapitel 3.2 Gefahrgutliste und 5.4.1.4 IMDG-Code*

d) Placards Nr. 3, 6.1 und 8 sowie Kennzeichen für Meeresschadstoffe auf allen vier Seiten (2)

ⓘ *Fundstelle: Kapitel 3.2 Gefahrgutliste Spalten 3 und 4, 5.3.1.1.4.1 und 5.3.2.3 IMDG-Code*

e) Container-/Fahrzeugpackzertifikat (1)

ⓘ *Fundstelle: 5.4.2 und 7.3.3.17 IMDG-Code*

f) Manifest oder Stauplan (1)

ⓘ *Fundstelle: 5.4.3.1 IMDG-Code*

3 Zuordnung der Fragennummern zu Themenbereichen

3.1 Verkehrsträgerübergreifender Teil

Begrenzte Mengen (LQ)
123, 134, 141, 148, 250, 254

Freigestellte Mengen (EQ)
135, 150, 252, 253

Klassifizierung (K)
94, 96, 153, 154, 161, 162, 164, 165, 166, 167, 168, 169, 170, 171, 172, 173, 174, 175, 176, 177, 178, 179, 180, 181, 182, 183, 185, 186, 187, 188, 189, 190, 191, 192, 193, 194, 195, 196, 197, 198, 199, 200, 201, 202, 203, 204, 205, 206, 207, 208, 209, 210, 211, 212, 213, 214

Kühltransport oder Gase als Konditionierungsmittel (KT)
138

Markierung und Kennzeichnung (MK)
97, 102, 103, 104, 105, 106, 107, 108, 109, 110, 111, 112, 113, 114, 115, 116, 117, 118, 120, 121, 122, 124, 125, 126, 127, 128, 129, 130, 131, 132, 133, 137, 139, 140, 142, 143, 144, 145, 146, 147, 149, 151, 152, 160, 163

Placards, orangefarbene Tafeln (POT)
93, 95, 98, 99, 100, 101, 119

Radioaktive Stoffe (R)
97, 111, 112, 114, 115, 116, 154, 155, 156, 157, 158, 159, 160, 161, 184

Verpackung (V)
136, 215, 216, 217, 218, 219, 220, 221, 222, 223, 224, 225, 226, 227, 228, 229, 230, 231, 232, 233, 235, 236, 237, 238, 239, 240, 241, 242, 243, 244, 245, 246, 247, 248, 249, 251, 255, 256, 257, 258, 259, 260, 261, 262

Vorschriften (VS)
234

3.2 Teil Straße

Ausrüstung (A)
269, 270, 271, 274, 294, 322, 352, 369, 378

Begleitpapiere (BP)
399, 400, 401, 402, 407, 408, 412, 413, 415, 419, 422, 427, 436, 441, 448, 449, 450, 456, 595, 605

Begrenzte Mengen (LQ)
283, 286, 287, 290, 291, 357, 376, 480, 492, 496, 497, 501, 557, 558, 559, 560, 576

Bulktransporte (BT)
362, 382, 511, 512, 513, 514, 515, 518, 526, 529, 530, 538, 541, 543, 556, 572, 573, 574, 586, 590, 591

Containerverwendung (CV)
519

3 Zuordnung in Themenbereiche

Dokumentation (D)
387, 391, 392, 394, 395, 396, 397, 398, 403, 404, 414, 418, 423, 424, 425, 426, 429, 430, 431, 432, 433, 434, 437, 438, 439, 440, 442, 443, 444, 447, 451, 452, 453, 454, 455, 457, 458, 459, 460, 461, 462, 463, 642

Entladen (E)
304, 305, 547, 548, 549, 554

Fahrzeuge (FF)
278, 295, 353, 354, 355, 356, 363, 381, 385, 386, 388, 389, 390, 405, 406, 409, 410, 411, 420, 531, 588

Fallbeispiele (FB)
646, 647, 648, 649, 650, 651, 652, 653, 654, 655, 656, 657, 658, 659, 660, 661, 662, 663, 664, 665, 666, 667, 668, 669, 670, 671, 672, 673, 674, 675, 676, 677, 678, 679, 680, 681

Freigestellte Mengen (EQ)
565, 566, 567, 568, 584

Freistellungen (F)
265, 344, 345, 346, 370, 373, 374, 375, 578, 579

Klassifizierung (K)
333, 365, 536

Kühltransport oder Gase als Konditionierungsmittel (KT)
502, 507

Listengüter (L)
280, 281, 282, 416, 421

Markierung und Kennzeichnung (MK)
478, 481, 487, 488, 489, 490, 491, 493, 495, 498, 499, 500, 503, 504, 505, 516, 517, 533

Menge (M)
275, 276, 277, 288, 289, 372, 379

Pflichten (PF)
604, 606, 607, 608, 609, 610, 611, 612, 613, 614, 615, 616, 617, 619, 620, 621, 622, 623, 624, 625, 640

Placards, orangefarbene Tafeln (POT)
464, 465, 466, 467, 468, 469, 470, 471, 472, 473, 474, 475, 476, 477, 479, 482, 483, 484, 485, 486, 494, 508

Prüfungen /Prüffristen (P)
284, 285, 292, 293, 324, 325, 326, 327, 334, 335, 336, 337, 338, 339, 340, 341, 342, 343, 360, 393, 428, 552, 587

Radioaktive Stoffe (R)
237, 238, 297, 298, 299, 300, 366, 394, 395, 457, 467, 491, 498, 499, 532, 582, 583, 635

Schulung (SCH)
596, 597, 598, 599, 600, 601, 602, 603, 630, 641, 643, 644, 645

Sicherung (SC)
628, 629, 631, 632, 633, 634, 635, 636, 637, 639

Tankverwendung (TV)
323, 506, 509, 510, 524, 525, 527, 528, 537, 539, 542, 569, 570, 571, 589

Transport (T)
272, 273, 296, 299, 301, 314, 319, 320, 329, 330, 331, 332, 361, 371, 380, 383, 435, 540, 551, 553, 555, 561, 580, 581, 585

Tunnelbeschränkungen (TB)
347, 348, 349, 350, 351, 367, 368, 377

Unfall (UF)
626, 627, 638

Verpackung (V)
384, 534, 562, 564, 575, 577

Vorlauf-/Nachlaufregelung (VN)
328, 445, 446

Vorschriften (VS)
263, 264, 266, 279, 358, 359, 364, 417, 520, 521, 522, 523, 532, 535, 544, 545, 546, 550, 563, 592, 594, 618

Zusammenladen (Z)
297, 302, 303, 306, 307, 308, 309, 310, 311, 312, 313, 315, 316, 317, 318, 321

Übergangsvorschriften (Ü)
267, 268, 593

3.3 Teil Eisenbahn

Begrenzte Mengen (LQ)
710, 711, 832, 833, 875

Bulktransporte (BT)
714, 718, 719, 720, 738, 739, 816, 821, 822, 830, 842

Dokumentation (D)
740, 741, 742, 743, 744, 745, 746, 747, 748, 749, 750, 751, 752, 753, 754, 755, 756, 757, 758, 759, 761, 762, 764, 766, 767, 768, 769, 878

Entladen (E)
712, 713

Fallbeispiele (FB)
881, 882, 883, 884, 885, 886, 887, 888, 889, 890, 891, 892, 893, 894, 895, 896, 897, 898, 899, 900, 901

Freigestellte Mengen (EQ)
763, 828, 835

Freistellungen (F)
722, 723, 724, 725, 728, 729, 837

Huckepackverkehr (HU)
735, 760, 765, 799, 800, 801, 805, 806, 807, 825, 826, 873

3 Zuordnung in Themenbereiche — Gb-Prüfung

Kühltransport oder Gase als Konditionierungsmittel (KT)
879

Markierung und Kennzeichnung (MK)
787, 792, 793, 798, 803, 836

Pflichten (PF)
683, 843, 844, 845, 846, 847, 848, 849, 850, 851, 852, 853, 854, 855, 859, 860, 862, 872, 876

Placards, orangefarbene Tafeln (POT)
770, 771, 772, 773, 774, 775, 776, 777, 778, 779, 780, 781, 782, 783, 784, 785, 786, 788, 789, 790, 791, 794, 795, 796, 797, 802

Prüfungen /Prüffristen (P)
686, 687, 688, 689, 690, 691, 695, 696, 697, 698, 716, 717, 721, 734, 815, 839

Radioaktive Stoffe (R)
692, 693, 694, 748, 767, 777, 795, 796

Schulung (SCH)
871, 877

Sicherung (SC)
865, 866, 867, 868, 869, 870, 874

Tanktransport (TT)
705, 706, 707, 708, 709, 715, 730, 731, 732, 733, 808, 813, 814, 817, 818, 827, 829, 840, 861

Transport (T)
685, 820, 823, 824

Unfall (UF)
736, 863, 864, 880

Verpackung (V)
726, 727, 831, 834, 838, 841

Vorlauf-/Nachlaufregelung (VN)
804

Vorschriften (VS)
682, 684, 856, 857, 858

Zusammenladen (Z)
699, 700, 701, 702, 703, 704, 737, 809, 810, 811, 812, 819

3.4 Teil Binnenschifffahrt

Beförderung Tankschiff (BTS)
916, 917, 918, 920, 928, 929, 934, 935, 936, 937, 938, 939, 940, 993, 996, 1000, 1024, 1025, 1026, 1027, 1032, 1034, 1036, 1037, 1038, 1039, 1040, 1041, 1046

Beförderung Trockengüterschiff (BTG)
907, 915, 919, 921, 926, 927, 931, 932, 933, 984, 985, 986, 994, 995, 1001, 1019, 1020, 1028, 1029, 1035

Beförderung allgemein (BA)
903, 904, 905, 913, 914, 930, 991, 1017, 1018, 1021, 1022, 1023, 1030, 1033, 1044

Bulktransporte (BT)
998, 999, 1031

Dokumentation (D)
941, 942, 943, 944, 945, 946, 947, 948, 951, 952, 953, 954, 955, 956, 957, 958, 959, 960, 961, 962, 963, 973, 975, 976, 977, 978, 979, 980, 981, 982, 983, 988

Fallbeispiele (FB)
1047, 1048, 1049, 1050, 1051, 1052, 1053, 1054, 1055, 1056, 1057

Freistellungen (F)
902, 906, 908, 909, 910, 911, 912, 966

Klassifizierung (K)
1002, 1003, 1004, 1005, 1006, 1007, 1008, 1009, 1010

Markierung und Kennzeichnung (MK)
992, 997, 1011

Pflichten (PF)
922, 923, 949, 950, 964, 965, 987

Prüfliste (PL)
989, 990

Sachkundiger (SK)
974, 1042, 1043, 1045

Verpackung (V)
1012, 1013, 1014, 1015, 1016

Zulassung Tankschiff (ZTS)
967, 968, 969, 970, 971, 972

Zusammenladen (Z)
924, 925

3.5 Teil Seeschifffahrt

Begrenzte Mengen (LQ)
1058, 1059, 1060, 1061, 1062, 1063, 1064, 1065, 1067, 1068, 1069, 1070, 1157, 1158, 1159

Containerverwendung (CV)
1089, 1090, 1091, 1092, 1116, 1163

Dokumentation (D)
1120, 1121, 1122, 1123, 1124, 1125, 1126, 1127, 1128, 1129, 1130, 1131, 1134, 1135, 1143

Fallbeispiele (FB)
1198, 1199, 1200, 1201, 1202, 1203, 1204, 1205, 1206

Flüssigkeiten im Tankschiff (FT)
1194, 1195, 1196

3 Zuordnung in Themenbereiche

Freigestellte Mengen (EQ)
1093, 1094

Klassifizierung (K)
1136, 1137, 1138

Kühltransport oder Gase als Konditionierungsmittel (KT)
1118, 1119, 1160, 1161

Lose Schüttung (LS)
1101

Markierung und Kennzeichnung (MK)
1139, 1140, 1141, 1142, 1153, 1154, 1155, 1162

Massengut (MG)
1190, 1191, 1192, 1193, 1197

Notfallmaßnahmen (NM)
1076, 1077

Pflichten (PF)
1132, 1133, 1144, 1151, 1152, 1189

Placards, orangefarbene Tafeln (POT)
1145, 1146, 1147, 1148, 1149, 1150, 1156

Radioaktive Stoffe (R)
1136, 1138

Schulung (SCH)
1180, 1181, 1182, 1187, 1188

Stauung (ST)
1085, 1086, 1087, 1088, 1102, 1104, 1105, 1106, 1110, 1111, 1113, 1114

Tankverwendung (TV)
1186

Vorschriften (VS)
1066, 1095, 1096, 1097, 1098, 1099, 1100, 1164, 1165, 1166, 1167, 1168, 1169, 1170, 1171, 1172, 1173, 1174, 1175, 1176, 1183, 1184, 1185

Zusammenladen (Z)
1071, 1072, 1073, 1074, 1075, 1078, 1079, 1080, 1081, 1082, 1083, 1084, 1103, 1107, 1108, 1109, 1112, 1115, 1117, 1177, 1178, 1179

Gefahrgutbeauftragtenverordnung (GbV)

Verordnung über die Bestellung von Gefahrgutbeauftragten in Unternehmen (Gefahrgutbeauftragtenverordnung – GbV)

i.d.F. der Bek. vom 11.3.2019 (BGBl. S. 304)
geändert durch Art. 3 V vom 26.3.2021 (BGBl. I S. 475)

Bekanntmachung der Neufassung der Gefahrgutbeautragtenverordnung
Vom 11. März 2019

Auf Grund des Artikels 5 der Verordnung vom 20. Februar 2019 (BGBl. I S. 124) wird nachstehend der Wortlaut der Gefahrgutbeauftragtenverordnung in der seit dem 1. Januar 2019 geltenden Fassung bekannt gemacht. Die Neufassung berücksichtig:

1. die am 1. September 2011 in Kraft getretene Verordnung vom 25. Februar 2011 (BGBl. I S. 341),
2. die am 1. Januar 2013 in Kraft getretenen Artikel 3 der Verordnung vom 19. Dezember 2012 (BGBl. I S. 2715),
3. die am 1. Januar 2015 in Kraft getretenen Artikel 6 der Verordnung vom 26. Februar 2015 (BGBl. I S. 265),
4. den am 8. September 2015 in Kraft getretenen Artikel 490 der Verordnung vom 31. August 2015 (BGBl. I S. 1474),
5. den am 1. Januar 2017 in Kraft getretenen Artikel 2 der Verordnung vom 17. März 2017 (BGBl. I S. 568) und
6. den am 1. Januar 2019 in Kraft getretenen Artikel 3 der eingangs genannten Verordnung.

Berlin, den 11. März 2019

Der Bundesminister
für Verkehr und digitale Infrastruktur
Andreas Scheuer

§ 1
Geltungsbereich

(1) Die nachfolgenden Vorschriften gelten für jedes Unternehmen, dessen Tätigkeit die Beförderung gefährlicher Güter auf der Straße, auf der Schiene, auf schiffbaren Binnengewässern und mit Seeschiffen umfasst.

(2) Die in dem jeweiligen Abschnitt 1.8.3 des Übereinkommens vom 30. September 1957 über die internationale Beförderung gefährlicher Güter auf der Straße (ADR), der Anlage der Ordnung für die internationale Eisenbahnbeförderung gefährlicher Güter (RID) – Anhang C des Übereinkommens über den internationalen Eisenbahnverkehr (COTIF) und des Übereinkommens über die internationale Beförderung von gefährlichen Gütern auf Binnenwasserstraßen (ADN) für die Beförderung gefährlicher Güter auf der Straße, auf der Schiene und auf schiffbaren Binnengewässern getroffenen Regelungen sind auch auf die Beförderung gefährlicher Güter mit Seeschiffen anzuwenden.

§ 2
Befreiungen

(1) Die Vorschriften dieser Verordnung gelten nicht für Unternehmen,
1. denen ausschließlich Pflichten als Fahrzeugführer, Triebfahrzeugführer, Schiffsführer, Besatzung in der Binnenschifffahrt, Betreiber einer Annahmestelle in der Binnenschifffahrt, Empfänger, Reisender, Hersteller und Rekonditionierer von Verpackungen, Wiederaufarbeiter von Verpackungen und Großpackmitteln (IBC) und als Stelle für Inspektionen und Prüfungen von IBC zugewiesen sind,
2. denen ausschließlich Pflichten als Auftraggeber des Absenders zugewiesen sind und die an der Beförderung gefährlicher Güter von nicht mehr als 50 Tonnen netto je Kalenderjahr beteiligt sind, ausgenommen radioaktive Stoffe der Klasse 7 und gefährliche Güter der Beförderungskategorie 0 nach Absatz 1.1.3.6.3 ADR,

Anhang
GbV

3. denen ausschließlich Pflichten als Entlader zugewiesen sind und die an der Beförderung gefährlicher Güter von nicht mehr als 50 Tonnen netto je Kalenderjahr beteiligt sind,
4. deren Tätigkeit sich auf die Beförderung gefährlicher Güter erstreckt, die von den Vorschriften des ADR/RID/ADN/IMDG-Code freigestellt sind,
5. deren Tätigkeit sich auf die Beförderung gefährlicher Güter im Straßen-, Eisenbahn-, Binnenschiffs- oder Seeverkehr erstreckt, deren Mengen die in Unterabschnitt 1.1.3.6 ADR festgelegten höchstzulässigen Mengen nicht überschreiten,
6. deren Tätigkeit sich auf die Beförderung gefährlicher Güter erstreckt, die nach den Bedingungen des Kapitels 3.3, 3.4 und 3.5 ADR/RID/ADN/IMDG-Code freigestellt sind, und
7. die gefährliche Güter von nicht mehr als 50 Tonnen netto je Kalenderjahr für den Eigenbedarf in Erfüllung betrieblicher Aufgaben befördern, wobei dies bei radioaktiven Stoffen nur für solche der UN-Nummern 2908 bis 2911 gilt.

(2) Die Befreiungstatbestände nach Absatz 1 können auch nebeneinander in Anspruch genommen werden.

§ 3
Bestellung von Gefahrgutbeauftragten

(1) Sobald ein Unternehmen an der Beförderung gefährlicher Güter beteiligt ist und ihm Pflichten als Beteiligter in der Gefahrgutverordnung Straße, Eisenbahn und Binnenschifffahrt oder in der Gefahrgutverordnung See zugewiesen sind, muss es mindestens einen Sicherheitsberater für die Beförderung gefährlicher Güter (Gefahrgutbeauftragter) schriftlich bestellen. Werden mehrere Gefahrgutbeauftragte bestellt, so sind deren Aufgaben gegeneinander abzugrenzen und schriftlich festzulegen. Nimmt der Unternehmer die Funktion des Gefahrgutbeauftragten selbst wahr, ist eine Bestellung nicht erforderlich.

(2) Die Funktion des Gefahrgutbeauftragten kann nach dem Unterabschnitt 1.8.3.4 ADR/RID/ADN vom Leiter des Unternehmens, von einer Person mit anderen Aufgaben in dem Unternehmen oder von einer dem Unternehmen nicht angehörenden Person wahrgenommen werden, sofern diese tatsächlich in der Lage ist, die Aufgaben des Gefahrgutbeauftragten zu erfüllen. Der Name des Gefahrgutbeauftragten ist allen Mitarbeitern des Unternehmens schriftlich bekannt zu geben; die Bekanntmachung kann auch durch schriftlichen Aushang an einer für alle Mitarbeiter leicht zugänglichen Stelle erfolgen.

(3) Als Gefahrgutbeauftragter darf nur bestellt werden oder als Unternehmer selbst die Funktion des Gefahrgutbeauftragten wahrnehmen, wer Inhaber eines für den betroffenen Verkehrsträger gültigen Schulungsnachweises nach § 4 ist.

(4) Wenn ein nach § 2 befreites Unternehmen wiederholt oder schwerwiegend gegen Vorschriften über die Beförderung gefährlicher Güter verstößt, kann die zuständige Behörde die Bestellung eines Gefahrgutbeauftragten anordnen.

(5) Die zuständige Behörde trifft die zur Einhaltung dieser Verordnung erforderlichen Anordnungen. Sie kann insbesondere die Abberufung des bestellten Gefahrgutbeauftragten und die Bestellung eines anderen Gefahrgutbeauftragten verlangen.

§ 4
Schulungsnachweis

Der Schulungsnachweis wird mit den Mindestangaben nach Unterabschnitt 1.8.3.18 ADR/RID/ADN erteilt, wenn der Betroffene an einer Schulung nach § 5 teilgenommen und eine Prüfung nach § 6 Absatz 1 mit Erfolg abgelegt hat. Der Schulungsnachweis gilt fünf Jahre und kann jeweils um weitere fünf Jahre verlängert werden, wenn der Betroffene eine Prüfung nach § 6 Absatz 4 mit Erfolg abgelegt hat.

§ 5
Schulungsanforderungen

(1) Die Schulung erfolgt in einem nach § 7 Absatz 1 Nummer 2 anerkannten Lehrgang.

(2) Die in den Schulungen zu behandelnden Sachgebiete ergeben sich aus den Unterabschnitten 1.8.3.3 und 1.8.3.11 ADR/RID/ADN sowie aus § 8.

(3) Die Schulungssprache ist deutsch. Auf Antrag kann eine Schulung in englischer Sprache zugelassen werden, wenn mit dem Antrag Schulungsunterlagen zu den Sachgebieten nach Absatz 2 und die

erforderlichen Rechtsvorschriften in englischer Sprache nachgewiesen werden und die sonstigen Voraussetzungen für die Anerkennung des Lehrgangs nach Absatz 1 vorliegen.

(4) Die Schulung umfasst im Falle der Beförderung durch einen Verkehrsträger mindestens 22 Stunden und 30 Minuten und für jeden weiteren Verkehrsträger mindestens sieben Stunden und 30 Minuten. Dabei muss die Schulung für jeden weiteren Verkehrsträger innerhalb der Geltungsdauer des Schulungsnachweises erfolgen.

(5) Ein Unterrichtstag darf nicht mehr als sieben Stunden und 30 Minuten Unterricht umfassen.

(6) Der Schulungsveranstalter darf Schulungen nur bei Vorliegen aller Voraussetzungen nach Absatz 1 bis 5 durchführen.

§ 6
Prüfungen

(1) Die Prüfung besteht aus einer schriftlichen Prüfung, die ganz oder teilweise auch als elektronische Prüfung durchgeführt werden kann. Die Grundsätze der Prüfung richten sich nach Absatz 1.8.3.12.2 bis 1.8.3.12.5 ADR/RID/ADN.

(2) Die nach einer Schulung abzulegende Prüfung nach Absatz 1.8.3.12.4 ADR/RID/ADN darf einmal ohne nochmalige Schulung wiederholt werden. Die Prüfung ist bestanden, wenn mindestens 50 vom Hundert der von der Industrie- und Handelskammer in der Satzung nach § 7 Absatz 2 festgelegten Höchstpunktzahl erreicht wird.

(3) Die Prüfungssprache ist deutsch. Auf Antrag kann eine Prüfung nach Absatz 1 in englischer Sprache zugelassen werden, wenn der Prüfling die erforderlichen Rechtsvorschriften in englischer Sprache nachweist sowie die Kosten jeweils für die Erstellung der Prüfungsunterlagen in englischer Sprache und die Durchführung der Prüfung in englischer Sprache übernimmt. Die Teilnahme an einer Prüfung in englischer Sprache ist nur für Prüflinge möglich, die zuvor an einer zugelassenen Schulung nach § 5 Absatz 1 in englischer Sprache teilgenommen haben.

(4) Die Prüfung zur Verlängerung des Schulungsnachweises nach Absatz 1.8.3.16.1 ADR/RID/ADN darf unbegrenzt wiederholt werden, jedoch nur bis zum Ablauf der Geltungsdauer des Schulungsnachweises. Absatz 2 Satz 2 gilt entsprechend. Die Höchstpunktzahl ist jedoch um 50 vom Hundert zu reduzieren.

(5) Die Prüfungsfragen sind aus einer Sammlung auszuwählen, die vom Deutschen Industrie- und Handelskammertag veröffentlicht wird.

(6) Prüfungen dürfen nur bei Vorliegen aller Voraussetzungen nach Absatz 1 bis 5 durchgeführt werden.

§ 7
Zuständigkeiten

(1) Die Industrie- und Handelskammern sind zuständig für
1. die Erteilung der Schulungsnachweise nach § 4,
2. die Anerkennung und Überwachung der Lehrgänge nach § 5 Absatz 1,
3. die Erteilung von Ausnahmen von § 5 Absatz 3 und § 6 Absatz 3,
4. die Durchführung der Prüfungen nach § 6 Absatz 1 bis 4 und
5. die Umschreibung eines Schulungsnachweises nach § 7 Absatz 3 in einen Schulungsnachweis nach § 4.

Für die Erteilung einer Ausnahme nach § 6 Absatz 3 Satz 2 ist die Industrie- und Handelskammer zuständig, die zuvor die Ausnahme nach § 5 Absatz 3 in Verbindung mit § 5 Absatz 1 zugelassen hat.

(2) Einzelheiten nach Absatz 1 regeln die Industrie- und Handelskammern durch Satzung.

(3) Abweichend von Absatz 1 und 2 können Bund, Länder, Gemeinden und sonstige juristische Personen des öffentlichen Rechts für ihren hoheitlichen Aufgabenbereich eigene Schulungen veranstalten, die Prüfung selbst durchführen und die Schulungsnachweise selbst ausstellen. Einzelheiten sind durch die jeweils zuständige oberste Bundes- oder Landesbehörde durch Verwaltungsvorschriften zu regeln.

(4) Das Bundesministerium der Verteidigung und das Bundesministerium des Innern, für Bau und Heimat bestimmen die zuständigen Behörden im Sinne des § 3 Absatz 4 und 5 für ihren Dienstbereich.

§ 8
Pflichten des Gefahrgutbeauftragten

(1) Der Gefahrgutbeauftragte hat die Aufgaben nach Unterabschnitt 1.8.3.3 ADR/RID/ADN wahrzunehmen.

(2) Der Gefahrgutbeauftragte ist verpflichtet, schriftliche Aufzeichnungen über seine Überwachungstätigkeit unter Angabe des Zeitpunktes der Überwachung, der Namen der überwachten Personen und der überwachten Geschäftsvorgänge zu führen.

(3) Der Gefahrgutbeauftragte hat die Aufzeichnungen nach Absatz 2 mindestens fünf Jahre nach deren Erstellung aufzubewahren. Diese Aufzeichnungen sind der zuständigen Behörde auf Verlangen in Schriftform zur Prüfung vorzulegen.

(4) Der Gefahrgutbeauftragte hat dafür zu sorgen, dass ein Unfallbericht nach Unterabschnitt 1.8.3.6 ADR/RID/ADN erstellt wird.

(5) Der Gefahrgutbeauftragte hat für den Unternehmer einen Jahresbericht über die Tätigkeiten des Unternehmens in Bezug auf die Gefahrgutbeförderung innerhalb eines halben Jahres nach Ablauf des Geschäftsjahres mit den Angaben nach Satz 2 zu erstellen. Der Jahresbericht muss mindestens enthalten

1. Art der gefährlichen Güter unterteilt nach Klassen,
2. Gesamtmenge der gefährlichen Güter in einer der folgenden vier Stufen:
    1. bis 5 Tonnen,
    2. mehr als 5 Tonnen bis 50 Tonnen,
    3. mehr als 50 Tonnen bis 1 000 Tonnen,
    4. mehr als 1 000 Tonnen,
3. Zahl und Art der Unfälle mit gefährlichen Gütern, über die ein Unfallbericht nach Unterabschnitt 1.8.3.6 ADR/RID/ADN erstellt worden ist,
4. sonstige Angaben, die nach Auffassung des Gefahrgutbeauftragten für die Beurteilung der Sicherheitslage wichtig sind, und
5. Angaben, ob das Unternehmen an der Beförderung gefährlicher Güter nach Abschnitt 1.10.3 ADR/RID/ADN oder 1.4.3 IMDG-Code beteiligt gewesen ist.

Der Jahresbericht muss keine Angaben über die Beförderung gefährlicher Güter im Luftverkehr enthalten. Die anzugebende Gesamtmenge der gefährlichen Güter schließt auch die empfangenen gefährlichen Güter ein.

(6) Der Gefahrgutbeauftragte muss den Schulungsnachweis nach § 4 der zuständigen Behörde auf Verlangen vorlegen. Er hat dafür zu sorgen, dass dieser Schulungsnachweis rechtzeitig verlängert wird.

§ 9
Pflichten der Unternehmer

(1) Der Unternehmer darf den Gefahrgutbeauftragten wegen der Erfüllung der ihm übertragenen Aufgaben nicht benachteiligen.

(2) Der Unternehmer hat dafür zu sorgen, dass der Gefahrgutbeauftragte

1. vor seiner Bestellung im Besitz eines gültigen und auf die Tätigkeiten des Unternehmens abgestellten Schulungsnachweises nach § 4 ist,
2. alle zur Wahrnehmung seiner Tätigkeit erforderlichen sachdienlichen Auskünfte und Unterlagen erhält, soweit sie die Beförderung gefährlicher Güter betreffen,
3. die notwendigen Mittel zur Aufgabenwahrnehmung erhält,
4. jederzeit seine Vorschläge und Bedenken unmittelbar der entscheidenden Stelle im Unternehmen vortragen kann,
5. zu vorgesehenen Vorschlägen auf Änderung oder Anträgen auf Abweichungen von den Vorschriften über die Beförderung gefährlicher Güter Stellung nehmen kann und
6. alle Aufgaben, die ihm nach § 8 übertragen worden sind, ordnungsgemäß erfüllen kann.

(3) Der Unternehmer hat den Jahresbericht nach § 8 Absatz 5 fünf Jahre nach dessen Vorlage durch den Gefahrgutbeauftragten aufzubewahren und der zuständigen Behörde auf Verlangen vorzulegen.

(4) Der Unternehmer hat auf Verlangen der zuständigen Behörde den Namen des Gefahrgutbeauftragten bekannt zu geben.

(5) Der Unternehmer hat auf Verlangen der zuständigen Behörde die Unfallberichte nach Unterabschnitt 1.8.3.6 ADR/RID/ADN vorzulegen.

§ 10
Ordnungswidrigkeiten

Ordnungswidrig im Sinne des § 10 Absatz 1 Nummer 1 Buchstabe b des Gesetzes über die Beförderung gefährlicher Güter handelt, wer vorsätzlich oder fahrlässig

1. als Unternehmer
    a) entgegen § 3 Absatz 1 Satz 1 einen Gefahrgutbeauftragten nicht, nicht in der vorgeschriebenen Weise oder nicht rechtzeitig bestellt,
    b) entgegen § 3 Absatz 3 einen Gefahrgutbeauftragten bestellt oder die Funktion des Gefahrgutbeauftragten selbst wahrnimmt, ohne im Besitz eines gültigen Schulungsnachweises nach § 4 zu sein,
    c) einer vollziehbaren Anordnung nach § 3 Absatz 4 zuwiderhandelt,
    d) entgegen § 9 Absatz 2 Nummer 1 nicht dafür sorgt, dass der Gefahrgutbeauftragte im Besitz eines dort genannten Schulungsnachweises ist,
    e) entgegen § 9 Absatz 2 Nummer 6 nicht dafür sorgt, dass der Gefahrgutbeauftragte alle Aufgaben ordnungsgemäß erfüllen kann,
    f) entgegen § 9 Absatz 3 den Jahresbericht nicht oder nicht mindestens fünf Jahre aufbewahrt oder nicht oder nicht rechtzeitig vorlegt,
    g) entgegen § 9 Absatz 4 den Namen des Gefahrgutbeauftragten nicht oder nicht rechtzeitig bekannt gibt oder
    h) entgegen § 9 Absatz 5 den Unfallbericht nicht oder nicht rechtzeitig vorlegt,
2. als Schulungsveranstalter entgegen § 5 Absatz 6 eine Schulung durchführt oder
3. als Gefahrgutbeauftragter
    a) entgegen § 8 Absatz 2 eine Aufzeichnung nicht, nicht richtig oder nicht vollständig führt,
    b) entgegen § 8 Absatz 3 eine Aufzeichnung nicht oder nicht mindestens fünf Jahre aufbewahrt oder nicht oder nicht rechtzeitig vorlegt,
    c) entgegen § 8 Absatz 4 nicht dafür sorgt, dass ein Unfallbericht erstellt wird,
    d) entgegen § 8 Absatz 5 Satz 1 einen Jahresbericht nicht, nicht richtig, nicht vollständig oder nicht rechtzeitig erstellt oder
    e) entgegen § 8 Absatz 6 Satz 1 den Schulungsnachweis nicht oder nicht rechtzeitig vorlegt.

§ 11
(Übergangsbestimmungen)

§ 12
(Aufheben von Vorschriften)

§ 13
(Inkrafttreten)